Maximilian Selinka
Jörg Stark

W0210088

Abitur-Prüfungsaufgaben

Mathematik 2008

Leistungskurs
Nordrhein-Westfalen

Klett Lernen und Wissen

Dr. Maximilian Selinka, langjähriger Schulbuchautor, ist Lehrer für Mathematik und Physik an einem Gymnasium, Fachberater für Mathematik und Ausbilder für Schulpädagogik.

Jörg Stark, langjähriger Schulbuchautor, war Gymnasiallehrer für Mathematik und Physik und als Fachleiter für Mathematik am Seminar für Schulpädagogik in der Lehrerausbildung und Lehrerfortbildung tätig.

Bibliographische Information Der Deutschen Bibliothek
Die Deutsche Bibliothek verzeichnet diese Publikation in der Deutschen Nationalbibliothek; detaillierte bibliographische Daten sind im Internet über http://dnb.ddb.de abrufbar.

Auflage 4. 3. 2. 1. | 2010 2009 2008 2007
Alle Rechte vorbehalten.
Das Werk und seine Teile sind urheberrechtlich geschützt. Jede Nutzung in anderen als den gesetzlich zugelassenen Fällen bedarf der vorherigen schriftlichen Einwilligung des Verlages. Hinweis zu § 52a UrhG: Weder das Werk noch seine Teile dürfen ohne eine solche Einwilligung eingescannt und in ein Netzwerk eingestellt werden.
Dies gilt auch für Intranets von Schulen und sonstigen Bildungseinrichtungen.
Fotomechanische Wiedergabe nur mit Genehmigung des Verlages
© Klett Lernen und Wissen GmbH, Stuttgart 2007
Internetadresse: www.klett.de
Redaktion: Hampp Media GmbH, Stuttgart
DTP: Andrea Eckhardt, Göppingen
Druck: Medienhaus Plumpp, Rheinbreitbach
Printed in Germany
ISBN 978-3-12-929941-8

9 783129 299418

Inhaltsverzeichnis

1. Teil

Die Abiturprüfung ab 2007 im Fach Mathematik

Ziele der Abiturprüfung mit zentral gestellten schriftlichen Prüfungsaufgaben ab 2007

Ab dem Jahr 2007 werden in Nordrhein-Westfalen im Rahmen der schriftlichen Abiturprüfung landeseinheitliche Aufgaben gestellt. Unter *http://www.learn-line.nrw.de* finden Sie umfangreiches Informationsmaterial über die zukünftigen zentral gestellten Abiturprüfungen.

Wie bei dem Abschlussverfahren am Ende der Sekundarstufe I ab 2007 in den Fächern Deutsch, Mathematik und Fremdsprache haben auch die zentral gestellten Aufgaben im Abitur eine doppelte Funktion. Zum einen dienen sie als Abschlusskontrolle über die Lernergebnisse, gleichzeitig erhalten die Schulen eine Rückmeldung im Hinblick auf die definierten Ziele innerhalb ihres Gestaltungsspielraumes.
Durch gleiche Anforderungen und Bewertungen leisten zentral gestellte Aufgaben einen Beitrag zur Bildungsgerechtigkeit.

Durchführung der schriftlichen Abiturprüfung

Hilfsmittel im Abitur ist neben einer Formelsammlung und einem Wörterbuch ein wissenschaftlicher Taschenrechner (ohne oder mit Grafikfähigkeit) oder ein Computer-Algebra-System (CAS).
Die Schule erhält für jedes dieser beiden technischen Hilfsmittel zwei Aufgabensätze (Aufgabengruppen).

Bei Verwendung eines WTR gilt:
Die Aufgabengruppe 1 enthält drei Analysisaufgaben:
1) Analysis,
2) Analysis,
3) Analysis.

Die Aufgabengruppe 2 enthält vier Aufgaben:
1) Lineare Algebra/Geometrie und Alternative 1,
2) Lineare Algebra/Geometrie und Alternative 2,
3) Lineare Algebra/Geometrie,
4) Stochastik.

Die Fachlehrerin/der Fachlehrer stellt aus diesen Aufgabensätzen die so genannte Prüfungsaufgabe zusammen. Diese besteht dann aus drei Aufgaben, mindestens eine aus jeder Aufgabengruppe.

Bei der Auswahl der Aufgaben bestehen also folgende Möglichkeiten:
Zwei Analysisaufgaben und eine Aufgabe aus dem Bereich Lineare Algebra/Geometrie,
zwei Analysisaufgaben und eine Stochastikaufgabe,
je eine Aufgabe aus allen drei Gebieten.

Erhalten Sie eine Aufgabe aus der Linearen Algebra/Geometrie, so ist dann berücksichtigt, ob im Unterricht die Alternative 1 (Abbildungsmatrizen) oder die Alternative 2 (Übergangsmatrizen) behandelt wurde.
Sie sind verpflichtet, alle drei vorgelegten Aufgaben zu bearbeiten. Eine Aufgabenauswahl durch Sie ist nicht vorgesehen.

Die Prüfungszeit für die schriftliche Abiturprüfung im Fach Mathematik beträgt für den Leistungskurs 255 Minuten.

Vorbereitung auf die schriftliche Abiturprüfung

Grundlage für die schriftliche Abiturprüfung ist der Lehrplan Mathematik. Da dieser aber oft keine genauen Festlegungen im Hinblick auf eine Prüfung mit zentral gestellten Aufgaben enthält, sind inhaltliche Vorgaben erforderlich, deren Behandlung im Abitur vorausgesetzt wird. Diese Vorgaben sind unter *http://www.learn-line.nrw.de* veröffentlicht (vgl. nächste Seite). Hier finden Sie auch so genannte Beispielaufgaben für die schriftliche Abiturprüfung ab 2007.

Das vorliegende Buch möchte Ihnen im Sinne der genannten inhaltlichen Vorgaben zur eigenen Vorbereitung auf die schriftliche Abiturprüfung Hilfen geben.
Zunächst werden im 2. Teil des Buches für alle drei Gebiete wichtige Standardtechniken an Beispielen und Aufgaben wiederholt.
Da die Aufgaben in Zukunft stärker problemorientiert und offener formuliert sind, werden im 3. Teil Strategien zum Lösen solcher Aufgaben wiederum für alle drei Gebiete an Beispielen dargelegt und Übungsaufgaben dazu bereitgestellt.
Der 4. Teil enthält die Lösungen zu den Aufgaben über die Standardtechniken und Strategien (Teil 2 und 3).
Der 5. Teil enthält die Originalklausuren 2007 einschließlich ausführlicher Lösungen.

Viel Erfolg!

Verbindliche Unterrichtsinhalte im Fach Mathematik für das Abitur 2008

Auf der Grundlage des Lehrplans Mathematik werden für den Leistungskurs in den Aufgaben folgende Unterrichtsinhalte vorausgesetzt:

- Analysis

Fortführung der Differentialrechnung
Untersuchung von ganzrationalen Funktionen, gebrochenrationalen Funktionen einschließlich Funktionenscharen, Exponentialfunktionen und Logarithmusfunktionen mit Ableitungsregeln (Produktregel, Quotientenregel, Kettenregel) in Sachzusammenhängen

Integralrechnung
Untersuchungen von Wirkungen
Integrationsregeln (partielle Integration, Substitution)

- Lineare Algebra/Geometrie

Lineare Gleichungssysteme für $n > 2$, Matrix-Vektor-Schreibweise, systematisches Lösungsverfahren für lineare Gleichungssysteme
lineare Abhängigkeit von Vektoren, Parameterformen von Geraden und Ebenengleichungen
Standard-Skalarprodukt mit den Anwendungen Orthogonalität, Winkel und Länge von Vektoren
Normalenformen von Ebenengleichungen, Lagebeziehungen von Geraden und Ebenen
Abstandsprobleme (Abstand Punkt – Ebene)

Alternative 1: Abbildungsmatrizen, Matrizenmultiplikation als Abbildungsverkettung
inverse Matrizen und Abbildungen
Eigenwerte und Eigenvektoren

oder

Alternative 2: Übergangsmatrizen, Matrizenmultiplikation als Verkettung von Übergängen
Fixvektoren

- Stochastik

Wahrscheinlichkeit, bedingte Wahrscheinlichkeit, Unabhängigkeit
Binomialverteilung und Normalverteilung einschließlich Erwartungswert und Standardabweichung
ein- und zweiseitiger Hypothesentest

2. Teil

Standardtechniken

Standardtechniken aus den Bereichen Algebra und Analysis

2.1 Wie löse ich ganzrationale Gleichungen?

Viele Fragestellungen aus der Analysis führen auf das Lösen einer Gleichung. Problemlos ist dabei der Fall von linearen Gleichungen wie $2x + 3 = 9$ oder von quadratischen Gleichungen wie $x^2 + x - 20 = 0$. Bei komplizierteren Gleichungen helfen häufig die folgenden Standardtechniken weiter.

Beispiel 1: *(Gleichung vereinfachen)*
Bestimmen Sie die Lösungsmenge von

$$x(3x^2 + x + 2) = 3(5 + x^3).$$

Lösung:
Die Gleichung lässt sich vereinfachen durch Ausmultiplizieren und Zusammenfassen:

$$3x^3 + x^2 + 2x = 15 + 3x^3$$
$$x^2 + 2x - 15 = 0.$$

Die Lösungsformel für quadratische Gleichungen liefert

$$x = \frac{-2 \pm \sqrt{2^2 - 4 \cdot 1(-15)}}{2} = \frac{-2 \pm 8}{2}.$$

Damit hat die gegebene Gleichung die beiden Lösungen +3 und −5 und folglich die Lösungsmenge $\{+3; -5\}$.

Beispiel 2: *(Faktor ausklammern)*
Bestimmen Sie die Lösungen von

$$x^3 - \tfrac{1}{2}x^5 = 0.$$

Lösung:
Man erhält durch Ausklammern von $\frac{1}{2}x^3$:

$$\tfrac{1}{2}x^3(2 - x^2) = 0.$$

Nach dem Satz vom Nullprodukt ist dann:

$$\tfrac{1}{2}x^3 = 0 \quad \text{oder} \quad 2 - x^2 = 0.$$

Standardtechniken

- **Zuerst** wird die Gleichung weitestgehend **vereinfacht.**
- Wenn die Gleichung **kein Absolutglied** enthält, wird die Gleichung durch **Ausklammern** umgeformt und dann der **„Satz vom Nullprodukt"** angewandt: *Ein Produkt ist genau dann Null, wenn mindestens einer seiner Faktoren Null ist.*
- Durch eine geeignete **Substitution** wird die Gleichung in eine **quadratische Gleichung** übergeführt.
- Ist bereits **eine Lösung** einer Gleichung **bekannt**, kann diese durch **Polynomdivision oft** vereinfacht werden.

Aus $\frac{1}{2}x^3 = 0$ folgt $x = 0$, während sich aus
$2 - x^2 = 0$ stets $x = +\sqrt{2}$ oder $x = -\sqrt{2}$ ergibt.
Damit hat die gegebene Gleichung die Lösungen

$$0;\ +\sqrt{2}\ \text{und}\ -\sqrt{2}.$$

Die Gleichung $\mathbf{x^2 = a}$ hat
- für $a > 0$ die beiden Lösungen $x = \pm\sqrt{a}$;
- für $a = 0$ die Lösung 0;
- für $a < 0$ keine Lösung.

Beispiel 3: *(Überführen in eine einfachere Gleichung durch Substitution)*
Bestimmen Sie die Lösungen von

$$x^4 - 3x^2 - 4 = 0.$$

Lösung:
Mit der Substitution $x^2 = u$ folgt aus $x^4 - 3x^2 - 4 = 0$:

$$u^2 - 3u - 4 = 0.$$

Diese quadratische Gleichung hat die beiden Lösungen

$$4 \text{ und } -1.$$

Aus $x^2 = 4$ folgt $x = \pm 2$, während die Gleichung $x^2 = -1$ unlösbar ist.
Damit hat die gegebene Gleichung nur die Lösungen

$$+2 \text{ und } -2.$$

Beispiel 4: *(Vereinfachen durch Polynomdivision)*
Die Gleichung

$$2x^3 + x^2 - 25x + 12 = 0$$

hat die Lösung 3. Bestimmen Sie die weiteren Lösungen dieser Gleichung.

„Polynomdivision" finden Sie im Lehrbuch erklärt!

Lösung:
Durch Polynomdivision erhält man

$$(2x^3 + x^2 - 25x + 12) : (x - 3) = 2x^2 + 7x - 4,$$

und folglich gilt

$$0 = 2x^3 + x^2 - 25x + 12 = (x - 3)(2x^2 + 7x - 4).$$

Der Satz vom Nullprodukt liefert dann

$$x - 3 = 0 \quad \text{oder} \quad 2x^2 + 7x - 4 = 0.$$

Da die quadratische Gleichung $2x^2 + 7x - 4 = 0$ die Lösungen -4 und 0,5 hat, besitzt die gegebene Gleichung außer 3 die weiteren Lösungen

$$-4 \text{ und } 0{,}5.$$

Aufgaben

1. Geben Sie ohne Rechnung die Lösungsmenge der Gleichung an.

a) $(x - 5)(4x - 6) = 0$ b) $(5 - 3x)(2x + 5) = 0$ c) $(7 - x^2)(2x + 3) = 0$
d) $(x^2 - 4)(x^2 + 9) = 0$ e) $(x^3 + 27)(x^4 - 16) = 0$ f) $x^2(x + 8)(x^2 + 3) = 0$

2. Bestimmen Sie die Lösungsmenge der Gleichung.

a) $2x^2 - 3 = 5x$ b) $x(2x - 3) = 10x(1 - 2x) - 1$
c) $x(6x^2 + 6x - 13) = 6(x^3 - 1)$ d) $x^4 + 2x + 5 = x^2(x^2 + 1)$

3. Bestimmen Sie die Lösungsmenge der Gleichung durch Ausklammern.

a) $x^4 - 3x^3 = 0$ b) $x^6 - 8x^3 = 0$ c) $2x^3 + 7x^2 + 3x = 0$

d) $5x^3 - 19x^2 + 12x = 0$ e) $4x^4 - 21x^3 - 18x^2 = 0$ f) $2x^3(x^2 + 5) = 5x^3(x + 7)$

4. Bestimmen Sie die Lösungsmenge der Gleichung durch Substitution.

a) $x^4 - 6x^2 + 8 = 0$ b) $x^4 + 14 = 9x^2$ c) $9x^5 + 11x^3 = 48x$

d) $x^8 + x^4 = 18x^4 - 16$ e) $9x^5 + 14x^3 - 8x = 0$ f) $x^5 + 16x^3 + 64x = 0$

5. Bestimmen Sie mit Polynomdivision die weiteren Lösungen der Gleichung.

a) $x^3 - 2x^2 - 9x + 18 = 0$; Lösung: 2   b) $3x^3 + x^2 - 62x + 40 = 0$ Lösung: 4

c) $4x^3 + 15x^2 + 12x - 4 = 0$; Lösung: 0,25   d) $x^4 + 3x^3 - 4x^2 - 12x = 0$; Lösung: −3

6. Bestimmen Sie mit Polynomdivision die Lösungen der Gleichung.

a) $4x^3 - 24x^2 - x + 6 = 0$

b) $4x^3 - 27x^2 + 33x + 10 = 0$

c) $2x^4 + x^3 - 26x^2 + 11x + 12 = 0$

Gut zu wissen:
Enthält ein Polynom nur Koeffizienten aus $\mathbb{Z}$, so ist jede **Nullstelle aus $\mathbb{Z}$** ein **Teiler des Absolutgliedes.**

7. Bestimmen Sie die Lösungen der Gleichungen in Abhängigkeit von $k \in \mathbb{R}$.

a) $kx^2 + x - 3k^2x - 3k = 0$ b) $x^2 - 2kx + 1 = 0$

c) $x^2 + x - k^2 - 3k - 2 = 0$ d) $x^3 + (k^2 - 3)x^2 - 3k^2x = 0$

8. Geben Sie ohne Rechnung die Nullstellen der Funktion f an.

a) $f(x) = x(x - 4)(x + 9)$ b) $f(x) = x^2(x^2 - 4)(x^2 + 9)$

c) $f(x) = (x^2 - 9)(x^2 - 4)$ d) $f(x) = x(x^2 + 4)(x^2 + 9)$

9. Bestimmen Sie die Nullstellen der Funktion f.

a) $f(x) = 2x^2 - 3x - 9$ b) $f(x) = x^4 - 13x^2 - 48$ c) $f(x) = (x - 6)(x^2 - 4x + 4)$

d) $f(x) = x^4 + 2x^3 - 15x^2$ e) $f(x) = 4x^4 - 29x^3 + 7x^2$ f) $f(x) = 2x^3 - 3x^2 - 2x + 3$

10. Die Graphen der Funktionen f und g schneiden sich auf der x-Achse. Bestimmen Sie diesen Punkt X und die weiteren gemeinsamen Punkte S und T der beiden Graphen.

a) $f(x) = x^2 + 3x - 10$ und $g(x) = x^3 - 9x^2 + 26x - 24$

b) $f(x) = 4x^2 - 14x + 6$ und $g(x) = x^3 - 2x^2 - 9x + 18$

c) $f(x) = 2x^2 - 7x - 4$ und $g(x) = x^3 - 10x^2 + 32x - 32$

11. Bestimmen Sie die gemeinsamen Punkte R, S, … der Graphen der Funktionen f und g.

a) $f(x) = x^2 - 2x - 6$ und $g(x) = x^3 - 10x^2 + 32x - 30$

b) $f(x) = x^2 - 1$ und $g(x) = \frac{1}{2}x^3 - 2x^2 - 2x + 11$

c) $f(x) = -x^3 - x^2 + 6x - 2$ und $g(x) = x^4 + x^3 - 6x^2 - 2$

d) $f(x) = x^3 - 3x^2 - 3$ und $g(x) = \frac{1}{2}x^3 - 3x^2 + \frac{9}{2}x - 3$

2.2 Wie löse ich Bruchgleichungen?

Vor allem bei gebrochenrationalen Funktionen sind häufig Bruchgleichungen zu lösen. Bei ihnen muss zuerst ihre Definitionsmenge bestimmt werden.

Beispiel: *(Lösen einer Bruchgleichung)*
Bestimmen Sie die Lösungsmenge von

$$\frac{x^2+3x+2}{(x-1)x} = \frac{2}{x} + \frac{4}{(x-1)x}.$$

Lösung:
Die Definitionsmenge der Gleichung ist

$\mathbb{R} \setminus \{0;\ -1\}$,

denn für 0 und für +1 sind die beiden Bruchterme der Gleichung nicht definiert. Man multipliziert die Gleichung mit $x(x-1)$ und erhält

$$\frac{x^2+3x+2}{(x-1)x} \cdot (x-1)x = \left[\frac{2}{x} + \frac{4}{(x-1)x}\right] \cdot (x-1)x$$

und damit

$$x^2 + 3x + 2 = 2(x-1) + 4$$
$$x^2 + 3x + 2 = 2x + 2$$
$$x^2 + x = 0.$$

Nun hat $x^2 + x = 0$ zwar die Lösungen 0 und −1, aber da 0 nicht in der Definitionsmenge der Gleichung liegt, hat diese nur die Lösungsmenge $\{-1\}$.

Hinweise

- An den **Nullstellen** des **Nenners** ist ein Bruchterm nicht **definiert**. So erhält man die **Definitionsmenge** einer Bruchgleichung.
- Ein **Bruchterm** ist dann **null**, wenn der **Zähler null** ist.
- Beim **Lösen** wird eine Bruchgleichung meist mit einem **gemeinsamen Nenner multipliziert.**

Beide Seiten der Gleichung multiplizieren!

Aufgaben

1. Geben Sie die Definitionsmenge an und bestimmen Sie dann die Lösungen.

a) $\frac{3}{x} + \frac{4x+1}{x} = 5$ b) $\frac{3+x}{x^2} + \frac{2x+3}{x^2} = 3$ c) $\frac{x^2-x}{x} = 2$

d) $\frac{2}{x+1} - \frac{x}{x+1} = 3$ e) $\frac{x^2+3}{x^2-4} + \frac{2x+3}{x-2} = 3$ f) $\frac{2x^2-7x+6}{2x-3} = 0$

g) $\frac{2x-9}{x-5} - \frac{x+2}{x+6} = \frac{x}{x+6}$ h) $\frac{2}{x+1} - \frac{x}{x+1} = 2x$ i) $\frac{3x-1}{x^2-4x+3} = \frac{2x-2}{x-3}$

2. Gegeben ist der Graph K der Funktion f mit $f(x) = \frac{x+2}{x-2}$. Bestimmen Sie die gemeinsamen Punkte von K und dem Graphen mit der Gleichung

a) $y = 2$ b) $y = x - 1$ c) $y = 3 - \frac{6}{x}$ d) $y = 6x - x^2 - 5$.

3. Gegeben ist die Gleichung $x - 6 = 8 - x$, welche offensichtlich die Lösung 7 besitzt. Formen Sie diese Gleichung so um, dass eine Bruchgleichung entsteht

a) mit der Lösung 7 und der Definitionsmenge $\mathbb{R} \setminus \{3\}$,
b) die keine Lösung besitzt,
c) mit den Lösungen $\{2;\ 7\}$ und der Definitionsmenge $\mathbb{R} \setminus \{3\}$.

2.3 Wie löse ich Exponential- und Logarithmusgleichungen?

Probleme bei der Untersuchung von Exponential- oder Logarithmusfunktionen führen auf eine Exponential- oder Logarithmusgleichung, deren Lösung zu bestimmen ist. Neben den in 2.1 erwähnten Techniken haben aber Exponential- und Logarithmusgleichungen einige Besonderheiten, die beachtet werden müssen. Bei Anwendungen sind solche Gleichungen häufig auch nur näherungsweise zu lösen.

Standardtechniken

- Wenn $e^x = a$ ist, so gilt $x = \ln(a)$.
  Wenn $\ln(x) = a$ ist, so gilt $x = e^a$.
- Es gilt $e^0 = 1$ und $e^1 = e$ sowie $\ln(1) = 0$ und $\ln(e) = 1$.
- **Beide Seiten** der Gleichung weitestgehend **vereinfachen** und dabei die **Potenzgesetze** und die **Logarithmusgesetze** beachten.
- Es gilt $\ln(e^x) = x$ und $e^{\ln(x)} = x$.
  Diese Formeln nützen, wenn man beide Seiten einer Gleichung **„logarithmiert"** oder **„exponiert"**.
  Dies muss stets mit **jeder Seite** der Gleichung **als Ganzes** geschehen.
- **Ausklammern** und **Substitution** wie in 2.1 durchführen.
- Beim Satz vom Nullprodukt ist oft entscheidend
  $e^x > 0$ **für alle** $x \in \mathbb{R}$.
- Beim Substituieren nützt oft: $e^{(mn)} = (e^m)^n$.

Beispiel 1: *(Gleichung vereinfachen)*
Bestimmen Sie die Lösung.
a) $e^{x+2} - 2e^x = e^x + 2$
b) $\ln(3x) = 2\ln(x) - 1$

Lösung:

a) Aus $e^{x+2} - 2e^x = e^x + 2$ ergibt sich

$$e^{x+2} - 3e^x = 2$$
$$e^2 \cdot e^x - 3e^x = 2$$
$$e^x(e^2 - 3) = 2$$
$$e^x = \frac{2}{e^2 - 3}$$

und dann $x = \ln\left(\frac{2}{e^2-3}\right) \approx -0{,}786$.

b) Aus $\ln(3x) = 2 \cdot \ln(x) - 1$ folgt

$$\ln(3) + \ln(x) = 2 \cdot \ln(x) - 1$$
$$\ln(x) = 1 + \ln(3)$$
$$x = e^{1+\ln(3)} = 3e \approx 8{,}155.$$

Beispiel 2: *(Substitution)*
Bestimmen Sie die Lösung.
a) $e^{2x} + e^x - 6 = 0$
b) $(\ln(x))^2 - \ln(x) - 6 = 0$

Beachte:
$e^{2x} = (e^x)^2$

Lösung:

a) Substitution: $e^x = u$
Aus $e^{2x} + e^x - 6 = 0$
folgt damit $u^2 + u - 6 = 0$.
Diese quadratische Gleichung hat die beiden Lösungen $+2$ und -3.
Aus $u = e^x$ folgt $x = \ln(2) \approx 0{,}693$;
die Gleichung $u = e^x = -3$ ist unlösbar.
Damit hat die gegebene Gleichung nur die Lösung $\ln(2)$.

b) Substitution: $\ln(x) = u$
Aus $(\ln(x))^2 - \ln(x) - 6 = 0$ folgt $u^2 - u - 6 = 0$.
Diese quadratische Gleichung hat die beiden Lösungen +3 und −2.
Aus $u = \ln(x) = 3$ folgt $x = e^3 \approx 20{,}086$; aus $u = \ln(x) = -2$ folgt $x = e^{-2} \approx 0{,}135$.
Die gegebene Gleichung hat also die Lösungen e^3 und e^{-2}.

Aufgaben

Immer daran denken:
$e^0 = 1$ und $e^1 = e$
$\ln(1) = 0$ und $\ln(e) = 1$

1. Geben Sie ohne aufwändige Rechnung die Lösungsmenge der Gleichung an.
a) $e^{2x+1} = 1$ b) $e^{3x-2} = e$
c) $e^{5-0,5x} = e^2 \cdot e^x$ d) $e^{-0,25x} = e^2 \cdot e^{x+2}$ e) $e^{(x^2)} = e$
f) $\ln(2x-1) = 0$ g) $\ln(4 - x^2) = 0$ h) $\ln(2x-1) = 1$

2. Bestimmen Sie ohne Verwendung des Taschenrechners die Lösung der Gleichung.
a) $e^{3x} = 4e$ b) $4e^{x-2} = 5$ c) $e^{3x-2} = 2 \cdot e^4 \cdot e^{1-x}$
d) $3 \cdot e^{2-3x} = 7 \cdot e^3 \cdot e^{1-2x}$ e) $2e^{-3x} - 4 = e - 3e^{-3x}$ f) $4 - 3e^{2x+3} = 5 - 6e^{2x+3}$
g) $\ln\left(\frac{x}{2}\right) = \ln\left(\sqrt{x}\right)$ h) $\ln(x+3) = \ln(x^2 - 9)$ i) $\ln\left(\frac{3}{x}\right) = \ln\left(\sqrt{x}\right)$

3. Bestimmen Sie die Lösung der Gleichung.
a) $e^{3x} = 7{,}5$ b) $3e^{5x-1} = 2e^{3x}$ c) $0{,}5e^{0,01x-2} = 0{,}4e^{2x} \cdot e^{1-1,93x}$
d) $0{,}7e^{0,3x} - 2 = 7 - e^{0,3x}$ e) $e^{\frac{2}{3}x} + 6 = e^{\frac{2}{3}x-1} + 7$ f) $e^{\frac{2}{5}x-\frac{1}{2}} + 5 = e^{\frac{2}{5}x+\frac{1}{2}} + 4$
g) $\ln(4x) = 3$ h) $\ln(2x-5) = 3$ i) $\ln(x+3) = \ln(5x)$
k) $\ln(x-3) = 1 + \ln(x+2)$ l) $\ln(x) = \ln(2-x) - 1$ m) $\ln(e-x) = \ln(e+x) - 1$

4. Bestimmen Sie die Lösung der Gleichung durch Ausklammern.
a) $\frac{2}{7}e^{2x} - 3e^x = 0$ b) $4e^{3x} = 3e^x$ c) $\frac{2}{7}e^{3x} = \frac{3}{7}e^{2x}$
d) $6e^{3x} = 3xe^{3x}$ e) $e^{3x}(e^x + e^{-x}) = 3e^{4x}$ f) $e^x(xe^x - e^x) = 3xe^{2x}$
g) $x \cdot \ln(x) - 5 \cdot \ln(x) = 0$ h) $x^2 \cdot \ln(x+1) = 2 \cdot \ln(x+1)$
i) $x^2 \cdot \ln(x-4) - 5 \cdot \ln(x-4) = 0$

5. Bestimmen Sie die Lösung der Gleichung durch Substitution.
a) $e^{2x} - 12e^x + 27 = 0$ b) $2e^{2x} - 5e^x - 3 = 0$ c) $8e^{2x} = 3 - 2e^x$
d) $e^{4x} - 8e^{2x} + 12 = 0$ e) $e^{2x} = 3e^{x+1} - 2e^2$ f) $e^{2x} - 2e^x + 6e = 3e^{x+1}$
g) $(\ln(x))^2 + \ln(x) - 20 = 0$ h) $2 \cdot (\ln(x))^2 - e \cdot \ln(x) - e^2 = 0$

6. Bestimmen Sie die Schnittpunkte der Graphen der Funktionen f und g.
a) $f(x) = 2 \cdot e^x$ und $g(x) = e^{1-x}$ b) $f(x) = e^x$ und $g(x) = 3e^{1-x}$
c) $f(x) = e^{2x}$ und $g(x) = 3e^x$ d) $f(x) = e^{2x} + 4$ und $g(x) = 5e^x$
e) $f(x) = \ln(x)$ und $g(x) = 1 - \ln(x)$ f) $f(x) = -\ln(2x)$ und $g(x) = 1 - \ln(x^2)$

7. Die Graphen der Funktionen f verlaufen durch die Punkte P, Q, …
Bestimmen Sie die Werte der Zahlen a, b, … und geben Sie f(x) an.
a) $f(x) = a \cdot e^{bx}$; $P(0|1)$, $Q(2|3)$ b) $f(x) = a \cdot e^{bx}$; $P(0|5)$, $Q(3|1)$
c) $f(x) = a \cdot e^{bx} + c$; $P(0|2)$, $Q(1|3)$, $R(2|5)$ d) $f(x) = a \cdot \ln(bx)$; $P(1|1)$, $Q(e|3)$
e) $f(x) = a + \ln(b + x)$; $P(2|-3 + \ln(3))$, $Q(3|-3 + \ln(4))$

2.4 Wie löse ich lineare Gleichungssysteme?

LGS treten häufig in der analytischen Geometrie auf, in der Analysis vor allem beim Bestimmen von Funktionen mit gegebenen Eigenschaften; z. B. wenn man eine ganzrationale Funktion vom Grad 2 sucht, deren Graphen den Hochpunkt $H(2|4)$ besitzt und durch den Punkt $X(4|0)$ verläuft.
Meist wird ein LGS mit dem **Algorithmus von GAUSS** gelöst. Dabei ist wichtig, dass man dieses Verfahren konsequent beibehält, da man sonst leicht die Übersicht verliert.

Hinweise

- Ein LGS wird durch Äquivalenzumformungen auf **Stufenform** gebracht.
- Die **wichtigste Äquivalenzumformung** ist die Multiplikation einer Zeile mit einer von Null verschiedenen Zahl und Addition des Produktes zu einer anderen Zeile.
- Aus der Stufenform kann die Lösung ermittelt werden, indem man die Stufen **von unten** nach oben **„hochrechnet"**.

Beispiel 1: *(GAUSS-Verfahren – LGS eindeutig lösbar)*
Bestimmen Sie die Lösung des LGS:

$$\begin{aligned} 3x_1 + x_2 - x_3 &= 1 \\ 4x_1 + 2x_2 - 3x_3 &= -2 \\ 10x_1 + 3x_2 - 4x_3 &= 2 \end{aligned}.$$

Immer **alle Gleichungen** des LGS **mitführen** und **„Ordnung halten"**: aus den **ersten drei** Gleichungen werden die **nächsten drei**, usw.

Lösung:

$$\begin{array}{rrrrll} 3x_1 + & x_2 - & x_3 = & 1 & [1] & \\ 4x_1 + & 2x_2 - & 3x_3 = & -2 & [2] & \\ 10x_1 + & 3x_2 - & 4x_3 = & 2 & [3] & \\ \hline 3x_1 + & x_2 - & x_3 = & 1 & [1] & \\ & -2x_2 + & 5x_3 = & 10 & [4] & = 4\cdot[1] - 3\cdot[2] \\ & 4x_2 - & 7x_3 = & -14 & [5] & = 5\cdot[2] - 2\cdot[3] \\ \hline 3x_1 + & x_2 - & x_3 = & 1 & [1] & \\ & -2x_2 + & 5x_3 = & 10 & [4] & \\ & & 3x_3 = & 6 & [6] & = 2\cdot[4] + [5] \end{array}$$

Aus [6] folgt $x_3 = 2$.
Damit wird aus [4]: $-2x_2 + 5\cdot 2 = 10$ und folglich $x_2 = 0$.
Damit wird aus [1]: $3x_1 + 0 - 2 = 1$ und folglich $x_1 = 1$.
Lösung des LGS: (1; 0; 2)

Beispiel 2: *(GAUSS-Verfahren – LGS nicht eindeutig lösbar)*
Bestimmen Sie die Lösungsmenge des LGS:

a) $$\begin{aligned} 3x_1 - x_2 - 6x_3 &= 3 \\ x_2 + 3x_3 &= 0 \\ -6x_1 + 2x_2 + 12x_3 &= -6 \end{aligned}$$

b) $$\begin{aligned} 2x_1 - x_2 - 2x_3 &= -1 \\ 2x_2 + 3x_3 &= 4 \\ -2x_1 + x_2 + 2x_3 &= -1 \end{aligned}$$

Lösung:

a)
$$\begin{array}{rrrrl} 3x_1 - & x_2 - & 6x_3 = & 3 & [1] \\ & x_2 + & 3x_3 = & 0 & [2] \\ -6x_1 + & 2x_2 + & 12x_3 = & -6 & [3] \\ \hline 3x_1 - & x_2 - & 6x_3 = & 3 & [1] \\ & x_2 + & 3x_3 = & 0 & [2] \\ & & 0 = & 0 & [4] = 2\cdot[1]+[3] \\ \hline \end{array}$$

Statt [4] kann man auch **$0 \cdot x_3 = 0$** schreiben.

Wählt man $x_3 = r$, so ist nach [2]: $x_2 + 3r = 0$ und folglich: $x_2 = -3r$

Damit wird aus [1]: $3x_1 - (-3r) - 6r = 3$ und folglich: $x_1 = r + 1$.

Lösungsmenge des LGS: $\{(r+1;\ -3r;\ r) \mid r \in \mathbb{R}\}$

b)
$$\begin{array}{rrrrl} 2x_1 - & x_2 - & 2x_3 = & -1 & [1] \\ & 2x_2 + & 3x_3 = & 4 & [2] \\ -2x_1 + & x_2 + & 2x_3 = & -1 & [3] \\ \hline 2x_1 - & x_2 - & 2x_3 = & -1 & [1] \\ & 2x_2 + & 3x_3 = & 4 & [2] \\ & & 0 = & -2 & [4] = [1]+[3] \end{array}$$

Statt [4] kann man auch **$0 \cdot x_3 = -2$** schreiben.

Da die Gleichung [4] unlösbar ist, so ist auch das gesamte LGS unlösbar.

Lösungsmenge des LGS: { }

Aufgaben

1. Bestimmen Sie die Lösungsmenge der folgenden linearen Gleichungssysteme, die stets eindeutig lösbar sind.

a)
$$\begin{array}{l} 2x_1 - x_2 = 11 \\ 4x_1 + 2x_2 = 2 \end{array}$$

b)
$$\begin{array}{l} 3x_1 - 4x_2 = 12 \\ 21x_1 + 24x_2 = -46 \end{array}$$

c)
$$\begin{array}{l} x_1 - 4x_2 - x_3 = 1 \\ x_1 + 2x_2 + 2x_3 = 7 \\ 3x_1 + 8x_2 - 2x_3 = -4 \end{array}$$

d)
$$\begin{array}{l} 3x_1 - 2x_2 - x_3 = -28 \\ x_1 + 2x_3 = 18 \\ x_1 + 2x_2 = 10 \end{array}$$

e)
$$\begin{array}{l} 2x_1 - 2x_2 - 2x_3 = -3 \\ 5x_1 + x_2 + 4x_3 = -12 \\ -2x_1 + 6x_3 = 1 \end{array}$$

f)
$$\begin{array}{l} 3x_1 - 4x_2 + 2x_3 = -15 \\ 3x_2 - 5x_3 = -14 \\ -3x_1 + 3x_3 = 22 \end{array}$$

2. Bestimmen Sie die Lösungsmengen.

a)
$$\begin{array}{l} x_1 - 2x_2 - x_3 = -4 \\ 3x_1 + 4x_2 - 8x_3 = 8 \\ 2x_1 + x_2 - \frac{9}{2}x_3 = 2 \end{array}$$

b)
$$\begin{array}{l} x_1 + x_2 + 2x_3 = 6 \\ 2x_1 - x_2 - x_3 = -5 \\ 4x_1 + x_2 + 3x_3 = 6 \end{array}$$

c)
$$\begin{array}{l} 3x_1 - 4x_2 + 5x_3 = 16 \\ x_1 + 2x_2 = -3 \\ x_1 - 6x_2 + 4x_3 = 17 \end{array}$$

d)
$$\begin{array}{l} 2x_1 - 5x_2 - 5x_3 = 6 \\ 3x_1 + 6x_3 = 12 \\ -5x_1 + 10x_2 + 9x_3 = -16 \end{array}$$

3. Bestimmen Sie die Lösungsmengen der folgenden linearen Gleichungssysteme.

a)
$$\begin{aligned} 2x_1 + 3x_2 + 4x_3 &= 3 \\ x_2 + x_3 &= 0 \\ x_1 - 2x_2 &= 0 \\ 2x_2 + x_3 &= 1 \end{aligned}$$

b)
$$\begin{aligned} 2x_1 - 3x_2 + 3x_3 &= 3 \\ x_2 + x_3 &= 1 \\ x_1 + 2x_2 &= 1 \\ 2x_2 + x_3 &= 1 \end{aligned}$$

c)
$$\begin{aligned} 2x_1 - 7x_2 + 6x_3 &= -3 \\ 5x_1 - 12x_2 + 4x_3 &= 9 \\ x_1 - x_2 - 2x_3 &= 6 \\ -3x_1 + 8x_2 - 4x_3 &= -3 \end{aligned}$$

d)
$$\begin{aligned} 2x_1 - 7x_2 + 7x_3 &= -3 \\ 5x_1 - 12x_2 + 3x_3 &= 9 \\ 3x_1 - 6x_2 + x_4 &= 7 \\ -3x_1 + 8x_2 - 4x_3 &= -3 \end{aligned}$$

e)
$$\begin{aligned} 2x_1 + 3x_2 - x_3 &= 1 \\ -x_1 + 4x_2 + 2x_4 &= -3 \\ 2x_2 + 3x_3 - x_4 &= 4 \\ x_2 + 4x_3 + x_4 &= 3 \end{aligned}$$

4. Bestimmen Sie die Lösungsmengen der folgenden linearen Gleichungssysteme in Abhängigkeit von $k \in \mathbb{R}$.

a)
$$\begin{aligned} kx_1 - 2x_2 &= 2 \\ -8x_1 + kx_2 &= 1 \end{aligned}$$

b)
$$\begin{aligned} x_1 - kx_2 &= k + 2 \\ -2x_1 + (k-1)x_2 &= -2 \end{aligned}$$

5. Der Graph einer ganzrationalen Funktion f verläuft durch die Punkte P, Q, R, …
Bestimmen Sie f(x), wenn der Grad von f so klein wie möglich ist.

a) $P(-4|6)$, $Q(-2|6)$ und $R(2|-6)$
b) $P(-2|-1)$, $Q(2|7)$ und $R(3|12)$
c) $P(-1|0)$, $Q(0|1)$, $R(1|-2)$ und $S(3|4)$
d) $P(-2|2)$, $Q\left(1\middle|-\frac{3}{2}\right)$, $R\left(2\middle|-\frac{10}{3}\right)$ und $S(4|-2)$

f mit $f(x) = 4x^2 + 3x$ hat den Grad 2,
f mit $f(x) = 4x^3 + 5x^2 + 6$ hat den Grad 3.

6. Ein Futtermittelhersteller mischt aus drei Komponenten A, B und C auf Bestellung Tiernahrung.
Die Tabelle zeigt die Zusammensetzung der Komponenten.
Ein Kunde bestellt Tierfutter, das 16 t Kohlenhydrate, 8 t Eiweiß und 4 t Fett enthalten soll. Wie sind die Komponenten zu mischen?

	A	B	C
Kohlenhydrate	60 %	10 %	20 %
Eiweiß	20 %	20 %	40 %
Fett	–	50 %	20 %

2.5 Wie vermeide ich Fehler beim Ableiten?

Sind die nebenstehenden Vorkenntnisse vorhanden, bereitet insbesondere das Ableiten von Summen solcher Funktionen sowie von ganzrationalen Funktionen kaum Probleme.
Bei Produkten und Verkettungen von Funktionen muss die entsprechende Ableitungsregel beachtet werden. Besondere Sorgfalt ist geboten, wenn mehrere dieser Regeln angewandt werden müssen.

Vorkenntnisse

- Die **Ableitungen** der folgenden Funktionen f mit
  $f(x) = x^n$; $f(x) = x^{-n}$; $(n \in \mathbb{N})$;
  $f(x) = \sqrt{x}$; $f(x) = e^x$;
  $f(x) = \ln(x)$
  müssen Ihnen **geläufig** sein.
- **Summenregel:** Eine Summe wird „summandenweise" abgeleitet.
- **Faktorregel:** Ein konstanter Faktor bleibt beim Ableiten erhalten.

Beispiel 1: *(Summen- und Faktorregel)*
Bestimmen Sie f′ von f mit
a) $f(x) = 2x^4 - 6x^2 + 3x - 2$,
b) $f(x) = 3x^2 + \frac{5}{x^2} - 2e^x - 4\ln(x)$.

Statt $\frac{1}{x^2}$ kann man auch x^{-2} schreiben.
Dadurch fällt das Ableiten leichter.

Lösung:
a) $f'(x) = 2 \cdot (4x^3) - 6 \cdot (2x) + 3 \cdot 1 - 0$
$= 8x^3 - 12x + 3$

b) $f'(x) = 3 \cdot (2x) + 5 \cdot \frac{-2}{x^3} - 2e^x - 4 \cdot \frac{1}{x}$
$= 6x - \frac{10}{x^3} - 2e^x - \frac{4}{x}$

Höhere Ableitungsregeln

- **Produktregel:**
  $(uv)' = u' \cdot v + u \cdot v'$
- **Quotientenregel:**
  $\left(\frac{u}{v}\right)' = \frac{u'v - uv'}{v^2}$
- **Kettenregel:**
  $(u(v(x)))' = u'(v(x)) \cdot v'(x)$

Beispiel 2: *(Höhere Ableitungsregeln)*
Bestimmen Sie f′ von f mit
a) $f(x) = e^x \cdot (3x^2 - 4)$ b) $f(x) = \frac{x^2}{x+1}$
c) $f(x) = (4x^2 - 5)^3$.

Lösung:
a) $f'(x) = e^x \cdot (3x^2 - 4) + e^x \cdot 3(2x)$
$= e^x \cdot (3x^2 + 6x - 4)$

b) $f'(x) = \frac{2x \cdot (x+1) - x^2 \cdot 1}{(x+1)^2} = \frac{x^2 - 2x}{(x+1)^2} = \frac{x(x-2)}{(x+1)^2}$

c) $f'(x) = 3 \cdot (4x^2 - 5)^2 \cdot 4(2x) = 24x \cdot (4x^2 - 5)^2$

Tipp
f′(x) nicht ausmultiplizieren, sondern **ausklammern!**

Beispiel 3: *(Verbindung der höheren Ableitungsregeln)*
Bestimmen Sie f′ von f mit
a) $f(x) = (3x^2 - 4) \cdot e^{2x}$ b) $f(x) = (2x - 3)^3 \cdot (3x - 2)^2$ c) $f(x) = \frac{(x^2 - 1)^2}{x^2 + 1}$.

Lösung:

a) $f'(x) = 6x \cdot e^{2x} + (3x^2 - 4) \cdot e^{2x} \cdot 2 = 2e^{2x}(3x^2 + 3x - 4)$

b) $f'(x) = 3(2x - 3)^2 \cdot 2(3x - 2)^2 + (2x - 3)^3 \cdot 2(3x - 2) \cdot 3$
$= 6(2x - 3)^2(3x - 2)[(3x - 2) + (2x - 3)]$
$= 6(2x - 3)^2(3x - 2)(5x - 5) = 30(2x - 3)^2(3x - 2)(x - 1)$

c) $f'(x) = \frac{2(x^2 - 1) \cdot 2x \cdot (x^2 + 1) - (x^2 - 1)^2 \cdot 2x}{(x^2 + 1)^2} = \frac{2x(x^2 - 1) \cdot [2(x^2 + 1) - (x^2 - 1)]}{(x^2 + 1)^2}$
$= \frac{2x(x^2 - 1) \cdot (x^2 + 3)}{(x^2 + 1)^2}$

Aufgaben

1. Bestimmen Sie mit der Summen- und Faktorregel f′(x) für f mit
a) $f(x) = 4x^3 + 7x^2 + 3$ b) $f(x) = \frac{1}{4}x^4 - \frac{2}{3}x^3 + 4x - 3$ c) $f(x) = \frac{5}{6}x^4 - \frac{4}{9}x^3 + \frac{3}{4}x^2 + 5x$.

2. Bestimmen Sie mit der Produktregel f′(x) für f mit
a) $f(x) = x^2e^x$ b) $f(x) = (3x^2 - 6x)e^x$ c) $f(x) = (x^2 - 1)(x^3 - 8)$.

3. Bestimmen Sie mit der Quotientenregel f′(x) für f mit
a) $f(x) = \frac{2x^2 - 3}{3x - 4}$ b) $f(x) = \frac{x + 1}{x^2 + 1}$ c) $f(x) = \frac{x^2 + 5}{x^2 - 6}$.

4. Bestimmen Sie mit der Kettenregel f′(x) für f mit
a) $f(x) = (2x - 5)^3$ b) $f(x) = (3x^2 - 8)^4$ c) $f(x) = 4(5 - 3x)^4$
d) $f(x) = e^{3x}$ e) $f(x) = 4e^{-x}$ f) $f(x) = 6e^{3x} - 5e^{-2x}$
g) $f(x) = -2e^{3x+2}$ h) $f(x) = 5e^{0,2x+2} - 25e^{-0,01x}$ i) $f(x) = 7e^{x^2-4}$.

5. Bestimmen Sie mit der Kettenregel und der Produktregel f′(x) für f mit
a) $f(x) = x^2(5 - 7x)^3$ b) $f(x) = (2x + 5)^2(3x - 4)^2$ c) $f(x) = x^3(x^2 - 2)^2$
d) $f(x) = e^x(1 - 2x)^2$ e) $f(x) = (3x + 6)e^x$ f) $f(x) = xe^{2x+4}$
g) $f(x) = x^2e^{3x}$ h) $f(x) = (1 - x^2)e^{-3x}$ i) $f(x) = (0,5x + 1)^2 \cdot e^{2x}$.

6. Bestimmen Sie mit der Kettenregel und der Quotientenregel f′(x) für f mit
a) $f(x) = \frac{x}{(3x + 2)^2}$ b) $f(x) = \frac{(2x^2 - 8)^2}{x^2 + 4}$ c) $f(x) = \frac{(x - 2)^2}{(2x + 1)^2}$
d) $f(x) = \frac{e^{2x}}{x + 1}$ e) $f(x) = \frac{(2x - 4)^2}{e^{2x}}$ f) $f(x) = \frac{\ln(2x + 4)}{2x + 4}$.

7. Bestimmen Sie die Lösungen der Gleichungen f′(x) = 0 und f″(x) = 0 für f mit
a) $f(x) = x^3 - 4x$ b) $f(x) = x(x + 2)^3$ c) $f(x) = (x^2 - 4)(x - 4)^2$
d) $f(x) = (x - 2)(x + 1)^3$ e) $f(x) = \frac{4x}{x^2 + 2}$ f) $f(x) = \frac{4x^2}{x^2 + 2}$
g) $f(x) = \frac{(x + 3)^2}{(x - 3)^2}$ h) $f(x) = (x - 2)e^{2x}$ i) $f(x) = xe^{-0,5x}$
k) $f(x) = e^{-x^2}$ l) $f(x) = (x - 4)e^{x-4}$ m) $f(x) = (x^2 - 4)e^{x-3}$.

2.6 Wie untersuche ich den Graphen einer ganzrationalen Funktion?

Einige Eigenschaften des Graphen einer Funktion kann man meist fast ohne Rechnungen am Funktionsterm erkennen.
Die x-Werte wichtiger Punkte auf einem Graphen erhält man als Lösungen der Gleichungen $f(x) = 0$; $f'(x) = 0$ und $f''(x) = 0$.
Damit kann der Verlauf des Graphen meist angegeben werden.

Am Funktionsterm erkennt man:

- **Symmetrie:**
  Achsensymmetrie zur y-Achse:
  $\mathbf{f(-x) = f(x)}$
  Punktsymmetrie zum Ursprung:
  $\mathbf{f(-x) = -f(x)}$
- **Verhalten für $x \to \pm\infty$:**
  Man betrachtet die höchste Potenz n von x und ihren Koeffizienten a_n:
  Wenn **n gerade und $a_n > 0$** ist, so strebt $f(x) \to +\infty$ für $x \to \pm\infty$.
  Wenn **n gerade und $a_n < 0$** ist, so strebt $f(x) \to -\infty$ für $x \to \pm\infty$.
  Wenn **n ungerade und $a_n > 0$** ist, so strebt $f(x) \to +\infty$ für $x \to +\infty$ und $f(x) \to -\infty$ für $x \to -\infty$.
  Wenn **n ungerade und $a_n < 0$** ist, so strebt $f(x) \to -\infty$ für $x \to +\infty$ und $f(x) \to +\infty$ für $x \to -\infty$.

Beispiel 1: *(Einfache Eigenschaften)*
Untersuchen Sie die Funktion f bzw. ihren Graphen K auf Symmetrie und Verhalten für $x \to \pm\infty$.

a) $f(x) = -x^3 + 6x$ b) $f(x) = 2x^4 - 3x^2$

Lösung:

a) Wegen $f(-x) = -f(x)$ ist K punktsymmetrisch zu $O(0|0)$;
es ist $n = 3$ und $a_3 = -1 < 0$, d.h.
für $x \to +\infty$ strebt $f(x) \to -\infty$ und
für $x \to -\infty$ strebt $f(x) \to +\infty$.

b) Wegen $f(-x) = f(x)$ ist K achsensymmetrisch zur y-Achse;
es ist $n = 4$ und $a_4 = 2 > 0$, d.h.
für $x \to \pm\infty$ strebt $f(x) \to +\infty$.

Beispiel 2: *(Wichtige Punkte)*
Untersuchen Sie den Graphen K der Funktion f mit

$$f(x) = \frac{1}{12}x^3 - 3x;\quad x \in \mathbb{R}$$

auf gemeinsame Punkte mit der x-Achse, Extrem- und Wendepunkte und zeichnen Sie damit K.

Lösung:

Gemeinsame Punkte mit der x-Achse:

$f(x) = 0$ ergibt $\frac{1}{12}x^3 - 3x = 0$ und somit
$\frac{1}{12}x(x^2 - 36) = 0$.

Der Satz vom Nullprodukt liefert $x = 0$ oder $x^2 - 36 = 0$.

Wichtige Punkte:

- **Gemeinsame Punkte mit der x-Achse** haben die Lösungen von $\mathbf{f(x) = 0}$ als x-Wert.
- **Schnittpunkt mit der y-Achse** hat $\mathbf{f(0)}$ als y-Wert.
- Wenn $\mathbf{f'(x_E) = 0}$ und $\mathbf{f''(x_E) \neq 0}$, so ist $E(x_E | f(x_E))$ ein **Extrempunkt** von K.
- Wenn $\mathbf{f''(x_W) = 0}$ und $\mathbf{f'''(x_W) \neq 0}$, so ist $W(x_W | f(x_W))$ ein **Wendepunkt** von K.

Da $x^2 - 36 = 0$ nur für $x = \pm 6$ gilt, sind die gemeinsamen Punkte von K und der x-Achse

$O(0|0)$ und $X_1(+6|0)$ und $X_2(-6|0)$.

Ableitungen:
Man erhält

$f'(x) = \frac{1}{4}x^2 - 3;$

$f''(x) = \frac{1}{2}x;$

$f'''(x) = \frac{1}{2}.$

> Man sollte parallel zur Rechnung eine **Skizze erstellen**, in welche die gewonnenen Ergebnisse eingezeichnet werden. Man kann so rasch **Rechenfehler entdecken.**

Extrempunkte:
$f'(x) = 0$ ergibt $\frac{1}{4}x^2 - 3 = 0$ und somit $\frac{1}{4}(x^2 - 12) = 0$. Also ist $x = \pm 2\sqrt{3}$.
Da $f(+2\sqrt{3}) = -4\sqrt{3}$, $f(-2\sqrt{3}) = +4\sqrt{3}$, und
$f''(+2\sqrt{3}) = +\sqrt{3} > 0$, $f''(-2\sqrt{3}) = -\sqrt{3} < 0$
ist, hat K

den Hochpunkt $H(-2\sqrt{3}|+4\sqrt{3})$ und
den Tiefpunkt $T(+2\sqrt{3}|-4\sqrt{3})$.

Wendepunkte:
$f''(x) = 0$ ergibt $\frac{1}{2}x = 0$ und somit $x = 0$.
Da $f(0) = 0$ und $f'''(0) = \frac{1}{2} \neq 0$ ist, hat K

den Wendepunkt $W(0|0)$.

Man erhält mit einer Wertetabelle den nebenstehenden Graphen.

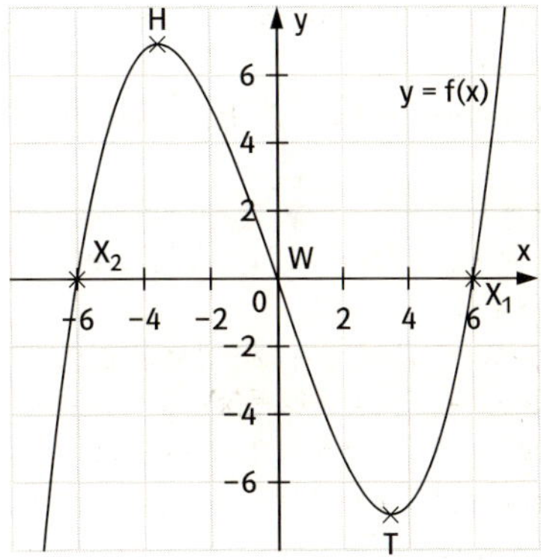

Aufgaben

1. Untersuchen Sie die Funktion f bzw. ihren Graphen K auf Symmetrie und Verhalten für $x \longrightarrow \pm\infty$.

a) $f(x) = 2x^4 + 3x^2 - 7$ b) $f(x) = \frac{1}{10}x^5 - 20x$ c) $f(x) = -4x^6 + 3x^2 - 7x$
d) $f(x) = -\frac{2}{3}x^5 + 4x^4$ e) $f(x) = -2x^3 + 6x$ f) $f(x) = \frac{1}{10}x^6 - x^4 + 3$

2. Untersuchen Sie den Graphen K der Funktion f auf gemeinsame Punkte mit der x-Achse, Extrem- und Wendepunkte und zeichnen Sie damit K.

a) $f(x) = 4x^2 - x^4$ b) $f(x) = x^3 - 6x^2 + 9x$ c) $f(x) = \frac{2}{9}x^4 - \frac{2}{3}x^2 - 4$
d) $f(x) = (x - 4)(x - 2)^3$

2.7 Wie untersuche ich den Graphen einer gebrochenrationalen Funktion?

Beim Verlauf von gebrochenrationalen Funktionen gibt es viel mehr Variationen als bei ganzrationalen Funktionen. Zwar erfolgt die Untersuchung von Funktionen und ihren Graphen im Prinzip wie bei den ganzrationalen Funktionen, doch haben gebrochenrationale Funktionen häufig Definitionslücken, an denen ihr Graph oft eine senkrechte Asymptote besitzt.

Wichtige Punkte:

Sie werden **wie** bei den **ganzrationalen Funktionen** ermittelt.

Beispiel 1: *(Maximale Definitionsmenge und senkrechte Asymptoten)*
Bestimmen Sie für die Funktion f mit Graph K die maximale Definitionsmenge $\mathbb{D}$ und beschreiben Sie das Verhalten von f(x) in einer Umgebung der Definitionslücken von f.

a) $f(x) = \frac{x}{x-2}$ b) $f(x) = \frac{x-2}{x}$

c) $f(x) = \frac{x}{x^2-4}$ d) $f(x) = \frac{x}{x^2+2}$

Lösung:

a) $x - 2 = 0$ ergibt $x = 2$, und folglich $\mathbb{D} = \mathbb{R}\setminus\{2\}$.
Für $x \to 2$ und $x > 2$ strebt $f(x) \to +\infty$, und für $x \to 2$ und $x < 2$ strebt $f(x) \to -\infty$.
Die Gerade mit der Gleichung $x = 2$ ist die senkrechte Asymptote von K.

b) Es ist $\mathbb{D} = \mathbb{R}\setminus\{0\}$.
Für $x \to 0$ und $x > 0$ strebt $f(x) \to -\infty$, und für $x \to 0$ und $x < 0$ strebt $f(x) \to +\infty$.
Die y-Achse ist die senkrechte Asymptote von K.

c) $x^2 - 4 = 0$ ergibt $x = \pm 2$, und folglich ist $\mathbb{D} = \mathbb{R}\setminus\{+2; -2\}$.
Für $x \to +2$ und $x > +2$ sowie für $x \to -2$ und $x > -2$ strebt $f(x) \to +\infty$, und für $x \to +2$ und $x < +2$ sowie für $x \to -2$ und $x < -2$ strebt $f(x) \to -\infty$. Die Geraden mit den Gleichungen $x = +2$ und $x = -2$ sind die senkrechten Asymptoten von K.

d) Die Gleichung $x^2 + 4 = 0$ ist unlösbar wegen $x^2 \geqq 0$ für alle $x \in \mathbb{R}$. Damit gilt $\mathbb{D} = \mathbb{R}$, und K besitzt keine senkrechten Asymptoten.

Definitionsmenge und **senkrechte Asymptoten**

- Die Untersuchung der Nullstellen des **Nenners** des Funktionsterms f(x) liefert die maximale **Definitionsmenge $\mathbb{D}$** der Funktion f.
- An den **Definitionslücken** liegt dann ein **Pol** vor, wenn diese Nullstelle des Nenners keine Nullstelle des Zählers ist. Der Graph hat an den Polen **senkrechte Asymptoten**.
- Man untersucht die Funktionswerte **f(x) in der Umgebung** eines Pols x_0, um zu erkennen, ob $f(x) \to +\infty$ oder $f(x) \to -\infty$ für $x \to x_0$ gilt. Dabei muss man sich dem Pol **von links und von rechts** annähern.

Beispiel 2: *(Verhalten von f(x) für $x \to \pm\infty$)*
Untersuchen Sie für die Funktion f mit Graph K das Verhalten von $f(x) \to \pm\infty$ und geben Sie eventuelle Näherungskurven oder Asymptoten von K an.

a) $f(x) = \frac{2x^2 + x}{x^3 + 1}$ b) $f(x) = \frac{2x^2 + 3x}{5x^2 + 4x}$ c) $f(x) = \frac{x^2}{x-4}$ d) $f(x) = \frac{x^3}{x-4}$

Lösung:

a) Es ist $m = 2 < 3 = n$. Damit strebt $f(x) \to 0$ für $x \to \pm\infty$, und die x-Achse ist die waagrechte Asymptote von K.

b) Es ist $m = 2 = n$. Damit strebt $f(x) \to \frac{2}{5}$ für $x \to \pm\infty$, und die Gerade mit der Gleichung $y = \frac{2}{5}$ ist die waagrechte Asymptote von K.

c) Es ist $m = 2 = n + 1$. Durch Polynomdivision erhält man
$f(x) = \frac{x^2}{x-4} = x + 4 + \frac{16}{x-4}$, und damit besitzt K die schiefe Asymptote mit der Gleichung $y = x + 4$.

d) Es ist $m = 3 > n + 1$. Durch Polynomdivision erhält man
$f(x) = \frac{x^3}{x-4} = x^2 + 4x + 16 + \frac{64}{x-4}$,
und damit besitzt K die Näherungskurve mit der Gleichung $y = x^2 + 4x + 16$.

Verhalten für $x \to \pm\infty$:

Das **Verhalten von f(x) für $x \to \pm\infty$** wird durch den **Grad** m des Polynoms **im Zähler** und den **Grad** n des Polynoms **im Nenner** bestimmt, und zwar gilt für $x \to \pm\infty$:

- Ist **m < n**, so strebt $f(x) \to 0$ und die **x-Achse** ist die **waagrechte Asymptote** von K.
- Ist **m = n**, so strebt $f(x) \to c$, wobei c der Quotient der Koeffizienten der höchsten Potenzen von x im Zähler und Nenner ist. Die Gerade mit der Gleichung **y = c** ist die **waagrechte Asymptote** von K.
- Ist **m = n + 1**, so hat K eine **schiefe Asymptote**, deren Gleichung durch Polynomdivision ermittelt wird.
- Ist **m > n + 1**, so hat K eine **Näherungskurve vom Grad m − n**, deren Gleichung durch Polynomdivision ermittelt wird.

Beispiel 3: *(Wichtige Eigenschaften und wichtige Punkte)*
Gegeben ist die Funktion f mit Graph K durch $f(x) = \frac{3x^2}{x^2+9}$.

a) Bestimmen Sie die maximale Definitionsmenge $\mathbb{D}$ von f, untersuchen Sie K auf Symmetrie und senkrechte Asymptoten sowie f(x) für $x \to \pm\infty$.

b) Untersuchen Sie K auf gemeinsame Punkte mit den Koordinatenachsen sowie Extrem- und Wendepunkte. Zeichnen Sie dann K.

Lösung:

a) *Maximale Definitionsmenge:*
Die Gleichung $x^2 + 9 = 0$ hat keine Lösung und somit gilt $\mathbb{D} = \mathbb{R}$.
Symmetrie:
Wegen $f(-x) = \frac{3(-x)^2}{(-x)^2+9} = \frac{3x^2}{x^2+9} = f(x)$ für alle $x \in \mathbb{D}$ ist K achsensymmetrisch zur y-Achse.
Senkrechte Asymptoten:
Da $\mathbb{D} = \mathbb{R}$ gilt, hat K keine senkrechte Asymptote.
Verhalten von f(x) für $x \to \pm\infty$:
Das Polynom im Zähler von f(x) hat den Grad 2 sowie den höchsten Koeffizienten 3 und das Polynom im Nenner von f(x) hat ebenfalls den Grad 2, aber den höchsten Koeffizienten 1. Damit strebt $f(x) \to 3$ für $x \to \pm\infty$, und die Gerade mit der Gleichung $y = 3$ ist die waagrechte Asymptote von K.

b) *Gemeinsame Punkte mit den Koordinatenachsen:*
$f(x) = 0$ ergibt $3x^2 = 0$ und dann $x = 0$. Also haben K und die Koordinatenachsen nur den gemeinsamen Punkt $O(0|0)$.
Ableitungen:
Mit der Quotienten- und der Kettenregel erhält man

$$f'(x) = 3 \cdot \frac{2x \cdot (x^2+9) - x^2 \cdot 2x}{(x^2+9)^2} = \frac{54x}{(x^2+9)^2}$$

$$f''(x) = 54 \cdot \frac{1 \cdot (x^2+9)^2 - x \cdot 2(x^2+9) \cdot 2x}{(x^2+9)^4} = 54 \cdot \frac{(x^2+9) - 4x^2}{(x^2+9)^3} = \frac{162(3-x^2)}{(x^2+9)^3}$$

Hoch- und Tiefpunkte:
$f'(x) = 0$ ergibt $54x = 0$, d.h. $x = 0$.
Da $f(0) = 0$ und $f''(0) = \frac{162 \cdot 3}{9^3} > 0$ gilt, hat K den Tiefpunkt $T(0|0)$.
Wendepunkte:
$f''(x) = 0$ liefert $3 - x^2 = 0$ und dann $x = \pm\sqrt{3}$.
Nun ist $f(\pm\sqrt{3}) = \frac{3 \cdot 3}{3+9} = \frac{3}{4}$. Liegt nun x in einer Umgebung von $+\sqrt{3}$ und ist $x > +\sqrt{3}$, so ist $f''(x) < 0$, wenn aber x in einer Umgebung von $+\sqrt{3}$ liegt und $x < +\sqrt{3}$ ist, so gilt $f''(x) > 0$. Also hat $f''(x)$ an der Stelle $+\sqrt{3}$ einen Vorzeichenwechsel. Damit hat K den Wendepunkt $W_1\left(+\sqrt{3}\,\middle|\,\frac{3}{4}\right)$ und wegen der Achsensymmetrie auch den Wende--punkt $W_2\left(-\sqrt{3}\,\middle|\,\frac{3}{4}\right)$.
Graph:
Man erhält den abgebildeten Graphen.

- Statt $f''(x_0) > 0$ oder $f''(x_0) < 0$ kann auch ein Vorzeichenwechsel von $f'(x)$ von „−" nach „+" bzw. von „+" nach „−" an der Stelle x_0 nachgewiesen werden.
- Statt $f'''(x_0) \neq 0$ kann auch ein Vorzeichenwechsel von $f''(x)$ an der Stelle x_0 nachgewiesen werden.

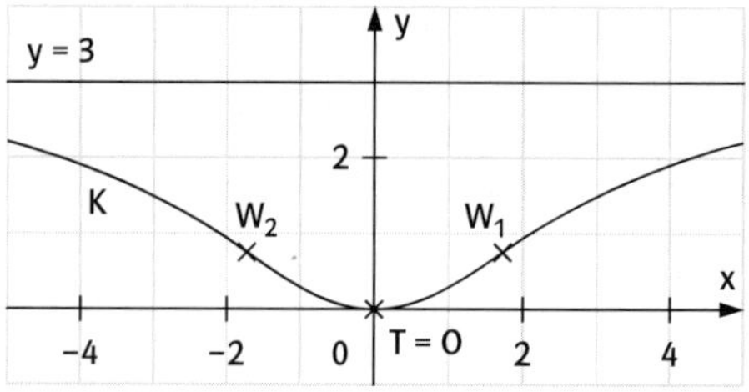

Aufgaben

1. Bestimmen Sie die maximale Definitionsmenge $\mathbb{D}$ von f.

a) $f(x) = \frac{1}{x(x^2-5)}$ b) $f(x) = \frac{1}{x^2-3x+2}$ c) $f(x) = \frac{1}{x^4-x^3-12x^2}$

2. Untersuchen Sie den Graphen K der Funktion f auf gemeinsame Punkte mit den Koordinatenachsen, Hoch- Tief- und Wendepunkte, senkrechte Asymptoten und sein Verhalten für $x \to \pm\infty$. Skizzieren Sie dann K.

a) $f(x) = \frac{2x-4}{3x-2}$ b) $f(x) = \frac{x^2+4}{2x}$ c) $f(x) = \frac{x^2-4}{2x}$

d) $f(x) = \frac{x^3+1}{x}$ e) $f(x) = \frac{x-3}{(x-2)^2}$ f) $f(x) = \frac{2x}{x^2+2}$

g) $f(x) = \frac{2x^2}{x^2+2}$ h) $f(x) = \frac{2x^2-2}{x^2-4}$

2.8 Wie untersuche ich den Graphen einer Expontentialfunktion?

Exponentialfunktionen und ihre Graphen werden auf dieselbe Weise untersucht wie ganzrationale Funktionen. Nur das Verhalten von f(x) für $x \to +\infty$ und für für $x \to -\infty$ bei einer Exponentialfunktion f wird durch andere Regeln beherrscht.

Wichtige Punkte:

Sie werden **wie** bei den **ganzrationalen Funktionen** ermittelt.

Beispiel 1: *(Verhalten für $x \to \pm\infty$)*
Untersuchen Sie die Funktion f bzw. ihren Graphen K auf das Verhalten für $x \to \pm\infty$.
a) $f(x) = 2e^{1-x}$ b) $f(x) = (x^2 - 2x)e^x$
c) $f(x) = e^{-x} + 3$ d) $f(x) = e^x + 2x$

Lösung:
a) Es ist $f(x) = 2e^{1-x} = \frac{2e}{e^x}$ und somit gilt:
Für $x \to +\infty$ strebt $f(x) \to 0$,
d. h. die x-Achse ist waagrechte Asymptote von K für $x \to +\infty$.
Für $x \to -\infty$ strebt $f(x) \to +\infty$.
b) Für $x \to +\infty$ strebt $x^2 - 2x \to +\infty$ und $e^x \to +\infty$ und somit $f(x) \to +\infty$.
Für $x \to -\infty$ strebt $x^2e^x \to 0$ und $2xe^x \to 0$ und somit $f(x) \to 0$,
d. h. die x-Achse ist waagrechte Asymptote von K für $x \to -\infty$.
c) Für $x \to +\infty$ strebt $e^{-x} \to 0$ und somit $f(x) \to 3$, d. h. die Gerade mit der Gleichung $y = 3$ ist waagrechte Asymptote von K für $x \to +\infty$.
Für $x \to -\infty$ strebt $f(x) \to +\infty$.
d) Für $x \to +\infty$ strebt $e^x \to +\infty$ und $2x \to +\infty$ und somit $f(x) \to +\infty$.
Für $x \to -\infty$ strebt $e^x \to 0$ und $2x \to -\infty$ und somit $f(x) \to -\infty$; da aber auch $f(x) - 2x \to 0$ strebt für $x \to -\infty$, ist die Gerade mit der Gleichung $y = 2x$ schiefe Asymptote von K für $x \to -\infty$.

Verhalten für $x \to \pm\infty$:

Grundlage ist:

Für $\mathbf{x \to +\infty}$ strebt $\mathbf{e^x \to +\infty}$.
Für $\mathbf{x \to -\infty}$ strebt $\mathbf{e^x \to 0}$, d. h. die **x-Achse ist die Asymptote** des Graphen von f mit $f(x) = e^x$.

Darüber hinaus gilt für $n \in \mathbb{N}$ mit $n \geqq 1$:

Für $\mathbf{x \to +\infty}$ strebt $\mathbf{x^n \cdot e^x \to +\infty}$.
Für $\mathbf{x \to -\infty}$ strebt $\mathbf{x^n \cdot e^x \to 0}$, d. h. die **x-Achse ist die Asymptote** des Graphen von f mit $f(x) = x^n \cdot e^x$.

Beispiel 2: *(Wichtige Punkte)*
Untersuchen Sie den Graphen K der Funktion f mit

$$f(x) = 2x \cdot e^{1-x}$$

auf gemeinsame Punkte mit der x-Achse, Extrem- und Wendepunkte. Geben Sie das Verhalten von f(x) für $x \to \pm\infty$ und gegebenenfalls auch die Asymptoten von K an und zeichnen Sie dann K.

Lösung:

Gemeinsame Punkte mit der x-Achse:

$f(x) = 0$ ergibt $2x \cdot e^{1-x} = 0$ und somit $x = 0$ wegen $e^{1-x} > 0$ für jedes $x \in \mathbb{R}$.

Der gemeinsame Punkt von K und der x-Achse ist $X(0|0)$.

Ableitungen: Man erhält

$f'(x) = 2(1 - x) \cdot e^{1-x}$; $f''(x) = 2(x - 2) \cdot e^{1-x}$; $f'''(x) = 2(3 - x) \cdot e^{1-x}$.

Extrempunkte:

$f'(x) = 0$ ergibt $2(1 - x) \cdot e^{1-x} = 0$ und dann $1 - x = 0$ wegen $e^{1-x} > 0$. Also ist $x = 1$. Da $f''(1) = 2(1 - 2) \cdot e^{1-1} = -2 < 0$ und $f(1) = 2$ ist, hat K den Hochpunkt $H(1|2)$.

> Neu erhaltene Ergebnisse **immer sofort** in eine Skizze eintragen.

Wendepunkte:

$f''(x) = 0$ ergibt $2(x - 2) \cdot e^{1-x} = 0$ und somit $x - 2 = 0$. Also ist $x = 2$. Da $f(2) = \frac{4}{e}$ und $f'''(2) = 2(3 - 1) \cdot e^{1-2} = 4e^{-1} \neq 0$ ist, hat K den Wendepunkt $W\left(2\middle|\frac{4}{e}\right)$.

Verhalten für $x \to \pm\infty$:

Für $x \to +\infty$ strebt $f(x) \to 0$, d.h. die x-Achse ist waagrechte Asymptote von K für $x \to -\infty$.

Man erhält mit einer zusätzlichen Wertetabelle den nebenstehenden Graphen.

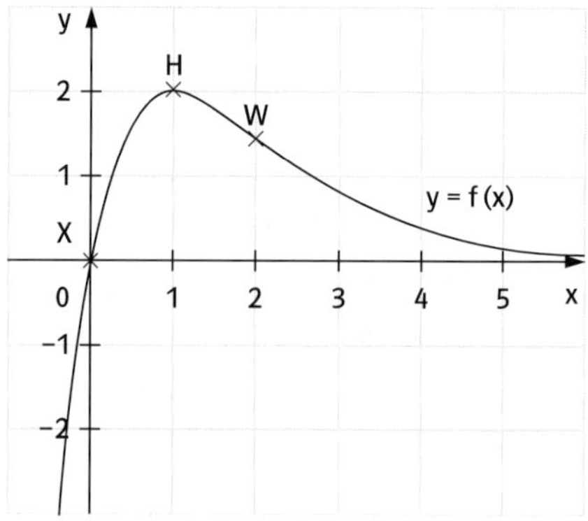

Aufgaben

1. Untersuchen Sie die Funktion f bzw. ihren Graphen K auf das Verhalten für $x \to \pm\infty$ und geben Sie gegebenenfalls die Asymptoten an.

a) $f(x) = 3e^{2x-3}$
b) $f(x) = (2 - x^2)e^{-x}$
c) $f(x) = xe^{x+2} - 3$
d) $f(x) = e^{-x} - ex$
e) $f(x) = 2e^{x} + e$
f) $f(x) = x^2e^{-x} + 2x - 4$

2. Untersuchen Sie den Graphen K der Funktion f auf gemeinsame Punkte mit den Koordinatenachsen, Extrem- und Wendepunkte. Geben Sie das Verhalten von f(x) für $x \to \pm\infty$ und gegebenenfalls auch die Asymptoten von K an und zeichnen Sie dann K.

a) $f(x) = 2e^{0,25x-1} - 3$
b) $f(x) = e^{-2x} + \frac{1}{3}x$
c) $f(x) = (x - 1)e^{x+1}$
d) $f(x) = (2 - x^2)e^{-x}$

2.9 Wie bestimme ich Tangenten und Normalen?

Bei gegebenem Funktionsterm f(x) stellt sich oft die Aufgabe, an den Graphen K von f Tangenten zu bestimmen, die durch gegebene Punkte verlaufen oder eine gegebene Steigung besitzen. Entscheidend dabei ist, dass die Tangente im Berührpunkt $B(x_B | f(x_B))$ die Steigung $f'(x_B)$ hat. Manchmal wird auch nach einer Normalen eines Graphen gefragt, die immer orthogonal zur Steigung der Tangente im Berührpunkt verläuft.

Drei Grundaufgaben zu Tangenten

Tangente t an K

- mit **Berührpunkt $B(x_B | f(x_B))$:** t hat die Steigung $f'(x_B)$, und ihre Gleichung erhält man mit der Punktsteigungsform der Geradengleichung.
- mit der **Steigung m:** Aus $f'(x_B) = m$ erhält man den x-Wert x_B des Berührpunktes $B(x_B | f(x_B))$ und dann wie oben eine Gleichung von t.
- durch den **Punkt $P(x_0 | y_0)$**, der **nicht auf K** liegt: Es ist
  $$y - f(x_B) = f'(x_B) \cdot (x - x_B)$$
  eine Gleichung von t mit Berührpunkt B.
  Da $P(x_0 | y_0) \in t$ ist, gilt
  $$y_0 - f(x_B) = f'(x_B) \cdot (x_0 - x_B),$$
  woraus man x_B und dann eine Gleichung von t bestimmt.

Beispiel 1: *(Tangentengleichung bestimmen)*
Gegeben ist die Funktion f mit Graphen K durch

$$f(x) = -\tfrac{1}{2}x^2 + 3x - 3\,;\; x \in \mathbb{R}.$$

Bestimmen Sie für K eine Gleichung

a) der Tangente mit Berührpunkt $B(2 | 1)$;

b) der Tangente mit Steigung $\frac{1}{2}$;

c) der Tangente durch den Punkt $P(1 | 4)$.

Lösung:
Es ist $f'(x) = 3 - x$.

a) Da $f'(2) = 1$ ist, ergibt die Punktsteigungsform $y - 1 = 1 \cdot (x - 2)$ und damit
$$y = x - 1.$$

b) Aus $f'(x_B) = 3 - x_B$ erhält man $3 - x_B = \frac{1}{2}$ und damit $x_B = \frac{5}{2}$. Da $f\left(\frac{5}{2}\right) = \frac{11}{8}$ ist, liefert wiederum die Punktsteigungsform
$y - \frac{11}{8} = \frac{1}{2}\left(x - \frac{5}{2}\right)$ die Tangentengleichung
$y = \frac{1}{2}x + \frac{1}{8}$.

c) Die Tangente an K mit Berührpunkt $B(x_B | f(x_B))$ hat die Gleichung
$y - f(x_B) = f'(x_B)(x - x_B)$ und enthält somit den Punkt $P(1 | 4)$, wenn $4 - f(x_B) = f'(x_B)(1 - x_B)$ gilt.
Einsetzen von $f(x_B)$ und $f'(x_B)$ ergibt
$4 - \left(-\frac{1}{2}x_B^2 + 3x_B - 3\right) = (3 - x_B)(1 - x_B)$ und dann
$x_B^2 - 2x_B - 8 = 0$. Dann ist $x_B = 4$ oder $x_B = -2$,
und man erhält die Berührpunkte $B_1(4 | 1)$ und $B_2(-2 | -11)$. Mit diesen Berührpunkten ergeben sich wie in a) die Gleichungen der beiden Tangenten durch $P(1 | 4)$ zu
$$y = -x + 5 \quad \text{und} \quad y = 5x - 1.$$

Sie sollten eine Skizze erstellen!

Beispiel 2: *(Normalengleichung bestimmen)*
Gegeben ist die Funktion f mit Graphen K durch

$$f(x) = e^{-1} - e^{-x};\ x \in \mathbb{R}.$$

Bestimmen Sie eine Gleichung der Normalen von K im Punkt $P(1|f(1))$.

Die **Normale** an den Graphen von f im Punkt $P(x_P|f(x_P))$ hat die **Steigung** $-\frac{1}{f'(x_p)}$.

Lösung:
Es ist nach der Kettenregel $f'(x) = e^{-x}$, d.h. die Normale in P hat die Steigung

$$-\frac{1}{f'(1)} = -\frac{1}{e^{-1}} = -e.$$

Da $f(1) = 0$ ist, liefert die Punktsteigungsform
$y - 0 = -e(x-1)$, also hat die Normale in $P(1|0)$ die Gleichung
$y = -ex + e$.

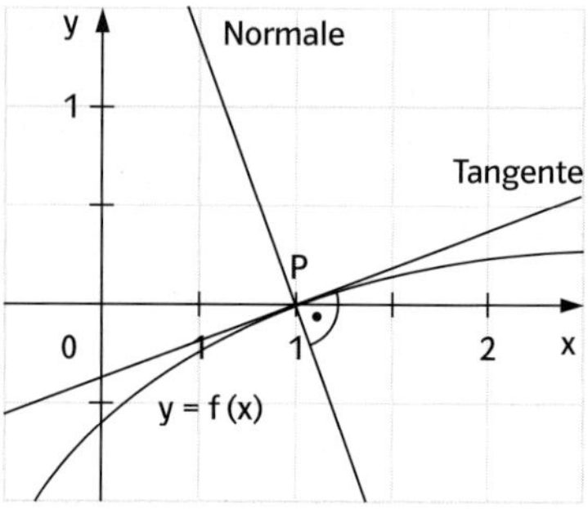

Aufgaben

1. Es sei K der Graph der Funktion f. Bestimmen Sie
eine Gleichung der Tangente t_1 an K mit Berührpunkt B,
eine Gleichung der Tangente t_2 an K mit der Steigung m,
eine Gleichung der Tangente t_3 an K durch den Punkt P, der nicht auf K liegt.

a) $f(x) = \frac{1}{8}x^3 - x^2$; $B(2|-3)$; $m = -2$; $P\left(2\middle|-\frac{15}{2}\right)$
b) $f(x) = \frac{1}{4}x^3 - \frac{1}{2}x$; $B(2|1)$; $m = \frac{1}{4}$; $P(-4|2)$
c) $f(x) = \frac{6}{x^2}$; $B\left(3\middle|\frac{2}{3}\right)$; $m = -\frac{3}{2}$; $P\left(\frac{3}{2}\middle|0\right)$
d) $f(x) = e^x$; $B(0|1)$; $m = \sqrt{e}$; $P(-1|-2\cdot\ln(2))$

2. Es sei K der Graph der Funktion f. Bestimmen Sie
eine Gleichung der Normalen n_1 an K durch den Punkt P,
eine Gleichung der Normalen n_2 an K mit der Steigung m.

a) $f(x) = \frac{1}{6}x^3 - \frac{3}{2}x^2 + 3x$; $P\left(1\middle|\frac{5}{3}\right)$; $m = 1$
b) $f(x) = \frac{1}{2}e^{1-x}$; $P\left(-1\middle|\frac{1}{2}e^2\right)$; $m = 2$

3. An den Graphen K der Funktion f wird im Punkt P die Tangente t gelegt. Bestimmen Sie die Schnittpunkte von K und t.

a) $f(x) = \frac{1}{2}x^3 - \frac{9}{2}x^2 + 9x$; $P(2|4)$
b) $f(x) = \frac{1}{8}x^4 - \frac{1}{2}x^3 - \frac{1}{2}x^2 + 2x$; $P(2|0)$

4. a) Gegeben ist die Funktion f mit $f(x) = x^2 - \frac{1}{8}x^3$ für $0 \leqq x \leqq 4$.
Die Punkte $O(0|0)$ und $P(4|8)$ auf dem Graphen K von f werden durch eine Strecke s verbunden. Welcher Punkt B von K hat von s den größten Abstand?
b) Gegeben ist die Funktion f mit dem Graphen K durch $f(x) = e^{x-1} + 2$.
Welcher Punkt P von K hat von $Q(3|1)$ den kleinsten Abstand?

Bei Aufgabe 4 an Tangente und Normale denken!

2.10 Wie vermeide ich Fehler beim Aufleiten?

Die Umkehrung des Ableitens ist das Bilden einer Stammfunktion und wird deshalb auch „Aufleiten" genannt. Aus den Ableitungen der Funktionen f mit $f(x) = x^r$ und $f(x) = e^x$ erhält man mit der Faktorregel unmittelbar eine Stammfunktion dieser Funktionen. Damit kann man auch Summen solcher Funktionen aufleiten.
Bei Verkettung dieser Funktionen mit einer linearen Funktion g mit $g(x) = px + q$ als innerer Funktion erfolgt die Stammfunktionsbildung mit **linearer Substitution**.

Vorkenntnisse

- Die Funktion f besitzt die Funktion F als eine **Stammfunktion**:
  - $f(x) = 1$ — $F(x) = x$
  - $f(x) = x$ — $F(x) = \frac{1}{2}x^2$
  - $f(x) = x^2$ — $F(x) = \frac{1}{3}x^3$
  - $f(x) = x^3$ — $F(x) = \frac{1}{4}x^4$
  - $f(x) = x^r$ — $F(x) = \frac{1}{r+1}x^{r+1}$ für $r \in \mathbb{R}\setminus\{-1\}$
  - $f(x) = \frac{1}{x}$ — $F(x) = \ln(|x|)$
  - $f(x) = e^x$ — $F(x) = e^x$
- **Summenregel:** Eine Summe wird „summandenweise" aufgeleitet.
- **Faktorregel:** Ein konstanter Faktor bleibt beim Aufleiten erhalten.

Beispiel 1: *(Stammfunktionen ohne lineare Substitution)*
Bestimmen Sie eine Stammfunktion F von f.

a) $f(x) = x^4$
b) $f(x) = 2x + x^2$
c) $f(x) = 3x^2 - 6x + 2$
d) $f(x) = 2x^3 - 6e^x$
e) $f(x) = \frac{4}{x^2}$
f) $f(x) = -\frac{5}{x}$

Lösung:

a) $F(x) = \frac{1}{5}x^5$
b) $F(x) = 2 \cdot \frac{1}{2}x^2 + \frac{1}{3}x^3 = x^2 + \frac{1}{3}x^3$
c) $F(x) = 3 \cdot \frac{1}{3}x^3 - 6 \cdot \frac{1}{2}x^2 + 2 \cdot x = x^3 - 3x^2 + 2x$
d) $F(x) = \frac{1}{2}x^4 - 6e^x$
e) $F(x) = 4 \cdot \frac{1}{-2+1}x^{-2+1} = -\frac{4}{x}$
f) $F(x) = -5 \cdot \ln(|x|)$

Statt $\frac{1}{x^2}$ kann man auch x^{-2} schreiben. Dadurch fällt manchem das Aufleiten leichter.

Lineare Substitution px + q

Ist F eine Stammfunktion von f, so ist G mit $\mathbf{G(x) = \frac{1}{p}F(px + q)}$ eine Stammfunktion von g mit $\mathbf{g(x) = f(px + q)}$ für $p \neq 0$.

Beispiel 2: *(Stammfunktionen mit linearer Substitution)*
Bestimmen Sie eine Stammfunktion F von f.

a) $f(x) = (2x - 3)^3$
b) $f(x) = e^{3x}$
c) $f(x) = \frac{4}{(2x-5)^2}$
d) $f(x) = \frac{4}{2x-5}$

Lösung:

a) Mit $p = 2$ und $q = -3$ erhält man $F(x) = \frac{1}{2} \cdot \left(\frac{1}{4}(2x-3)^4\right) = \frac{1}{8} \cdot (2x-3)^4$.
b) Mit $p = 3$ und $q = 0$ erhält man $F(x) = \frac{1}{3} \cdot e^{3x}$.
c) Mit $p = 2$ und $q = -5$ erhält man $F(x) = \frac{1}{2} \cdot \frac{1}{-2+1} \cdot \frac{4}{(2x-5)^{2-1}} = \frac{-2}{2x-5}$.
d) Mit $p = 2$ und $q = -5$ erhält man $F(x) = \frac{1}{2} \cdot 4 \cdot \ln(|2x-5|) = 2 \cdot \ln(|2x-5|)$.

Aufgaben

1. Bestimmen Sie eine Stammfunktion F der rationalen Funktion f.

a) $f(x) = x^2$
b) $f(x) = x^5$
c) $f(x) = x^{-3}$
d) $f(x) = x^{-1}$
e) $f(x) = \frac{1}{x^4}$
f) $f(x) = \frac{1}{x}$
g) $f(x) = 4x^5$
h) $f(x) = -8x^7$
i) $f(x) = 4x^{-3}$
k) $f(x) = -8x^{-3}$
l) $f(x) = \frac{-2}{x^5}$
m) $f(x) = -\frac{12}{x^7}$
n) $f(x) = 2x^5 - 3x^4 + 3x^2$
o) $f(x) = \frac{1}{2}x^3 - \frac{2}{3}x^2 - \frac{3}{4}x$
p) $f(x) = -\frac{2}{5}x^4 + \frac{3}{4}x^2 - \frac{1}{8}$
q) $f(x) = \frac{5}{3}x^4 - \frac{6}{5}x^3 - \frac{2}{5}x^2 - 4$
r) $f(x) = \frac{7}{3}x^6 + \frac{3}{4}x^{-2} - \frac{4}{x}$
s) $f(x) = \frac{4}{3}x^3 + \frac{3}{4}x - \frac{15}{2}x - \frac{7}{x} + \frac{9}{x^3}$

2. Bestimmen Sie eine Stammfunktion F der Exponentialfunktion f.

a) $f(x) = e^x$
b) $f(x) = 4e^x$
c) $f(x) = -5e^x$
d) $f(x) = \frac{3}{2}e^x$

3. Bestimmen Sie eine Stammfunktion F der Funktionen f.

a) $f(x) = 5e^x - 2x^3$
b) $f(x) = -e^x + \frac{4}{3}x^3 - \frac{4}{5}x$
c) $f(x) = 2x + 3e^x - \frac{2}{5}x^3$
d) $f(x) = -\frac{2}{x^2} - 5e^x + \frac{3}{7}x^2$
e) $f(x) = -x^2 + \frac{1}{2x} + 3e^x - \frac{2}{5x^2}$
f) $f(x) = -\frac{8}{3}x^3 + \frac{2}{3x} + 8e^x - \frac{3}{4x^3}$

4. Bestimmen Sie mit linearer Substitution eine Stammfunktion F von f.

a) $f(x) = (2x-3)^3$
b) $f(x) = (4-5x)^4$
c) $f(x) = \frac{2}{3}(3-4x)^5$
d) $f(x) = \frac{4}{3}\left(3 - \frac{1}{2}x\right)^3 - (1-x)^4$
e) $f(x) = \frac{4}{(2x+3)^3}$
f) $f(x) = \frac{-5}{(4-5x)^4}$
g) $f(x) = \frac{6}{4-5x}$
h) $f(x) = \frac{-2}{3x-2}$
i) $f(x) = \frac{2}{3-x} - \frac{5}{2x^2}$
k) $f(x) = \frac{2}{2-5x} - \frac{1}{2(1-x)^2}$
l) $f(x) = e^{\frac{2}{3}x+4}$
m) $f(x) = 6e^{3-\frac{4}{5}x}$
n) $f(x) = 6e^{2x} - e^{3x}$
o) $f(x) = 3e^{1+2x} - e^{0{,}02x-2}$
p) $f(x) = 0{,}04e^{-0{,}05x+0{,}3} + \frac{2}{x}$
q) $f(x) = e^{0{,}5-0{,}25x} + (2x+1)(1-3x)$

5. Bestimmen Sie eine Stammfunktion F von f mit der angegebenen Eigenschaft.

a) $f(x) = \frac{4}{3}(2-4x)^3$ und $F(1) = 0$
b) $f(x) = \frac{2}{5}(2x+4)^4$ und $F(-2) = 3$
c) $f(x) = \frac{4}{(2-x)^2}$ und $F(1) = 3$
d) $f(x) = \frac{4}{3x+3}$ und $F(0) = \ln(3)$
e) $f(x) = 3e^{2x} + 1$ und $F(\ln(2)) = \ln(2)$
f) $f(x) = 4e^{3x} - 2e^{-2x}$ und $F(0) = 2$

2.11 Wie bestimme ich einfache Flächeninhalte?

Ist das nebenstehende Verfahren bekannt, sollten kaum Probleme bestehen, da das „Aufleiten" von ganzrationalen Funktionen und einfachen Exponentialfunktionen meist leicht durchführbar ist.

Das Verfahren

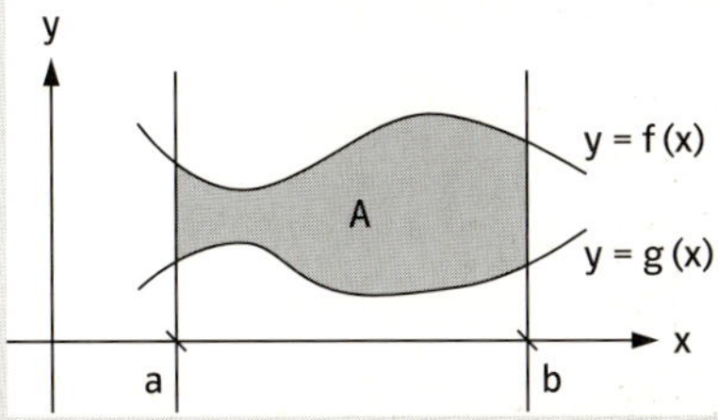

Wenn $f(x) \geqq g(x)$ für alle $x \in [a;\ b]$ ist, so gilt

$$A = \int_a^b (f(x) - g(x))\,dx$$
$$= [F(x) - G(x)]_a^b$$
$$= (F(b) - G(b)) - (F(a) - G(a)).$$

Dies gilt auch, wenn die x-Achse der Graph von f oder von g ist.

Beispiel 1: *(Grundaufgabe der Flächeninhaltsbestimmung)*
Der Graph K der Funktion f mit

$$f(x) = 4 - \tfrac{1}{2}x^2; \qquad x \in \mathbb{R},$$

die Geraden g und h mit den Gleichungen $x = 1$ und $x = 2$ sowie die x-Achse umschließen eine Fläche F.

a) Skizzieren Sie K und die Fläche F.
b) Bestimmen Sie den Inhalt A von F.

Lösung:
a) Fig. 1
b) Für den Flächeninhalt A gilt, da F mit $F(x) = 4x - \frac{1}{6}x^3$ eine Stammfunktion von f ist:

$$A = \int_1^2 f(x)\,dx = \int_1^2 \left(4 - \tfrac{1}{2}x^2\right)dx = \left[4x - \tfrac{1}{6}x^3\right]_1^2$$
$$= \left(4 \cdot 2 - \tfrac{1}{6} \cdot 2^3\right) - \left(4 \cdot 1 - \tfrac{1}{6} \cdot 1^3\right) = \tfrac{17}{6}.$$

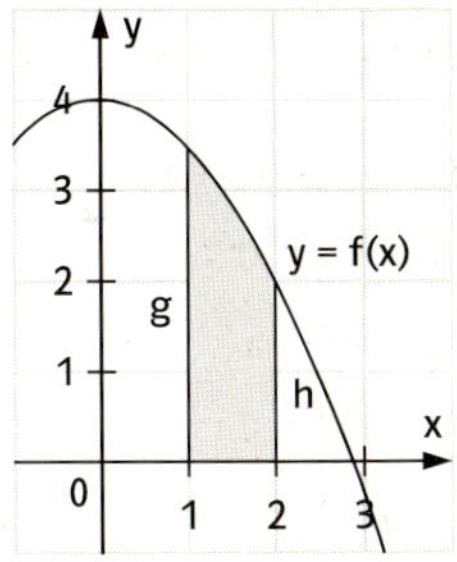

Fig. 1

Beispiel 2: *(Flächeninhalte bestimmen)*
Gegeben sind für $x \geqq 0$ die Funktionen f und g mit den Graphen K_f und K_g durch

$$f(x) = 7 - x^2 \qquad \text{und} \qquad g(x) = -\tfrac{1}{16}x^4 + x^2.$$

a) Skizzieren Sie K_f und K_g.
b) Zeigen Sie, dass K_f und die Koordinatenachsen eine Fläche mit dem Inhalt $A = \frac{14}{3}\sqrt{7}$ einschließen.
c) K_f, K_g und die y-Achse umschließen eine Fläche mit dem Inhalt B. Bestimmen Sie B.

Lösung:
a) Fig. 2
b) K_f schneidet die x-Achse in $X(\sqrt{7} \mid 0)$, also gilt

$$A = \int_0^{\sqrt{7}} f(x)\,dx = \int_0^{\sqrt{7}} (7 - x^2)\,dx = \left[7x - \tfrac{1}{3}x^3\right]_0^{\sqrt{7}} = \tfrac{14}{3}\sqrt{7}.$$

c) K_f und K_g schneiden sich in $S(2 \mid 3)$, folglich gilt

$$B = \int_0^2 (f(x) - g(x))\,dx = \int_0^2 \left(7 - 2x^2 + \tfrac{1}{16}x^4\right)dx = \left[7x - \tfrac{2}{3}x^3 + \tfrac{1}{80}x^5\right]_0^2 = \tfrac{136}{15}.$$

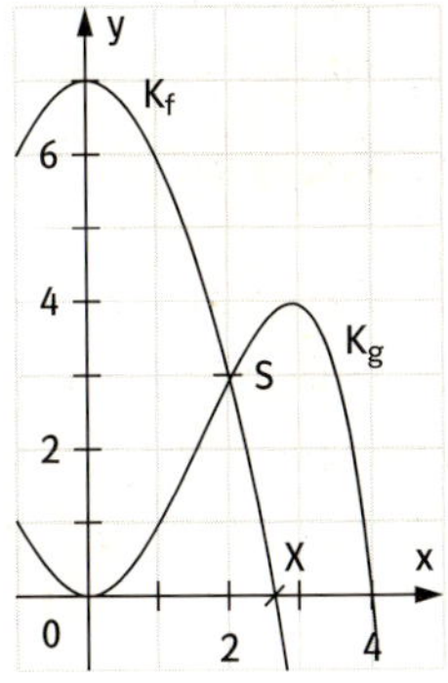

Fig. 2

Aufgaben

> Auch wenn es in der Aufgabe nicht verlangt wird, sollten Sie **stets** eine **Skizze** erstellen.

1. Der Graph der Funktion f sowie die Geraden mit den Gleichungen $x = a$, $x = b$ und $y = 0$ umschließen eine Fläche.
Bestimmen Sie den Inhalt A dieser Fläche.

a) $f(x) = 5 - (x-3)^2$; $a = 2$; $b = 5$

b) $f(x) = x^2 - 8x$; $a = 3$; $b = 6$

c) $f(x) = \frac{5}{(3x-4)^2} + \frac{1}{2}x$; $a = 2$; $b = 4$

d) $f(x) = e^{-2x} + x$; $a = 0$; $b = e$

e) $f(x) = \frac{1}{2}e^{2-\frac{1}{2}x} + 2x$; $a = 4$; $b = 6$

f) $f(x) = \frac{3x+1}{3x-6}$; $a = -6$; $b = -3$

2. Gegeben sind die Funktionen f und g mit den Graphen K_f und K_g durch

$$f(x) = \frac{1}{16}x^3 - x^2 + 4x \quad \text{und} \quad g(x) = -\frac{5}{8}x^2 + 5x - 6;\; x \in \mathbb{R}.$$

a) Zeigen Sie, dass die Graphen K_f und K_g den Punkt $S(4|4)$ enthalten und bestimmen Sie die weiteren Schnittpunkte der beiden Graphen.

b) Bestimmen Sie durch Integration den Inhalt der Fläche, die begrenzt wird von
   (i) K_f und den Geraden mit den Gleichungen $x = 2$ und $x = 6$ und $y = 0$,
   (ii) K_g und den Geraden mit den Gleichungen $x = 0$ und $x = 1$ und $y = 0$,
   (iii) K_f und K_g und den Geraden mit den Gleichungen $x = 1$ und $x = 3$,
   (iv) K_f und K_g und der Geraden mit der Gleichung $x = 8$,
   (v) K_f und K_g im ersten Feld,
   (vi) K_f und K_g.

3. Gegeben sind die Funktionen f, g und h mit den Graphen K_f, K_g und K_h durch

$$f(x) = \frac{1}{6}x^3 - 2x^2 + \frac{16}{3}x,$$
$$g(x) = \frac{1}{3}x^2 - \frac{4}{3}x,$$
$$h(x) = \frac{3}{10}x^2 - \frac{12}{5}x + \frac{24}{5};\; x \in \mathbb{R}.$$

a) Zeigen Sie, dass die Graphen K_f, K_g und K_h den Punkt $S(4|0)$ enthalten und bestimmen Sie die weiteren Schnittpunkte von jeweils zwei der drei Graphen.

b) Bestimmen Sie durch Integration den Inhalt der Fläche, die begrenzt wird von
   (i) K_f und der x-Achse im ersten Feld,
   (ii) K_g und der x-Achse im vierten Feld,
   (iii) K_h und den Koordinatenachsen,
   (iv) K_f und der x-Achse im vierten Feld,
   (v) K_g und K_h,
   (vi) K_f und K_g,
   (vii) K_f und K_h,
   (viii) K_f und K_h und der Verbindungsstrecke von $O(0|0)$ und $S(4|0)$,
   (ix) K_f und K_h und der Verbindungsstrecke von $S(4|0)$ und $T(8|0)$,
   (x) K_f und K_g und K_h, und für die $0 \leqq x \leqq 4$ gilt,
   (xi) K_f und K_g und K_h, und für die $4 \leqq x \leqq 10$ gilt.

Standardtechniken aus dem Bereich Lineare Algebra/Geometrie

2.12 Wie rechne ich mit Vektoren?

Vektoren sind zueinander parallele, gleich lange und gleich gerichtete Pfeile.

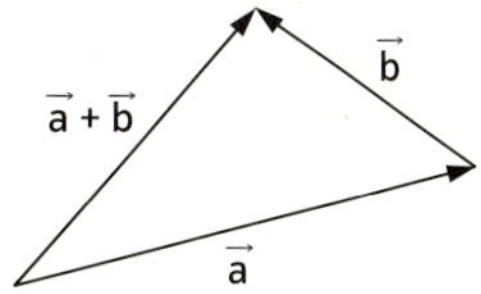

Fig. 1

Fig. 1 zeigt die **Addition** von Vektoren: Der Anfangspunkt des zweiten Pfeiles wird an das Ende des ersten Pfeiles gezeichnet.
Fig. 2 zeigt die **Multiplikation** eines Vektors mit einer reellen Zahl.
Einen Ausdruck wie $5\cdot\vec{a}+7\cdot\vec{b}$ nennt man **Linearkombination** der Vektoren $\vec{a}$ und $\vec{b}$.

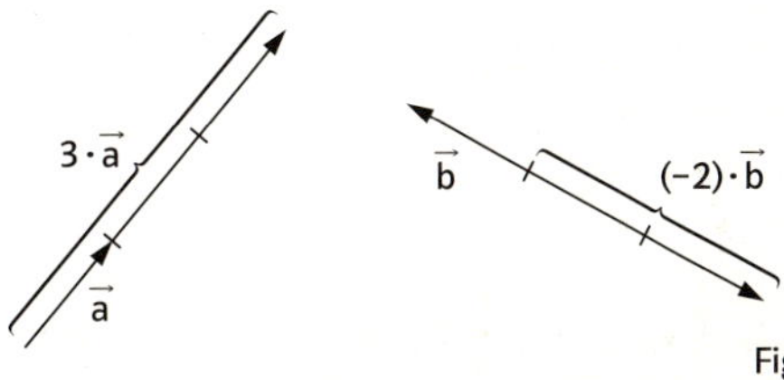

Fig. 2

Punkte und Vektoren im Koordinatensystem: Aus zwei Punkten $A(a_1|a_2|a_3)$ und $B(b_1|b_2|b_3)$ erhält man den Vektor $\overrightarrow{AB}=\begin{pmatrix} b_1-a_1 \\ b_2-a_2 \\ b_3-a_3 \end{pmatrix}$.

Ist O der Koordinatenursprung und $P(p_1|p_2|p_3)$ ein Punkt, so heißt der Vektor
$\overrightarrow{OP}=\begin{pmatrix} p_1-0 \\ p_2-0 \\ p_3-0 \end{pmatrix}=\begin{pmatrix} p_1 \\ p_2 \\ p_3 \end{pmatrix}$ **Ortsvektor** von P.

Unter dem **Betrag** $|\vec{a}|$ eines Vektors $\vec{a}$ versteht man die Länge der zu $\vec{a}$ gehörenden Pfeile. Einen Vektor mit dem Betrag 1 nennt man **Einheitsvektor**. Der Einheitsvektor zu $\vec{a}$ ist $\overrightarrow{a_0}=\frac{1}{|\vec{a}|}\cdot\vec{a}$.

Rechnen mit Vektoren:

Addition:

$$\vec{a}+\vec{b}=\begin{pmatrix} a_1 \\ a_2 \\ a_3 \end{pmatrix}+\begin{pmatrix} b_1 \\ b_2 \\ b_3 \end{pmatrix}=\begin{pmatrix} a_1+b_1 \\ a_2+b_2 \\ a_3+b_3 \end{pmatrix}$$

Multiplikation mit einer reellen Zahl:

$$r\cdot\vec{a}=r\cdot\begin{pmatrix} a_1 \\ a_2 \\ a_3 \end{pmatrix}=\begin{pmatrix} r\cdot a_1 \\ r\cdot a_2 \\ r\cdot a_3 \end{pmatrix};\ r\in\mathbb{R}$$

Betrag eines Vektors $\vec{a}$:

Für $\vec{a}=\begin{pmatrix} a_1 \\ a_2 \end{pmatrix}$ bzw. $\vec{a}=\begin{pmatrix} a_1 \\ a_2 \\ a_3 \end{pmatrix}$ gilt:

$|\vec{a}|=\sqrt{a_1^2+a_2^2}$ bzw. $|\vec{a}|=\sqrt{a_1^2+a_2^2+a_3^2}$.

Die **Länge einer Strecke** $\overline{PQ}$ ist gleich dem Betrag des Vektors $\overrightarrow{PQ}=\vec{q}-\vec{p}$.

Beispiel 1:
Gegeben sind die Vektoren
$\vec{a}=\begin{pmatrix} -2 \\ 7 \\ 9 \end{pmatrix}$ und $\vec{b}=\begin{pmatrix} 11 \\ -5 \\ 3 \end{pmatrix}$.
Berechnen Sie $\vec{c}=-6\cdot\vec{a}+3\cdot\vec{b}$.

Lösung:

$$\vec{c}=-6\cdot\vec{a}+3\cdot\vec{b}=(-6)\cdot\begin{pmatrix} -2 \\ 7 \\ 9 \end{pmatrix}+3\cdot\begin{pmatrix} 11 \\ -5 \\ 3 \end{pmatrix}=\begin{pmatrix} (-6)\cdot(-2)+3\cdot 11 \\ (-6)\cdot 7+3\cdot(-5) \\ (-6)\cdot 9+3\cdot 3 \end{pmatrix}=\begin{pmatrix} 45 \\ -57 \\ -45 \end{pmatrix}$$

Beispiel 2:
Berechnen Sie die Länge der Strecke $\overline{PQ}$ mit $P(1|5|0)$ und $Q(-1|-1|3)$.

Lösung:
Mit $\overrightarrow{PQ} = \vec{q} - \vec{p} = \begin{pmatrix} -1 \\ -1 \\ 3 \end{pmatrix} - \begin{pmatrix} 1 \\ 5 \\ 0 \end{pmatrix} = \begin{pmatrix} -2 \\ -6 \\ 3 \end{pmatrix}$ ergibt sich: $|\overrightarrow{PQ}| = \sqrt{4 + 36 + 9} = \sqrt{49} = 7$.

Aufgaben

1. Fig. 1 zeigt Pfeile der Vektoren $\vec{a}$, $\vec{b}$ und $\vec{c}$. Zeichnen Sie einen Pfeil von
a) $\vec{a} + 2\vec{b}$ b) $3\vec{b} - \vec{c}$ c) $\vec{a} - 2\vec{b} - \vec{c}$.

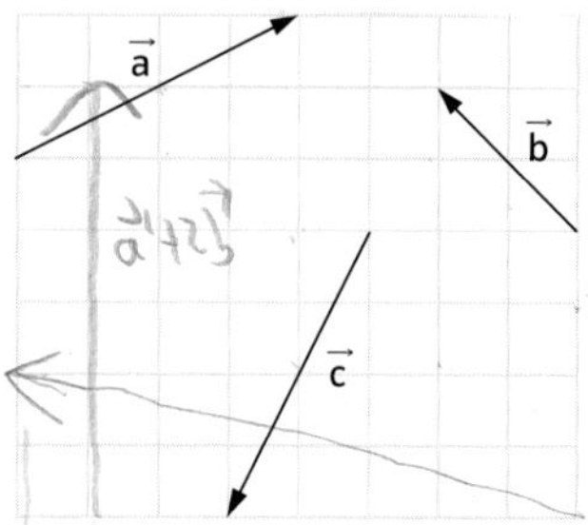

Fig. 1

2. Drücken Sie in Fig. 2 die Vektoren $\vec{x}$ und $\vec{y}$ durch die Vektoren $\vec{a}$, $\vec{b}$ und $\vec{c}$ aus.

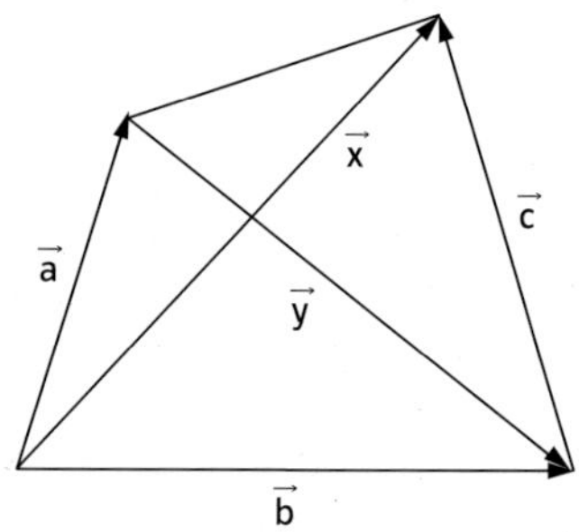

Fig. 2

3. Drücken Sie für die rechteckige Pyramide in Fig. 3 die Diagonale $\overrightarrow{AC}$, die Kanten $\overrightarrow{BS}$, $\overrightarrow{CS}$ und $\overrightarrow{DS}$ sowie die Höhe $\overrightarrow{MS}$ mithilfe der Vektoren $\vec{a}$, $\vec{b}$ und $\vec{c}$ aus.

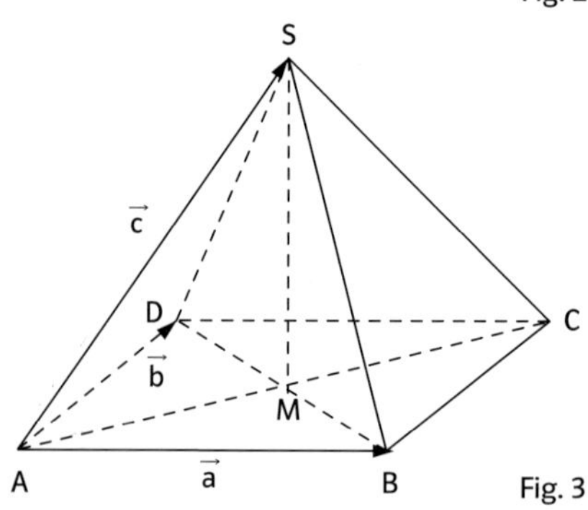

Fig. 3

4. Berechnen Sie für $A(2|1|3)$, $B(-4|5|6)$ und $C(-1|3|9)$ die Koordinaten von
a) $2 \cdot \overrightarrow{AB} + 3 \cdot \overrightarrow{BC}$ b) $4 \cdot \overrightarrow{AC} - 5 \cdot \overrightarrow{AB}$.

5. Stellen Sie den Vektor $\vec{a}$ als Linearkombination der Vektoren $\vec{b}$ und $\vec{c}$ dar.

a) $\vec{a} = \begin{pmatrix} 1 \\ 2 \end{pmatrix}$, $\vec{b} = \begin{pmatrix} -2 \\ 5 \end{pmatrix}$, $\vec{c} = \begin{pmatrix} 4 \\ -1 \end{pmatrix}$

b) $\vec{a} = \begin{pmatrix} 33 \\ 11 \\ -25 \end{pmatrix}$, $\vec{b} = \begin{pmatrix} 3 \\ 7 \\ -2 \end{pmatrix}$, $\vec{c} = \begin{pmatrix} -9 \\ 1 \\ 7 \end{pmatrix}$

6. Bestimmen Sie für den Vektor $\vec{a}$ den Betrag $|\vec{a}|$ und den Einheitsvektor $\vec{a_0}$.

a) $\vec{a} = \begin{pmatrix} 1 \\ 2 \\ 2 \end{pmatrix}$ b) $\vec{a} = \begin{pmatrix} 3 \\ 12 \\ 4 \end{pmatrix}$

7. Berechnen Sie die Längen der Seiten des Dreiecks ABC.
a) $A(1|2|-2)$, $B(3|1|2)$, $C(3|3|0)$ b) $A(5|2|1)$, $B(3|-4|-1)$, $C(2|-1|7)$

2.13 Wie rechne ich mit dem Skalarprodukt zweier Vektoren?

Unter dem **Winkel** α zwischen zwei Vektoren $\vec{a}$ und $\vec{b}$ versteht man den kleineren Winkel zwischen den Pfeilen. Damit gilt: $0 \leqq \alpha \leqq 180°$.

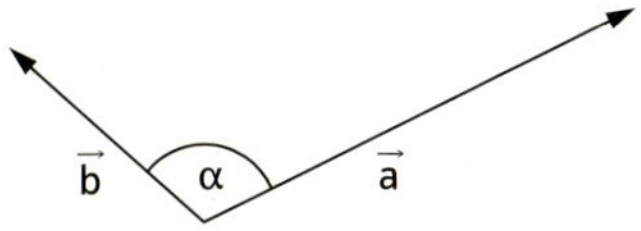

$|\vec{a}| \cdot |\vec{b}| \cdot \cos(\alpha)$ nennt man das **Skalarprodukt** von $\vec{a}$ und $\vec{b}$.

Aus $\vec{a} \cdot \vec{b} = |\vec{a}| \cdot |\vec{b}| \cdot \cos(\alpha)$ folgt $\cos(\alpha) = \frac{\vec{a} \cdot \vec{b}}{|\vec{a}| \cdot |\vec{b}|}$ und damit eine Formel zur **Berechnung des Winkels** α.

Zwei Vektoren $\vec{a}, \vec{b}$ heißen **orthogonal**, wenn die zugehörigen Pfeile mit gleichem Anfangspunkt ebenfalls orthogonal sind.

Ist ein Vektor $\vec{n}$ orthogonal zu zwei linear unabhängigen Vektoren $\vec{a}$ und $\vec{b}$, nennt man $\vec{n}$ einen **Normalenvektor** von $\vec{a}$ und $\vec{b}$.

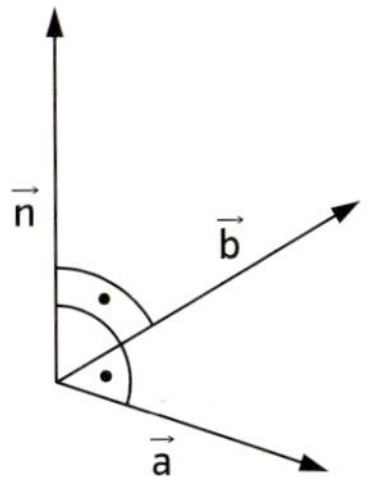

Skalarprodukt zweier Vektoren $\vec{a}$ und $\vec{b}$

$\vec{a} \cdot \vec{b} = |\vec{a}| \cdot |\vec{b}| \cdot \cos(\alpha)$

Koordinatenform des Skalarproduktes

- **in der Ebene:**

$$\vec{a} \cdot \vec{b} = \begin{pmatrix} a_1 \\ a_2 \end{pmatrix} \cdot \begin{pmatrix} b_1 \\ b_2 \end{pmatrix} = a_1 \cdot b_1 + a_2 \cdot b_2$$

- **im Raum:**

$$\vec{a} \cdot \vec{b} = \begin{pmatrix} a_1 \\ a_2 \\ a_3 \end{pmatrix} \cdot \begin{pmatrix} b_1 \\ b_2 \\ b_3 \end{pmatrix} = a_1 \cdot b_1 + a_2 \cdot b_2 + a_3 \cdot b_3$$

Anwendung des Skalarprodukts

- **Winkelberechnung in der Ebene**

$$\cos(\alpha) = \frac{\vec{a} \cdot \vec{b}}{|\vec{a}| \cdot |\vec{b}|} = \frac{a_1 \cdot b_1 + a_2 \cdot b_2}{\sqrt{a_1^2 + a_2^2} \cdot \sqrt{b_1^2 + b_2^2}}$$

- **Winkelberechnung im Raum**

$$\cos(\alpha) = \frac{\vec{a} \cdot \vec{b}}{|\vec{a}| \cdot |\vec{b}|} = \frac{a_1 \cdot b_1 + a_2 \cdot b_2 + a_3 \cdot b_3}{\sqrt{a_1^2 + a_2^2 + a_3^2} \cdot \sqrt{b_1^2 + b_2^2 + b_3^2}}$$

- **Orthogonalität** ($\cos(90°) = 0$)
  a) Verwendung der Orthogonalität:
  Wenn $\vec{a}$ und $\vec{b}$ ($\vec{a} \neq 0$; $\vec{b} \neq 0$) orthogonal sind, dann gilt:
  $\vec{a} \cdot \vec{b} = 0$.
  b) Prüfung auf Orthogonalität:
  Gilt $\vec{a} \cdot \vec{b} = 0$, dann sind $\vec{a}$ und $\vec{b}$ orthogonal.

- **Ermittlung eines Normalenvektors**
  Bedingungen für einen Normalenvektor $\vec{n}$ von $\vec{a}$ und $\vec{b}$ sind:
  $\vec{n} \cdot \vec{a} = 0$ und $\vec{n} \cdot \vec{b} = 0$.

Beispiel 1: *(Winkelberechnung)*
Berechnen Sie den Winkel zwischen den Vektoren $\vec{a} = \begin{pmatrix} 1 \\ 3 \end{pmatrix}$ und $\vec{b} = \begin{pmatrix} 2 \\ 1 \end{pmatrix}$.

Lösung:

Aus $\cos(\alpha) = \frac{\begin{pmatrix} 1 \\ 3 \end{pmatrix} \cdot \begin{pmatrix} 2 \\ 1 \end{pmatrix}}{\sqrt{1^2 + 3^2} \cdot \sqrt{2^2 + 1^2}} = \frac{1 \cdot 2 + 3 \cdot 1}{\sqrt{10} \cdot \sqrt{5}} = \frac{5}{\sqrt{50}} = \frac{5}{5 \cdot \sqrt{2}} = \frac{1}{\sqrt{2}} = \frac{1}{2} \cdot \sqrt{2}$ folgt $\alpha = 45°$.

Beispiel 2: *(Prüfung auf Orthogonalität)*

Prüfen Sie, ob die Vektoren $\vec{a} = \begin{pmatrix} 4 \\ -5 \\ 7 \end{pmatrix}$ und $\vec{b} = \begin{pmatrix} 12 \\ 9 \\ -1 \end{pmatrix}$ orthogonal sind.

Lösung:

Es ist $\vec{a} \cdot \vec{b} = \begin{pmatrix} 4 \\ -5 \\ 7 \end{pmatrix} \cdot \begin{pmatrix} 12 \\ 9 \\ -1 \end{pmatrix} = 4 \cdot 12 + (-5) \cdot 9 + 7 \cdot (-1) = -4 \neq 0.$

Also sind $\vec{a}$ und $\vec{b}$ nicht orthogonal.

Beispiel 3: *(Bestimmung eines Normalenvektors)*

Gegeben sind $\vec{a} = \begin{pmatrix} 1 \\ 2 \\ 3 \end{pmatrix}$ und $\vec{b} = \begin{pmatrix} 2 \\ -1 \\ 5 \end{pmatrix}$. Bestimmen Sie einen Normalenvektor von $\vec{a}$ und $\vec{b}$.

Lösung:

Für einen Normalenvektor $\vec{n} = \begin{pmatrix} n_1 \\ n_2 \\ n_3 \end{pmatrix}$ muss gelten: $\begin{pmatrix} 1 \\ 2 \\ 3 \end{pmatrix} \cdot \begin{pmatrix} n_1 \\ n_2 \\ n_3 \end{pmatrix} = 0$ und $\begin{pmatrix} 2 \\ -1 \\ 5 \end{pmatrix} \cdot \begin{pmatrix} n_1 \\ n_2 \\ n_3 \end{pmatrix} = 0.$

Diese Skalarprodukte ergeben das LGS:

$$\begin{array}{rl} n_1 + 2n_2 + 3n_3 = 0 & \text{bzw.} \quad n_1 + 2n_2 + 3n_3 = 0 \\ 2n_1 - n_2 + 5n_3 = 0 & \text{bzw.} \quad 5n_2 + n_3 = 0 \end{array}.$$

Setzt man $n_2 = 1$, ergibt sich $n_3 = -5$, $n_1 = 13$. Damit ist $\vec{n} = \begin{pmatrix} 13 \\ 1 \\ -5 \end{pmatrix}$ ein Normalenvektor.

Aufgaben

1. Zeichnen Sie das Dreieck ABC und berechnen Sie die Seiten und die Innenwinkel.

a) $A(1|2)$, $B(5|4)$, $C(2|7)$

b) $A(1|-3)$, $B(-2|4)$, $C(-4|-5)$

2. Berechnen Sie den Winkel zwischen den Vektoren $\vec{a}$ und $\vec{b}$.

a) $\vec{a} = \begin{pmatrix} 1 \\ 2 \\ 4 \end{pmatrix}$, $\vec{b} = \begin{pmatrix} -3 \\ -1 \\ 2 \end{pmatrix}$

b) $\vec{a} = \begin{pmatrix} 1 \\ -4 \\ -1 \end{pmatrix}$, $\vec{b} = \begin{pmatrix} -6 \\ -9 \\ -2 \end{pmatrix}$

c) $\vec{a} = \begin{pmatrix} -2 \\ -7 \\ 1 \end{pmatrix}$, $\vec{b} = \begin{pmatrix} 2 \\ -5 \\ 9 \end{pmatrix}$

3. Prüfen Sie, ob die Vektoren $\vec{a}$ und $\vec{b}$ orthogonal sind.

a) $\vec{a} = \begin{pmatrix} 2 \\ 3 \\ 5 \end{pmatrix}$, $\vec{b} = \begin{pmatrix} -1 \\ -1 \\ 1 \end{pmatrix}$

b) $\vec{a} = \begin{pmatrix} -1{,}5 \\ -2 \\ 2 \end{pmatrix}$, $\vec{b} = \begin{pmatrix} 2 \\ -1 \\ 2 \end{pmatrix}$

c) $\vec{a} = \begin{pmatrix} 5 \\ 1 \\ 6 \end{pmatrix}$, $\vec{b} = \begin{pmatrix} -2 \\ -2 \\ 2 \end{pmatrix}$

4. Gegeben sind die Vektoren $\vec{a}$ und $\vec{b}$. Ermitteln Sie einen Normalenvektor von $\vec{a}$ und $\vec{b}$.

a) $\vec{a} = \begin{pmatrix} -1 \\ 0 \\ 1 \end{pmatrix}$, $\vec{b} = \begin{pmatrix} 2 \\ 1 \\ 1 \end{pmatrix}$

b) $\vec{a} = \begin{pmatrix} 4 \\ 5 \\ -3 \end{pmatrix}$, $\vec{b} = \begin{pmatrix} -2 \\ 3 \\ 7 \end{pmatrix}$

c) $\vec{a} = \begin{pmatrix} 3 \\ 1 \\ 7 \end{pmatrix}$, $\vec{b} = \begin{pmatrix} -3 \\ 5 \\ 2 \end{pmatrix}$

2.14 Wie ermittle ich eine Geradengleichung in Parameterform?

Die Gleichung einer Geraden g durch die Punkte P und Q mit den Ortsvektoren $\vec{p}$ und $\vec{q}$ lautet:
$\vec{x} = \vec{p} + t \cdot \vec{u};\ t \in \mathbb{R}$, wobei $\vec{u} = \vec{q} - \vec{p}$ ist.
Da diese Gleichung den Parameter t enthält, spricht man von der **Parameterform** einer Geradengleichung. Durchläuft t alle reellen Zahlen, erhält man jeden Punkt auf g. Der Vektor $\vec{p}$ heißt **Stützvektor**, der Vektor $\vec{u}$ heißt **Richtungsvektor** (Fig. 1).
Wichtige Techniken sind:

- Erstellen einer Zeichnung (Bsp. 1a)
- Aufstellen einer Gleichung (Bsp. 1b)
- Durchführen einer Punktprobe (Bsp. 1c)
- Aufstellen einer Gleichung für Geraden in besonderen Lagen (Bsp. 2).

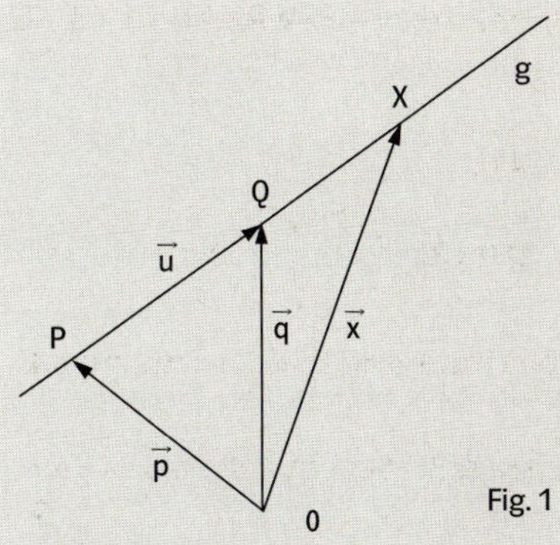

Fig. 1

Parametergleichung einer Geraden:
$\vec{x} = \vec{p} + t \cdot \vec{u};\ t \in \mathbb{R}$

Beispiel 1:
Gegeben sind der Punkt A(−1|2|2) und die Gerade g durch die Punkte P(1|2|3) und Q(2|4|2).
a) Zeichnen Sie g.
b) Stellen Sie eine Gleichung für g auf.
c) Prüfen Sie, ob der Punkt A auf g liegt.

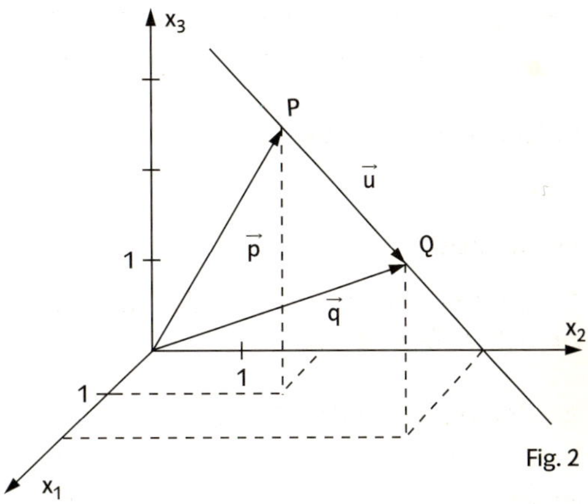

Fig. 2

Lösung:
a) Fig. 2
b) Der Vektor $\vec{p} = \begin{pmatrix} 1 \\ 2 \\ 3 \end{pmatrix}$ ist ein möglicher Stützvektor, der Vektor
$\overrightarrow{PQ} = \vec{q} - \vec{p} = \begin{pmatrix} 2 \\ 4 \\ 2 \end{pmatrix} - \begin{pmatrix} 1 \\ 2 \\ 3 \end{pmatrix} = \begin{pmatrix} 1 \\ 2 \\ -1 \end{pmatrix}$
ein möglicher Richtungsvektor. Damit ergibt sich: g: $\vec{x} = \begin{pmatrix} 1 \\ 2 \\ 3 \end{pmatrix} + t \cdot \begin{pmatrix} 1 \\ 2 \\ -1 \end{pmatrix};\ t \in \mathbb{R}$.
c) Wenn A auf g liegt, muss es eine reelle Zahl geben, welche die Gleichung

$$\begin{pmatrix} 1 \\ 2 \\ 3 \end{pmatrix} + t \cdot \begin{pmatrix} 1 \\ 2 \\ -1 \end{pmatrix} = \begin{pmatrix} -1 \\ 2 \\ 2 \end{pmatrix}$$ erfüllt.

Aus $1 + t = -1$ folgt $t = -2$. Da aber $2 - 2 \cdot 2 \neq 2$ ist, liegt A nicht auf g.

Beispiel 2:

Geben Sie eine Gleichung für eine Gerade an, die

a) mit der x_1-Achse identisch ist,

b) durch den Punkt $A(-2|3|-1)$ geht und parallel zur x_2-Achse verläuft,

c) durch den Punkt $B(7|-5|3)$ geht und parallel zur x_2x_3-Ebene verläuft.

Lösung:

a) Die x_1-Achse kann durch $\vec{x} = t \cdot \begin{pmatrix} 1 \\ 0 \\ 0 \end{pmatrix}$; $t \in \mathbb{R}$ beschrieben werden.

b) Da die x_2-Achse den Richtungsvektor $\vec{v} = \begin{pmatrix} 0 \\ 1 \\ 0 \end{pmatrix}$ hat, ist $\vec{x} = \begin{pmatrix} -2 \\ 3 \\ -1 \end{pmatrix} + t \cdot \begin{pmatrix} 0 \\ 1 \\ 0 \end{pmatrix}$; $t \in \mathbb{R}$ eine Gleichung für die gesuchte Gerade.

c) Für Richtungsvektoren parallel zur x_2x_3-Ebene muss $x_1 = 0$ sein. Also ist $\vec{x} = \begin{pmatrix} 7 \\ -5 \\ 3 \end{pmatrix} + t \cdot \begin{pmatrix} 0 \\ 1 \\ 2 \end{pmatrix}$; $t \in \mathbb{R}$ eine mögliche Gleichung für die gesuchte Gerade.

Aufgaben

1. Die Gerade g geht durch die Punkte $A(1|-2|3)$ und $B(5|4|4)$.

a) Zeichnen Sie g.

b) Stellen Sie eine Gleichung für g auf.

c) Prüfen Sie, ob der Punkt $C(3|4|-1)$ auf g liegt.

2. Die Gerade g geht durch den Punkt $A(1|1|0)$ und verläuft parallel zur x_1x_3-Ebene. Geben Sie eine mögliche Gleichung für g an.

3. Beschreiben Sie die Lage der Geraden

a) g: $\vec{x} = \begin{pmatrix} 2 \\ 0 \\ 0 \end{pmatrix} + t \cdot \begin{pmatrix} 0 \\ 0 \\ 1 \end{pmatrix}$; $t \in \mathbb{R}$

b) h: $\vec{x} = \begin{pmatrix} 0 \\ 1 \\ 0 \end{pmatrix} + t \cdot \begin{pmatrix} 0 \\ 1 \\ 0 \end{pmatrix}$; $t \in \mathbb{R}$.

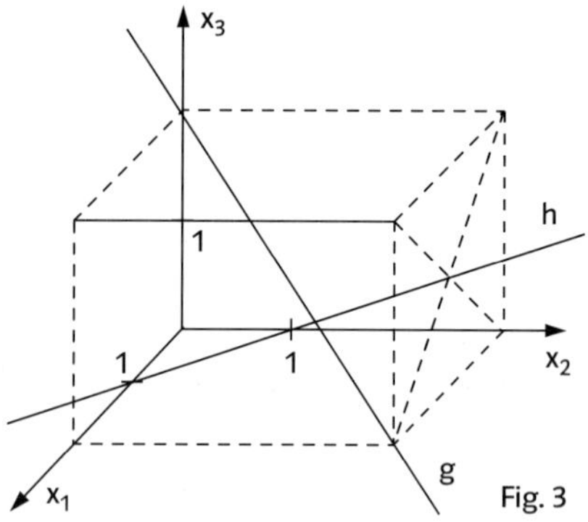

Fig. 3

4. Ermitteln Sie jeweils eine Gleichung der Geraden g und h in Fig. 3.

5. a) Gegeben ist die Gerade g durch die Gleichung $\vec{x} = \begin{pmatrix} -1 \\ 2 \end{pmatrix} + t \cdot \begin{pmatrix} 1 \\ -3 \end{pmatrix}$; $t \in \mathbb{R}$.

Ermitteln Sie eine Gleichung von g in der Form $y = mx + b$.

b) Gegeben ist die Gerade g mit der Gleichung $y = -2x - 3$. Ermitteln Sie eine Parameterdarstellung von g.

2.15 Wie ermittle ich eine Ebenengleichung in Parameterform?

Die Gleichung einer Ebene E mit dem **Stützvektor** $\vec{p}$ und den **Spannvektoren** $\vec{u}$ und $\vec{v}$ lautet (Fig. 1):
$\vec{x} = \vec{p} + r \cdot \vec{u} + s \cdot \vec{v};\ r, s \in \mathbb{R}$.
Wichtige Techniken sind:

- **Aufstellen einer Ebenengleichung** in Parameterform; dabei kann E festgelegt sein durch:
  1) drei Punkte (Bsp. 1)
  2) einen Punkt und eine Gerade (Bsp. 2)
  3) zwei sich schneidende Geraden (Bsp. 3)
  4) zwei parallele Geraden (Bsp. 4)
- **Durchführen einer Punktprobe** (Bsp. 1)

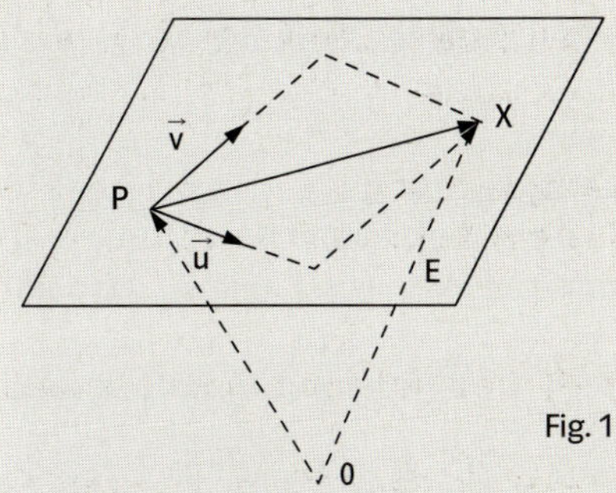

Fig. 1

Parameterform einer Ebenengleichung:
$\vec{x} = \vec{p} + r \cdot \vec{u} + s \cdot \vec{v};\ r, s \in \mathbb{R}$

Beispiel 1:
Gegeben sind die Punkte A(2|−1|5), B(3|2|−1), C(1|0|−4) und D(2|3|−7).
Geben Sie eine Parametergleichung der Ebene E an, die durch die Punkte A, B und C festgelegt ist. Prüfen Sie, ob D in E liegt.

Lösung:
Wählt man den Ortsvektor von A als Stützvektor und $\overrightarrow{AB}$ und $\overrightarrow{AC}$ als Spannvektoren, so gilt (Fig. 2):

$$E\colon \vec{x} = \begin{pmatrix} 2 \\ -1 \\ 5 \end{pmatrix} + r \cdot \begin{pmatrix} 1 \\ 3 \\ -6 \end{pmatrix} + s \cdot \begin{pmatrix} -1 \\ 1 \\ -9 \end{pmatrix};\ r, s \in \mathbb{R}.$$

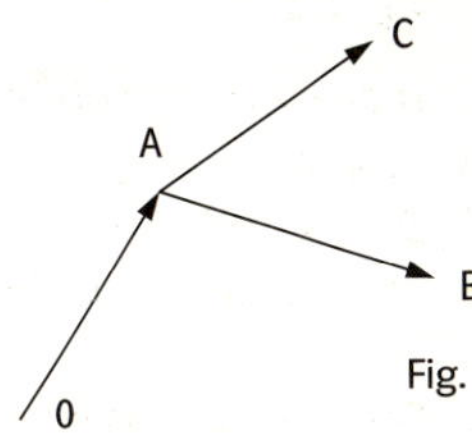

Fig. 2

Wenn D in E liegt, muss es reelle Zahlen r und s geben, welche die Gleichung

$$\begin{pmatrix} 2 \\ -1 \\ 5 \end{pmatrix} + r \cdot \begin{pmatrix} 1 \\ 3 \\ -6 \end{pmatrix} + s \cdot \begin{pmatrix} -1 \\ 1 \\ -9 \end{pmatrix} = \begin{pmatrix} 2 \\ 3 \\ -7 \end{pmatrix} \text{ bzw. das LGS } \left\{ \begin{array}{rl} 2 + r - s = 2 & [1] \\ -1 + 3r + s = 3 & [2] \\ 5 - 6r - 9s = -7 & [3] \end{array} \right. \text{ erfüllen.}$$

Aus [1] und [2] folgt: $r = 1$; $s = 1$. Da aber $5 - 6 \cdot 1 - 9 \cdot 1 \neq -7$ ist, liegt D nicht in E.

Beispiel 2:
Gegeben sind der Punkt A(3|−9|4) und die Gerade g: $\vec{x} = \begin{pmatrix} -1 \\ 3 \\ 8 \end{pmatrix} + r \cdot \begin{pmatrix} 3 \\ -6 \\ -14 \end{pmatrix};\ r \in \mathbb{R}$.

Ermitteln Sie eine Gleichung der Ebene E, welche durch A und g festgelegt ist.

Lösung:
Der Stützvektor $\vec{p}$ von g (Fig. 3) ist auch ein Stützvektor von E. Ein Richtungsvektor $\vec{u}$ von g und $\overrightarrow{PA}$ sind Spannvektoren von E.

$$E\colon \vec{x} = \begin{pmatrix} -1 \\ 3 \\ 8 \end{pmatrix} + r \cdot \begin{pmatrix} 3 \\ -6 \\ -14 \end{pmatrix} + s \cdot \begin{pmatrix} 4 \\ -12 \\ -4 \end{pmatrix};\ r, s \in \mathbb{R}.$$

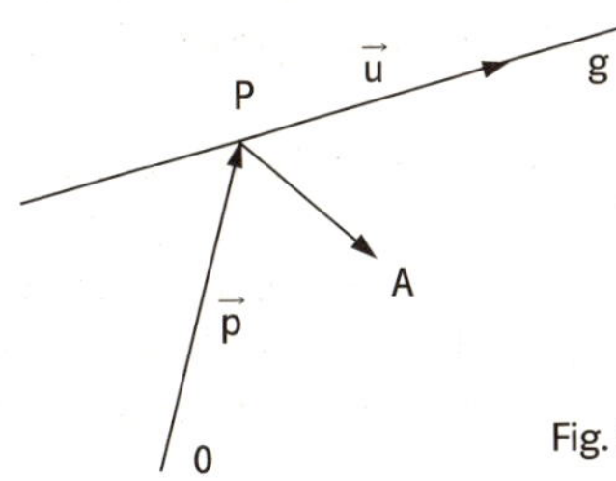

Fig. 3

Beispiel 3:
Die Geraden g: $\vec{x} = \begin{pmatrix} 2 \\ -1 \\ 0 \end{pmatrix} + t \cdot \begin{pmatrix} 3 \\ 1 \\ 1 \end{pmatrix}$ und h: $\vec{x} = \begin{pmatrix} 3 \\ 2 \\ 1 \end{pmatrix} + t \cdot \begin{pmatrix} -1 \\ 1 \\ 0 \end{pmatrix}$ schneiden sich in S(5|0|1).
Geben Sie eine Gleichung der Ebene E an, die durch g und h festgelegt ist.

Lösung:
Der Ortsvektor des Punktes S ist ein Stützvektor, die Richtungsvektoren von g und h sind Spannvektoren von E (Fig. 4). Also gilt:

E: $\vec{x} = \begin{pmatrix} 5 \\ 0 \\ 1 \end{pmatrix} + r \cdot \begin{pmatrix} 3 \\ 1 \\ 1 \end{pmatrix} + s \cdot \begin{pmatrix} -1 \\ 1 \\ 0 \end{pmatrix}$; r, s ∈ ℝ.

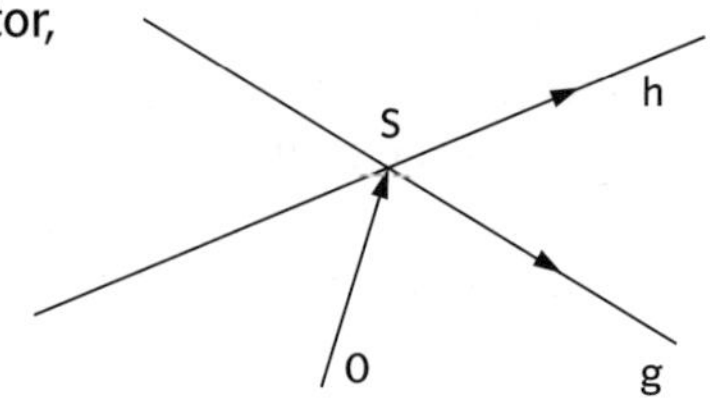

Fig. 4

Beispiel 4:
Die Geraden g: $\vec{x} = \begin{pmatrix} -3 \\ -1 \\ 7 \end{pmatrix} + t \cdot \begin{pmatrix} 2 \\ -1 \\ 3 \end{pmatrix}$ und h: $\vec{x} = \begin{pmatrix} 4 \\ 3 \\ -2 \end{pmatrix} + t \cdot \begin{pmatrix} 2 \\ -1 \\ 3 \end{pmatrix}$ sind parallel.
Geben Sie eine Gleichung der Ebene E an, die durch g und h festgelegt ist.

Lösung:
Ein Stützvektor von g ist auch ein Stützvektor von E. Ein Richtungsvektor von g ist ein Spannvektor von E. Einen zweiten Spannvektor von E erhält man als Differenz $\overrightarrow{PQ} = \vec{q} - \vec{p}$ der Stützvektoren $\vec{p}$ und $\vec{q}$ von g und h (Fig. 5). Also gilt:

E: $\vec{x} = \begin{pmatrix} -3 \\ -1 \\ 7 \end{pmatrix} + r \cdot \begin{pmatrix} 2 \\ -1 \\ 3 \end{pmatrix} + s \cdot \begin{pmatrix} 7 \\ 4 \\ -9 \end{pmatrix}$; r, s ∈ ℝ.

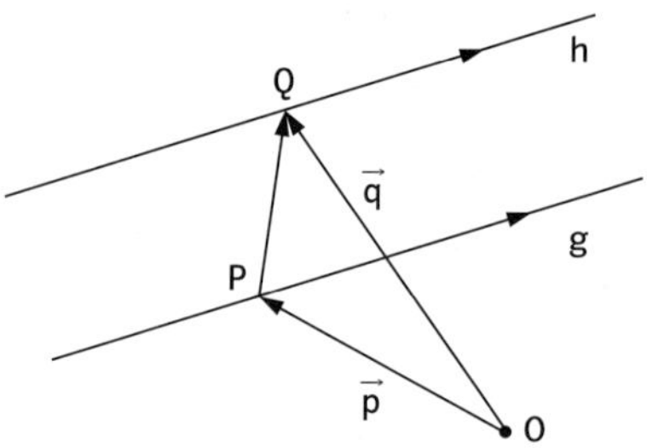

Fig. 5

Aufgaben

1. Die Ebene E enthält die Punkte A(0|1|3), B(−1|5|1) und C(1|4|1).
a) Geben Sie eine Parametergleichung für E an.
b) Prüfen Sie, ob der Punkt D(1|11|−3) in E liegt.

2. In Fig. 6 ist ein Ausschnitt einer Ebene E gekennzeichnet. Geben Sie eine Parametergleichung für E an.

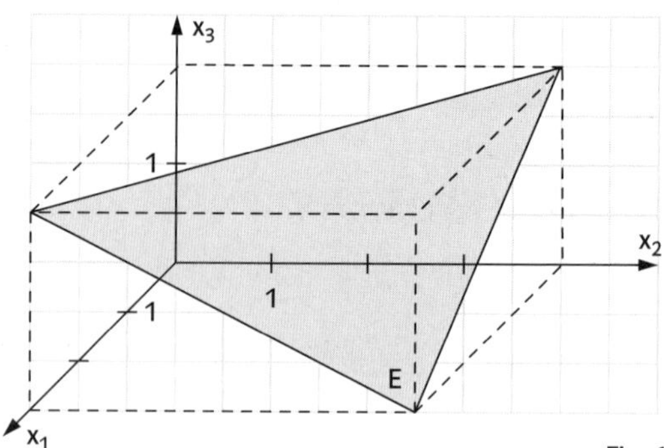

Fig. 6

3. Die Geraden g und h sind parallel; g geht durch A(1|2|−1) und B(−2|3|4), h geht durch C(−1|3|−1).
a) Fertigen Sie eine Skizze an, welche die Lage der Punkte und Geraden verdeutlicht.
b) Geben Sie eine Parametergleichung der Ebene E an, die durch g und h festgelegt ist.

2.16 Wie ermittle ich eine Ebenengleichung in Koordinatenform?

Aus der Parameterform einer Ebenengleichung

$\vec{x} = \vec{p} + r \cdot \vec{u} + s \cdot \vec{v};\ r, s \in \mathbb{R}$

lassen sich die Parameter r und s eliminieren. Man erhält eine Gleichung, die nur die Variablen x_1, x_2 und x_3 enthält:

$a_1 \cdot x_1 + a_2 \cdot x_2 + a_3 \cdot x_3 = b.$ (1)

Die Schnittpunkte der Koordinatenachsen mit einer Ebene heißen **Spurpunkte**.
Mit ihrer Hilfe kann man einen Ausschnitt der Ebene zeichnen.

Wichtige Techniken sind:

- **Aufstellen einer Ebenengleichung** in Koordinatenform
  Sind z. B. drei Punkte gegeben, kann man
  1) die Parameterform angeben und dann die Parameter eliminieren
  (Bsp. 1, 1. Möglichkeit)
  2) die Koordinaten der Punkte in (1) einsetzen und das LGS lösen
  (Bsp. 1, 2. Möglichkeit)
- **Zeichnen** eines Ebenenausschnitts (Bsp. 2)
- **Angabe** eines Normalenvektors (Bsp. 2)
- **Auffinden** einer Gleichung bei gegebener Zeichnung (Bsp. 3)

Koordinatenform einer Ebenengleichung
$\mathbf{a_1 \cdot x_1 + a_2 \cdot x_2 + a_3 \cdot x_3 = b}$

Zeichnen eines Ausschnitts einer Ebene:
$x_2 = x_3 = 0$ ergibt den Spurpunkt $S_1(x_1|0|0)$;
$x_1 = x_3 = 0$ ergibt den Spurpunkt $S_2(0|x_2|0)$;
$x_1 = x_2 = 0$ ergibt den Spurpunkt $S_3(0|0|x_3)$.

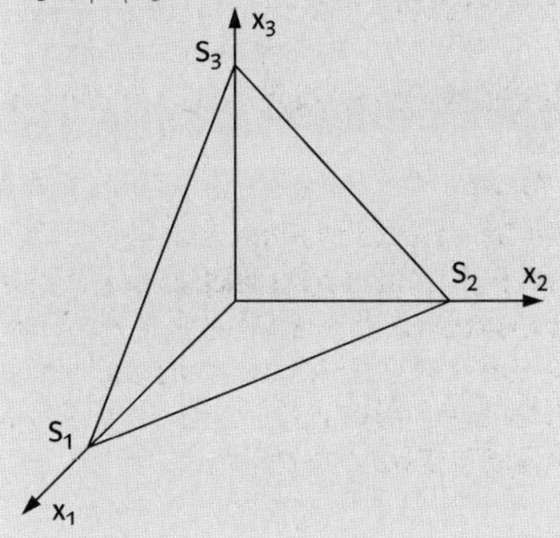

Beispiel 1:
Gegeben sind die Punkte $A(0|1|2)$, $B(3|2|2)$ und $C(-1|1|0)$.
Ermitteln Sie eine Koordinatengleichung der Ebene E, die durch A, B und C geht.

Lösung:
1. Möglichkeit
Der Parametergleichung $\vec{x} = \begin{pmatrix} 0 \\ 1 \\ 2 \end{pmatrix} + r \cdot \begin{pmatrix} 3 \\ 1 \\ 0 \end{pmatrix} + s \cdot \begin{pmatrix} -1 \\ 0 \\ -2 \end{pmatrix}$ entspricht das LGS $\begin{cases} x_1 = 3r - s \\ x_2 = 1 + r \\ x_3 = 2 - 2s \end{cases}$.

Drückt man z. B. r und s durch x_2 und x_3 aus und setzt in die 1. Gleichung ein, ergibt sich
E: $x_1 - 3x_2 - \frac{1}{2}x_3 = -4$ oder einfacher E: $2x_1 - 6x_2 - x_3 = -8$.

2. Möglichkeit
Setzt man in Gleichung (1) die Koordinaten von A, B und C ein, erhält man das LGS

$$\begin{cases} a_2 + 2a_3 = b \\ 3a_1 + 2a_2 + 2a_3 = b \\ -a_1 + a_2 = b \end{cases} \quad \text{bzw.} \quad \begin{cases} 3a_1 + 2a_2 + 2a_3 = b \\ a_2 + 2a_3 = b \\ 8a_3 = b \end{cases}$$

mit der Lösung $a_1 = -\frac{1}{4}b$, $a_2 = \frac{3}{4}b$, $a_3 = \frac{1}{8}b$. Setzt man z. B. $b = -8$, erhält man
E: $2x_1 - 6x_2 - x_3 = -8$.

Beispiel 2:
Zeichnen Sie mithilfe der Spurpunkte einen Ausschnitt der Ebene E: $x_1 + x_2 + 2x_3 = 4$.
Geben Sie einen Normalenvektor von E an.

Lösung:
Schnittpunkt S_1 mit der x_1-Achse:
$x_2 = x_3 = 0;\ x_1 = 4;\ S_1(4|0|0)$;
Schnittpunkt S_2 mit der x_2-Achse:
$x_1 = x_3 = 0;\ x_2 = 4;\ S_2(0|4|0)$;
Schnittpunkt S_3 mit der x_3-Achse:
$x_1 = x_2 = 0;\ x_3 = 2;\ S_3(0|0|2)$.
Fig. 1 zeigt einen Ausschnitt von E.

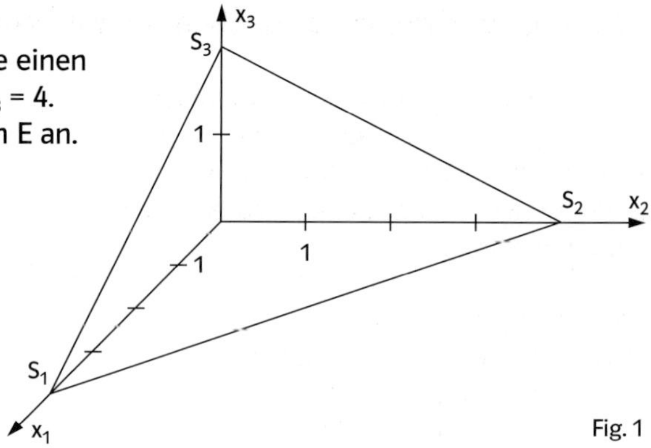

Fig. 1

Ein Normalenvektor von E ist $\vec{n} = \begin{pmatrix} 1 \\ 1 \\ 2 \end{pmatrix}$.

Beispiel 3:
Fig. 2 zeigt einen Ausschnitt der Ebene E.
Ermitteln Sie eine Koordinatengleichung von E.

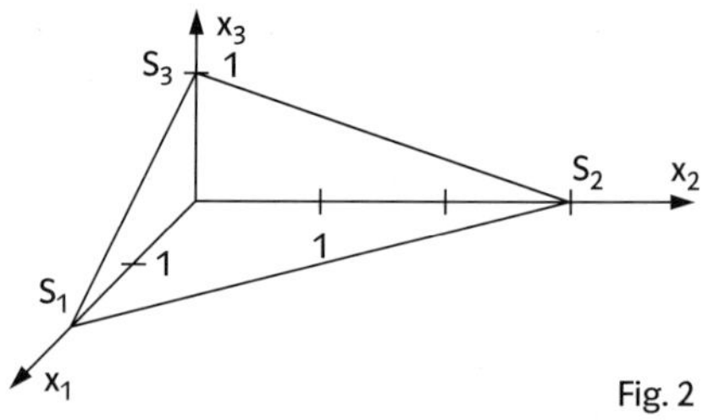

Fig. 2

Lösung:
Die Spurpunkte haben die Koordinaten $S_1(2|0|0)$, $S_2(0|3|0)$, $S_3(0|0|1)$. Die Koordinaten dieser Punkte müssen die Gleichung
$a_1 \cdot x_1 + a_2 \cdot x_2 + a_3 \cdot x_3 = b$ erfüllen.
Es folgt $2a_1 = b$, $3a_2 = b$, $a_3 = b$ und hieraus $a_1 = \frac{b}{2}$, $a_2 = \frac{b}{3}$, $a_3 = b$.
Wählt man z. B. $b = 6$, ergibt sich E: $3x_1 + 2x_2 + 6x_3 = 6$.

Aufgaben

1. Die Punkte A, B und C legen eine Ebene E fest.
Ermitteln Sie eine Koordinatengleichung von E.
a) $A(1|2|7)$, $B(-3|-2|13)$ und $C(7|7|-1)$
b) $A(1|1|2)$, $B(-1|2|4)$ und $C(2|3|3)$
c) $A(1|1|-1)$, $B(2|-5|-8)$ und $C(5|3|-3)$

2. Ermitteln Sie eine Koordinatengleichung der

Ebene E: $\vec{x} = \begin{pmatrix} -1 \\ 2 \\ 1 \end{pmatrix} + r \cdot \begin{pmatrix} 3 \\ 0 \\ -1 \end{pmatrix} + s \cdot \begin{pmatrix} 0 \\ 1 \\ 1 \end{pmatrix}$; $r, s \in \mathbb{R}$.

3. Zeichnen Sie einen Ausschnitt der Ebene E.
a) E: $x_1 - x_2 + x_3 - 3 = 0$ b) E: $8x_1 + 12x_2 + 9x_3 = 24$

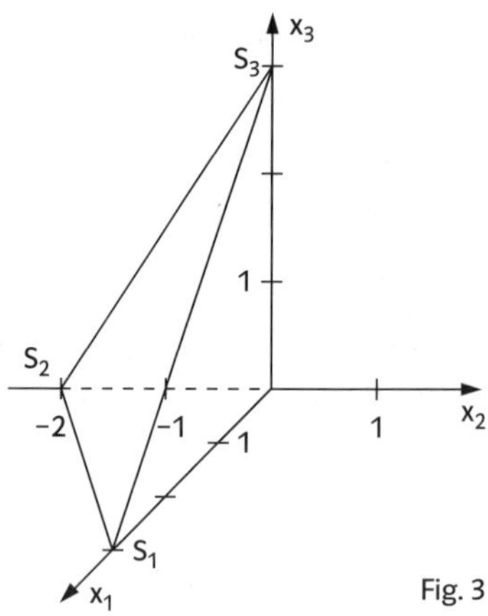

Fig. 3

4. Fig. 3 zeigt einen Ausschnitt einer Ebene E.
Ermitteln Sie eine Koordinatengleichung von E.

2.17 Wie ermittle ich eine Ebenengleichung in Normalenform?

Es sei $\vec{p}$ ein Stützvektor, $\vec{n}$ ein Normalenvektor und $\vec{x}$ der Ortsvektor eines Punktes X in der Ebene E (Fig. 1). Da $\vec{x} - \vec{p}$ orthogonal zu $\vec{n}$ ist, ist das Skalarprodukt dieser Vektoren Null.

Wichtige Techniken sind:

- **Aufstellen** einer Ebenengleichung in Normalenform (Bsp. 1)
- **Umformung** in Koordinatenform (Bsp. 1)
- **Erkennen** eines Zusammenhanges zwischen Richtungs- und Normalenvektoren (Bsp. 2)
- **Umformung** einer Parameterform in eine Normalenform (Bsp. 3)

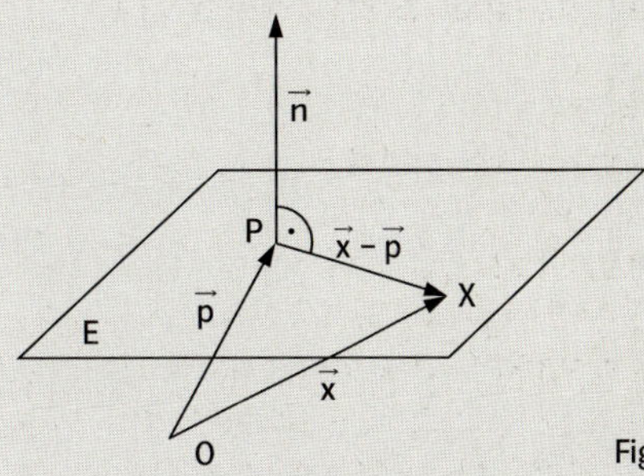

Fig. 1

Normalenform einer Ebenengleichung:
$(\vec{x} - \vec{p}) \cdot \vec{n} = 0$

Beispiel 1:
Eine Ebene E geht durch den Punkt P(1|1|2) und hat den Normalenvektor $\vec{n} = \begin{pmatrix} 2 \\ 5 \\ 4 \end{pmatrix}$.

a) Geben Sie eine Gleichung von E in Normalenform an.
b) Bestimmen Sie eine Koordinatenform der Gleichung von E.

Lösung:
a) Mit $\vec{p} = \overrightarrow{OP}$ als Stützvektor ergibt sich E: $\left[\vec{x} - \begin{pmatrix} 1 \\ 1 \\ 2 \end{pmatrix}\right] \cdot \begin{pmatrix} 2 \\ 5 \\ 4 \end{pmatrix} = 0.$ (1)

b) Einsetzen von $\vec{x} = \begin{pmatrix} x_1 \\ x_2 \\ x_3 \end{pmatrix}$ in (1) ergibt: $\begin{pmatrix} x_1 \\ x_2 \\ x_3 \end{pmatrix} \cdot \begin{pmatrix} 2 \\ 5 \\ 4 \end{pmatrix} = \begin{pmatrix} 1 \\ 1 \\ 2 \end{pmatrix} \cdot \begin{pmatrix} 2 \\ 5 \\ 4 \end{pmatrix}$.

Rechnet man die Skalarprodukte aus, ergibt sich $2x_1 + 5x_2 + 4x_3 = 15$.

Beispiel 2:
Eine Ebene E geht durch den Punkt P(2|1|−3) und ist orthogonal zur Geraden g durch A(2|5|1) und B(7|−1|2). Ermitteln Sie eine Gleichung von E in Normalenform.

Lösung:
Der Richtungsvektor $\overrightarrow{AB}$ von g ist ein Normalenvektor von E (Fig. 2).
Mit $\vec{p} = \overrightarrow{OP}$ als Stützvektor ergibt sich:

E: $\left[\vec{x} - \begin{pmatrix} 2 \\ 1 \\ -3 \end{pmatrix}\right] \cdot \begin{pmatrix} 5 \\ -6 \\ 1 \end{pmatrix} = 0.$

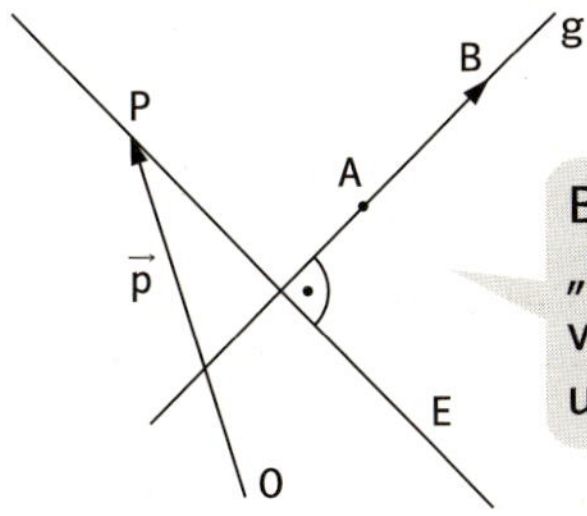

Fig. 2

Beachten Sie den „Rollentausch" von Richtungsvektor und Normalenvektor.

Beispiel 3:
Ermitteln Sie für die Ebene E: $\vec{x} = \begin{pmatrix} 2 \\ 2 \\ -1 \end{pmatrix} + r \cdot \begin{pmatrix} 0 \\ 1 \\ 2 \end{pmatrix} + s \cdot \begin{pmatrix} 2 \\ 3 \\ 4 \end{pmatrix}$; $r, s \in \mathbb{R}$ eine Normalenform.

Lösung:
Ein Normalenvektor $\vec{n} = \begin{pmatrix} n_1 \\ n_2 \\ n_3 \end{pmatrix}$ von E muss zu jedem Spannvektor von E orthogonal sein:

$\begin{pmatrix} 0 \\ 1 \\ 2 \end{pmatrix} \cdot \begin{pmatrix} n_1 \\ n_2 \\ n_3 \end{pmatrix} = 0$ und $\begin{pmatrix} 2 \\ 3 \\ 4 \end{pmatrix} \cdot \begin{pmatrix} n_1 \\ n_2 \\ n_3 \end{pmatrix} = 0$. Diese Skalarprodukte ergeben das LGS

$$\begin{cases} n_2 + 2n_3 = 0 \\ 2n_1 + 3n_2 + 4n_3 = 0 \end{cases} \text{ bzw. } \begin{cases} 2n_1 + n_2 = 0 \\ n_2 + 2n_3 = 0 \end{cases} \text{ bzw. } \begin{cases} n_2 = -2n_1 \\ n_2 = -2n_3 \end{cases}.$$

Setzt man $n_2 = 2$, ergibt sich $n_1 = -1$, $n_3 = -1$.
Mit dem Vektor $\vec{p} = \begin{pmatrix} 2 \\ 2 \\ -1 \end{pmatrix}$ als Stützvektor erhält man E: $\left[\vec{x} - \begin{pmatrix} 2 \\ 2 \\ -1 \end{pmatrix}\right] \cdot \begin{pmatrix} -1 \\ 2 \\ -1 \end{pmatrix} = 0$.

Anmerkung: Einen Normalenvektor $\vec{n}$ kann man auch mit dem Vektorprodukt ermitteln:

$$\vec{n} = \vec{u} \times \vec{v} = \begin{pmatrix} 0 \\ 1 \\ 2 \end{pmatrix} \times \begin{pmatrix} 2 \\ 3 \\ 4 \end{pmatrix} = \begin{pmatrix} 1 \cdot 4 - 2 \cdot 3 \\ 2 \cdot 2 - 0 \cdot 4 \\ 0 \cdot 3 - 1 \cdot 2 \end{pmatrix} = \begin{pmatrix} -2 \\ 4 \\ -2 \end{pmatrix}.$$

Aufgaben

1. Die Ebene E geht durch den Punkt $P(2|1|3)$ und hat den Normalenvektor $\overrightarrow{AB}$ mit $A(-3|4|9)$ und $B(-1|7|-3)$.
a) Geben Sie eine Gleichung von E in Normalenform an.
b) Ermitteln Sie eine Koordinatenform von E.
c) Prüfen Sie, ob der Punkt $Q(1|2|1)$ in E liegt.

2. Die Ebene E geht durch $P(4|3|-7)$ und ist orthogonal zu
g: $\vec{x} = \begin{pmatrix} 7 \\ 1 \\ 3 \end{pmatrix} + t \cdot \begin{pmatrix} -1 \\ 2 \\ 1 \end{pmatrix}$; $t \in \mathbb{R}$.
Ermitteln Sie eine Gleichung von E in Koordinatenform.

3. Bestimmen Sie eine Gleichung der Ebene E: $\vec{x} = \begin{pmatrix} 1 \\ 0 \\ 3 \end{pmatrix} + r \cdot \begin{pmatrix} 0 \\ 1 \\ 1 \end{pmatrix} + s \cdot \begin{pmatrix} 1 \\ 2 \\ 3 \end{pmatrix}$; $r, s \in \mathbb{R}$
in Normalenform und in Koordinatenform.

2.18 Wie erkenne ich besondere Lagen von Geraden und Ebenen?

Jede Gerade lässt sich durch eine Gleichung

der Form $\vec{x} = \begin{pmatrix} p_1 \\ p_2 \\ p_3 \end{pmatrix} + t \cdot \begin{pmatrix} u_1 \\ u_2 \\ u_3 \end{pmatrix}$; $t \in \mathbb{R}$ darstellen.

Besondere Lagen ergeben sich, wenn der Stützvektor und der Richtungsvektor Nullen und Einsen als Koordinaten haben.
So ist z. B. eine Gerade mit

- $p_1 = p_2 = p_3 = 0$ eine Ursprungsgerade
- $u_2 = u_3 = 0$ eine Parallele zur x_1-Achse
- $u_1 = 0$ eine Parallele zur x_2x_3-Ebene
- $u_1 = u_2 = 1$, $u_3 = 0$ eine Parallele zu einer der Winkelhalbierenden zwischen der x_1-Achse und der x_2-Achse (Fig. 1)
- $u_1 = u_2 = u_3 = 1$ eine Gerade, deren orthogonale Projektion auf die Koordinatenebenen jeweils eine Winkelhalbierende ergibt.

Jede Ebene lässt sich durch eine Gleichung der Form

$$\vec{x} = \begin{pmatrix} p_1 \\ p_2 \\ p_3 \end{pmatrix} + r \cdot \begin{pmatrix} u_1 \\ u_2 \\ u_3 \end{pmatrix} + s \cdot \begin{pmatrix} v_1 \\ v_2 \\ v_3 \end{pmatrix};\ r, s \in \mathbb{R}$$

darstellen. Eine Ebene mit

- $p_1 = p_2 = p_3 = 0$ geht durch den Ursprung
- $u_3 = v_3 = 0$ ist parallel zur x_1x_2-Ebene
- $u_1 = u_2 = 0$ ist parallel zur x_3-Achse (Fig. 2).

Die besondere Lage einer Ebene erkennt man sofort, wenn die zugehörige Gleichung in Koordinatenform gegeben ist:
Fehlt ein x_i, so ist die Ebene zu dessen Achse parallel (Fig. 2).

Beispiele für besondere Lagen

g ist parallel zu einer Winkelhalbierenden:

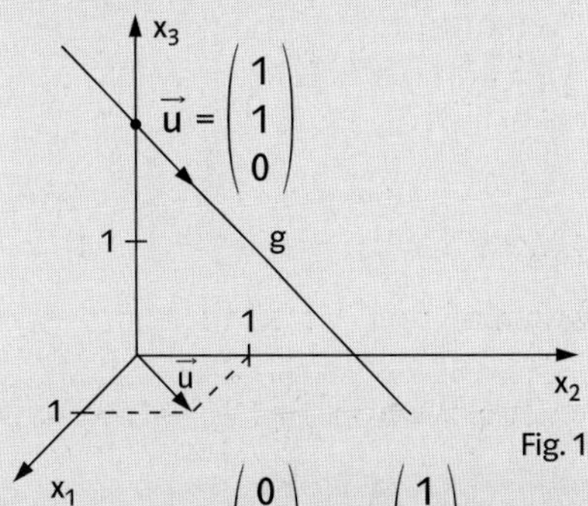

Fig. 1

$$\vec{x} = \begin{pmatrix} 0 \\ 0 \\ 2 \end{pmatrix} + t \cdot \begin{pmatrix} 1 \\ 1 \\ 0 \end{pmatrix}$$

E ist parallel zur x_3-Achse:

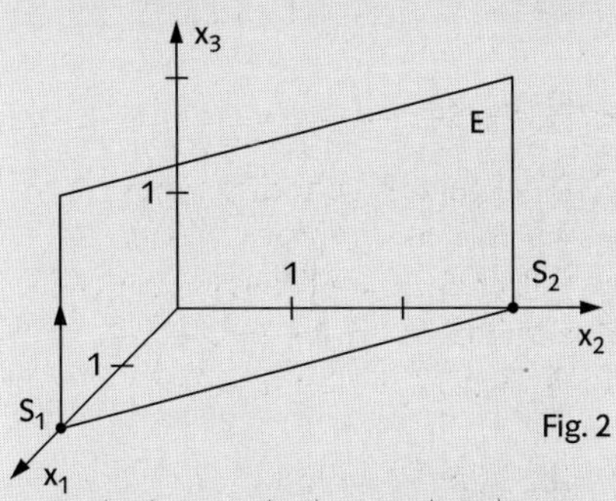

Fig. 2

$$\vec{x} = \begin{pmatrix} 2 \\ 0 \\ 0 \end{pmatrix} + r \cdot \begin{pmatrix} 0 \\ 0 \\ 1 \end{pmatrix} + s \cdot \begin{pmatrix} -2 \\ 3 \\ 0 \end{pmatrix}$$

oder
$3x_1 + 2x_2 = 6$

Beispiel 1:
Die Gerade g geht durch den Punkt $P(4|2|1)$ und ist parallel zur x_2-Achse.
Geben Sie eine Gleichung für g an.

Lösung:
Mit $\vec{u} = \begin{pmatrix} 0 \\ 1 \\ 0 \end{pmatrix}$ als Richtungsvektor ergibt sich für g: $\vec{x} = \begin{pmatrix} 4 \\ 2 \\ 1 \end{pmatrix} + t \cdot \begin{pmatrix} 0 \\ 1 \\ 0 \end{pmatrix}$; $t \in \mathbb{R}$.

Beispiel 2:
Die Ebene E in Fig. 3 ist parallel zur x_2-Achse.
Ermitteln Sie eine Gleichung von E
a) in Parameterform
b) in Koordinatenform.

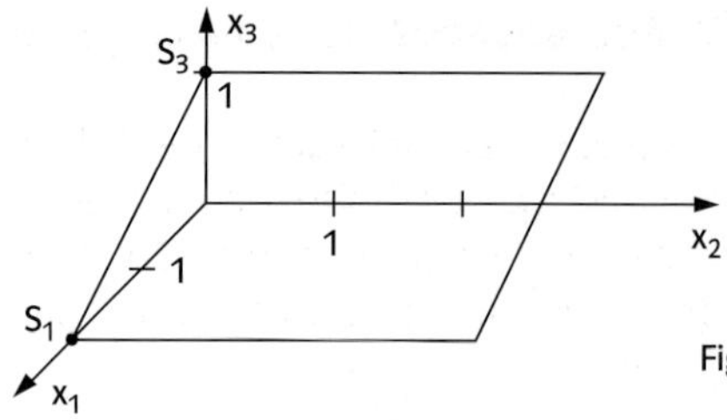

Fig. 3

Lösung:
a) Mithilfe der Spurpunkte $S_1(2|0|0)$ und $S_3(0|0|1)$ erhält man:

$$E: \vec{x} = \begin{pmatrix} 2 \\ 0 \\ 0 \end{pmatrix} + r \cdot \begin{pmatrix} 0 \\ 1 \\ 0 \end{pmatrix} + s \cdot \begin{pmatrix} -2 \\ 0 \\ 1 \end{pmatrix};\ r, s \in \mathbb{R}.$$

b) Da die Ebene E parallel zur x_2-Achse liegt, ergibt sich der Ansatz: $a \cdot x_1 + b \cdot x_3 = c$.
Punktproben mit S_1 und S_3 ergibt $2a = c$; $b = c$. Setzt man z. B. $c = 2$, so folgt: $a = 1$; $b = 2$. Eine Gleichung in Koordinatenform ist also: $x_1 + 2x_3 = 2$.

Aufgaben

1. Die Geraden g und h sind Winkelhalbierende der beiden Koordinatenachsen in einem ebenen Koordinatensystem. Geben Sie Gleichungen für g und h an.

2. Beschreiben Sie die Lage der Geraden mit der Gleichung

a) $\vec{x} = t \cdot \begin{pmatrix} 1 \\ 1 \\ 0 \end{pmatrix};\ t \in \mathbb{R}$ b) $\vec{x} = \begin{pmatrix} 1 \\ 0 \\ 0 \end{pmatrix} + t \cdot \begin{pmatrix} 0 \\ 0 \\ 1 \end{pmatrix};\ t \in \mathbb{R}$ c) $\vec{x} = \begin{pmatrix} 0 \\ 0 \\ 1 \end{pmatrix} + t \cdot \begin{pmatrix} 1 \\ 1 \\ 0 \end{pmatrix};\ t \in \mathbb{R}.$

3. Beschreiben Sie die Lage der Ebene E; zeichnen Sie einen Ausschnitt von E.
a) $x_1 + x_2 = 1$ b) $2x_2 + 3x_3 = 4$ c) $x_2 = 4$

4. Ermitteln Sie eine Gleichung in Parameterform und in Koordinatenform für die
a) zur x_3-Achse parallele Ebene in Fig. 4 b) zur x_1-Achse parallele Ebene in Fig. 5.

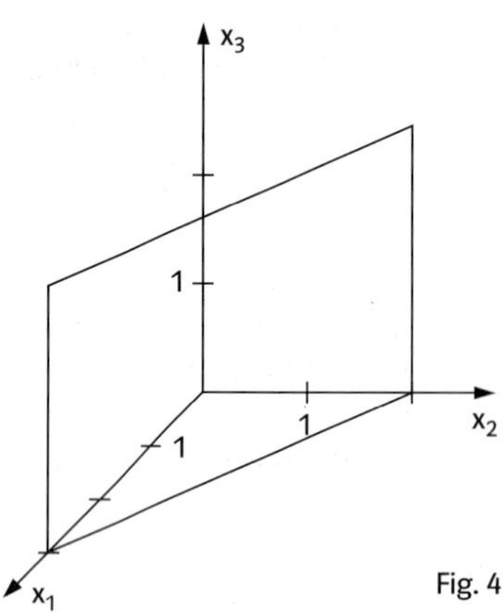

Fig. 4

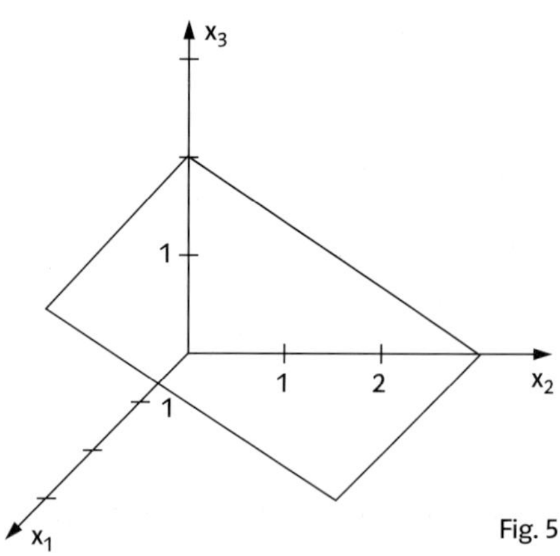

Fig. 5

2.19 Wie untersuche ich die gegenseitige Lage von zwei Geraden?

Für zwei Geraden im Raum sind 4 Fälle möglich:
Sie sind echt parallel, sie sind identisch, sie schneiden sich oder sie sind windschief.
Im konkreten Fall kann man an den Richtungsvektoren erkennen, ob die Geraden parallel sind oder nicht. Eine weitere Untersuchung ist dann nach folgendem Schema möglich.

$g \parallel h$

- Ein Punkt auf g liegt nicht auf h → g und h sind echt parallel (Bsp. 1a)
- Ein Punkt auf g liegt auf h → g und h sind identisch (Bsp. 1b)

$g \nparallel h$

- Das LGS hat eine Lösung → g und h schneiden sich (Bsp. 2a)
- Das LGS hat keine Lösung → g und h sind windschief (Bsp. 2b)

Sonderfall: g und h schneiden sich und sind orthogonal (Aufgabe 4).
Prüfung auf Orthogonalität: Skalarprodukt von Richtungsvektoren ist Null.

Beispiel 1:
Bestimmen Sie die gegenseitige Lage der Geraden g und h mit

a) $g\colon \vec{x} = \begin{pmatrix} 4 \\ -3 \\ 1 \end{pmatrix} + r \cdot \begin{pmatrix} -2 \\ 1 \\ 3 \end{pmatrix};\ r \in \mathbb{R}$ und $h\colon \vec{x} = \begin{pmatrix} 2 \\ 1 \\ -1 \end{pmatrix} + s \cdot \begin{pmatrix} 6 \\ -3 \\ -9 \end{pmatrix};\ s \in \mathbb{R}$

b) $g\colon \vec{x} = \begin{pmatrix} 1 \\ 3 \\ -1 \end{pmatrix} + r \cdot \begin{pmatrix} 1 \\ -2 \\ -3 \end{pmatrix};\ r \in \mathbb{R}$ und $h\colon \vec{x} = \begin{pmatrix} -1 \\ 7 \\ 5 \end{pmatrix} + s \cdot \begin{pmatrix} 2 \\ -4 \\ -6 \end{pmatrix};\ s \in \mathbb{R}.$

Lösung:

a) Der Richtungsvektor von h ist das (−3)fache des Richtungsvektors von g.
Also sind g und h parallel. Für $r = 0$ ergibt sich der Punkt $P(4\,|\,-3\,|\,1)$ auf g. Setzt man die Koordinaten von P in die Gleichung für h ein, ergibt sich die Gleichung
$\begin{pmatrix} 4 \\ -3 \\ 1 \end{pmatrix} = \begin{pmatrix} 2 \\ 1 \\ -1 \end{pmatrix} + s \cdot \begin{pmatrix} 6 \\ -3 \\ -9 \end{pmatrix}$. Aus $4 = 2 + 6s$ folgt $s = \frac{1}{3}$.
Es ist aber $-3 \neq 1 + \frac{1}{3} \cdot (-3)$.
Also liegt P nicht auf h. Damit sind g und h echt parallel.

Man kann auch einen Punkt Q auf h wählen und in die Gleichung für g einsetzen.

b) Der Richtungsvektor von h ist das Doppelte des Richtungsvektors von g.
Also sind g und h parallel. Für $r = 0$ ergibt sich der Punkt $P(1\,|\,3\,|\,-1)$ auf g. Setzt man die Koordinaten von P in die Gleichung für h ein, ergibt sich die Gleichung
$\begin{pmatrix} 1 \\ 3 \\ -1 \end{pmatrix} = \begin{pmatrix} -1 \\ 7 \\ 5 \end{pmatrix} + s \cdot \begin{pmatrix} 2 \\ -4 \\ -6 \end{pmatrix}$. Aus $1 = -1 + 2s$ folgt $s = 1$ und es gilt sowohl $3 = 7 - 4$ als auch $-1 = 5 - 6$. Also liegt P auf h. Damit sind g und h identisch.

Beispiel 2:
Bestimmen Sie die gegenseitige Lage der Geraden g und h mit

a) $g\colon \vec{x} = \begin{pmatrix} 9 \\ 0 \\ 6 \end{pmatrix} + r \cdot \begin{pmatrix} 3 \\ 2 \\ 1 \end{pmatrix};\ r \in \mathbb{R}$ und $h\colon \vec{x} = \begin{pmatrix} 7 \\ -2 \\ 2 \end{pmatrix} + s \cdot \begin{pmatrix} 1 \\ 1 \\ 2 \end{pmatrix};\ s \in \mathbb{R}$

b) $g\colon \vec{x} = \begin{pmatrix} 2 \\ 5 \\ 4 \end{pmatrix} + r \cdot \begin{pmatrix} 2 \\ 4 \\ 3 \end{pmatrix};\ r \in \mathbb{R}$ und $h\colon \vec{x} = \begin{pmatrix} 0 \\ 1 \\ 3 \end{pmatrix} + s \cdot \begin{pmatrix} -1 \\ 0 \\ 2 \end{pmatrix};\ s \in \mathbb{R}$.

Lösung:

a) Der Richtungsvektor von h ist kein Vielfaches des Richtungsvektors von g. Also sind g und h nicht parallel. Der Vektorgleichung

$$\begin{pmatrix} 9 \\ 0 \\ 6 \end{pmatrix} + r \cdot \begin{pmatrix} 3 \\ 2 \\ 1 \end{pmatrix} = \begin{pmatrix} 7 \\ -2 \\ 2 \end{pmatrix} + s \cdot \begin{pmatrix} 1 \\ 1 \\ 2 \end{pmatrix} \text{ entspricht } \begin{cases} 9 + 3r = 7 + s \\ 2r = -2 + s \\ 6 + r = 2 + 2s \end{cases} \text{ bzw. } \begin{cases} 3r - s = -2 \\ 2r - s = -2 \\ r - 2s = -4 \end{cases}.$$

Dieses LGS hat die einzige Lösung $r = 0$; $s = 2$. Also schneiden sich g und h.

Mit $r = 0$ oder $s = 2$ ergibt sich der Schnittpunkt $S(9|0|6)$.

b) Der Richtungsvektor von h ist kein Vielfaches des Richtungsvektors von g. Also sind g und h nicht parallel. Der Vektorgleichung

$$\begin{pmatrix} 2 \\ 5 \\ 4 \end{pmatrix} + r \cdot \begin{pmatrix} 2 \\ 4 \\ 3 \end{pmatrix} = \begin{pmatrix} 0 \\ 1 \\ 3 \end{pmatrix} + s \cdot \begin{pmatrix} -1 \\ 0 \\ 2 \end{pmatrix} \text{ entspricht } \begin{cases} 2 + 2r = -s \\ 5 + 4r = 1 \\ 4 + 3r = 3 + 2s \end{cases} \text{ bzw. } \begin{cases} 2r + s = -2 \\ 4r = -4 \\ 3r - 2s = -1 \end{cases}.$$

Dieses LGS hat keine Lösung. Also sind g und h windschief.

Aufgaben

1. Bestimmen Sie die gegenseitige Lage der Geraden g und h mit

$g\colon \vec{x} = \begin{pmatrix} 9 \\ 7 \\ 1 \end{pmatrix} + r \cdot \begin{pmatrix} 2 \\ 1 \\ 0 \end{pmatrix};\ r \in \mathbb{R}$ und $h\colon \vec{x} = \begin{pmatrix} 5 \\ 5 \\ 3 \end{pmatrix} + s \cdot \begin{pmatrix} 2 \\ 1 \\ 1 \end{pmatrix};\ s \in \mathbb{R}$.

Ermitteln Sie gegebenenfalls die Koordinaten des Schnittpunktes S.

2. Gegeben ist die Gerade

$g\colon \vec{x} = \begin{pmatrix} 1 \\ 0 \\ 1 \end{pmatrix} + r \cdot \begin{pmatrix} 1 \\ -2 \\ 1 \end{pmatrix};\ r \in \mathbb{R}$.

Geben Sie eine Gerade h an, die

a) parallel zu g ist,
b) g schneidet.

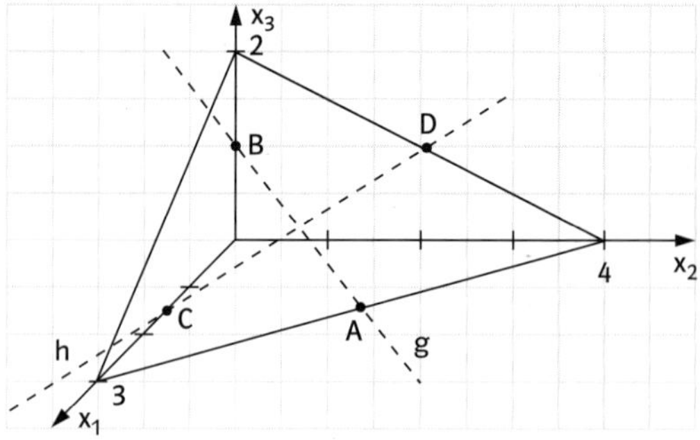

Fig. 1

3. In Fig. 1 sind A, B, C und D Kantenmitten. Schneiden sich die Geraden g und h?

4. Zeigen Sie: Die Gerade g durch die Punkte $A(1|1|1)$ und $B(3|1|5)$ sowie die Gerade h durch die Punkte $C(1|2|6)$ und $D(-1|3|7)$ sind orthogonal und schneiden sich.

2.20 Wie untersuche ich die gegenseitige Lage einer Geraden und einer Ebene?

Für die Lage einer Gerade g und einer Ebene E sind 3 Fälle möglich:
1) **g und E schneiden sich,**
2) **g und E sind echt parallel,**
3) **g liegt in E.**

Sonderfall:
Die Gerade g schneidet die Ebene E orthogonal.
Dies ist der Fall, wenn ein Normalenvektor von E ein Vielfaches eines Richtungsvektors von g ist (Bsp. 4).

Erkennen der 3 Fälle:

Ist die Ebene E durch eine **Koordinatengleichung** gegeben, erhält man aus dieser durch Einsetzen von x_1, x_2 und x_3 aus der Geradengleichung eine Gleichung für den Parameter.
Die **verschiedenen Lagen** von g und E ergeben sich, je nachdem, ob diese Gleichung
1) **genau eine** Lösung (Bsp. 1)
2) **keine** Lösung (Bsp. 2)
1) **unendlich viele** Lösungen hat (Bsp. 3).

Beispiel 1:
Untersuchen Sie die gegenseitige Lage der Geraden g: $\vec{x} = \begin{pmatrix} 1 \\ 0 \\ 1 \end{pmatrix} + t \cdot \begin{pmatrix} -6 \\ 2 \\ -8 \end{pmatrix}$; $t \in \mathbb{R}$ und der Ebene E: $-3x_1 + x_2 - 4x_3 = 6$.

Lösung:
Setzt man $x_1 = 1 - 6t$, $x_2 = 2t$ und $x_3 = 1 - 8t$ in die Gleichung für E ein, ergibt sich:
$-3(1 - 6t) + 2t - 4(1 - 8t) = 6$;
hieraus folgt $-7 + 52t = 6$, also $t = \frac{1}{4}$.
Damit schneiden sich g und E.
Setzt man $t = \frac{1}{4}$ in die Geradengleichung ein, ergibt sich für den Ortsvektor von S:

$$\overrightarrow{OS} = \begin{pmatrix} 1 \\ 0 \\ 1 \end{pmatrix} + \frac{1}{4} \cdot \begin{pmatrix} -6 \\ 2 \\ -8 \end{pmatrix} = \begin{pmatrix} -0,5 \\ 0,5 \\ -1 \end{pmatrix}.$$

Also ist $S(-0,5 \mid 0,5 \mid -1)$ der Schnittpunkt von g und E.

Beispiel 2:
Untersuchen Sie die gegenseitige Lage der Geraden g: $\vec{x} = \begin{pmatrix} -2 \\ 3 \\ 4 \end{pmatrix} + t \cdot \begin{pmatrix} 1 \\ 2 \\ -1 \end{pmatrix}$; $t \in \mathbb{R}$ und der Ebene E: $x_1 - 2x_2 - 3x_3 = 1$.

Lösung:
Setzt man $x_1 = -2 + t$, $x_2 = 3 + 2t$ und $x_3 = 4 - t$ in die Gleichung für E ein, ergibt sich:
$-2 + t - 2(3 + 2t) - 3(4 - t) = 1$;
hieraus folgt die falsche Aussage $-20 = 1$.
Damit sind g und E echt parallel.

Beispiel 3:
Untersuchen Sie die gegenseitige Lage der Geraden g: $\vec{x} = \begin{pmatrix} -3 \\ 4 \\ 1 \end{pmatrix} + t \cdot \begin{pmatrix} 5 \\ -2 \\ 3 \end{pmatrix}$; $t \in \mathbb{R}$
und der Ebene E: $x_1 - 2x_2 - 3x_3 = -14$.

Lösung:
Setzt man $x_1 = -3 + 5t$, $x_2 = 4 - 2t$ und $x_3 = 1 + 3t$ in die Gleichung für E ein, ergibt sich:
$-3 + 5t - 2(4 - 2t) - 3(1 + 3t) = -14$; hieraus folgt die wahre Aussage $0 = 0$.
Damit liegt g in E.

Beispiel 4:
Zeigen Sie, dass die Gerade g: $\vec{x} = \begin{pmatrix} -1 \\ 1 \\ 1 \end{pmatrix} + t \cdot \begin{pmatrix} 1 \\ -3 \\ 2 \end{pmatrix}$; $t \in \mathbb{R}$
die Ebene E: $2x_1 - 6x_2 + 4x_3 = -32$ orthogonal schneidet.

Lösung:
Der Gleichung für E entnimmt man den Normalenvektor $\vec{n} = \begin{pmatrix} 2 \\ -6 \\ 4 \end{pmatrix}$. Der Vektor $\vec{u} = \begin{pmatrix} 1 \\ -3 \\ 2 \end{pmatrix}$ ist ein Richtungsvektor von g. Da $\vec{n} = 2 \cdot \vec{u}$ ist, schneidet g die Ebene E orthogonal.

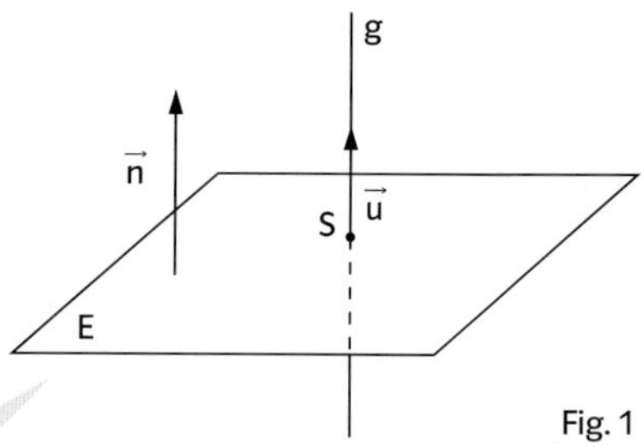

Fig. 1

Der Schnittpunkt ist $S(-2|4|-1)$. Rechnen Sie nach!

Aufgaben

1. Untersuchen Sie die Lage der Geraden g: $\vec{x} = \begin{pmatrix} 1 \\ -1 \\ 2 \end{pmatrix} + t \cdot \begin{pmatrix} 3 \\ 2 \\ -4 \end{pmatrix}$; $t \in \mathbb{R}$
zu der Ebene E. Bestimmen Sie den Schnittpunkt, falls g und E sich schneiden.
a) E: $2x_1 - 3x_2 + 4x_3 = -3$ b) E: $2x_1 - 3x_2 = 5$ c) E: $2x_1 + x_2 + 2x_3 = 7$

2. Untersuchen Sie, ob die Gerade g: $\vec{x} = \begin{pmatrix} 2 \\ 1 \\ 3 \end{pmatrix} + t \cdot \begin{pmatrix} 1 \\ -2 \\ -3 \end{pmatrix}$; $t \in \mathbb{R}$ zu der Ebene E orthogonal ist. Falls dies der Fall ist, berechnen Sie die Koordinaten des Schnittpunktes S.
a) E: $x_1 - 2x_2 + 3x_3 = 1$ b) E: $2x_1 - 4x_2 - 6x_3 = -4$ c) E: $-x_1 + 2x_2 + 4x_3 = 2$

3. Eine Gerade g durch den Punkt $P(2|-1|4)$ ist orthogonal zur Ebene E. Bestimmen Sie eine Gleichung von g.
a) E: $3x_1 + 2x_2 - x_3 = 6$ b) E: $x_1 + x_2 - 6x_3 = 8$ c) E: $x_2 - 4x_3 + 1 = 0$

4. Gesucht sind Gleichungen für eine Gerade g und für eine Ebene E, die sich orthogonal schneiden. Beschreiben Sie, wie man solche Gleichungen finden kann und geben Sie Gleichungen für g und E an.

2.21 Wie untersuche ich die gegenseitige Lage von zwei Ebenen?

Für die gegenseitige Lage zweier Ebenen sind 3 Fälle möglich:
1) Sie **schneiden sich (Schnittgerade),**
2) sie sind **echt parallel,**
3) sie sind **identisch.**

Bei der konkreten Untersuchung der Lage zweier Ebenen hängt der Rechenaufwand sehr davon ab, in welcher Form die Gleichungen gegeben sind. Sind beide in Parameterform gegeben, ist der Rechenaufwand meistens am größten.

Sonderfall:
Die Ebenen sind orthogonal.
Dies ist der Fall, wenn das Skalarprodukt von Normalenvektoren Null ist (Bsp. 4).

Lageuntersuchungen bei verschiedenen Formen der Ebenengleichungen:

- Sind **beide** Gleichungen in **Koordinatenform** gegeben, fasst man beide als ein LGS mit 3 Variablen auf (Bsp. 1).
- Sind **beide** Gleichungen in **Parameterform** gegeben, setzt man die rechten Seiten gleich und erhält ein LGS mit 3 Gleichungen und 4 Variablen (Bsp. 2).
- Ist eine Gleichung in **Koordinaten-** und eine in **Parameterform** gegeben, setzt man x_1, x_2 und x_3 aus der Parametergleichung in die Koordinatengleichung ein und erhält eine Gleichung mit den beiden Parametern (Bsp. 3).

Beispiel 1: *(zwei Koordinatengleichungen)*
Untersuchen Sie die gegenseitige Lage der Ebenen E_1: $3x_1 - 2x_2 + x_3 = 3$ und E_2: $5x_1 + 3x_2 - 2x_3 = 6$.

Lösung:
Die beiden Gleichungen ergeben ein LGS mit 2 Gleichungen und 3 Variablen.

Das LGS $\left\{\begin{array}{l} 3x_1 - 2x_2 + x_3 = 3 \\ 5x_1 + 3x_2 - 2x_3 = 6 \end{array}\right.$ ist äquivalent zu $\left\{\begin{array}{l} 3x_1 - 2x_2 + x_3 = 3 \\ 11x_1 - x_2 = 12 \end{array}\right.$.

Setzt man $x_1 = t$, erhält man $x_2 = 11t - 12$ und $x_3 = -21 + 19t$.

Insgesamt gilt: $\left\{\begin{array}{l} x_1 = t \\ x_2 = 11t - 12 \\ x_3 = -21 + 19t \end{array}\right.$.

Damit schneiden sich die beiden Ebenen. Eine Gleichung der Schnittgeraden ist:

$$\vec{x} = \begin{pmatrix} 0 \\ -12 \\ -21 \end{pmatrix} + t \cdot \begin{pmatrix} 1 \\ 11 \\ 19 \end{pmatrix};\ t \in \mathbb{R}.$$

Beispiel 2: *(zwei Parametergleichungen)*
Untersuchen Sie die gegenseitige Lage der Ebenen

$$E_1\colon \vec{x} = \begin{pmatrix} 1 \\ 1 \\ 4 \end{pmatrix} + r \cdot \begin{pmatrix} 1 \\ 2 \\ 8 \end{pmatrix} + s \cdot \begin{pmatrix} 1 \\ 0 \\ 2 \end{pmatrix} \text{ und } E_2\colon \vec{x} = \begin{pmatrix} 1 \\ -1 \\ -1 \end{pmatrix} + t \cdot \begin{pmatrix} 1 \\ -4 \\ -1 \end{pmatrix} + u \cdot \begin{pmatrix} -2 \\ 3 \\ 7 \end{pmatrix};\ r, s, t, u \in \mathbb{R}.$$

Lösung:
Aus der Gleichung $\begin{pmatrix} 1 \\ 1 \\ 4 \end{pmatrix} + r \cdot \begin{pmatrix} 1 \\ 2 \\ 8 \end{pmatrix} + s \cdot \begin{pmatrix} 1 \\ 0 \\ 2 \end{pmatrix} = \begin{pmatrix} 1 \\ -1 \\ -1 \end{pmatrix} + t \cdot \begin{pmatrix} 1 \\ -4 \\ -1 \end{pmatrix} + u \cdot \begin{pmatrix} -2 \\ 3 \\ 7 \end{pmatrix}$

folgt das LGS

$$\begin{aligned} 1 + r + s &= 1 + t - 2u \\ 1 + 2r &= -1 - 4t + 3u \\ 4 + 8r + 2s &= -1 - t + 7u \end{aligned},$$

also

$$\begin{array}{rl} r + s - t + 2u = 0 & [1] \\ 2r + 4t - 3u = -2 & [2] \\ 8r + 2s + t - 7u = -5 & [3] \\ \hline r + s - t + 2u = 0 & [1] \\ 2s - 6t + 7u = 2 & [4] = 2 \cdot [1] - [2] \\ -2s + 15t - 5u = -3 & [5] = 4 \cdot [2] - [3] \\ \hline r + s - t + 2u = 0 & [1] \\ 2s - 6t + 7u = 2 & [4] \\ 9t + 2u = -1 & [6] = [4] + [5]. \end{array}$$

Aus [6] folgt $u = -0{,}5 - 4{,}5t$. Das LGS hat also unendlich viele Lösungen, d. h. die Ebenen schneiden sich. Setzt man u in die Gleichung für E_2 ein, erhält man eine Gleichung der Schnittgeraden:

$$\vec{x} = \begin{pmatrix} 1 \\ -1 \\ -1 \end{pmatrix} + t \cdot \begin{pmatrix} 1 \\ -4 \\ -1 \end{pmatrix} + (-0{,}5 - 4{,}5t) \cdot \begin{pmatrix} -2 \\ 3 \\ 7 \end{pmatrix} = \begin{pmatrix} 2 \\ -2{,}5 \\ -4{,}5 \end{pmatrix} + t \cdot \begin{pmatrix} 10 \\ -17{,}5 \\ -32{,}5 \end{pmatrix} = \begin{pmatrix} 2 \\ -2{,}5 \\ -4{,}5 \end{pmatrix} + t^* \cdot \begin{pmatrix} 4 \\ -7 \\ -13 \end{pmatrix}.$$

Beispiel 3: *(eine Koordinaten- und eine Parametergleichung)*
Untersuchen Sie die gegenseitige Lage von E_1: $x_1 + x_2 + 2x_3 = 10$ und

$$E_2\colon \vec{x} = \begin{pmatrix} 1 \\ 2 \\ 1 \end{pmatrix} + r \cdot \begin{pmatrix} 0 \\ 1 \\ -3 \end{pmatrix} + s \cdot \begin{pmatrix} 4 \\ 1 \\ 5 \end{pmatrix};\ r, s \in \mathbb{R}.$$

Lösung:
Der Gleichung von E_2 entsprechen die Gleichungen:
$x_1 = 1 + 4s$, $x_2 = 2 + r + s$, $x_3 = 1 - 3r + 5s$.
Eingesetzt in die Gleichung für E_1 ergibt sich:
$(1 + 4s) + (2 + r + s) + 2(1 - 3r + 5s) = 10$.
Hieraus folgt $r = 3s - 1$, d. h. die Ebenen schneiden sich. Ersetzt man in der Gleichung von E_2 den Parameter r durch $3s - 1$, erhält man:

$$\vec{x} = \begin{pmatrix} 1 \\ 2 \\ 1 \end{pmatrix} + (3s - 1) \cdot \begin{pmatrix} 0 \\ 1 \\ -3 \end{pmatrix} + s \cdot \begin{pmatrix} 4 \\ 1 \\ 5 \end{pmatrix}$$

$$= \begin{pmatrix} 1 \\ 1 \\ 4 \end{pmatrix} + s \cdot \begin{pmatrix} 4 \\ 4 \\ -4 \end{pmatrix} = \begin{pmatrix} 1 \\ 1 \\ 4 \end{pmatrix} + s^* \cdot \begin{pmatrix} 1 \\ 1 \\ -1 \end{pmatrix};\ s^* \in \mathbb{R}.$$

Beispiel 4:
Zeigen Sie, dass die Ebenen
E_1: $x_1 - x_3 = 1$ und E_2: $x_1 - x_2 + x_3 = 2$
orthogonal sind.

Lösung:
Den Gleichungen für E_1 bzw. E_2 entnimmt man die Normalenvektoren:

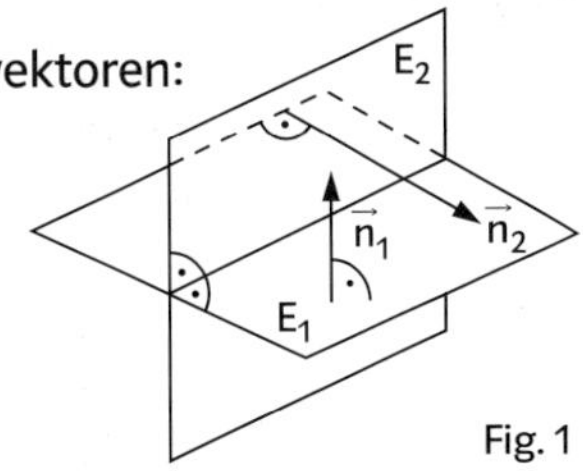

Fig. 1

$$\vec{n}_1 = \begin{pmatrix} 1 \\ 0 \\ -1 \end{pmatrix}; \ \vec{n}_2 = \begin{pmatrix} 1 \\ -1 \\ 1 \end{pmatrix}.$$

Das Skalarprodukt dieser Normalenvektoren ist:

$$\begin{pmatrix} 1 \\ 0 \\ -1 \end{pmatrix} \cdot \begin{pmatrix} 1 \\ -1 \\ 1 \end{pmatrix} = 1 \cdot 1 + (-1) \cdot 1 = 0.$$

Die Normalenvektoren sind orthogonal.
Also sind auch die Ebenen orthogonal (Fig. 1).

Eine Gleichung der Schnittgeraden ist

$$\vec{x} = \begin{pmatrix} 0 \\ -3 \\ -1 \end{pmatrix} + t \cdot \begin{pmatrix} 1 \\ 2 \\ 1 \end{pmatrix}; \ t \in \mathbb{R}.$$

Rechnen Sie nach!

Aufgaben

1. Untersuchen Sie die gegenseitige Lage der Ebenen E_1 und E_2.
Ermitteln Sie gegebenenfalls eine Gleichung der Schnittgeraden.

a) E_1: $4x_1 + x_2 = 2$; $\quad E_2$: $8x_1 + 2x_2 = 4$

b) E_1: $x_1 - 2x_2 - x_3 = 1$; $\quad E_2$: $4x_1 - 8x_2 - 4x_3 = 2$

c) E_1: $2x_1 + 3x_2 + x_3 = 2$; $\quad E_2$: $-2x_1 - 3x_2 + x_3 = 6$

d) E_1: $\vec{x} = \begin{pmatrix} 1 \\ 0 \\ 1 \end{pmatrix} + r \cdot \begin{pmatrix} 0 \\ 1 \\ 2 \end{pmatrix} + s \cdot \begin{pmatrix} 2 \\ 0 \\ 3 \end{pmatrix}$; $\quad E_2$: $\vec{x} = \begin{pmatrix} 3 \\ 8 \\ 0 \end{pmatrix} + t \cdot \begin{pmatrix} 1 \\ 0 \\ -1 \end{pmatrix} + u \cdot \begin{pmatrix} -1 \\ 2 \\ 0 \end{pmatrix}$

e) E_1: $3x_1 - x_2 + x_3 = 9$; $\quad E_2$: $\vec{x} = \begin{pmatrix} 0 \\ 1 \\ 0 \end{pmatrix} + r \cdot \begin{pmatrix} 2 \\ 2 \\ 1 \end{pmatrix} + s \cdot \begin{pmatrix} 3 \\ 4 \\ -5 \end{pmatrix}$

2. Zeigen Sie, dass die Ebenen E_1: $x_1 + 2x_2 - 2x_3 = 4$ und E_2: $2x_1 + 2x_2 + 3x_3 = 1$ orthogonal sind und geben Sie eine Gleichung der Schnittgeraden an.

3. Gegeben ist die Ebene E: $x_2 + 2x_3 = 4$.
Ermitteln Sie eine Gleichung der Schnittgeraden von E und der

a) x_1x_2-Ebene $\quad$ b) x_1x_3-Ebene $\quad$ c) x_2x_3-Ebene.

4. Die Ebene E_1 geht durch die Punkte $A(3|5|-1)$, $B(0|1|4)$, $C(9|13|8)$, die Ebene E_2 durch die Punkte $P(8|11|6)$, $Q(1|3|4)$, $R(-3|-3|0)$.
Bestimmen Sie eine Gleichung der Schnittgeraden.

2.22 Wie berechne ich den Abstand eines Punktes von einer Ebene?

Der **Abstand** d eines **Punktes** P von einer **Ebene** E ist gleich der Länge des Lotes von P auf E (Fig. 1).

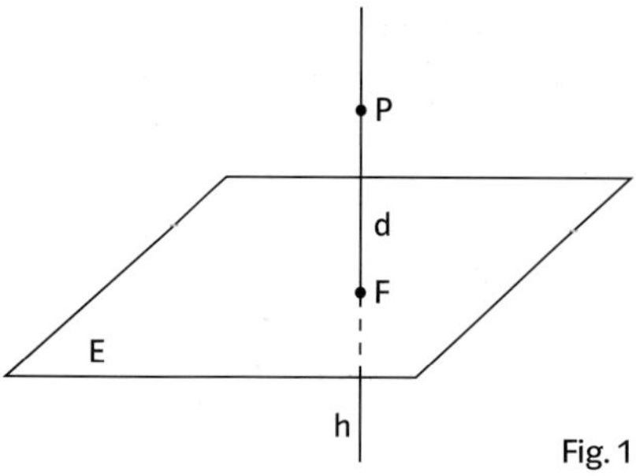

Fig. 1

Abstandsberechnungen:

- Ist **nur der Abstand d** gesucht, berechnet man diesen mit der Hesse'schen Normalenform der Ebene E (Bsp. 1).
- Ist **auch der Lotfußpunkt F** gesucht, ermittelt man zunächst diesen mit einer Hilfsgeraden h und dann d als Betrag des Vektors $\overrightarrow{PF}$ (Bsp. 2).

Beispiel 1: *(Hesse'sche Normalenform)*
Berechnen Sie den Abstand des Punktes $P(2|1|-3)$ von der Ebene E: $x_1 - 3x_2 + 4x_3 = 9$.

Lösung:

Beachten Sie:
Bei der Hesse-Form wird die 9 auf die linke Seite gebracht!

1. Schritt:
Ein Normalenvektor der Ebene E ist $\vec{n} = \begin{pmatrix} 1 \\ -3 \\ 4 \end{pmatrix}$.
Dieser Normalenvektor hat den Betrag $|\vec{n}| = \sqrt{1 + 9 + 16} = \sqrt{26}$.
Damit ergibt sich als Hesse'sche Normalenform: $\dfrac{x_1 - 3x_2 + 4x_3 - 9}{\sqrt{26}} = 0$.
2. Schritt:
Setzt man die Koordinaten von P in die linke Seite der Hesse'schen Normalenform ein, ergibt sich der Abstand des Punktes P von der Ebene E:

$$d(P;\ E) = \left|\frac{2 - 3 \cdot 1 + 4 \cdot (-3) - 9}{\sqrt{26}}\right| = \left|\frac{-22}{\sqrt{26}}\right| = \frac{22}{\sqrt{26}} = \frac{22}{26} \cdot \sqrt{26} = \frac{11}{13} \cdot \sqrt{26}.$$

Beispiel 2: *(Hilfsgerade)*
Vom Punkt $P(2|4|1)$ wird auf die Ebene E: $x_1 + x_2 = 2$ das Lot gefällt. Berechnen Sie die Koordinaten des Lotfußpunktes F und den Abstand des Punktes P von E.

Lösung:
1. Schritt:
Ein Normalenvektor $\vec{n}$ von E ist ein Richtungsvektor der Hilfsgeraden h, die durch P geht und orthogonal zu E ist.
Ein Normalenvektor von E ist $\vec{n} = \begin{pmatrix} 1 \\ 1 \\ 0 \end{pmatrix}$. Also gilt: h: $\vec{x} = \begin{pmatrix} 2 \\ 4 \\ 1 \end{pmatrix} + t \cdot \begin{pmatrix} 1 \\ 1 \\ 0 \end{pmatrix}$; $t \in \mathbb{R}$.
2. Schritt:
Der Schnittpunkt von h und E ist der Lotfußpunkt F (Fig. 1).
Der Gleichung für h entnimmt man: $x_1 = 2 + t$, $x_2 = 4 + t$, $x_3 = 1$.
Einsetzen für E ergibt $2 + t + 4 + t = 2$ bzw. $t = -2$. Damit ist $F(0|2|1)$ der Lotfußpunkt.

3. Schritt:

Es ist $\overrightarrow{PF} = \begin{pmatrix} -2 \\ -2 \\ 0 \end{pmatrix}$ und $|\overrightarrow{PF}| = \sqrt{4+4} = \sqrt{8} = 2 \cdot \sqrt{2}$.

Also ist $d(P;\ E) = 2 \cdot \sqrt{2}$ der Abstand des Punktes P von der Ebene E.

Aufgaben

1. Gegeben sind der Punkt P und die Ebene E.
Berechnen Sie den Abstand des Punktes P von der Ebene E.

a) $P(5|-4|3)$; E: $2x_1 - 2x_2 + x_3 = 0$
b) $P(2|1|-3)$; E: $x_1 - 2x_2 + x_3 = 4$
c) $P(2|4|1)$; E: $x_2 + x_3 - 1 = 0$
d) $P(1|3|2)$; E: $x_1 - x_2 + 4 = 0$

2. Gegeben sind der Punkt P und die Ebene E.
Von P aus wird auf die Ebene E ein Lot gefällt.
Bestimmen Sie eine Gleichung der Lotgeraden, die Koordinaten des Lotfußpunktes und den Abstand des Punktes P von der Ebene E.

a) $P(1|1|0)$; E: $x_1 + 2x_2 - x_3 = 9$
b) $P(2|-1|3)$; E: $3x_1 - 4x_2 + 5x_3 = 50$

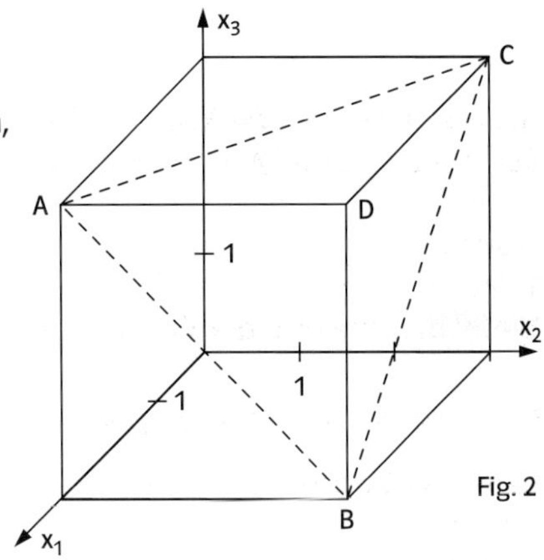

Fig. 2

3. Bei dem Würfel in Fig. 2 wird vom Punkt D das Lot auf die Ebene E durch die Punkte A, B und C gefällt.
Berechnen Sie die Koordinaten des Fußpunktes dieses Lotes. Wie lang ist dieses Lot?

4. Bei dem Würfel in Fig. 3 liegt der Punkt B in der Mitte der Kante.
Die Ebene E geht durch die Punkte A, B und C.
Vom Punkt D wird das Lot auf die Ebene E gefällt.
Berechnen Sie die Koordinaten des Fußpunktes dieses Lotes und die Länge des Lotes.

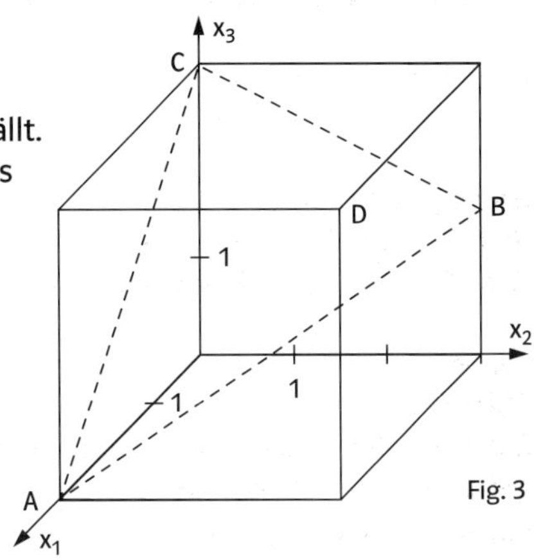

Fig. 3

5. Gegeben sind die Punkte $A(2|3|1)$, $B(0|3|2)$, $C(2|0|2)$ und $D(1|3|5)$. Berechnen Sie die Höhe für die dreiseitige Pyramide mit der Grundfläche ABC und der Spitze D.

6. Gegeben sind der Punkt $P(2|-1|4)$ und die

Ebene E: $\left[\vec{x} - \begin{pmatrix} 0 \\ 2 \\ 5 \end{pmatrix}\right] \cdot \begin{pmatrix} 3 \\ 1 \\ 2 \end{pmatrix} = 0$.

Bestimmen Sie den Fußpunkt L des Lotes von P auf die Ebene E.
Berechnen Sie die Länge der Strecke LP einmal direkt aus den Koordinaten von L und P und zur Kontrolle mit der Hesse'schen Normalenform.

2.23 Wie berechne ich den Abstand eines Punktes von einer Geraden?

Der **Abstand** d eines **Punktes** P von einer **Geraden** g ist gleich der Länge des Lotes von P auf g; d.h. d ist gleich dem Betrag des Vektors $\overrightarrow{PF}$, wobei F der Lotfußpunkt ist (Fig. 1).

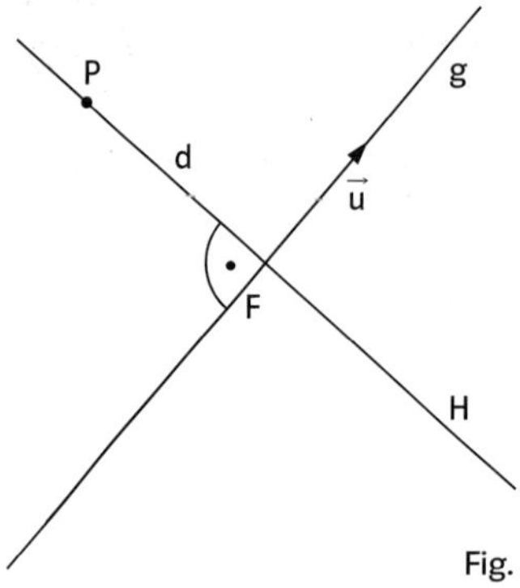

Fig. 1

Möglichkeiten zur Bestimmung des Lotfußpunktes F:

F kann man bestimmen, indem man
- eine **Hilfsebene** H durch P orthogonal zur Geraden g mit g schneidet,
- die so genannte **Methode des „laufenden" Punktes** anwendet und dabei ausnutzt, dass der Vektor $\overrightarrow{PF}$ orthogonal zum Richtungsvektor $\vec{u}$ von g ist.

Beispiel:
Berechnen Sie den Abstand des Punktes P(4|2|5) von der Geraden g: $\vec{x} = \begin{pmatrix} -3 \\ 2 \\ 3 \end{pmatrix} + t \cdot \begin{pmatrix} 1 \\ -1 \\ 1 \end{pmatrix}$; $t \in \mathbb{R}$.

Lösung:
1. Möglichkeit: *(Hilfsebene)*

„Rollentausch" von Richtungsvektor und Normalenvektor!

1. Schritt:
Die Hilfsebene H ist senkrecht zu g und geht durch P (Fig. 1).
Ein Richtungsvektor von g ist ein Normalenvektor von H.

Damit ergibt sich für H eine Gleichung in Normalenform: $\left[\vec{x} - \begin{pmatrix} 4 \\ 2 \\ 5 \end{pmatrix}\right] \cdot \begin{pmatrix} 1 \\ -1 \\ 1 \end{pmatrix} = 0.$

Hieraus folgt $x_1 - x_2 + x_3 - (4 - 2 + 5) = 0$ bzw. $x_1 - x_2 + x_3 - 7 = 0$.

2. Schritt:
Der Schnittpunkt von g und H ist der Lotfußpunkt F.
Der Gleichung für g entnimmt man:
$x_1 = -3 + t$, $x_2 = 2 - t$, $x_3 = 3 + t$.
Einsetzen in die Gleichung für H ergibt: $-3 + t - (2 - t) + 3 + t - 7 = 0$.
Hieraus folgt t = 3. Damit ist F(0|−1|6) der Lotfußpunkt.

3. Schritt:
Es ist $\overrightarrow{PF} = \begin{pmatrix} -4 \\ -3 \\ 1 \end{pmatrix}$ und $|\overrightarrow{PF}| = \sqrt{16 + 9 + 1} = \sqrt{26}$.

Damit ist $d(P;\ g) = \sqrt{26}$ der gesuchte Abstand des Punktes P von der Geraden g.

2. Möglichkeit: *(Methode des „laufenden" Punktes)*

1. Schritt:
Der Lotfußpunkt F liegt auf g (Fig. 1); seine Koordinaten müssen also die Gleichung für g erfüllten: $F(-3+t \mid 2-t \mid 3+t)$.
Der Richtungsvektor von g und der Vektor $\overrightarrow{PF}$ sind orthogonal.

Für $t \in \mathbb{R}$ „läuft" der Punkt F auf g.

Aus $\begin{pmatrix} 1 \\ -1 \\ 1 \end{pmatrix} \cdot \overrightarrow{PF} = 0$ folgt $\begin{pmatrix} 1 \\ -1 \\ 1 \end{pmatrix} \cdot \begin{pmatrix} -7+t \\ -t \\ -2+t \end{pmatrix} = 0$ und hieraus $-7+t+t-2+t=0$

mit der Lösung $t = 3$. Damit ist $F(0 \mid -1 \mid 6)$ der Lotfußpunkt.

2. Schritt:
Wie bei der 1. Möglichkeit ergibt sich: $d(P;\ g) = \sqrt{26}$.

Aufgaben

1. Berechnen Sie den Abstand des Punktes P von der Geraden g.

a) $P(-2 \mid -1 \mid 1)$; g: $\vec{x} = \begin{pmatrix} 1 \\ 1 \\ 0 \end{pmatrix} + t \cdot \begin{pmatrix} 1 \\ -1 \\ 1 \end{pmatrix}$; $t \in \mathbb{R}$
b) $P(1 \mid 2 \mid -3)$; g: $\vec{x} = \begin{pmatrix} 2 \\ 3 \\ 2 \end{pmatrix} + t \cdot \begin{pmatrix} 2 \\ 1 \\ -1 \end{pmatrix}$; $t \in \mathbb{R}$

c) $P(4 \mid 2 \mid 5)$; g: $\vec{x} = \begin{pmatrix} 1 \\ 2 \\ 3 \end{pmatrix} + t \cdot \begin{pmatrix} -1 \\ 1 \\ 0 \end{pmatrix}$; $t \in \mathbb{R}$
d) $P(0 \mid 0 \mid 1)$; g: $\vec{x} = \begin{pmatrix} 5 \\ -1 \\ 0 \end{pmatrix} + t \cdot \begin{pmatrix} 4 \\ 1 \\ 1 \end{pmatrix}$; $t \in \mathbb{R}$

2. Gegeben sind der Punkt P und die Gerade g in der x_1x_2-Ebene (Fig. 2).
Bestimmen Sie zeichnerisch den Abstand des Punktes P von g.
Berechnen Sie die Koordinaten des Lotfußpunktes L sowie den Abstand des Punktes P von der Geraden g mit einer Hilfsgeraden h.

a) $P(1 \mid 5)$; g: $\vec{x} = \begin{pmatrix} 0 \\ -2 \end{pmatrix} + t \cdot \begin{pmatrix} 1 \\ 2 \end{pmatrix}$; $t \in \mathbb{R}$

b) $P(1 \mid 3)$; g: $2x_1 + x_2 = 1$

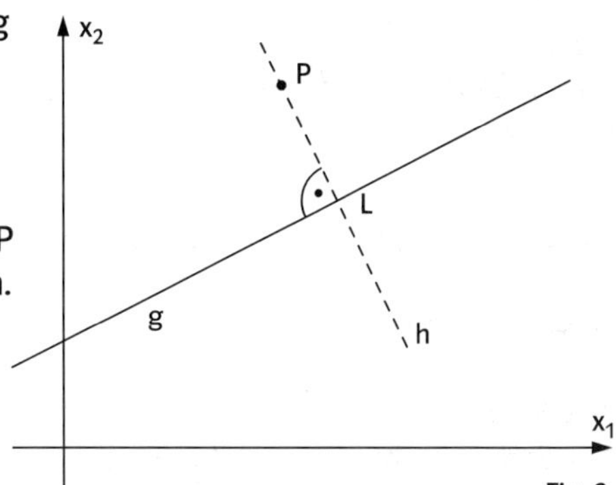

Fig. 2

3. Gegeben sind die Punkte $A(2 \mid 3 \mid 19)$ und $B(4 \mid 9 \mid 11)$ sowie die Gerade
g: $\vec{x} = \begin{pmatrix} 2 \\ -1 \\ 3 \end{pmatrix} + t \cdot \begin{pmatrix} 1 \\ 5 \\ 4 \end{pmatrix}$; $t \in \mathbb{R}$.
Zeigen Sie, dass B auf g liegt.
Berechnen Sie den Abstand d der Punkte A und B.
Begründen Sie, dass d der Abstand des Punktes A von g ist.

2.24 Welche Grundregeln für das Rechnen mit Wahrscheinlichkeiten muss ich kennen?

Kann man den Ergebnissen eines Zufallsexperimentes mit der Ergebnismenge $S = \{e_1, e_2, \ldots, e_n\}$ reelle Zahlen zuordnen, welche die Bedingungen

$P(e_i) \geqq 0$ für alle i

und $P(e_1) + P(e_2) + \ldots + P(e_n) = 1$

erfüllen, heißen diese Zahlen **Wahrscheinlichkeiten** und die Tabelle

e_i	e_1	e_2	…	e_n
$P(e_i)$	$P(e_1)$	$P(e_2)$	…	$P(e_n)$

Wahrscheinlichkeitsverteilung.

Eine Teilmenge der Ergebnismenge S heißt **Ereignis**.

Grundregeln für das Rechnen mit Wahrscheinlichkeiten:

- Ist $S = \{e_1, e_2, \ldots, e_n\}$ die Ergebnismenge und $A = \{e_i, e_k, \ldots, e_r\}$ ein Ereignis, dann gilt die „Summenregel":
  $\mathbf{P(A) = P(e_i) + P(e_k) + \ldots + P(e_r)}$.
- Sind alle Ergebnisse gleichwahrscheinlich, d. h. ist $\mathbf{P(e_1) = P(e_2) = \ldots = P(e_n)}$, so spricht man von einem **LAPLACE-Experiment**.
  Dann gilt für ein Ereignis A:
  $P(A) = \frac{\text{Anzahl der für A günstigen Ergebnisse}}{\text{Anzahl der möglichen Ergebnisse}}$.
- Für ein Ereignis A und sein **Gegenereignis** $\overline{A}$ gilt:
  $\mathbf{P(A) = 1 - P(\overline{A})}$.

  Häufig vorkommender Sonderfall:
  A: **Mindestens ein** Treffer
  $\overline{A}$: **Kein** Treffer

Beispiel 1: *(LAPLACE-Experiment)*
Aus einem Skatspiel mit 32 Karten wird eine Karte gezogen.
Mit welcher Wahrscheinlichkeit ist die gezogene Karte eine Pik-Karte?

Lösung:
Da jede Karte mit der gleichen Wahrscheinlichkeit gezogen werden kann, handelt es sich um ein LAPLACE-Experiment mit 32 möglichen Ergebnissen. Für das Ereignis A: „Pik-Karte" sind 8 Ergebnisse günstig:
Also gilt: $P(A) = \frac{8}{32} = \frac{1}{4}$.

Beispiel 2: *(Wahrscheinlichkeitsverteilung: Gegenereignis)*
Bei einer Qualitätskontrolle wurde einem Produktionsprozess 30-mal eine Stichprobe von 10 Teilen entnommen und jeweils die Anzahl der fehlerhaften Teile festgestellt. Man erhielt die folgenden absoluten Häufigkeiten.

Anzahl der fehlerhaften Teile	0	1	2	mehr als 2
absolute Häufigkeit	22	4	3	1

Ermitteln Sie
a) die Wahrscheinlichkeitsverteilung
b) die Wahrscheinlichkeit für das Ereignis
A: Mindestens ein fehlerhaftes Teil pro Stichprobe.

Lösung:

a) Aus den statistischen Angaben erhält man die Wahrscheinlichkeitsverteilung.

Anzahl der fehlerhaften Teile	0	1	2	mehr als 2
relative Häufigkeit	$\frac{22}{30} \approx 0{,}73$	$\frac{4}{30} \approx 0{,}13$	$\frac{3}{30} = 0{,}1$	$\frac{1}{30} \approx 0{,}03$
Wahrscheinlichkeit	0,73	0,13	0,10	0,04

b) Es gilt: $P(A) = 1 - P(\overline{A}) = 1 - 0{,}73 = 0{,}27.$

Hier wurde nicht gerundet, sondern ausgeglichen.

Aufgaben

1. Schäden an Bäumen werden durch den Zustand der Baumkronen statistisch erfasst. In einem Waldstück waren von 200 untersuchten Kiefern 68 ohne Schäden, 26 deutlich geschädigt und 106 zählten zur so genannten Warnstufe.
Legen Sie eine Wahrscheinlichkeitsverteilung fest.

2. In einer Lostrommel liegen 500 Lose. 70 % davon sind Nieten, 80 % des Restes sind Trostpreise; die übrigen Lose sind Gewinne.
Ermitteln Sie die Wahrscheinlichkeitsverteilung.

3. Für die sechs Ergebnisse e_i $(i = 1;\ 2;\ \ldots;\ 6)$ eines Zufallsexperimentes gilt:
$P(e_1) = 0{,}05;\ P(e_i) = P(e_{i-1}) + a$ für $2 \leqq i \leqq 6$ und $a \in \mathbb{R}$.
Ermitteln Sie die Wahrscheinlichkeitsverteilung.

4. Aufgrund einer statistischen Erhebung ist bekannt, dass sich bei der Produktion von Tassen die relativen Häufigkeiten für einwandfreie Tassen, mit kleinen Fehlern behaftete Tassen, unverkäufliche Tassen wie 15 : 3 : 1 verhalten.

a) Legen Sie eine Wahrscheinlichkeitsverteilung fest.

b) Mit welcher Wahrscheinlichkeit ist eine der Produktion entnommene Tasse unverkäuflich?

5. Mit welcher Wahrscheinlichkeit ist beim Werfen zweier Würfel die Augensumme höchstens 10?

6. Eine Urne enthält 11 Kugeln mit den Nummern 10 bis 20. Das Zufallsexperiment besteht darin, eine Kugel zu ziehen und die Nummer festzustellen.
Mit welcher Wahrscheinlichkeit ist

a) die Nummer durch 3 teilbar

b) die Nummer eine Primzahl

c) die Quersumme gerade

d) die Anzahl der Teiler mindestens 4?

7. Die vier Seitenflächen eines Tetraeders tragen die Augenzahlen 1, 2, 3 und 4.
Dieses Tetraeder wurde 400-mal geworfen mit dem folgenden Ergebnis:

Augenzahl	1	2	3	4
absolute Häufigkeit	114	106	93	87

a) Legen Sie eine Wahrscheinlichkeitsverteilung fest.

b) Das Tetraeder wird einmal geworfen. Mit welcher Wahrscheinlichkeit ist die geworfene Augenzahl höchstens 3?

2.25 Wie ermittle ich Wahrscheinlichkeiten mit der Pfadregel?

Werden Zufallsexperimente nacheinander durchgeführt, kann man dies als ein **mehrstufiges** Zufallsexperiment auffassen. Mithilfe eines **Baumdiagramms** erhält man alle Ergebnisse. Jedem Ergebnis entspricht dabei ein **Pfad** durch den Baum.
Die Wahrscheinlichkeit eines Ergebnisses ist gleich dem Produkt der Wahrscheinlichkeiten des zugehörigen Pfades.

Beispiel 1: *(Wahrscheinlichkeitsverteilung)*
Eine Urne enthält 2 rote und 6 schwarze Kugeln. Es wird zweimal eine Kugel ohne Zurücklegen gezogen. Ermitteln Sie die Wahrscheinlichkeitsverteilung.

Lösung:

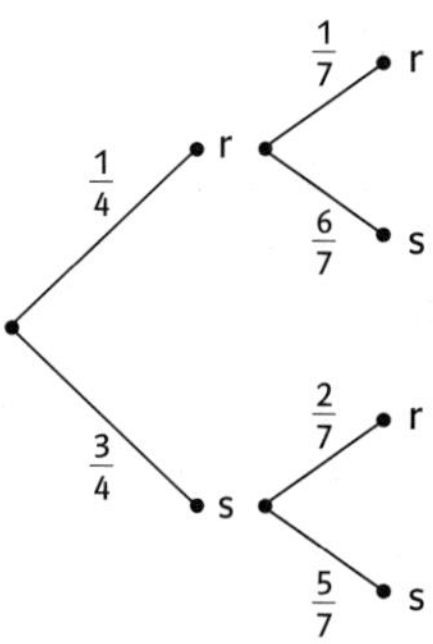

e_i	$P(e_i)$
rr	$\frac{1}{4} \cdot \frac{1}{7}$
rs	$\frac{1}{4} \cdot \frac{6}{7}$
sr	$\frac{3}{4} \cdot \frac{2}{7}$
ss	$\frac{3}{4} \cdot \frac{5}{7}$

e_i	rr	rs	sr	ss
$P(e_i)$	$\frac{1}{4} \cdot \frac{1}{7}$	$\frac{1}{4} \cdot \frac{6}{7}$	$\frac{3}{4} \cdot \frac{2}{7}$	$\frac{3}{4} \cdot \frac{5}{7}$
	$= \frac{1}{28}$	$= \frac{6}{28}$	$= \frac{6}{28}$	$= \frac{15}{28}$

Pfadregel
Um die Wahrscheinlichkeit eines Ergebnisses zu erhalten, multipliziert man die Wahrscheinlichkeiten entlang des Pfades, der dieses Ergebnis beschreibt.
Wichtig: Die Pfadregel gilt bei jedem mehrstufigen Zufallsexperiment, gleichgültig, ob z. B. **mit oder ohne** Zurücklegen gezogen wurde.

Standardtechniken bei mehrstufigen Zufallsexperimenten
Zur Ermittlung einer **Wahrscheinlichkeitsverteilung** (Bsp. 1)
- zeichnet man ein **Baumdiagramm** und
- wendet die **Pfadregel** an.

Ist die Wahrscheinlichkeit eines **Ereignisses** (Bsp. 2) gesucht,
- genügt es, nur die Pfade zu zeichnen, die zu diesem Ereignis gehören,
- die Pfadregel anzuwenden und
- die Wahrscheinlichkeiten dieser Pfade zu addieren (Summenregel).

Beispiel 2: *(gekürzter Baum)*
Das Glücksrad aus Fig. 1 wird dreimal gedreht. Mit welcher Wahrscheinlichkeit erhält man nur Einsen oder nur Dreien?

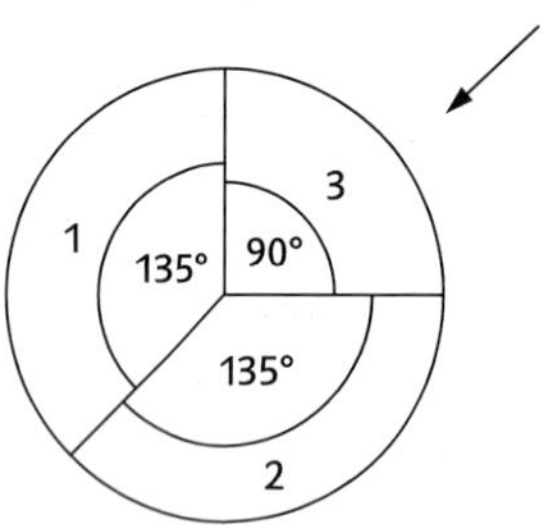

Fig. 1

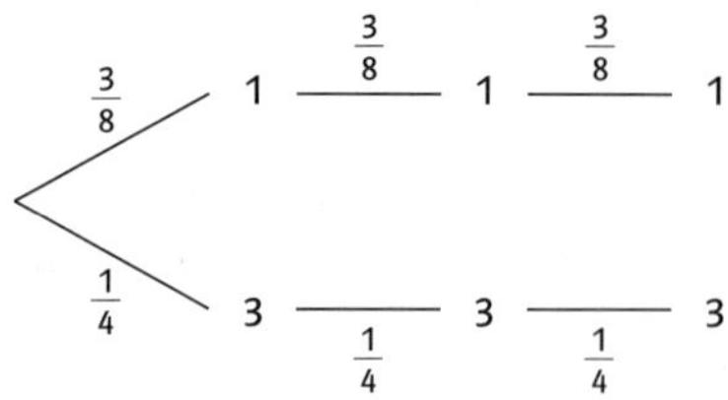

Fig. 2

Lösung:
Fig. 2 zeigt nur die Pfade des Baumdiagramms, die für die Lösung gebraucht werden.
Fig. 1 entnimmt man die Wahrscheinlichkeiten: $P(3) = \frac{1}{4}$, $P(1) = \frac{3}{4} : 2 = \frac{3}{8}$.
Mithilfe der Pfadregel und der Summenregel erhält man für das Ereignis
A: Nur Einsen oder nur Dreien:
$P(A) = \left(\frac{3}{8}\right)^3 + \left(\frac{1}{4}\right)^3 = \frac{27}{512} + \frac{1}{64} = \frac{27+8}{512} = \frac{35}{512} \approx 0{,}07.$

Aufgaben

1. Einem Skatspiel mit 32 Karten werden 2 Karten entnommen. Mit welcher Wahrscheinlichkeit sind beide Karten Asse?

2. Eine Urne enthält sechs rote, drei schwarze und eine weiße Kugeln. Der Urne werden zwei Kugeln ohne Zurücklegen entnommen.
a) Ermitteln Sie die Ergebnismenge und die Wahrscheinlichkeitsverteilung.
b) Mit welcher Wahrscheinlichkeit haben beide Kugeln dieselbe Farbe?

3. In einer Urne liegen 3 Tetraeder. Zwei Tetraeder tragen auf den vier Seitenflächen die Zahlen 1, 2, 3 und 4; das dritte Tetraeder jeweils zweimal die 2 bzw. die 4. Aus der Urne wird ein Tetraeder gezogen und anschließend geworfen. Ermitteln Sie die Wahrscheinlichkeitsverteilung für die Zahlen.

4. Bei der Produktion von Töpfen sind 5% Ausschuss. Die brauchbaren Töpfe sind zu 70% erste Wahl. Mit welcher Wahrscheinlichkeit ist ein Topf erste Wahl?

5. Ein Kartenstapel besteht aus vier roten und einer schwarzen Karte. Aus diesem Stapel wird wiederholt eine Karte gezogen, jedes Mal zurückgelegt und zusätzlich eine Karte der gezogenen Farbe in den Stapel gelegt. Nach dieser Regel wird dreimal eine Karte gezogen. Mit welcher Wahrscheinlichkeit ist
a) die zuletzt gezogene Karte rot
b) genau eine der gezogenen Karten schwarz
c) nur die erste der gezogenen Karten rot?

6. Das Glücksrad in Fig. 3 wird dreimal gedreht. Berechnen Sie die Wahrscheinlichkeiten der Ereignisse
A: Es erscheint dreimal die 1
B: Die 2 erscheint nicht
C: Die 1 erscheint genau zweimal
D: Die Summe der ermittelten Zahlen ist höchstens 4.

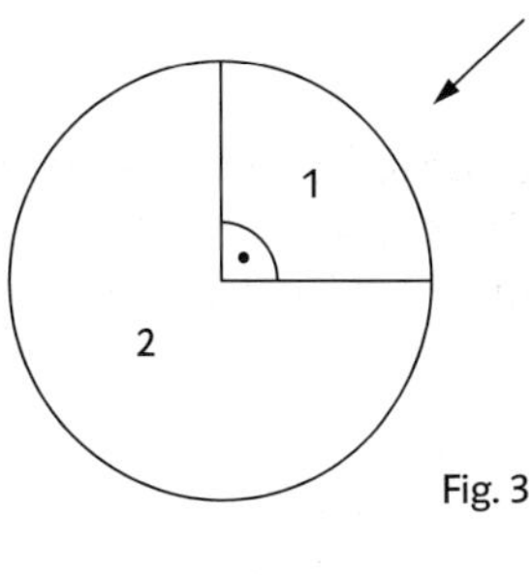

Fig. 3

7. Ein Würfel, bei dem jede der Augenzahlen 1 bis 6 mit der gleichen Wahrscheinlichkeit fällt, wird dreimal geworfen. Mit welcher Wahrscheinlichkeit fällt
a) genau eine Sechs
b) genau zweimal hintereinander eine Sechs
c) im zweiten Wurf eine Sechs
d) nur im zweiten Wurf eine Sechs?

2.26 Welche Fragestellungen treten bei der Unabhängigkeit von Ereignissen auf?

Sind A und B beliebige Ereignisse, so heißt die Wahrscheinlichkeit für B unter der Bedingung, dass A bereits eingetreten ist, die **durch A bedingte Wahrscheinlichkeit von B**; man schreibt hierfür $P_A(B)$.
Aufgrund der Pfadregel gilt
$P(A \cap B) = P(A) \cdot P_A(B)$.

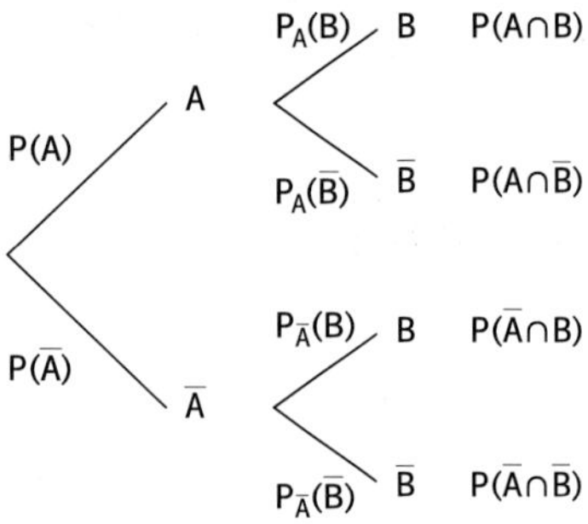

Standardtechniken bei Unabhängigkeit von Ereignissen:

Um zu **entscheiden**, ob zwei Ereignisse A und B voneinander unabhängig sind, überprüft man, ob die Gleichung

$$P(A \cap B) = P(A) \cdot P(B)$$

erfüllt ist (Bsp. 1).

Bei Anwendungen kann man häufig **davon ausgehen**, dass zwei Ereignisse A und B voneinander unabhängig sind. In einem solchen Fall kann man dann $P(A \cap B) = P(A) \cdot P(B)$ verwenden (Bsp. 2).

Wichtig: Die Unabhängigkeit darf nicht verwechselt werden mit der Unvereinbarkeit zweier Ereignisse:
Unabhängigkeit: $P(A \cap B) = P(A) \cdot P(B)$.
Unvereinbarkeit: $A \cap B = \{\ \}$.

Das Ereignis B heißt unabhängig von dem Ereignis A, falls $\mathbf{P(B) = P_A(B)}$ ist.
Ist B von A unabhängig, so ist umgekehrt auch A von B unabhängig; d. h. dann sind die Ereignisse **voneinander unabhängig**.
Im Falle der Unabhängigkeit von A und B folgt:
$\mathbf{P(A \cap B) = P(A) \cdot P(B)}$.

Beispiel 1: *(Untersuchung auf Unabhängigkeit)*
Ein Tetraeder, bei dem die vier Seitenflächen mit den Zahlen 1, 2, 3 und 4 mit der gleichen Wahrscheinlichkeit auftreten, wird zweimal geworfen.
Betrachtet werden die Ereignisse
A: Die Zahl des ersten Wurfes ist größer als 2, die Zahl des zweiten Wurfes ist gerade;
B: Die Summe der geworfenen Zahlen ist höchstens 5.
Untersuchen Sie diese Ereignisse auf Unabhängigkeit.

Lösung:
Es ist $A = \{(3; 2), (3; 4), (4; 2), (4; 4)\}$;
$B = \{(1; 1), (1; 2), (1; 3), (1; 4), (2; 1), (2; 2), (2; 3), (3; 1), (3; 2), (4; 1)\}$;
$A \cap B = \{(3; 2)\}$
Das Zufallsexperiment hat 16 gleich wahrscheinliche Ergebnisse.
Also ist $P(A) = \frac{4}{16} = \frac{1}{4}$; $P(B) = \frac{10}{16} = \frac{5}{8}$; $P(A \cap B) = \frac{1}{16}$.

Da $\frac{1}{4} \cdot \frac{5}{8} \neq \frac{1}{16}$ ist, sind A und B abhängig.

Beispiel 2: *(Verwendung der Unabhängigkeit)*
Bei der Abfüllung von Sprudel haben von 100 Flaschen 3 nicht die richtige Füllmenge, 4 sind nicht korrekt verschlossen.
Mit welcher Wahrscheinlichkeit hat eine Flasche keinen dieser Fehler?

Lösung:
A: Flasche hat die richtige Füllmenge; B: Flasche ist korrekt verschlossen;
Es ist $P(A) = 0{,}97$; $P(B) = 0{,}96$.
Gesucht ist $P(A \cap B)$.
Bei der Abfüllung kann man davon ausgehen, dass Abfüllen und Verschließen voneinander unabhängige Vorgänge sind: $P(A \cap B) = 0{,}97 \cdot 0{,}96 \approx 0{,}93$.
Rund 93 % aller Flaschen haben die richtige Füllmenge und sind korrekt verschlossen.

Aufgaben

1. Ein Würfel, bei dem jede der Augenzahlen 1 bis 6 mit der gleichen Wahrscheinlichkeit fällt, wird zweimal geworfen. Es sei
A: Augensumme ist 8,
B: Sechs im ersten Wurf,
C: Zwei gleiche Augenzahlen,
D: Augensumme ist gerade.
Untersuchen Sie A und B, B und C sowie C und D auf Unabhängigkeit.

2. Eine Urne enthält 2 rote und 3 schwarze Kugeln. Es werden 3 Kugeln mit Zurücklegen gezogen. Es sei:
A: Die drei Kugeln haben die gleiche Farbe,
B: Die erste Kugel ist rot.
Untersuchen Sie A und B auf Unabhängigkeit.

3. Ein Gerät besteht aus zwei Bauteilen, die unabhängig voneinander arbeiten. Die Bauteile fallen mit den Wahrscheinlichkeiten 0,01 bzw. 0,05 aus. Das Gerät arbeitet, wenn keines der beiden Bauteile ausfällt. Mit welcher Wahrscheinlichkeit fällt das Gerät aus?

4. Ein Glücksrad hat nur zwei Felder mit den Zahlen 1 bzw. 2. Diese Zahlen erscheinen mit den Wahrscheinlichkeiten 0,2 bzw. 0,8. Das Glücksrad wird viermal gedreht. Mit welcher Wahrscheinlichkeit
a) sind die ersten beiden Zahlen eine 1
b) sind nur die ersten beiden Zahlen eine 1
c) ist die erste Zahl eine 1 und die letzte Zahl eine 2
d) sind alle vier Zahlen gleich?

5. Bei der Produktion von Dichtungen ist die Ausschussquote 3 %. Der Produktion werden 5 Dichtungen entnommen. Mit welcher Wahrscheinlichkeit sind
a) alle Dichtungen einwandfrei
b) nur die drei zuerst entnommenen Dichtungen einwandfrei?

2.27 Wie ermittle ich die Wahrscheinlichkeitsverteilung einer Zufallsvariablen?

Eine Funktion, die jedem Ergebnis eines Zufallsexperimentes eine reelle Zahl zuordnet, heißt **Zufallsvariable** (oder **Zufallsgröße**).

Eine Funktion, die jedem Wert x_i (i = 1; …; n) der Zufallsvariablen X eine Wahrscheinlichkeit $P(X = x_i)$ zuordnet, heißt **Wahrscheinlichkeitsverteilung der Zufallsvariablen X** und wird meistens in Form einer Tabelle notiert.

x_i	x_1	…	x_n
$P(X = x_i)$	$P(X = x_1)$	…	$P(X = x_n)$

Die reelle Zahl E(X) mit
$E(X) = x_1 \cdot P(X = x_1) + \ldots + x_n \cdot P(X = x_n)$
heißt **Erwartungswert** der Zufallsvariablen X. Statt E(X) schreibt man auch μ.

Soll die **Wahrscheinlichkeitsverteilung einer Zufallsvariablen X** ermittelt werden, überlegt man sich:

- Wie ist die Zufallsvariable definiert?
- Welche Werte kann die Zufallsvariable annehmen?
- Welche Hilfsmittel helfen bei der Berechnung der Wahrscheinlichkeiten, z. B. die Pfadregel,
  Formeln aus der Kombinatorik,
  der Additionssatz,
  die Unabhängigkeit von Ereignissen?

Der Erwartungswert ist als ein „mittlerer" Wert bei oftmaliger Realisierung der Zufallsvariablen X zu verstehen.
Faires Spiel:
Ein Spiel heißt **fair**, wenn der Erwartungswert des Gewinns für jeden Spieler null ist.

Die reelle Zahl V(X) mit
$V(X) = (x_1 - \mu)^2 \cdot P(X = x_1) + \ldots + (x_n - \mu)^2 \cdot P(X = x_n)$
heißt **Varianz** der Zufallsvariablen X.
Statt V(X) schreibt man auch σ^2; $\sqrt{V(X)}$ bzw. σ heißt **Standardabweichung** von X.

Beispiel:
Bei einem Glücksrad erscheinen die Zahl 1 mit der Wahrscheinlichkeit $\frac{1}{2}$, die Zahlen 3 und 5 jeweils mit der Wahrscheinlichkeit $\frac{1}{4}$. Das Glücksrad wird so oft gedreht, bis die Summe der auftretenden Zahlen mindestens 3 ist. Die Zufallsvariable X beschreibt die hierfür benötigte Anzahl von Drehungen. Ermitteln Sie die Wahrscheinlichkeitsverteilung von X, ihren Erwartungswert, die Varianz und die Standardabweichung.

Lösung:
X ist Zufallsvariable für die Anzahl der Drehungen. Da die kleinste Zahl auf dem Glücksrad 1 ist, muss das Rad höchstens 4-mal gedreht werden. Wegen der Zahlen 3 und 5 kann auch schon eine Drehung ausreichen. Die Zufallsvariable X kann also die Werte 1, 2, 3, 4 annehmen. Die zugehörigen Wahrscheinlichkeiten erhält man mit der Pfadregel.

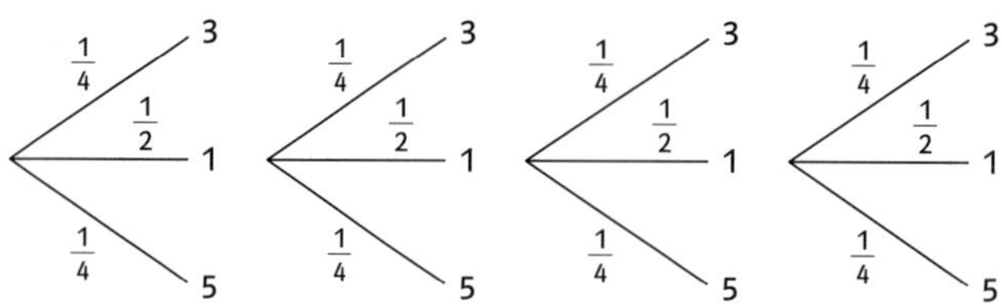

Wahrscheinlichkeitsverteilung:

x_i	1	2	3	4
$P(X = x_i)$	0,5	$0{,}5 \cdot 0{,}5$	$0{,}5 \cdot 0{,}5 \cdot 0{,}5$	$0{,}5 \cdot 0{,}5 \cdot 0{,}5 \cdot 1$

Erwartungswert:
$E(X) = \mu = 1 \cdot 0{,}5 + 2 \cdot 0{,}5^2 + 3 \cdot 0{,}5^3 + 4 \cdot 0{,}5^3 = 1{,}875$
Varianz:
$V(X) = \sigma^2 = (1 - 1{,}875)^2 \cdot 0{,}5 + (2 - 1{,}875)^2 \cdot 0{,}5^2 + (3 - 1{,}875)^2 \cdot 0{,}5^3 + (4 - 1{,}875)^2 \cdot 0{,}5^3 \approx 1{,}109$
Standardabweichung:
$\sqrt{V(X)} = \sigma \approx 1{,}05$

Aufgaben

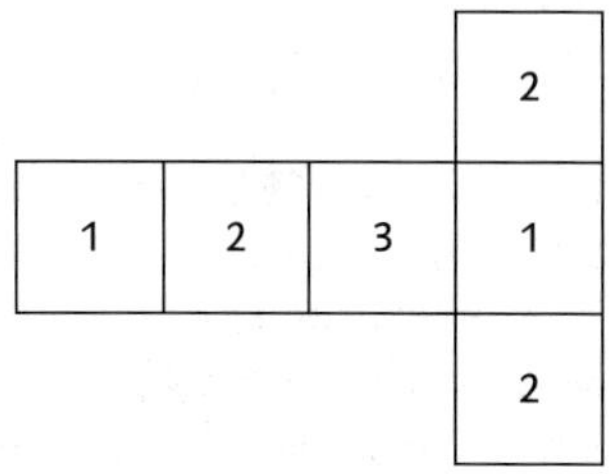

1. Ein idealer Würfel hat das abgebildete Netz.
a) Der Würfel wird zweimal geworfen. Die Zufallsvariable X beschreibt die Augensumme. Ermitteln Sie die Wahrscheinlichkeitsverteilung von X, den Erwartungswert, die Varianz und die Standardabweichung.
b) Ein Spieler zahlt einen Einsatz (in Euro) und wirft den Würfel zweimal. Erscheint die 3 einmal bzw. zweimal, erhält der Spieler den Einsatz zurück; außerdem gewinnt er 1 Euro bzw. 2 Euro. Fällt keine 3, ist der Einsatz verloren. Für welchen Einsatz ist das Spiel fair?

2. Eine Urne enthält 3 schwarze und 7 weiße Kugeln. Der Urne werden mit einem Griff 3 Kugeln entnommen. X sei Zufallsvariable für die Anzahl der dabei auftretenden schwarzen Kugeln.
a) Ermitteln Sie die Wahrscheinlichkeitsverteilung von X mithilfe der Kombinatorik.
b) Deuten Sie das Ziehen mit einem Griff als Ziehen ohne Zurücklegen. Ermitteln Sie mithilfe der Pfadregel erneut die Wahrscheinlichkeitsverteilung von X.
c) Berechnen Sie den Erwartungswert, die Varianz und die Standardabweichung der Zufallsvariablen X.

3. Beim Roulette wird eine Kugel auf eine sich drehende Scheibe geworfen; die Kugel landet in einem der Felder mit den Zahlen von 0 bis 36. Alle diese Zahlen treten mit der gleichen Wahrscheinlichkeit auf. Ein Spieler setzt auf eine der Zahlen. Er erhält seinen Einsatz zurück und das 35fache seines Einsatzes als Gewinn, wenn die Kugel auf die von ihm gesetzte Zahl trifft.
Welche der folgenden Strategien hat die größere Gewinnerwartung?
Strategie I:
Es wird dreimal gespielt und jedesmal 10 Euro auf dieselbe Zahl gesetzt.
Strategie II:
Es wird höchstens dreimal gespielt und jedesmal auf dieselbe Zahl gesetzt. Beim ersten Spiel ist der Einsatz 10 Euro. Bei Gewinn wird das Spiel abgebrochen, bei Verlust der Einsatz verdoppelt.

2.28 Wie berechne ich Wahrscheinlichkeiten mit der Formel von BERNOULLI?

Ein Zufallsexperiment mit nur zwei Ergebnissen („Treffer“ und „Niete“) heißt **BERNOULLI-Experiment**. Wird ein solches Zufallsexperiment n-mal durchgeführt, spricht man von einer **BERNOULLI-Kette der Länge n**. Dabei müssen die Wahrscheinlichkeiten für Treffer alle gleich sein.
Ist X Zufallsvariable für die Anzahl der Treffer in einer BERNOULLI-Kette, berechnet man die Wahrscheinlichkeit für genau k Treffer mit der **Formel von BERNOULLI**.
Die zugehörige Wahrscheinlichkeitsverteilung heißt **Binomialverteilung** mit den Parametern n und p. Statt $P(X = k)$ schreibt man auch $B_{n;\,p}(k)$.

Beispiel:
Eine Maschine stellt Werkstücke mit einem Ausschussanteil von 3 % her. Mit welcher Wahrscheinlichkeit sind unter 20 Werkstücken
a) genau 4 Ausschussstücke
b) höchstens 2 Ausschussstücke?

Lösung:
Der Ausschussanteil ist konstant 3 %. Ein Ausschussstück wird als Treffer bezeichnet. Die Produktion kann als BERNOULLI-Kette der Länge 20 mit der Trefferwahrscheinlichkeit p = 0,03 aufgefasst werden.
X sei Zufallsvariable für die Anzahl der Ausschussstücke unter 20 Werkstücken.

Formel von BERNOULLI:

Bei einer BERNOULLI-Kette der Länge n gilt für genau k Treffer (k = 0; 1; …; n):

$$P(X = k) = \binom{n}{k} \cdot p^k \cdot (1-p)^{n-k}.$$

n: Anzahl der Durchführungen
p: Trefferwahrscheinlichkeit

Wichtig: Bei Ziehungen **mit** Zurücklegen kann man die Formel anwenden; bei Ziehungen **ohne** Zurücklegen nicht; in diesem Fall ist die **Pfadregel** hilfreich.

Binomialkoeffizienten $\binom{n}{k}$ ermittelt man

- mit der nCr-Taste eines Taschenrechners
- mit der Formel $\binom{n}{k} = \frac{n!}{k! \cdot (n-k)!}$.

a) $$P(X = 4) = \binom{20}{4} \cdot 0{,}03^4 \cdot 0{,}97^{20-4} = 4845 \cdot 0{,}03^4 \cdot 0{,}97^{16} = 0{,}0024$$

b) $$P(X \leqq 2) = P(X = 0) + P(X = 1) + P(X = 2)$$
$$= \binom{20}{0} \cdot 0{,}03^0 \cdot 0{,}97^{20} + \binom{20}{1} \cdot 0{,}03^1 \cdot 0{,}97^{19} + \binom{20}{2} \cdot 0{,}03^2 \cdot 0{,}97^{18}$$
$$= 1 \cdot 0{,}03^0 \cdot 0{,}97^{20} + 20 \cdot 0{,}03^1 \cdot 0{,}97^{19} + 190 \cdot 0{,}03^2 \cdot 0{,}97^{18}$$
$$= 0{,}5438 + 0{,}3364 + 0{,}0988$$
$$= 0{,}9790$$

Aufgaben

1. Berechnen Sie:

a) $\binom{8}{3}$ b) $\binom{10}{7}$ c) $\binom{15}{12}$ d) $\binom{18}{10}$

e) $\binom{22}{12}$ f) $\binom{30}{15}$ g) $\binom{50}{5}$ h) $\binom{100}{95}$.

2. Die Formel von BERNOULLI besteht aus drei Faktoren. Erläutern Sie die inhaltliche Bedeutung jedes Faktors.

3. Eine Ausstellung macht Reklame mit der Zusage, dass durchschnittlich jedem 10. Prospekt eine Freikarte beigelegt ist. Acht Personen erhalten einen Prospekt. Mit welcher Wahrscheinlichkeit können sich drei von ihnen über eine Freikarte freuen?

4. Beim Tontaubenschießen trifft ein Schütze durchschnittlich in 8 von 10 Schüssen. Der Schütze führt eine Serie von 5 Schüssen durch.

a) Erläutern Sie, unter welchen Voraussetzungen von einer BERNOULLI-Kette ausgegangen werden kann.

b) Gesucht ist die Wahrscheinlichkeit, dass der Schütze mindestens einmal trifft. Erwarten Sie eine hohe oder eine niedrige Wahrscheinlichkeit für dieses Ereignis? Begründen Sie Ihre Aussage. Berechnen Sie dann die gesuchte Wahrscheinlichkeit.

5. In einer Urne befinden sich 3 rote und 7 weiße Kugeln. Der Urne werden 5 Kugeln mit Zurücklegen entnommen. Mit welcher Wahrscheinlichkeit

a) sind alle Kugeln weiß

b) ist mindestens eine Kugel weiß

c) sind mehr als zwei Kugeln rot?

6. In einer Bevölkerung beträgt der Anteil der Linkshänder 22 %. Mit welcher Wahrscheinlichkeit sind unter 30 Personen

a) genau 6 Linkshänder

b) höchstens 4 Linkshänder

c) mindestens 3 Linkshänder

d) 4, 5, 6, 7 oder 8 Linkshänder?

7. Nach teils hohen Zuwachsraten in den Vorjahren stagniert der Ausstattungsgrad bei Mobiltelefonen zur Zeit bei 72 %. Mit welcher Wahrscheinlichkeit haben von 10 Personen

a) mindestens 7 ein Handy

b) höchstens 3 ein Handy

c) alle ein Handy?

8. Die Zahl der Internetzugänge hat sich seit Anfang 2000 in vier Jahren fast verdreifacht (vgl. nebenstehenden Pressebericht). Mit welcher Wahrscheinlichkeit hatten im Jahr 2000 von 20 zufällig ausgewählten Privathaushalten mehr als 5 einen Internetzugang? Wie groß waren diese Wahrscheinlichkeiten in den Jahren 2002 bzw. 2004?

Pressebericht vom 22. 12. 2004:
Nach Mitteilung des Statistischen Bundesamtes hat seit Jahresbeginn 2000 die Ausstattung privater Haushalte mit Internetanschlüssen kontinuierlich zugenommen. Damals hatten lediglich 16 % der Privathaushalte Internetzugang. Im Jahr 2002 waren es 36 %; Anfang 2004 bereits 47 %.

9. Eine Firma verpackt Schalter in Kisten zu 15 Stück. Durchschnittlich ein Schalter von 15 ist defekt.

a) Mit welcher Wahrscheinlichkeit enthält eine Kiste nur einwandfreie Schalter?

b) 20 Kisten werden an 20 Großhändler verkauft. Mit welcher Wahrscheinlichkeit erhalten mehr als zwei Großhändler je eine Kiste mit nur einwandfreien Schaltern?

2.29 Wie arbeite ich bei Binomialverteilungen mit Tabellen?

Häufige Anwendung der Formel von BERNOULLI ist mühsam. Deshalb gibt es Tabellen, mit denen man für ausgewählte Werte von n und p Wahrscheinlichkeiten bei Binomialverteilungen einfacher ermitteln kann. Man unterscheidet:

a) Tabellen für **Einzelwahrscheinlichkeiten** $P(X = k)$ (Bsp. 1)
b) Tabellen für **aufsummierte Wahrscheinlichkeiten** $P(X \leqq k)$ (Bsp. 2 und 3).

Beispiel 1: *(Einzelwahrscheinlichkeiten)*

a) Die Zufallsvariable X ist binomialverteilt mit $n = 15$ und $p = 0{,}3$. Ermitteln Sie $P(X = 6)$.
b) Die Zufallsvariable Y ist binomialverteilt mit $n = 9$ und $p = 0{,}6$. Ermitteln Sie $P(Y = 2)$.

Lösung:

Eine Tabelle für Einzelwahrscheinlichkeiten liefert

a) (Eingang „links" für $n = 15$ und von „oben" für $p = 0{,}3$)
$P(X = 6) = 0{,}1472$.
b) (Wegen $p \geqq 0{,}5$ Eingang von „rechts" für $n = 9$ und von „unten" für $p = 0{,}6$)
$P(Y = 2) = 0{,}0212$.

Beispiel 2: *(Summenwahrscheinlichkeiten; $p \leqq 0{,}5$)*

Die Zufallsvariable X ist binomialverteilt mit $n = 50$ und $p = 0{,}05$. Ermitteln Sie

a) $P(X < 3)$ b) $P(X \geqq 6)$.

Nimmt eine binomialverteilte Zufallsvariable X Werte aus einem Intervall an, sind folgende Beziehungen hilfreich:

a) $P(X \leqq k)$

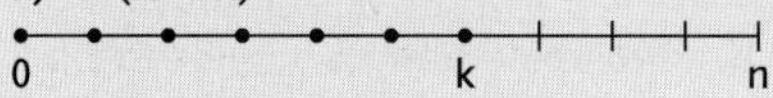

b) $P(X < k) = P(X \leqq k - 1)$

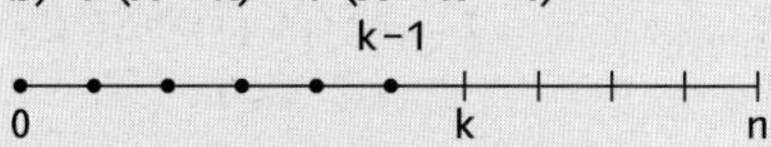

c) $P(X \geqq k) = 1 - P(X \leqq k - 1)$

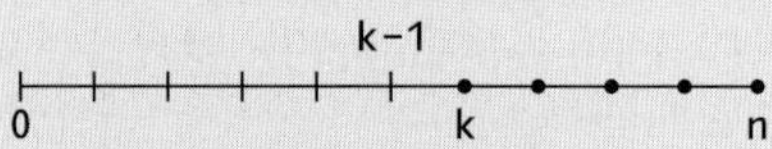

d) $P(X > k) = 1 - P(X \leqq k)$

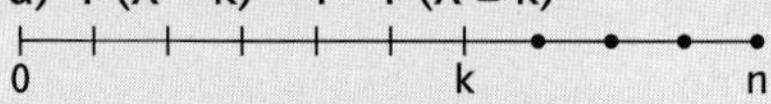

e) $P(k_1 \leqq X \leqq k_2) = P(X \leqq k_2) - P(X \leqq k_1 - 1)$

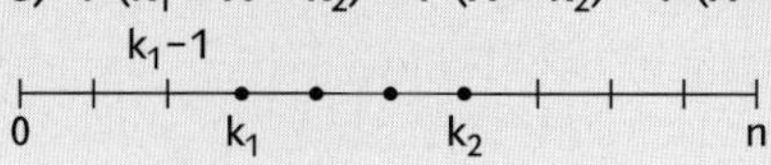

Lösung:

a) Zunächst ist $P(X < 3) = P(X \leqq 2)$.
Eine Tabelle für Summenwahrscheinlichkeiten liefert $P(X < 3) = P(X \leqq 2) = 0{,}5405$.
(Eingang von „links" für $n = 50$ und von „oben" für $p = 0{,}05$)
b) Zunächst ist $P(X \geqq 6) = 1 - P(X \leqq 5)$.
Eine Tabelle für Summenwahrscheinlichkeiten liefert $P(X \geqq 6) = 1 - 0{,}9622 = 0{,}0378$.

Beispiel 3: *(Summenwahrscheinlichkeiten; $p \geqq 0{,}5$)*

Die Zufallsvariable X ist binomialverteilt mit $n = 20$ und $p = 0{,}6$. Ermitteln Sie $P(X \geqq 9)$.

Lösung:

Zunächst ist $P(X \geqq 9) = 1 - P(X \leqq 8)$.
Für $p \geqq 0{,}5$ gilt bei Tabellen für Summenwahrscheinlichkeiten $P(X \leqq k) = 1 -$ abgelesener Wert. Also erhält man $P(X \leqq 8) = 1 - 0{,}9435$ und hieraus $P(X \geqq 9) = 1 - (1 - 0{,}9435) = 0{,}9435$.

Aufgaben

1. Die Zufallsvariable X ist $B_{n;\,p}$-verteilt. Ermitteln Sie $P(X = k)$ für
a) $n = 10;\ p = 0{,}10;\ k = 2$ b) $n = 15;\ p = \frac{1}{6};\ k = 7$ c) $n = 20;\ p = 0{,}25;\ k = 5$.

2. Die Zufallsvariable X ist $B_{n;\,p}$-verteilt. Ermitteln Sie $P(X \leqq k)$ für
a) $n = 5;\ p = 0{,}3;\ k = 3$ b) $n = 10;\ p = 0{,}05;\ k = 2$ c) $n = 12;\ p = 0{,}4;\ k = 8$.

3. Die Zufallsvariable X ist $B_{n;\,p}$-verteilt. Ermitteln Sie $P(X \leqq k)$ für
a) $n = 9;\ p = \frac{2}{3};\ k = 5$ b) $n = 13;\ p = 0{,}97;\ k = 10$ c) $n = 50;\ p = \frac{5}{6};\ k = 36$.

4. Die Zufallsvariable X ist $B_{50;\,0{,}25}$-verteilt. Ermitteln Sie:
a) $P(X \leqq 13)$ b) $P(X > 22)$ c) $P(6 \leqq X \leqq 10)$.

5. Die Zufallsvariable X ist $B_{25;\,2/3}$-verteilt. Ermitteln Sie:
a) $P(X \leqq 15)$ b) $P(X \geqq 9)$ c) $P(10 \leqq X \leqq 15)$.

6 Ein Spiel mit der Wahrscheinlichkeit 0,8 für einen Gewinn wird 10-mal durchgeführt. Mit welcher Wahrscheinlichkeit gewinnt man weniger als die Hälfte der Spiele?

7. Auf den zehn gleich großen Feldern eines Glücksrades stehen jeweils zweimal die Zahlen 1 und 3 sowie jeweils dreimal die Zahlen 2 und 4. Das Glücksrad wird viermal gedreht. Mit welcher Wahrscheinlichkeit sind
a) genau zwei Zahlen gerade b) alle Zahlen verschieden
c) alle Zahlen gleich d) mindestens drei Zahlen gerade
e) höchstens zwei Zahlen größer als 2?

8. Seit 1976 gilt in Deutschland die Gurtpflicht. Laut Presseberichten liegt die Anschnallquote in Deutschland zur Zeit bei 90 %. Die Polizei überprüft 50 Autofahrer. Mit welcher Wahrscheinlichkeit haben davon
a) höchstens 40 den Gurt angelegt b) mehr als 35 den Gurt angelegt
c) mehr als die Hälfte den Gurt angelegt?

9. Eine Maschine produziert Lampenfassungen; dabei entsprechen 95 % der Fassungen der Norm. Der Produktion werden 15 Fassungen entnommen. Mit welcher Wahrscheinlichkeit
a) sind alle ausgewählten Fassungen normgerecht
b) sind mindestens 12 Fassungen normgerecht
c) entspricht höchstens eine Fassung nicht der Norm?

10. Nach Angaben des Herstellers von Chips sind höchstens 5 % der Produktion defekt. Ein Abnehmer vereinbart mit dem Hersteller zur Kontrolle von Lieferungen folgenden Prüfplan: Sind von 20 zufällig ausgewählten Chips mehr als k defekt, wird eine Lieferung zurückgeschickt. Für welche Werte von k ist die Entscheidung, eine Lieferung abzulehnen, in höchstens 5 % aller Fälle falsch, wenn die Angabe des Herstellers zutrifft?

2.30 Wie bestimme ich die Mindestlänge einer BERNOULLI-Kette?

Bei einer BERNOULLI-Kette sind oft n und p gegeben; gesucht sind Wahrscheinlichkeiten z. B. von der Form $P(X \geqq k)$. Nun kann aber auch umgekehrt die Trefferwahrscheinlichkeit p und eine Bedingung wie $P(X \geqq 1) \geqq 0{,}9$ gegeben sein; gesucht ist dann der kleinste Wert von n, für den diese Bedingung erfüllt ist.

Beispiel:
Wie oft muss man mit einem idealen Würfel mindestens werfen, wenn man mit einer Wahrscheinlichkeit von mindestens 90 % wenigstens einmal die Sechs erhalten will?

Lösung:
Die Zufallsvariable X, welche die Anzahl der Sechsen bei n Würfen beschreibt, ist binomialverteilt mit unbekanntem n und $p = \frac{1}{6}$.
Gesucht ist der kleinste Wert von n mit $P(X \geqq 1) \geqq 0{,}9$.

Es ist $P(X \geqq 1) = 1 - P(X = 0)$
und damit $1 - P(X = 0) \geqq 0{,}9$.
Wegen $P(X = 0) = 1 \cdot \left(\frac{1}{6}\right)^0 \cdot \left(\frac{5}{6}\right)^n$ ergibt sich:
$1 - \left(\frac{5}{6}\right)^n \geqq 0{,}9$.
Hieraus folgt $\left(\frac{5}{6}\right)^n \leqq 0{,}1$

bzw. $n \cdot \lg\left(\frac{5}{6}\right) \leqq \lg(0{,}1)$

und damit $n \geqq \frac{\lg(0{,}1)}{\lg\left(\frac{5}{6}\right)} \approx 12{,}6$.

Man muss also wenigstens 13-mal werfen, um mit mindestens 90 % Wahrscheinlichkeit eine Sechs zu erhalten.

Bestimmung der Mindestlänge einer BERNOULLI-Kette:
Die Zufallsvariable X ist binomialverteilt mit den Parametern n und p. Gegeben sind die Trefferwahrscheinlichkeit p und für $0 < c < 1$ die Bedingung $P(X \geqq 1) \geqq c$; gesucht ist n.
Gegenereignis: $P(X \geqq 1) = 1 - P(X = 0)$
Umgeformte Bedingung: $1 - P(X = 0) \geqq c$
Wegen $P(X = 0) = 1 \cdot p^0 \cdot (1 - p)^n$ ergibt sich:
$1 - (1 - p)^n \geqq c$.
Hieraus folgt $(1 - p)^n \leqq 1 - c$.
Logarithmengesetz liefert:
$n \cdot \lg(1 - p) \leqq \lg(1 - c)$
Für $p < 1$ ist $\lg(1 - p) < 0$. Deshalb folgt:
$n \geqq \frac{\lg(1 - c)}{\lg(1 - p)}$.

Aufgaben

1. Bei einem Glücksrad tritt das Ergebnis „rot" mit der Wahrscheinlichkeit $\frac{1}{10}$ auf. Wie oft muss man das Glücksrad drehen, damit mit einer Wahrscheinlichkeit von mindestens 80 % mindestens einmal „rot" dabei ist?

2. In Deutschland haben rund 5 % der Bevölkerung die Blutgruppe AB. Wie viele Personen muss man mindestens untersuchen, um mit einer Wahrscheinlichkeit von mehr als 90 % wenigstens eine Person zu finden, welche die Blutgruppe AB hat?

3. Von den Erwachsenen haben in Deutschland rund 15 % eine Lactose-Allergie, d. h. diese Personen sollten auf Milch und Milchprodukte verzichten. Wie viele Erwachsene muss man mindestens befragen, um mit einer Wahrscheinlichkeit von mehr als 95 % wenigstens einen Erwachsenen zu finden, der unter einer Lactose-Allergie leidet?

2.31 Wie berechne ich den Erwartungswert und die Standardabweichung bei einer Binomialverteilung?

Beispiel:
Eine Maschine produziert Bleistifte mit einer Ausschussquote von 5%. Der Produktion werden Stichproben vom Umfang 50 entnommen.

a) Berechnen Sie den Erwartungswert für die Anzahl unbrauchbarer Bleistifte. Interpretieren Sie diese Zahl.
b) Mit welcher Wahrscheinlichkeit liegt die Anzahl unbrauchbarer Bleistifte im Intervall $[\mu - \sigma; \mu + \sigma]$?

Erwartungswert, Standardabweichung

Die Zufallsvariable X sei binomialverteilt mit den Parametern n und p. Dann hat X den Erwartungswert $\mathbf{E(X) = \mu = n \cdot p}$ und die Standardabweichung $\boldsymbol{\sigma = \sqrt{n \cdot p \cdot q}}$.

Grundaufgaben:

- Erwartungswert und Standardabweichung berechnen und interpretieren
- Wahrscheinlichkeit dafür berechnen, dass die Zufallsvariable Werte annimmt, die um vorgegebene Werte vom Erwartungswert abweichen

Lösung:

a) Beschreibt X die Anzahl unbrauchbarer Bleistifte bei 50 Entnahmen, ist X binomialverteilt mit $n = 50$ und $p = 0{,}05$.
Damit ergibt sich $\mu = 50 \cdot 0{,}05 = 2{,}5$. Werden der Produktion sehr oft Stichproben vom Umfang 50 entnommen, weicht der sich ergebende mittlere Wert für die Anzahl unbrauchbarer Bleistifte nur wenig von 2,5 ab.
b) Mit $\sigma = \sqrt{50 \cdot 0{,}05 \cdot 0{,}95} \approx 1{,}54$ ist $\mu - \sigma \approx 0{,}96$ und $\mu + \sigma = 4{,}04$ und $P(1 \leqq X \leqq 4) = 0{,}8195$.

Aufgaben

1. Bei der Herstellung von elektronischen Bauteilen sind 3% defekt. Die Prüfabteilung entnimmt der Produktion wiederholt 10 Bauteile und überprüft diese. Wie viele defekte elektronische Bauteile sind im Mittel zu erwarten?

2. Bei einer Lotterie sind 4 von 100 Losen Hauptgewinne. Jemand kauft 20 Lose dieser Lotterie. Führen Sie eine Zufallsvariable ein und berechnen Sie deren Erwartungswert. Interpretieren Sie den ermittelten Wert.

3. Herr Maier muss auf seiner täglichen Fahrt von der Wohnung zum Arbeitsplatz 7 Ampeln passieren. Jede Ampel zeigt mit der Wahrscheinlichkeit 0,6 „grün". Wie oft muss Herr Maier in einer Woche mit fünf Arbeitstagen damit rechnen, dass er an einer Ampel anhalten muss, wenn er morgens und abends die gleiche Strecke fährt? Welche Voraussetzungen müssen für die Berechnung der gesuchten Zahl erfüllt sein?

4. Die Zufallsvariable X ist $B_{50;\,0{,}3}$-verteilt. Berechnen Sie:
a) $P(\mu - \sigma \leqq X \leqq \mu + \sigma)$ b) $P(\mu - 2 \cdot \sigma \leqq X \leqq \mu + 2 \cdot \sigma)$ c) $P(\mu - 3 \cdot \sigma \leqq X \leqq \mu + 3 \cdot \sigma)$.

5. Bei einem Spiel gewinnt man mit der Wahrscheinlichkeit 0,7. Ermitteln Sie für 30 Spiele ein möglichst kleines, zum Erwartungswert symmetrisches Intervall, in dem mit einer Wahrscheinlichkeit von mehr als 95% die Anzahl der gewonnenen Spiele liegt.

2.32 Wie berechne ich Wahrscheinlichkeiten mit der Näherungsformel von DE MOIVRE-LAPLACE?

Für große Werte von n gibt es keine Tabellen für Binomialverteilungen. Sind aber bestimmte Bedingungen erfüllt, gibt es für $B_{n;\,p}$-verteilte Zufallsvariablen Näherungsformeln, mit denen man brauchbare Näherungswerte berechnen kann. Diese ergeben sich mithilfe der so genannten **gaußschen Summenfunktion Φ**, die tabelliert vorliegt.

Näherungsformel von DE MOIVRE-LAPLACE:

Die Zufallsvariable X sei binomialverteilt mit den Parametern n und p. Ist die Bedingung $n > \frac{1}{4 \cdot p^2 \cdot (1-p)^2}$ erfüllt, so gilt:

$$P(k_1 \leqq X \leqq k_2) \approx \Phi\left(\frac{k_2 + 0{,}5 - \mu}{\sigma}\right) - \Phi\left(\frac{k_1 - 0{,}5 - \mu}{\sigma}\right).$$

Dabei ist $\mu = n \cdot p$ und $\sigma = \sqrt{n \cdot p \cdot (1-p)}$.

Ist sogar $\sigma^2 > 9$, so gilt die vereinfachte Näherungsformel:

$$P(k_1 \leqq X \leqq k_2) \approx \Phi\left(\frac{k_2 - \mu}{\sigma}\right) - \Phi\left(\frac{k_1 - \mu}{\sigma}\right).$$

Beispiel 1:
Die Zufallsvariable X ist $B_{120;\,0{,}95}$-verteilt. Ermitteln Sie einen Näherungswert für $P(110 \leqq X \leqq 118)$.

Lösung:
Mit n = 120 und p = 0,95 ergibt sich:
$\mu = 120 \cdot 0{,}95 = 114$;
$\sigma^2 = 120 \cdot 0{,}95 \cdot 0{,}05 = 5{,}7$
und $\frac{1}{4 \cdot 0{,}95^2 \cdot 0{,}05^2} \approx 111$.
Wegen 120 > 111 ist die erste Bedingung erfüllt, die Bedingung $\sigma^2 > 9$ aber nicht.
Damit ergibt sich:

$$\begin{aligned} P(110 \leqq X \leqq 118) &\approx \Phi\left(\frac{118 + 0{,}5 - 114}{\sqrt{5{,}7}}\right) - \Phi\left(\frac{110 - 0{,}5 - 114}{\sqrt{5{,}7}}\right) \\ &\approx \Phi(1{,}88) - \Phi(-1{,}88) \\ &= 0{,}9699 - (1 - 0{,}9699) \\ &= 0{,}9398. \end{aligned}$$

Beispiel 2:
Die Zufallsvariable X ist $B_{210;\,0{,}2}$-verteilt. Berechnen Sie näherungsweise $P(X \leqq 40)$.

Lösung:
Mit n = 210 und p = 0,2 ergibt sich: $\mu = 210 \cdot 0{,}2 = 42$; $\sigma^2 = 210 \cdot 0{,}2 \cdot 0{,}8 = 33{,}6$.
Da $\sigma^2 > 9$ gilt, ist die vereinfachte Näherungsformel anwendbar.
Es ist $P(X \leqq 40) = P(0 \leqq X \leqq 40)$. Damit ergibt sich:

$$P(X \leqq 40) \approx \Phi\left(\frac{40 - 42}{\sqrt{33{,}6}}\right) - \Phi\left(\frac{0 - 42}{\sqrt{33{,}6}}\right) \approx \Phi(-0{,}35) - \Phi(-7{,}25) = 1 - 0{,}6368 - 0 = 0{,}3632.$$

Aufgaben

1. Die Zufallsvariable X ist $B_{120;\,0{,}2}$-verteilt. Berechnen Sie näherungsweise
a) $P(X < 22)$
b) $P(X \geqq 25)$
c) $P(23 \leqq X \leqq 26)$
d) $P(24 < X \leqq 28)$
e) $P(X \leqq 23)$
f) $P(19 \leqq X < 26)$.

2. Die Zufallsvariable X ist $B_{400;\,0,4}$-verteilt mit dem Erwartungswert μ.
a) Berechnen Sie näherungsweise $P(X < 150)$, $P(X \geqq 165)$ und $P(150 \leqq X \leqq 170)$.
b) Berechnen Sie näherungsweise $P(|X - \mu| \leqq 3)$ und $P(|X - \mu| > 1{,}5)$.
c) Ermitteln Sie ein zum Erwartungswert symmetrisches und möglichst kleines Intervall, so dass die Zufallsvariable X mit einer Wahrscheinlichkeit von mindestens 92 % Werte aus diesem Intervall annimmt.

3. In einer Bevölkerung haben 2 % eine Krankheit, die durch einen Bluttest nachgewiesen werden kann. Mit welcher Wahrscheinlichkeit haben von 1000 Personen
a) mindestens 26 b) höchstens 18
diese Krankheit?

4. Beim Roulette tritt das Ergebnis 0 mit der Wahrscheinlichkeit $\frac{1}{37}$ ein. Mit welcher Wahrscheinlichkeit tritt bei 500 Spielen das Ergebnis 0
a) mindestens 15-mal ein b) höchstens 12-mal ein?

5. Ein Zufallsgenerator erzeugt die Ziffern von 0 bis 9 jeweils mit einer Wahrscheinlichkeit 0,1. Es werden 2000 Ziffern erzeugt und gezählt, wie oft die Ziffer 1 aufgetreten ist.
a) Ermitteln Sie den Erwartungswert μ und die Standardabweichung σ für die Zufallsvariable X.
b) Bestimmen Sie ein möglichst kleines $k \in \mathbb{N}$, so dass die Anzahl der auftretenden Einsen mit einer Wahrscheinlichkeit von mindestens 90 % im Intervall $[\mu - k; \mu + k]$ liegt.

6. Die Zufallsvariable X ist binomialverteilt mit den Parametern n und $p = 0{,}8$.
Ermitteln Sie näherungsweise den kleinsten Wert für n, so dass $P(X \leqq 500) \leqq 0{,}05$ ist.

7. Bei dem Glücksrad erscheint jedes Feld mit der gleichen Wahrscheinlichkeit. Das Glücksrad wird 200-mal gedreht. Die Zufallsvariable X beschreibt die Anzahl der dabei auftretenden Einsen.
Ermitteln Sie die kleinste ganze Zahl g, für die gilt: $P(X \leqq g) \geqq 0{,}9$.

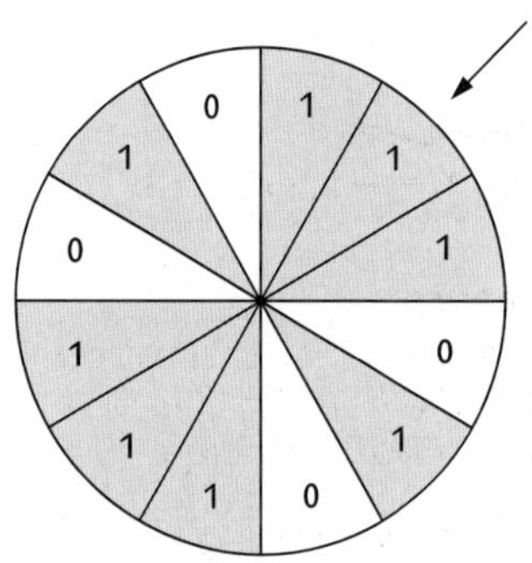

8. Eine Firma produziert Hosen mit einem Ausschussanteil von 5 %. Für eine Lieferung an einen Großkunden werden mindestens 600 Hosen benötigt. Wie viele Hosen muss die Firma herstellen, damit mit einer Wahrscheinlichkeit von mindestens 95 % genügend einwandfreie Hosen abgeliefert werden können?

2.33 Wie berechne ich Wahrscheinlichkeiten bei einer Normalverteilung?

Eine **binomialverteilte** Zufallsvariable kann nur die **diskreten** Werte 0, 1, 2, …, n annehmen. Eine **normalverteilte** Zufallsvariable wie z. B. die Körpergröße von Personen dagegen kann Werte aus $\mathbb{R}$ annehmen; man spricht deshalb bei einer Normalverteilung von einer **stetigen** Verteilung.

Beispiel:
Die Körpergröße X (in cm) von Neugeborenen sei normalverteilt mit $\mu = 52$ und $\sigma = 2$.

a) Wie viel Prozent der Neugeborenen sind höchstens 48 cm groß?
b) Wie viel Prozent der Neugeborenen sind größer als 57 cm?
c) Bei wie viel Prozent der Neugeborenen weicht die Körpergröße um mehr als 3 cm vom Erwartungswert ab?
d) Welche Körpergröße wird von 10 % der Neugeborenen überschritten?

Normalverteilung

Die Zufallsvariable X heißt **normalverteilt** mit dem Erwartungswert μ und der Standardabweichung σ, wenn sich die Wahrscheinlichkeit $P(a \leqq X \leqq b)$ mithilfe der gaußschen Φ-Funktion berechnen lässt:
$P(a \leqq X \leqq b) = \Phi\left(\frac{b-\mu}{\sigma}\right) - \Phi\left(\frac{a-\mu}{\sigma}\right)$.
Die Normalverteilung mit $\mu = 0$ und $\sigma = 1$ heißt **Standardnormalverteilung**.

Häufig vorkommende Fälle:

$P(X < c) = P(X \leqq c) = \Phi\left(\frac{c-\mu}{\sigma}\right)$

$P(X > c) = 1 - P(X \leqq c) = 1 - \Phi\left(\frac{c-\mu}{\sigma}\right)$

$P\left(\left|X-\mu\right| \leqq c\right) = 2 \cdot \Phi\left(\frac{c}{\sigma}\right) - 1$

$P\left(\left|X-\mu\right| > c\right) = 2 \cdot \left[1 - \Phi\left(\frac{c}{\sigma}\right)\right]$

Ist insbesondere $c = k \cdot \sigma$, so gilt $(k = 1; 2; 3)$: $P\left(\left|X-\mu\right| \leqq k \cdot \sigma\right) = P(\mu - k \cdot \sigma \leqq X \leqq \mu + k \cdot \sigma) = 2 \cdot \Phi(k) - 1$.
Dies sind die so genannten **Sigma-Regeln**.

Lösung:

a) $P(X \leqq 48) = \Phi\left(\frac{48-52}{2}\right)$
$= \Phi(-2)$
$= 0{,}0228$

Nur etwas mehr als 2 % der Neugeborenen sind höchstens 48 cm groß.

b) $P(X > 57) = 1 - P(X \leqq 57)$
$= 1 - \Phi\left(\frac{57-52}{2}\right)$
$= 1 - \Phi(2{,}5)$
$= 1 - 0{,}9938$
$= 0{,}0062$

Nur rund 0,6 % der Neugeborenen sind größer als 57 cm.

c) $P\left(\left|X-\mu\right| > 3\right) = 2 \cdot \left[1 - \Phi\left(\frac{3}{2}\right)\right] = 2 \cdot [1 - \Phi(1{,}5)] = 2 \cdot (1 - 0{,}9332) = 0{,}1336$

Bei rund 13 % der Neugeborenen weicht die Körpergröße um mehr als 3 cm vom Erwartungswert 52 cm ab.

d) Gesucht ist der Wert von c, für den gilt $P(X > c) = 0{,}1$.

Es ist $P(X > c) = 1 - P(X \leqq c) = 1 - \Phi\left(\frac{c-\mu}{\sigma}\right)$.

Aus $1 - \Phi\left(\frac{c-52}{2}\right) = 0{,}1$ folgt $\Phi\left(\frac{c-52}{2}\right) = 0{,}9$.

Eine Tabelle liefert $\frac{c-52}{2} = 1{,}2816$. Damit ist $c = 52 + 2 \cdot 1{,}2816 \approx 54{,}6$.

Eine Körpergröße von rund 55 cm wird von 10 % der Neugeborenen überschritten.

Aufgaben

1. Die Zufallsvariable X sei standardnormalverteilt, d. h. es ist $\mu = 0$ und $\sigma = 1$. Berechnen Sie:

a) $P(-0{,}4 \leqq X \leqq 0{,}2)$
b) $P(X \leqq 1{,}3)$
c) $P(X \geqq 1{,}2)$
d) $P(X \leqq -0{,}8)$
e) $P(-0{,}10 \leqq X \leqq 0{,}15)$
f) $P(|X| < 0{,}15)$.

2. Die Zufallsvariable X sei standardnormalverteilt. Ermitteln Sie c so, dass gilt:

a) $P(X \leqq c) = 0{,}8$
b) $P(X > c) = 0{,}5$
c) $P(X < c) = 0{,}65$.

3. Die Zufallsvariable X sei normalverteilt mit dem Erwartungswert $\mu = 15$ und der Standardabweichung $\sigma = 2$ Berechnen Sie:

a) $P(14 \leqq X \leqq 17)$
b) $P(13 \leqq X \leqq 18)$
c) $P(X \leqq 12)$
d) $P(X > 16)$
e) $P(|X - 15| \leqq 1{,}5)$
f) $P(|X - 15| > 2{,}5)$.

4. Die Zufallsvariable X sei normalverteilt mit dem Erwartungswert μ und der Standardabweichung σ. Zeigen Sie:

a) $P(|X - \mu| \leqq c) = 2 \cdot \Phi\left(\frac{c}{\sigma}\right) - 1$
b) $P(|X - \mu| > c) = 2 \cdot \left[1 - \Phi\left(\frac{c}{\sigma}\right)\right]$.

5. Das Geburtsgewicht X (in g) von Neugeborenen ist näherungsweise normalverteilt mit $\mu = 3500$ und $\sigma = 380$.

a) Mit welcher Wahrscheinlichkeit liegt das Geburtsgewicht eines Neugeborenen zwischen 3300 g und 3400 g?
b) Mit welcher Wahrscheinlichkeit übersteigt das Geburtsgewicht eines Neugeborenen 3800 Gramm?

6. Die Füllmenge X (in Liter) einer Sprudelflasche sei normalverteilt mit dem Erwartungswert $\mu = 0{,}7$ und der Standardabweichung $\sigma = 0{,}01$.

a) Mit welcher Wahrscheinlichkeit enthält eine zufällig ausgewählte Sprudelflasche mindestens 0,69 Liter?
b) Ermitteln Sie die Füllmenge, die mit einer Wahrscheinlichkeit von 4 % unterschritten wird.

7. Eine Hühnerfarm hat sich auf die Haltung einer bestimmten Hühnerrasse spezialisiert. Das Gewicht X (in g) von Eiern dieser Rasse ist näherungsweise normalverteilt mit $\mu = 65$ und $\sigma = 5$.

a) Mit welcher Wahrscheinlichkeit liegt das Gewicht eines Eies zwischen 55 g und 70 g?
b) Mit welcher Wahrscheinlichkeit liegt das Gewicht eines Eies unter 55 g?
c) Ermitteln Sie das Gewicht eines Eies, das mit einer Wahrscheinlichkeit von 10 % überschritten wird.

8. Der Benzinverbrauch X (in Liter pro 100 km) eines Fahrzeugs bei einer konstanten Geschwindigkeit sei normalverteilt mit $\mu = 5{,}9$ und $\sigma = 0{,}5$.

a) Mit welcher Wahrscheinlichkeit ist der Benzinverbrauch höher als 6,5 Liter?
b) Ermitteln Sie ein symmetrisch zu μ liegendes Intervall, in dem der Benzinverbrauch mit einer Wahrscheinlichkeit von 95 % liegt.

3. Teil

Strategien

Strategien aus dem Bereich Analysis

3.1 Was kann ich bei ganzrationalen Funktionen mit wenig Aufwand erkennen?

Der ungefähre Verlauf von Graphen ganzrationaler Funktionen wird weitgehend durch den Grad der Funktion bestimmt. Dabei nennt man die höchste im Funktionsterm f(x) auftretende Hochzahl bei x den Grad der Funktion.
So hat etwa f mit $f(x) = x^2 - x$ den Grad 2 und g mit $g(x) = 5x^3 + 2x - 4$ den Grad 3. Das nebenstehende Bild zeigt den typischen Verlauf von Graphen ganzrationaler Funktionen. Dabei können diese Graphen noch verschoben, an der x-Achse gespiegelt und etwas „verzerrt" sein.

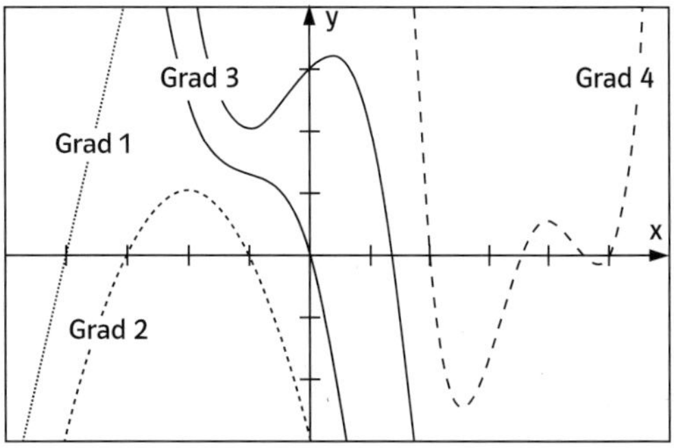

Beispiel 1: *(Funktion vom Grad 3)*
Gegeben ist die Funktion f mit Graph K durch

$$f(x) = \frac{1}{2}x^3 - \frac{5}{2}x^2 + 2x;\quad x \in \mathbb{R}.$$

a) Was lässt sich über K ohne die Verwendung von f′ aussagen? Skizzieren Sie K.
b) K und die x-Achse bilden zwei Teilflächen. Wie viel Prozent der Gesamtfläche bildet die größere Teilfläche?
c) Eine Gerade g durch den Punkt $P(2\,|\,f(2))$ halbiert die von K und der x-Achse im 4. Feld begrenzte Fläche. In welchem Punkt Q schneidet g die x-Achse?

Strategien

- Die **höchste vorkommende Potenz** von x legt den **Verlauf** des Graphen von f(x) **für $x \to \pm\infty$ fest.**
- Die **niedrigsten vorkommenden Potenzen** von x legen den **Verlauf** des Graphen von f(x) **in der Umgebung von 0** fest.
- **Zerlegt** man **f(x) in ein Produkt,** so kann man die **Nullstellen** von f **erkennen.** Zwischen den Nullstellen von f liegen häufig die Extremstellen von f.
- Wenn $\mathbf{f(x) = (x - a)^2 \cdot g(x)}$ und $g(a) \neq 0$ gilt, so **berührt** der Graph K von f an der **Stelle a die x-Achse.**

Lösung:

a) *Verhalten für $x \to \pm\infty$:*
Ist $|x|$ sehr groß, so verläuft K ähnlich wie der Graph mit der Gleichung $y = \frac{1}{2}x^3$.
Verhalten in einer Umgebung von 0:
Es ist $f(0) = 0$; K besitzt in erster Näherung in $O(0|0)$ die Gerade mit der Gleichung $y = 2x$ als Tangente. In zweiter Näherung verläuft K ähnlich wie die Parabel mit der Gleichung $y = -\frac{5}{2}x^2 + 2x$. Diese Gleichung lässt sich umformen zu
$$y = -\frac{5}{2}x \cdot \left(x - \frac{4}{5}\right),$$
woran man den Verlauf der Parabel besser erkennt.
Nullstellen von f:
Ausklammern von $\frac{1}{2}x$ liefert zunächst
$$f(x) = \frac{1}{2}x \cdot (x^2 - 5x + 4).$$
Da aber die Gleichung $x^2 - 5x + 4 = 0$ die Lösungen 1 und 4 besitzt, gilt sogar
$$f(x) = \frac{1}{2}x \cdot (x - 1)(x - 4).$$
Also hat f die Nullstellen 0; 1 und 4, d.h. die gemeinsamen Punkte von K und der x-Achse sind $O(0|0)$; $X_1(1|0)$ und $X_2(4|0)$.
Skizze von K:
Trägt man die gefundenen Angaben in ein Koordinatensystem ein, ergibt sich die nebenstehende Skizze von K.

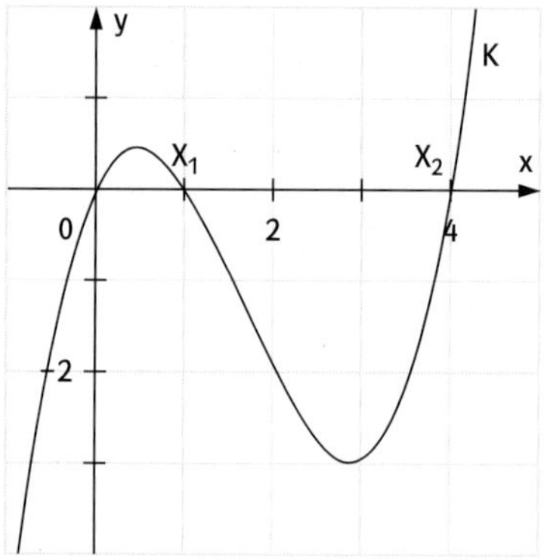

b) Die obere Teilfläche hat den Inhalt $A_o = \int_0^1 f(x)\,dx = \frac{7}{24} \approx 0{,}292$.

Die untere Teilfläche hat den Inhalt $A_u = \int_3^4 (0 - f(x))\,dx = \frac{45}{8} = 5{,}625$.

Damit ist der prozentuale Anteil der größeren Teilfläche an der Gesamtfläche
$$\frac{A_u}{A_o + A_u} \cdot 100\,\% \approx 95{,}07\,\%.$$

c) Die Gerade mit der Gleichung $x = 2$ teilt die von K und der x-Achse im 4. Feld begrenzte Fläche in zwei Teile. Die linke Teilfläche hat den Inhalt
$$A_l = \int_1^2 (0 - f(x))\,dx = \frac{23}{24}.$$

Es ist $f(2) = -2$ und somit $P(2|-2)$. Für den Inhalt A_D des Dreiecks PQR mit $Q(q|0)$ und $R(2|0)$ gilt $A_D = \frac{1}{2} \cdot (-f(2))(q - 2) = q - 2$. Die Verbindungsstrecke der Punkte P und Q halbiert die Fläche mit dem Inhalt $A_U = \frac{45}{8}$, wenn
$$A_l + A_D = \frac{1}{2}A_U$$
gilt. Dies ergibt $\frac{23}{24} + (q - 2) = \frac{1}{2} \cdot \frac{45}{8}$ und dann $q = \frac{185}{48} \approx 3{,}854$.
Damit erhält man $Q\left(\frac{185}{48}\middle|0\right)$.

Beispiel 2: *(Funktion vom Grad 4)*
Gegeben ist die Funktion f mit Graph K durch

$f(x) = \frac{9}{32}(x^4 - 8x^3 + 16x^2);\ x \in \mathbb{R}$.

a) Was lässt sich über K ohne die Verwendung von f′ aussagen? Skizzieren Sie K.
b) Untersuchen Sie K auf Extrempunkte.
c) Zeigen Sie, dass K den Punkt $W\left(2 + \frac{2}{3}\sqrt{3} \mid 2\right)$ als einen Wendepunkt besitzt.
d) Die Gerade g mit der Gleichung y = 4,5 schneidet K in drei Punkten. Bestimmen Sie die exakten Koordinaten dieser drei Punkte.

Lösung:

a) *Verhalten für $x \longrightarrow \pm\infty$:*
Ist $|x|$ sehr groß, so verläuft K ähnlich wie der Graph mit der Gleichung $y = \frac{9}{32}x^4$.
Verhalten in einer Umgebung von 0:
Es ist f(0) = 0; in einer Umgebung von O(0|0) verläuft K ähnlich wie die Parabel mit der Gleichung $y = \frac{9}{2}x^2$.
Nullstellen von f:
Ausklammern von x^2 liefert zunächst

$f(x) = \frac{9}{32}x^2 \cdot (x^2 - 8x + 16)$,

und dann mit einer binomischen Formel

$f(x) = \frac{9}{32}x^2 \cdot (x - 4)^2$.

Also hat f die Nullstellen 0 und 4, d.h. die gemeinsamen Punkte von K und der x-Achse sind O(0|0) und X(4|0), und in diesen Punkten hat K eine waagrechte Tangente.
Skizze von K:
Trägt man die gefundenen Angaben in ein Koordinatensystem ein, ergibt sich die nebenstehende Skizze von K.

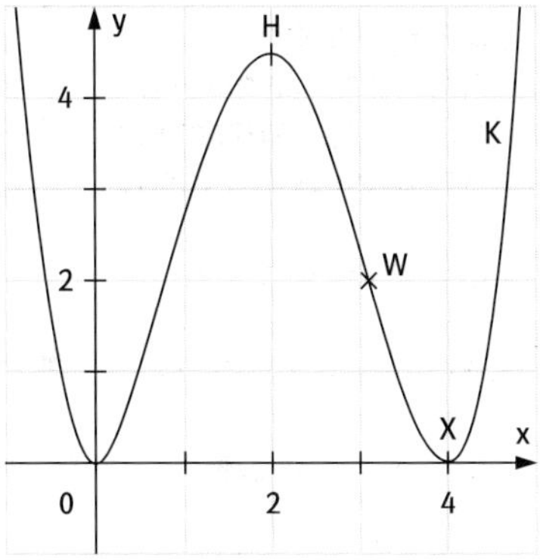

b) Es ist $f'(x) = \frac{9}{32}(4x^3 - 24x^2 + 32x) = \frac{9}{8}x(x^2 - 6x + 8)$. Also hat f′(x) = 0 die Lösungen 0; 2 und 4. Da f(0) = f(4) = 0 und f(2) = 4,5 gilt, hat K nach a) die Tiefpunkte O(0|0) und X(4|0) sowie den Hochpunkt H(2|4,5).

c) Es ist $f''(x) = \frac{9}{8}(3x^2 - 12x + 8)$. Also hat f″(x) = 0 die Lösungen $2 \pm \frac{2}{3}\sqrt{3}$, und dies sind nach a) Wendestellen von f. Ferner ist

$$f\left(2 + \frac{2}{3}\sqrt{3}\right) = \frac{9}{32}\left(\frac{2}{3}\sqrt{3} + 2\right)^2 \cdot \left(\frac{2}{3}\sqrt{3} - 2\right)^2 = \frac{9}{32}\left(\frac{4}{3} - 4\right)^2 = 2.$$

Also ist $W\left(2 + \frac{2}{3}\sqrt{3} \mid 2\right)$ ein Wendepunkt von K.

d) f(x) = 4,5 führt auf die Gleichung $\frac{9}{32}x^2 \cdot (x - 4)^2 = \frac{9}{2}$ und nach Umformung auf

$x^4 - 8x^3 + 16x^2 - 16 = 0$.

Da 2 eine doppelte Lösung dieser Gleichung sein muss, führt Polynomdivision mit $(x - 2)^2$ auf $(x - 2)^2 \cdot (x^2 - 4x - 4) = 0$ mit den weiteren Lösungen $2 \pm 2\sqrt{2}$.
K und g haben damit die gemeinsamen Punkte H(2|4,5) und $S_{1;2}\left(2 \pm 2\sqrt{2} \mid \frac{9}{2}\right)$.

Beispiel 3: *(Funktionenschar vom Grad 3)*
Gegeben ist für jedes $t \in \mathbb{R}$ die Funktion f_t mit Graph K_t durch

$$f_t(x) = x^3 - 4tx^2 + 4t^2x;\quad x \in \mathbb{R}.$$

a) Welche Eigenschaften von K_t können Sie ohne Verwendung von f_t' erkennen?
b) Für welche $t \in \mathbb{R}$ besitzt K_t einen Tiefpunkt mit der x-Achse als Tangente?
c) Bestimmen Sie eine Gleichung der Kurve C, auf der für $t > 0$ die Hochpunkte von K_t liegen. Sind alle Punkte von C auch Hochpunkt eines Graphen K_t?
d) Skizzieren Sie K_1, $K_{1,5}$ und C in ein gemeinsames Koordinatensystem.

Lösung:

a) *Verhalten für $x \longrightarrow \pm\infty$:*
Ist $|x|$ sehr groß, so verläuft K ähnlich wie der Graph mit der Gleichung $y = x^3$.
Verhalten in einer Umgebung von 0:
Es ist $f(0) = 0$ und K_t besitzt in $O(0|0)$ eine Tangente mit der positiven Steigung $4t^2$ für $t > 0$ und der Steigung 0 für $t = 0$.
Gemeinsame Punkte mit der x-Achse:
Ausklammern von x und Anwendung einer binomischen Formel liefert

$$f_t(x) = x^3 - 4tx^2 + 4t^2x = x(x^2 - 4tx + 4t^2) = x(x - 2t)^2.$$

Also hat K_t mit der x-Achse die gemeinsamen Punkte $O(0|0)$ und $X_t(2t|0)$.

b) Es ist $f_t'(x) = 3x^2 - 8tx + 4t^2 = (3x - 2t)(x - 2t)$ und $f_t''(x) = 6x - 8t$. Damit ist $f_t'(x) = 0$ für $x = \frac{2}{3}t$ oder $x = 2t$. Ferner gilt $f_t''\left(\frac{2}{3}t\right) = -4t$ und $f_t''(2t) = 4t$ sowie $f_t\left(\frac{2}{3}t\right) = \frac{32}{27}t^3$ und $f_t(2t) = 0$. Also hat K_t im Punkt $X_t(2t|0)$ für $t > 0$ einen Tiefpunkt und für $t < 0$ einen Hochpunkt. Für $t = 0$ ist $f_0(x) = x^3$, und somit hat K_0 an der Stelle 0 weder einen Hoch- noch einen Tiefpunkt, sondern einen Wendepunkt.

c) Für $t > 0$ besitzt K_t nur den Hochpunkt $H_t\left(\frac{2}{3}t \,\middle|\, \frac{32}{27}t^3\right)$. Wenn $x_H = \frac{2}{3}t$ die Abszisse und $y_H = \frac{32}{27}t^3$ die Ordinate des Hochpunktes ist, so erhält man durch Eliminieren des Parameters t dann $y_H = 4x_H^3$ und folglich liegen die Hochpunkte H_t von K_t auf der Kurve C mit der Gleichung $y = 4x^3$.
Wegen $t > 0$ ist $x_H = \frac{2}{3}t > 0$, und dies besagt, dass nur die Punkte auf C im ersten Feld tatsächlich auch Hochpunkte eines Graphen K_t sind.

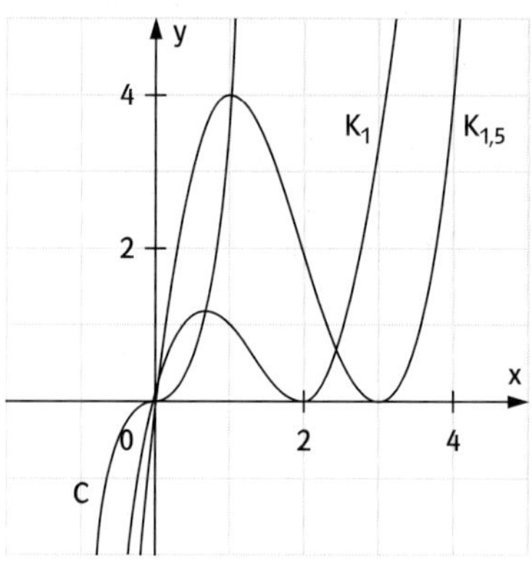

d) Man erhält die abgebildeten Graphen.

Aufgaben

1. Gegeben ist die Funktion f mit Graph K durch

$$f(x) = \frac{1}{6}(2x - 5)(x + 2)^2;\ x \in \mathbb{R}.$$

a) Welche Eigenschaften von K können Sie ohne Verwendung von f′ erkennen?
b) Untersuchen Sie K auf Extrem- und Wendepunkte.
c) Zeichnen Sie K.
d) K schneidet die positive x-Achse im Punkt X und die y-Achse im Punkt Y. K, die Strecke $\overline{XY}$ und die x-Achse begrenzen eine Fläche. Bestimmen Sie den Inhalt dieser Fläche.
e) Die Tangente an K im Punkt X aus Teilaufgabe d) und die Tangente an K in einem weiteren Punkt P sind parallel. Bestimmen Sie P.

2. Gegeben ist die Funktion f mit Graph K durch

$$f(x) = \frac{1}{6}x(x - 6)^2;\ x \in \mathbb{R}.$$

a) Welche Eigenschaften von K können Sie ohne Verwendung von f′ erkennen?
b) Untersuchen Sie K auf Extrem- und Wendepunkte.
c) Zeichnen Sie K und bestimmen Sie eine Gleichung der Normalen von K im Wendepunkt W von K.
d) Der Graph K und die x-Achse begrenzen im ersten Feld eine Fläche mit dem Inhalt A. Bestimmen Sie A.
e) In welchem Verhältnis teilt die Gerade mit der Gleichung $2x - 3y = 0$ die in Teilaufgabe d) untersuchte Fläche?

3. Gegeben ist für jedes $t \in \mathbb{R}^+$ die Funktion f_t mit Graph K_t.
Welche Eigenschaften von K_t können Sie ohne Verwendung von f_t' erkennen? Untersuchen Sie K_t auf gemeinsame Punkte mit den Koordinatenachsen, Extrem- und Wendepunkte. Bestimmen Sie eine Gleichung der Kurve, auf der die Tiefpunkte von K_t liegen. Skizzieren Sie dann K_1 und C.

a) $f_t(x) = \frac{1}{2}x^3 - 3t^2x$
b) $f_t(x) = \frac{1}{8}x^4 - \frac{3}{2}tx^2 + \frac{5}{2}t^2$

4. Gegeben ist die Funktion f mit $f(x) = (x - a)^2 \cdot (x - b)$ und $a \neq b$. Zeigen Sie, dass f an der Stelle a eine waagrechte Tangente und an der Stelle b keine waagrechte Tangente hat.

3.2 Was kann ich bei gebrochenrationalen Funktionen mit wenig Aufwand erkennen?

Beim Verlauf von gebrochenrationalen Funktionen gibt es viel mehr Variationen als bei ganzrationalen Funktionen. Auch der GTR hilft hier nur dann wirklich weiter, wenn man bereits etwas über den Verlauf ahnt. Die folgenden Graphen zeigen typische Kurvenverläufe.

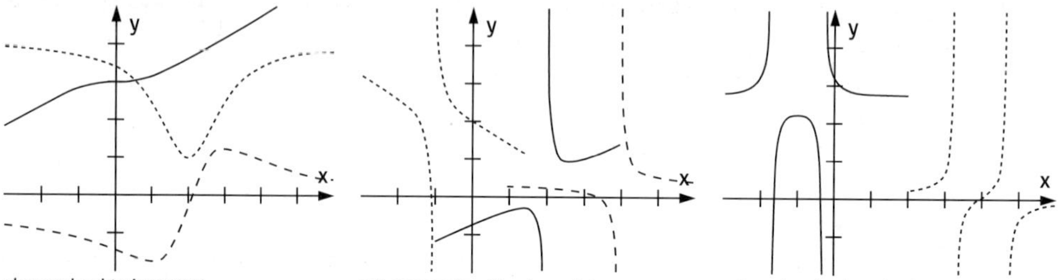

ohne senkrechte Asymptote Fig. 1

mit einer senkrechten Asymptote Fig. 2

mit zwei senkrechten Asymptoten Fig. 3

Beispiel 1: *(Funktion mit zwei Definitionslücken)*
Gegeben ist die Funktion f mit Graph K durch

$$f(x) = \frac{4x}{(2-x^2)^2}.$$

a) Bestimmen Sie die maximale Definitionsmenge $\mathbb{D}$ von f und untersuchen Sie K auf Symmetrie, Asymptoten und Schnittpunkte mit der x-Achse.
b) Zeigen Sie, dass $P(2|2)$ und $Q(1|4)$ auf K liegen und skizzieren Sie K.
c) Die Gerade g mit der Gleichung $y = 4x$ schneidet K in fünf Punkten. Bestimmen Sie diese Punkte.
d) Zeigen Sie, dass die Gerade h durch $O(0|0)$ und P die Tangente an K in $O(0|0)$ ist.
e) Der Graph K und die Verbindungsstrecke der Punkte O und Q begrenzen eine Fläche. Bestimmen Sie den Inhalt dieser Fläche.

Strategien I

- Ist der **Grad** des Polynoms **im Zähler** größer als der **Grad** des Polynoms **im Nenner**, so wird der Funktionsterm f (x) durch Polynomdivision umgeformt. Am umgeformten Funktionsterm erkennt man unmittelbar eine Gleichung der **schiefen Asymptote** oder des Graphen einer **ganzrationalen Näherungsfunktion**.
- Man sollte sich überlegen, ob sich für $\mathbf{x \to \pm\infty}$ ein Graph an eine **Asymptote** oder **Näherungskurve** von **oben** oder von **unten** annähert.
- Das **Ableiten** von f(x) ist **nach der Polynomdivision** meist einfacher.
- Bei

  $$\mathbf{f(x) = \frac{ax+b}{cx+d}}$$

  sind (praktisch immer!) die **Asymptoten parallel** zu den **Koordinatenachsen**.

Lösung:
a) *Maximale Definitionsmenge:*
Die Gleichung $(2-x^2)^2 = 0$ hat die beiden Lösungen $\pm\sqrt{2}$. Also gilt $\mathbb{D} = \mathbb{R}\setminus\{+\sqrt{2};\ -\sqrt{2}\}$.
Symmetrie:
Wegen $f(-x) = -f(x)$ für alle $x \in \mathbb{D}$ ist K punktsymmetrisch zu $O(0|0)$.

Asymptoten:

Da $\pm\sqrt{2}$ keine Nullstellen des Zählers sind, hat K die senkrechten Asymptoten mit den Gleichungen $x = \pm\sqrt{2}$. Dabei strebt $f(x) \to +\infty$ für $x \to +\sqrt{2}$, und für $x \to -\sqrt{2}$ strebt $f(x) \to -\infty$.

Da f(x) im Zähler den Grad 1 und im Nenner den Grad 4 hat, ist die x-Achse waagrechte Asymptote von K. An diese nähert sich K für $x \to +\infty$ von oben und für $x \to -\infty$ von unten an.

Schnittpunkte mit der x-Achse:

K schneidet die x-Achse nur in $O(0|0)$.

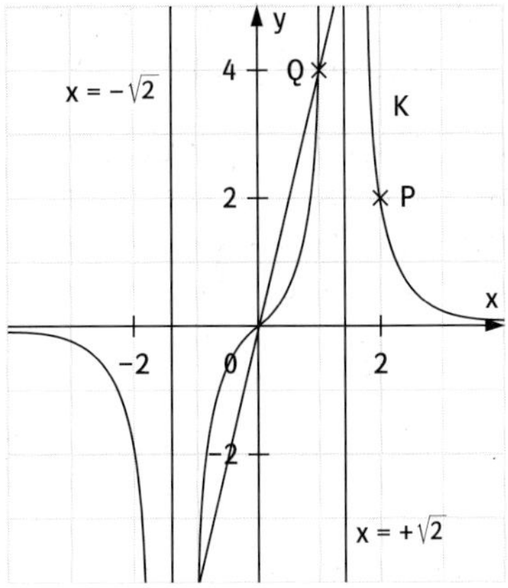

b) Wegen $f(2) = 2$ und $f(1) = 4$ liegen $P(2|2)$ und $Q(1|4)$ auf K (vgl. Fig.).

c) Für einen Schnittpunkt $S(x_S|y_S)$ von g und K gilt $f(x_S) = 4x_S$ und somit $\frac{4x_S}{(2-x_S^2)^2} = 4x_S$.
Hieraus folgt $4x_S[(2-x_S^2)^2 - 1] = 0$. Damit ist $x_S = 0$ oder $(2-x_S^2)^2 - 1 = 0$.
Aus der letzten Gleichung erhält man $2 - x_S^2 = +1$ oder $2 - x_S^2 = -1$. Dies ergibt $x_S = \pm 1$ oder $x_S = \pm\sqrt{3}$. Wegen $f(0) = 0$, $f(\pm 1) = \pm 4$ und $f(\pm\sqrt{3}) = \pm 4\sqrt{3}$ haben K und g die Schnittpunkte $O(0|0)$, $S_1(+1|+4) = Q$, $S_2(-1|-4)$, $S_3(+\sqrt{3}|+4\sqrt{3})$ und $S_4(-\sqrt{3}|-4\sqrt{3})$.

d) Mit Quotienten- und Kettenregel erhält man $f'(x) = \frac{-12x^2-8}{(2-x^2)^2}$ und dann $f'(0) = 1$.
Da h die Gleichung $y = x$ hat, ist damit h die Tangente an K in O.

e) Für den Flächeninhalt A erhält man mit der Substitution $z = g(x) = x^2$:

$$A = \int_0^1 (4x - f(x))\,dx = \int_0^1 4x\,dx - \int_0^1 \frac{4x}{(2-x^2)^2}\,dx = \left[2x^2\right]_0^1 - \int_0^1 \frac{2}{(2-z)^2}\,dz = 2 - \left[\frac{2}{2-z}\right]_0^1 = 1.$$

Beispiel 2: *(Funktion mit einer Definitionslücke)*

Gegeben ist die Funktion f mit Graph K durch

$$f(x) = \frac{x^2 - 3x}{x - 2}.$$

a) Geben Sie die maximale Definitionsmenge $\mathbb{D}$ von f an und untersuchen Sie K auf Asymptoten und Schnittpunkte mit der x-Achse.

b) Begründen Sie, dass K weder Extrem- noch Wendepunkte besitzt und zeichnen Sie K.

c) Welcher Zusammenhang besteht zwischen a und b, wenn K in den beiden Punkten $A(a|f(a))$ und $B(b|f(b))$ dieselbe Steigung besitzt?

d) Der Graph K, die x-Achse und die Geraden mit der Gleichung $x = 1$ begrenzen eine Fläche mit dem Inhalt A. Berechnen Sie A.

e) Zeigen Sie, dass K punktsymmetrisch zu $Z(2|1)$ ist.

Symmetrie

Der Graph K von f ist

- **achsensymmetrisch** zur Geraden mit der Gleichung **$x = c$**, wenn gilt
  $f(c + x) = f(c - x)$.
- **punktsymmetrisch** zum Punkt **$Z(c|d)$**, wenn gilt
  $\frac{1}{2}(f(c + x) + f(c - x)) = d$.

Lösung:

a) *Maximale Definitionsmenge:*

$\mathbb{D} = \mathbb{R} \setminus \{2\}$.

Asymptoten:

Da 2 keine Nullstelle des Zählers ist, hat K die senkrechten Asymptoten mit der Gleichung $x = 2$. Dabei strebt $f(x) \to -\infty$ für $x \to 2$ und $x > 2$, aber für $x \to 2$ und $x < 2$ strebt $f(x) \to +\infty$.

Polynomdivision liefert $\quad f(x) = x - 1 - \dfrac{2}{x-2}$.

Also ist die Gerade mit der Gleichung $y = x - 1$ die schiefe Asymptote von K.

An diese nähert sich K für $x \to +\infty$ von unten und für $x \to -\infty$ von oben an.

Schnittpunkte mit der x-Achse:

$O(0|0)$ und $X(4|0)$.

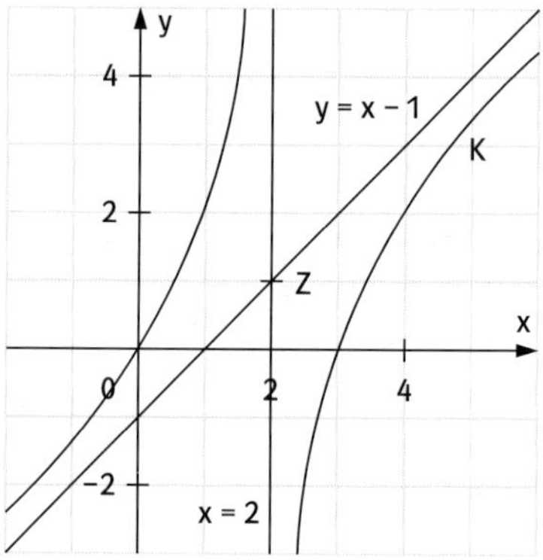

b) Aus $f(x) = x - 1 - \dfrac{2}{x-2}$ erhält man

$$f'(x) = 1 + \frac{2}{(x-2)^2} \text{ und}$$

$$f''(x) = \frac{-4}{(x-2)^2}.$$

Also gilt $f'(x) > 0$ und $f''(x) < 0$ für alle $x \in \mathbb{D}$. Damit besitzt K weder Extrem- noch Wendepunkte und man erhält den abgebildeten Graphen.

c) Die Bedingung $f'(a) = f'(b)$ ergibt $1 + \frac{2}{(a-2)^2} = 1 + \frac{2}{(b-2)^2}$ und dann $(a-2)^2 = (b-2)^2$.
Damit ist $(a-b)[a+b-4] = 0$ und schließlich $a + b = 4$.

d) $A = \int\limits_0^1 f(x)\,dx = \int\limits_0^1 \left(x - 1 - \frac{2}{x-2}\right)dx = \left[\frac{1}{2}x^2 - x - 2\ln\left(|x-2|\right)\right]_0^1 = 2\ln(2) - \frac{1}{2} \approx 0{,}886.$

e) Es ist
$f(2+x) = (2+x) - 1 - \frac{2}{(2+x)-2} = 1 + x - \frac{2}{x}$ und $f(2-x) = (2-x) - 1 - \frac{2}{(2-x)-2} = 1 - x + \frac{2}{x}$.
Daraus folgt $\frac{1}{2}(f(2+x) + f(2-x)) = \frac{1}{2}\left(\left(1 + x - \frac{2}{x}\right) + \left(1 - x + \frac{2}{x}\right)\right) = 1$, und damit ist K punktsymmetrisch zu $Z(2|1)$.

Beispiel 3: *(Unmittelbare Bestimmung der Asymptoten)*
Gegeben ist die Funktion f mit dem Graphen K durch

$$f(x) = \frac{2x+3}{4x+5}; \quad x \in \mathbb{R} \setminus \{-1{,}25\}.$$

a) Formen Sie f(x) so um, dass man die Asymptoten von K an f(x) unmittelbar ablesen kann. Geben Sie die Schnittpunkte von K mit den Koordinatenachsen an und skizzieren Sie K einschließlich der Asymptoten.

b) Es sei $P(x_P|y_P)$ mit $x_P > -1{,}25$ ein Punkt auf K.
Durch P werden die Parallelen zu den Koordinatenachsen gezeichnet. Diese Parallelen bilden mit den Asymptoten ein Rechteck. Zeigen Sie, dass der Inhalt des Rechtecks von x_P unabhängig ist.

Auf **kürzestem Weg** durch die gefundenen Punkte von Asymptote zu Asymptote ergibt fast immer den richtigen Graphen.

Aber **niemals** über eine **senkrechte Asymptote hinweg** Punkte verbinden.

Lösung:

a) *Umformen von f(x):*
Polynomdivision ergibt $f(x) = \frac{1}{2} + \frac{1}{8x + 10}$.
Asymptoten:
Man erkennt unmittelbar, dass K die senkrechte Asymptote mit der Gleichung $x = -\frac{5}{4}$ und die waagrechte Asymptote mit der Gleichung $y = \frac{1}{2}$ besitzt.
Schnittpunkte mit den Koordinatenachsen:
$X\left(-\frac{3}{2}\middle|0\right)$ und $Y\left(0\middle|\frac{3}{5}\right)$.

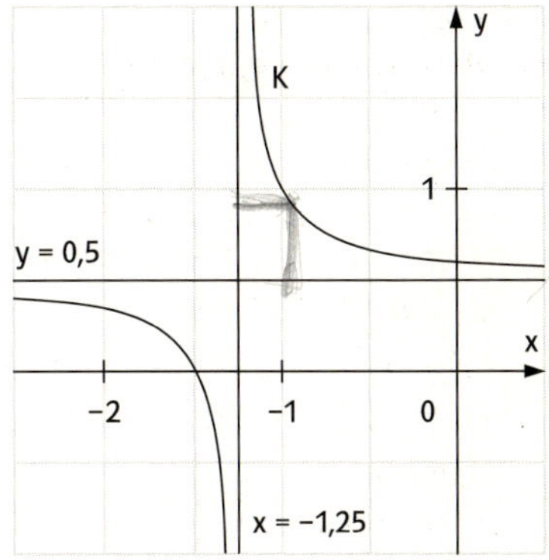

b) Für den Flächeninhalt $A(x_P)$ des Rechtecks gilt

$$A(x_P) = \left(x_P + \frac{5}{4}\right)\left(f(x_P) - \frac{1}{2}\right) = \left(x_P + \frac{5}{4}\right)\left(\frac{2x_P + 3}{4x_P + 5} - \frac{1}{2}\right) = \frac{4x_P + 5}{4} \cdot \frac{1}{8x_P + 10} = \frac{1}{8}$$

unabhängig von x_P.

Beispiel 4: *(Ordinatenaddition)*
Skizzieren Sie den Graphen K von f mit

$$f(x) = \frac{1}{2}x + \frac{1}{x}$$

aus den Graphen von g und h mit

$$g(x) = \frac{1}{2}x \quad \text{und} \quad h(x) = \frac{1}{x}.$$

Lösung:

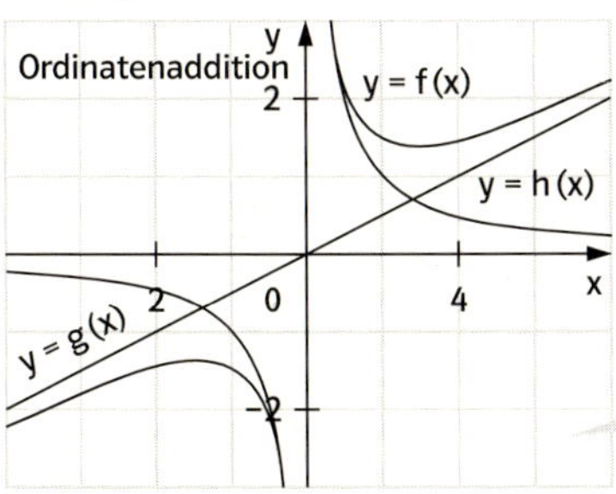

Aus bekannten Graphen kann man auf vielfältige Weise neue Graphen durch **Ordinatenaddition** gewinnen.

Gleichungen von Graphen, die Sie kennen sollten:

$y = x$; $y = x^2$; $y = x^3$; $y = x^4$;
$y = \frac{1}{x}$; $y = \frac{1}{x^2}$; $y = \sqrt{x}$;
$y = e^x$; $y = \ln(x)$

Wo finden Sie **g(2)** und **h(2)** im Graphen?
Welche Strecken sind also zu addieren, um **f(2) = g(2) + h(2)** zu erhalten?

Aufgaben

1. Gegeben ist die Funktion f mit Graph K durch

$$f(x) = \frac{4x^2}{9 + x^2}, \quad x \in \mathbb{R}.$$

a) Untersuchen Sie K auf Asymptoten, gemeinsame Punkte mit den Koordinatenachsen, Extrem- und Wendepunkte. Zeichnen Sie K.

b) Bestimmen Sie die Anzahl der gemeinsamen Punkte von K und der Parabel P_t mit der Gleichung $y = tx^2$ für $t > 0$ in Abhängigkeit von t.

c) Für $u > 0$ bilden die Punkte $P(u|f(u))$, $Q(-u|f(u))$ und $R(0|4)$ ein Dreieck. Bestimmen Sie den Flächeninhalt dieses Dreiecks in Abhängigkeit von u und untersuchen Sie, ob A(u) ein Extremum besitzt.

2. Gegeben ist die Funktion f mit Graph K durch

$$f(x) = 12 \cdot \frac{3 - 2x}{x^2}, \quad x \in \mathbb{R} \setminus \{0\}.$$

a) Untersuchen Sie K auf Asymptoten, gemeinsame Punkte mit der x-Achse, Extrem- und Wendepunkte. Zeichnen Sie K.
b) Bestimmen Sie eine Gleichung der Geraden durch $O(0|0)$, die K im 4. Feld berührt.
c) Die x-Achse, K und die Gerade mit der Gleichung $x = u$ mit $u > 1{,}5$ umschließen eine Fläche mit dem Inhalt $A(u)$. Berechnen Sie $A(u)$ und untersuchen Sie das Verhalten von $A(u)$ für $u \to \infty$.

3. Gegeben ist die Funktion f mit Graph K durch

$$f(x) = \frac{x^2 + x + 1}{x + 1}, \quad x \in \mathbb{R} \setminus \{-1\}.$$

a) Geben Sie die maximale Definitionsmenge $\mathbb{D}$ von f an und untersuchen Sie K auf Asymptoten, gemeinsame Punkte mit der x-Achse, Extrem- und Wendepunkte. Zeichnen Sie K.
b) Untersuchen Sie K auf Symmetrie.
c) K und die Gerade mit der Gleichung $y = \frac{1}{2}x + 1$ umschließen eine Fläche mit dem Inhalt A. Bestimmen Sie A.

4. Die jährlichen Heizkosten $h(x)$ (in €) für jeden Quadratmeter der Außenwand eines Hauses hängen von der Dicke x (in cm) der Wärmedämmschicht ab, und zwar gilt $h(x) = \frac{9}{x+4}$. Die Kosten $k(x)$ (in €) für das Anbringen einer Dämmschicht der Dicke x betragen für jeden Quadratmeter $k(x) = 40 + 3x$.

a) Wie dick muss die Dämmschicht gewählt werden, damit sich die Heizkosten um 40 % jährlich reduzieren.
b) Bei einer Haltbarkeit der Wärmedämmung von 25 Jahren setzen sich die Gesamtkosten $G(x)$ in dieser Zeit zusammen aus den Kosten für das Anbringen der Dämmung und den Heizkosten in diesem Zeitraum. Bei welcher Dicke der Dämmschicht sind die Gesamtkosten am kleinsten?

5. Gegeben ist für jedes $t \in \mathbb{R}^+$ die Funktion f_t mit Graph K_t.
Welche Eigenschaften von K_t können Sie ohne Verwendung von f_t' erkennen?
Skizzieren Sie dann K_t für den angegebenen Wert von t.

a) $f_t(x) = \frac{x^2 - t}{x^2 + t}$; $t = 4$;
b) $f_t(x) = \frac{x}{t} + \frac{t}{x}$; $t = 2$

6. Der Graph einer Funktion f geht durch $P(4|5)$ und hat Asymptoten mit den Gleichungen $y = x$ und $x = 2$. Bestimmen Sie zwei mögliche Funktionen f und skizzieren Sie deren Graphen.

3.3 Was kann ich bei Exponentialfunktionen mit wenig Aufwand erkennen?

Will man den Verlauf des Graphen von Exponentialfunktionen skizzieren, so leistet auch der GTR wenig Hilfe: Die Funktionswerte nehmen meist rasch sehr große Werte an und nähern sich oft ebenso rasch an eine Näherungskurve an, die auf dem GTR kaum zu entdecken ist.

Beispiel 1: *(Exponentialfunktion)*
Geben Sie an, wie man den Graph von g mit

$$g(x) = e^{-\frac{1}{2}x} + 1$$

aus dem Graphen von f mit

$$f(x) = e^x$$

gewinnen kann. Erläutern Sie Ihre Überlegungen durch Graphen.

Lösung:
Man zeichnet zuerst den Graphen mit der Gleichung

$$K_0\colon y = e^x.$$

Spiegelung an der y-Achse ergibt

$$K_1\colon y = e^{-x}.$$

Streckung parallel zur x-Achse von der y-Achse aus mit Streckfaktor 2 ergibt

$$K_2\colon y = e^{-\frac{1}{2}x}.$$

Verschiebung um 1 parallel zur y-Achse ergibt den Graphen von g

$$K_3\colon y = e^{-\frac{1}{2}x} + 1.$$

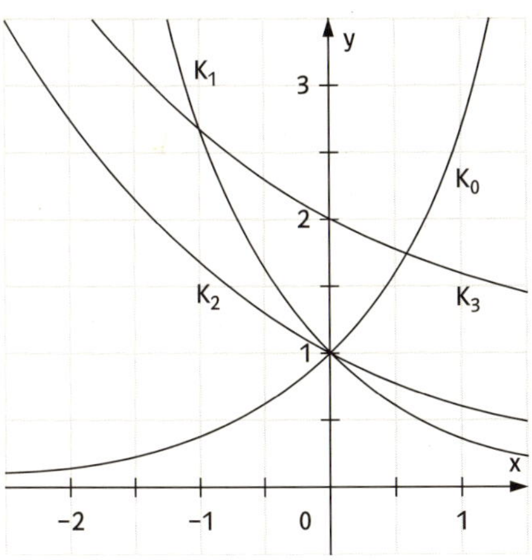

Strategien

- Bei
  $\mathbf{f(x) = a \cdot e^{bx} + d}$ oder $\mathbf{f(x) = e^{bx+c} + d}$
  erhält man den Graph von f aus dem Graph mit der Gleichung
  $$\mathbf{y = e^x}$$
  durch **Verschiebung** und **Streckung** parallel zur x-Achse und zur y-Achse und **Spiegelung** an der x-Achse und der y-Achse.
  Stets ist die Gerade mit der Gleichung **y = d** die Asymptote des Graphen für $\mathbf{x \to +\infty}$ **oder** $\mathbf{x \to -\infty}$.

- Wird bei einer **Funktion f** zu einer Exponentialfunktion eine **ganzrationale Funktion addiert**, so erhält man den Graph von f durch **Ordinatenaddition.**
  Der Graph der ganzrationalen Funktion ist meist die **Näherungskurve** von f für $\mathbf{x \to +\infty}$ **oder** $\mathbf{x \to -\infty}$.

- Wird bei einer **Funktion f** eine Exponentialfunktion mit einer **ganzrationalen Funktion multipliziert**, so kann man meist die **Nullstellen** von f bestimmen und das **asymptotische Verhalten** von f für $\mathbf{x \to +\infty}$ **oder** $\mathbf{x \to -\infty}$ angeben.
  Entscheidend ist dabei für jedes $n \in \mathbb{N}$:
  $$\lim_{x \to -\infty} (x^n \cdot e^x) = 0.$$

- Manchmal benötigt man
  $$\lim_{x \to +\infty} \left(\frac{x^n}{e^x}\right) = 0.$$

Beispiel 2: *(Summe aus Exponentialfunktion und linearer Funktion)*
Gegeben ist die Funktion f mit Graph K durch

$$f(x) = e^{2-\frac{1}{2}x} + \left(\frac{1}{2}x - 4\right);\ x \in \mathbb{R}.$$

a) Was lässt sich über K ohne die Verwendung von f′ aussagen? Skizzieren Sie K.
b) Untersuchen Sie K auf Extrempunkte und zeigen Sie, dass K keinen Wendepunkt besitzt.
c) Skizzieren Sie den Graphen K′ von f′ in das vorhandene Koordinatensystem und geben Sie die Asymptote von K′ an.
d) Die Koordinatenachsen, K und die Gerade mit der Gleichung x = 4 begrenzen eine Fläche, die aus zwei Teilflächen besteht. Zeigen Sie, dass $\int_0^4 f(x)\,dx = 2e^2 - 14$ gilt. Begründen Sie damit, dass die linke Teilfläche größer als die rechte Teilfläche ist.
e) Die Gerade g mit der Gleichung x = u mit 3 < u < 8 schneidet K′ im Punkt P und K im Punkt Q. Bestimmen Sie U so, dass die Strecke $\overline{PQ}$ möglichst lang wird.
f) Durch den Punkt $Y(0\,|\,2e - 4)$ können zwei Tangenten an K gelegt werden. Bestimmen Sie den Berührpunkt einer Tangente.

Lösung:
a) *Verhalten für $x \to \pm\infty$:*
Für $x \to +\infty$ strebt $e^{2-\frac{1}{2}x} \to 0$, und folglich ist die Gerade mit der Gleichung $y = \frac{1}{2}x - 4$ die schiefe Asymptote von K, an die sich K von oben annähert wegen $e^{2-\frac{1}{2}x} > 0$. Für $x \to -\infty$ strebt $f(x) \to +\infty$.
Gemeinsame Punkte mit den Koordinatenachsen:
Es ist $f(0) = e^2 - 4$ und $f(4) = -1$. Also schneidet K die positive y-Achse in $Y(0\,|\,e^2 - 4)$ und die positive x-Achse in mindestens zwei Punkten, von denen einer einen x-Wert kleiner als 4 und einer einen x-Wert größer als 4 hat.

b) Man erhält

$$f'(x) = -\frac{1}{2} \cdot e^{2-\frac{1}{2}x} + \frac{1}{2} = \frac{1}{2}\left(1 - e^{2-\frac{1}{2}x}\right),$$

$$f''(x) = \frac{1}{4} \cdot e^{2-\frac{1}{2}x}.$$

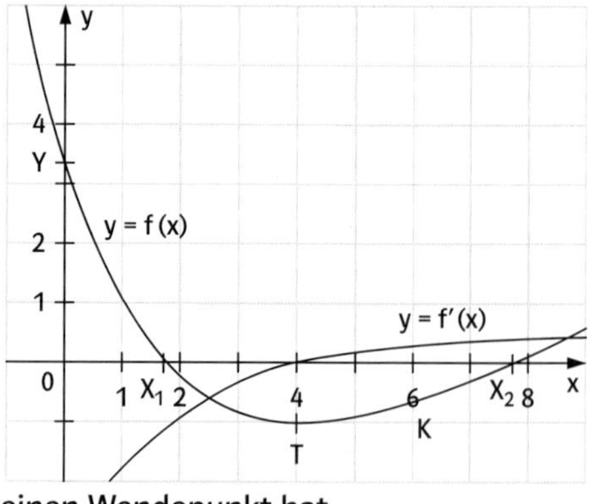

Aus $f'(x) = 0$ folgt dann $e^{2-\frac{1}{2}x} = 1$,
$2 - \frac{1}{2}x = 0$,
$x = 4$.
Da $f''(x) > 0$ für alle $x \in \mathbb{R}$ gilt, ergibt sich, dass K den Tiefpunkt $T(4\,|\,-1)$ und ferner K auch keinen Wendepunkt hat.
c) Der Graph K′ von f′ hat den gezeichneten Verlauf, und die Gerade mit der Gleichung $y = \frac{1}{2}$ als waagerechte Asymptote.

d) $\int\limits_0^4 \left(e^{2-\frac{1}{2}x} + \frac{1}{2}x - 4\right)dx = \left[-2e^{2-\frac{1}{2}x} + \frac{1}{4}x^2 - 4x\right]_0^4 = (-2 + 4 - 16) - (-2e^2) = 2e^2 - 14.$

Da $2e^2 - 14 > 0$ ist, ergibt sich mit dem orientierten Flächeninhalt der Gesamtfläche, dass die linke Teilfläche größer als die rechte Teilfläche ist.

e) Für die Länge $d(u)$ der Strecke $\overline{PQ}$ gilt wegen $3 < u < 8$

$$d(u) = f'(u) - f(u).$$

Dann ist $d'(u) = f''(u) - f'(u) = \frac{1}{4} \cdot e^{2-\frac{1}{2}u} - \frac{1}{2}\left(1 - e^{2-\frac{1}{2}u}\right) = \frac{3}{4} \cdot e^{2-\frac{1}{2}u} - \frac{1}{2}.$

$d'(u) = 0$ ergibt dann $e^{2-\frac{1}{2}u} = \frac{2}{3}$ und folglich $u = 4 - 2 \cdot \ln\left(\frac{2}{3}\right) \approx 4{,}811$. Es ist offensichtlich, dass $d(u)$ and der Stelle $4 - 2 \cdot \ln\left(\frac{2}{3}\right)$ ein lokales Maximum besitzt.

f) Die Tangente an K mit dem Berührpunkt $B(u\,|\,f(u))$ hat die Gleichung

$$y = f'(u) \cdot (x - u) + f(u),$$

und diese Tangente geht durch $P(0\,|\,2e - 4)$, wenn gilt

$$2e - 4 = f'(u) \cdot (0 - u) + f(u),$$

und dies ergibt

$$\left(-\frac{1}{2}e^{2-\frac{1}{2}u} + \frac{1}{2}\right)(-u) + \frac{1}{2}e^{2-\frac{1}{2}u} + \frac{1}{2}u - 4 = 2e - 4$$

$$\frac{1}{2}u \cdot e^{2-\frac{1}{2}u} + e^{2-\frac{1}{2}u} - 2e = 0.$$

Die letzte Gleichung hat offensichtlich 2 als Lösung, d.h. eine Tangente durch $P(0\,|\,2e - 4)$ berührt K in $B_1(2\,|\,e - 3)$.

Beispiel 3: *(Verkettung von quadratischer Funktion und Exponentialfunktion)*
Gegeben ist die Funktion f mit Graph K durch

$$f(x) = \frac{1}{2}e^{\frac{1}{5}x^2};\ x \in \mathbb{R}.$$

a) Was lässt sich über K ohne die Verwendung von f' aussagen? Skizzieren Sie K.
b) Zeigen Sie, dass K streng monoton zunehmend für $x > 0$ und streng monoton abnehmend für $x < 0$ ist.
c) Der Graph P einer ganzrationalen Funktion g zweiten Grades hat mit K die Punkte

$$Y(0\,|\,f(0)),\quad R\left(\sqrt{5}\,|\,f(\sqrt{5})\right),\quad \text{und}\quad S\left(-\sqrt{5}\,|\,f(-\sqrt{5})\right)$$

gemeinsam. Bestimmen Sie $g(x)$ sowie den Winkel zwischen K und P im Punkt R.
d) Bestimmen Sie näherungsweise die Punkte $T(u\,|\,f(u))$ und $V(u\,|\,g(u))$ mit $u \in \left(0;\sqrt{5}\right)$ so, dass die Tangenten in T und V parallel sind. Begründen Sie, dass dann

$$p(u) - f(u) \geqq p(x) - f(x)$$

für alle x mit $0 < x < \sqrt{5}$ gilt.
e) Bestimmen Sie die Zahl r so, dass

$$f'(x) = r \cdot x \cdot f(x) \qquad \text{für alle } x \in \mathbb{R}$$

gilt. Zeigen Sie damit, dass auch $f''(x) = \frac{2}{5}\left(1 + \frac{2}{5}x^2\right) \cdot f(x)$ für alle $x \in \mathbb{R}$ gilt.

Lösung:

a) *Symmetrie:*
K ist achsensymmetrisch zur y-Achse.
Verhalten für $x \to \pm\infty$:
Für $x \to \pm\infty$ strebt $f(x) \to +\infty$.
Gemeinsame Punkte mit den Koordinatenachsen:
Es ist $f(0) = \frac{1}{2}$ und $f(x) > \frac{1}{2}$ für $x \neq 0$. Insbesondere hat K keinen gemeinsamen Punkt mit der x-Achse und den Tiefpunkt $T\left(0 \middle| \frac{1}{2}\right)$.

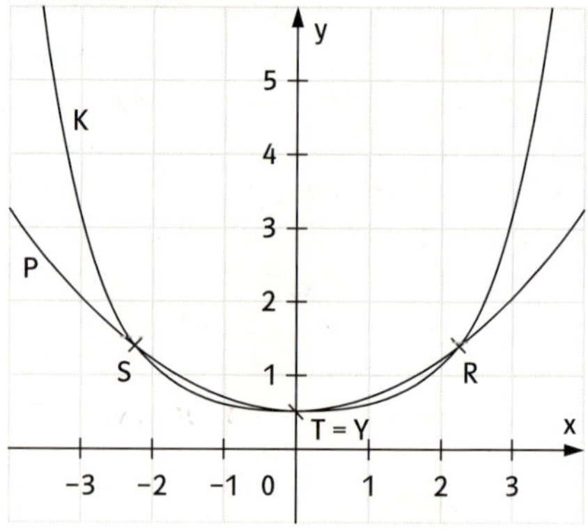

b) Wegen $f'(x) = \frac{1}{5}x \cdot e^{0,2x^2}$ ist $f'(x) > 0$ für $x > 0$ und $f'(x) < 0$ für $x < 0$. Hieraus ergibt sich die behauptete Monotonie.

c) Man erhält $Y\left(0 \middle| \frac{1}{2}\right)$, $R\left(\sqrt{5} \middle| \frac{1}{2}e\right)$ und $S\left(-\sqrt{5} \middle| \frac{1}{2}e\right)$. Mit dem Ansatz

$$g(x) = ax^2 + b$$

ergibt sich mit dem Punkt Y sofort $b = \frac{1}{2}$ und dann mit den Punkten R und S

$\frac{1}{2}e = 5a + \frac{1}{2}$. Damit ist $a = \frac{1}{10}(e - 1)$, und man erhält

$$g(x) = \frac{1}{10}(e - 1)x^2 + \frac{1}{2}.$$

Mit $g'(x) = \frac{1}{5}(e - 1)x$ erhält man $f'\left(\sqrt{5}\right) = \frac{1}{5}\sqrt{5} \cdot e \approx 1{,}216$ und

$g'\left(\sqrt{5}\right) = \frac{1}{5}\sqrt{5} \cdot (e - 1) \approx 0{,}768$. Die Tangente an K in R bildet mit der x-Achse einen Winkel von etwa 50,56° und die Tangente an P in R bildet mit der x-Achse einen Winkel von etwa 37,54°. Damit hat der Winkel zwischen K und P in R eine Weite von etwa 13,02°.

d) Die Tangenten in den Punkten $T(u|f(u))$ und $V(u|g(u))$ auf K bzw. P sind parallel, wenn $f'(u) = g'(u)$ gilt. Dies ergibt $\frac{1}{5}u \cdot e^{0,2u^2} = \frac{1}{5}(e - 1) \cdot u$ und dann

$$u \cdot \left(e^{0,2u^2} + 1 - e\right) = 0.$$

Mit dem NEWTON-Verfahren oder dem GTR ergibt sich $u \approx 1{,}645$, und man erhält näherungsweise die Punkte

$$T(1{,}645|0{,}859) \quad \text{und} \quad V(1{,}645|0{,}965).$$

Untersucht man die Funktion d mit $d(x) = g(x) - f(x)$ auf Extremwerte, so bildet man $d'(x)$ und löst dann die Gleichung $d'(x) = 0$. Dies führt aber gerade auf die Gleichung $g'(x) - f'(x) = 0$, welche bereits gelöst wurde und die Lösung $u \approx 1{,}645$ besitzt. Da an der Stelle $u \approx 1{,}645$ offensichtlich ein lokales Maximum von d vorliegt, gilt

$$d(u) \geqq d(x) \text{ für jedes } x \text{ mit } 0 < x < \sqrt{5},$$

und dies ist die Behauptung.

e) Es ist $f'(x) = \frac{1}{5}x \cdot e^{0,2x^2} = \frac{2}{5}x \cdot \frac{1}{2}e^{0,2x^2} = \frac{2}{5}x \cdot f(x)$, d. h. es gilt $r = \frac{2}{5}$.

Aus $f'(x) = \frac{2}{5}x \cdot f(x)$ erhält man mit der Produktregel die Behauptung

$$f''(x) = \frac{2}{5}(1 \cdot f(x) + x \cdot f'(x)) = \frac{2}{5}\left(1 \cdot f(x) + x \cdot \frac{2}{5}x \cdot f(x)\right) = \frac{2}{5}\left(1 + \frac{2}{5}x^2\right) \cdot f(x).$$

Es ist nützlich, in einfachen Fällen **unmittelbar** zu erkennen, wie der Graph mit der Gleichung $y = a \cdot e^{b(x-c)} + d$ aus dem Graph mit der Gleichung $y = e^x$ entsteht. Die dabei gemachten Beobachtungen lassen sich wörtlich von Exponentialfunktionen auf die Graphen anderer Funktionen übertragen.

Beispiel 4: *(Verschieben, Strecken und Spiegeln von Graphen)*
Skizzieren Sie den Graphen K von f. Zeichnen Sie in dasselbe Koordinatensystem dann die Graphen K_1, K_2 und K_3 der Funtionen f_1, f_2 und f_3 und geben Sie jeweils an, wie Sie den Graphen aus K gewinnen können.

a) $f(x) = e^x$;
$f_1(x) = e^x + 2$; $f_2(x) = e^{x+1}$; $f_3(x) = e^{0,5x}$

b) $f(x) = \sqrt{x}$;
$f_1(x) = \sqrt{-x}$; $f_2(x) = -\sqrt{x}$; $f_3(x) = 2\sqrt{x}$

Ersetzungen und ihre Auswirkungen auf den Graphen:

Ersetzen von
- **x durch x − c:**
Verschiebung um c nach rechts
- **f(x) durch f(x) + d:**
Verschiebung um d nach oben

- **f(x) durch a · f(x)** mit $a > 0$:
Streckung von der x-Achse aus parallel zur y-Achse um a
- **x durch bx** mit $b > 0$:
Streckung von der y-Achse aus parallel zur x-Achse um $\frac{1}{b}$

- **x durch −x:**
Spiegelung an der y-Achse
- **f(x) durch −f(x):**
Spiegelung an der x-Achse

Lösung:

a) K_1 aus K durch Verschiebung um 2 nach oben.
K_2 aus K durch Verschiebung um 1 nach links.
K_3 aus K durch Streckung um 2 von der y-Achse aus parallel zur x-Achse.

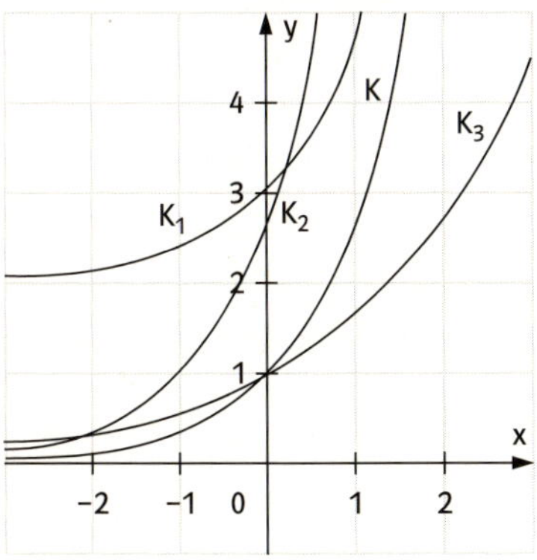

b) K_1 aus K durch Spiegelung an der y-Achse.
K_2 aus K durch Spiegelung an der x-Achse.
K_3 aus K durch Streckung um 2 von der x-Achse aus parallel zur y-Achse.

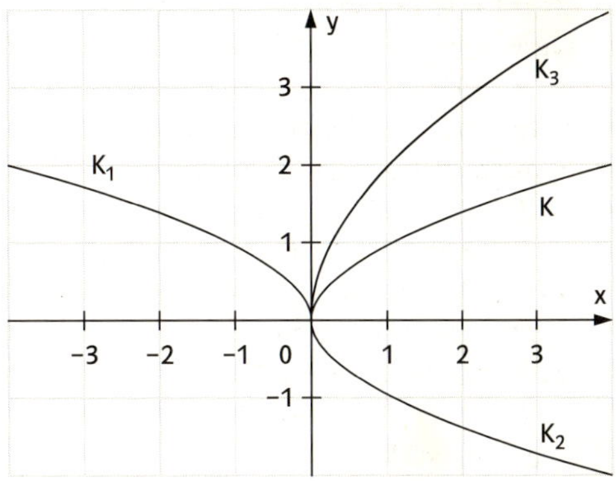

Aufgaben

1. Untersuchen Sie den Graphen K der Funktion f auf gemeinsame Punkte mit den Koordinatenachsen, Extrem- und Wendepunkte. Geben Sie das Verhalten von f(x) für $x \to \pm\infty$ und gegebenenfalls auch die Asymptoten von K an und zeichnen Sie dann K.

a) $f(x) = \frac{1}{4}(x-4) \cdot e^x$ b) $f(x) = e^{(x^2)} - e$

2. Die Funktion f mit Graph K ist gegeben durch

$f(x) = (3-x) \cdot e^{x-1}$; $x \in \mathbb{R}$.

a) Untersuchen Sie K auf Schnittpunkte mit den Koordinatenachsen und Asymptoten, sowie auf Hoch-, Tief- und Wendepunkte.

b) Zeichnen Sie K.

c) Bestimmen Sie eine Stammfunktion F von f.
Berechnen Sie damit den Inhalt A(z) der Fläche, die von K, der x-Achse und der Geraden mit der Gleichung $x = z$ mit $z < 3$ begrenzt wird.
Geben Sie den Grenzwert von A(z) für $z \to -\infty$ an.

3. Die Funktionen f_1 und f_2 mit den Graphen K_1 und K_2 sind gegeben durch

$f_1(x) = x^2 \cdot e^{-x}$ und $f_2(x) = e^{-x}$; $x \in \mathbb{R}$.

a) Untersuchen Sie K_1 und K_2 auf Schnittpunkte mit den Koordinatenachsen und auf Asymptoten.

b) Untersuchen Sie K_1 auf Hoch- und Tiefpunkte.

c) Zeichnen Sie K_1 und K_2 in ein gemeinsames Koordinatensystem.

d) Bestimmen Sie die gemeinsamen Punkte von K_1 und K_2.

4. Skizzieren Sie den Graphen K der Funktion f mit $f(x) = e^x$. Zeichnen Sie dann in dasselbe Koordinatensystem die Graphen K_1 und K_2 der Funktionen f_1 und f_2 und geben Sie jeweils an, wie Sie den Graphen aus K gewinnen können.

a) $f_1(x) = e^x + 1$; $f_2(x) = e^{x-2} + 1$ b) $f_1(x) = \frac{1}{2}e^x$; $f_2(x) = \frac{1}{2}e^{\frac{1}{3}x}$

c) $f_1(x) = e^{-x}$; $f_2(x) = -2e^{-x}$ d) $f_1(x) = e^{2x}$; $f_2(x) = e^{2(x-1)}$

5. Die Funktion f mit Graph K ist gegeben durch

$f(x) = \left(\frac{1}{2}x^2 - 2\right)e^{-\frac{1}{4}x^2}$; $x \in \mathbb{R}$.

Der Graph stellt den Querschnitt eines Grabens dar, der im Normalzustand bis zur x-Achse mit Wasser gefüllt ist.

> Die Aufgaben 5d) und 5e) erfordern einen grafikfähigen Taschenrechner.

a) Untersuchen Sie K auf Symmetrie, gemeinsame Punkte mit den Koordinatenachsen und Asymptoten.

b) Skizzieren Sie K.

c) Untersuchen Sie K auf Extrempunkte.

d) Wie tief ist der Graben gefüllt, wenn sein Wasserspiegel die Breite 2,5 hat?

e) Wie viel Prozent der normalen Füllmenge kann der Graben noch aufnehmen, ehe er überläuft?

3.4 Was kann man bei Logarithmusfunktionen mit wenig Aufwand erkennen?

Bei Logarithmusfunktionen ist oft der maximale Definitionsbereich stark eingeschränkt und das Verhalten der Funktionen an den Rändern des Definitionsbereiches nicht unmittelbar ersichtlich. Besonders beim Ableiten können Umformungen des Funktionsterms die Anwendung von aufwändigeren Ableitungsregeln vermeiden.

Bei Logarithmusfunktionen f sollte man beachten:

- Da **ln(x)** nur **für x > 0 definiert** ist, wird zuerst die **Definitionsmenge** von f **bestimmt**.
- Den Funktionsterm f(x) kann man **mit den Logarithmengesetzen**
  $\ln(ab) = \ln(a) + \ln(b)$
  $\ln\left(\frac{a}{b}\right) = \ln(a) - \ln(b)$
  $\ln(a^r) = r \cdot \ln(a)$
  eventuell vereinfachen.
- Es strebt **$\ln(x) \to -\infty$ für $x \to 0$** und $x > 0$, und die **x-Achse** ist somit die **senkrechte Asymptote** des Graphen mit der Gleichung $y = \ln(x)$.
  Es strebt **$\ln(x) \to +\infty$ für $x \to +\infty$** und der Graph mit der Gleichung $y = \ln(x)$ hat **keine Asymptote** für $x \to +\infty$.
  Damit wird das **Verhalten von f(x)** an den **Rändern** des Definitionsbereichs untersucht.
- Für $n \in \mathbb{N}$ mit $n \geqq 1$ strebt
  $x^n \cdot \ln(x) \to 0$ für $x \to 0$
  und $x > 0$.
  Für $n \in \mathbb{N}$ mit $n \geqq 1$ strebt
  $\frac{\ln(x)}{x^n} \to 0$ für $x \to +\infty$.

Beispiel 1: *(Definitionsbereich und Verhalten für $x \to \pm\infty$)*
Bestimmen Sie den maximalen Definitionsbereich $\mathbb{D}$ der Funktion f und untersuchen Sie dann das Verhalten f(x) an den Rändern von $\mathbb{D}$.

a) $f(x) = \ln(2x + 4)$ b) $f(x) = \ln(x^2 - 4)$

c) $f(x) = \frac{1}{x} \cdot \ln(x^2 + 4)$ d) $f(x) = \ln\left(\frac{1+x}{1-x}\right)$

Lösung:

a) Aus $2x + 4 > 0$ folgt $x > -2$; $\mathbb{D} = \{x \mid x > -2\}$.
Für $x \to -2$ und $x > -2$ strebt $2x - 4x \to 0$ und somit $f(x) \to -\infty$. Für $x \to +\infty$ strebt $2x - 4 \to +\infty$ und somit $f(x) \to +\infty$.

b) Aus $x^2 - 4 > 0$ folgt $x^2 > 4$, und somit $|x| > 2$. Dies besagt $x > +2$ oder $x < -2$, und damit ist $\mathbb{D} = \{x \mid x > +2 \text{ oder } x < -2\}$.
Für $x \to +2$ und $x > +2$ sowie für $x \to -2$ und $x < -2$ strebt $x^2 - 4 \to 0$ und somit $f(x) \to -\infty$.
Für $x \to +\infty$ sowie $x \to -\infty$ strebt $x^2 - 4 \to +\infty$ und somit $f(x) \to +\infty$.

c) Es gilt zwar $x^2 + 4 > 0$ für alle $x \in \mathbb{R}$, doch wegen $\frac{1}{x}$ ist $\mathbb{D} = \{x \mid x \neq 0\}$.
Für $x \to 0$ und $x > 0$ strebt $x^2 + 4 \to 4$ und damit $\ln(x^2 + 4) \to \ln(4)$. Also strebt $f(x) \to +\infty$.
Für $x \to 0$ und $x < 0$ strebt entsprechend $f(x) \to -\infty$.
Für $x \to +\infty$ und $x \to -\infty$ strebt $f(x) \to 0$ wegen $\frac{\ln(x)}{x^n} \to 0$ für $f(x) \to +\infty$.

d) Aus $\frac{1+x}{1-x} > 0$ folgt $-1 < x < +1$ und somit $\mathbb{D} = \{x \mid -1 < x < +1\}$.
Für $x \to +1$ und $x < +1$ strebt $\frac{1+x}{1-x} \to +\infty$ und somit $f(x) \to +\infty$.
Für $x \to -1$ und $x > -1$ strebt $\frac{1+x}{1-x} \to 0$ und somit $f(x) \to -\infty$.

Beispiel 2: *(Umformen des Funktionsterms)*
Gegeben ist für $x > 0$ die Funktion f mit Graph K. Formen Sie den Funktionsterm f(x) um und beschreiben Sie dann mit einer Zeichnung, wie Sie K aus dem Graphen K_0 mit der Gleichung $y = \ln(x)$ erhalten können.

a) $f(x) = \ln\left(\frac{x}{e}\right)$ b) $f(x) = \ln\left((x + 1)^2\right)$

Lösung:

a) *Umformung von f(x):*
$f(x) = \ln\left(\frac{x}{e}\right) = \ln(x) - \ln(e) = \ln(x) - 1$
Beschreibung:
K erhält man damit aus K_0 durch Verschiebung um 1 parallel zur y-Achse nach unten.

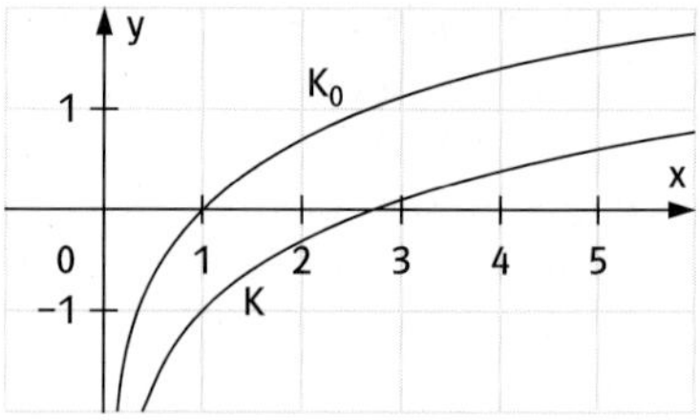

b) *Umformung von f(x):*
$f(x) = \ln\left((x+1)^2\right) = 2 \cdot \ln(x+1)$
Beschreibung:
K_1 mit der Gleichung $y = \ln(x+1)$ erhält man damit aus K_0 durch Verschiebung um 1 parallel zur x-Achse nach links.
K erhält man aus K_1 durch Streckung parallel zur y-Achse von der x-Achse aus mit dem Faktor 2.

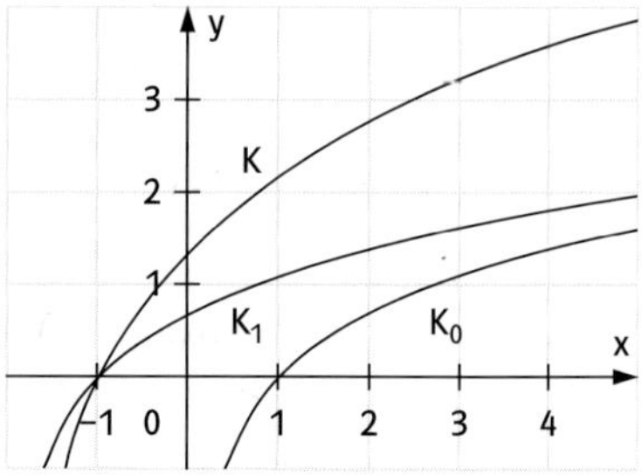

Beispiel 3: *(Wichtige Punkte)*
Gegeben ist für $x > 0$ die Funktion f mit Graph K. Geben Sie das Verhalten von f(x) für $x \to 0$ und für $x \to +\infty$ an. Untersuchen Sie K auf gemeinsame Punkte mit der x-Achse, Extrem- und Wendepunkte und zeichnen Sie K.

a) $f(x) = 2x \cdot \ln\left(\frac{1}{16}x^2\right)$ b) $f(x) = (\ln(ex) - 2)^2 - 1$

Lösung:

a) *Umformung von f(x):*
Für $x > 0$ gilt $f(x) = 2x \cdot \ln\left(\frac{1}{16}x^2\right) = 2x \cdot \ln\left(\left(\frac{1}{4}x\right)^2\right) = 2x \cdot 2 \cdot \ln\left(\frac{1}{4}x\right) = 4x \cdot (\ln(x) - \ln(4))$
$= 4x \cdot \ln(x) - 4x \cdot \ln(4)$.
Verhalten für $x \to 0$ und für $x \to +\infty$:
Für $x \to 0$ und $x > 0$ strebt entsprechend $f(x) \to 0$. Für $x \to +\infty$ strebt $f(x) \to +\infty$.
Gemeinsame Punkte mit der x-Achse:
$f(x) = 0$ ergibt $2x \cdot \ln\left(\frac{1}{16}x^2\right) = 0$ und somit $x = 0$ oder $\frac{1}{16}x^2 = 1$. Wegen $x > 0$ ist dann $X(4|0)$ der einzige gemeinsame Punkt von K und der x-Achse.
Ableitungen:
$f(x) = 4x \cdot \ln(x) - 4x \cdot \ln(4)$ ergibt $f'(x) = 4x \cdot \ln(x) + 4x \cdot \frac{1}{x} - 4 \cdot \ln(4) =$
$= 4 \cdot \ln(x) + 4 - 4 \cdot \ln(4)$ und $f''(x) = \frac{4}{x}$.
Extrempunkte:
$f'(x) = 0$ ergibt $4 \cdot \ln(x) + 4 - 4 \cdot \ln(4) = 0$ und dann $\ln(x) = \ln(4) - 1 = 0$. Also erhält man $x = \frac{4}{e} \approx 1{,}472$. Da $f''\left(\frac{4}{e}\right) = e > 0$ und
$f\left(\frac{4}{e}\right) = 2 \cdot \frac{4}{e} \cdot \ln\left(\frac{1}{16} \cdot \frac{16}{e^2}\right) = -\frac{16}{e} \approx -5{,}886$ gilt,
besitzt K nur den Tiefpunkt $T\left(\frac{4}{e} \middle| -\frac{16}{e}\right)$ als Extrempunkt.
Wendepunkte:
Wegen $f''(x) = \frac{4}{x} \neq 0$ besitzt K keine Wendepunkte.
Graph:
Siehe Fig.

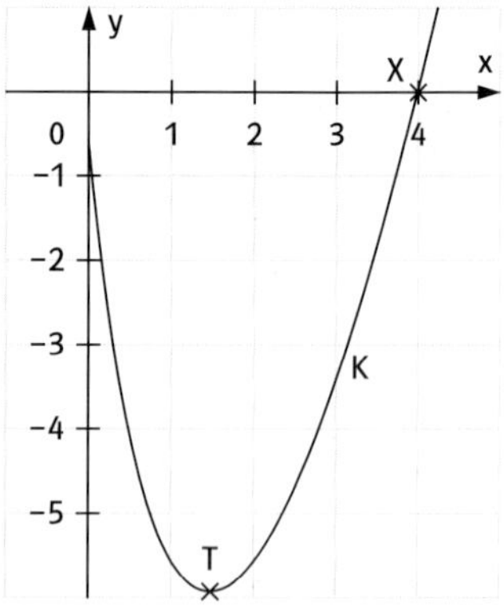

b) *Verhalten für $x \to 0$ und für $x \to +\infty$:*
Für $x \to 0$ und $x > 0$ sowie für $x \to +\infty$ strebt entsprechend $f(x) \to +\infty$.
Gemeinsame Punkte mit der x-Achse:
$f(x) = 0$ ergibt $(\ln(ex) - 2)^2 = 1$ und somit $\ln(ex) - 2 = \pm 1$. Dann ist $\ln(ex) = 3$ und somit $x = e^2$ oder $\ln(ex) = 1$ und somit $x = 1$. Damit sind $X_1(e^2|0)$ und $X_2(1|0)$ die gemeinsamen Punkte von K und der x-Achse.
Ableitungen:
Mehrmalig Anwendung der Kettenregel und der Produktregel liefern
$f'(x) = 2 \cdot (\ln(ex) - 2) \cdot \frac{1}{ex} \cdot e = \frac{2}{x} \cdot (\ln(ex) - 2)$
$f''(x) = -\frac{2}{x^2} \cdot (\ln(ex) - 2) - \frac{2}{x} \cdot \frac{1}{ex} \cdot e = -\frac{2}{x^2} \cdot (\ln(ex) - 3)$
$f'''(x) = \frac{4}{x^3} \cdot (\ln(ex) - 3) - \frac{2}{x^2} \cdot \frac{1}{ex} \cdot e = \frac{2}{x^3} \cdot (2 \cdot \ln(ex) - 7)$
Extrempunkte:
$f'(x) = 0$ ergibt $\frac{2}{x} \cdot (\ln(ex) - 2) = 0$ und dann $\ln(ex) - 2 = 0$ wegen $\frac{2}{x} \neq 0$.
Dann ist $ex = e^2$ und schließlich $x = e$. Da $f(e) = (\ln(e \cdot e) - 2)^2 - 1 = -1$ und
$f''(e) = -\frac{2}{1^2} \cdot (\ln(e \cdot e) - 3) = 1 > 0$ ist, hat K nur den Tiefpunkt $T(e|-1)$ als Extrempunkt.
Wendepunkte:
$f''(x) = 0$ ergibt $-\frac{2}{x^2} \cdot (\ln(ex) - 3) = 0$ und dann $\ln(ex) - 3 = 0$ wegen $\frac{2}{x} \neq 0$.
Dann ist $ex = e^3$ und schließlich $x = e^2 \approx 7{,}389$. Weil $f(e^2) = 0$ und
$f'''(e^2) = \frac{2}{(e^2)^3} \cdot (2 \cdot \ln(e \cdot e^2) - 7)$
$= \frac{2}{e^6} \cdot (-1) = \frac{-2}{e^6} \neq 0,$
besitzt K nur den Wendepunkt $W(e^2|0)$.
Graph:
Siehe Fig.

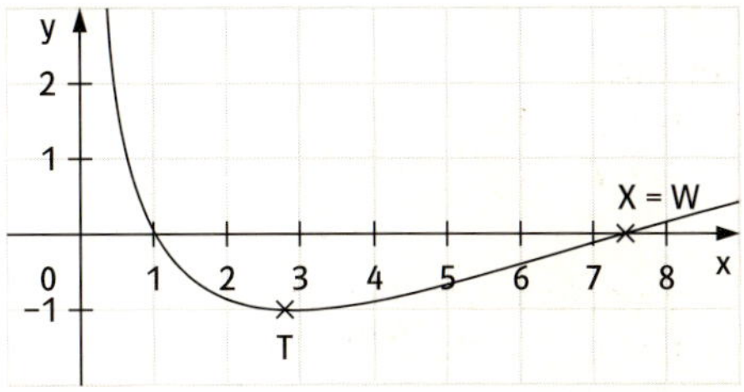

Aufgaben

1. Bestimmen Sie den maximalen Definitionsbereich $\mathbb{D}$ der Funktion f und untersuchen Sie dann das Verhalten von f(x) an den Rändern von $\mathbb{D}$.

a) $f(x) = \frac{\ln(2x + 2)}{x^2}$

b) $f(x) = \ln(9 - x^2)$

c) $f(x) = \ln\left((x + 1)^2\right)$

d) $f(x) = \ln\left(3 - \sqrt{x}\right)$

2. Bestimmen Sie den maximalen Definitionsbereich $\mathbb{D}$ der Funktion f mit Graph K. Formen Sie den Funktionsterm f(x) um und beschreiben Sie dann mit einer Zeichnung, wie Sie K aus dem Graphen K_0 mit der Gleichung $y = \ln(x)$ erhalten können.

a) $f(x) = -\ln(4(x - 1))$

b) $f(x) = \ln\left(\sqrt{3x}\right)$

3. Gegeben ist für $x > 0$ die Funktion f mit Graph K. Geben Sie das Verhalten von f(x) für $x \to 0$ und für $x \to +\infty$ an. Untersuchen Sie K auf gemeinsame Punkte mit der x-Achse, Extrem- und Wendepunkte und zeichnen Sie K.

a) $f(x) = \frac{1}{x} \cdot \ln(x)$

b) $f(x) = x \cdot (\ln(x))^2$

c) $f(x) = x^2 \ln\left(\frac{x}{e}\right)$

d) $f(x) = \frac{3 \cdot \ln(2x)}{x^2}$

3.5 Wie bestimme ich Funktionsterme?

Vor allem bei ganzrationalen Funktionen stellt sich nicht selten die Aufgabe, eine Funktion zu bestimmen, die an vorgegebenen Stellen ihre Extremwerte annimmt, ihre Wendepunkte hat, usw. Dies führt meist auf ein LGS, das zu lösen ist.

Was besagen übliche Bedingungen für die Funktion f mit Graph K?

- K verläuft durch den **Punkt** $\mathbf{P(x_0 | y_0)}$ besagt $\mathbf{f(x_0) = y_0}$.
- K hat an der Stelle x_0 die **Steigung m** besagt $\mathbf{f'(x_0) = m}$.

- K besitzt den **Extrempunkt** $\mathbf{E(x_E | y_E)}$ besagt $\mathbf{f(x_E) = y_E}$ **und** $\mathbf{f'(x_E) = 0}$.
- K besitzt den **Wendepunkt** $\mathbf{W(x_W | y_W)}$ besagt $\mathbf{f(x_W) = y_W}$ **und** $\mathbf{f''(x_W) = 0}$.

Insbesondere bei **ganzrationalen Funktionen** besagt:

- **Achsensymmetrie zur y-Achse:** Variable x nur mit **geraden Hochzahlen**
- **Punktsymmetrie zum Ursprung:** Variable x nur mit **ungeraden Hochzahlen**

Beispiel 1: *(Funktionsterm bestimmen)*
Der Graph K einer ganzrationalen Funktion f vom Grad 3 verläuft durch $X(6|0)$, hat den Wendepunkt $W(2|4)$ und die Tangente in W hat die Steigung 3.
Bestimmen Sie f(x).

Lösung:
Der Ansatz $f(x) = ax^3 + bx^2 + cx + d$ ergibt

$$f'(x) = 3ax^2 + 2bx + c$$
$$f''(x) = 6ax + 2b;$$

$f(0) = 6$ ergibt $216a + 36b + 6c + d = 0.$
$f(2) = 4$ ergibt $8a + 4b + 2c + d = 4.$
$f''(2) = 0$ ergibt $12a + 2b = 0.$
$f'(2) = 3$ ergibt $12a + 4b + c = 3.$

Damit erhält man das LGS

$$\begin{aligned} 216a + 36b + 6c + d &= 0 \\ 8a + 4b + 2c + d &= 4 \\ 12a + 2b &= 0 \\ 12a + 4b + c &= 3 \end{aligned}$$

mit der Lösung $\left(-\frac{1}{4};\ \frac{3}{2};\ 0;\ 0\right)$. Also gilt

$$f(x) = -\frac{1}{4}x^3 + \frac{3}{2}x^2.$$

Beispiel 2: *(Funktionsterm bestimmen mit Symmetrie)*
Der Graph K einer ganzrationalen Funktion f vom Grad 4 ist achsensymmetrisch zur y-Achse und hat den Tiefpunkt $T(\sqrt{3}|-1)$ und den Wendepunkt $W(1|3)$.
Bestimmen Sie f(x).

Lösung:
Da K achsensymmetrisch zur y-Achse und f ganzrational vom Grad 4 ist, lautet der Ansatz: $f(x) = ax^4 + bx^2 + c$ und damit

$$f'(x) = 4ax^3 + 2bx$$
$$f''(x) = 12ax + 2b.$$

$f(\sqrt{3}) = -1$ liefert $9a + 3b + c = -1$. $f(1) = 3$ liefert $a + b + c = 3$.
$f'(\sqrt{3}) = 0$ liefert $12\sqrt{3}\,a + 2\sqrt{3}\,b = 0$. $f''(1) = 0$ liefert $12a + 2b = 0$.

Damit erhält man das LGS
$$\begin{aligned} 9a + 3b + c &= -1 \\ a + b + c &= 3 \\ 12a + 2b &= 0 \\ 12a + 2b &= 0 \end{aligned}$$
mit der Lösung (1; −6; 8).

Also gilt $f(x) = x^4 - 6x^2 + 8$.

Beispiel 3: *(Funktionsterm einer Exponentialfunktion bestimmen)*
Der Graph K einer Exponentialfunktion f mit $f(x) = ax \cdot e^{bx}$ enthält den Hochpunkt $H(2|2)$. Bestimmen Sie f(x).

> **Hinweis**
> Hat der Ansatz für f **n Variable**, so benötigt man für eine eindeutige Bestimmung der Funktion mindestens **n Gleichungen**.

Lösung:
Es ist $f'(x) = a \cdot (1 + bx) \cdot e^{bx}$.
Aus $f(2) = 2$ folgt $2a \cdot e^{2b} = 2$ und aus $f'(2) = 0$ folgt $a \cdot (1 + 2b) \cdot e^{2b} = 0$. Wegen $e^{2x} > 0$ ist dann $a \cdot (1 + 2b) = 0$ und wegen $a \neq 0$ schließlich dann $b = -\frac{1}{2}$. Damit erhält man $2a \cdot e^{-1} = 2$ und dann $a = e$. Also ist $f(x) = ex \cdot e^{-0{,}5x}$.

Aufgaben

1. Bestimmen Sie f(x) für eine ganzrationale Funktion f mit Graph K.
a) f ist vom Grad 4; K ist achsensymmetrisch zur y-Achse, verläuft durch $O(0|0)$ und hat den Hochpunkt $H(2|9)$.
b) f ist vom Grad 3; K ist punktsymmetrisch zum Ursprung und hat den Hochpunkt $H(\sqrt{3}|\sqrt{3})$.
c) f ist vom Grad 3; K enthält die Punkte $O(0|0)$, $X_1(3|0)$, $X_2(6|0)$ und hat in O die Steigung 3.
d) f ist vom Grad 4; K enthält den Punkt $O(0|0)$ als Wendepunkt mit waagrechter Wendetangente und den Tiefpunkt $T\left(-3\middle|-\frac{27}{4}\right)$.
e) f ist vom Grad 3; K enthält den Punkt $P(1|-8)$ mit der Steigung −4 und den Punkt $Q(2|-9)$ mit der Steigung 3.
f) f ist vom Grad 4; K enthält die Tiefpunkte $O(0|0)$ und $T(5|0)$ sowie den Punkt $P(-5|500)$.

2. Bestimmen Sie f(x) für eine Funktion f mit Graph K, wenn
a) $f(x) = \frac{x^2 + ax + b}{x + c}$ gilt und K durch die Punkte $P(0|-2)$, $Q(2|8)$ und $R(-1|-1)$ verläuft.
b) $f(x) = (x - a) \cdot e^{x-b}$ gilt und K den Tiefpunkt $T(1|-1)$ hat.
c) $f(x) = a \cdot e^{bx} + c$ gilt und K durch den Punkt $O(0|0)$ mit der Steigung −1 und durch den Punkt $P(\ln(2)|\sqrt{2} - 2)$ verläuft.
d) $f(x) = ax \cdot \ln(x + b)$ gilt und K durch den Tiefpunkt $O(0|0)$ und den Punkt $P(1|\ln(2))$ verläuft.

3.6 Wie löse ich eine Extremwertaufgabe?

Bei Extremwertaufgaben werden meist die Hilfsmittel der Differenzialrechnung dazu benützt, um extremale Werte z. B. einer Streckenlänge, eines Flächeninhaltes oder auch eines Volumens zu bestimmen.

Beispiel 1: *(Extremwertaufgabe bei einer ganzrationalen Funktion)*
Eine Funktion f mit Graph K ist gegeben durch

$f(x) = x^3 - 6x^2 + 9x; \quad x \in \mathbb{R}$.

a) Skizzieren Sie K für $0 \leqq x \leqq 4$.

b) Durch den Punkt $P(u \mid f(u))$ auf K mit $0 < u < 3$ werden die Parallelen zu den Koordinatenachsen gezeichnet. Diese Parallelen bilden zusammen mit den Koordinatenachsen ein Rechteck mit dem Inhalt $A(u)$. Skizzieren Sie den Graphen der Funktion A.

c) Bestimmen Sie u so, dass der Flächeninhalt $A(u)$ maximal wird und berechnen Sie diesen maximalen Flächeninhalt.

Vorgehensweise bei Extremwertaufgaben

1. **Aufstellen der Zielfunktion** z, deren Extremstellen oder Extremwerte bestimmt werden sollen. z(u) darf **nur die Variable u**, aber keinen weiteren von u abhängigen Term enthalten.

2. Mit z′ und z″ werden die **Extremstellen u_E von z bestimmt**. Dabei geht man genau gleich vor wie beim Bestimmen der Hoch- und Tiefpunkte einer Funktion f.

3. Da bei 2. **nur Extremstellen erfasst** werden, die im **Innern des Definitionsintervalls** von z liegen und an denen z differenzierbar ist, müssen die so nicht erfassten Stellen gesondert untersucht werden. **Randextrema** können meist dadurch ausgeschlossen werden, dass man das **Verhalten von z(u) am Rand des Definitonsintervalls** untersucht oder/und darauf hinweist, dass die Funktion z **im Definitionsintervall nur eine Extremstelle** besitzt.

Lösung:

a)

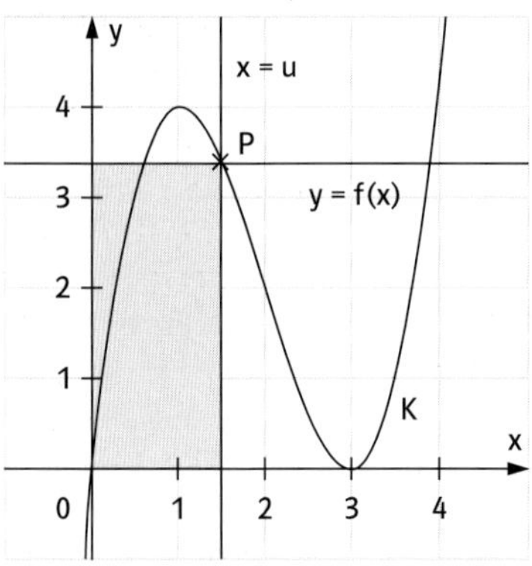

b) Das beschriebene Rechteck hat die Seitenlängen u und f(u) und folglich den Flächeninhalt

$$A(u) = u \cdot f(u) = u(u^3 - 6u^2 + 9u) = u^4 - 6u^3 + 9u^2 = u^2 \cdot (u - 3)^2.$$

Damit erhält man den auf der folgenden Seite abgebildeten Graphen der Zielfunktion A.

c) Zur Bestimmung der relativen Extrema von A bildet man
$A'(u) = 4u^3 - 18u^2 + 18u = 2u(2u^2 - 9u + 9)$,
$A''(u) = 12u^2 - 36u + 18 = 6(2u^2 - 6u + 3)$.
Aus $A'(u) = 0$ folgt $u = 0$ oder
$$2u^2 - 9u + 9 = 0.$$
Damit ist $A'(u) = 0$ für $u \in \left\{0; \frac{3}{2}; 3\right\}$,
doch wegen $0 < u < 3$ gilt sogar $u = \frac{3}{2}$. Da nun
$A''\left(\frac{3}{2}\right) = 6 \cdot \left(2 \cdot \left(\frac{3}{2}\right)^2 - 6 \cdot \frac{3}{2} + 3\right) = -9 < 0$ ist, hat $A(u)$ an der Stelle $\frac{3}{2}$ ein relatives Maximum.
Weil aber $A(u) \to 0$ für $x \to 0$ und für $x \to 3$ gilt, ist dieses relative Maximum sogar das absolute Maximum.
Der maximale Flächeninhalt ist dann
$$A\left(\frac{3}{2}\right) = \left(\frac{3}{2}\right)^4 - 6\left(\frac{3}{2}\right)^3 + 9\left(\frac{3}{2}\right)^2 = \frac{81}{16} = 5{,}0625.$$

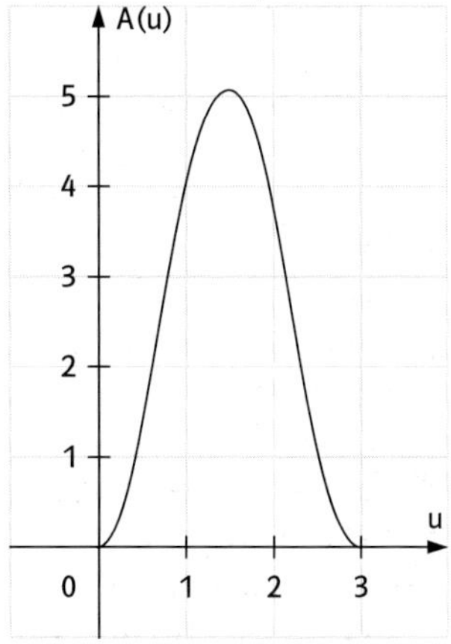

Beispiel 2: *(Extremwertaufgabe bei einer Exponentialfunktion)*
Eine Funktion f mit Graph K ist gegeben durch
$$f(x) = x + 1 + e^{1-x}; \quad x \in \mathbb{R}.$$
a) Skizzieren Sie K und seine Asymptote.
b) Die Gerade mit der Gleichung $x = u$ mit $u > 0$ schneidet K im Punkt P und die Asymptote von K im Punkt Q. Bestimmen Sie u so, dass das Dreieck PQR mit $R(0|1)$ extremalen Inhalt besitzt.
c) Geben Sie die Art des Extremums und seinen Wert an.

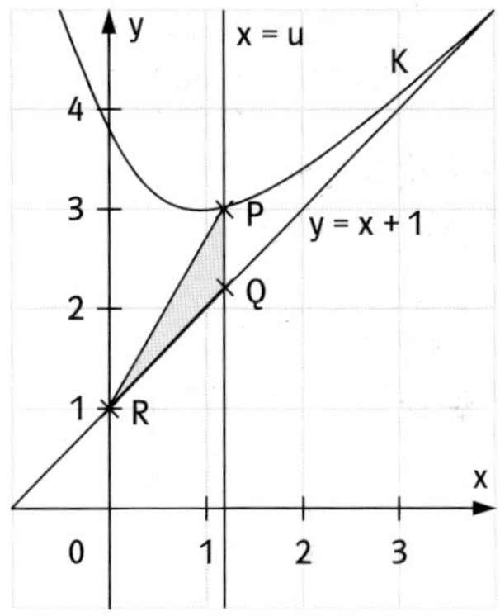

Lösung:
a) Für $x \to +\infty$ strebt $e^{1-x} \to 0$, und folglich ist die Gerade mit der Gleichung $y = x + 1$ die schiefe Asymptote von K für $x \to +\infty$. Damit ergibt sich nebenstehende Skizze.
b) Das Dreieck PQR hat die Strecke $\overline{PQ}$ mit $P(u|f(u))$ und $Q(u|u+1)$ als Grundseite und das Lot von R auf die Gerade PQ als Höhe.
Damit gilt für den Flächeninhalt $A(u)$ des Dreiecks PQR:
$$A(u) = \frac{1}{2}u \cdot (f(u) - (u+1)) = \frac{1}{2}u \cdot ((u + 1 - e^{1-u}) - (u+1)) = \frac{1}{2}u \cdot e^{1-u}.$$
Mit Produkt- und Kettenregel erhält man daraus
$$A'(u) = \frac{1}{2}(1-u) \cdot e^{1-u} \quad \text{und} \quad A''(u) = \frac{1}{2}(u-2) \cdot e^{1-u}.$$
Wegen $e^{1-u} > 0$ ergibt sich aus $A'(u) = 0$ sofort $1 - u = 0$ und damit $u = 1$.
Da $A''(1) = -\frac{1}{2} < 0$ gilt, hat $A(u)$ an der Stelle 1 ein relatives Maximum.
c) Die Funktion A hat für $u > 0$ nur ein relatives Extremum, nämlich das Maximum bei 1. Damit muss dieses relative Maximum auch das absolute Maximum von A sein. Der maximale Flächeninhalt ist dann $A(1) = \frac{1}{2}$.

Aufgaben

1. Gegeben ist die Funktion f mit Graph K durch

$f(x) = 4 - \frac{1}{4}x^2 \quad \text{mit } 0 < x < 4.$

Durch den Punkt $P(u|f(u))$ werden die Parallelen zu den Koordinatenachsen gezeichnet. Diese Parallelen durch P bilden zusammen mit den Koordinatenachsen ein Rechteck. Bestimmen Sie den Punkt R so, dass

a) dieses Rechteck maximalen Umfang hat.
b) dieses Rechteck maximalen Flächeninhalt hat.
c) der Punkt P vom Punkt $O(0|0)$ minimale Entfernung hat.
d) durch Rotation des Rechtecks um die x-Achse ein Zylinder mit möglichst großem Volumen entsteht.
e) durch Rotation des Rechtecks um die y-Achse ein Zylinder mit möglichst großem Volumen entsteht.

2. Gegeben ist die Funktion f mit Graph K durch

$f(x) = \frac{1}{8}(x+2)\left(x-\frac{7}{2}\right)^2 \quad x \in \mathbb{R}.$

Die Punkte $P(u|f(u))$, $Q(u|0)$ und $R(-2|0)$ bilden die Ecken eines Dreiecks, wobei $-2 < u \leqq \frac{7}{2}$ gilt. Das Dreieck kann also auch zur Strecke $\overline{QR}$ ausarten. Bestimmen Sie den Punkt P so, dass

a) der Flächeninhalt dieses Dreiecks möglichst groß wird.
b) die Länge der Katheten dieses Dreiecks zusammen ein relatives Maximum für $-2 < u < \frac{7}{2}$ annimmt. Untersuchen Sie dann, ob dieses relative Maximum auch ein absolutes Maximum für $-2 < u \leqq \frac{7}{2}$ ist.
c) die Länge der Katheten dieses Dreiecks zusammen ein relatives Minimum für $-2 < u < \frac{7}{2}$ annimmt. Untersuchen Sie dann, ob dieses relative Minimum auch ein absolutes Minimum für $-2 < u \leqq \frac{7}{2}$ ist.

3. Gegeben ist die Funktion f mit Graph K durch

$f(x) = \frac{3x^2-4}{x^2+1}; \quad x \in \mathbb{R}.$

Der Punkt $P(u|v)$ mit $u > 0$ liegt auf K, die Punkte P, $Q(-u|v)$ und $R(0|3)$ bilden die Ecken eines Dreiecks.

a) Skizzieren Sie K.
b) Bestimmen Sie u so, dass das Dreieck PQR maximalen Flächeninhalt hat.
c) Bei Rotation des Dreiecks PQR um die y-Achse entsteht ein Kegel mit dem Volumen $V(u)$. Untersuchen Sie, ob die Funktion V Extremwerte besitzt.

4. Gegeben sind die Funktionen f und g mit den Graphen K_f und K_g durch

$f(x) = 6 - 4e^{-\frac{1}{4}x} \quad \text{und} \quad g(x) = 2e^{\frac{1}{2}x-1} \quad \text{für } -2 < x < 4.$

Die Graphen K_f und K_g schneiden aus der Gerade mit der Gleichung $x = u$ eine Strecke der Länge $d(u)$ aus.

a) Skizzieren Sie K_f und K_g und berechnen Sie $d(0)$ und $d(2)$.
b) Bestimmen Sie nun u so, dass die Streckenlänge $d(u)$ maximal wird und berechnen Sie die maximale Länge.

3.7 Wie wende ich die Verfahren der partiellen Integration und der Integration durch Substitution an?

Durch Umkehrung der Produktregel sowie durch Umkehrung der Kettenregel lassen sich zwei Integrationsverfahren gewinnen, mit denen sich bisher nicht bestimmbare Stammfunktionen ermitteln lassen. Die in 2.10 erwähnte lineare Substitution ist ein besonders einfacher Spezialfall eines weiterreichenden Verfahrens.

Partielle Integration

- **Formel:**
  $$\int_a^b u(x)\cdot v'(x)\,dx = \left[u(x)\cdot v(x)\right]_a^b - \int_a^b u'(x)\cdot v(x)\,dx$$
- **Anwendung:**
  Es sollte **$u'(x)\cdot v(x)$** bei der Integration **„einfacher"** als **$u(x)\cdot v'(x)$** sein.

Beispiel 1: *(Partielle Integration)*
Bestimmen Sie eine Stammfunktion F von f

mit $f(x) = 3x\cdot e^{2x}$ und berechnen Sie $\int_0^{0,5} f(x)\,dx$.

Lösung:
Mit $u(x) = 3x$ und $v'(x) = e^{2x}$ erhält man $u'(x) = 3$ und $v(x) = \frac{1}{2}e^{2x}$. Damit ergibt sich

$$\int_a^b 3x\cdot e^{2x}\,dx = \int_a^b u(x)\cdot v'(x)\,dx = \left[u(x)\cdot v(x)\right]_a^b - \int_a^b u'(x)\cdot v(x)\,dx$$

$$= \left[3x\cdot\tfrac{1}{2}e^{2x}\right]_a^b - \int_a^b 3\cdot\tfrac{1}{2}e^{2x}\,dx = \left[3x\cdot\tfrac{1}{2}e^{2x}\right]_a^b - \left[\tfrac{3}{4}e^{2x}\right]_a^b = \left[\tfrac{3}{4}e^{2x}(2x-1)\right]_a^b.$$

Dies zeigt, dass F mit $F(x) = \frac{3}{4}e^{2x}(2x-1)$ eine Stammfunktion von f ist. Also erhält

man $\int_0^{0,5} f(x)\,dx = \left[\tfrac{3}{4}e^{2x}(2x-1)\right]_0^{0,5} = 0 - \left(\tfrac{3}{4}e^{2\cdot 0}(2\cdot 0-1)\right) = \tfrac{3}{4}$.

Beispiel 2: *(Integration durch Substitution)*
Bestimmen Sie eine Stammfunktion F von f

mit $f(x) = 4x\cdot e^{-x^2}$ und berechnen Sie $\int_2^3 f(x)\,dx$.

Integration durch Substitution

- **Formel:**
  $$\int_a^b f(g(x))\cdot g'(x)\,dx = \int_{g(a)}^{g(b)} f(z)\,dz$$
- **Sonderfall:**
  $$\int_a^b \frac{g'(x)}{g(x)}\,dx = \left[\ln|g(x)|\right]_a^b$$
- **Anwendung:**
  Man versucht $z = g(x)$ und $f(z)$ so zu wählen, dass auch $g'(x)$ als Faktor vorkommt.

Lösung:
Substitution:
$z = g(x) = -x^2$ und $f(z) = e^z$
Ableitung und Differenziale:
$g'(x) = -2x = \frac{dz}{dx}$ d.h. $-2x\,dx = dz$
Umrechnung der Grenzen:
Aus der Grenze $a = 2$ wird die Grenze $g(a) = -4$;
aus der Grenze $b = 3$ wird die Grenze $g(b) = -9$.

Durchführung der Integration:

$$\int_a^b 4x \cdot e^{-x^2} dx = -2\int_a^b e^{-x^2} \cdot (-2x)\,dx = -2 \cdot \int_a^b f(g(x)) \cdot g'(x)\,dx = -2 \cdot \int_{g(a)}^{g(b)} f(z)\,dz$$

$$= -2 \cdot \int_{g(a)}^{g(b)} e^z dz = (-2) \cdot \left[e^{-x^2}\right]_a^b = \left[-2 \cdot e^{-x^2}\right]_a^b$$

Folglich ist F mit $F(x) = -2e^{-x^2}$ eine Stammfunktion von f, und man erhält

$$\int_2^3 f(x)\,dx = \left[-2 \cdot e^{-x^2}\right]_2^3 = -2 \cdot e^{-9} + 2 \cdot e^{-4} = \tfrac{2}{e^9}(e^5 - 1).$$

Beispiel 3: *(Sonderfall der Integration durch Substitution)*

Berechnen Sie das Integral $\int_0^{\ln(2)} \frac{e^x}{3e^x + 2} dx$.

Lösung:

Für g mit $g(x) = 3e^x + 2$ ergibt sich $g'(x) = 3e^x$. Dann liefert die Formel

$$\int_0^{\ln(2)} \frac{e^x}{3e^x+2} dx = \frac{1}{3}\int_0^{\ln(2)} \frac{3e^x}{3e^x+2} dx = \frac{1}{3} \cdot \left[\ln\left|3e^x + 2\right|\right]_0^{\ln(2)} = \frac{1}{3} \cdot \ln\left(\frac{8}{5}\right).$$

Aufgaben

1. Bestimmen Sie mit partieller Integration eine Stammfunktion F der durch den Integranden gegebenen Funktion f und berechnen Sie dann das Integral.

a) $\int_0^1 x \cdot e^{2x} dx$ b) $\int_0^4 x \cdot (x-4)^5 dx$ c) $\int_0^3 e^{x-2} \cdot (x-3)\,dx$

d) $\int_0^1 \frac{2}{3}x \cdot e^{2x} dx$ e) $\int_{-1}^1 4x \cdot (3-2x)^6 dx$ f) $\int_1^2 8x \cdot \ln(x)\,dx$

g) $\int_0^2 x^2 \cdot e^x dx$ h) $\int_0^1 x^2 \cdot e^{5-4x} dx$ i) $\int_1^2 x^3 \cdot \ln(x)\,dx$

2. Bestimmen Sie mit einer Substitution eine Stammfunktion F der durch den Integranden gegebenen Funktion f und berechnen Sie dann das Integral.

a) $\int_{-1}^1 \frac{6x}{(4+3x^2)^2} dx$ b) $\int_0^1 8xe^{4x^2} dx$ c) $\int_1^e 4x^3 \cdot \ln(x^4)\,dx$

d) $\int_{-1}^0 \frac{-2x}{3x^2-4} dx$ e) $\int_0^1 3x^2 e^{x^3+1} dx$ f) $\int_{\ln(2)}^{\ln(4)} e^{2x} \cdot (4-e^{2x})^2 dx$

g) $\int_0^1 \frac{3x-4}{(3x^2-8x+10)^2} dx$ h) $\int_1^{2e} \frac{4}{x(2+\ln(x))} dx$ i) $\int_e^{2e} \frac{(1+\ln(x))^2}{3x} dx$

3. Bestimmen Sie mit einer Logarithmusfunktion eine Stammfunktion F der durch den Integranden gegebenen Funktion f und berechnen Sie dann das Integral.

a) $\int_0^3 \frac{2x}{1+x^2} dx$ b) $\int_{-1}^0 \frac{2x^2}{1-4x^3} dx$ c) $\int_{-1}^2 \frac{e^{-x}}{2+3e^{-x}} dx$ d) $\int_e^{e^2} \frac{4}{x \cdot \ln(x)} dx$

3.8 Wie ermittle ich einen Bestand aus einer Änderungsrate?

Eine wichtige **Anwendung der Integration** ist die **Berechnung des Wertes einer Größe aus ihrer Änderungsrate** in einem Intervall und dem ursprünglichen Wert der Größe. Dies kommt nicht nur bei Wachstums- und Zerfallsprozessen vor sondern auch z. B. bei den physikalischen Größen **zurückgelegter Weg, Geschwindigkeit** und **Beschleunigung**.

Bestimmung von Funktionen aus ihren Änderungsraten

- Die **momentane Änderungsrate** einer Funktion f an der Stelle x_0 ist die Ableitung $f'(x_0)$.
- Aus f' kann f gewonnen werden durch $\mathbf{f(x) = f(x_0) + \int_{x_0}^{x} f'(t)\,dt.}$
- Hat eine Größe F die Änderungsrate f, so gibt $\int_{x_0}^{x} \mathbf{f(t)\,dt}$ die **Änderung** $F(x) - F(x_0)$ **der Größe F zwischen x_0 und x** an.

Beispiel 1: *(Funktion aus Änderungsrate)*
Eine Funktion f mit $f(1) = 3$ hat an jeder Stelle $x \in \mathbb{R}$ die momentane Änderungsrate $2x - \frac{1}{2}x^2$.
Bestimmen Sie f(x).

Lösung:
Es gilt $f'(x) = 2x - \frac{1}{2}x^2$ und somit

$$f(x) = f(1) + \int_1^x f'(t)\,dt = 3 + \int_1^x (2t - \tfrac{1}{2}t^2)\,dt = 3 + \left[t^2 - \tfrac{1}{6}t^3\right]_1^x = x^2 - \tfrac{1}{6}x^3 + \tfrac{13}{6}.$$

Beispiel 2: *(Bewegungen)*
Ein Körper, der zur Zeit $t = 0$ den Weg $s(0) = 10$ zurückgelegt und die Geschwindigkeit $v(0) = 5$ hat, wird mit der Beschleunigung a beschleunigt, für die gilt

$$a(t) = 4 \cdot e^{-2t}$$

(t in s, s in m, v in ms^{-1}, a in ms^{-2}).

a) Bestimmen Sie v(t) und s(t).
b) Nach welcher Strecke hat der Köper eine Geschwindigkeit von 6 erreicht?
c) Wie verhalten sich v(t) und s(t) für $t \to +\infty$?

Weg ↔ Geschwindigkeit
Geschwindigkeit ↔ Beschleunigung

Für den zur Zeit t zurückgelegten **Weg s(t)**, die **Geschwindigkeit v(t)** und die **Beschleunigung a(t)** gilt:

- $\mathbf{s'(t) = v(t)}$ und $\mathbf{s(t) = s(t_0) + \int_{t_0}^{t} v(\tau)\,d\tau.}$
- $\mathbf{v'(t) = a(t)}$ und $\mathbf{v(t) = v(t_0) + \int_{t_0}^{t} a(\tau)\,d\tau.}$

Lösung:

a) $v(t) = v(0) + \int_0^t a(\tau)\,d\tau = 5 + \int_0^t 4 \cdot e^{-2\tau}\,d\tau = 5 + \left[-2 \cdot e^{-2\tau}\right]_0^t = 7 - 2 \cdot e^{-2t};$

$$s(t) = s(0) + \int_0^t v(\tau)\,d\tau = 10 + \int_0^t (7 - 2 \cdot e^{-2\tau})\,d\tau = 10 + \left[7\tau + e^{-2\tau}\right]_0^t = 9 + 7t + e^{-2t}.$$

b) $v(t_0) = 6$ ergibt $7 - 2e^{-2t_0} = 6$ und dann $\frac{1}{2} = e^{-2t_0}$. Also ist $t_0 = \frac{1}{2}\ln(2) \approx 0{,}347$.
Der zum Zeitpunkt t_0 zurückgelegte Weg ist $s(t_0) = \frac{19}{2} + \frac{7}{2}\ln(2) \approx 11{,}93$. Der Körper erreicht also nach etwa 0,347 s und 11,93 m eine Geschwindigkeit von $6\,ms^{-1}$.

c) Für $t \to +\infty$ strebt $v(t) \to 7$ und für große Werte von t gilt $s(t) \approx 9 + 7t$.
Mathematisch besagt dies, dass der Graph von s die Gerade mit der Gleichung $s(t) = 9 + 7t$ als Asymptote für $t \to +\infty$ hat.

Aufgaben

1. Bestimmen Sie f(x) für eine Funktion f mit der angegebenen Änderungsrate m(x), deren Graph durch den Punkt P geht. Skizzieren Sie dann die Graphen von m und f.

a) $m(x) = 2 - \frac{1}{2}x^2$; $P(1|0)$ b) $m(x) = e^{x+1}$; $P(1|-1)$

2. Die Geschwindigkeit v(t) (in ms^{-1}) eines zur Zeit t = 0 (in s) startenden Sportwagens wird aufgezeichnet. Dabei erhält man den abgebildeten Graphen für $0 \leqq t \leqq 8$. Für $t \geqq 8$ fährt der Wagen mit der konstanten Geschwindigkeit von 64 weiter.

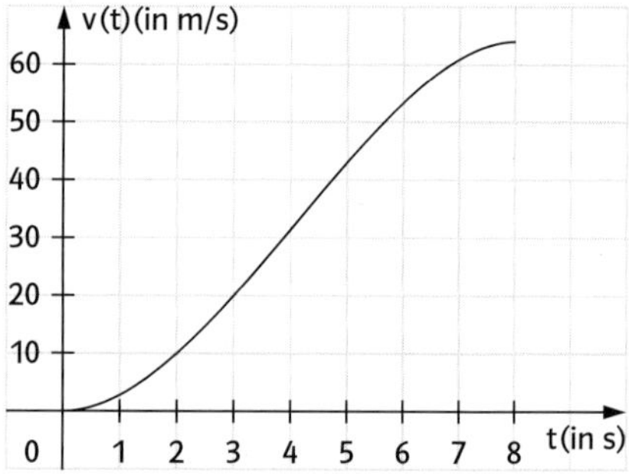

a) Bestimmen Sie für $0 \leqq t \leqq 8$ einen Term für v(t), wenn davon ausgegangen wird, dass v eine ganzrationale Funktion vom Grad 3 ist.

b) Bestimmen Sie den zurückgelegten Weg s(t) und die Beschleunigung a(t) und zeichnen Sie die Graphen von s und a.

c) Zu welchem Zeitpunkt ist die Beschleunigung a am größten und wie groß sind dann die Geschwindigkeit und der zurückgelegte Weg?

d) Welche mittlere Geschwindigkeit hat der Wagen während des Startvorgangs?

3. Zur Zeit t = 0 (in min) wird das Einlassventil des Rohres geöffnet. Während der ersten beiden Minuten steigt die momentane Durchflussgeschwindigkeit d(t) (in m^3s^{-1}) linear an, aber nach zwei Minuten schaltet sich ein „Begrenzer" ein, welcher den weiteren Anstieg von d(t) verlangsamt und bis er seinen zulässigen Höchstwert von 15 erreicht. Man erhält die folgende Tabelle.

a) Bestimmen Sie d(t), wenn d(t) für $2 \leqq t \leqq 4$ durch eine quadratische Funktion beschrieben wird.

t (in min)	0	1	2	3	4
d(t) (in m^3/s)	0	5	10	$13\frac{3}{4}$	15

b) Wie viel Flüssigkeit fließt in den ersten 4 Minuten durch das Rohr?

4. Die Änderungsrate einer Population wird beschrieben durch $f(t) = -10^5 \cdot e^{-0{,}25t}$, wobei t in Jahren ab Beobachtungsbeginn angegeben wird. Wie ändert sich die Population in den ersten 5 Beobachtungsjahren?

3.9 Welche Fragestellungen sind bei Wachstumsvorgängen häufig?

Wachstumsvorgänge sind ein natürliches Anwendungsgebiet für Exponentialfunktionen, wobei die **Wachstumsvorgänge** entweder durch einen **Funktionsterm f(x)** für den Bestand **oder** durch die **Änderungsrate f′(x)** des Bestandes **beschrieben** werden. Wichtige Formen von Wachstumsvorgängen sind in der folgenden Tabelle zusammengestellt.

Häufig gibt f(x) den Umfang einer Population, die Intensität einer Größe o. ä. an.
Die Variable x gibt sehr häufig die Zeit an und wird dann oft mit t bezeichnet.

	exponentielles (natürliches) **Wachstum**	**exponentielle Abnahme** (Zerfall)
Funktion f	$f(x) = f(0) \cdot e^{kx}$ mit $\mathbf{k > 0}$	$f(x) = f(0) \cdot e^{-kx}$ mit $\mathbf{k > 0}$
typischer Graph	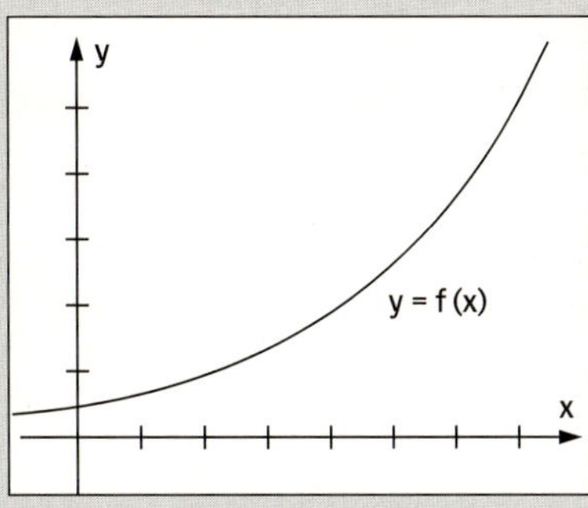	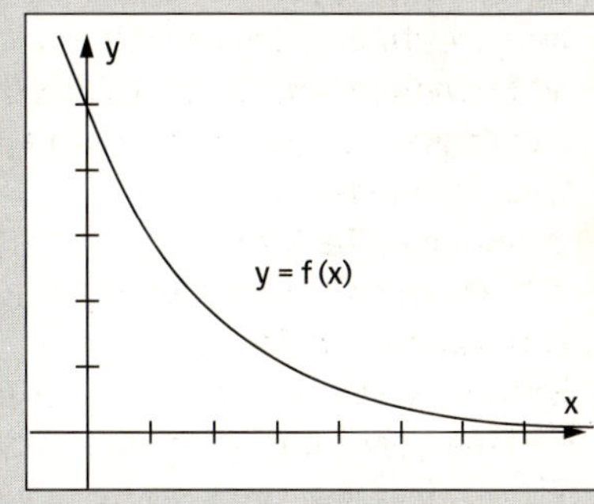
typisches Beispiel	Vermehrung von Bakterien	radioaktiver Zerfall

	beschränktes Wachstum	**beschränkte Abnahme**
Funktion f	$f(x) = G - c \cdot e^{-kx}$ mit $\mathbf{k > 0}$	$f(x) = G + c \cdot e^{-kx}$ mit $\mathbf{k > 0}$
typischer Graph	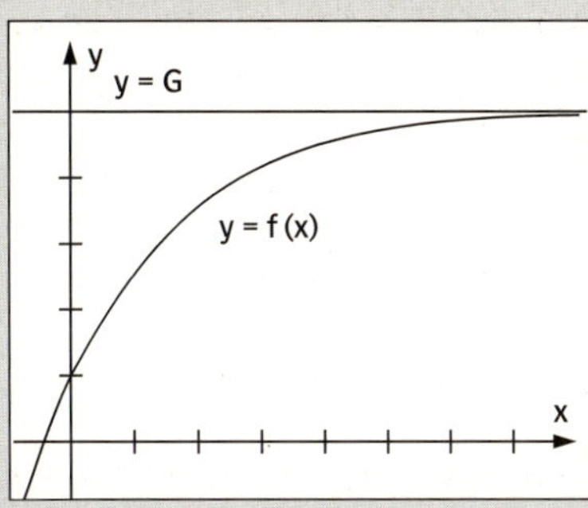	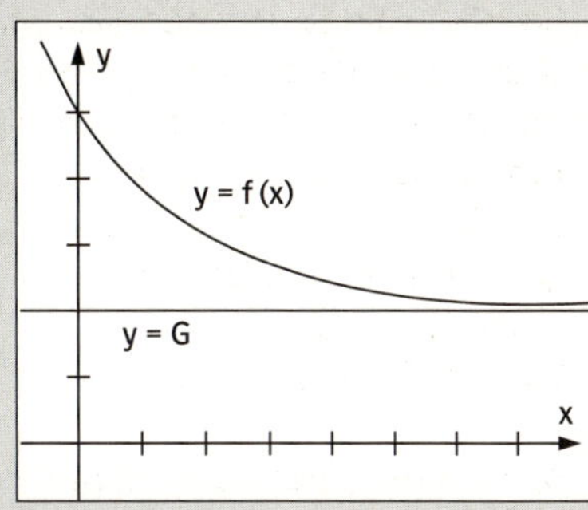
typisches Beispiel	Erwärmung einer kalten Flüssigkeit in wärmerer Umgebung	Abkühlung einer warmen Flüssigkeit in kälterer Umgebung

Beispiel 1: *(Exponentielles Wachstum)*
Ein Bazillus, der bei Operationen auftritt, hat eine Verdopplungszeit von 25 min.
a) Beschreiben Sie diesen Vorgang durch eine Funktion, wenn nach einer Operation 100 Bazillen in eine Wunde eingeschlossen wurden.
b) Wann sind bereits eine Million Bazillen im Körper?

Eine genaue Darstellung der **Bedeutung von x und f(x)** ist unentbehrlich.

Lösung:
a) Es sei f(x) die Anzahl der Bazillen nach der Zeit x (in min nach der Operation).
Dann gilt
$$f(x) = f(0) \cdot e^{kx},$$
denn aus dem Begriff „Verdopplungszeit" kann man entnehmen, dass von einem exponentiellen Vorgang auszugehen ist.
Exponentielles Wachstum beruht auf der Annahme, dass die Änderungsrate der Bazillen zu jeder Zeit proportional zur Anzahl der Bazillen ist, und dies scheint hier vernünftig.
Laut Aufgabe ist f(0) = 100 und somit
$$f(x) = 100 \cdot e^{kx}.$$
Die Verdopplungszeit bei exponentiellem Wachstum ist unabhängig vom untersuchten Zeitpunkt. Also gilt
$$200 = 100 \cdot e^{k \cdot 25}$$
$$2 = e^{k \cdot 25}$$
$$k = \frac{1}{25} \cdot \ln(2) \approx 0{,}0277.$$
Dies ergibt die gesuchte Funktion f etwa zu
$$f(x) = 100 \cdot e^{0{,}0277 \cdot x}.$$

Näherungswert unbedingt speichern, damit man mit ihm weiterrechnen kann!

b) f(x) = 1 000 000 ergibt
$$1\,000\,000 \approx 100 \cdot e^{0{,}0277 \cdot x}$$
$$10\,000 \approx e^{0{,}0277 \cdot x}$$
$$x \approx \frac{1}{0{,}0277} \cdot \ln(10\,000) \approx 332.$$
Nach etwa 330 min (und das sind nur 5,5 h!) sind bereits 1 Million Bazillen im Körper.

Beispiel 2: *(Exponentielle Abnahme)*
Die Intensität von Licht, das in eine Wasseroberfläche eintritt, nimmt mit zunehmender Tiefe exponentiell ab. Beträgt die Intensität an der Wasseroberfläche noch 100 %, so sinkt sie in einer Tiefe von 1,0 m bereits auf 24 % ab in klarem Wasser.
a) Skizzieren Sie den Intensitätsverlauf von Licht in Abhängigkeit von der Tiefe.
b) Wie viel Prozent beträgt die Lichtintensität noch in 3,5 m Tiefe?
c) In welcher Tiefe ist die Lichtintensität auf 1 % abgesunken?

Lösung:
a) Es sei f(x) die Intensität des Lichtes (in Prozent der Intensität an der Wasseroberfläche) in der Wassertiefe x (in m). Dann gilt
$$f(x) = f(0) \cdot e^{-kx}.$$
Wegen f(0) = 100 ergibt sich
$$f(x) = 100 \cdot e^{-kx}.$$

Nun ist $f(1) = 24 = 100 \cdot e^{-k \cdot 1}$ und folglich
$k = -\ln(0{,}24) \approx 1{,}43$. Also gilt etwa

$$f(x) = 100 \cdot e^{-1{,}43\,x}.$$

b) Nach a) ist $f(3{,}5) = 100 \cdot e^{-1{,}43 \cdot 3{,}5} \approx 0{,}68$, d.h. in 3,5 m Tiefe beträgt die Lichtintensität noch etwa 0,68 %.

c) Ist x_0 die gesuchte Wassertiefe, so gilt

$$f(x_0) = 1 = 100 \cdot e^{-1{,}43 \cdot x_0}$$

und folglich

$$x_0 \approx \frac{-1}{1{,}43} \cdot \ln(0{,}01) \approx 3{,}23.$$

Also ist schon in etwa 3,2 m Tiefe die Lichtintensität auf 1 % abgesunken.

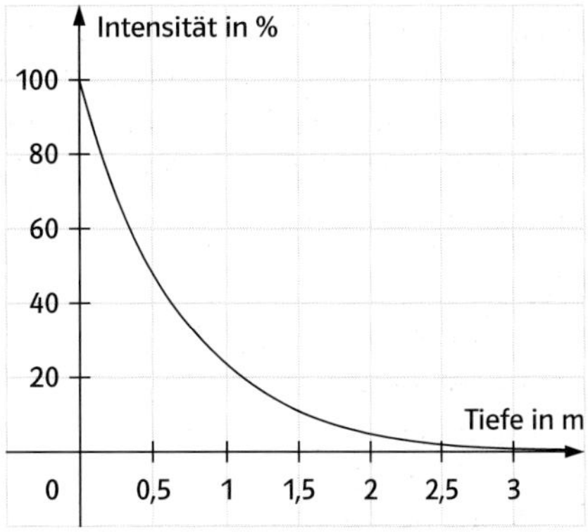

Beispiel 3: *(Beschränktes Wachstum)*
Die Anzahl f(x) der Abonnenten einer neuen Tageszeitung zur Zeit x kann nicht beliebig wachsen, vielmehr wird die Zeitung in ihrem Verbreitungsgebiet eine Sättigung G erreichen. Man geht nun davon aus, dass zu jeder Zeit x die Änderungsrate $f'(x)$ proportional zur Zahl $G - f(x)$ der noch möglichen Abonnenten ist.
Die Auflage betrug beim Start der neuen Zeitung 40 000 Exemplare, nach 6 Monaten war sie auf 120 000 Exemplare und nach 12 Monaten auf 180 000 Exemplare angestiegen.

a) Geben Sie an, um was für eine Form von Wachstum es sich handelt und bestimmen Sie dann für f einen Term und skizzieren Sie einen Graphen von f.
b) Mit welcher Auflage kann der Zeitungsherausgeber langfristig rechnen?
c) Ab welchem Zeitpunkt steigt die Auflage um weniger als 5000 Exemplare in einem Monat?

Lösung:

a) Es handelt sich um ein beschränktes Wachstum, deshalb macht man für f(x) den Ansatz

$$f(x) = a - b \cdot e^{-kx},$$

wobei f(x) die Anzahl der Abonnenten zur Zeit x (in Monaten) ist.
Dann gilt laut Aufgabe

$$f(0) = 40\,000, \quad \text{d.h. } a - b = 40\,000, \quad [1]$$
$$f(6) = 120\,000, \quad \text{d.h. } a - b \cdot e^{-6k} = 120\,000, \quad [2]$$
$$f(12) = 180\,000, \quad \text{d.h. } a - b \cdot e^{-12k} = 180\,000. \quad [3]$$

Das Gleichungssystem [1], [2] und [3] ist nicht ganz einfach zu lösen.
Aus [1] folgt $a = b + 40\,000$, und damit ergibt sich aus [2] und [3]

$$b(1 - e^{-6k}) = 80\,000 \quad \text{und} \quad b(1 - e^{-12k}) = 140\,000.$$

Dann ist $\dfrac{1 - e^{-6k}}{1 - e^{-12k}} = \frac{4}{7}$ und somit $\frac{4}{7}e^{-12k} - e^{-6k} + \frac{3}{7} = 0$.

Mit dem Taschenrechner oder mit der Substitution $e^{-6k} = u$ erhält man nun

$$k \approx 0{,}04795.$$

Dann ist $b = \dfrac{80\,000}{1 - e^{-6k}} \approx 320\,000$ und $a = b + 40\,000 \approx 360\,000$.

Also gilt etwa

$$f(x) = 360\,000 - 320\,000 \cdot e^{-0{,}04795 \cdot x}$$

und man erhält den nebenstehenden Graphen.

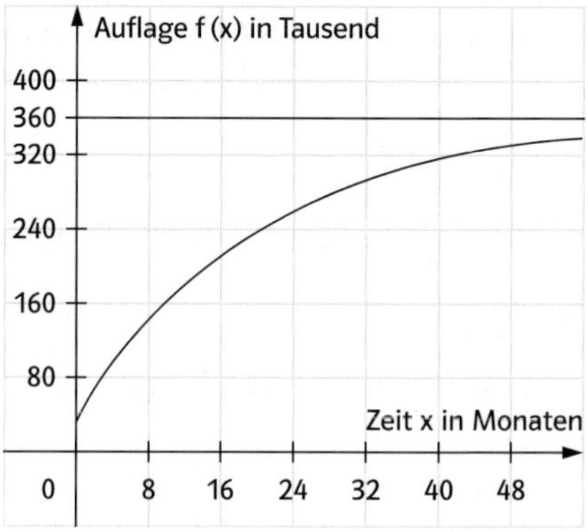

b) Wegen $\lim\limits_{x \to \infty} e^{-0{,}04795 \cdot x} = 0$ gilt

$$\lim_{x \to \infty} f(x) = 360\,000,$$

d.h. man kann langfristig mit einer Auflage von 360000 Exemplaren rechnen.

c) Ändert sich zum Zeitpunkt x_0 die Auflage im Folgemonat um genau 5000 Exemplare, so gilt

$$f(x_0 + 1) - f(x_0) = 5000,$$

und dies ergibt

$$5000 = 320\,000 \cdot \left(e^{-0{,}04795 \cdot x_0} - e^{-0{,}04795 \cdot (x_0 + 1)}\right)$$

$$e^{-0{,}04795 \cdot x_0} = \frac{1}{64\left(1 - e^{-0{,}04795}\right)}$$

$$x_0 \approx 22{,}9.$$

Also ändert sich im 23. Monat nach dem Erscheinen die Auflage erstmals um weniger als 5000 Exemplare.

Beispiel 4: *(Beschränkte Abnahme)*

In einem Zimmer mit der konstanten Temperatur 25 °C befindet sich eine Tasse Kaffee mit der Temperatur 80 °C. Nach 3 min ist die Kaffeetemperatur um 10 °C gesunken.

a) Man nimmt an, dass die Kaffeetemperatur f(x) zur Zeit x durch eine Funktion f mit $f(x) = a + b \cdot e^{-kx}$ beschrieben wird. Bestimmen Sie die Konstanten a, b und k und skizzieren Sie einen Graphen von f.

b) Nach welcher Zeit liegt die Kaffeetemperatur unter 40 °C ?

c) Ab welchem Zeitpunkt sinkt die Kaffeetemperatur um weniger als 2 °C in jeder Minute?

Lösung:

a) Es sei f(x) die Temperatur des Kaffees (in °C) zur Zeit x (in min). Dann gilt

$$f(0) = a + b = 80,$$
$$f(3) = a + b \cdot e^{-3k} = 70,$$
$$\lim_{x \to \infty} f(x) = a = 25.$$

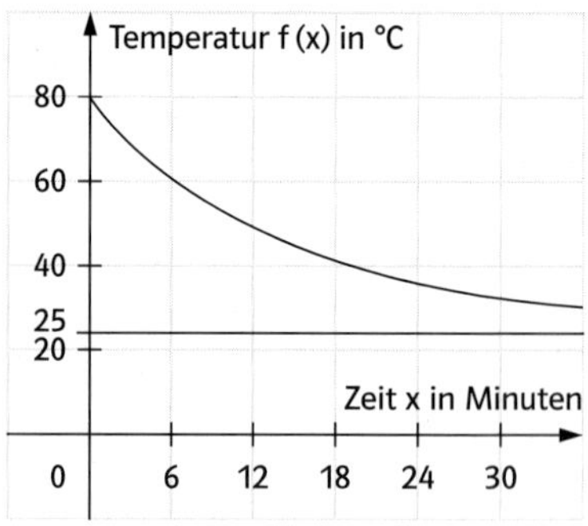

Hieraus folgt sofort a = 25 und b = 55.
Dann ist $25 + 55 \cdot e^{-3k} = 70$ und somit $e^{-3k} = \frac{9}{11}$, d.h. $k = -\frac{1}{3}\ln\left(\frac{9}{11}\right) \approx 0{,}06689$.

Dies ergibt etwa

$$f(x) = 25 + 55 \cdot e^{-0{,}06689 \cdot x},$$

mit dem nebenstehenden Graph.

b) Für den gesuchten Zeitpunkt x_0 gilt $f(x_0) = 40$, und dies ergibt $e^{-0{,}06689 \cdot x_0} \approx \frac{3}{11}$ und damit $x_0 \approx 19{,}4$.
Also liegt nach etwa 19,4 min die Kaffeetemperatur unter 40 °C.

c) Ist x_1 der Zeitpunkt mit $f(x_1) - f(x_1 + 1) = 2$, so erhält man

$$2 = 55 \cdot e^{-0{,}06689 \cdot x_1} \cdot \left(1 - e^{-0{,}06689}\right)$$

$$e^{-0{,}06689 \cdot x_1} = \frac{2}{55\left(1 - e^{-0{,}06689}\right)}$$ und hieraus $x_1 \approx 8{,}61$.

Nach etwa 8,6 min sinkt die Temperatur in der folgenden Minute um weniger als 2 °C.

Aufgaben

1. In einem Teich werden 200 Fische eingesetzt, die sich dort exponentiell gemäß $f(x) = a \cdot e^{kx}$ vermehren. Nach 4 Jahren zählt man in dem Teich 500 Fische. Allerdings breitet sich nach vier Jahren in dem Teich sehr rasch eine Fischkrankheit aus, welche die Wachstumskonstante k sofort auf −0,15 absenkt.

a) Bestimmen Sie die Wachstumskonstante k in den ersten vier Jahren.
b) Wie viele Fische sind nach 3 Jahren in dem Teich?
c) Geben Sie für den Fischbestand f(x) zur Zeit x einen Term an (vor und nach dem Auftreten der Krankheit) und zeichnen Sie einen Graphen der Funktion f.
d) Wann beträgt der Fischbestand wieder 200 Fische?

2. Bei einer Pflanze, die schon einige Zeit näherungsweise exponentiell gewachsen ist, beobachtet man eine Abnahme der Wachstumsgeschwindigkeit. Eine Messung der Höhe h der Pflanze ergab die Werte in der Tabelle.

Zeit t in Monaten	0	1	2	3
Höhe h(t) in cm	120	138	153	165

a) Bestimmen Sie h(t), wenn Sie von beschränktem Wachstum ausgehen.
b) Wie hoch wird die Pflanze wohl?
c) Wann hat die Pflanze 90 % ihrer endgültigen Höhe erreicht?

3. Die Anzahl der Bakterien in einer Kultur wurde näherungsweise gezählt, was zu der nebenstehenden Tabelle führte.

Uhrzeit	10.00	12.00	14.00	16.00	18.00
Anzahl	720	1160	1980	3040	4910

a) Begründen Sie, dass sich das Wachstum durch eine Exponentialfunktion beschreiben lässt, wenn man davon ausgeht, dass sich bei einem Messergebnis ein Mess- oder Schreibfehler eingeschlichen hat. Verbessern Sie diesen wohl fehlerhaften Wert und geben Sie eine Funktion f an, welche die Anzahl der Bakterien in Abhängigkeit von der Uhrzeit t angibt.
b) Wie viele Bakterien waren wohl um 8.00 Uhr in der Kultur?
Wie lange dauert es jeweils, bis sich die Bakterienanzahl verzehnfacht hat?
c) Bestimmen und vergleichen Sie mit einer kurzen Begründung die mittlere Änderungsrate der Bakterienanzahl zwischen 8.00 Uhr und 10.00 Uhr mit der momentanen Änderungsrate um 9.00 Uhr.
d) Wann ist die momentane Änderungsrate der Bakterienanzahl mindestens $1000\,\frac{1}{h}$?

4. Bei einem Wassertank wird ein kleines Leck festgestellt und dann die momentane Ausflussrate a bestimmt.
Dies ergab die nebenstehende Tabelle.

Zeit t (in h)	0	1	2,5
Ausflussrate a (t) (in *l*/h)	45,0	37,4	28,7

a) Bestimmen Sie a (t), wenn man davon ausgeht, dass für p, q, r $\in \mathbb{R}$ gilt:
(i) $a(t) = p \cdot e^{qt} + r$,
(ii) $a(t) = pt^2 + qt + r$,
(iii) $a(t) = \frac{p}{t-q} + r$.
Wie groß ist a (3) jeweils?

Ein TR, der Gleichungen lösen kann, erleichtert die Arbeit sehr.

b) Wann ist die momentane Ausflussrate jeweils auf $15\,\frac{l}{h}$ abgesunken?
c) Wie viel Liter Wasser sind bei den drei Annahmen in Teilaufgabe a) über a (t) in den ersten drei Stunden insgesamt jeweils ausgelaufen?
d) Wann hat der Wassertank jeweils etwa 100 *l* Wasser verloren?

5. In einem See, der durch einen näherungsweise konstanten Zufluss gespeist wird, aber durch eine temperaturabhängige Verdunstung auch Wasser verliert, wird die momentane Änderungsrate des Pegelstandes an einer Messstelle näherungsweise durch die Funktion

$$h(t) = -0{,}026 \cdot e^{-0{,}020t}$$

beschrieben. Dabei wird t in Tagen seit dem 1. März und h (t) in Metern gemessen.
a) Untersuchen Sie, ob der Wasserspiegel steigt oder sinkt und bestimmen Sie einen Term für den Pegelstand p (t), wenn dieser am 1. März 2,54 m betrug.
Mit welchem Pegelstand ist am Ende des Sommers zu rechnen?
b) Zeigen Sie, dass $p'(t) = -0{,}02 \cdot [p(t) - 1{,}24]$ gilt.
c) Wie würde sich nach b) der Pegelstand ändern, wenn der konstante Zufluss unterbrochen wird?
Geben Sie damit einen Term für den Pegelstand $p_0(t)$ ohne Zufluss an.

Strategien aus dem Bereich Lineare Algebra/Geometrie

3.10 Wie untersuche ich Vektoren auf lineare Abhängigkeit bzw. lineare Unabhängigkeit?

Strategien:

Zwei Vektoren $\vec{a}$ und $\vec{b}$ sind genau dann **linear unabhängig**, wenn die Gleichung
$r \cdot \vec{a} + s \cdot \vec{b} = \vec{0}$ (1)
nur die Lösung (r; s) = (0; 0) besitzt.

Drei Vektoren $\vec{a}$, $\vec{b}$ und $\vec{c}$ sind genau dann **linear unabhängig**, wenn die Gleichung
$r \cdot \vec{a} + s \cdot \vec{b} + t \cdot \vec{c} = \vec{0}$ (2)
nur die Lösung (r; s; t) = (0; 0; 0) besitzt.

Die zu untersuchende Gleichung (1) bzw. (2) ist äquivalent zu einem LGS, das man mit dem GAUSS-Verfahren lösen kann.

Beispiel 1:

Entscheiden Sie, ob die Vektoren $\vec{a} = \begin{pmatrix} 1 \\ 2 \end{pmatrix}$ und $\vec{b} = \begin{pmatrix} 4 \\ 1 \end{pmatrix}$ linear abhängig oder linear unabhängig sind.

Lösung:

1. Möglichkeit:
Da der Vektor $\vec{b}$ kein Vielfaches von $\vec{a}$ ist, sind $\vec{a}$ und $\vec{b}$ linear unabhängig.

2. Möglichkeit:
Der Vektorgleichung

$$r \cdot \begin{pmatrix} 1 \\ 2 \end{pmatrix} + s \cdot \begin{pmatrix} 4 \\ 1 \end{pmatrix} = \begin{pmatrix} 0 \\ 0 \end{pmatrix}$$

entspricht das LGS

$$\left\{\begin{aligned} r + 4s &= 0 \\ 2r + s &= 0 \end{aligned}\right., \text{ also } \left\{\begin{aligned} r + 4s &= 0 \\ 7s &= 0 \end{aligned}\right., \text{ also } \left\{\begin{aligned} r + 4s &= 0 \\ s &= 0 \end{aligned}\right., \text{ also } \left\{\begin{aligned} r &= 0 \\ s &= 0 \end{aligned}\right..$$

Die beiden Vektoren $\vec{a}$ und $\vec{b}$ sind linear unabhängig.

Beispiel 2:
Entscheiden Sie, ob die Vektoren $\vec{a} = \begin{pmatrix} 1 \\ 1 \\ 2 \end{pmatrix}$, $\vec{b} = \begin{pmatrix} 2 \\ -3 \\ 1 \end{pmatrix}$ und $\vec{c} = \begin{pmatrix} 4 \\ -11 \\ -1 \end{pmatrix}$ linear abhängig oder linear unabhängig sind.

Lösung:

Der Vektorgleichung $r \cdot \begin{pmatrix} 1 \\ 1 \\ 2 \end{pmatrix} + s \cdot \begin{pmatrix} 2 \\ -3 \\ 1 \end{pmatrix} + t \cdot \begin{pmatrix} 4 \\ -11 \\ -1 \end{pmatrix} = \begin{pmatrix} 0 \\ 0 \\ 0 \end{pmatrix}$ entspricht das LGS

$$\left\{\begin{aligned} r + 2s + 4t &= 0 \\ r - 3s - 11t &= 0 \\ 2r + s - t &= 0 \end{aligned}\right., \text{ also } \left\{\begin{aligned} r + 2s + 4t &= 0 \\ 5s + 15t &= 0 \\ 7s + 21t &= 0 \end{aligned}\right., \text{ also } \left\{\begin{aligned} r + 2s + 4t &= 0 \\ s + 3t &= 0 \\ 0 &= 0 \end{aligned}\right..$$

Wählt man in der zweiten Gleichung t = 1, ergibt sich s = −3; dann folgt aus der ersten Gleichung r = 2. Also ist (2; −3; 1) eine von (0; 0; 0) verschiedene Lösung.
Die drei Vektoren $\vec{a}$, $\vec{b}$ und $\vec{c}$ sind linear abhängig.

Beispiel 3:
Gegeben sind für $a \in \mathbb{R}$ die Vektoren $\vec{a} = \begin{pmatrix} 3 \\ 1 \\ a \end{pmatrix}$, $\vec{b} = \begin{pmatrix} 1 \\ 0 \\ 4 \end{pmatrix}$ und $\vec{c} = \begin{pmatrix} a \\ 1 \\ 1 \end{pmatrix}$.

Wie muss a gewählt werden, damit $\vec{a}$, $\vec{b}$ und $\vec{c}$ linear abhängig sind?

Lösung:
Aus der Vektorgleichung $r \cdot \begin{pmatrix} 3 \\ 1 \\ a \end{pmatrix} + s \cdot \begin{pmatrix} 1 \\ 0 \\ 4 \end{pmatrix} + t \cdot \begin{pmatrix} a \\ 1 \\ 1 \end{pmatrix} = \begin{pmatrix} 0 \\ 0 \\ 0 \end{pmatrix}$ folgt das LGS mit dem Parameter a:

$$\left\{\begin{array}{l} 3r + s + at = 0 \\ r + t = 0 \\ ar + 4s + t = 0 \end{array}\right., \text{ also } \left\{\begin{array}{l} 3r + s + at = 0 \\ s + (a-3)t = 0 \\ 4s + (1-a)t = 0 \end{array}\right., \text{ also } \left\{\begin{array}{l} 3r + s + at = 0 \\ s + (a-3)t = 0 \\ (5a-13)t = 0 \end{array}\right..$$

Für $a = \frac{13}{5}$ ist z. B. $r = -5$, $s = 2$, $t = 5$ eine Lösung des LGS.
Also sind die drei Vektoren $\vec{a}$, $\vec{b}$ und $\vec{c}$ für $a = \frac{13}{5}$ linear abhängig.

Aufgaben

1. Überprüfen Sie die Vektoren auf lineare Abhängigkeit bzw. Unabhängigkeit.

a) $\begin{pmatrix} 2 \\ 1 \end{pmatrix}, \begin{pmatrix} -3 \\ 2 \end{pmatrix}$ b) $\begin{pmatrix} -1 \\ 4 \end{pmatrix}, \begin{pmatrix} 2 \\ -8 \end{pmatrix}$ c) $\begin{pmatrix} 0 \\ 1 \end{pmatrix}, \begin{pmatrix} 1 \\ 0 \end{pmatrix}$

d) $\begin{pmatrix} 2 \\ 1 \\ 3 \end{pmatrix}, \begin{pmatrix} -3 \\ 5 \\ 2 \end{pmatrix}, \begin{pmatrix} 1 \\ -1 \\ -2 \end{pmatrix}$ e) $\begin{pmatrix} 1 \\ 0 \\ -4 \end{pmatrix}, \begin{pmatrix} 3 \\ 1 \\ 1 \end{pmatrix}, \begin{pmatrix} -1 \\ 5 \\ 2 \end{pmatrix}$ f) $\begin{pmatrix} 1 \\ 2 \\ 1 \end{pmatrix}, \begin{pmatrix} -2 \\ 5 \\ 8 \end{pmatrix}, \begin{pmatrix} 8 \\ -11 \\ -22 \end{pmatrix}$

2. Gegeben sind für $a \in \mathbb{R}$ die Vektoren $\vec{a} = \begin{pmatrix} a \\ 8 \\ -1 \end{pmatrix}$, $\vec{b} = \begin{pmatrix} 2 \\ -2 \\ a \end{pmatrix}$ und $\vec{c} = \begin{pmatrix} 0 \\ -2 \\ 1 \end{pmatrix}$.

Wie muss a gewählt werden, damit $\vec{a}$, $\vec{b}$ und $\vec{c}$ linear abhängig sind?

3. Überprüfen Sie, ob die vier Punkte A, B, C und D in einer Ebene liegen.
a) $A(4|3|1)$, $B(2|8|4)$, $C(-1|2|4)$, $D(-2|6|9)$
b) $A(3|1|6)$, $B(2|-1|5)$, $C(-1|-1|8)$, $D(2|1|1)$

4.
a) Gegeben sind die Punkte $A(-1|1|-1)$, $B_a(-1|2|2a+1)$ und $C_a(5|3a+1|-1)$ mit $a \in \mathbb{R}$. Weisen Sie nach, dass die Vektoren $\overrightarrow{OA}$, $\overrightarrow{OB_a}$ und $\overrightarrow{OC_a}$ für jedes $a \in \mathbb{R}$ linear unabhängig sind.
b) Gegeben sind die Punkte $A_a(1|a+1|2)$, $B(-2|3|1)$ und $C_a(2a+1|1|-3)$ mit $a \in \mathbb{R}$. Untersuchen Sie, ob es ein $a \in \mathbb{R}$ gibt, für das die Vektoren $\overrightarrow{OA_a}$, $\overrightarrow{OB}$ und $\overrightarrow{OC_a}$ paarweise orthogonal sind.

3.11 Welche Form für eine Gleichung einer Ebene wähle ich?

Hinweise zum Gebrauch der verschiedenen Formen einer Ebenengleichung:

- Lesen Sie die ganze Aufgabe durch. Häufig sind mit einer Ebene weitere Fragestellungen verbunden. Je nach Art dieser Fragen bietet sich eine bestimmte Form der Ebene an.
- Sind z. B. drei Punkte gegeben und nur eine Gleichung der Ebene durch diese Punkte gesucht, bietet sich die **Parameterform** an. Soll aber noch der Abstand eines Punktes von der Ebene berechnet werden, arbeitet man besser sofort mit der **Koordinatenform** (vgl. Bsp. 1).
- Kann man einen Vektor als Normalenvektor einer Ebene deuten, bietet sich die **Normalenform** an (vgl. Bsp. 2).

Ebenengleichungen:

Parameterform:
E: $\vec{x} = \vec{p} + r \cdot \vec{u} + s \cdot \vec{v}$; $r, s \in \mathbb{R}$
$\vec{p}$: Stütz-, $\vec{u}, \vec{v}$: Richtungsvektoren

Normalenform:
E: $(\vec{x} - \vec{p}) \cdot \vec{n} = 0$
$\vec{p}$: Stützvektor; $\vec{n}$: Normalenvektor

Koordinatenform:
E: $a_1 \cdot x_1 + a_2 \cdot x_2 + a_3 \cdot x_3 = b$

Hesse'sche Normalenform:
(Vektorform)
E: $(\vec{x} - \vec{p}) \cdot \vec{n}_0 = 0$
$\vec{n}_0$: Normaleneinheitsvektor

Hesse'sche Normalenform:
(Koordinatenform)
E: $\dfrac{a_1 \cdot x_1 + a_2 \cdot x_2 + a_3 \cdot x_3 - b}{\sqrt{a_1^2 + a_2^2 + a_3^2}} = 0.$

Beispiel 1:
Gegeben sind die Punkte $A(3|0|1)$, $B(3|4|-3)$ und $C(-1|2|-1)$.
a) Geben Sie eine Gleichung der Ebene E an, die durch die Punkte A, B und C geht.
b) Berechnen Sie den Abstand des Punktes $P(1|1|1)$ von E.

Lösung:
Da auch der Abstand des Punktes P von der Ebene E gesucht ist, arbeitet man eher nicht mit der Parameterform, sondern mit der Koordinatenform, da diese leicht in die Hesse'sche Normalenform umzuwandeln ist.

a) Setzt man die Koordinaten der gegebenen Punkte A, B und C in die Koordinatenform ein, erhält man das LGS
$$\begin{cases} 3a_1 + a_3 = b \\ 3a_1 + 4a_2 - 3a_3 = b \\ -a_1 + 2a_2 - a_3 = b \end{cases} \text{ bzw. } \begin{cases} -a_1 + 2a_2 - a_3 = b \\ a_2 - a_3 = 0. \\ a_3 = b \end{cases}$$
Aus dem LGS folgt $a_1 = 0$; $a_2 = a_3 = b$. Setzt man z. B. $b = 1$, erhält man $a_2 = a_3 = 1$.
Eine Koordinatengleichung der Ebene E ist also: $x_2 + x_3 = 1$.

b) Aus der Koordinatenform $x_2 + x_3 = 1$ ergibt sich die Hesse'sche Normalenform
$$\frac{x_2 + x_3 - 1}{\sqrt{1^2 + 1^2}} = 0 \text{ bzw. E: } \frac{x_2 + x_3 - 1}{\sqrt{2}} = 0.$$
Für den gesuchten Abstand des Punktes $P(1|1|1)$ von E folgt:
$$d(P;\ E) = \left| \frac{1 + 1 - 1}{\sqrt{2}} \right| = \frac{1}{\sqrt{2}} = \tfrac{1}{2}\sqrt{2}.$$

Beispiel 2:
Der Punkt $A(1|2|5)$ wird an einer Ebene E gespiegelt; man erhält den Punkt $A'(3|6|1)$. Ermitteln Sie eine Koordinatengleichung von E.

Lösung:
Die Strecke AA' ist orthogonal zu E (vgl. Fig. 1). Deshalb bietet sich zunächst die Normalenform einer Ebene an.

Der Vektor $\overrightarrow{AA'} = \vec{n} = \begin{pmatrix} 2 \\ 4 \\ -4 \end{pmatrix}$ ist ein Normalenvektor von E. $M(2|4|3)$ ist die Mitte von A und A'; M ist ein Punkt von E. Hieraus ergibt sich eine Normalenform von

$$E: \left[\vec{x} - \begin{pmatrix} 2 \\ 4 \\ 3 \end{pmatrix}\right] \cdot \begin{pmatrix} 2 \\ 4 \\ -4 \end{pmatrix} = 0. \text{ Mit } \vec{x} = \begin{pmatrix} x_1 \\ x_2 \\ x_3 \end{pmatrix}$$

folgt hieraus:
$E:\ 2x_1 + 4x_2 - 4x_3 - (2 \cdot 2 + 4 \cdot 4 + 3 \cdot (-4)) = 0$ bzw.
$E:\ x_1 + 2x_2 - 2x_3 - 4 = 0.$

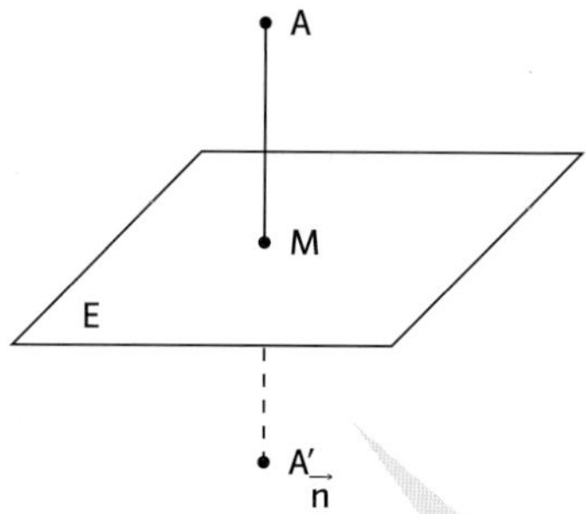

Fig. 1

Fertigen Sie eine Skizze an, auch wenn dies nicht ausdrücklich verlangt ist!

Aufgaben

1. Gegeben sind die Punkte $A(5|-3|7)$ und $B(1|5|9)$. Ermitteln Sie eine Koordinatengleichung der Ebene E, die durch die Mitte von AB geht und orthogonal zu AB ist.

2. Gegeben sind die Geraden
$$g: \vec{x} = \begin{pmatrix} 1 \\ 2 \\ 1 \end{pmatrix} + r \cdot \begin{pmatrix} 2 \\ -5 \\ 3 \end{pmatrix};\ r \in \mathbb{R} \text{ und } h: \vec{x} = \begin{pmatrix} 3 \\ 3 \\ -5 \end{pmatrix} + s \cdot \begin{pmatrix} 2 \\ -5 \\ 3 \end{pmatrix};\ s \in \mathbb{R}.$$
Berechnen Sie den Abstand von g und h
a) mit einer Hilfsebene,
b) mit der Methode des „laufenden" Punktes (vgl. Seite 56).

3. Der Punkt $P(4|-1|2)$ rotiert um die Gerade $g: \vec{x} = \begin{pmatrix} 8 \\ 6 \\ 5 \end{pmatrix} + t \cdot \begin{pmatrix} -1 \\ 1 \\ -1 \end{pmatrix};\ t \in \mathbb{R}$.
a) Ermitteln Sie eine Koordinatengleichung der Ebene, in der der Kreis liegt.
b) Ermitteln Sie den Mittelpunkt und den Radius des Kreises.

4. Gegeben sind die Gerade $g: \vec{x} = \begin{pmatrix} 1 \\ 2 \\ -1 \end{pmatrix} + t \cdot \begin{pmatrix} -1 \\ 3 \\ 4 \end{pmatrix};\ t \in \mathbb{R}$ und die Ebene $E:\ 3x_1 + x_2 + x_3 = 9$.
Ermitteln Sie eine Koordinatengleichung der Ebene F, die g enthält und orthogonal zu E ist.

3.12 Wie berechne ich Winkel? Sind Besonderheiten zu beachten?

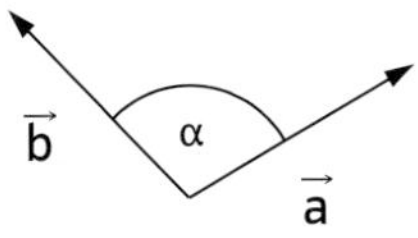

Fig. 1

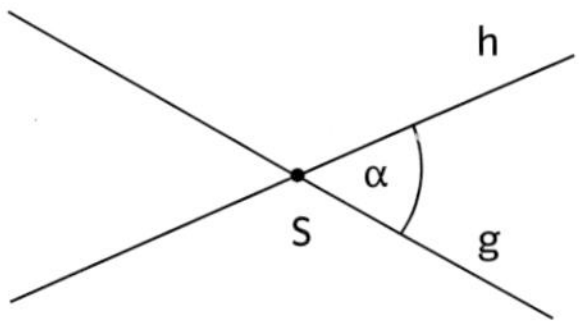

Fig. 2

Winkel treten auf zwischen

- Vektoren (Fig. 1, Bsp. 1),
- Geraden (Fig. 2, Bsp. 2),
- Geraden und Ebenen (Fig. 3, Bsp. 3),
- Ebenen (Fig. 4, Bsp. 4).

Ist α der Winkel zwischen Vektoren, so gilt: $0 \leqq \alpha \leqq 180°$ (vgl. Fig. 1).
In den anderen Fällen ist α kleiner oder gleich 90°.
Bei Körpern tritt aber der Fall auf, **dass benachbarte Flächen einen stumpfen Winkel bilden** (vgl. Aufgabe 4.d)).

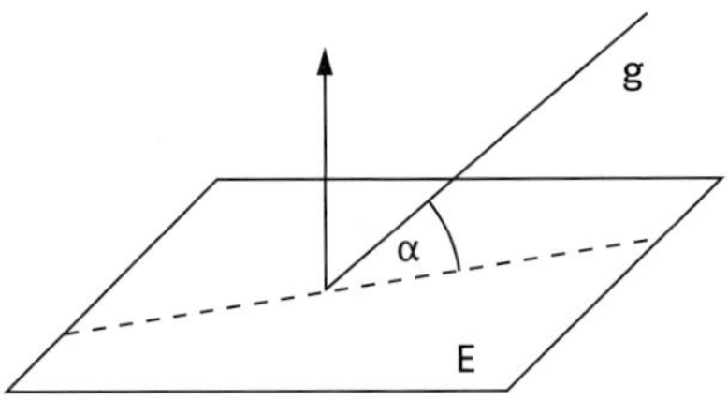

Fig. 3

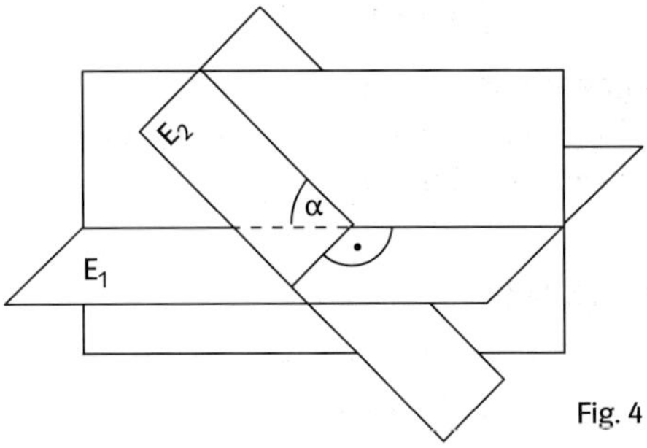

Fig. 4

Beispiel 1:
Berechnen Sie den Winkel zwischen den Vektoren $\vec{a} = \begin{pmatrix} -1 \\ 2 \\ -3 \end{pmatrix}$ und $\vec{b} = \begin{pmatrix} 5 \\ 3 \\ 1 \end{pmatrix}$.

Lösung:
Für den Winkel α zwischen zwei Vektoren $\vec{a}$ und $\vec{b}$ gilt: $\cos(\alpha) = \frac{\vec{a} \cdot \vec{b}}{|\vec{a}| \cdot |\vec{b}|}$. Also gilt:

$$\cos(\alpha) = \frac{-1 \cdot 5 + 2 \cdot 3 + (-3) \cdot 1}{\sqrt{1+4+9} \cdot \sqrt{25+9+1}} = \frac{-2}{\sqrt{14} \cdot \sqrt{35}} \approx -0{,}0904 \text{ und somit } \alpha \approx 95{,}18°.$$

Beispiel 2:
Die Geraden g: $\vec{x} = \begin{pmatrix} 7 \\ 3 \\ 8 \end{pmatrix} + s \cdot \begin{pmatrix} 2 \\ 1 \\ -4 \end{pmatrix}$; $s \in \mathbb{R}$ und h: $\vec{x} = \begin{pmatrix} -1 \\ 2 \\ 30 \end{pmatrix} + t \cdot \begin{pmatrix} -1 \\ 1 \\ 5 \end{pmatrix}$; $t \in \mathbb{R}$
schneiden sich. Berechnen Sie den Schnittwinkel von g und h.

Lösung:

Für den Schnittwinkel α zweier Geraden gilt: $\cos(\alpha) = \frac{|\vec{u} \cdot \vec{v}|}{|\vec{u}| \cdot |\vec{v}|}$.

Damit erhält man:

$$\cos(\alpha) = \frac{|2 \cdot (-1) + 1 \cdot 1 + (-4) \cdot 5|}{\sqrt{4+1+16} \cdot \sqrt{1+1+25}} = \frac{21}{\sqrt{21} \cdot \sqrt{27}} = \tfrac{1}{3} \cdot \sqrt{7} \approx 0{,}8819 \text{ und somit } \alpha \approx 28{,}13°.$$

Beispiel 3:
Berechnen Sie den Schnittwinkel von g: $\vec{x} = \begin{pmatrix} 1 \\ 2 \\ -3 \end{pmatrix} + t \cdot \begin{pmatrix} 1 \\ -1 \\ -1 \end{pmatrix}$; $t \in \mathbb{R}$
und E: $3x_1 - 2x_2 + 4x_3 = 1$.

Lösung:
Für den Schnittwinkel α einer Geraden g mit dem Richtungsvektor $\vec{u}$ und einer Ebene E mit dem Normalenvektor $\vec{n}$ gilt: $\sin(\alpha) = \frac{|\vec{u} \cdot \vec{n}|}{|\vec{u}| \cdot |\vec{n}|}$. Es ist $\vec{n} = \begin{pmatrix} 3 \\ -2 \\ 4 \end{pmatrix}$ ein Normalenvektor von E. Damit ist

$$\sin(\alpha) = \frac{|\vec{u} \cdot \vec{n}|}{|\vec{u}| \cdot |\vec{n}|} = \frac{|1 \cdot 3 + (-1) \cdot (-2) + (-1) \cdot 4|}{\sqrt{1+1+1} \cdot \sqrt{9+4+16}} = \frac{1}{\sqrt{3} \cdot \sqrt{29}} \approx 0{,}1072, \text{ also } \alpha \approx 6{,}15°.$$

Nur in diesem Fall steht sin in der Formel. Können Sie erläutern, wieso?

Beispiel 4:
Berechnen Sie den Schnittwinkel zwischen den Ebenen
E_1: $2x_1 + 3x_2 - 5x_3 = 8$ und E_2: $x_1 - x_2 + 2x_3 = 5$.

Lösung:
Für den Schnittwinkel α zweier Ebenen E_1 und E_2 mit den Normalenvektoren $\vec{n}_1$ und $\vec{n}_2$ gilt (Fig. 5):

$\cos(\alpha) = \frac{|\vec{n}_1 \cdot \vec{n}_2|}{|\vec{n}_1| \cdot |\vec{n}_2|}$. Mit $\vec{n}_1 = \begin{pmatrix} 2 \\ 3 \\ -5 \end{pmatrix}$ und $\vec{n}_2 = \begin{pmatrix} 1 \\ -1 \\ 2 \end{pmatrix}$

erhält man

$$\cos(\alpha) = \frac{|\vec{n}_1 \cdot \vec{n}_2|}{|\vec{n}_1| \cdot |\vec{n}_2|} = \frac{|2 \cdot 1 + 3 \cdot (-1) + (-5) \cdot 2|}{\sqrt{4+9+25} \cdot \sqrt{1+1+4}}$$

$$= \frac{11}{\sqrt{38} \cdot \sqrt{6}} = \frac{11}{114} \cdot \sqrt{57} \approx 0{,}7285, \text{ also } \alpha \approx 43{,}24°.$$

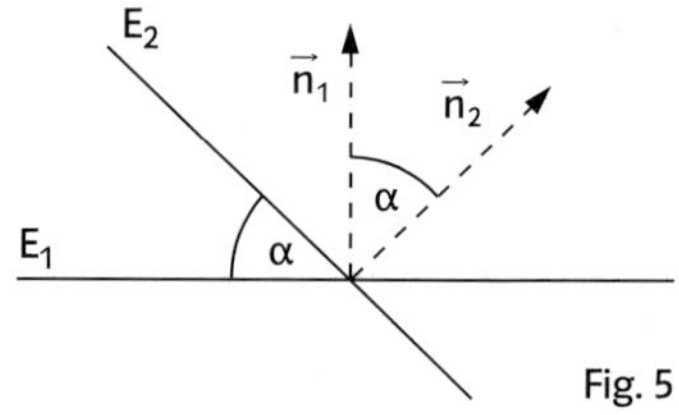

Fig. 5

Aufgaben

1. Berechnen Sie die Innenwinkel des Dreiecks ABC mit A(1|7|5), B(−2|−4|8) und C(4|9|3).

2. Berechnen Sie den Schnittwinkel der Geraden g durch die Punkte A(2|1|3) und B(−1|7|9) mit der x_1x_2-Ebene.

3. Berechnen Sie den Schnittwinkel zwischen den Ebenen E_1: $x_1 + x_2 - 5x_3 = 6$ und E_2: $x_1 + 7x_2 + 11x_3 = 3$.

4. Die Pyramide in Fig. 6 hat die Höhe 4. Berechnen Sie den Winkel zwischen
a) den Kanten AS und BS,
b) der Kante AS und der Grundfläche,
c) der Seitenfläche OAS und der Grundfläche,
d) zwei Seitenflächen.

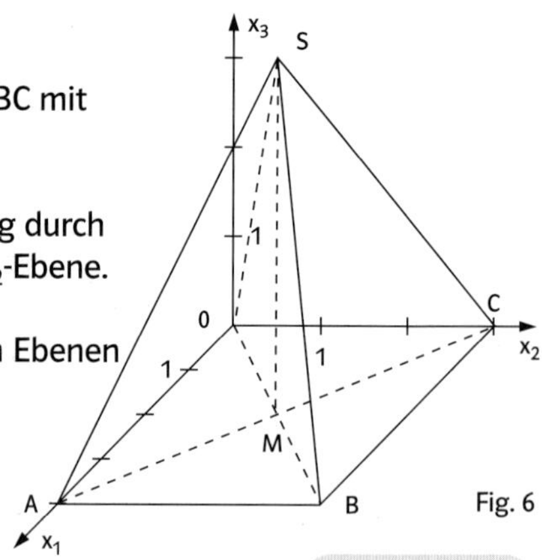

Fig. 6

Vorsicht bei Aufgabe 4. d)!

3.13 Wie löse ich eine „umgekehrte" Abstandsaufgabe?

Den Abstand eines Punktes P von einer Ebene E berechnet man mit der Hesse'schen Normalenform (vgl. Seite 54).

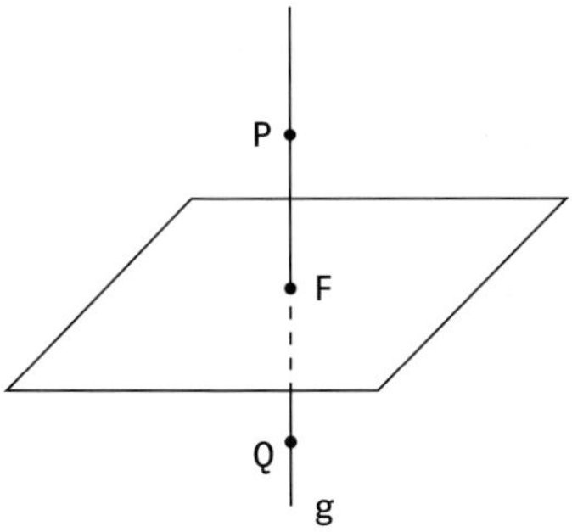

Fig. 1

Bei einer **„umgekehrten" Abstandsaufgabe** sind z. B. eine Ebene E und ein Lotfußpunkt F in E gegeben.
Gesucht sind Punkte auf dem Lot g durch F, die von E einen vorgegebenen Abstand haben (Fig. 1).

Solche Abstandsaufgaben kann man bearbeiten

- mithilfe der **Methode eines „laufenden" Punktes** (Beispiel, 1. Möglichkeit),
- mithilfe von **Einheitsvektoren** (Beispiel, 2. Möglichkeit).

Beispiel:
Gegeben sind die Ebene E: $4x_1 - 3x_2 + 2 = 0$ und der Punkt $F(1|2|0)$ in E. Gesucht sind Punkte auf dem Lot g zu E durch F, die von E den Abstand 15 haben.

Lösung:
1. Möglichkeit: *(Verwendung eines „laufenden" Punktes)*
Da ein Normalenvektor von E ein Richtungsvektor von g ist, erhält man:

g: $\vec{x} = \begin{pmatrix} 1 \\ 2 \\ 0 \end{pmatrix} + t \cdot \begin{pmatrix} 4 \\ -3 \\ 0 \end{pmatrix}$; $t \in \mathbb{R}$. Für Punkte auf g gilt somit: $P(1+4t|2-3t|0)$.

Also ist $\overrightarrow{FP} = \begin{pmatrix} 4t \\ -3t \\ 0 \end{pmatrix}$; $|\overrightarrow{FP}| = \sqrt{16t^2 + 9t^2} = \sqrt{25t^2}$.

Lösen Sie diese Gleichung auch, indem Sie die Wurzel ziehen!

Da der Abstand 15 gegeben ist, erhält man die Gleichung $\sqrt{25t^2} = 15$. Quadrieren ergibt: $25t^2 = 225$; damit $t^2 = 9$, $t_1 = 3$ und $t_2 = -3$; beide Werte sind Lösungen der Gleichung. Für diese Werte von t ergeben sich die Punkte $P(13|-7|0)$ und $Q(-11|11|0)$.

2. Möglichkeit: *(Verwendung von Einheitsvektoren)*
Ein Normalenvektor von E ist ein Richtungsvektor $\vec{u}$ von g. Also gilt:

$\vec{u} = \begin{pmatrix} 4 \\ -3 \\ 0 \end{pmatrix}$; $|\vec{u}| = \sqrt{16 + 9} = 5$; $\vec{u}_0 = \frac{1}{5} \cdot \begin{pmatrix} 4 \\ -3 \\ 0 \end{pmatrix}$.

Für die Ortsvektoren der Punkte P und Q auf g erhält man:

$\overrightarrow{OP} = \overrightarrow{OF} \pm 15 \cdot \frac{1}{5} \cdot \vec{u}_0 = \begin{pmatrix} 1 \\ 2 \\ 0 \end{pmatrix} \pm 15 \cdot \frac{1}{5} \cdot \begin{pmatrix} 4 \\ -3 \\ 0 \end{pmatrix}$.

Damit sind $P(13|-7|0)$ und $Q(-11|11|0)$ die gesuchten Punkte auf dem Lot.

Aufgaben

1. Lösen Sie die Gleichung.

a) $\sqrt{49t^2} = 5$ b) $4|t-3| = 1$

c) $\left|\frac{-a-6}{4}\right| = 12$ d) $\left|\frac{3-a}{5}\right| = a$

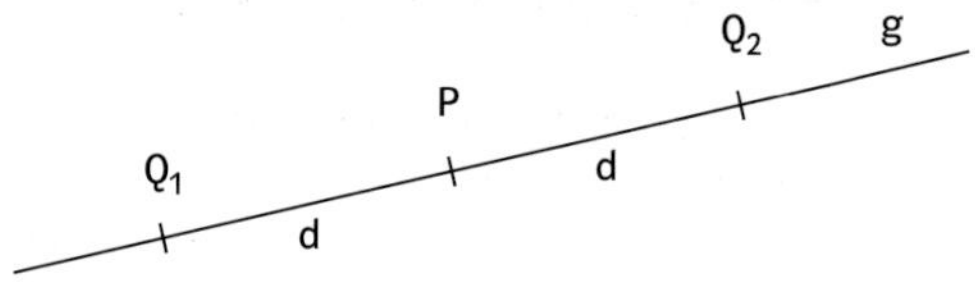

Fig. 2

2. Gegeben sind (Fig. 2) die Gerade

$g\colon \vec{x} = \begin{pmatrix} 2 \\ 3 \\ -1 \end{pmatrix} + r \cdot \begin{pmatrix} 6 \\ 2 \\ 3 \end{pmatrix};\ r \in \mathbb{R}$

und der Punkt $P(14|7|5)$ auf g. Gesucht sind Punkte Q_1 und Q_2 auf g, die von P den Abstand d = 14 haben.

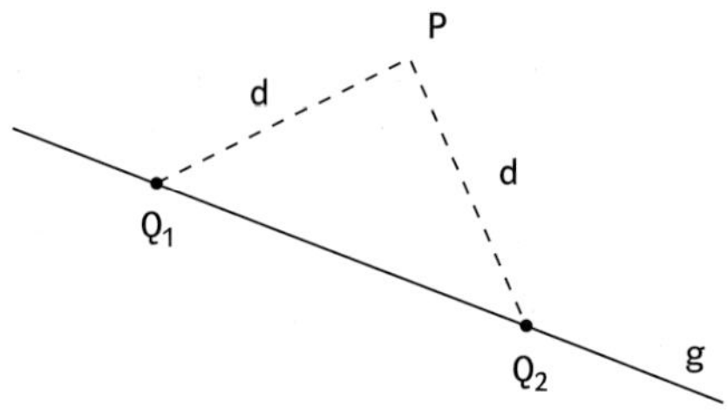

Fig. 3

3. Gegeben sind (Fig. 3) die Gerade

$g\colon \vec{x} = \begin{pmatrix} 7 \\ 6 \\ 5 \end{pmatrix} + r \cdot \begin{pmatrix} -1 \\ 1 \\ 0 \end{pmatrix};\ r \in \mathbb{R}$

und der Punkt $P(3|2|2)$, der nicht auf g liegt. Gesucht sind Punkte Q_1 und Q_2 auf g, die von P den Abstand d = 7 haben.

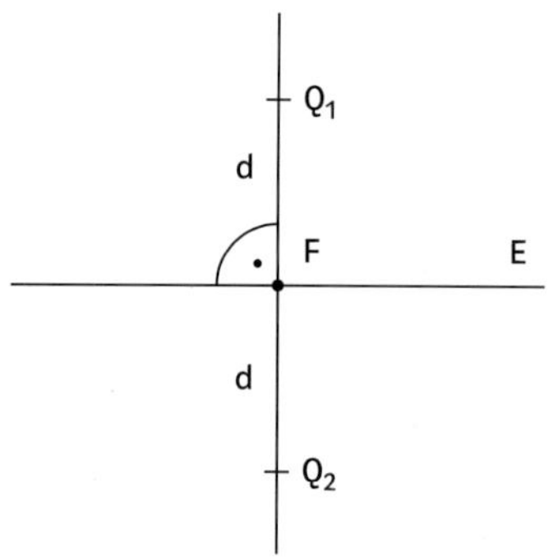

Fig. 4

4. Im Punkt $F(2|3|2)$, der Ebene $E\colon\ 2x_1 - x_2 + 3x_3 = 7$ ist eine Senkrechte errichtet (Fig. 4). Gesucht sind Punkte Q_1 und Q_2 auf der Senkrechten, die von E den Abstand d = 7 haben.

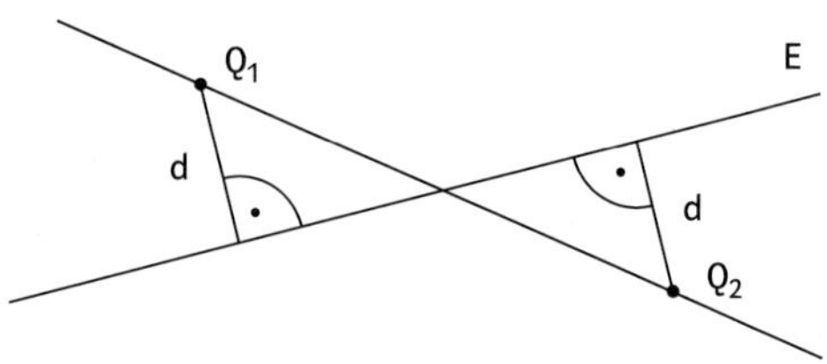

Fig. 5

5. Gegeben sind (Fig. 5) die Gerade

$g\colon \vec{x} = \begin{pmatrix} 3 \\ 1 \\ -4 \end{pmatrix} + r \cdot \begin{pmatrix} 2 \\ 1 \\ 1 \end{pmatrix};\ r \in \mathbb{R}$

und die Ebene $E\colon\ 2x_1 + x_2 + 2x_3 = 4$. Gesucht sind Punkte Q_1 und Q_2 auf g, die von der Ebene E den Abstand d = 4 haben.

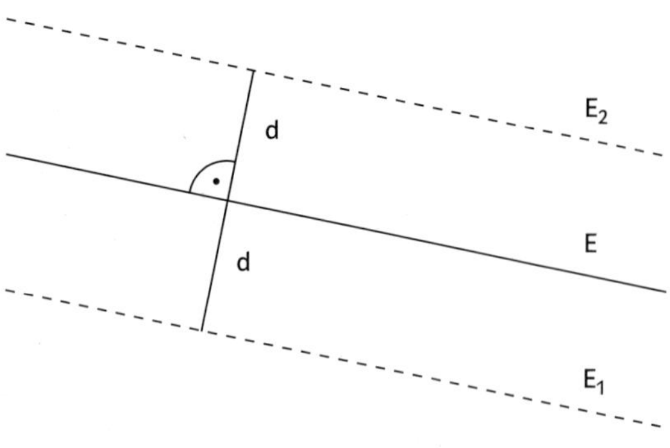

Fig. 6

6. Gegeben ist (Fig. 6) die Ebene $E\colon\ 6x_1 + 2x_2 + 3x_3 - 5 = 0$. Gesucht sind Ebenen E_1 und E_2, die von E den Abstand d = 7 haben.

3.14 Welche Aufgabentypen bei Geraden- und Ebenenscharen sind wichtig und wie löse ich diese?

Eine Geradenschar g_a kann beschrieben werden z. B. durch eine Gleichung wie

$$\vec{x} = \begin{pmatrix} 2 \\ -1 \\ 3 \end{pmatrix} + t \cdot \begin{pmatrix} 1 \\ 4 \\ a \end{pmatrix}; t, a \in \mathbb{R}.$$

Dabei ist a der so genannte **Scharparameter** oder kurz **Parameter**.

Entsprechend kann eine Ebenenschar z. B. beschrieben werden durch
E_a: $2ax_1 - 3x_2 + ax_3 = 6$.

Häufige **Aufgabenstellungen** bei Geraden- bzw. Ebenenscharen sind:

- **Alle Geraden liegen in einer Ebene E;** ermitteln Sie eine Gleichung für E (Bsp. 1).
- **Alle Ebenen haben eine gemeinsame Schnittgerade g;** ermitteln Sie eine Gleichung für g (Bsp. 2).
- Für **welchen Wert des Parameters** hat die zugehörige Gerade (Ebene) aus der Schar eine vorgegebene Eigenschaft (Bsp. 3, Bsp. 4)?

Beispiel 1:
Für jedes $a \in \mathbb{R}$ ist eine Gerade g_a: $\vec{x} = \begin{pmatrix} 1 \\ 4 \\ 2 \end{pmatrix} + t \cdot \begin{pmatrix} 1 \\ a \\ a-1 \end{pmatrix}$; $t \in \mathbb{R}$ gegeben.
Alle Geraden g_a liegen in einer Ebene E. Bestimmen Sie eine Koordinatengleichung für E.

Lösung:
Aus der gegebenen Gleichung erhält man ein LGS; dieses LGS formt man so um, dass in einer Gleichung die Parameter a und t wegfallen.

$$\text{Aus} \begin{cases} x_1 = 1 + t \\ x_2 = 4 + at \\ x_3 = 2 + (a-1)\,t \end{cases} \text{folgt} \begin{cases} x_1 = 1 + t \\ x_2 = 4 + at \\ x_2 - x_3 = 2 + t \end{cases} \text{und hieraus} \begin{cases} x_1 = 1 + t \\ x_2 = 4 + at \\ x_1 - x_2 + x_3 = -1 \end{cases}.$$

Also ergibt sich als Koordinatengleichung für E: $x_1 - x_2 + x_3 = -1$.

Beispiel 2:
Für jedes $a \in \mathbb{R}$ ist eine Ebene E_a: $2x_1 + ax_2 - x_3 = 4$ gegeben. Alle Ebenen E_a haben eine Gerade g gemeinsam. Ermitteln Sie eine Gleichung für g.

Lösung:
Man ermittelt die Schnittgerade zweier spezieller Ebenen und weist nach, dass diese in allen Ebenen E_a liegt.
Für a = 0 ergibt sich E_0: $2x_1 - x_3 = 4$; für a = 1 ergibt sich E_1: $2x_1 + x_2 - x_3 = 4$.

Als Schnittgerade erhält man z. B. (vgl. Seite 51): $\vec{x} = \begin{pmatrix} 2 \\ 0 \\ 0 \end{pmatrix} + t \cdot \begin{pmatrix} 0{,}5 \\ 0 \\ 1 \end{pmatrix}$; $t \in \mathbb{R}$.

Setzt man $x_1 = 2 + 0{,}5t$, $x_2 = 0$, $x_3 = t$ in die Gleichung für E_a ein, ergibt sich:
$2(2 + 0{,}5t) + a \cdot 0 - t = 4$. Diese Gleichung ist für alle a und t erfüllt.
Also ist die angegebene Gleichung eine Gleichung für die Schnittgerade g.
(In Aufgabe 2 werden andere Lösungsstrategien angesprochen.)

Beispiel 3:
Gegeben ist für jedes $a \in \mathbb{R}$ eine Gerade g_a: $\vec{x} = \begin{pmatrix} 2 \\ 1 \\ 3 \end{pmatrix} + t \cdot \begin{pmatrix} 1+a \\ 1-a \\ a \end{pmatrix}$; $t \in \mathbb{R}$.
Für welchen Wert von a ist g_a parallel zur Ebene E: $2x_1 + x_2 + 2x_3 - 4 = 0$?

Skizzieren Sie sich die Ebene und verschiedene Geraden!

Lösung:
Die Gerade g_a ist parallel zur Ebene E, wenn das Skalarprodukt eines Richtungsvektors von g_a und eines Normalenvektors von E Null ist.

Aus $\begin{pmatrix} 1+a \\ 1-a \\ a \end{pmatrix} \cdot \begin{pmatrix} 2 \\ 1 \\ 2 \end{pmatrix} = 0$ folgt $2(1+a) + 1 - a + 2a = 0$ mit der Lösung $a = -1$.

Für $a = -1$ ist die Gerade g_a parallel zur Ebene E.

Beispiel 4:
Für jedes $a \in \mathbb{R}$ ist eine Ebene E_a: $2ax_1 + 3x_2 - 5x_3 = a$ gegeben.
Für welchen Wert von a geht die Ebene E_a durch den Punkt $P(1|3|7)$?

Lösung:
Durchführung der Punktprobe für P ergibt: $2a \cdot 1 + 3 \cdot 3 - 5 \cdot 7 = a$. Hieraus folgt $a = 26$.
Für $a = 26$ geht die Ebene E_a durch den Punkt P.

Aufgaben

1. Alle Geraden g_a durch die Punkte $P(5|3|-1)$ und $Q_a(2a|1-a|3)$ mit $a \in \mathbb{R}$ liegen in einer Ebene. Bestimmen Sie eine Koordinatengleichung für E.

2. Für jedes $a \in \mathbb{R}$ ist eine Ebene E_a: $ax_1 - 2x_2 + x_3 = 0$ gegeben. Alle Ebenen haben eine Gerade g gemeinsam. Ermitteln Sie eine Gleichung für g, indem Sie
a) versuchen, zwei von a unabhängige Punkte zu finden, die für jedes a in E_a liegen,
b) die Schnittgerade zweier spezieller Ebenen ermitteln und dann nachweisen, dass diese in allen Ebenen liegt (vgl. Beispiel 2),
c) beachten, dass ein Richtungsvektor von g für jedes a orthogonal zu einem Normalenvektor von E_a sein muss,
d) die Schnittgerade zweier Ebenen E_{a_1} und E_{a_2} für $a_1 \neq a_2$ ermitteln.

3. Gegeben sind die Ebene E: $2x_1 - x_2 + 3x_3 = 5$ sowie für jedes $a \in \mathbb{R}$ eine Gerade
g_a: $\vec{x} = \begin{pmatrix} 0 \\ 1 \\ 1 \end{pmatrix} + t \cdot \begin{pmatrix} 1 \\ a \\ 2 \end{pmatrix}$; $t \in \mathbb{R}$.
a) Ermitteln Sie die Koordinaten des Schnittpunktes S_a von g_a und der Ebene E in Abhängigkeit von a. Für welchen Wert von a gibt es keine Lösung? Interpretieren Sie dieses Ergebnis geometrisch.
b) Für welchen Wert von a liegt der Schnittpunkt S_a in der x_1x_2-Ebene?

4. Für jedes $a \in \mathbb{R}$ ist eine Ebene E_a: $ax_1 - x_2 + 4ax_3 = 8$ gegeben.
Für welche Werte von a hat E_a vom Ursprung den Abstand 2?

3.15 Wie rechne ich mit Matrizen?

Unter einer **Matrix** A versteht man ein rechteckiges Schema mit m Zeilen und n Spalten:

$$A = \begin{pmatrix} a_{11} & a_{12} & \dots & a_{1n} \\ a_{21} & a_{22} & \dots & a_{2n} \\ \dots & \dots & \dots & \dots \\ a_{m1} & a_{m2} & \dots & a_{mn} \end{pmatrix} = (a_{ik})$$

mit $i = 1, 2, \dots, m$; $k = 1, 2, \dots, n$.
Mit Matrizen kann man nach den angegebenen Regeln rechnen.

Gegeben ist eine quadratische Matrix A. Die Matrix B heißt die zu A **inverse** Matrix, wenn gilt: $A \cdot B = B \cdot A = E$,
wobei E die Einheitsmatrix ist.
Man schreibt $B = A^{-1}$.
Für die **Berechnung von** A^{-1} zu einer (2×2)-Matrix A sind zwei lineare Gleichungssysteme zu lösen:

$$A \cdot \vec{x} = \begin{pmatrix} 1 \\ 0 \end{pmatrix} \quad \text{und} \quad A \cdot \vec{y} = \begin{pmatrix} 1 \\ 0 \end{pmatrix},$$

wobei $\vec{x}$ und $\vec{y}$ Spaltenvektoren von A^{-1} sind. Diese beiden Gleichungssysteme unterscheiden sich nur in den rechten Seiten. Deshalb können die Rechnungen wie beim GAUSS-Verfahren in einem Schema, hier aber mit zwei rechten Seiten zusammengefasst werden.
Dieses Verfahren ist auf $(n \times n)$-Matrizen übertragbar (vgl. Bsp. 3).

Mithilfe einer inversen Matrix lässt sich die **Lösung eines linearen Gleichungssystems ermitteln.** Denn aus $A \cdot \vec{x} = \vec{b}$ folgt $A^{-1} \cdot A \cdot \vec{x} = A^{-1} \cdot \vec{b}$ und hieraus $\vec{x} = A^{-1} \cdot \vec{b}$.

Beispiel 1: *(Multiplikation von Matrizen)*
Gegeben sind die Matrizen

$$A = \begin{pmatrix} 1 & 3 \\ -2 & 5 \end{pmatrix} \text{ und B } \begin{pmatrix} -4 & 2 \\ 8 & 12 \end{pmatrix}.$$

Berechnen Sie $A \cdot B$.

Rechnen mit Matrizen

a) Vervielfachen:
Eine Matrix A wird mit einer reellen Zahl r multipliziert, indem man jedes Element von A mit r multipliziert:
$r \cdot A = C$ mit $c_{ik} = r \cdot a_{ik}$;

$$\text{z. B.: } r \cdot A = C = \begin{pmatrix} r \cdot a_{11} & r \cdot a_{12} \\ r \cdot a_{21} & r \cdot a_{22} \end{pmatrix}.$$

b) Addition und Subtraktion:
Zwei Matrizen A und B werden addiert (subtrahiert), indem man die an entsprechender Stelle stehenden Elemente addiert (subtrahiert):
$A \pm B = C$ mit $c_{ik} = a_{ik} \pm b_{ik}$;

$$\text{z. B.: } A \pm B = C = \begin{pmatrix} a_{11} \pm b_{11} & a_{12} \pm b_{12} \\ a_{21} \pm b_{21} & a_{22} \pm b_{22} \end{pmatrix}.$$

c) Multiplikation:
Das Element, das im Matrizenprodukt $A \cdot B$ in der i-ten Zeile und k-ten Spalte steht, ist das Skalarprodukt der i-ten Zeile von A und k-ten Spalte von B:
$A \cdot B = C$ mit $c_{ik} = a_{ik}b_{1k} + a_{i2}b_{2k} + \dots + a_{in}b_{nk}$.

$$\text{z. B.: } A \cdot B = C = \begin{pmatrix} a_{11}b_{11} + a_{12}b_{21} & a_{11}b_{12} + a_{12}b_{22} \\ a_{21}b_{11} + a_{22}b_{21} & a_{21}b_{12} + a_{22}b_{22} \end{pmatrix}.$$

Das Produkt $A \cdot B$ ist nur definiert, wenn die Zahl der Spalten von A gleich der Zahl der Zeilen von B ist.
Beachten Sie: Das Kommutativgesetz gilt für das Multiplizieren von Matrizen nicht.

d) Multiplikation einer Matrix und eines Vektors:
Man deutet einen Vektor $\vec{x}$ als 1-spaltige Matrix. Das Ergebnis ist ein Vektor.

$$\text{z. B.: } A \cdot \vec{x} = \vec{y} = \begin{pmatrix} a_{11}x_1 + a_{12}x_2 \\ a_{21}x_1 + a_{22}x_2 \end{pmatrix}.$$

Lösung:

$$A \cdot B = \begin{pmatrix} 1 & 3 \\ -2 & 5 \end{pmatrix} \cdot \begin{pmatrix} -4 & 2 \\ 8 & 12 \end{pmatrix}$$
$$= \begin{pmatrix} 1 \cdot (-4) + 3 \cdot 8 & 1 \cdot 2 + 3 \cdot 12 \\ (-2) \cdot (-4) + 5 \cdot 8 & (-2) \cdot 2 + 5 \cdot 12 \end{pmatrix}$$
$$= \begin{pmatrix} 20 & 38 \\ 48 & 56 \end{pmatrix}$$

Verfahren zur Bestimmung einer inversen Matrix A^{-1}:

- Man schreibt die gegebene Matrix A und die Einheitsmatrix E in einem Schema nebeneinander.
- Dann formt man dieses Zahlenschema mit den vom GAUSS-Verfahren bekannten Rechenoperationen solange um, bis links die Einheitsmatrix E steht (vgl. Bsp. 3).

Das Verfahren liefert auch den negativen Befund, dass A^{-1} nicht existiert. In einem solchen Fall ergibt sich im Schema links eine Zeile mit lauter Nullen.

Beispiel 2: *(Matrix-Schreibweise)*
Gegeben ist ein LGS in Matrix-Vektor-Schreibweise. Lösen Sie dieses LGS in Matrix-Schreibweise.

$$\begin{pmatrix} 3 & -2 & 5 \\ -1 & -1 & 1 \\ 4 & 0 & -1 \end{pmatrix} \cdot \begin{pmatrix} x_1 \\ x_2 \\ x_3 \end{pmatrix} = \begin{pmatrix} 13 \\ 0 \\ 7 \end{pmatrix}.$$

Lösung:
In Kurzform geschrieben erhält man für das LGS:

$$\left(\begin{array}{ccc|c} 3 & -2 & 5 & 13 \\ -1 & -1 & 1 & 0 \\ 4 & 0 & -1 & 7 \end{array}\right). \quad \begin{array}{l} [1] \\ [2] \\ [3] \end{array}$$

Äquivalenzumformungen von Gleichungen entsprechen Zeilenumformungen der Matrix.

$$\left(\begin{array}{ccc|c} 3 & -2 & 5 & 13 \\ 0 & -5 & 8 & 13 \\ 0 & -4 & 3 & 7 \end{array}\right) \quad \begin{array}{l} [1] \\ [4] = [1] + 3 \cdot [2] \\ [5] = 4 \cdot [2] + [3] \end{array}$$

$$\left(\begin{array}{ccc|c} 3 & -2 & 5 & 13 \\ 0 & -5 & 8 & 13 \\ 0 & 0 & 17 & 17 \end{array}\right) \quad \begin{array}{l} [1] \\ [4] \\ [6] = 4 \cdot [4] - 5 \cdot [5] \end{array}$$

Aus [6] folgt $x_3 = 1$. Mit $x_3 = 1$ folgt aus [4]: $x_2 = -1$. Mit $x_3 = 1$; $x_2 = -1$ folgt aus [1]: $x_1 = 2$.
Lösung: (2; − 1; 1)

Beispiel 3: *(Bestimmung einer inversen Matrix)*

Bestimmen Sie die zu $A = \begin{pmatrix} 1 & -2 & -1 \\ 2 & 4 & 2 \\ 2 & 0 & 3 \end{pmatrix}$ inverse Matrix, falls diese existiert.

Lösung:

	1	−2	−1	1	0	0		[1]
A	2	4	2	0	1	0	E	[2]
	2	0	3	0	0	1		[3]
	1	−2	−1	1	0	0		[1]
	0	4	−1	0	1	−1		[4] = [2] − [3]
	0	−4	−5	2	0	−1		[5] = 2 · [1] − [3]

	1	−2	−1	1	0	0		[1]
	0	1	$-\frac{1}{4}$	0	$\frac{1}{4}$	$-\frac{1}{4}$		[6] = [4] : 4
	0	0	−6	2	1	−2		[7] = [4] + [5]
	1	0	$-\frac{3}{2}$	1	$\frac{1}{2}$	$-\frac{1}{2}$		[8] = [1] + 2 · [6]
	0	1	$-\frac{1}{4}$	0	$\frac{1}{4}$	$-\frac{1}{4}$		[6]
	0	0	1	$-\frac{1}{3}$	$-\frac{1}{6}$	$\frac{1}{3}$		[9] = [7] : (−6)
	1	0	0	$\frac{1}{2}$	$\frac{1}{4}$	0		[10] = [8] + $\frac{3}{2}$ · [9]
E	0	1	0	$-\frac{1}{12}$	$\frac{5}{24}$	$-\frac{1}{6}$	A^{-1}	[11] = [6] + [9] : 4
	0	0	1	$-\frac{1}{3}$	$-\frac{1}{6}$	$\frac{1}{3}$		[9]

Die zu A inverse Matrix ist $A^{-1} = \begin{pmatrix} \frac{1}{2} & \frac{1}{4} & 0 \\ -\frac{1}{12} & \frac{5}{24} & -\frac{1}{6} \\ -\frac{1}{3} & -\frac{1}{6} & \frac{1}{3} \end{pmatrix}$.

Aufgaben

1. Gegeben sind die Matrizen $A = \begin{pmatrix} 1 & 5 & -2 \\ 0 & 2 & 1 \\ -3 & 4 & 5 \end{pmatrix}$ und $B = \begin{pmatrix} 4 & 0 & -9 \\ -1 & 3 & 4 \\ 1 & 2 & 7 \end{pmatrix}$. Berechnen Sie:

a) $A + B$ b) $A - B$ c) $4 \cdot A$ d) $3 \cdot A - 2 \cdot B$ e) $A \cdot B$ f) $B \cdot A$.

2. Berechnen Sie:

a) $\begin{pmatrix} 1 & 4 & 0 \\ 2 & -1 & 3 \\ 7 & 1 & 5 \end{pmatrix} \cdot \begin{pmatrix} -1 \\ 2 \\ 3 \end{pmatrix}$ b) $\begin{pmatrix} 4 & -1 & 2 \\ 0 & 1 & 3 \end{pmatrix} \cdot \begin{pmatrix} -4 \\ 5 \\ 8 \end{pmatrix}$ c) $\begin{pmatrix} 2 & -2 & 1 \\ 4 & 0 & -5 \\ -1 & 3 & 7 \end{pmatrix} \cdot \begin{pmatrix} 1 & 1 & 1 \\ -2 & 1 & 2 \\ 9 & 8 & -10 \end{pmatrix}$.

3. Das LGS ist in Matrix-Vektor-Schreibweise gegeben. Bestimmen Sie die Lösung.

a) $\begin{pmatrix} 3 & -1 & -6 \\ 0 & 1 & 3 \\ -6 & 2 & 12 \end{pmatrix} \cdot \begin{pmatrix} x_1 \\ x_2 \\ x_3 \end{pmatrix} = \begin{pmatrix} 3 \\ 0 \\ -6 \end{pmatrix}$ b) $\begin{pmatrix} 2 & -1 & -2 \\ 0 & 2 & 3 \\ -2 & 1 & 2 \end{pmatrix} \cdot \begin{pmatrix} x_1 \\ x_2 \\ x_3 \end{pmatrix} = \begin{pmatrix} -1 \\ 4 \\ -1 \end{pmatrix}$

4. Bestimmen Sie die zu A inverse Matrix A^{-1}, falls diese existiert.

a) $A = \begin{pmatrix} 1 & 2 \\ 4 & 5 \end{pmatrix}$ b) $A = \begin{pmatrix} -2 & 4 \\ -3 & 6 \end{pmatrix}$ c) $A = \begin{pmatrix} -4 & -2 & -1 \\ 8 & 0 & 4 \\ 0 & -2 & -2 \end{pmatrix}$ d) $A = \begin{pmatrix} 1 & 2 & 3 \\ 4 & 5 & 6 \\ 0 & 1 & 2 \end{pmatrix}$

5. Notieren Sie das gegebene lineare Gleichungssystem in der Form $A \cdot \vec{x} = \vec{b}$.
Ermitteln Sie A^{-1} und dann die Lösung des LGS.

a) $\begin{aligned} -2x_1 + 4x_2 + 3x_3 &= 5 \\ -3x_1 + 6x_2 + 2x_3 &= 10 \\ x_1 + 2x_3 &= 20 \end{aligned}$ b) $\begin{aligned} x_1 + x_2 + 2x_3 &= 3 \\ -x_1 + 2x_2 + 4x_3 &= 21 \\ x_1 + 4x_2 + x_3 &= 7 \end{aligned}$ c) $\begin{aligned} 2x_1 - x_2 + 4x_3 &= 22 \\ -x_1 + x_3 &= 11 \\ 2x_1 - 4x_2 &= 44 \end{aligned}$

3.16 Wie berechne ich Eigenwerte und Eigenvektoren einer Matrix?

Gibt es zu einer gegebenen Matrix

$A = \begin{pmatrix} a_1 & b_1 \\ a_2 & b_2 \end{pmatrix}$ einen Vektor $\vec{u} = \begin{pmatrix} u_1 \\ u_2 \end{pmatrix} \neq \vec{0}$

und eine reelle Zahl λ, so dass gilt
$A \cdot \vec{u} = \lambda \cdot \vec{u}$,
dann nennt man λ **Eigenwert** und $\vec{u}$ einen zu λ gehörenden **Eigenvektor**.
Aus $\quad A \cdot \vec{u} = \lambda \cdot \vec{u}$
folgt $\quad A \cdot \vec{u} - \lambda \cdot E \cdot \vec{u} = \vec{0}$
mit E als Einheitsmatrix. Hieraus folgt
$(A - \lambda \cdot E) \cdot \vec{u} = \vec{0}$
bzw. das LGS
$(a_1 - \lambda) \cdot u_1 + b_1 \cdot u_2 = 0$
$a_2 \cdot u_1 + (b_2 - \lambda) \cdot u_2 = 0. \qquad (1)$
Dieses LGS hat eine von $\vec{u} = \vec{0}$ verschiedene Lösung, wenn die Determinante gleich null ist:

$$\begin{vmatrix} a_1 - \lambda & b_1 \\ a_2 & b_2 - \lambda \end{vmatrix} = 0. \qquad (2)$$

Aus (2) ergeben sich die Eigenwerte und aus (1) dann die zugehörigen Eigenvektoren.

Ermittlung von Eigenwerten und Eigenvektoren:

Gegeben ist die Matrix $A = \begin{pmatrix} a_1 & b_1 \\ a_2 & b_2 \end{pmatrix}$.

- **Berechnung der Eigenwerte:**
  Man notiert die charakteristische Gleichung
  $\begin{vmatrix} a_1 - \lambda & b_1 \\ a_2 & b_2 - \lambda \end{vmatrix} = 0$ bzw.
  $(a_1 - \lambda) \cdot (b_2 - \lambda) - a_2 \cdot b_1 = 0$
  und löst diese quadratische Gleichung.

- **Bestimmung der Eigenvektoren:**
  Für jeden Eigenwert λ notiert man das lineare Gleichungssystem:
  $(a_1 - \lambda) \cdot u_1 + b_1 \cdot u_2 = 0$
  $a_2 \cdot u_1 + (b_2 - \lambda) \cdot u_2 = 0$
  und ermittelt die Lösungsmenge.
  Es ergeben sich die zum Eigenwert λ gehörenden Eigenvektoren $\vec{u} \neq \vec{0}$.

Beispiel 1: *(zwei Eigenwerte)*
Bestimmen Sie die Eigenwerte und die Eigenvektoren der Matrix $A = \begin{pmatrix} 1 & 1 \\ 2 & 0 \end{pmatrix}$.

Lösung:
Eigenwerte:
Charakteristische Gleichung:
Aus $\begin{vmatrix} 1 - \lambda & 1 \\ 2 & 0 - \lambda \end{vmatrix} = 0$ folgt $(1 - \lambda) \cdot (0 - \lambda) - 2 \cdot 1 = 0$ bzw. $\lambda^2 - \lambda - 2 = 0$

mit den Lösungen $\lambda_1 = -1$; $\lambda_2 = 2$.
Die Matrix A hat also die beiden Eigenwerte −1 und 2.
Eigenvektoren:
Zu dem Eigenwert $\lambda_1 = -1$ gehört das LGS $\begin{aligned} (1-(-1)) \cdot u_1 + 1 \cdot u_2 &= 0 \\ 2 \cdot u_1 + (0-(-1)) \cdot u_2 &= 0 \end{aligned}$ bzw. $\begin{aligned} 2u_1 + u_2 &= 0 \\ 2u_1 + u_2 &= 0 \end{aligned}$

mit den Lösungen $\vec{u} = r \cdot \begin{pmatrix} 1 \\ -2 \end{pmatrix}$; $r \in \mathbb{R} \setminus \{0\}$.

Zu dem Eigenwert $\lambda_2 = 2$ gehört das LGS $\begin{aligned} (1-2) \cdot u_1 + 1 \cdot u_2 &= 0 \\ 2 \cdot u_1 + (0-2) \cdot u_2 &= 0 \end{aligned}$ bzw. $\begin{aligned} -u_1 + u_2 &= 0 \\ 2u_1 - 2u_2 &= 0 \end{aligned}$

mit den Lösungen $\vec{u} = s \cdot \begin{pmatrix} 1 \\ 1 \end{pmatrix}$; $s \in \mathbb{R} \setminus \{0\}$.

Beispiel 2: *(ein Eigenwert)*
Bestimmen Sie die Eigenwerte und die Eigenvektoren der Matrix $A = \begin{pmatrix} -2 & 1 \\ -1 & -4 \end{pmatrix}$.

Lösung:
Eigenwerte:
Charakteristische Gleichung:
Aus $\begin{vmatrix} -2-\lambda & 1 \\ -1 & -4-\lambda \end{vmatrix} = 0$ folgt $(-2-\lambda)\cdot(-4-\lambda) - (-1)\cdot 1 = 0$ bzw. $\lambda^2 + 6\lambda + 9 = 0$
mit der einzigen Lösung $\lambda_1 = -3$.
Die Matrix hat also nur den Eigenwert -3.
Eigenvektoren:
Zu dem Eigenwert $\lambda_1 = -3$ gehört das LGS $\begin{matrix} (-2-(-3))\cdot u_1 + 1\cdot u_2 = 0 \\ -1\cdot u_1 + (-4-(-3))\cdot u_2 = 0 \end{matrix}$ bzw. $\begin{matrix} u_1 + u_2 = 0 \\ -u_1 - u_2 = 0 \end{matrix}$
mit den Lösungen $\vec{u} = r \cdot \begin{pmatrix} 1 \\ -1 \end{pmatrix}$; $r \in \mathbb{R}\setminus\{0\}$.

Beispiel 3: *(kein Eigenwert)*
Bestimmen Sie die Eigenwerte und die Eigenvektoren der Matrix $A = \begin{pmatrix} 3 & -1 \\ 1 & 3 \end{pmatrix}$.

Lösung:
Eigenwerte:
Charakteristische Gleichung:
Aus $\begin{vmatrix} 3-\lambda & -1 \\ 1 & 3-\lambda \end{vmatrix} = 0$ folgt $(3-\lambda)^2 + 1 = 0$ bzw. $\lambda^2 - 6\lambda + 10 = 0$.
Diese quadratische Gleichung hat keine Lösungen.
Damit hat die Matrix A keine Eigenwerte und also auch keine Eigenvektoren.

Aufgaben

1. Bestimmen Sie die Eigenwerte und die Eigenvektoren der Matrix A.

a) $A = \begin{pmatrix} 1 & 2 \\ 3 & 2 \end{pmatrix}$ b) $A = \begin{pmatrix} \frac{5}{2} & \frac{1}{2} \\ -\frac{1}{2} & \frac{5}{2} \end{pmatrix}$ c) $A = \begin{pmatrix} 3 & 1 \\ -4 & -1 \end{pmatrix}$ d) $A = \begin{pmatrix} 2 & -1 \\ 1 & 2 \end{pmatrix}$

2. Für jedes $t \in \mathbb{R}$ ist eine Matrix A_t gegeben durch $A_t = \begin{pmatrix} 1 & \frac{4}{3} \\ -1 & t \end{pmatrix}$.

a) Für welche Werte von t besitzt A_t jeweils keinen, genau einen, zwei verschiedene Eigenwerte? Geben Sie diese Eigenwerte jeweils in Abhängigkeit von t an.
b) Bestimmen Sie den zweiten Eigenwert, wenn -1 ein Eigenwert ist.
c) Für welchen Wert von t hat A_t den Eigenwert 0? Welches ist dann der zweite Eigenwert?

3. Welche Matrix A hat die Eigenvektoren $\vec{u} = r \cdot \begin{pmatrix} 2 \\ 1 \end{pmatrix}$ zum Eigenwert 2 und die Eigenvektoren $\vec{u} = s \cdot \begin{pmatrix} 1 \\ 1 \end{pmatrix}$ zum Eigenwert 3?

3.17 Wie bestimme ich eine Darstellung einer affinen Abbildung?

Eine umkehrbare geradentreue Abbildung der Ebene auf sich heißt **affine Abbildung**. Sie bildet also Geraden auf Geraden ab; zu jedem Bildpunkt gibt es genau einen Punkt als Urbild. Weitere Eigenschaften: Eine affine Abbildung ist parallelentreu und teilverhältnistreu. Jede affine Abbildung ist festgelegt durch drei Punkte A, B und C und ihre Bildpunkte A', B', C'. Dabei dürfen weder A, B, C noch A', B', C' auf einer Geraden liegen. Ordnet die affine Abbildung α dem Punkt P den Punkt P' zu, so ordnet die **Umkehrabbildung** α^{-1} dem Punkt P' den Punkt P zu.

Bei einer affinen Abbildung wird der Punkt X mit dem Ortsvektor

$$\vec{x} = x_1 \cdot \begin{pmatrix} 1 \\ 0 \end{pmatrix} + x_2 \cdot \begin{pmatrix} 0 \\ 1 \end{pmatrix}$$

auf den Punkt X' mit dem Ortsvektor
$\vec{x} = \overrightarrow{OO'} + x_1 \cdot \overrightarrow{O'E'_1} + x_2 \cdot \overrightarrow{O'E'_2}$ (1)
abgebildet (vgl. Fig.). Dabei ist

$\overrightarrow{O'E'_1} = \vec{a}$, $\overrightarrow{O'E'_2} = \vec{b}$, $\overrightarrow{O'O'} = \vec{c}$.

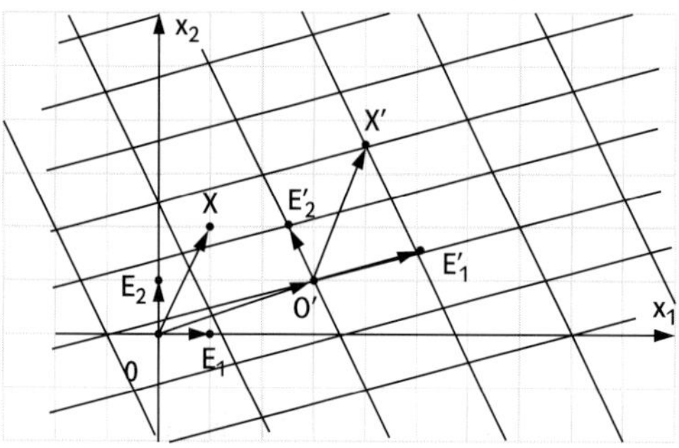

Koordinatendarstellung:

$$x_1' = x_1a_1 + x_2b_1 + c_1$$
$$x_2' = x_1a_2 + x_2b_2 + c_2$$

Vektordarstellung:

$$\vec{x}' = x_1 \cdot \vec{a} + x_2 \cdot \vec{b} + \vec{c} \quad \text{bzw.}$$
$$\begin{pmatrix} x_1' \\ x_2' \end{pmatrix} = x_1 \cdot \begin{pmatrix} a_1 \\ a_2 \end{pmatrix} + x_2 \cdot \begin{pmatrix} b_1 \\ b_2 \end{pmatrix} + \begin{pmatrix} c_1 \\ c_2 \end{pmatrix}$$

Matrixdarstellung:

$$\vec{x}' = A \cdot \vec{x} + \vec{c} \quad \text{bzw.}$$
$$\begin{pmatrix} x_1' \\ x_2' \end{pmatrix} = \begin{pmatrix} a_1 & b_1 \\ a_2 & b_2 \end{pmatrix} \cdot \begin{pmatrix} x_1 \\ x_2 \end{pmatrix} + \begin{pmatrix} c_1 \\ c_2 \end{pmatrix}$$

Strategien zur Bestimmung einer Darstellung einer affinen Abbildung

Gegeben:
Drei Punkte A, B und C sowie deren Bildpunkte A', B' und C'.
Gesucht:
Darstellung der affinen Abbildung
Lösung:
Man wählt die Koordinatendarstellung als Ansatz:

$$x_1' = x_1a_1 + x_2b_1 + c_1 \quad [1]$$
$$x_2' = x_1a_2 + x_2b_2 + c_2 \quad [2].$$

Setzt man die Koordinaten der gegebenen Punkte und Bildpunkte in [1] und [2] ein, ergibt sich ein eindeutig lösbares LGS für $a_1, a_2, b_1, b_2, c_1, c_2$.

Sonderfall:
Sind $O(0|0)$, $E_1(1|0)$, $E_2(0|1)$ die drei gegebenen Punkte mit den Bildpunkten O', E_1', E_2', ergibt sich eine Vektordarstellung direkt aus Gleichung (1).

Die **Umkehrabbildung** von:

$\alpha: \ \vec{x}' = A \cdot \vec{x} + \vec{c}$ ist

$\alpha^{-1}: \ \vec{x}' = A^{-1} \cdot \vec{x} - A^{-1} \cdot \vec{c}$ mit

$$A = \begin{pmatrix} a_1 & b_1 \\ a_2 & b_2 \end{pmatrix}; \ A^{-1} = \frac{1}{D} \cdot \begin{pmatrix} b_2 & -b_1 \\ -a_2 & a_1 \end{pmatrix}$$

und $D = a_1 \cdot b_2 - a_2 \cdot b_1$.

Beispiel 1: *(Ermittlung der Abbildungsgleichungen)*
Die affine Abbildung α bildet $A(1|1)$ auf $A'(3|-2)$, $B(1|-1)$ auf $B'(3|0)$, $C(-1|0)$ auf $C'(-3|-3)$ ab. Ermitteln Sie eine Darstellung von α.

Lösung:

Ansatz: $x_1' = x_1a_1 + x_2b_1 + c_1$ [1]

$x_2' = x_1a_2 + x_2b_2 + c_2$ [2]

Da $A(1|1)$ auf $A'(3|-2)$ abgebildet wird, ergibt sich aus [1] und [2]:

$3 = a_1 + b_1 + c_1$ (1) $\quad -2 = a_2 + b_2 + c_2.$ (2)

$B(1|-1)$ und $B'(3|0)$ liefern:

$3 = a_1 - b_1 + c_1$ (3) $\quad 0 = a_2 - b_2 + c_2.$ (4)

$C(-1|0)$ und $C'(-3|-3)$ liefern:

$-3 = -a_1 + c_1$ (5) $\quad -3 = -a_2 + c_2.$ (6)

Die Gleichungen (1), (3) und (5) liefern: $a_1 = 3, b_1 = 0, c_1 = 0$;

die Gleichungen (2), (4) und (6) liefern: $a_2 = 1, b_2 = -1, c_2 = -2$.

Damit ergibt sich:

$$x_1' = 3x_1 \qquad x_2' = x_1 - x_2 - 2 \qquad \text{bzw.} \qquad \begin{pmatrix} x_1' \\ x_2' \end{pmatrix} = \begin{pmatrix} 3 & 0 \\ 1 & -1 \end{pmatrix} \cdot \begin{pmatrix} x_1 \\ x_2 \end{pmatrix} + \begin{pmatrix} 0 \\ -2 \end{pmatrix}.$$

Beispiel 2: *(Ermittlung der Umkehrabbildung)*

Ermitteln Sie die Umkehrabbildung α^{-1} von α: $\vec{x}' = \begin{pmatrix} 2 & 1 \\ 5 & 4 \end{pmatrix} \cdot \vec{x} + \begin{pmatrix} 1 \\ -2 \end{pmatrix}$.

Lösung:

Es ist $A = \begin{pmatrix} 2 & 1 \\ 5 & 4 \end{pmatrix}$; $D = 2 \cdot 4 - 5 \cdot 1 = 3$; $A^{-1} = \frac{1}{3} \cdot \begin{pmatrix} 4 & -1 \\ -5 & 2 \end{pmatrix}$.

Somit ergibt sich:

$$\alpha^{-1}: \quad \vec{x}' = \tfrac{1}{3} \cdot \begin{pmatrix} 4 & -1 \\ -5 & 2 \end{pmatrix} \cdot x - \tfrac{1}{3} \cdot \begin{pmatrix} 4 & -1 \\ -5 & 2 \end{pmatrix} \cdot \begin{pmatrix} 1 \\ -2 \end{pmatrix} = \tfrac{1}{3} \cdot \begin{pmatrix} 4 & -1 \\ -5 & 2 \end{pmatrix} \cdot \vec{x} + \begin{pmatrix} -2 \\ 3 \end{pmatrix}.$$

Aufgaben

1. Die affine Abbildung α bildet $O(0|0)$ auf O', $E_1(1|0)$ auf E_1', $E_2(0|1)$ auf E_2' ab. Ermitteln Sie die Matrixdarstellung von α.

a) $O'(2|-1)$, $E_1'(4|2)$, $E_2'(3|4)$ b) $O'(-3|5)$, $E_1'(1|7)$, $E_2'(-5|9)$

2. Die affine Abbildung α bildet A auf A', B auf B', C auf C' ab. Ermitteln Sie die Koordinatendarstellung von α; geben Sie auch die Vektor- und Matrixdarstellung von α an.

a) $A(2|2)$, $B(1|-1)$, $C(-1|0)$, $A'(-2|4)$, $B'(-13|6)$, $C'(-7|3)$

b) $A(2|0)$, $B(-1|4)$, $C(5|1)$, $A'(10|-12)$, $B'(3|-2)$, $C'(27|-32)$

3. Bei der affinen Abbildung α wird jeder Punkt der Geraden g auf sich abgebildet, d.h. g ist Fixpunktgerade; der Punkt P wird auf P' abgebildet. Ermitteln Sie α.

a) $g: x_1 - x_2 = 0$, $P(3|1)$, $P'(6|-3)$ b) $g: 2x_1 - x_2 + 1 = 0$, $P(1|1)$, $P'(5|-1)$

4. Ermitteln Sie die Matrixdarstellung der Umkehrabbildung, falls diese existiert.

a) $\vec{x}' = \begin{pmatrix} -5 & 1 \\ -1 & 3 \end{pmatrix} \cdot \vec{x}$ b) $\vec{x}' = \begin{pmatrix} 1 & 3 \\ -1 & 2 \end{pmatrix} \cdot \vec{x} + \begin{pmatrix} 2 \\ -1 \end{pmatrix}$ c) $\vec{x}' = \begin{pmatrix} -1 & 2 \\ -1 & 2 \end{pmatrix} \cdot \vec{x} + \begin{pmatrix} 1 \\ -1 \end{pmatrix}$

3.18 Wie ermittle ich das Bild von Punkten und Geraden?

Beispiel:
Gegeben ist die affine Abbildung

$\alpha\colon\ \vec{x}' = \begin{pmatrix} 3 & -2 \\ 2 & 5 \end{pmatrix} \cdot \vec{x} + \begin{pmatrix} 3 \\ -1 \end{pmatrix}.$

a) Berechnen Sie die Koordinaten des Bildes des Punktes $P(4|3)$.
b) Ermitteln Sie eine Gleichung der Bildgeraden g′ von
$g\colon\ \vec{x} = \begin{pmatrix} 8 \\ -2 \end{pmatrix} + t \cdot \begin{pmatrix} -1 \\ 3 \end{pmatrix};\ t \in \mathbb{R}.$

Strategie zur Ermittlung

1) eines Bildpunktes:
Um den Ortsvektor des Bildpunktes P′ von P unter der Abbildung
$\alpha\colon\ \vec{x}' = A \cdot \vec{x} + \vec{c}$
zu ermitteln, berechnet man
$\vec{p}' = A \cdot \vec{p} + \vec{c}.$

2) einer Bildgeraden:
Um eine Gleichung der Bildgeraden g′ von $g\colon\ \vec{x} = \vec{p} + t \cdot \vec{u}$
unter der Abbildung
$\alpha\colon\ \vec{x}' = A \cdot \vec{x} + \vec{c}$
zu ermitteln, berechnet man

$$\begin{aligned}\vec{x}' &= A \cdot (\vec{p} + t \cdot \vec{u}) + \vec{c} \\ &= A \cdot \vec{p} + t \cdot A \cdot \vec{u} + \vec{c} \\ &= A \cdot \vec{p} + \vec{c} + t \cdot A \cdot \vec{u}.\end{aligned}$$

Lösung:
a) Für den Ortsvektor $\vec{p}'$ des Bildes P′ von P gilt:

$$\vec{p}' = \begin{pmatrix} 3 & -2 \\ 2 & 5 \end{pmatrix} \cdot \begin{pmatrix} 4 \\ 3 \end{pmatrix} + \begin{pmatrix} 3 \\ -1 \end{pmatrix} = \begin{pmatrix} 12 - 6 \\ 8 + 15 \end{pmatrix} + \begin{pmatrix} 3 \\ -1 \end{pmatrix}$$
$$= \begin{pmatrix} 6 \\ 23 \end{pmatrix} + \begin{pmatrix} 3 \\ -1 \end{pmatrix} = \begin{pmatrix} 9 \\ 22 \end{pmatrix}.$$

Damit ergibt sich: $P'(9|22)$.

b) Für die Bildgerade g′ von g gilt:

$$\vec{x}' = \begin{pmatrix} 3 & -2 \\ 2 & 5 \end{pmatrix} \cdot \left[\begin{pmatrix} 8 \\ -2 \end{pmatrix} + t \cdot \begin{pmatrix} -1 \\ 3 \end{pmatrix}\right] + \begin{pmatrix} 3 \\ -1 \end{pmatrix} = \begin{pmatrix} 3 & -2 \\ 2 & 5 \end{pmatrix} \cdot \begin{pmatrix} 8 \\ -2 \end{pmatrix} + t \cdot \begin{pmatrix} 3 & -2 \\ 2 & 5 \end{pmatrix} \cdot \begin{pmatrix} -1 \\ 3 \end{pmatrix} + \begin{pmatrix} 3 \\ -1 \end{pmatrix}$$
$$= \begin{pmatrix} 24 + 4 \\ 16 - 10 \end{pmatrix} + \begin{pmatrix} 3 \\ -1 \end{pmatrix} + t \cdot \begin{pmatrix} -3 - 6 \\ -2 + 15 \end{pmatrix} = \begin{pmatrix} 31 \\ 5 \end{pmatrix} + t \cdot \begin{pmatrix} -9 \\ 13 \end{pmatrix};\ t \in \mathbb{R}.$$

Aufgaben

1. Bestimmen Sie das Bild des Punktes P für die affine Abbildung α.

a) $P(2|-3);\ \alpha\colon\ \vec{x}' = \begin{pmatrix} -1 & 2 \\ 3 & -5 \end{pmatrix} \cdot \vec{x}$

b) $P(-5|2);\ \alpha\colon\ \vec{x}' = \begin{pmatrix} 4 & 3 \\ -2 & 1 \end{pmatrix} \cdot \vec{x} + \begin{pmatrix} -2 \\ 3 \end{pmatrix}$

2. Ermitteln Sie eine Gleichung der Bildgeraden g′ für die affine Abbildung α.

a) $\alpha\colon\ \vec{x}' = \begin{pmatrix} 3 & -1 \\ -2 & 4 \end{pmatrix} \cdot \vec{x};\ g\colon\ \vec{x} = t \cdot \begin{pmatrix} 5 \\ 7 \end{pmatrix}$

b) $\alpha\colon\ \vec{x}' = \begin{pmatrix} -2 & 9 \\ -6 & -3 \end{pmatrix} \cdot \vec{x};\ g\colon\ \vec{x} = \begin{pmatrix} 0 \\ 5 \end{pmatrix} + t \cdot \begin{pmatrix} 4 \\ -9 \end{pmatrix}$

c) $\alpha\colon\ \vec{x}' = \begin{pmatrix} 5 & 0 \\ -4 & 3 \end{pmatrix} \cdot \vec{x} + \begin{pmatrix} -8 \\ 1 \end{pmatrix};\ g\colon\ \vec{x} = \begin{pmatrix} 8 \\ -2 \end{pmatrix} + t \cdot \begin{pmatrix} -1 \\ 3 \end{pmatrix}$

3. Ermitteln Sie für $\alpha\colon\ \vec{x}' = \begin{pmatrix} 2 & 7 \\ -11 & 8 \end{pmatrix} \cdot \vec{x} + \begin{pmatrix} 9 \\ 17 \end{pmatrix}$ die Bilder der Punkte $P(-3|7)$ und $Q(2|5)$

sowie die Bilder der Geraden $g\colon\ \vec{x} = \begin{pmatrix} 17 \\ -0{,}5 \end{pmatrix} + t \cdot \begin{pmatrix} -6 \\ 1{,}5 \end{pmatrix}$ und $h\colon\ \vec{x} = \begin{pmatrix} -8 \\ -9 \end{pmatrix} + t \cdot \begin{pmatrix} -6 \\ 11 \end{pmatrix}$.

3.19 Welche Abbildungsmatrizen muss ich kennen?

Bei einer affinen Abbildung hat der Bildpunkt X′ von $X(x_1|x_2)$ den Ortsvektor
$\vec{x}' = \overrightarrow{OO'} + x_1 \cdot \overrightarrow{O'E'_1} + x_2 \cdot \overrightarrow{O'E'_2}$ (vgl. S. 96)

Um eine Abbildungsgleichung zu finden, genügt es, die Koordinaten der Bildpunkte von $O(0|0)$, $E_1(1|0)$, $E_2(0|1)$ zu ermitteln.

1) Bei einer **Verschiebung** $\overrightarrow{OO'} = \vec{v} = \begin{pmatrix} v_1 \\ v_2 \end{pmatrix}$

ist: $O'(v_1|v_2)$, $E_1'(v_1 + 1|v_2)$, $E_2'(v_1|v_2 + 1)$.
Mit $\overrightarrow{O'E_1'} = \begin{pmatrix} 1 \\ 0 \end{pmatrix}$; $\overrightarrow{O'E_2'} = \begin{pmatrix} 0 \\ 1 \end{pmatrix}$ ergibt sich:
$\vec{x}' = \vec{v} + x_1 \cdot \begin{pmatrix} 1 \\ 0 \end{pmatrix} + x_2 \cdot \begin{pmatrix} 0 \\ 1 \end{pmatrix} = \vec{x} + \vec{v}$.

2) Bei einer **zentrischen Streckung vom Ursprung mit dem Streckfaktor k** ist:
$O'(0|0)$, $E_1'(k|0)$, $E_2'(0|k)$.

Mit $\overrightarrow{O'E_1'} = \begin{pmatrix} k \\ 0 \end{pmatrix}$; $\overrightarrow{O'E_2'} = \begin{pmatrix} 0 \\ k \end{pmatrix}$ ergibt sich:
$\vec{x}' = x_1 \cdot \begin{pmatrix} k \\ 0 \end{pmatrix} + x_2 \cdot \begin{pmatrix} 0 \\ k \end{pmatrix}$.

3) Bei einer **Drehung um den Ursprung 0 mit dem Winkel φ** ist:
$O'(0|0)$, $E_1'(\cos(\varphi)|\sin(\varphi))$,
$E_2'(-\sin(\varphi)|\cos(\varphi))$ (vgl. Fig.).

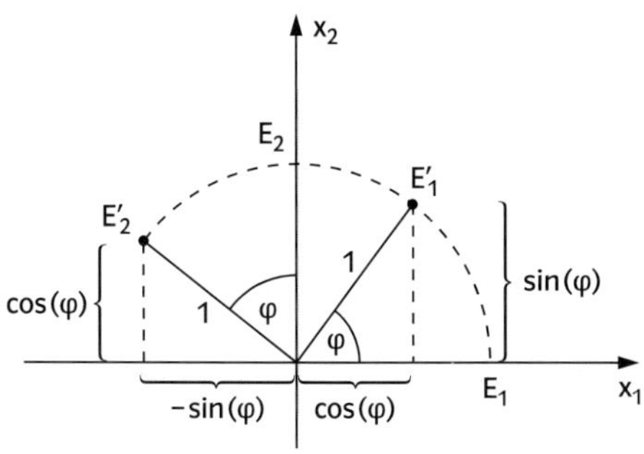

Mit $\overrightarrow{O'E_1'} = \begin{pmatrix} \cos(\varphi) \\ \sin(\varphi) \end{pmatrix}$, $\overrightarrow{O'E_2'} = \begin{pmatrix} -\sin(\varphi) \\ \cos(\varphi) \end{pmatrix}$

ergibt sich:

$\vec{x}' = x_1 \cdot \begin{pmatrix} \cos(\varphi) \\ \sin(\varphi) \end{pmatrix} + x_2 \cdot \begin{pmatrix} -\sin(\varphi) \\ \cos(\varphi) \end{pmatrix}$.

Wichtige Abbildungen in Matrixdarstellung:

1) Verschiebung um einen Vektor $\vec{v}$:

$$\vec{x}' = \begin{pmatrix} 1 & 0 \\ 0 & 1 \end{pmatrix} \cdot \vec{x} + \begin{pmatrix} v_1 \\ v_2 \end{pmatrix}$$

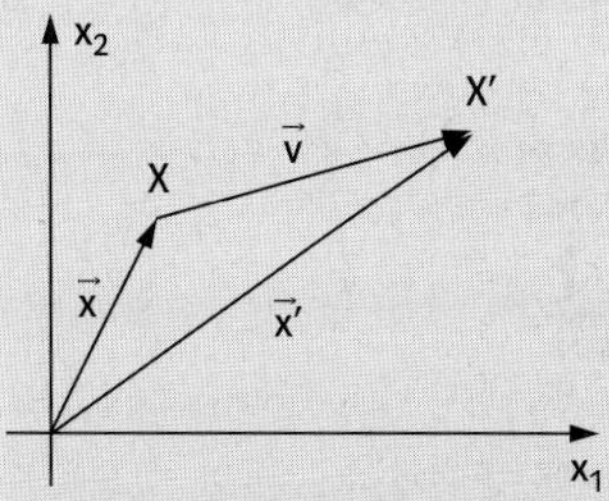

2) Zentrische Streckung vom Ursprung aus mit dem Streckfaktor k:

$$\vec{x}' = \begin{pmatrix} k & 0 \\ 0 & k \end{pmatrix} \cdot \vec{x}$$

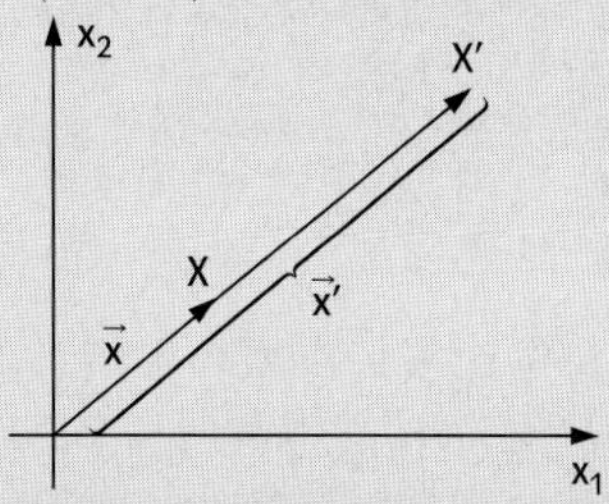

3) Drehung um den Ursprung 0 um den Winkel φ:

$$\vec{x}' = \begin{pmatrix} \cos(\varphi) & -\sin(\varphi) \\ \sin(\varphi) & \cos(\varphi) \end{pmatrix} \cdot \vec{x}$$

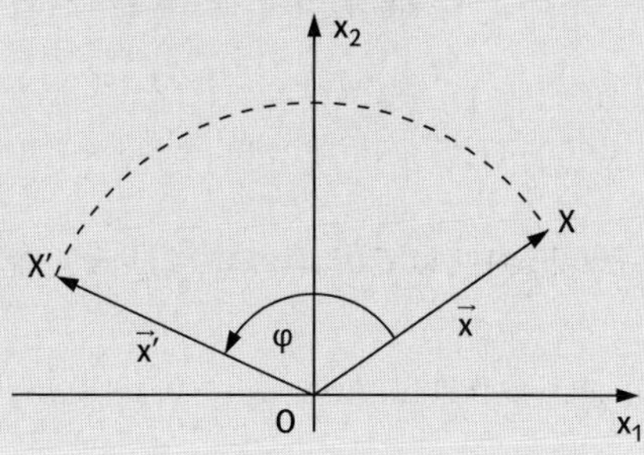

4) Bei einer **Spiegelung an einer Geraden g durch den Ursprung O, die mit der x_1-Achse den Winkel φ einschließt,** ist:
$O'(0|0)$, $E_1'(\cos(2\varphi)|\sin(2\varphi))$,
$E_2'(\cos(270° + 2\varphi)|\sin(270° + 2\varphi)) =$
$E_2'(\sin(2\varphi)|-\cos(2\varphi))$ (vgl. Fig.).

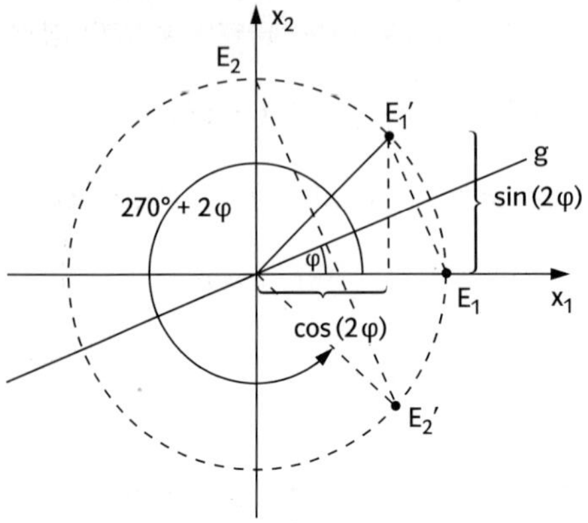

Mit $\overrightarrow{O'E_1'} = \begin{pmatrix} \cos(2\varphi) \\ \sin(2\varphi) \end{pmatrix}$, $\overrightarrow{O'E_2'} = \begin{pmatrix} \sin(2\varphi) \\ -\cos(2\varphi) \end{pmatrix}$

ergibt sich:

$$\vec{x}' = x_1 \cdot \begin{pmatrix} \cos(2\varphi) \\ \sin(2\varphi) \end{pmatrix} + x_2 \cdot \begin{pmatrix} \sin(2\varphi) \\ -\cos(2\varphi) \end{pmatrix}.$$

4) Spiegelung an einer Geraden g durch den Ursprung O, die mit der x_1-Achse den Winkel φ einschließt:

$$\vec{x}' = \begin{pmatrix} \cos(2\varphi) & \sin(2\varphi) \\ \sin(2\varphi) & -\cos(2\varphi) \end{pmatrix} \cdot \vec{x}$$

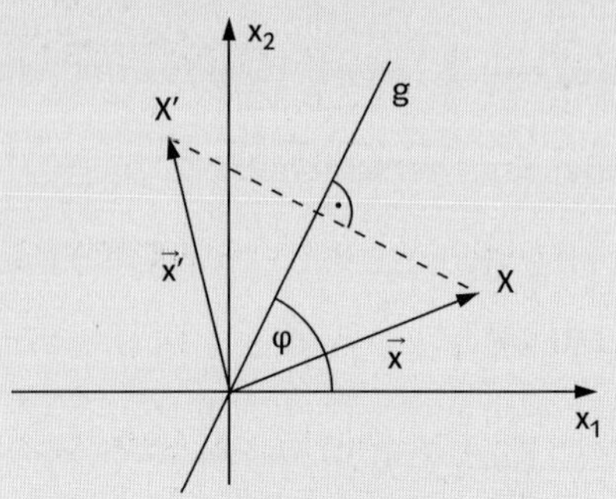

Ist g nicht durch den Winkel φ, sondern z. B. durch eine Parameterform gegeben, berechnet man aus dieser zunächst den Winkel φ:

g: $\vec{x} = t \cdot \begin{pmatrix} u_1 \\ u_2 \end{pmatrix}$; $t \in \mathbb{R}$; $\tan(\varphi) = \frac{u_2}{u_1}$.

Beispiel 1:
Ermitteln Sie die Matrixdarstellung einer Drehung α um den Ursprung O um φ = 30°.

Lösung:
Mit $\sin(30°) = \frac{1}{2}$ und $\cos(30°) = \frac{1}{2}\sqrt{3}$ ergibt sich die Matrixdarstellung:

$$\alpha\colon\ \vec{x}' = \begin{pmatrix} \frac{1}{2}\sqrt{3} & -\frac{1}{2} \\ \frac{1}{2} & \frac{1}{2}\sqrt{3} \end{pmatrix} \cdot \vec{x}.$$

Beispiel 2:
Bestimmen Sie die Matrixdarstellung einer Spiegelung α an der Geraden

g: $\vec{x} = t \cdot \begin{pmatrix} 3 \\ 4 \end{pmatrix}$; $t \in \mathbb{R}$.

Lösung:
Für den Winkel φ zwischen der x_1-Achse und der Spiegelachse g gilt:
$\tan(\varphi) = \frac{4}{3}$ bzw. $\varphi \approx 53{,}13°$.
Mit $\sin(2\varphi) \approx 0{,}96$ und $\cos(2\varphi) \approx -0{,}28$ ergibt sich näherungsweise:

$$\alpha\colon\ \vec{x}' = \begin{pmatrix} -0{,}28 & 0{,}96 \\ 0{,}96 & 0{,}28 \end{pmatrix} \cdot \vec{x}.$$

Aufgaben

1. Ermitteln Sie die Matrixdarstellung einer Verschiebung um den Vektor

a) $\vec{v} = \begin{pmatrix} 3 \\ -1 \end{pmatrix}$ b) $\vec{v} = \begin{pmatrix} -0{,}5 \\ 1{,}25 \end{pmatrix}$ c) $\vec{v} = \begin{pmatrix} 0{,}75 \\ 2{,}2 \end{pmatrix}$ d) $\vec{v} = \begin{pmatrix} -3 \\ -5{,}5 \end{pmatrix}$.

2. Ermitteln Sie die Matrixdarstellung einer zentrischen Streckung vom Ursprung aus mit dem Streckfaktor

a) $k = 3$ b) $k = -4$ c) $k = 0{,}5$ d) $k = -2{,}5$.

3. Ermitteln Sie die Matrixdarstellung einer Drehung um den Ursprung O um den Winkel

a) $\varphi = 30°$ b) $\varphi = 45°$ c) $\varphi = 60°$ d) $\varphi = 90°$.

4. Ermitteln Sie die Matrixdarstellung einer Spiegelung an der

a) x_1-Achse
b) x_2-Achse
c) Geraden g durch den Ursprung, die mit der x_1-Achse den Winkel 30° einschließt
d) Geraden g durch den Ursprung, die mit der x_1-Achse den Winkel 45° einschließt
e) Geraden g durch den Ursprung, die mit der x_1-Achse den Winkel 60° einschließt
f) Geraden g: $\vec{x} = t \cdot \begin{pmatrix} 1 \\ 2 \end{pmatrix}$; $t \in \mathbb{R}$
g) Geraden g: $x_1 - 2x_2 = 0$.

5. Zeigen Sie, dass es sich bei der Matrixdarstellung $\vec{x}' = \begin{pmatrix} \frac{2}{3} \cdot \sqrt{2} & -\frac{1}{3} \\ \frac{1}{3} & \frac{2}{3} \cdot \sqrt{2} \end{pmatrix} \cdot \vec{x}$ um eine Drehung handelt.
Bestimmen Sie den Drehwinkel.

6. Zeigen Sie, dass es sich bei der Matrixdarstellung $\vec{x}' = \begin{pmatrix} -0{,}6 & 0{,}8 \\ 0{,}8 & 0{,}6 \end{pmatrix} \cdot \vec{x}$

um eine Spiegelung an einer Ursprungsgeraden handelt.
Ermitteln Sie eine Gleichung der Spiegelachse.

7. Ermitteln Sie die Koordinaten des Bildpunktes von $P(5|1)$ bei einer

a) zentrischen Streckung vom Ursprung aus mit dem Streckfaktor 2,5.
b) Drehung um den Ursprung um den Winkel $\varphi = 50°$.
c) Spiegelung an der Geraden g: $x_1 - 3x_2 = 0$.

8. Ermitteln Sie eine Gleichung der Bildgeraden g' der Geraden

g: $\vec{x} = \begin{pmatrix} 2 \\ 1 \end{pmatrix} + t \cdot \begin{pmatrix} 3 \\ 2 \end{pmatrix}$, $t \in \mathbb{R}$

a) bei einer Drehung um den Ursprung um den Winkel $\varphi = 60°$.
b) bei einer Spiegelung an der Geraden $\vec{x} = t \cdot \begin{pmatrix} 5 \\ 2 \end{pmatrix}$, $t \in \mathbb{R}$.

3.20 Wie ermittle ich Fixelemente einer Abbildung?

Ein Punkt, der bei einer affinen Abbildung auf sich abgebildet wird, heißt **Fixpunkt**.
Eine Gerade, die aus lauter Fixpunkten besteht, heißt **Fixpunktgerade**.
Eine Gerade, die auf sich selbst abgebildet wird, heißt **Fixgerade**.
Fixpunkte, Fixpunktgeraden und Fixgeraden heißen auch **Fixelemente**.

Ein Punkt F mit dem Ortsvektor $\vec{x}$ ist **Fixpunkt** der Abbildung
α: $\vec{x}' = A \cdot \vec{x} + \vec{c}$,
wenn gilt:
$A \cdot \vec{x} + \vec{c} = \vec{x}$ bzw. $(A - E) \cdot \vec{x} = -\vec{c}$.
Hieraus folgt das LGS
$(a_1 - 1) \cdot x_1 + b_1 \cdot x_2 = -c_1$
$a_2 \cdot x_1 + (b_2 - 1) \cdot x_2 = -c_2$.

Eine Gerade f: $\vec{x} = \vec{p} + t \cdot \vec{u}$ ist genau dann eine **Fixgerade** der affinen Abbildung α: $\vec{x}' = A \cdot \vec{x} + \vec{c}$, wenn der Vektor $A \cdot (\vec{p} + t \cdot \vec{u}) + \vec{c}$ wieder ein Ortsvektor eines Punktes der Geraden f ist. Nun ist
$A \cdot (\vec{p} + t \cdot \vec{u}) + \vec{c} = A \cdot \vec{p} + \vec{c} + t \cdot A \cdot \vec{u}$.

Dies bedeutet:
1) $A \cdot \vec{u}$ muss ein Vielfaches von $\vec{u}$ sein; d.h. $\vec{u}$ muss ein Eigenvektor sein.
2) Es muss ein $t_0 \in \mathbb{R}$ existieren mit $A \cdot \vec{p} + \vec{c} = \vec{p} + t_0 \cdot \vec{u}$; d.h. auch $A \cdot \vec{p} + \vec{c} - \vec{p}$ muss ein Vielfaches von $\vec{u}$ sein.

Hieraus folgt:
Ist $\vec{p}$ der Ortsvektor eines Fixpunktes, d.h. ist $A \cdot \vec{p} + \vec{c} = \vec{p}$, dann ist die Gerade f genau dann eine Fixgerade von α, wenn $\vec{u}$ ein Eigenvektor von A ist.

Bestimmung von Fixpunkten:

Die Koordinaten eines Fixpunktes $F(x_1|x_2)$ von α: $\vec{x}' = A \cdot \vec{x} + \vec{c}$ ergeben sich aus dem linearen Gleichungssystem:
$(a_1 - 1) \cdot x_1 + b_1 \cdot x_2 = -c_1$
$a_2 \cdot x_1 + (b_2 - 1) \cdot x_2 = -c_2$.
Hat dieses LGS
- **genau eine Lösung**, dann hat α **genau einen Fixpunkt**,
- **keine Lösung**, dann hat α **keinen Fixpunkt**,
- **unendlich viele Lösungen**, dann hat α eine **Fixpunktgerade.**

Strategie zur Ermittlung von Fixgeraden:

Man berechnet zunächst die **Fixpunkte** von α sowie die **Eigenwerte** und **Eigenvektoren** von A.
- Ist P mit dem Ortsvektor $\vec{p}$ ein Fixpunkt von α, so ist die Gerade f: $\vec{x} = \vec{p} + t \cdot \vec{u}$ genau dann **Fixgerade** von α, wenn $\vec{u}$ Eigenvektor von A ist.
- Hat α keinen Fixpunkt, so ist die Gerade f: $\vec{x} = \vec{p} + t \cdot \vec{u}$ genau dann **Fixgerade**, wenn
  1) $\vec{u}$ ein Eigenvektor von A und
  2) $A \cdot \vec{p} + \vec{c} - \vec{p}$ ein Vielfaches von $\vec{u}$ ist.

Beispiel 1: ***(Fixpunkte; Fixpunktgerade)***
Bestimmen Sie alle Fixpunkte der affinen Abbildung α:

a) $\vec{x}' = \begin{pmatrix} 6 & -4 \\ -3 & 1 \end{pmatrix} \cdot \vec{x} + \begin{pmatrix} 2 \\ 6 \end{pmatrix}$ b) $\vec{x}' = \begin{pmatrix} 2 & 1 \\ 1 & 2 \end{pmatrix} \cdot \vec{x} + \begin{pmatrix} -5 \\ 1 \end{pmatrix}$ c) $\vec{x}' = \begin{pmatrix} -2 & 6 \\ 4 & -7 \end{pmatrix} \cdot \vec{x} + \begin{pmatrix} 3 \\ -4 \end{pmatrix}$.

Lösung:

a) Das LGS $\begin{aligned} 5x_1 - 4x_2 &= -2 \\ -3x_1 \quad\quad &= -6 \end{aligned}$ hat (2; 3) als einzige Lösung.
Damit ist $F(2|3)$ der einzige Fixpunkt von α.

b) Das LGS $\begin{array}{l} x_1 + x_2 = 5 \\ x_1 + x_2 = -1 \end{array}$ hat keine Lösung. Damit hat α auch keinen Fixpunkt.

c) Das LGS $\begin{array}{r} -3x_1 + 6x_2 = -3 \\ 4x_1 - 8x_2 = 4 \end{array}$ bzw. $\begin{array}{l} x_1 - 2x_2 = 1 \\ x_1 - 2x_2 = 1 \end{array}$ hat die Lösungsmenge $\{(x_1; x_2) \mid x_1 - 2x_2 = 1\}$. Die Gerade mit der Gleichung $x_1 - 2x_2 = 1$ ist Fixpunktgerade von α.

Beispiel 2: *(Fixgeraden)*
Untersuchen Sie die affine Abbildung α: $\vec{x}' = \begin{pmatrix} -3 & -2 \\ 5 & 4 \end{pmatrix} \cdot \vec{x} + \begin{pmatrix} 0 \\ 1 \end{pmatrix}$ auf Fixgeraden.

Lösung:
Fixpunkte:

Das LGS $\begin{array}{r} -4x_1 - 2x_2 = 0 \\ 5x_1 + 3x_2 = -1 \end{array}$ bzw. $\begin{array}{r} 2x_1 + x_2 = 0 \\ x_2 = -2 \end{array}$ hat die Lösung $(1; -2)$.
Damit ist $F(1 \mid -2)$ Fixpunkt von α.
Eigenwerte:
Die charakteristische Gleichung $(-3 - \lambda) \cdot (4 - \lambda) + 10 = 0$ bzw. $\lambda^2 - \lambda - 2 = 0$ hat die Lösungen $\lambda_1 = 2$; $\lambda_2 = -1$.
Eigenvektoren:

$\lambda_1 = 2$: $\begin{array}{r} -5u_1 - 2u_2 = 0 \\ 5u_1 + 2u_2 = 0 \end{array}$; $\vec{u} = r \cdot \begin{pmatrix} 2 \\ -5 \end{pmatrix}$

$\lambda_2 = -1$: $\begin{array}{r} -2u_1 - 2u_2 = 0 \\ 5u_1 + 5u_2 = 0 \end{array}$; $\vec{u} = s \cdot \begin{pmatrix} 1 \\ -1 \end{pmatrix}$

Fixgeraden:

f_1: $\vec{x} = \begin{pmatrix} 1 \\ -2 \end{pmatrix} + r \cdot \begin{pmatrix} 2 \\ -5 \end{pmatrix}$; $r \in \mathbb{R}$ und f_2: $\vec{x} = \begin{pmatrix} 1 \\ -2 \end{pmatrix} + s \cdot \begin{pmatrix} 1 \\ -1 \end{pmatrix}$; $s \in \mathbb{R}$

Beispiel 3: *(Fixgeraden)*
Untersuchen Sie die affine Abbildung α: $\vec{x}' = \begin{pmatrix} 1 & 0 \\ 0 & -1 \end{pmatrix} \cdot \vec{x} + \begin{pmatrix} 3 \\ 0 \end{pmatrix}$ auf Fixgeraden.

Lösung:
Fixpunkte:

Das LGS $\begin{array}{l} 0 \cdot x_1 + 0 \cdot x_2 = -3 \\ 0 \cdot x_1 - 2 \cdot x_2 = 0 \end{array}$ hat keine Lösung. Damit hat α auch keinen Fixpunkt.
Eigenwerte:
Die charakteristische Gleichung $(1 - \lambda) \cdot (-1 - \lambda) = 0$ hat die Lösungen $\lambda_1 = 1$; $\lambda_2 = -1$.
Eigenvektoren:

$\lambda_1 = 1$: $\begin{array}{l} 0 \cdot x_1 + 0 \cdot x_2 = 0 \\ 0 \cdot x_1 - 2 \cdot x_2 = 0 \end{array}$; $\vec{u} = r \cdot \begin{pmatrix} 1 \\ 0 \end{pmatrix}$

$\lambda_2 = -1$: $\begin{array}{l} 2 \cdot u_1 + 0 \cdot u_2 = 0 \\ 0 \cdot u_1 + 0 \cdot u_2 = 0 \end{array}$; $\vec{u} = s \cdot \begin{pmatrix} 0 \\ 1 \end{pmatrix}$

Fixgeraden:

Es ist $A \cdot \vec{p} + \vec{c} - \vec{p} = \begin{pmatrix} 1 & 0 \\ 0 & -1 \end{pmatrix} \cdot \begin{pmatrix} p_1 \\ p_2 \end{pmatrix} + \begin{pmatrix} 3 \\ 0 \end{pmatrix} - \begin{pmatrix} p_1 \\ p_2 \end{pmatrix} = \begin{pmatrix} p_1 \\ -p_2 \end{pmatrix} + \begin{pmatrix} 3 \\ 0 \end{pmatrix} - \begin{pmatrix} p_1 \\ p_2 \end{pmatrix} = \begin{pmatrix} 3 - 0 \cdot p_1 \\ -2 \cdot p_2 \end{pmatrix}$.

Mit den Eigenvektoren $r \cdot \begin{pmatrix} 1 \\ 0 \end{pmatrix}$ ergibt sich die Bedingung $\begin{pmatrix} 3 - 0 \cdot p_1 \\ -2 \cdot p_2 \end{pmatrix} = r \cdot \begin{pmatrix} 1 \\ 0 \end{pmatrix}$,
die für $r = 3$; $p_1 \in \mathbb{R}$; $p_2 = 0$ erfüllt ist.

Damit ist die Gerade mit der Gleichung $\vec{x} = \begin{pmatrix} p_1 \\ 0 \end{pmatrix} + t \cdot \begin{pmatrix} 1 \\ 0 \end{pmatrix} = t^* \cdot \begin{pmatrix} 1 \\ 0 \end{pmatrix}$; $t^* \in \mathbb{R}$ Fixgerade.

Mit den Eigenvektoren $s \cdot \begin{pmatrix} 0 \\ 1 \end{pmatrix}$ ergibt sich die Bedingung $\begin{pmatrix} 3 - 0 \cdot p_1 \\ -2 \cdot p_2 \end{pmatrix} = s \cdot \begin{pmatrix} 0 \\ 1 \end{pmatrix}$.

Wegen $3 \neq 0$ ist diese Bedingung nicht erfüllbar.

Die affine Abbildung α hat also nur die Gerade f: $\vec{x} = t \cdot \begin{pmatrix} 1 \\ 0 \end{pmatrix}$; $t \in \mathbb{R}$,
d. h. die x_1-Achse als Fixgerade.

Aufgaben

1. Bestimmen Sie alle Fixpunkte der affinen Abbildung α:

a) $\vec{x}' = \begin{pmatrix} 3 & 1 \\ 1 & 2 \end{pmatrix} \cdot \vec{x} + \begin{pmatrix} 1 \\ -1 \end{pmatrix}$ b) $\vec{x}' = \begin{pmatrix} 5 & -4 \\ -4 & 5 \end{pmatrix} \cdot \vec{x} + \begin{pmatrix} 2 \\ -3 \end{pmatrix}$ c) $\vec{x}' = \begin{pmatrix} 5 & -2 \\ 6 & -2 \end{pmatrix} \cdot \vec{x} + \begin{pmatrix} 2 \\ 3 \end{pmatrix}$.

2. Untersuchen Sie die affine Abbildung α auf Fixgeraden.

a) α: $\vec{x}' = \begin{pmatrix} 4 & 5 \\ -2 & -3 \end{pmatrix} \cdot \vec{x} + \begin{pmatrix} 1 \\ 0 \end{pmatrix}$

b) α: $\vec{x}' = \begin{pmatrix} -3 & 4 \\ 4 & -3 \end{pmatrix} \cdot \vec{x} + \begin{pmatrix} 2 \\ -2 \end{pmatrix}$

c) α: $\vec{x}' = \begin{pmatrix} 3 & 2 \\ -2 & -1 \end{pmatrix} \cdot \vec{x}$

d) α: $\vec{x}' = \begin{pmatrix} 7 & -6 \\ 3 & -2 \end{pmatrix} \cdot \vec{x} + \begin{pmatrix} 4 \\ 5 \end{pmatrix}$

e) α: $\vec{x}' = \begin{pmatrix} 1 & -2 \\ 2 & 2 \end{pmatrix} \cdot x$

f) α: $\vec{x}' = \begin{pmatrix} \frac{1}{2} & \frac{1}{2} \\ 1 & 0 \end{pmatrix} \cdot \vec{x} + \begin{pmatrix} \frac{3}{2} \\ 3 \end{pmatrix}$

3. Bestimmen Sie die Fixelemente von α_t in Abhängigkeit von t.

a) α_t: $\vec{x}' = \begin{pmatrix} 1 & 0 \\ 1+t & -t \end{pmatrix} \cdot \vec{x}$; $t \neq -1$

b) α_t: $\vec{x}' = \begin{pmatrix} 1+t & t \\ -t & 1-t \end{pmatrix} \cdot \vec{x}$; $t \neq 0$

4. Die affine Abbildung α_t hat den Fixpunkt $F(3|1)$ und bildet für $t \neq 1$ den Punkt $A(1|1)$ auf $A'(-1 + 4t|-1 + 2t)$, den Punkt $B(1|0)$ auf $B'(2 - 2t|1 - t)$ ab.

a) Ermitteln Sie die Matrixdarstellung von α_t.

b) Bestimmen Sie t so, dass alle Fixgeraden von α_t parallel sind.

3.21 Wie verkettet man Abbildungen?

Das Hintereinanderausführen von Abbildungen nennt man **Verketten**. Die Matrixdarstellung einer Verkettung erhält man mithilfe der Matrizenmultiplikation, denn es gilt: Sind durch

$\alpha\colon\ \vec{x}' = A \cdot \vec{x} + \vec{c}_1$ und $\beta\colon\ \vec{x}' = B \cdot \vec{x} + \vec{c}_2$

zwei affine Abbilungen gegeben, so gilt für die Verkettung die Reihenfolge „erst β, dann α":

$\alpha \circ \beta\colon\ \vec{x}' = A \cdot (B \cdot \vec{x} + \vec{c}_2) + \vec{c}_1 = A \cdot B \cdot \vec{x} + A \cdot \vec{c}_2 + \vec{c}_1.$

Strategie beim Verketten zweier affiner Abbildungen

Um die Verkettung $\alpha \circ \beta$ („erst β, dann α")
von $\alpha\colon\ \vec{x}' = A \cdot \vec{x} + \vec{c}_1$
und $\beta\colon\ \vec{x}' = B \cdot \vec{x} + \vec{c}_2$
zu ermitteln, berechnet man
1) $A \cdot B = C$,
2) $A \cdot \vec{c}_2$,
3) $A \cdot \vec{c}_2 + \vec{c}_1 = \vec{d}$.
Die Verkettung ist dann:
$\alpha \circ \beta\colon\ \vec{x}' = C \cdot \vec{x} + \vec{d}$.

Sonderfall:
Ist $\vec{c}_1 = \vec{c}_2 = \vec{0}$, ergibt sich:
$\alpha \circ \beta\colon\ \vec{x}' = C \cdot \vec{x}$.

Beispiel 1: *(Sonderfall)*
Gegeben sind die affinen Abbildungen

$\alpha\colon\ \vec{x}' = \begin{pmatrix} 2 & 1 \\ -1 & 3 \end{pmatrix} \cdot \vec{x}, \quad \beta\colon\ \vec{x}' = \begin{pmatrix} 4 & -5 \\ 1 & 2 \end{pmatrix} \cdot \vec{x}.$

Ermitteln Sie $\alpha \circ \beta$.

Lösung:

Mit $A = \begin{pmatrix} 2 & 1 \\ -1 & 3 \end{pmatrix}$ und $B = \begin{pmatrix} 4 & -5 \\ 1 & 2 \end{pmatrix}$

ergibt sich mithilfe des Schemas

		4	−5
		1	2
2	1	8 + 1	−10 + 2
−1	3	−4 + 3	5 + 6

das Matrizenprodukt $A \cdot B = \begin{pmatrix} 9 & -8 \\ -1 & 11 \end{pmatrix}$

und damit:

$\alpha \circ \beta\colon\ \vec{x}' = \begin{pmatrix} 9 & -8 \\ -1 & 11 \end{pmatrix} \cdot \vec{x}.$

Beispiel 2: *(allgemeiner Fall)*
Gegeben sind die affinen Abbildungen

$\alpha\colon\ \vec{x}' = \begin{pmatrix} 1 & -1 \\ 2 & 3 \end{pmatrix} \cdot \vec{x} + \begin{pmatrix} 3 \\ 4 \end{pmatrix}$ und $\beta\colon\ \vec{x}' = \begin{pmatrix} 5 & 2 \\ 1 & -5 \end{pmatrix} \cdot \vec{x} + \begin{pmatrix} -1 \\ 6 \end{pmatrix}$

Ermitteln Sie $\alpha \circ \beta$.

Lösung:

Mit $A = \begin{pmatrix} 1 & -1 \\ 2 & 3 \end{pmatrix}$ und $B = \begin{pmatrix} 5 & 2 \\ 1 & -5 \end{pmatrix}$ ergibt sich mithilfe des Schemas

		5	2
		1	−5
1	−1	5 − 1	2 + 5
2	3	10 + 3	4 − 15

das Matrizenprodukt $A \cdot B = \begin{pmatrix} 4 & 7 \\ 13 & -11 \end{pmatrix}$. Weiterhin gilt mit $\overrightarrow{c_2} = \begin{pmatrix} -1 \\ 6 \end{pmatrix}$ und $\overrightarrow{c_1} = \begin{pmatrix} 3 \\ 4 \end{pmatrix}$:

$A \cdot \overrightarrow{c_2} = \begin{pmatrix} 1 & -1 \\ 2 & 3 \end{pmatrix} \cdot \begin{pmatrix} -1 \\ 6 \end{pmatrix} = \begin{pmatrix} -1-6 \\ -2+18 \end{pmatrix} = \begin{pmatrix} -7 \\ 16 \end{pmatrix}$; $A \cdot \overrightarrow{c_2} + \overrightarrow{c_1} = \begin{pmatrix} -7 \\ 16 \end{pmatrix} + \begin{pmatrix} 3 \\ 4 \end{pmatrix} = \begin{pmatrix} -4 \\ 20 \end{pmatrix}$.

Damit ergibt sich:

$\alpha \circ \beta$: $\vec{x}' = \begin{pmatrix} 4 & 7 \\ 13 & -11 \end{pmatrix} \cdot \vec{x} + \begin{pmatrix} -4 \\ 20 \end{pmatrix}$.

Aufgaben

1. Gegeben sind die Matrizen $A = \begin{pmatrix} 0{,}5 & \sqrt{3} \\ \sqrt{2} & 1 \end{pmatrix}$ und $B = \begin{pmatrix} 2 & -1 \\ 5 & \sqrt{3} \end{pmatrix}$.

Berechnen Sie $A \cdot B$, $B \cdot A$, $A \cdot A$ und $B \cdot B$.

2. Gegeben sind die affinen Abbildungen $\alpha: \vec{x}' = \begin{pmatrix} 1 & 2 \\ -2 & -3 \end{pmatrix} \cdot \vec{x}$ und $\beta: \vec{x}' = \begin{pmatrix} 3 & 5 \\ 1 & 4 \end{pmatrix} \cdot \vec{x}$.

Ermitteln Sie $\alpha \circ \beta$, $\beta \circ \alpha$, $\alpha \circ \alpha$, $\beta \circ \beta$.

3. Gegeben sind die affinen Abbildungen

$\alpha: \vec{x}' = \begin{pmatrix} 0 & 1 \\ 2 & -5 \end{pmatrix} \cdot \vec{x} + \begin{pmatrix} -6 \\ 1 \end{pmatrix}$ und $\beta: \vec{x}' = \begin{pmatrix} 3 & 8 \\ 5 & -1 \end{pmatrix} \cdot \vec{x} + \begin{pmatrix} 1 \\ -9 \end{pmatrix}$.

Ermitteln Sie $\alpha \circ \beta$ und $\beta \circ \alpha$.

4. P′ ist der Bildpunkt des Punktes P bei einer zentrischen Streckung vom Ursprung mit dem Streckfaktor 2; P″ ist der Bildpunkt von P′ bei einer Spiegelung an der Geraden durch den Ursprung, die mit der x_1-Achse einen Winkel von 60° einschließt.

a) Ermitteln Sie die Matrixdarstellung der Abbildung, die P auf P″ abbildet.
b) Berechnen Sie die Koordinaten des Bildpunktes P″ für $P(2{,}5|1)$.
c) Überprüfen Sie das Ergebnis mit einer Zeichnung.

5. Der Punkt $P(3|1)$ wird an der Geraden g: $\vec{x} = t \cdot \begin{pmatrix} 3 \\ 2 \end{pmatrix}$; $t \in \mathbb{R}$ gespiegelt, der Bildpunkt P′ wird um den Ursprung um 100° gedreht. Berechnen Sie die Koordinaten von P″

a) ohne Verkettung
b) mit Verkettung.

Überprüfen Sie das Ergebnis mit einer Zeichnung.

6. Die Gerade g′ ist das Bild der Geraden g: $\vec{x} = t \cdot \begin{pmatrix} 2 \\ 0{,}5 \end{pmatrix}$; $t \in \mathbb{R}$ bei der Spiegelung an der Geraden durch den Ursprung, die mit der x_1-Achse einen Winkel von 60° einschließt. Die Gerade g″ ist das Bild von g′ bei einer Drehung um den Ursprung um 30°.

Ermitteln Sie eine Gleichung von g″.

Überprüfen Sie das Ergebnis mit einer Zeichnung.

3.22 Wie ermittle ich Bilder bei einer Parallelprojektion?

Eine **Projektion** ist eine Abbildung des Raumes in eine Ebene E, die **Projektionsebene**. Zu einem gegebenen Punkt A ergibt sich der Bildpunkt A′ als Schnittpunkt der **Projektionsgeraden** g durch A mit E. Sind alle Projektionsgeraden parallel, spricht man von einer **Parallelprojektion**. Diese wird meistens durch Angabe eines Vektors $\vec{v}$, der **Projektionsrichtung**, vorgegeben.

Projektion in die x_2x_3-Ebene:

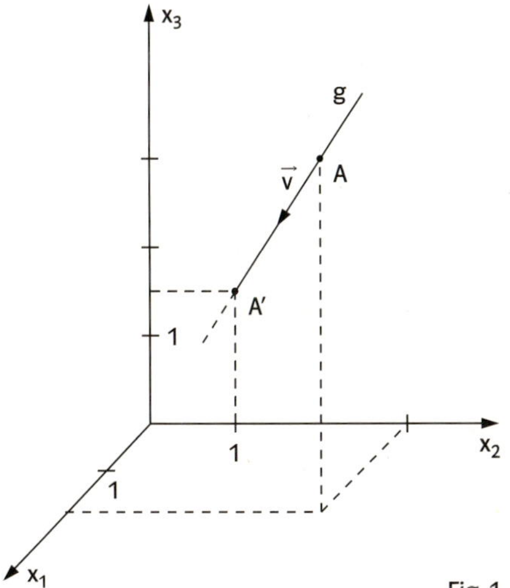

Fig. 1

Strategie zur Ermittlung einer Projektionsmatrix bei einer Parallelprojektion:

Die Spalten der 3×3-Projektionsmatrix P sind die Ortsvektoren der Bilder der Punkte $E_1(1|0|0)$, $E_2(0|1|0)$ und $E_3(0|0|1)$.

Bei der Projektion in eine Koordinatenebene

- werden zwei dieser Punkte auf sich selbst abgebildet (siehe Fig. 1). Damit sind zwei Spalten der Matrix bekannt.
- Die dritte Spalte von P ist der Ortsvektor des Bildpunktes des dritten Punktes. Dieser Bildpunkt ergibt sich als Schnittpunkt der Geraden g mit der Koordinatenebene, die durch den dritten Punkt geht und die vorgegebene Projektionsrichtung $\vec{v}$ als Richtungsvektor hat.

Eine Parallelprojektion lässt sich durch eine 3×3-Matrix P beschreiben. Die Spalten dieser Matrix sind die Ortsvektoren der Bilder der Punkte $E_1(1|0|0)$, $E_2(0|1|0)$ und $E_3(0|0|1)$.

Beispiel: *(Projektion in die x_2x_3-Ebene)*
Gegeben sind in einem kartesischen Koordinatensystem (Längeneinheit 1 cm) eine senkrechte Pyramide mit quadratischer Grundfläche mit den Ecken $O(0|0|0)$, $A(3|0|0)$, $B(3|3|0)$, $C(0|3|0)$ und der Spitze $S(1{,}5|1{,}5|4)$ sowie durch $\vec{v} = \begin{pmatrix} 1 \\ 0{,}5 \\ 0{,}5 \end{pmatrix}$ die Richtung einer Parallelprojektion in die x_2x_3-Ebene.

a) Bestimmen Sie die Abbildungsmatrix P und die Abbildungsgleichung.
b) Ermitteln Sie die Koordinaten der Bildpunkte aller Ecken der Pyramide.
c) Zeichnen Sie das Bild der Pyramide in der x_2x_3-Ebene.

Lösung:

a) Die Punkte $E_2(0|1|0)$ und $E_3(0|0|1)$ liegen in der Projektionsebene. Daher gilt: $E'_2(0|1|0)$ und $E'_3(0|0|1)$. Der Bildpunkt E'_1 des Punktes $E_1(1|0|0)$ ergibt sich als Schnittpunkt der Geraden g durch E_1 und dem Richtungsvektor $\vec{v}$ mit der x_2x_3-Ebene:

$$g\colon \vec{x} = \begin{pmatrix} 1 \\ 0 \\ 0 \end{pmatrix} + t \cdot \begin{pmatrix} 1 \\ 0{,}5 \\ 0{,}5 \end{pmatrix};\ t \in \mathbb{R}.$$

Aus $\begin{pmatrix} 1 \\ 0 \\ 0 \end{pmatrix} + t \cdot \begin{pmatrix} 1 \\ 0{,}5 \\ 0{,}5 \end{pmatrix} = \begin{pmatrix} 0 \\ x_2 \\ x_3 \end{pmatrix}$ erhält man das LGS $\begin{matrix} 1 + t = 0 \\ 0{,}5t = x_2 \\ 0{,}5t = x_3 \end{matrix}$

mit der Lösung $t = -1$; $x_2 = -0{,}5$; $x_3 = -0{,}5$. Also gilt: $E'_1(0|-0{,}5|-0{,}5)$.

Insgesamt ergibt sich als die Projektionsmatrix $P = \begin{pmatrix} 0 & 0 & 0 \\ -0{,}5 & 1 & 0 \\ -0{,}5 & 0 & 1 \end{pmatrix}$.

Die zugehörige Abbildungsgleichung lautet: $\vec{x}' = P \cdot \vec{x}$.

b) Die Punkte $O(0|0|0)$ und $C(0|3|0)$ werden auf sich selbst abgebildet.
Für den Ortsvektor des Bildpunktes von $A(3|0|0)$ ergibt sich:

$$\vec{x}' = \begin{pmatrix} 0 & 0 & 0 \\ -0{,}5 & 1 & 0 \\ -0{,}5 & 0 & 1 \end{pmatrix} \cdot \begin{pmatrix} 3 \\ 0 \\ 0 \end{pmatrix} = \begin{pmatrix} 0 \\ -1{,}5 \\ -1{,}5 \end{pmatrix},$$

also $A'(0|-1{,}5|-1{,}5)$.
Entsprechend erhält man $B'(0|1{,}5|-1{,}5)$ und $S'(0|0{,}75|3{,}25)$.

c) Siehe Fig. 2.

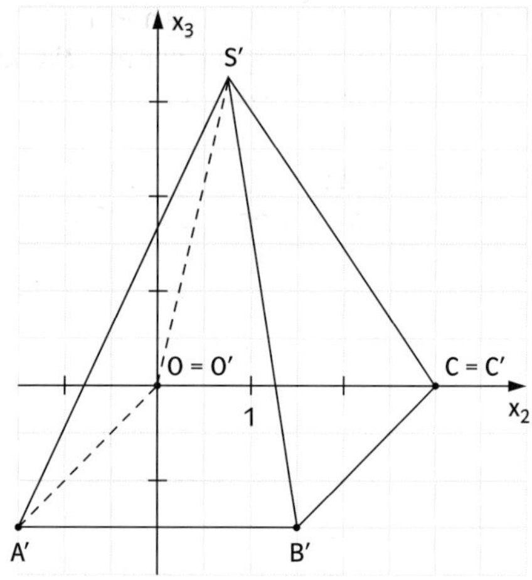

Fig. 2

Aufgaben

1. Die Punkte O, A, B, C und D, E, F, G mit $O(0|0|0)$, $A(2|0|0)$, $B(2|4|0)$, $C(0|4|0)$, $D(0|0|3)$, $E(2|0|3)$, $F(2|4|3)$, $G(0|4|3)$ sind Eckpunkte eines Quaders.

Die Richtung $\vec{v} = \begin{pmatrix} -1 \\ -1 \\ -2 \end{pmatrix}$ ist Projektionsrichtung in die x_2x_3-Ebene:

a) Bestimmen Sie die Abbildungsmatrix P und die Abbildungsgleichung.
b) Ermitteln Sie die Koordinaten der Bildpunkte aller Ecken des Quaders.
c) Zeichnen Sie das Bild des Quaders in der x_2x_3-Ebene.

2. Gegeben ist eine senkrechte quadratische Pyramide mit der Grundfläche ABCD und der Spitze S: $A(6|0|0)$, $B(8|4|0)$, $C(4|6|0)$, $D(2|2|0)$, $S(5|3|5)$.
Berechnen Sie die Bilder der Eckpunkte und zeichnen Sie das Bild unter der Projektionsrichtung $\vec{v} = \begin{pmatrix} -1 \\ -0{,}5 \\ -0{,}4 \end{pmatrix}$ in die Ebene E. Dabei ist die Ebene E

a) die x_2x_3-Ebene
b) die x_1x_3-Ebene.

3. Gegeben ist die Pyramide OABC mit $O(0|0|0)$, $A(0|0|2)$, $B(\sqrt{3}|1|0)$ und $C(\sqrt{3}|-1|0)$. Berechnen Sie die Bilder der Eckpunkte und zeichnen Sie das Bild, wenn die x_2x_3-Ebene die Projektionsebene ist und die Projektionsrichtung dadurch gegeben ist, dass der Punkt $P(1|1|1)$ auf den Ursprung abgebildet wird.

3.23 Wie ermittelt man eine Übergangsmatrix?

In der Praxis gibt es Vorgänge, auch **Prozesse** genannt, die sich modellhaft durch ein lineares Gleichungssystem beschreiben lassen. Verwendet man für das LGS die Matrix-Vektor-Schreibweise $A \cdot \vec{x} = \vec{y}$, kann man Fragestellungen und deren Lösungen mithilfe von Matrizen behandeln. In diesem Zusammenhang nennt man A allgemein **Prozessmatrix**, der Vektor $\vec{x}$ enthält die Eingangswerte, der Vektor $\vec{y}$ die Ausgangswerte.
Je nach Anwendungssitutation gibt es aber speziell für A besondere Namen (vgl. Kasten). Die Daten, die einen Prozess festlegen, können in **Worten** formuliert sein oder auch durch eine **Tabelle** oder ein **Diagramm** gegeben sein. Aus diesen Darstellungen erhält man die Elemente für A.

Beispiel 1: *(Produktionsprozess)*
In einer Firma werden aus drei Rohstoffen R_1, R_2 und R_3 zwei Endprodukte E_1 und E_2 hergestellt. Das folgende Diagramm zeigt den Materialbedarf (in Einheiten).

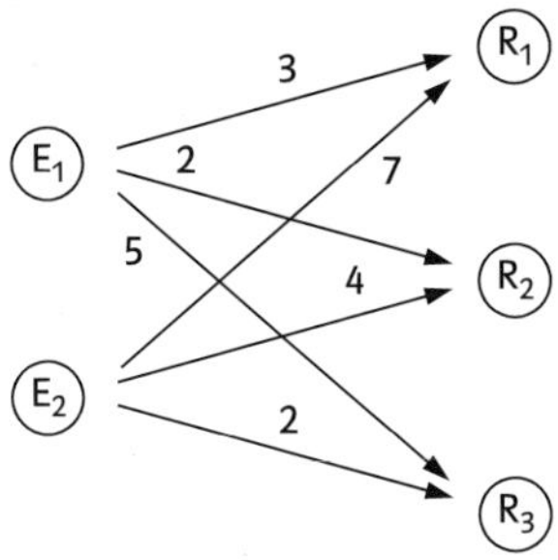

a) Beschreiben Sie den Prozess als LGS und in Matrix-Vektor-Schreibweise.
b) Berechnen Sie den Rohstoffbedarf, wenn 20 Einheiten von E_1 und 35 Einheiten von E_2 hergestellt werden sollen.

Lösung:
a) Die Daten des Diagramms kann man in eine Tabelle übertragen.

	E_1	E_2
R_1	3	7
R_2	2	4
R_3	5	2

Ist y_1, y_2, y_3 der Bedarf an Rohstoffen R_1, R_2, R_3 (in Einheiten) für x_1 Einheiten von E_1 und x_2 Einheiten von E_2, so ergibt sich:

$$\begin{aligned} y_1 &= 3x_1 + 7x_2 \\ y_2 &= 2x_1 + 4x_2 \\ y_3 &= 5x_1 + 2x_2 \end{aligned} \quad \text{bzw.} \quad \begin{pmatrix} y_1 \\ y_2 \\ y_3 \end{pmatrix} = \begin{pmatrix} 3 & 7 \\ 2 & 4 \\ 5 & 2 \end{pmatrix} \cdot \begin{pmatrix} x_1 \\ x_2 \end{pmatrix}.$$

Prozesse kann man unterteilen in

- **Produktionsprozesse**
  Bei diesen Prozessen handelt es sich oft um die Berechnung des Bedarfs verschiedener Grundsubstanzen zur Erstellung unterschiedlicher Produkte. A nennt man daher auch **Bedarfs- oder Verflechtungsmatrix**.
  Bei diesen Prozessen enthält in $A \cdot \vec{x} = \vec{y}$ der Vektor $\vec{x}$ die Werte für die zu produzierenden Produkte, der Vektor $\vec{y}$ die Werte des zugehörigen Bedarfs.
- **Entwicklungsprozesse**
  Hier handelt es sich um Prozesse, bei denen Objekte in verschiedenen Zuständen sein können.
  A nennt man **Übergangsmatrix**.
- **Austauschprozesse**
  Bei diesen Prozessen können Objekte jeweils nach Ablauf einer festen Zeiteinheit zwischen n Zuständen Z_1 bis Z_n wechseln. A nennt man wie bei Entwicklungsprozessen **Übergangsmatrix**.
  Die Elemente von A sind die Anteile der Objekte, die in den Zuständen verbleiben oder wechseln. Das Element a_{13} z. B. gibt an, welcher Anteil im Zustand Z_3 nach der nächsten Zeiteinheit im Zustand Z_1 ist. Die Matrix
  1) ist quadratisch,
  2) enthält keine negativen Elemente,
  3) hat in jeder Spalte als Summe der Elemente den Wert 1.

b) Für $x_1 = 20$ und $x_2 = 35$ ergibt sich:

$$\begin{pmatrix} y_1 \\ y_2 \\ y_3 \end{pmatrix} = \begin{pmatrix} 3 & 7 \\ 2 & 4 \\ 5 & 2 \end{pmatrix} \cdot \begin{pmatrix} 20 \\ 35 \end{pmatrix} = \begin{pmatrix} 60 + 245 \\ 40 + 140 \\ 100 + 75 \end{pmatrix} = \begin{pmatrix} 305 \\ 180 \\ 175 \end{pmatrix}.$$

Der Rohstoffbedarf ist also 305 Einheiten von R_1, 180 Einheiten von R_2 und 175 Einheiten von R_3.

Beispiel 2: *(Entwicklungsprozess)*
Die Entwicklung einer weiblichen Käferpopulation kann modellhaft wie folgt beschrieben werden: Ein Weibchen legt 20 Eier und stirbt kurz darauf. Nach einem Monat entwickeln sich aus den Eiern Larven, von denen aber nur 30 % überleben. Nach einem weiteren Monat verpuppen sich die Larven und werden zu weiblichen Käfern, die wieder 20 Eier legen; aber nur 40 % der Larven überleben.

a) Beschreiben Sie die Entwicklung der Käferpopulation als Diagramm und als Tabelle; bestimmen Sie die Übergangsmatrix.
b) Zu Beginn besteht eine Population aus 100 Eiern, 40 Larven und 15 Käfern. Ermitteln Sie die Verteilung nach einem Monat.

Lösung:

a) Mit E: Eier; L: Larven und K: Käfer erhält man:

Diagramm:

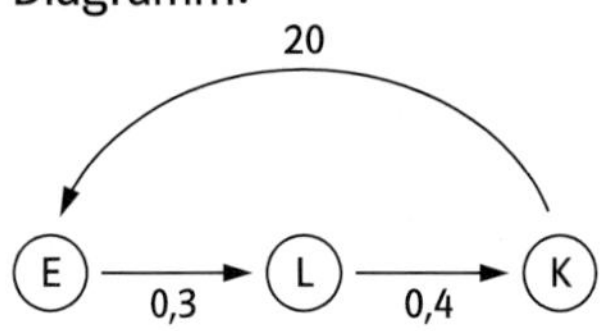

Tabelle:

von / nach	E	L	K
E	0	0	20
L	0,3	0	0
K	0	0,4	0

Übergangsmatrix:

$$A = \begin{pmatrix} 0 & 0 & 20 \\ 0{,}3 & 0 & 0 \\ 0 & 0{,}4 & 0 \end{pmatrix}$$

b) Mit $x_1 = 100$, $x_2 = 40$ und $x_3 = 15$ ergibt sich:

$$\begin{pmatrix} 0 & 0 & 20 \\ 0{,}3 & 0 & 0 \\ 0 & 0{,}4 & 0 \end{pmatrix} \cdot \begin{pmatrix} 100 \\ 40 \\ 15 \end{pmatrix} = \begin{pmatrix} 300 \\ 30 \\ 16 \end{pmatrix}.$$

Nach einem Monat besteht die Population aus 300 Eiern, 30 Larven und 16 Käfern.

Beispiel 3: *(Austauschprozess)*
Bei einem Diffusionsmodell für Gase mit zwei Kammern K_1 und K_2 bleiben nach Ablauf einer Zeiteinheit 80 % der Teilchen in K_1, 20 % wechseln von K_1 nach K_2; in K_2 verbleiben 70 %, während 30 % von K_2 nach K_1 wechseln.

a) Zeichnen Sie ein Diagramm für dieses Modell; notieren Sie die Anteile auch in Form einer Tabelle. Ermitteln Sie die Übergangsmatrix.
b) Zeigen Sie, dass die Bedingungen für eine Übergangsmatrix bei einem Austauschprozess erfüllt sind.
c) Zu Beginn der Beobachtung sind 120 Millionen Teilchen in K_1 und 170 Millionen Teilchen in K_2. Wie viele Teilchen befinden sich nach Ablauf einer Zeiteinheit in K_1 bzw. K_2?

Lösung:

a) Diagramm:

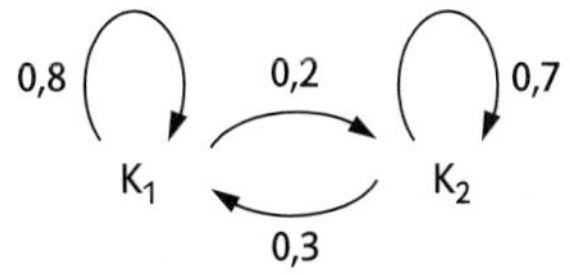

Tabelle:

von / nach	K_1	K_2
K_1	0,8	0,3
K_2	0,2	0,7

Übergangsmatrix:

$$A = \begin{pmatrix} 0{,}8 & 0{,}3 \\ 0{,}2 & 0{,}7 \end{pmatrix}.$$

b) Die Matrix A ist quadratisch. Die Elemente von A sind nicht negativ; da die Teilchen in der entsprechenden Klammer verbleiben oder wechseln, sind die Spaltensummen für die Anteile jeweils 1.

c) Mit $x_1 = 120$ (in Millionen) und $x_2 = 170$ (in Millionen) ergibt sich:

$$\begin{pmatrix} 0{,}8 & 0{,}3 \\ 0{,}2 & 0{,}7 \end{pmatrix} \cdot \begin{pmatrix} 120 \\ 170 \end{pmatrix} = \begin{pmatrix} 0{,}8 \cdot 120 + 0{,}3 \cdot 170 \\ 0{,}2 \cdot 120 + 0{,}7 \cdot 170 \end{pmatrix} = \begin{pmatrix} 147 \\ 143 \end{pmatrix}.$$

Nach Ablauf einer Zeiteinheit befinden sich in K_1 147 Millionen und in K_2 143 Millionen Teilchen.

Aufgaben

1. Berechnen Sie:

a) $\begin{pmatrix} 0{,}5 & 2 \\ 0{,}1 & 0{,}4 \end{pmatrix} \cdot \begin{pmatrix} 0{,}7 \\ 3 \end{pmatrix}$

b) $\begin{pmatrix} 0 & 0{,}5 & 1 \\ 2 & 0{,}1 & 5 \\ 3 & 0 & 2 \end{pmatrix} \cdot \begin{pmatrix} 4 \\ 0{,}5 \\ 6 \end{pmatrix}$

c) $\begin{pmatrix} 4 & 0{,}1 \\ 0{,}5 & 7 \\ 0{,}5 & 9 \end{pmatrix} \cdot \begin{pmatrix} 0{,}5 \\ 0{,}1 \end{pmatrix}$

d) $\begin{pmatrix} 3 & 0 & 0{,}5 \\ 1 & 4 & 0{,}2 \\ 0{,}7 & 6 & 0 \\ 10 & 0{,}6 & 1 \end{pmatrix} \cdot \begin{pmatrix} 0{,}4 \\ 0 \\ 5 \end{pmatrix}$

2. Eine Firma produziert aus drei Grundstoffen G_1, G_2 und G_3 zwei Produkte P_1 und P_2. Die Tabelle enthält die hierfür benötigten Mengen.

Produkt (1 kg)	Bedarf (in kg) an G_1	G_2	G_3
P_1	0,3	0,4	0,3
P_2	0,1	0,6	0,3

a) Beschreiben Sie den Prozess als LGS und in Matrix-Vektor-Schreibweise.

b) Wie viele Kilogramm der Grundstoffe werden für 20 kg P_1 und 25 kg P_2 benötigt?

3. Das Diagramm beschreibt die Entwicklung einer Käferpopulation mit den Stadien E: Eier, L_1: einjährige Larven, L_2: zweijährige Larven, K: Käfer, wobei die Brüche angeben, welche Anteile überleben.

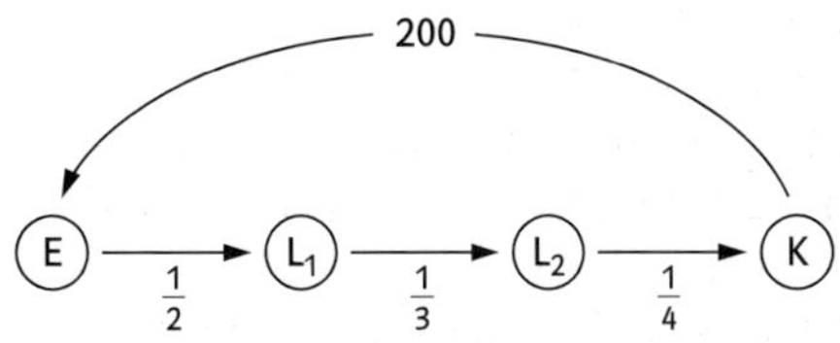

a) Stellen Sie eine Übergangsmatrix auf.

b) In einem Gebiet gibt es 10 000 Eier, 6000 einjährige Larven, 3000 zweijährige Larven und 2000 Käfer. Berechnen Sie die Anzahlen für die verschiedenen Stadien der Population nach einer weiteren Zeiteinheit.

4. In einer Kantine gibt es täglich zwei Essen, eines mit (F) und eines ohne Fleisch (V). 80 % der F-Esser wählen am nächsten Tag wieder F, die übrigen wechseln zu V. 90 % der V-Esser wählen wieder V, die übrigen wechseln zu F.

a) Stellen Sie die Übergangsmatrix auf.

b) An einem Tag wählen 600 Personen das Essen F und 50 das Essen V. Wie ist am nächsten Tag die Verteilung der Essen, wenn insgesamt die gleiche Personenzahl in die Kantine geht?

5. In einem Land gibt es drei Parteien A, B und C. Bei der letzten Wahl ergab sich folgende Stimmenverteilung:

Partei	A	B	C
Stimmen (in Mio.)	3	4,5	2

Mithilfe statistischer Analysen wurde das Wählerverhalten bei dieser Wahl untersucht. Das Diagramm zeigt das Ergebnis für die Wählerwanderungen.

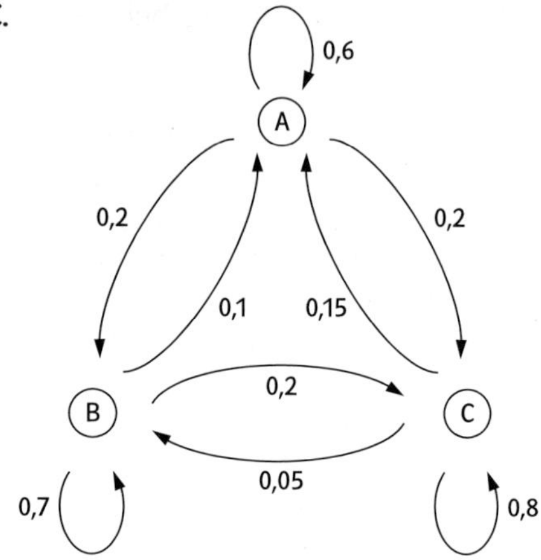

a) Stellen Sie die Übergangsmatrix auf.

b) Mit welcher Stimmenverteilung können die Parteien bei der nächsten Wahl rechnen, wenn sich die Gesamtzahl der Wähler und das Wahlverhalten nicht ändern?

$F_1 = 0{,}8 F_0 + 0{,}1 V_0$
$V_1 = 0{,}2 F_0 + 0{,}9 V_0$

3.24 Wie verkettet man Übergänge?

Werden bei Produktionsprozessen die Produkte in mehreren Stufen hergestellt, kann man den Gesamtprozess mithilfe von Matrizenprodukten darstellen.
Entsprechend kann man bei Entwicklungs- und Austauschprozessen die Verteilung nach mehreren Zeiteinheiten mithilfe von Matrizenprodukten berechnen.
Speziell bei Austauschprozessen stellt sich die Frage, ob es möglich ist, dass nach einer Folge von Zeiteinheiten sich die Ausgangswerte nicht mehr ändern, der Prozess also „stabil" ist. Eine Verteilung, bei der dies der Fall ist, nennt man eine **stabile Verteilung**.

Beispiel 1:
Ein Unternehmen fertigt aus drei Rohstoffen R_1, R_2 und R_3 zunächst drei Zwischenprodukte Z_1, Z_2 und Z_3 und aus diesen dann zwei Endprodukte E_1 und E_2. Das folgende Diagramm zeigt den Materialbedarf (in Einheiten).

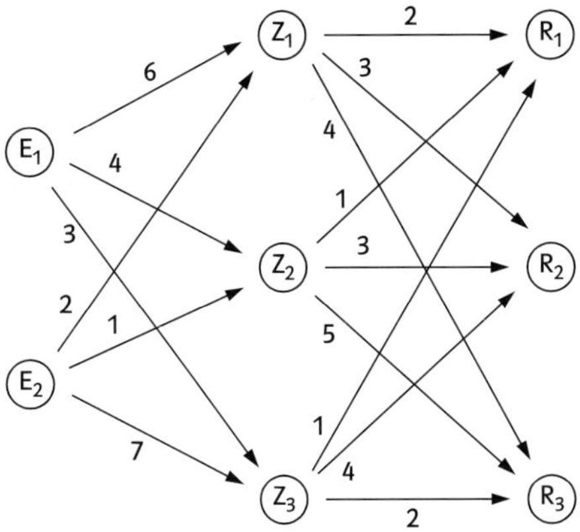

a) Beschreiben Sie den Gesamtprozess in Matrix-Vektor-Schreibweise.
b) Es sollen 15 Einheiten von E_1 und 20 Einheiten von E_2 hergestellt werden. Ermitteln Sie den Rohstoffbedarf.

Lösung:
a) 1. Stufe:

	E_1	E_1
Z_1	6	2
Z_2	4	1
Z_3	3	7

2. Stufe:

	Z_1	Z_2	Z_3
R_1	2	1	1
R_2	3	3	4
R_3	4	5	2

$$B = \begin{pmatrix} 6 & 2 \\ 4 & 1 \\ 3 & 7 \end{pmatrix} \qquad A = \begin{pmatrix} 2 & 1 & 1 \\ 3 & 3 & 4 \\ 4 & 5 & 2 \end{pmatrix}$$

Verkettung von Prozessen in Matrixdarstellung

Zweistufige Produktionsprozesse:
$\vec{x}$: Eingangsvektor der 1. Stufe
$\vec{y}$: Ausgangsvektor der 1. Stufe und Eingangsvektor der 2. Stufe
$\vec{z}$: Ausgangsvektor der 2. Stufe
B: Prozessmatrix der 1. Stufe
A: Prozessmatrix der 2. Stufe

1. Stufe: $\vec{y} = B \cdot \vec{x}$
2. Stufe: $\vec{z} = A \cdot \vec{y}$
Gesamtprozess: $\vec{z} = C \cdot \vec{x}$ mit $C = A \cdot B$

Entwicklungs- und Austauschprozesse:
$\vec{x_0}$: Startverteilung, Anfangsverteilung
$\vec{y_1}$: Verteilung nach der 1. Zeiteinheit
$\vec{y_k}$: Verteilung nach der k. Zeiteinheit

Mit A als Übergangsmatrix gilt:
$\vec{y_1} = A \cdot \vec{x_0}$,
$\vec{y_k} = A^k \cdot \vec{x_0}$ mit $A^k = \underbrace{A \cdot A \cdot \ldots \cdot A}_{k\text{-mal}}$.

Jeder Vektor $g \neq \vec{0}$ mit $A \cdot \vec{g} = \vec{g}$ wird **stabile Verteilung** oder auch **Gleichgewichtsverteilung** genannt.
Solche Verteilungen berechnet man mithilfe eines linearen Gleichungssystems.

Schema zur Berechnung von A · B:

			6	2
			4	1
			3	7
2	1	1	19	12
3	3	4	42	37
4	5	2	50	27

Matrizenprodukt:

$$C = A \cdot B = \begin{pmatrix} 19 & 12 \\ 42 & 37 \\ 50 & 27 \end{pmatrix}.$$

Damit ergibt sich als Matrix-Vektor-Darstellung des Gesamtprozesses:

$$\begin{pmatrix} z_1 \\ z_2 \\ z_3 \end{pmatrix} = \begin{pmatrix} 19 & 12 \\ 42 & 37 \\ 50 & 27 \end{pmatrix} \cdot \begin{pmatrix} x_1 \\ x_2 \end{pmatrix}.$$

b) Mit $x_1 = 15$ und $x_2 = 20$ ergibt sich:

$$\begin{pmatrix} z_1 \\ z_2 \\ z_3 \end{pmatrix} = \begin{pmatrix} 19 & 12 \\ 42 & 37 \\ 50 & 27 \end{pmatrix} \cdot \begin{pmatrix} 15 \\ 20 \end{pmatrix} = \begin{pmatrix} 525 \\ 1370 \\ 1290 \end{pmatrix}.$$

Benötigt werden also 525 Einheiten von R_1, 1370 Einheiten von R_2, 1290 Einheiten von R_3.

Beispiel 2:

In einem Land gibt es drei wöchentlich erscheinende Computer-Zeitschriften Z_1, Z_2 und Z_3. Im Diagramm ist angegeben, welche Käuferanteile beim nächsten Kauf die Zeitschrift wechseln oder nicht.

a) Stellen Sie die Übergangsmatrix für diesen Austauschprozess auf.
b) Zu Beginn einer Untersuchung sind die Käuferanteile 30 % für Z_1, 40 % für Z_2 und 30 % für Z_3. Welche Käuferanteile haben die Zeitschriften nach 2 bzw. 4 Wochen? Interpretieren Sie die Ergebnisse.
c) Ermitteln Sie eine Gleichverteilung für die Käuferanteile.

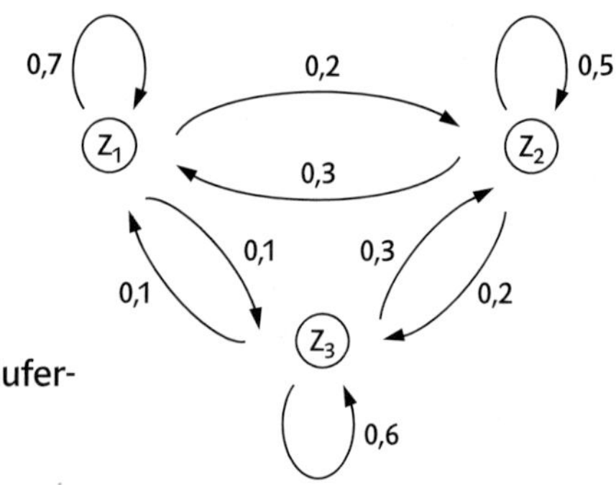

Lösung:

a) Dem Diagramm entnimmt man folgende Tabelle und damit die Übergangsmatrix A:

nach \ von	Z_1	Z_2	Z_3
Z_1	0,7	0,3	0,1
Z_2	0,2	0,5	0,3
Z_3	0,1	0,2	0,6

$$A = \begin{pmatrix} 0{,}7 & 0{,}3 & 0{,}1 \\ 0{,}2 & 0{,}5 & 0{,}3 \\ 0{,}1 & 0{,}2 & 0{,}6 \end{pmatrix}$$

b) Mit $A \cdot A = A^2 = \begin{pmatrix} 0{,}56 & 0{,}38 & 0{,}22 \\ 0{,}27 & 0{,}37 & 0{,}35 \\ 0{,}17 & 0{,}25 & 0{,}43 \end{pmatrix}$ und $A^2 \cdot A^2 = A^4 = \begin{pmatrix} 0{,}4536 & 0{,}4084 & 0{,}3508 \\ 0{,}3106 & 0{,}3270 & 0{,}3394 \\ 0{,}2358 & 0{,}2646 & 0{,}3098 \end{pmatrix}$

ergibt sich $\overrightarrow{y_2} = A^2 \cdot \begin{pmatrix} 0{,}3 \\ 0{,}4 \\ 0{,}3 \end{pmatrix} = \begin{pmatrix} 0{,}56 & 0{,}38 & 0{,}22 \\ 0{,}27 & 0{,}37 & 0{,}35 \\ 0{,}17 & 0{,}27 & 0{,}43 \end{pmatrix} \cdot \begin{pmatrix} 0{,}3 \\ 0{,}4 \\ 0{,}3 \end{pmatrix} = \begin{pmatrix} 0{,}386 \\ 0{,}334 \\ 0{,}288 \end{pmatrix}$,

$$\overrightarrow{y_4} = A^4 \cdot \begin{pmatrix} 0{,}3 \\ 0{,}4 \\ 0{,}3 \end{pmatrix} = \begin{pmatrix} 0{,}4536 & 0{,}4084 & 0{,}3508 \\ 0{,}3106 & 0{,}3270 & 0{,}3394 \\ 0{,}2358 & 0{,}2646 & 0{,}3098 \end{pmatrix} \cdot \begin{pmatrix} 0{,}3 \\ 0{,}4 \\ 0{,}3 \end{pmatrix} = \begin{pmatrix} 0{,}40468 \\ 0{,}32580 \\ 0{,}26952 \end{pmatrix}.$$

Die Käuferanteile sind nach 2 Wochen: 38,6 %, 33,4 % und 28,8 %
und nach 4 Wochen rund: 40,5 %, 32,6 % und 27,0 %.
Die Zeitschrift Z_1 gewinnt Anteile hinzu, während die beiden anderen Anteile verlieren.

c) Aus dem LGS

$$\begin{aligned} 0{,}7x_1 + 0{,}3x_2 + 0{,}1x_3 &= x_1 \\ 0{,}2x_1 + 0{,}5x_2 + 0{,}3x_3 &= x_2 \\ 0{,}1x_1 + 0{,}2x_2 + 0{,}6x_3 &= x_3 \end{aligned} \quad \text{folgt} \quad \begin{aligned} -0{,}3x_1 + 0{,}3x_2 + 0{,}1x_3 &= 0 \\ 0{,}2x_1 - 0{,}5x_2 + 0{,}3x_3 &= 0 \\ 0{,}1x_1 + 0{,}2x_2 - 0{,}4x_3 &= 0 \end{aligned} \quad \text{bzw.} \quad \begin{aligned} -0{,}3x_1 + 0{,}3x_2 + 0{,}1x_3 &= 0 \\ -0{,}9x_2 + 1{,}1x_3 &= 0. \\ 0 &= 0 \end{aligned}$$

Mit $x_3 = t$ folgt $x_2 = \frac{11}{9}t$; $x_1 = \frac{14}{9}t$.

Da es sich um Anteile handelt, ist $x_1 + x_2 + x_3 = 1$.

Aus $\frac{14}{9}t + \frac{11}{9}t + t = 1$ folgt $t = \frac{9}{34}$.

Gleichgewichtsverteilung:
$\vec{x}$ mit $x_1 \approx 0{,}41 = 41\%$, $x_2 \approx 0{,}32 = 32\%$, $x_3 \approx 0{,}26 = 26\%$.
Auf lange Sicht sind die Käuferanteile für die drei Zeitschriften Z_1, Z_2 und Z_3 rund 41 %, 32 % und 26 %.

Aufgaben

1. Es ist $A = \begin{pmatrix} 1 & 0 & 3 \\ 5 & 2 & 7 \end{pmatrix}$, $B = \begin{pmatrix} 3 & 2 & 1 \\ 4 & 0 & 7 \\ 0{,}5 & 1 & 0{,}25 \end{pmatrix}$ und $C = \begin{pmatrix} 4 \\ 0{,}5 \\ 1 \end{pmatrix}$. Berechnen Sie:

a) $A \cdot B$ b) $A \cdot C$ c) $B \cdot C$ d) B^2 e) B^3 f) $B^3 \cdot C$.

2. In einem Produktionsprozess werden zunächst aus drei Rohstoffen R_1, R_2 und R_3 zwei Zwischenprodukte Z_1 und Z_2 hergestellt. Aus den Zwischenprodukten werden dann drei Endprodukte E_1, E_2 und E_3 produziert. Das folgende Diagramm gibt den Bedarf (in Einheiten) eines Produktes an Vorprodukten an.

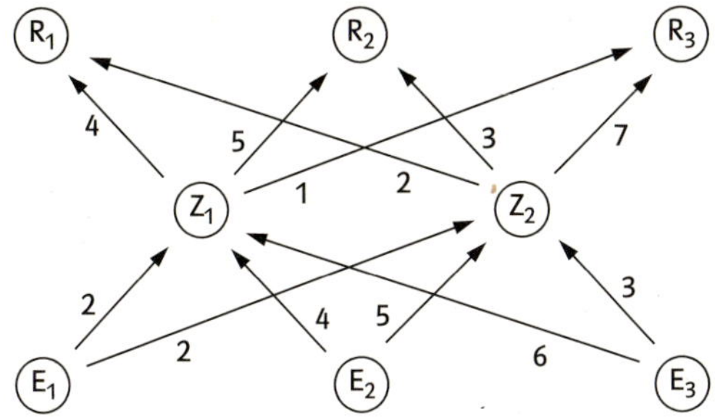

a) Beschreiben Sie die Stufen des Prozesses durch lineare Gleichungssysteme. Bestimmen Sie die Bedarfsmatrizen für die beiden Produktionsstufen und daraus die Bedarfsmatrix für den Gesamtprozess.
b) Ermitteln Sie den Rohstoffbedarf für 10 Einheiten von E_1, 15 Einheiten von E_2 und 30 Einheiten von E_3.

3. Das Diagramm zeigt, wie sich bei einer Insektenart die Merkmale M_1 und M_2 vererben.

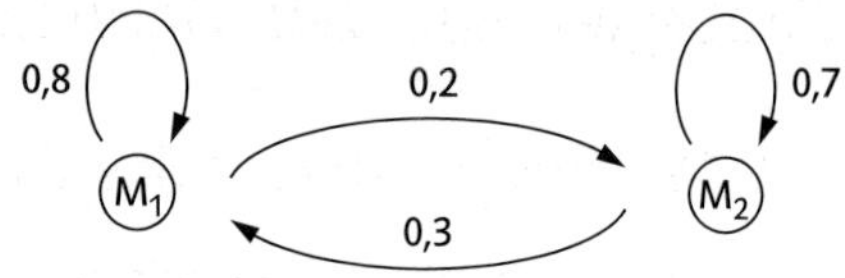

a) Ermitteln Sie die Übergangsmatrizen für 1 Zeiteinheit, 2 Zeiteinheiten, 3 Zeiteinheiten.

b) Es sei $\overrightarrow{x_0} = \begin{pmatrix} 0{,}7 \\ 0{,}3 \end{pmatrix}$ die Anfangsverteilung der Merkmale. Welche Verteilung ergibt sich nach 3 Zeiteinheiten?

c) Ermitteln Sie eine Gleichgewichtsverteilung und interpretieren Sie das Ergebnis.

4. Die Entwicklung einer Population wird durch folgende Übergangsmatrix beschrieben:

$$A = \begin{pmatrix} 0 & 0 & 20 \\ 0{,}8 & 0 & 0 \\ 0 & 0{,}5 & 0 \end{pmatrix}.$$

a) Stellen Sie die Entwicklung durch ein Diagramm dar.

b) Es sei $x_1 = 40$, $x_2 = 20$, $x_3 = 10$ die Startverteilung. Berechnen Sie die Verteilung nach 4 Zeiteinheiten.

c) Untersuchen Sie, ob es eine stabile Verteilung gibt.

5. Ein Atom kann drei Energiezustände E_1, E_2 und E_3 annehmen. Die Tabelle gibt an, welche Anteile der Atome in einem stark verdünnten Gas nach einer Zeiteinheit den Zustand ändern oder nicht.

nach \ von	E_1	E_1	E_1
E_1	0,5	0,4	0,2
E_2	0,4	0,4	0,4
E_3	0,1	0,2	0,4

a) Stellen Sie die Übergangsmatrix auf.

b) Die Anfangsverteilung sei $x_1 = 0{,}3$, $x_2 = 0{,}3$, $x_3 = 0{,}4$. Ermitteln Sie die Anteile der Zustände nach einer Zeiteinheit, nach zwei und nach drei Zeiteinheiten.

c) Ermitteln Sie eine Gleichverteilung und interpretieren Sie das Ergebnis.

Strategien aus dem Bereich Stochastik

3.25 Wie wende ich wichtige Formeln aus der Kombinatorik an?

Sind alle Ergebnisse eines Zufallsexperimentes gleich wahrscheinlich (LAPLACE-Experiment vgl. S. 58), gilt für ein Ereignis A:

$$P(A) = \frac{\text{Anzahl der für A günstigen Ergebnisse}}{\text{Anzahl der möglichen Ergebnisse}}.$$

Zur Ermittlung dieser Anzahlen sind Formeln aus der Kombinatorik hilfreich.

Wichtige Formeln zur Bestimmung von Anzahlen

Aus einer Urne mit n Kugeln werden k Kugeln gezogen.
Man unterscheidet Ziehungen

- **mit** und **ohne** Zurücklegen;
- **mit** und **ohne** Beachtung der Reihenfolge.

Die Anzahl der Möglichkeiten

- bei Ziehungen **mit** Zurücklegen und **mit** Beachtung der Reihenfolge ist $n \cdot n \cdot \ldots \cdot n = \mathbf{n^k}$
- bei Ziehungen **ohne** Zurücklegen und **mit** Beachtung der Reihenfolge ist: $n \cdot (n-1) \cdot \ldots \cdot (n-k+1) = \frac{n!}{(n-k)!}$
  Sonderfall: $k = n$
  $n \cdot (n-1) \cdot \ldots \cdot 2 \cdot 1 = \mathbf{n!}$
  Taschenrechner: nPr (Permutationen)
- bei Ziehungen **ohne** Zurücklegen und **ohne** Beachtung der Reihenfolge (Ziehen mit einem Griff) ist:
  $\frac{n \cdot (n-1) \cdot \ldots \cdot (n-k+1)}{k \cdot (k-1) \cdot \ldots \cdot 2 \cdot 1} = \frac{n!}{k! \cdot (n-k)!} = \binom{n}{k}$
  Taschenrechner: nCr (Combinationen)

Beispiel 1:
In einer Urne befinden sich zehn Kugeln mit den Zahlen 1 bis 10. Es werden 5 Kugeln mit Zurücklegen gezogen. Berechnen Sie die Wahrscheinlichkeiten der Ereignisse:

A: Alle Zahlen sind verschieden,
B: Genau drei Zahlen sind gleich,
C: Unter den 5 Zahlen sind genau zweimal die 7 und zweimal die 9.

Lösung:
Um die Wahrscheinlichkeiten zu ermitteln, kann man sich z. B. fünf Felder vorstellen, die jeweils mit einer Zahl belegt werden müssen.

Da mit Zurücklegen gezogen wird, gibt es $10 \cdot 10 \cdot 10 \cdot 10 \cdot 10 = 10^5$ mögliche Belegungen.

Anzahl der für A günstigen Ergebnisse:
Das erste Feld kann auf 10 Arten belegt werde, das zweite auf 9, das dritte auf 8, das vierte auf 7, das fünfte auf 6.
Damit ergibt sich:

$$P(A) = \frac{10 \cdot 9 \cdot 8 \cdot 7 \cdot 6}{10^5} = 0{,}3024.$$

Anzahl der für B günstigen Ergebnisse:
Man denkt sich zunächst 3 Felder ausgewählt; dies ist auf $\binom{5}{3}$ Arten möglich.
Diese 3 Felder kann man auf 10 Arten mit gleichen Zahlen belegen. Die verbleibenden Felder müssen mit anderen Zahlen belegt werden; dies ist auf $9 \cdot 9$ Arten möglich.
Insgesamt ergibt sich:

$$P(B) = \frac{\binom{5}{3} \cdot 10 \cdot 9 \cdot 9}{10^5} = \frac{10 \cdot 10 \cdot 9 \cdot 9}{10^5} = 0{,}081.$$

Anzahl der für C günstigen Ergebnisse:

Zunächst denkt man sich 2 Felder ausgewählt; dies ist auf $\binom{5}{2}$ Arten möglich.

Diese Felder können nur auf eine Art mit der Zahl 7 belegt werden. Aus den restlichen 3 Feldern werden wieder 2 Felder ausgewählt; dies ist auf $\binom{3}{2}$ Arten möglich.

Die Belegung mit der Zahl 9 ist nur auf eine Art möglich. Das verbleibende Feld kann auf 8 Arten belegt werden.

Insgesamt ergibt sich:

$$P(C) = \frac{\binom{5}{2} \cdot \binom{3}{2} \cdot 8}{10^5} = \frac{10 \cdot 3 \cdot 8}{10^5} = 0{,}0024.$$

Aufgaben

1. Beim Lotto „3 aus 5" werden aus den Zahlen 1, 2, 3, 4, 5 drei Zahlen gezogen.

a) Notieren Sie alle möglichen Ziehungen.
Nehmen Sie an, es wurden die Zahlen 1, 3, 4 gezogen. Ermitteln Sie hiermit die Wahrscheinlichkeiten für eine richtige Zahl, zwei richtige Zahlen, drei richtige Zahlen.

b) Ermitteln Sie die Wahrscheinlichkeiten aus a) mithilfe der Kombinatorik.

c) Mit welcher Wahrscheinlichkeit hat man im Lotto „6 aus 49" vier Richtige?

2. Vier ideale Würfel werden gleichzeitig geworfen. Berechnen Sie die Wahrscheinlichkeiten der Ereignisse:

A: Alle Würfel zeigen die gleiche Augenzahl,
B: Alle Würfel zeigen verschiedene Augenzahlen,
C: Zwei Würfel zeigen die 1 und zwei Würfel zeigen die 6,
D: Drei Würfel zeigen die 1 und ein Würfel zeigt die 6.

Sind Sie unsicher bei einer Kombinatorik-Aufgabe?
Wählen Sie kleine Anzahlen und notieren Sie alle möglichen Ergebnisse (vgl. Aufg. 1).

3. In einer Urne befinden sich 4 weiße und 6 schwarze Kugeln. Es werden 3 Kugeln mit einem Griff gezogen. Berechnen Sie die Wahrscheinlichkeiten der Ereignisse

A: Alle Kugeln sind schwarz,
B: Genau zwei Kugeln sind weiß,
C: Zwei oder drei Kugeln sind schwarz.

4. Von den 50 Mitarbeitern einer Firma sind 20 weiblich. Zur Belohnung eines guten Geschäftsjahres werden 5 Reisen verlost. Mit welcher Wahrscheinlichkeit gewinnen genau 3 Frauen eine Reise?

5. Bei der 13er-Wette im Fußball-Toto muss man den Ausgang von 13 Spielen vorhersagen. Es steht 1 für Sieg des erstgenannten Vereins, 0 für Unentschieden, 2 für Sieg des zweitgenannten Vereins. Ein Spieler kreuzt die Felder zufällig an.
Mit welcher Wahrscheinlichkeit hat er

a) 13 Richtige b) 12 Richtige c) 11 Richtige?

3.26 Wie berechne ich die Wahrscheinlichkeit für ein Oder-Ereignis?

Durch Verknüpfen von Ereignissen A, B kann man neue Ereignisse bilden.
Zu $A \cap B$ (Und-Ereignis) gehören die Ergebnisse, die sowohl zu A als auch zu B gehören.
Zu $A \cup B$ (Oder-Ereignis) gehören die Ergebnisse, die mindestens zu eines der Ereignisse A, B gehören.

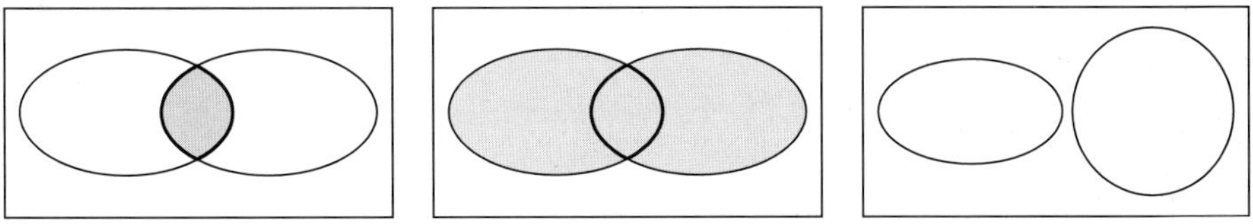

$A \cap B$ | $A \cup B$ | $A \cap B = \{\}$

Zur Berechnung der Wahrscheinlichkeit für ein Und-Ereignis vergleiche S. 62.
Für ein Oder-Ereignis gilt der so genannte **Additionssatz**:
Für beliebige Ereignisse A, B gilt:

$$\mathbf{P(A \cup B) = P(A) + P(B) - P(A \cap B)}$$

(allgemeine Form).

Sind A, B unvereinbar, d. h. ist $A \cap B = \{\}$ und damit $P(A \cap B) = 0$, gilt:

$$\mathbf{P(A \cup B) = P(A) + P(B)}$$

(spezielle Form).

Häufig vorkommender **Sonderfall**:
Sind A, B unabhängig, d. h. ist $P(A \cap B) = P(A) \cdot P(B)$, gilt:

$$\mathbf{P(A \cup B) = P(A) + P(B) - P(A) \cdot P(B)}.$$

Strategie zur Berechnung von $P(A \cup B)$:

1. Schritt:
   Einführung von Ereignissen
   (Dieser Schritt entfällt, wenn A, B schon gegeben sind.)
2. Schritt:
   Können A und B gleichzeitig eintreten?
   - nein → spezieller Additionssatz
   - ja → allgemeiner Additionssatz

Beispiel 1:
In einer Bevölkerung sehen 95% fern, 87% lesen Zeitung und 85% sehen fern und lesen Zeitung. Wie groß ist die Wahrscheinlichkeit, dass eine Person dieser Bevölkerung fernsieht oder Zeitung liest?

Lösung:
1. Schritt: Einführung von Ereignissen
A: Person sieht fern, B: Person liest Zeitung.
Gegeben sind die Wahrscheinlichkeiten: $P(A) = 0{,}95$; $P(B) = 0{,}87$; $P(A \cap B) = 0{,}85$.
Gesucht ist $P(A \cup B)$.
2. Schritt:
Da es Personen gibt, die fernsehen und Zeitung lesen, ist der Additionssatz in der allgemeinen Form anzuwenden:

$$P(A \cup B) = P(A) + P(B) - P(A \cap B) = 0{,}95 + 0{,}87 - 0{,}85 = 0{,}97.$$

Beispiel 2:
Ein Tetraeder trägt auf drei Seitenflächen jeweils eine 3 und auf der vierten eine 4. Alle vier Seitenflächen fallen mit der gleichen Wahrscheinlichkeit. Dieses Tetraeder wird dreimal geworfen. Mit welcher Wahrscheinlichkeit ist die Summe der Zahlen mindestens 11?

Lösung:
1. Schritt: Einführung von Ereignissen
Bei drei Würfen kann die Summe der Zahlen höchstens 12 sein. Setzt man
A: Summe der Zahlen ist 11; B: Summe der Zahlen ist 12, so ist $P(A \cup B)$ gesucht.
2. Schritt:
A und B sind unvereinbar, denn die Summen 11 bzw. 12 können nicht gleichzeitig eintreten. Damit ist der Additionssatz in der speziellen Form anwendbar:
$P(A \cup B) = P(A) + P(B)$.
Die Summe 11 tritt ein, wenn bei drei Würfen einmal die 3 und zweimal die 4 eintritt.
Die 3 kann als 1. oder 2. oder 3. Zahl erscheinen. Damit ist $P(A) = 3 \cdot \left(\frac{3}{4}\right)^1 \cdot \left(\frac{1}{4}\right)^2$.

Die Summe 12 tritt ein, wenn bei drei Würfen dreimal die 4 eintritt: $P(B) = \left(\frac{1}{4}\right)^3$.
Insgesamt ergibt sich:
$$P(A \cup B) = P(A) + P(B)$$
$$= 3 \cdot \left(\frac{3}{4}\right)^1 \cdot \left(\frac{1}{4}\right)^2 + \left(\frac{1}{4}\right)^3 = 0{,}15625.$$
In rund 16 % der Fälle ist die Summe der Zahlen mindestens 11.

Hinweis: In Beispiel 2 kann man P(A) und P(B) auch mithilfe der Binomialverteilung ermitteln: A tritt ein, wenn die 3 genau einmal erscheint, B tritt ein, wenn die 3 keinmal erscheint.

Beispiel 3:
Eine Urne enthält 4 rote und 6 weiße Kugeln. Es wird dreimal mit Zurücklegen eine Kugel gezogen. Mit welcher Wahrscheinlichkeit ist die erste oder die dritte Kugel rot?

Lösung:
1. Schritt: Einführung von Ereignissen
A: Die erste Kugel ist rot, B: Die dritte Kugel ist rot
Gesucht ist $P(A \cup B)$.
2. Schritt:
Bei drei Ziehungen mit Zurücklegen können A und B gleichzeitig eintreten.
Also ist der Additionssatz in der allgemeinen Form anzuwenden.
Da mit Zurücklegen gezogen wird, sind A und B unabhängig. Also gilt der Sonderfall:
$P(A \cup B) = P(A) + P(B) - P(A) \cdot P(B)$.
Beim Ereignis A ist die Farbe im zweiten bzw. im dritten Zug beliebig: $P(A) = \frac{4}{10} \cdot 1 \cdot 1 = \frac{2}{5}$.
Beim Ereignis B ist die Farbe im ersten bzw. zweiten Zug beliebig: $P(B) = 1 \cdot 1 \cdot \frac{4}{10} = \frac{2}{5}$.
Insgesamt ergibt sich:
$$P(A \cup B) = P(A) + P(B) - P(A) \cdot P(B).$$
$$= \frac{2}{5} + \frac{2}{5} - \frac{2}{5} \cdot \frac{2}{5} = \frac{16}{25} = 0{,}64.$$
In 64 % aller Fälle ist die erste oder die dritte Kugel rot.

Aufgaben

1. Bei einem Würfel fallen die sechs Seiten jeweils mit der gleichen Wahrscheinlichkeit. Mit welcher Wahrscheinlichkeit erhält man bei zwei Würfen mit diesem Würfel mindestens einmal eine Sechs? Berechnen Sie diese Wahrscheinlichkeit

a) mit dem Additionssatz
b) mit einer Binomialverteilung.

2. Beim Roulette wird eine Kugel in eine sich drehende Scheibe geworfen und landet in einem der Felder 0 bis 36. Gesucht ist die Wahrscheinlichkeit, dass die Kugel bei zwei Spielen mindestens einmal in einem Feld mit einer Zahl kleiner als 10 landet. Berechnen Sie diese Wahrscheinlichkeit

a) mit dem Additionssatz
b) mit einer Binomialverteilung.

3. Bei einem Glücksrad erscheinen die Farben weiß und schwarz mit den Wahrscheinlichkeiten 0,2 bzw. 0,8. Das Glücksrad wird viermal gedreht. Mit welcher Wahrscheinlichkeit erscheint die Farbe schwarz bei der ersten oder zweiten Drehung?

4. Die Figur zeigt eine Reihen- bzw. Parallelschaltung. Diese Schaltungen arbeiten genau dann, wenn jedes bzw. mindestens ein Bauteil arbeitet. Die Bauteile arbeiten mit der Wahrscheinlichkeit 0,95 und fallen unabhängig voneinander aus.

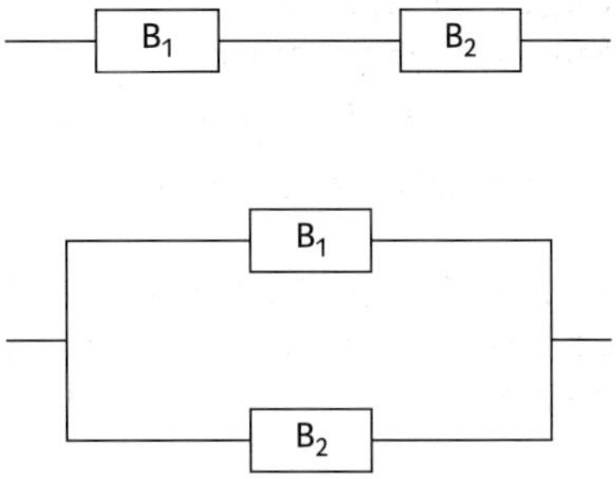

a) Mit welchen Wahrscheinlichkeiten arbeiten die Reihenschaltung bzw. Parallelschaltung?
b) Um wieviel Prozent ist die Wahrscheinlichkeit für eine Parallelschaltung größer als die für eine Reihenschaltung?

5. Bei der Produktion von Metallstäben treten unabhängig voneinander nur Fehler in der Länge bzw. in der Dicke auf. 7 % der Stäbe sind fehlerhaft; 4 % haben die falsche Länge.

a) Wie groß ist die Wahrscheinlichkeit für eine falsche Dicke?
b) Mit welcher Wahrscheinlichkeit hat ein Stab beide Fehler?

6. In einer Urne befinden sich 10 schwarze, 15 weiße und 25 rote Kugeln. Der Urne werden 6 Kugeln mit Zurücklegen entnommen. Mit welcher Wahrscheinlichkeit erhält man keine schwarze oder genau drei rote Kugeln?

7. In einer Urne befinden sich 4 Kugeln mit der Zahl 1, 4 Kugeln mit der Zahl 2, 5 Kugeln mit der Zahl 3 und 7 Kugeln ohne Zahl. Es werden 2 Kugeln ohne Zurücklegen gezogen. Mit welcher Wahrscheinlichkeit erhält man zwei Kugeln mit derselben Zahl oder die Summe der Zahlen ist größer als 4?

3.27 Wie führe ich einen zweiseitigen Hypothesentest durch?

Bei einem **Hypothesentest** stellt man zwei sich gegenseitig ausschließende Hypothesen auf: Die **Nullhypothese H_0** und die **Gegenhypothese H_1**.
Um zu entscheiden, ob H_0 abgelehnt werden kann oder nicht, wird das Zufallsexperiment n-mal durchgeführt (Stichprobenumfang n). Die Zufallsvariable X beschreibe die Anzahl der Treffer bei diesen n Durchführungen. Besagt die Nullhypothese, dass die Trefferwahrscheinlichkeit **gleich** p_0 ist, ist es sinnvoll die Nullhypothese abzulehnen, wenn die Zufallsvariable X **kleine** oder **große** Werte annimmt. Man spricht dann von einem **zweiseitigen** Test.

Um die genauen Grenzen g des Ablehnungsbereiches $\overline{A}$ zu bestimmen, gibt man sich eine Wahrscheinlichkeit α vor und ermittelt mithilfe einer Tabelle der Binomialverteilung die Werte g_l und g_r, welche die Ungleichungen (1) bzw. (2) erfüllen. Die Wahrscheinlichkeit α heißt **Irrtumswahrscheinlichkeit** oder **Signifikanzniveau**.

Die Binomialverteilung ist nicht für alle n-Werte und p-Werte tabelliert. Ist die Faustformel $\sigma > 3$ erfüllt, kann man die Grenzen des Ablehnungsbereiches näherungsweise mithilfe von σ-Regeln bestimmen (vgl. den nebenstehenden Kasten und Seite 71).

Zweiseitiger Hyptothesentest

Durchführung mit Tabellen:
1) Hypothesen: H_0: $p = p_0$; H_1: $p \neq p_0$
2) Festlegung des Stichprobenumfangs n und des Signifikanzniveaus α
3) Bestimmung des Ablehnungsbereiches: $\overline{A} = \{0; 1; \dots; g_l\} \cup \{g_r; \dots; n\}$

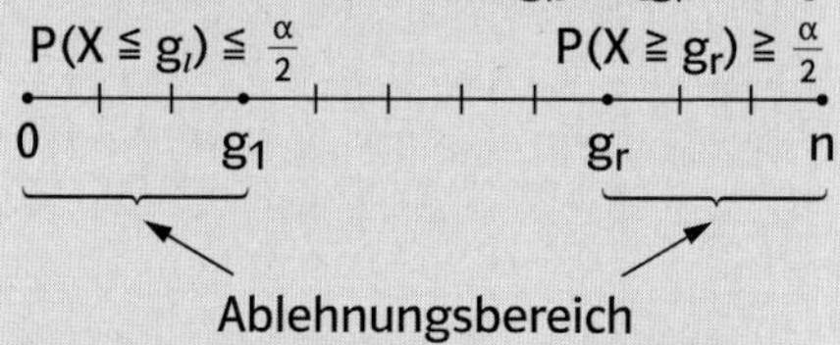

Dabei ist g_l die **größte** und g_r die **kleinste** Zahl, für die gilt:
$$P(X \leqq g_l) = B_{n;p_0}(0) + \dots + B_{n;p_0}(g_l) \leqq \frac{\alpha}{2} \quad (1)$$
bzw.
$$P(X \geqq g_r) = B_{n;p_0}(g_r) + \dots + B_{n;p_0}(n) \leqq \frac{\alpha}{2} \quad (2)$$
(Tabellen: $p = p_0$)
4) Entscheidungsregel:
Liegt der Stichprobenwert in $\overline{A}$, wird H_0 verworfen, ansonsten wird H_0 beibehalten.

Durchführung mit σ-Regeln:
Ist die Faustformel
$\sigma_0 = \sqrt{n \cdot p_0 \cdot (1 - p_0)} > 3$
erfüllt, kann man den Ablehnungsbereich $\overline{A}$ einfacher bestimmen:
Die Grenzen g_l und g_r sind dann näherungsweise:
$g_l = \mu_0 - c \cdot \sigma_0$ und $g_r = \mu_0 + c \cdot \sigma_0$,
wobei sich c nach dem Signifikanzniveau richtet. Bei einem zweiseitigen Test gilt die folgende Tabelle.

α	1%	5%	10%
c	2,58	1,96	1,64

Beispiel 1: *(zweiseitiger Test; Tabellen)*
Bei einem vorgelegten Würfel soll überprüft werden, ob die Sechs mit der Wahrscheinlichkeit $\frac{1}{6}$ fällt. Bei 100 Würfen werden 22 Sechsen gezählt. Kann man hieraus auf dem Signifikanzniveau $\alpha = 5\%$ schließen, dass es sich nicht um einen idealen Würfel handelt?

Lösung:
1) Hypothesen: H_0: $p = \frac{1}{6}$; H_1: $p \neq \frac{1}{6}$
2) Stichprobenumfang: $n = 100$; Signifikanzniveau: $\alpha = 0{,}05$

3) Es handelt sich um einen zweiseitigen Test mit $\overline{A} = \{0; 1; \ldots; g_l\} \cup \{g_r; \ldots; n\}$.
Zu bestimmen sind g_l und g_r mit $P(X \leqq g_l) \leqq \frac{\alpha}{2}$ bzw. $P(X \geqq g_r) \leqq \frac{\alpha}{2}$.
Eine Tabelle liefert:
$P(X \leqq 10) = 0{,}0427$; $P(X \leqq 9) = 0{,}0213$;
$P(X \geqq 24) = 1 - P(X \leqq 23) = 0{,}0379$; $P(X \geqq 25) = 1 - P(X \leqq 24) = 0{,}0217$.
Damit ergibt sich: $\overline{A} = \{0; 1; \ldots; 9\} \cup \{25; 26; \ldots; 100\}$.
4) Entscheidung: Da $22 \notin \overline{A}$ ist, kann H_0 nicht abgelehnt werden.
Man kann also nicht schließen, dass es sich nicht um einen idealen Würfel handelt.

Beispiel 2: *(zweiseitiger Test; σ-Regeln)*
In einer Studie über das Freizeitverhalten von Jugendlichen wird behauptet, dass 60 % von ihnen regelmäßig Sport treiben. Zur Überprüfung dieser Behauptung wurden 250 Jugendliche befragt; von diesen gaben 133 an, regelmäßig Sport zu treiben. Kann man hieraus mit einer Irrtumswahrscheinlichkeit von 5 % schließen, dass die Angabe der Studie nicht zutrifft?

Lösung:
1) Hypothesen: H_0: $p = 0{,}6$; H_1: $p \neq 0{,}6$
2) Stichprobenumfang: $n = 250$; Siginifikanzniveau: $\alpha = 0{,}05$
3) Überprüfung der Faustformel: $\sigma_0 = \sqrt{250 \cdot 0{,}6 \cdot 0{,}4} \approx 7{,}7 > 3$
Die Faustformel ist erfüllt; eine näherungsweise Berechnung der Grenzen ist möglich.
$g_l = 250 \cdot 0{,}6 - 1{,}96 \cdot \sqrt{250 \cdot 0{,}6 \cdot 0{,}4} \approx 134{,}8$,
$g_r = 250 \cdot 0{,}6 + 1{,}96 \cdot \sqrt{250 \cdot 0{,}6 \cdot 0{,}4} \approx 165{,}2$.
Also ist $\overline{A} = \{0; \ldots; 135\} \cup \{165; \ldots; 250\}$.
4) Entscheidung: Da $133 \in \overline{A}$ ist, kann die Nullhypothese abgelehnt werden.
Es sind also erhebliche Zweifel an der Behauptung in der Studie angebracht.

Aufgaben

1. Die Hypothese H_0: $p = 0{,}9$ soll gegen H_1: $p \neq 0{,}9$ bei dem Stichprobenumfang $n = 100$ auf dem Signifikanzniveau $\alpha = 1\,\%$ getestet werden. Ermitteln Sie den Ablehnungsbereich.

2. Von einer Urne wird behauptet, dass 30 % der Kugeln weiß sind. Bei 50 Ziehungen mit Zurücklegen aus dieser Urne findet man 8 weiße Kugeln. Spricht dies bei einem Signifikanzniveau von 5 % gegen die Behauptung?

3. Die Hypothese H_0: $p = 0{,}4$ soll gegen H_1: $p \neq 0{,}4$ bei dem Stichprobenumfang $n = 200$ auf dem Signifikanzniveau $\alpha = 1\,\%$ getestet werden. Ermitteln Sie den Ablehnungsbereich.

4. In einer aktuellen Studie wird behauptet, dass nur 44 % aller Personen ab 62 Jahren über ein Handy verfügen. Um diese Behauptung zu überprüfen, wurden 800 Personen dieser Altersgruppe befragt; 330 gaben an, ein Handy zu besitzen. Kann man hieraus auf dem Signifikanzniveau $\alpha = 5\,\%$ schließen, dass die Behauptung zutrifft?

3.28 Wie führe ich einen einseitigen Hypothesentest durch?

Besagt bei einem **einseitigen** Hypothesentest die Nullhypothese, dass die Trefferwahrscheinlichkeit **höchstens** gleich p_0 ist, ist es sinnvoll die Nullhypothese abzulehnen, wenn die Zufallsvariable X **große** Werte annimmt. Man spricht dann von einem **rechtsseitigen** Test.
Eine Nullhypothese der Form, die Trefferwahrscheinlichkeit ist **mindestens** p_0, wird man ablehnen, wenn die Zufallsvariable X **kleine** Werte annimmt.
Dies ist dann ein **linksseitiger** Test.
Wie bei einem zweiseitigen Hypothesentest kann man auch bei einseitigen Tests die jeweiligen Grenzen des Ablehnungsbereiches näherungsweise mithilfe von σ-Regeln bestimmen, wenn die Faustformel $\sigma_0 = \sqrt{n \cdot p_0 \cdot (1 - p_0)} > 3$ erfüllt ist.
Allerdings gilt für einseitige Tests die folgende Tabelle:

α	1%	5%	10%
c	2,33	1,64	1,28

Beispiel 1: *(rechtsseitiger Test; Tabelle)*
Der Hersteller eines elektrischen Gerätes behauptet, dass höchstens 2% der Geräte defekt sind. Ein Kunde überprüft 20 Geräte und findet 2 defekte. Spricht dies bei einem Signifikanzniveau von 5% gegen die Behauptung des Herstellers?

Lösung:
1) Hypothesen: H_0: $p \leqq 0{,}02$; H_1: $p > 0{,}02$
2) Stichprobenumfang: $n = 20$;
   Signifikanzniveau: $\alpha = 0{,}05$
3) Es handelt sich um einen rechtsseitigen Test mit $\overline{A} = \{g; \ldots; 20\}$.
   Zu bestimmen ist g möglichst klein mit $P(X \geqq g) \leqq 0{,}05$.
   Eine Tabelle liefert:
   $P(X \geqq 2) = 1 - P(X \leqq 1) = 0{,}0599$;
   $P(X \geqq 3) = 1 - P(X \leqq 2) = 0{,}0071$.
   Damit ergibt sich $\overline{A} = \{3; \ldots; 20\}$.
4) Entscheidung: Da $2 \notin \overline{A}$, kann H_0 nicht abgelehnt werden.

Rechtsseitiger Hypothesentest:

Durchführung mit Tabellen:
1) Hypothesen: H_0: $p \leqq p_0$; H_1: $p > p_0$
2) Festlegung des Stichprobenumfangs n und des Signifikanzniveaus α
3) Bestimmung des Ablehnungsbereiches: $\overline{A} = \{g; g + 1; \ldots; n\}$

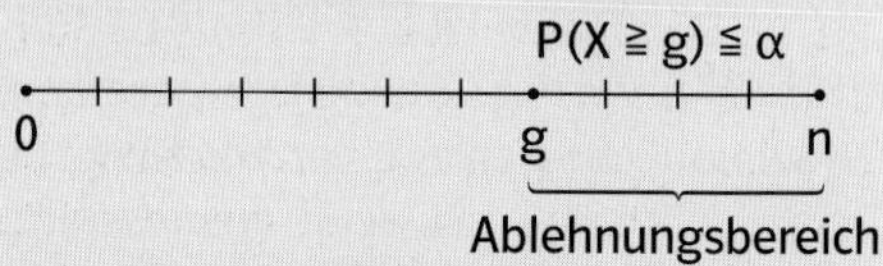

   Dabei ist g die **kleinste** Zahl, für die gilt:
   $P(X \geqq g) = B_{n;p_0}(g) + \ldots + B_{n;p_0}(n) \leqq \alpha$ (1)
4) Entscheidungsregel:
   Liegt der Stichprobenwert in $\overline{A}$, wird H_0 verworfen, ansonsten wird H_0 beibehalten.

Durchführung mit σ-Regeln:
Ist die Faustformel $\sigma_0 = \sqrt{n \cdot p_0 \cdot (1 - p_0)} > 3$ erfüllt, gilt näherungsweise: $g_l = \mu_0 + c \cdot \sigma_0$.

Linksseitiger Hypothesentest:

Durchführung mit Tabellen:
1) Hypothesen: H_0: $p \geqq p_0$; H_1: $p < p_0$
2) Festlegung des Stichprobenumfangs n und des Signifikanzniveaus α
3) Bestimmung des Ablehnungsbereiches: $\overline{A} = \{0; 1; \ldots; g\}$

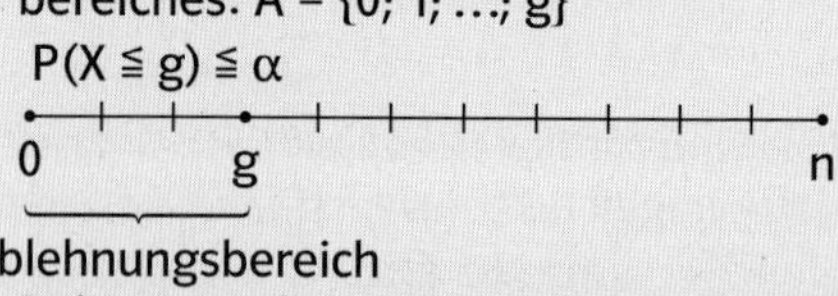

   Dabei ist g die **größte** Zahl, für die gilt:
   $P(X \leqq g) = B_{n;p_0}(0) + \ldots + B_{n;p_0}(g) \leqq \alpha$ (2)
4) Entscheidungsregel:
   Liegt der Stichprobenwert in $\overline{A}$, wird H_0 verworfen, ansonsten wird H_0 beibehalten.

Durchführung mit σ-Regeln:
Ist die Faustformel $\sigma_0 = \sqrt{n \cdot p_0 \cdot (1 - p_0)} > 3$ erfüllt, gilt näherungsweise: $g_l = \mu_0 - c \cdot \sigma_0$.

Beispiel 2: *(linksseitiger Hypothesentest; Tabelle)*
Eine Samenhandlung verkauft Blumensamen mit einer Keimgewähr von mindestens 80 %. Ein Gärtner säht 50 Körner und erhält 32 Setzlinge. Kann man hieraus bei einem Signifikanzniveau von 5 % schließen, dass die Keimfähigkeit geringer ist als angegeben?

Lösung:
1) Hypothesen: H_0: $p \geqq 0{,}8$; H_1: $p < 0{,}8$
2) Stichprobenumfang: $n = 50$; Signifikanzniveau: $\alpha = 0{,}05$
3) Es handelt sich um einen linksseitigen Test. Der Ablehnungsbereich ist $\overline{A} = \{0; 1; \ldots; g\}$.
Zu bestimmen ist g möglichst groß mit $P(X \leqq g) \leqq 0{,}05$.
Eine Tabelle liefert $P(X \leqq 34) = 0{,}0308$; $P(X \leqq 35) = 0{,}0607$.
Damit ergibt sich der Ablehnungsbereich $\overline{A} = \{0; 1; \ldots; 34\}$.
4) Entscheidung: Da 32 im Ablehnungsbereich liegt, wird H_0 abgelehnt.
Man kann also schließen, dass die Keimfähigkeit geringer ist als angegeben.

Beispiel 3: *(rechtsseitiger Hypothesentest; σ-Regeln)*
Nach der letzten Überholung läuft in einer Firma der Produktionsprozess von Schaltern mit einem Ausschussanteil von höchstens 10 %. Inzwischen besteht der Verdacht, dass sich dieser Anteil erhöht hat. Zur Kontrolle werden der laufenden Produktion 120 Schalter entnommen; man findet 16 defekte Schalter. Kann man hieraus mit einem Signifikanzniveau von 5 % schließen, dass sich der Ausschussanteil erhöht hat?

Lösung:
1) Hypothesen: H_0: $p \leqq 0{,}1$; H_1: $p > 0{,}1$
2) $n = 120$; $\alpha = 0{,}05$
3) Überprüfung der Faustformel: $\sigma_0 = \sqrt{120 \cdot 0{,}1 \cdot 0{,}9} \approx 3{,}29 > 3$
Die Faustformel ist erfüllt; eine näherungsweise Bestimmung von g ist möglich.
4) Es handelt sich um einen rechtsseitigen Test mit der Grenze
$g = \mu_0 + c \cdot \sigma_0 = n \cdot p_0 + c \cdot \sigma_0 \approx 120 \cdot 0{,}1 + 1{,}64 \cdot 3{,}29 \approx 17{,}4$.
5) Entscheidung: Da 16 nicht im Ablehnungsbereich liegt, wird H_0 beibehalten.
Man kann also weiterhin von einem Ausschussanteil von höchstens 10 % ausgehen.

Aufgaben

1. a) Die Hypothese H_0: $p \leqq 0{,}4$ soll gegen H_1: $p > 0{,}4$ bei einem Stichprobenumfang $n = 50$ auf dem Signifikanzniveau $\alpha = 0{,}1$ getestet werden. Ermitteln Sie den Ablehnungsbereich.
b) Die Hypothese H_0: $p \geqq 0{,}7$ soll gegen H_1: $p < 0{,}7$ bei einem Stichprobenumfang $n = 20$ auf dem Signifikanzniveau $\alpha = 0{,}05$ getestet werden. Ermitteln Sie den Ablehnungsbereich.

2. Eine Firma stellt so genannte fineliner zum Schreiben her. Mit einer Stichprobe von 50 Stück soll überprüft werden, ob die Angabe der Firma glaubhaft ist, dass höchstens 3 % der fineliner unbrauchbar sind. Wie wird entschieden, wenn in der Stichprobe 5 unbrauchbare fineliner gefunden wurden? (Signifikanzniveau 5 %)

3. Ein pharmazeutisches Unternehmen behauptet, dass ein von ihr vertriebenes Produkt in mindestens 80 % bei einer bestimmten Krankheit wirkt. Bei 20 Überprüfungen stellte sich aber nur bei 14 die erwünschte Wirkung ein. Kann man hieraus mit einem Signifikanzniveau von 5 % schließen, dass die Behauptung unzutreffend ist?

4. Bei einer Wahl erhielt eine Partei 30 % der Stimmen. Einige Monate nach der Wahl soll überprüft werden, ob durch parteiinterne Querelen der Stimmenanteil gesunken ist. Bei einer Umfrage unter 100 Personen gaben 25 an, die Partei wieder zu wählen. Kann man hieraus mit einem Signifikanzniveau von 5 % schließen, dass der Stimmenanteil der Partei gesunken ist?

5. Die Hypothese H_0: $p \leqq 0{,}7$ soll gegen H_1: $p > 0{,}7$ bei dem Stichprobenumfang n auf dem Signifikanzniveau α getestet werden. Ermitteln Sie den Ablehnungsbereich.

a) $n = 150$; $\alpha = 1\,\%$ b) $n = 200$; $\alpha = 5\,\%$ c) $n = 200$; $\alpha = 10\,\%$

6. Die Hypothese H_0: $p \geqq 0{,}45$ soll gegen H_1: $p < 0{,}45$ bei dem Stichprobenumfang n auf dem Signifikanzniveau α getestet werden. Ermitteln Sie den Ablehnungsbereich.

a) $n = 80$; $\alpha = 1\,\%$ b) $n = 120$; $\alpha = 5\,\%$ c) $n = 150$; $\alpha = 10\,\%$

7. Eine Münze wird 70-mal geworfen und zeigt dabei 27 Wappen. Kann man hieraus mit einem Signifikanzniveau von 10 % schließen, dass bei dieser Münze Wappen mit einer Wahrscheinlichkeit kleiner als 0,5 fällt?

8. Durch einen Zufallszahlengenerator werden 200 Zufallszahlen erzeugt und ausgezählt. Man fand 25 Einsen. Kann man hieraus mit einem Signifikanzniveau von 5 % schließen, dass die Wahrscheinlichkeit für eine Eins größer als 0,1 ist?

9. In einer Bevölkerung trugen bisher 63 % der mindestens 20 Jahre alten Männer eine Brille. Zur Überprüfung dieses Anteils wurden 300 Männer dieser Altersgruppe befragt. Wie groß muss die beobachtete Anzahl der Brillenträger mindestens sein, damit man hinreichend sicher davon sprechen kann, dass sich der Anteil erhöht hat? (Signifikanzniveau 5 %)

10. Von dem Inhalt einer Urne wird behauptet, dass höchstens 35 % der Kugeln schwarz sind. Beschreiben Sie einen Test, mit dem man diese Behauptung überprüfen kann.

11. Ein Glücksspielautomat besteht aus zwei Walzen; jede Walze trägt auf den fünf Feldern die Zahlen 1; 2; 3; 4; 5. Jedes Feld erscheint mit der gleichen Wahrscheinlichkeit; die Walzen werden unabhängig voneinander gedreht. Man erhält einen Gewinn, wenn beide Walzen die gleiche Zahl zeigen.

a) Mit welcher Wahrscheinlichkeit erhält man einen Gewinn?

b) Jemand hat den Verdacht, dass die Wahrscheinlichkeit für einen Gewinn geringer ist als sie sein müsste. Bei 60 Spielen gewinnt er nur 8-mal. Bestätigt dies den Verdacht mit einem Signifikanzniveau von 5 %?

3.29 Welche Fehler können bei einem Hypothesentest auftreten und wie berechne ich die zugehörigen Wahrscheinlichkeiten?

Da bei einem Hypothesentest aufgrund des Ergebnisses eines Zufallsexperimentes entschieden wird, können **Fehler** begangen werden.
Man entscheidet falsch, wenn die Zufallsvariable X einen Wert aus dem Ablehnungsbereich annimmt, die **Nullhypothese** also **abgelehnt** wird, **obwohl** sie in Wahrheit **richtig** ist.
Man entscheidet ebenso falsch, wenn die Zufallsvariable X einen Wert aus dem Annahmebereich annimmt, die **Nullhypothese** also **beibehalten** wird, **obwohl** sie in Wahrheit **falsch** ist.

Fehler bei einem Hypothesentest

- **Fehler 1. Art:**
  Eine **richtige** Hypothese wird **abgelehnt**.

  Die Wahrscheinlichkeit für einen Fehler 1. Art heißt **Irrtumswahrscheinlichkeit**, **Signifikanzniveau** oder auch **Risiko 1. Art** und wird mit α bezeichnet.
  Bei einem Hypothesentest wird diese Wahrscheinlichkeit vorgegeben.

- **Fehler 2. Art:**
  Eine **falsche** Hypothese wird **nicht abgelehnt**.

  Die Wahrscheinlichkeit für einen Fehler 2. Art heißt **Risiko 2. Art** und wird mit β bezeichnet.
  Da der tatsächliche Wert für p unbekannt ist, kann die Wahrscheinlichkeit β nur für willkürlich angenommene Werte von H_1 berechnet werden. Dies geschieht mit einer Tabelle (vgl. Bsp. 1) oder für große Werte von n mit der Formel von DE MOIVRE-LAPLACE (vgl. Bsp. 2).

Beispiel 1: *(Risiko 2. Art mit Tabelle)*
Die Behauptung, dass bei einem Glücksrad ein Feld mit einer Wahrscheinlichkeit von höchstens 30 % auftritt, soll mit einer Stichprobe von 100 Drehungen auf dem Signifikanzniveau 5 % überprüft werden.
a) Ermitteln Sie den Ablehnungsbereich.
b) Berechnen Sie das Risiko 2. Art, wenn die Wahrscheinlichkeit für das Auftreten des Feldes in Wirklichkeit 40 % ist.

Lösung:
a) H_0: $p \leqq 0{,}3$; H_1: $p > 0{,}3$
Es handelt sich um einen rechtsseitigen Hypothesentest mit dem Ablehnungsbereich $\overline{A} = \{g; \ldots; 100\}$.
Bedingung für die Grenze g: $P(X \geqq g) \leqq 0{,}05$.
Wegen $P(X \geqq 38) = 1 - P(X \leqq 37) = 0{,}0530$ und
$P(X \geqq 39) = 1 - P(X \leqq 38) = 0{,}0340$
ergibt sich: $\overline{A} = \{39; \ldots; 100\}$.
b) Für das Risiko 2. Art gilt:
$\beta = B_{100;\,0,4}(0) + \ldots + B_{100;\,0,4}(38) = 0{,}3822$
Für p = 0,4 ergibt sich ein Risiko 2. Art von fast 40 %.

Beispiel 2: *(Risiko 2. Art mit Näherungsformel von DE MOIVRE-LAPLACE)*
Die Hypothese H_0: $p = 0{,}2$ soll gegen die Hypothese H_1: $p \neq 0{,}2$ bei einem Stichprobenumfang $n = 1000$ auf dem Signifikanzniveau $\alpha = 5\,\%$ getestet werden.
a) Ermitteln Sie den Ablehnungsbereich.
b) Wie groß ist das Risiko 2. Art, wenn in Wirklichkeit $p = 0{,}15$ gilt?

Lösung:

a) Es handelt sich um einen zweiseitigen Test.
Überprüfung der Faustformel: $\sigma_0 = \sqrt{1000 \cdot 0{,}2 \cdot 0{,}8} = \sqrt{160} \approx 12{,}6 > 3$
Die Faustformel ist erfüllt; eine näherungsweise Berechnung der Grenzen ist möglich.
$g_l = 1000 \cdot 0{,}2 - 1{,}96 \cdot \sqrt{1000 \cdot 0{,}2 \cdot 0{,}8} \approx 175{,}2$,
$g_r = 1000 \cdot 0{,}2 + 1{,}96 \cdot \sqrt{1000 \cdot 0{,}2 \cdot 0{,}8} \approx 224{,}8$.
Also ist $\overline{A} = \{0; \ldots; 175\} \cup \{225; \ldots; 1000\}$.

b) Für das Risiko 2. Art gilt:
$\beta = B_{1000;\,0{,}15}(176) + \ldots + B_{1000;\,0{,}15}(224)$.
Mit der Formel von DE MOIVRE-LAPLACE erhält man für $\mu = 1000 \cdot 0{,}15 = 150$ und $\sigma = \sqrt{1000 \cdot 0{,}15 \cdot 0{,}85} = \sqrt{127{,}5}$:
$\beta \approx \Phi\left(\frac{224 - 150}{\sqrt{127{,}5}}\right) - \Phi\left(\frac{176 - 150}{\sqrt{127{,}5}}\right) \approx \Phi(6{,}55) - \Phi(2{,}30) \approx 1 - 0{,}9893 = 0{,}0107$.
Für $p = 0{,}15$ ergibt sich ein Risiko 2. Art von rund 1%.

Aufgaben

1. Die Hypothese H_0: $p = 0{,}4$ soll gegen H_1: $p \neq 0{,}4$ bei einem Stichprobenumfang $n = 50$ getestet werden. Ermitteln Sie den Ablehnungsbereich auf dem Signifikanzniveau $\alpha = 5\%$. Berechnen Sie das Risiko 2. Art, wenn in Wirklichkeit $p = 0{,}5$ gilt.

2. Die Behauptung, dass bei einer vorgelegten Urne die Wahrscheinlichkeit für eine rote Kugel 60% beträgt, soll durch $n = 20$ Ziehungen mit Zurücklegen überprüft werden. Ermitteln Sie den Ablehnungsbereich für einen zweiseitigen Test auf dem Signifikanzniveau $\alpha = 5\%$. Berechnen Sie das Risiko 2. Art, wenn bei dieser Urne die Wahrscheinlichkeit für eine rote Kugel in Wirklichkeit 40% beträgt.

3. Die Hypothese H_0: $p \geqq 0{,}2$ soll gegen H_1: $p < 0{,}2$ bei einem Stichprobenumfang $n = 50$ getestet werden. Ermitteln Sie den Ablehnungsbereich auf dem Signifikanzniveau $\alpha = 5\%$. Berechnen Sie das Risiko 2. Art, wenn in Wirklichkeit $p = 0{,}1$ gilt.

4. Die Behauptung, dass in einer Bevölkerung der Anteil der Linkshänder 22% beträgt, wird anhand einer Stichprobe von 500 Personen durchgeführt. Es wurden 125 Linkshänder festgestellt.

a) Kann man aufgrund des Stichprobenergebnisses auf dem Signifikanzniveau 5% schließen, dass die Behauptung zutrifft?

b) Berechnen Sie die Wahrscheinlichkeit für einen Fehler 2. Art, wenn der Anteil der Linkshänder in Wirklichkeit 30% beträgt.

5. Ein Hersteller behauptet, dass mindestens 80% der Bevölkerung sein Produkt kennen. Es werden 200 zufällig ausgewählte Personen befragt.

a) Ermitteln Sie den Ablehnungsbereich auf dem Signifikanzniveau $\alpha = 5\%$.

b) Wie wird entschieden, wenn 155 Pesonen angeben, das Produkt zu kennen?

c) Berechnen Sie das Risiko 2. Art, wenn in Wirklichkeit nur 70% der Bevölkerung das Produkt kennen.

4. Teil

Lösungen

Standardtechniken aus den Bereichen Algebra und Analysis

2.1 Wie löse ich ganzrationale Gleichungen?

1. a) $\{5;\ 1{,}5\}$ b) $\left\{\frac{5}{3};\ -\frac{5}{2}\right\}$ c) $\left\{-\sqrt{7};\ +\sqrt{7};\ -\frac{3}{2}\right\}$
d) $\{-2;\ +2\}$ e) $\{-3;\ -2;\ +2\}$ f) $\{0;\ -8\}$

2. a) $\{3;\ -0{,}5\}$ b) $\left\{\frac{1}{2};\ \frac{1}{11}\right\}$ c) $\left\{\frac{2}{3};\ \frac{3}{2}\right\}$ d) $\{1+\sqrt{6};\ 1-\sqrt{6}\}$

3. a) $\{0;\ 3\}$ b) $\{0;\ 2\}$ c) $\left\{0;\ -\frac{1}{2};\ -3\right\}$
d) $\left\{0;\ \frac{4}{5};\ 3\right\}$ e) $\left\{0;\ -\frac{3}{4};\ 6\right\}$ f) $\left\{0;\ -\frac{5}{2};\ 5\right\}$

4. a) $\{+2;\ -2;\ +\sqrt{2};\ -\sqrt{2}\}$ b) $\{+\sqrt{7};\ -\sqrt{7};\ +\sqrt{2};\ -\sqrt{2}\}$ c) $\left\{0;\ +\frac{4}{3};\ -\frac{4}{3}\right\}$
d) $\{+1;\ -1;\ +2;\ -2\}$ e) $\left\{0;\ +\frac{2}{3};\ -\frac{2}{3}\right\}$ f) $\{0\}$

5. Als weitere Lösung erhält man
a) -3 und $+3$ b) $\frac{2}{3}$ und -5 c) -2 d) 0 und $+2$ und -2

6. a) 6 und $+0{,}5$ und $-0{,}5$ b) 5 und 2 und $-0{,}25$ c) 3 und -4 und 1 und $-0{,}5$

7. a) $\mathbb{L} = \begin{cases} \{0\} & \text{für } k = 0 \\ \left\{3k;\ -\frac{1}{k}\right\} & \text{für } k \neq 0 \end{cases}$

b) $\mathbb{L} = \begin{cases} \left\{k+\sqrt{k^2-1};\ k-\sqrt{k^2-1}\right\} & \text{für } |k| > 1 \\ \{1\} & \text{für } k = 1 \\ \{-1\} & \text{für } k = -1 \\ \{\ \} & \text{für } |k| < 1 \end{cases}$

c) $\mathbb{L} = \begin{cases} \{k+1;\ -k-2\} & \text{für } k \neq -\frac{3}{2} \\ \left\{-\frac{1}{2}\right\} & \text{für } k = -\frac{3}{2} \end{cases}$

d) $\mathbb{L} = \begin{cases} \{3;\ 0\} & \text{für } k = 0 \\ \{3;\ 0;\ -k^2\} & \text{für } k \neq 0 \end{cases}$

8. a) 0 und 4 und -9 b) 0 und $+2$ und -2
c) $+3$ und -3 und $+2$ und -2 d) 0

9. a) 3 und $-1{,}5$ b) $+4$ und -4 c) 6 und 2
d) 0 und 3 und -5 e) 0 und 7 und 0,25 f) $+1$ und -1 und 1,5

10. a) $X(2|0)$; $S(1|-6)$ und $T(7|60)$
b) $X(3|0)$; $S(-1|24)$ und $T(4|14)$
c) $X(4|0)$; $S(1|-9)$ und $T(7|45)$

11. a) $R(1|-7)$ und $S(4|2)$ und $T(6|18)$
b) $R(-2|3)$ und $S(2|3)$ und $T(6|35)$
c) $R(0|-2)$ und $S(-1|-8)$ und $T(2|-2)$ und $U(-3|-2)$
d) $R(0|-3)$ und $S(3|-3)$ und $T(-3|-57)$

2.2 Wie löse ich Bruchgleichungen?

1. a) Definitionsmenge $\mathbb{R}\setminus\{0\}$ Lösung: 4
b) Definitionsmenge $\mathbb{R}\setminus\{0\}$ Lösungen: $-1;\ 2$
c) Definitionsmenge $\mathbb{R}\setminus\{0\}$ Lösung: 3
d) Definitionsmenge $\mathbb{R}\setminus\{-1\}$ Lösung: $-\frac{1}{4}$
e) Definitionsmenge $\mathbb{R}\setminus\{\pm 2\}$ Lösung: -3
f) Definitionsmenge $\mathbb{R}\setminus\left\{\frac{3}{2}\right\}$ Lösung: 2
g) Definitionsmenge $\mathbb{R}\setminus\{+5;\ -6\}$ Lösung: 4
h) Definitionsmenge $\mathbb{R}\setminus\{-1\}$ Lösungen: $-2;\ \frac{1}{2}$
i) Definitionsmenge $\mathbb{R}\setminus\{1;\ 3\}$ Lösung: $\frac{1}{2}$

2. a) $P(6|2)$ b) $Q(0|-1)$ und $R(4|3)$
c) $S(1|-3)$ und $P(6|2)$ d) $R(4|3)$, $T(2+\sqrt{2}\,|\,1+2\sqrt{2})$ und $U(2-\sqrt{2}\,|\,1-2\sqrt{2})$

3. a) $\frac{x-6}{x-3} = \frac{8-x}{x-3}$ b) $\frac{x-6}{x-7} = \frac{8-x}{x-7}$ c) $\frac{(x-6)(x-2)}{x-3} = \frac{(8-x)(x-2)}{x-3}$

2.3 Wie löse ich Exponential- und Logarithmusgleichungen?

1. a) $\left\{-\frac{1}{2}\right\}$ b) $\{1\}$ c) $\{2\}$ d) $\left\{-\frac{16}{5}\right\}$
e) $\{+1;\ -1\}$ f) $\{1\}$ g) $\{+\sqrt{3};\ -\sqrt{3}\}$ h) $\left\{\frac{1}{2}(e+1)\right\}$

2. a) $\frac{1}{3}(\ln(4)+1)$ b) $2+\ln\left(\frac{5}{4}\right)$ c) $\frac{1}{4}(\ln(2)+7)$
d) $\ln\left(\frac{3}{7}\right)-2$ e) $-\frac{1}{3}\ln\left(\frac{4}{5}+\frac{1}{5}e\right)$ f) $-\frac{1}{2}(3+\ln(3))$
g) 4 h) 4 i) $\sqrt[3]{9}$

3. a) $\frac{1}{3}\ln\left(\frac{15}{2}\right) \approx 0{,}672$ b) $\frac{1}{2}\left(1-\ln\left(\frac{3}{2}\right)\right) \approx 0{,}297$ c) $\frac{50}{3}\left(\ln\left(\frac{5}{4}\right)-3\right) \approx -46{,}281$
d) $\frac{10}{3}\ln\left(\frac{90}{17}\right) \approx 5{,}555$ e) $\frac{3}{2}(1-\ln(e-1)) \approx 0{,}688$ f) $\frac{5}{4}(1-2\cdot\ln(e-1)) \approx -0{,}103$
g) $\frac{1}{4}e^3 \approx 5{,}021$ h) $\frac{1}{2}(e^3+5) \approx 12{,}543$ i) $\frac{3}{4}$
k) $\frac{3+2e}{1-e} \approx -4{,}910$ l) $\frac{2}{e+1} \approx 0{,}538$ m) $\frac{e^2-e}{e+1} \approx 1{,}256$

4. a) $\ln\left(\frac{21}{2}\right) \approx 2{,}351$ b) $\frac{1}{2}\ln\left(\frac{3}{4}\right) \approx -0{,}144$ c) $\ln\left(\frac{3}{2}\right) \approx 0{,}405$
d) 2 e) $-\frac{1}{2}\ln(2) \approx -0{,}347$ f) $-\frac{1}{2}$
g) 1 und 5 h) 0 und $\pm\sqrt{2}$ i) 5 und $\pm\sqrt{5}$

5. a) $\ln(9) \approx 2{,}197$ und $\ln(3) \approx 1{,}099$ b) $\ln(3) \approx 1{,}099$
c) $-\ln(2) \approx -0{,}693$ d) $\frac{1}{2}\ln(2) \approx 0{,}347$ und $\frac{1}{2}\ln(6) \approx 0{,}896$
e) 1 und $1 + \ln(2) \approx 1{,}693$ f) $\ln(2) \approx 0{,}693$ und $1 + \ln(3) \approx 2{,}099$
g) $e^4 \approx 54{,}598$ und $e^{-5} \approx 0{,}00674$ h) $e^e \approx 15{,}154$ und $\frac{1}{\sqrt{e^e}} \approx 0{,}257$

6. a) $S\left(\frac{1}{2}(1 - \ln(2)) \,\middle|\, \sqrt{2e}\right) \approx S(0{,}153 \mid 2{,}332)$ b) $S\left(\frac{1}{2}(1 + \ln(3)) \,\middle|\, \sqrt{3e}\right) \approx S(1{,}049 \mid 2{,}856)$
c) $S(\ln(3) \mid 9) \approx S(1{,}099 \mid 9)$ d) $S_1(0 \mid 5)$ und $S_2(\ln(4) \mid 20) \approx S_2(1{,}386 \mid 20)$
e) $S\left(\sqrt{e} \,\middle|\, \frac{1}{2}\right) \approx S(1{,}649 \mid 0{,}5)$ f) $S(2e \mid -\ln(4) - 1) \approx S(5{,}437 \mid -2{,}386)$

7. a) $a = 1$ und $b = \frac{1}{2}\ln(3) \approx 0{,}549$; $f(x) = e^{\frac{1}{2}\ln(3)x}$
b) $a = 5$ und $b = -\frac{1}{3}\ln(5) \approx -0{,}536$; $f(x) = 5e^{-\frac{1}{3}\ln(5)x}$
c) $a = 1$ und $b = \ln(2) \approx 0{,}693$ und $c = 1$; $f(x) = e^{\ln(2)x} + 1$
d) $a = 2$ und $b = \sqrt{e} \approx 1{,}649$; $f(x) = 2 \cdot \ln(\sqrt{e}x)$
e) $a = -3$ und $b = 1$; $f(x) = -3 + \ln(x + 1)$

2.4 Wie löse ich lineare Gleichungssysteme?

1. a) $(3;\ -5)$ b) $\left(\frac{2}{3};\ -\frac{5}{2}\right)$ c) $(2;\ -0{,}5;\ 3)$
d) $(-2;\ 6;\ 10)$ e) $(-2;\ 0;\ -0{,}5)$ f) $\left(-\frac{1}{3} \middle| 7 \middle| 7\right)$

2. a) $\{(4r;\ r + 2;\ 2r) \mid r \in \mathbb{R}\}$ b) $\{\,\}$
c) $\{(2 - r;\ 0{,}5r - 2{,}5;\ r) \mid r \in \mathbb{R}\}$ d) $\{(4;\ 0{,}4;\ 0)\}$

3. a) $\{(2;\ 1;\ -1)\}$ b) $\{\ \}$ c) $\{(9 + 4r;\ 3 + 2r;\ r) \mid r \in \mathbb{R}\}$
d) $\{(9;\ 3;\ 0;\ -2)\}$ e) $\{(1;\ 0;\ 1;\ -1)\}$

4. a) $\mathbb{L} = \begin{cases} \left\{\left(\frac{2k+2}{k^2-16};\ \frac{k+16}{k^2-16}\right)\right\} & \text{für } |k| \neq 4 \\ \{\,\} & \text{für } |k| = 4 \end{cases}$ b) $\mathbb{L} = \begin{cases} \{(2 - k;\ -2)\} & \text{für } k \neq -1 \\ \{(1 - r;\ r) \mid r \in \mathbb{R}\} & \text{für } k = -1 \end{cases}$

5. a) $f(x) = -\frac{1}{2}x^2 - 3x + 2$ b) $f(x) = \frac{3}{5}x^2 + 2x + \frac{3}{5}$
c) $f(x) = x^3 - 2x^2 - 2x + 1$ d) $f(x) = \frac{1}{6}x^3 - \frac{1}{3}x^2 - 2x + \frac{2}{3}$

6. Komponente A: 24 t; Komponente B: 6 t; Komponente C: 5 t

2.5 Wie vermeide ich Fehler beim Ableiten?

1. a) $f'(x) = 12x^2 + 14x$ b) $f'(x) = x^3 - 2x^2 + 4$ c) $f'(x) = \frac{10}{3}x^3 - \frac{4}{3}x^2 + \frac{3}{2}x + 5$

2. a) $f'(x) = xe^x(x + 2)$ b) $f'(x) = 3e^x(x^2 - 2)$ c) $f'(x) = x(5x^3 - 3x - 16)$

3. a) $f'(x) = \frac{6x^2 - 16x + 9}{(3x - 4)^2}$ b) $f'(x) = \frac{-x^2 - 2x + 1}{(x^2 + 1)^2}$ c) $f'(x) = \frac{-22x}{(x^2 - 6)^2}$

4. a) $f'(x) = 6(2x - 5)^2$ b) $f'(x) = 24x \cdot (3x^2 - 8)^3$ c) $f'(x) = -48(5 - 3x)^3$
d) $f'(x) = 3e^{3x}$ e) $f'(x) = -4e^{-x}$ f) $f'(x) = 18e^{3x} + 10e^{-2x}$
g) $f'(x) = -6e^{3x+2}$ h) $f'(x) = e^{0,2x+2} + \frac{1}{4}e^{-0,01x}$ i) $f'(x) = 14x \cdot e^{x^2-4}$

5. a) $f'(x) = 5x(5 - 7x)^2(2 - 7x)$ b) $f'(x) = 2(2x + 5)(3x - 4)(12x + 7)$
c) $f'(x) = x^2(x^2 - 2)(7x^2 - 6)$ d) $f'(x) = -e^x(1 - 2x)(2x + 3)$
e) $f'(x) = 3e^x(x + 3)$ f) $f'(x) = (2x + 1)e^{2x+4}$
g) $f'(x) = xe^{3x}(3x + 2)$ h) $f'(x) = (3x^2 - 2x - 3)e^{-3x}$
i) $f'(x) = \frac{1}{2}e^{2x}(x + 3)(x + 2)$

6. a) $f'(x) = \frac{2 - 3x}{(3x + 2)^3}$ b) $f'(x) = \frac{8x(x^2 - 4)(x^2 + 12)}{(x^2 + 4)^2}$ c) $f'(x) = \frac{10(x - 2)}{(2x + 1)^3}$
d) $f'(x) = \frac{(2x + 1)e^{2x}}{(x + 1)^2}$ e) $f'(x) = \frac{-8(x^2 - 5x + 6)}{e^{2x}}$ f) $f'(x) = \frac{1 - \ln(2x + 4)}{2(x + 2)^2}$

7. a) $f'(x) = 3x^2 - 4$; Lösungen von $f'(x) = 0$ sind $+\frac{2}{3}\sqrt{3}$ und $-\frac{2}{3}\sqrt{3}$.
$f''(x) = 6x$; Lösung von $f''(x) = 0$ ist 0.
b) $f'(x) = 2(2x + 1)(x + 2)^2$; Lösungen von $f'(x) = 0$ sind $-0,5$ und -2.
$f''(x) = 12(x + 1)(x + 2)$; Lösungen von $f''(x) = 0$ sind -1 und -2.
c) $f'(x) = 4(x - 4)(x^2 - 2x - 2)$; Lösungen von $f'(x) = 0$ sind 4 und $1 \pm \sqrt{3}$.
$f''(x) = 12(x^2 - 4x + 2)$; Lösungen von $f''(x) = 0$ sind $2 \pm \sqrt{2}$.
d) $f'(x) = (x + 1)^2(4x - 5)$; Lösungen von $f'(x) = 0$ sind 1,25 und -1.
$f''(x) = 6(x + 1)(2x - 1)$; Lösungen von $f''(x) = 0$ sind 0,5 und -1.
e) $f'(x) = \frac{4(2 - x^2)}{(x^2 + 2)^2}$; Lösungen von $f'(x) = 0$ sind $\pm\sqrt{2}$.
$f''(x) = \frac{8x(x^2 - 6)}{(x^2 + 2)^3}$; Lösungen von $f''(x) = 0$ sind 0 und $\pm\sqrt{6}$.
f) $f'(x) = \frac{16x}{(x^2 + 2)^2}$; Lösung von $f'(x) = 0$ ist 0.
$f''(x) = \frac{16(-3x^2 + 2)}{(x^2 + 2)^3}$; Lösungen von $f''(x) = 0$ sind $+\frac{1}{3}\sqrt{6}$ und $-\frac{1}{3}\sqrt{6}$.
g) $f'(x) = \frac{-12(x + 3)}{(x - 3)^3}$; Lösung von $f'(x) = 0$ ist -3.
$f''(x) = \frac{24(x + 6)}{(x - 3)^4}$; Lösung von $f''(x) = 0$ ist -6.
h) $f'(x) = (2x - 3)e^{2x}$; Lösung von $f'(x) = 0$ ist 1,5.
$f''(x) = 4(x - 1)e^{2x}$; Lösung von $f''(x) = 0$ ist 1.
i) $f'(x) = 0,5(2 - x)e^{-0,5x}$; Lösung von $f'(x) = 0$ ist 2.
$f''(x) = 0,25(x - 4)e^{-0,5x}$; Lösung von $f''(x) = 0$ ist 4.
k) $f'(x) = -2xe^{-x^2}$; Lösung von $f'(x) = 0$ ist 0.
$f''(x) = 2(2x^2 - 1)e^{-x^2}$; Lösungen von $f''(x) = 0$ sind $+\frac{1}{2}\sqrt{2}$ und $-\frac{1}{2}\sqrt{2}$.
l) $f'(x) = (x - 3)e^{x-4}$; Lösung von $f'(x) = 0$ ist 3.
$f''(x) = (x - 2)e^{x-4}$; Lösung von $f''(x) = 0$ ist 2.
m) $f'(x) = (x^2 + 2x - 4)e^{x-3}$; Lösungen von $f'(x) = 0$ sind $-1 + \sqrt{5}$ und $-1 - \sqrt{5}$.
$f''(x) = (x^2 + 4x - 2)e^{x-3}$; Lösungen von $f''(x) = 0$ sind $-2 + \sqrt{6}$ und $-2 - \sqrt{6}$.

2.6 Wie untersuche ich den Graphen einer ganzrationalen Funktion?

1. a) K ist achsensymmetrisch zur y-Achse,
für $x \to \pm\infty$ strebt $f(x) \to +\infty$.
b) K ist punktsymmetrisch zu $O(0|0)$,
für $x \to +\infty$ strebt $f(x) \to +\infty$ und für $x \to -\infty$ strebt $f(x) \to -\infty$.
c) K ist weder achsensymmetrisch zur y-Achse noch punktsymmetrisch zu $O(0|0)$,
für $x \to \pm\infty$ strebt $f(x) \to -\infty$.
d) K ist weder achsensymmetrisch zur y-Achse noch punktsymmetrisch zu $O(0|0)$,
für $x \to +\infty$ strebt $f(x) \to -\infty$ und für $x \to -\infty$ strebt $f(x) \to +\infty$.
e) K ist punktsymmetrisch zu $O(0|0)$,
für $x \to +\infty$ strebt $f(x) \to -\infty$ und für $x \to -\infty$ strebt $f(x) \to +\infty$.
f) K ist achsensymmetrisch zur y-Achse,
für $x \to \pm\infty$ strebt $f(x) \to +\infty$.

2. Die Eigenschaften der Graphen sind in einer Tabelle zusammengefasst.
Danach folgen die Graphen.

Aufgabe	gemeinsame(r) Punkt(e) mit der x-Achse	Hochpunkt(e)	Tiefpunkt(e)	Wendepunkt(e)
a)	$O(0\|0)$ und $X_1(-2\|0)$ und $X_2(+2\|0)$	$H_1(-\sqrt{2}\|4)$ und $H_2(+\sqrt{2}\|4)$	$T(0\|0) = O$	$W_1\left(-\frac{1}{3}\sqrt{6}\,\middle\|\,\frac{20}{9}\right)$ und $W_2\left(+\frac{1}{3}\sqrt{6}\,\middle\|\,\frac{20}{9}\right)$
b)	$O(0\|0)$ und $X(3\|0)$	$H(1\|4)$	$T(3\|0) = X$	$W(2\|2)$
c)	$X_1\left(-\sqrt{6}\,\middle\|\,0\right)$ und $X_2\left(+\sqrt{6}\,\middle\|\,0\right)$	$H(0\|-4)$	$T_1\left(-\frac{1}{2}\sqrt{6}\,\middle\|\,-\frac{9}{2}\right)$ und $T_2\left(+\frac{1}{2}\sqrt{6}\,\middle\|\,-\frac{9}{2}\right)$	$W_1\left(-\frac{1}{2}\sqrt{2}\,\middle\|\,-\frac{77}{18}\right)$ und $W_2\left(+\frac{1}{2}\sqrt{2}\,\middle\|\,-\frac{77}{18}\right)$
d)	$X_1(2\|0)$ und $X_2(4\|0)$	keiner	$T\left(\frac{7}{2}\,\middle\|\,-\frac{27}{16}\right)$	$W_1(2\|0) = X_1$ und $W_2(3\|-1)$

Graphen zu Aufgabe 2:

a)
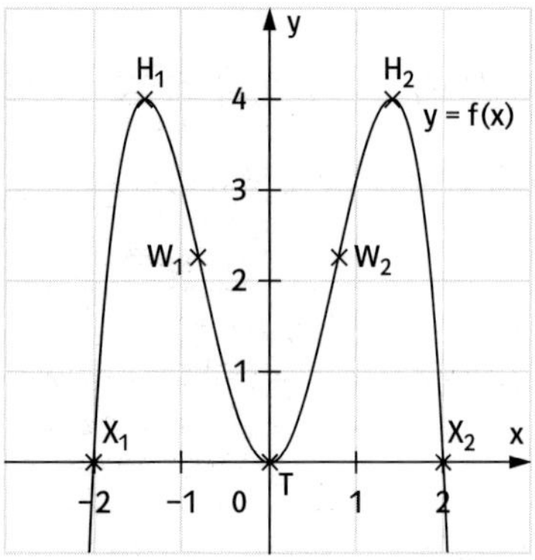

b)
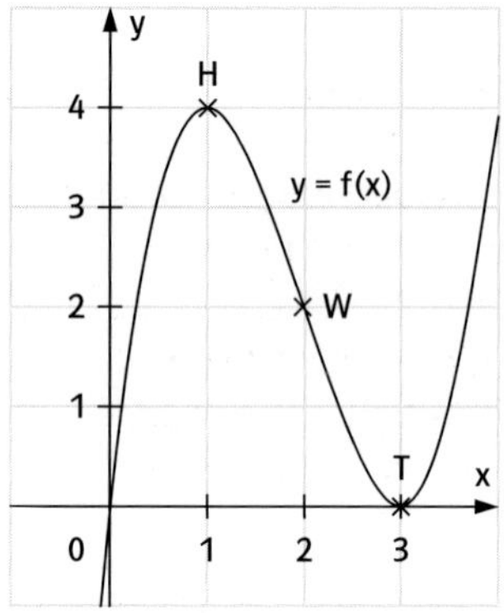

c)
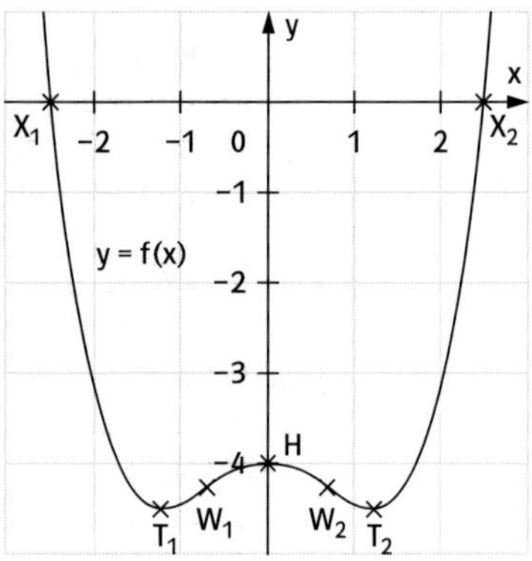

d)
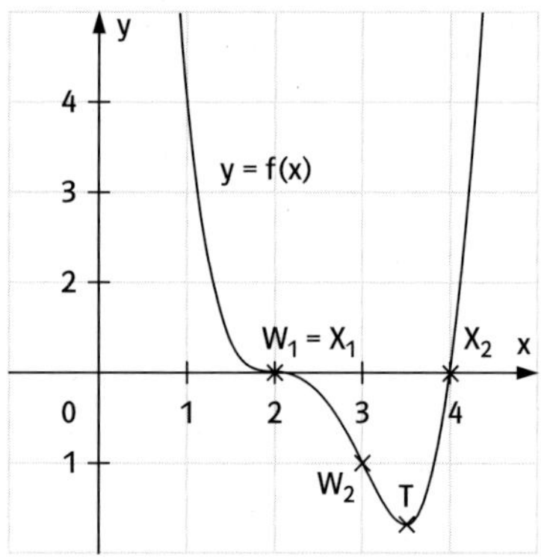

2.7 Wie untersuche ich den Graphen einer gebrochenrationalen Funktion?

1. a) $\mathbb{D} = \mathbb{R} \setminus \{0; +\sqrt{5}, -\sqrt{5}\}$ b) $\mathbb{D} = \mathbb{R} \setminus \{1; 2\}$ c) $\mathbb{D} = \mathbb{R} \setminus \{0; -3, 4\}$

2. Die Eigenschaften der Graphen sind in einer Tabelle zusammengefasst. Danach folgen die Graphen.

Aufgabe	gemeinsame(r) Punkt(e) mit der x-Achse	Schnittpunkt mit der y-Achse	senkrechte Asymptoten	Verhalten für $x \to \pm\infty$ und zugehörige Asymptote oder Näherungskurve
	Ableitungen	Hochpunkt(e)	Tiefpunkt(e)	Wendepunkt(e)
a)	$X(2 \mid 0)$	$Y(0 \mid 2)$	$x = \frac{2}{3}$	$f(x) \to \frac{2}{3}$ waagrecht: $y = \frac{2}{3}$
	$f'(x) = \frac{8}{(3x-2)^2}$ $f''(x) = \frac{-48}{(3x-2)^3}$	keiner	keiner	keiner
b)	keiner	keiner	$x = 0$	$f(x) - \frac{1}{2}x \to 0$ schief: $y = \frac{1}{2}x$
	$f'(x) = \frac{x^2-4}{2x^2}$ $f''(x) = \frac{4}{x^3}$	$H(-2 \mid -2)$	$T(2 \mid 2)$	keiner
c)	$X_1(+2 \mid 0)$ und $X_2(-2 \mid 0)$	keiner	$x = 0$	$f(x) - \frac{1}{2}x \to 0$ schief: $y = \frac{1}{2}x$
	$f'(x) = \frac{x^2+4}{2x^2}$ $f''(x) = \frac{-4}{x^3}$	keiner	keiner	keiner
d)	$X(-1 \mid 0)$	keiner	$x = 0$	$f(x) - x^2 \to 0$ Näherungskurve: $y = x^2$
	$f'(x) = \frac{2x^3-1}{x^2}$ $f''(x) = \frac{2x^3+2}{x^3}$	keiner	$T\left(\frac{1}{2}\sqrt[3]{4} \mid \frac{3}{2}\sqrt[3]{2}\right)$	$W(-1 \mid 0) = X$
e)	$X(3 \mid 0)$	$Y\left(0 \mid -\frac{3}{4}\right)$	$x = 2$	$f(x) \to 0$ waagrecht: $y = 0$
	$f'(x) = \frac{4-x}{(x-2)^3}$ $f''(x) = \frac{2x-10}{(x-2)^4}$	$H\left(4 \mid \frac{1}{4}\right)$	keiner	$W\left(5 \mid \frac{2}{9}\right)$

Aufgabe	gemeinsame(r) Punkt(e) mit der x-Achse	Schnittpunkt mit der y-Achse	senkrechte Asymptoten	Verhalten für $x \to \pm\infty$ und zugehörige Asymptote oder Näherungskurve
	Ableitungen	Hochpunkt(e)	Tiefpunkt(e)	Wendepunkt(e)
f)	$O(0 \mid 0)$	$O(0 \mid 0)$	keine	$f(x) \to 0$ waagrecht: $y = 0$
	$f'(x) = \frac{4 - 2x^2}{(x^2+2)^2}$ $f''(x) = \frac{4x(x^2-6)}{(x^2+2)^3}$	$H\left(+\sqrt{2} \mid \frac{1}{2}\sqrt{2}\right)$	$T\left(-\sqrt{2} \mid -\frac{1}{2}\sqrt{2}\right)$	$W_1\left(+\sqrt{6} \mid +\frac{1}{4}\sqrt{6}\right)$ $W_2\left(-\sqrt{6} \mid -\frac{1}{4}\sqrt{6}\right)$ $W_3(0 \mid 0)$
g)	$O(0 \mid 0)$	$O(0 \mid 0)$	keine	$f(x) \to 2$ waagrecht: $y = 2$
	$f'(x) = \frac{8x}{(x^2+2)^2}$ $f''(x) = \frac{16 - 24x^2}{(x^2+2)^3}$	keiner	$T(0 \mid 0) = O$	$W_1\left(+\frac{1}{3}\sqrt{6} \mid +\frac{1}{2}\right)$ und $W_2\left(-\frac{1}{3}\sqrt{6} \mid +\frac{1}{2}\right)$
h)	$X_1(1 \mid 0)$ und $X_2(-1 \mid 0)$	$Y\left(0 \mid \frac{1}{2}\right)$	$x = +2$ und $x = -2$	$f(x) \to 2$ waagrecht: $y = 2$
	$f'(x) = \frac{-12x}{(x^2-4)^2}$ $f''(x) = \frac{36x^2 + 48}{(x^2-4)^3}$	$H\left(0 \mid \frac{1}{2}\right) = Y$	keiner	keiner

Graphen zu Aufgabe 2:

a)

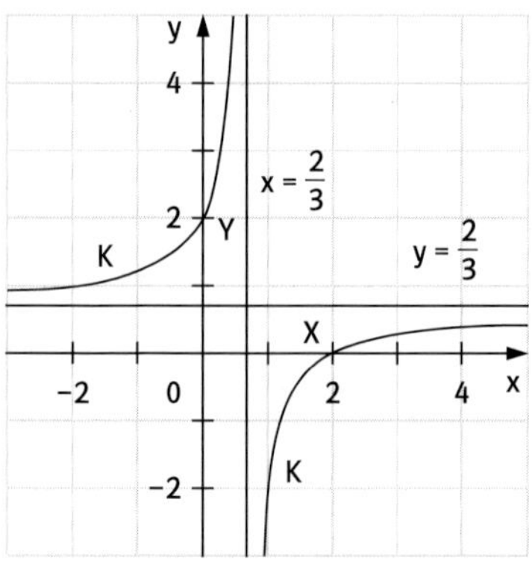

b)

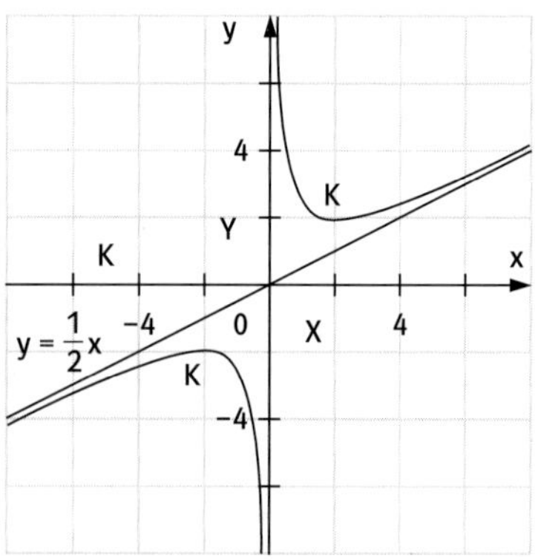

c)

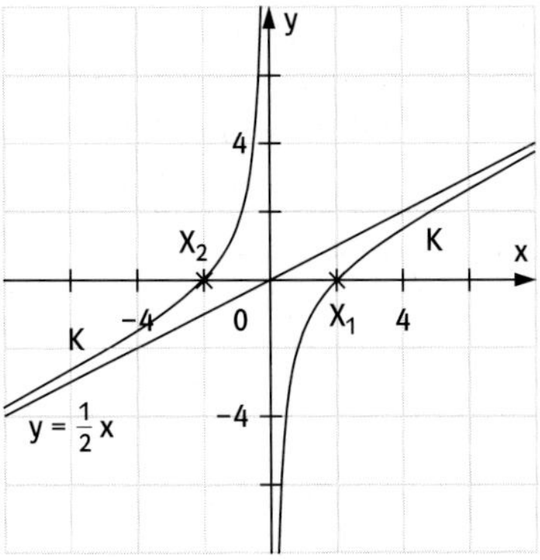
y
4
X2
K
x
K
−4
0
X1
4
y = 1/2 x
−4

d)

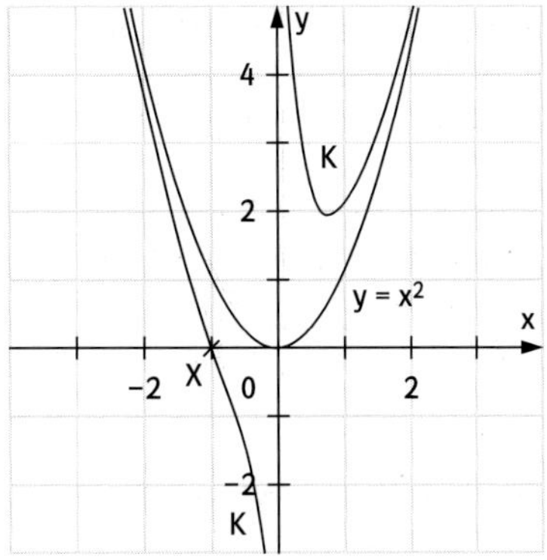
y
4
K
2
y = x2
x
−2
X
0
2
−2
K

e)

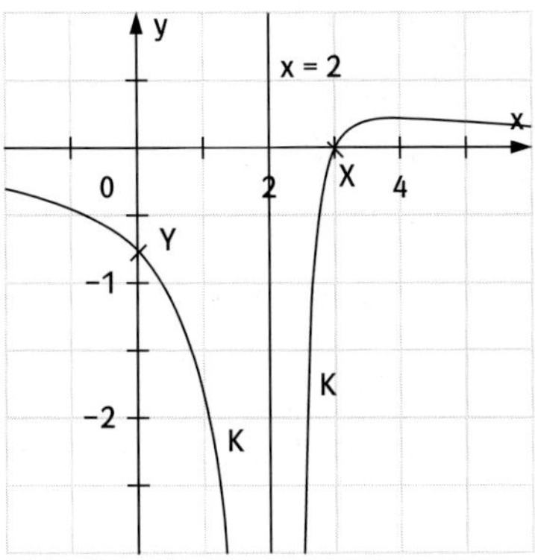
y
x = 2
x
0
2
X
4
Y
−1
K
−2
K

f)

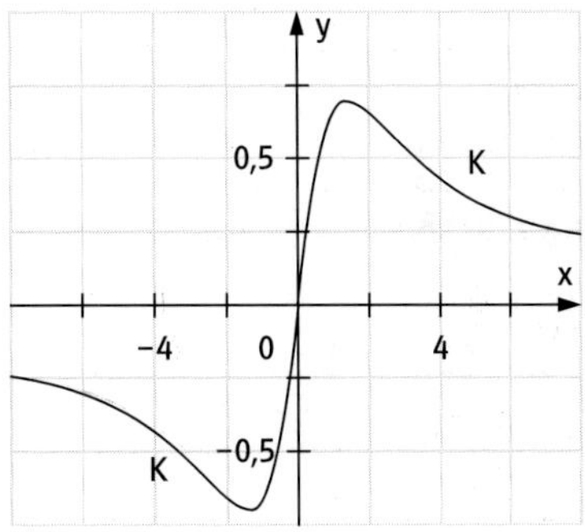
y
0,5
K
x
−4
0
4
K
−0,5

g)

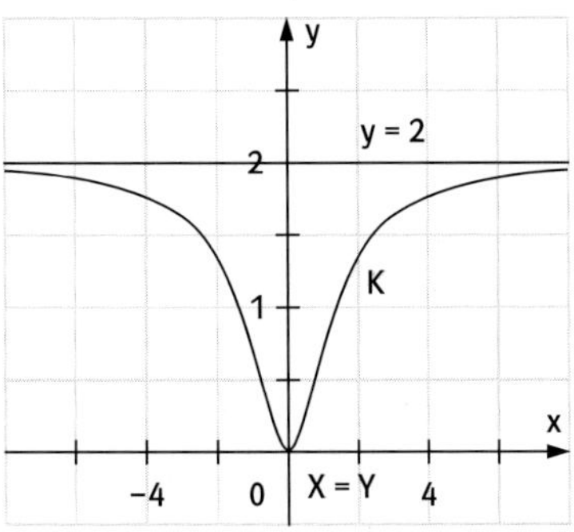
y
y = 2
2
K
1
x
−4
0
X = Y
4

h)

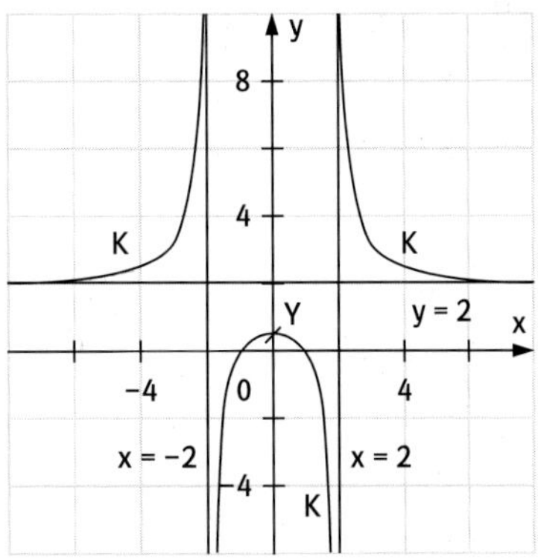
y
8
4
K
K
Y
y = 2
x
−4
0
4
x = −2
x = 2
−4
K

2.8 Wie untersuche ich den Graphen einer Exponentialfunktion?

1. a) Für $x \to +\infty$ strebt $f(x) \to +\infty$.
Für $x \to -\infty$ strebt $f(x) \to 0$,
d.h. die x-Achse ist waagrechte Asymptote von K für $x \to -\infty$.

b) Für $x \to +\infty$ strebt $f(x) \to 0$,
d.h. die x-Achse ist waagrechte Asymptote von K für $x \to +\infty$.
Für $x \to -\infty$ strebt $f(x) \to -\infty$.

c) Für $x \to +\infty$ strebt $f(x) \to +\infty$.
Für $x \to -\infty$ strebt $f(x) \to -3$,
d.h. die Gerade mit der Gleichung $y = -3$ ist waagrechte Asymptote von K für $x \to -\infty$.

d) Für $x \to +\infty$ strebt $f(x) \to -\infty$, aber $f(x) + ex \to 0$,
d.h. die Gerade mit der Gleichung $y = -ex$ ist schiefe Asymptote von K für $x \to +\infty$.
Für $x \to -\infty$ strebt $f(x) \to +\infty$.

e) Für $x \to +\infty$ strebt $f(x) \to +\infty$.
Für $x \to -\infty$ strebt $f(x) \to e$,
d.h. die Gerade mit der Gleichung $y = e$ ist waagrechte Asymptote von K für $x \to -\infty$.

f) Für $x \to +\infty$ strebt $f(x) \to +\infty$, aber $f(x) - (2x - 4) \to 0$,
d.h. die Gerade mit der Gleichung $y = 2x - 4$ ist schiefe Asymptote von K für $x \to +\infty$.
Für $x \to -\infty$ strebt $f(x) \to +\infty$.

2. Die Eigenschaften der Graphen sind in einer Tabelle zusammengefasst.
Danach folgen die Graphen.

Aufgabe	gemeinsame(r) Punkt(e) mit der x-Achse	Schnittpunkt mit der y-Achse	Verhalten für $x \to \pm\infty$ und zugehörige Asymptote oder Näherungskurve	
	Ableitungen	Hochpunkt(e)	Tiefpunkt(e)	Wendepunkt(e)
a)	$X\left(4\left(1+\ln\left(\frac{3}{2}\right)\right) \middle| 0\right)$ $\approx X(5{,}622 \mid 0)$	$Y\left(0 \middle| \frac{2}{e} - 3\right) \approx$ $Y(0 \mid -2{,}264)$	Für $x \to +\infty$ strebt $f(x) \to +\infty$; für $x \to -\infty$ strebt $f(x) \to -3$; waagrechte Asympt. für $x \to -\infty$: $y = -3$	
	$f'(x) = \frac{1}{2}e^{\frac{1}{4}x-1}$ $f''(x) = \frac{1}{8}e^{\frac{1}{4}x-1}$	keiner	keiner	keiner
b)	keiner	$Y(0 \mid 1)$	Für $x \to +\infty$ strebt $f(x) \to +\infty$; für $x \to -\infty$ strebt $f(x) \to +\infty$; schiefe Asymptote für $x \to +\infty$: $y = \frac{1}{3}x$	
	$f'(x) = -2e^{-2x} + \frac{1}{3}$ $f''(x) = 4e^{-2x}$	keiner	$T\left(\frac{1}{2}\ln(6) \middle| \frac{1}{6}(1+\ln(6))\right)$ $\approx T(0{,}896 \mid 0{,}465)$	keiner

Aufgabe	gemeinsame(r) Punkt(e) mit der x-Achse	Schnittpunkt mit der y-Achse	Verhalten für $x \to \pm\infty$ und zugehörige Asymptote oder Näherungskurve	
	Ableitungen	Hochpunkt(e)	Tiefpunkt(e)	Wendepunkt(e)
c)	$X(1 \mid 0)$	$Y(0 \mid -e)$	Für $x \to +\infty$ strebt $f(x) \to +\infty$; für $x \to -\infty$ strebt $f(x) \to 0$; waagrechte Asympt. für $x \to -\infty$: $y = 0$	
	$f'(x) = xe^{x+1}$ $f''(x) = (x+1)e^{x+1}$	keiner	$T(0 \mid -e) = Y$	$W(-1 \mid -2)$
d)	$X_1(+\sqrt{2} \mid 0)$ und $X_2(-\sqrt{2} \mid 0)$	$Y(0 \mid 2)$	Für $x \to +\infty$ strebt $f(x) \to 0$; für $x \to -\infty$ strebt $f(x) \to -\infty$; waagrechte Asympt. für $x \to +\infty$: $y = 0$	
	$f'(x) =$ $(x^2 - 2x - 2)e^{-x}$ $f''(x) =$ $(4x - x^2)e^{-x}$	$H(x_H \mid y_H)$ mit $x_H = 1 - \sqrt{3}$ $\approx -0{,}732$ und $y_H =$ $2(\sqrt{3} - 1)e^{\sqrt{3}-1}$ $\approx 3{,}044$	$T(x_T \mid y_T)$ mit $x_T = 1 + \sqrt{3} \approx 2{,}732$ und $y_T = -2(\sqrt{3} + 1)e^{-\sqrt{3}-1}$ $\approx -0{,}356$	$W_1(0 \mid 2)$ und $W_2\left(4 \mid -\frac{14}{e^4}\right)$ $\approx W_2(4 \mid -0{,}256)$

a)

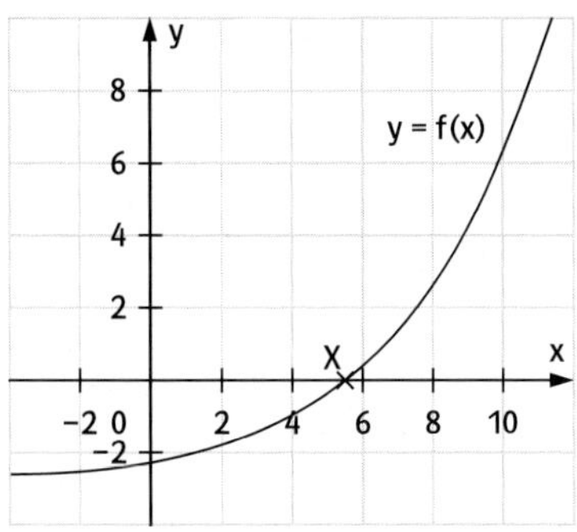

b)

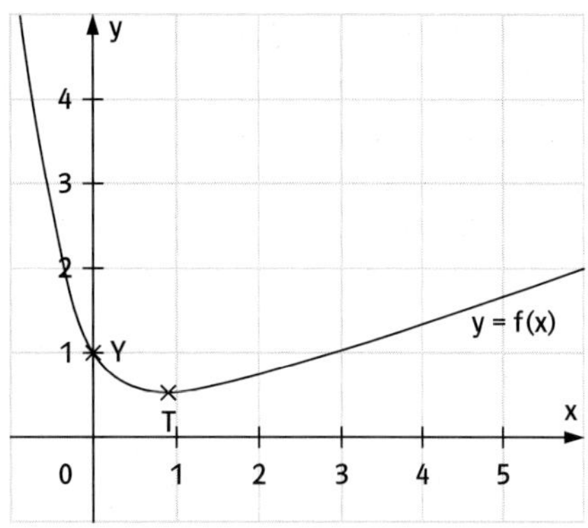

c)

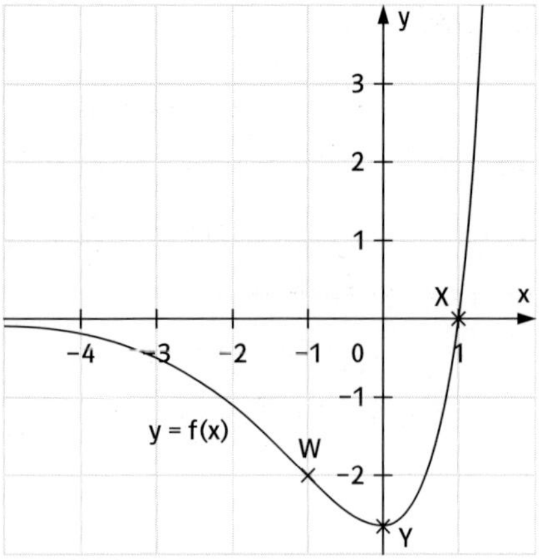

d)

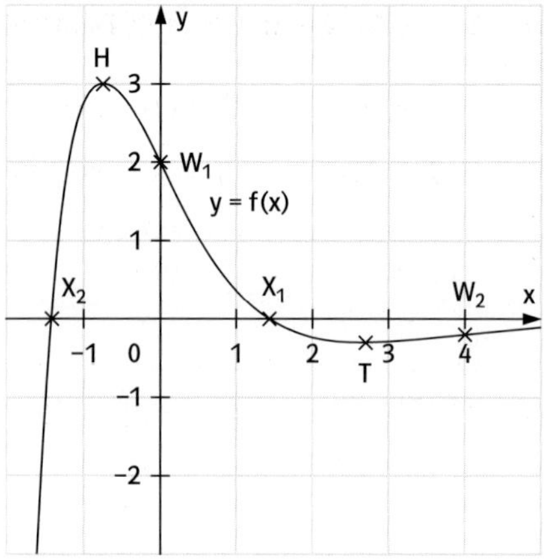

2.9 Wie bestimme ich Tangenten und Normalen?

1. a) t_1: $y = -\frac{5}{2}x + 2$ t_2: $y = -2x$ und t_3: $y = -\frac{5}{8}x - \frac{25}{4}$

t_2: $y = -2x + \frac{32}{27}$

b) t_1: $y = \frac{5}{2}x - 4$ t_2: $y = \frac{1}{4}x - \frac{1}{2}$ und t_2: $y = \frac{1}{4}x + \frac{1}{2}$

t_3: $y = -\frac{1}{2}x$ und t_3: $y = \frac{53}{2}x + 108$

c) t_1: $y = -\frac{4}{9}x + 2$ t_2: $y = -\frac{3}{2}x + \frac{9}{2}$ t_3: $y = -12x + 18$

d) t_1: $y = x + 1$ t_2: $\sqrt{e}\,x + \frac{1}{2}\sqrt{e}$ t_3: $y = 2x + 2 - 2 \cdot \ln(2)$

2. a) n_1: $y = -2x + \frac{11}{3}$ n_2: $y = x - \frac{16}{3}$ und n_2: $y = x - \frac{2}{3}$

b) n_1: $y = \frac{2}{e^2}x + \frac{2}{e^2} + \frac{1}{2}e^2$ n_2: $y = 2x - \frac{3}{2}$

3. a) $S(5|-5)$ b) $S_1(+2\sqrt{2}\,|\,4 - 4\sqrt{2})$ und $S_2(-2\sqrt{2}\,|\,4 + 4\sqrt{2})$

4. a) Man bestimmt die Tangente t: $y = 2x - \frac{32}{27}$ von K, die parallel zur Strecke s ist und K im gesuchten Punkt $B\left(\frac{4}{3}\middle|\frac{40}{27}\right)$ berührt.

b) Man bestimmt die Normale n: $y = -x + 4$ von K, die durch den Punkt Q verläuft. n schneidet K im gesuchten Punkt $P(1|3)$.

2.10 Wie vermeide ich Fehler beim Aufleiten?

1. a) $F(x) = \frac{1}{3}x^3$ b) $F(x) = \frac{1}{6}x^6$ c) $F(x) = -\frac{1}{2}x^{-2}$ d) $F(x) = \ln(|x|)$

e) $F(x) = -\frac{1}{3x^3}$ f) $F(x) = \ln(|x|)$ g) $F(x) = \frac{2}{3}x^6$ h) $F(x) = -x^8$

i) $F(x) = -2x^{-2}$ k) $F(x) = 4x^{-2}$ l) $F(x) = \frac{1}{2x^4}$ m) $F(x) = \frac{2}{x^6}$

n) $F(x) = \frac{1}{3}x^6 - \frac{3}{5}x^5 + x^3$ o) $F(x) = \frac{1}{8}x^4 - \frac{2}{9}x^3 - \frac{3}{8}x^2$

p) $F(x) = -\frac{2}{25}x^5 + \frac{1}{4}x^3 - \frac{1}{8}x$ q) $F(x) = \frac{1}{3}x^5 - \frac{3}{10}x^4 - \frac{2}{15}x^3 - 4x$

r) $F(x) = \frac{1}{3}x^7 - \frac{3}{4}x^{-1} - 4 \cdot \ln(|x|)$ s) $F(x) = \frac{1}{3}x^4 + \frac{3}{8}x^2 - \frac{15}{4}x^2 - 7 \cdot \ln(|x|) - \frac{9}{2x^2}$

2. a) $F(x) = e^x$ b) $F(x) = 4e^x$ c) $F(x) = -5e^x$ d) $F(x) = \frac{3}{2}e^x$

3. a) $F(x) = 5e^x - \frac{1}{2}x^4$ b) $F(x) = -e^x + \frac{1}{3}x^4 - \frac{2}{5}x^2$

c) $F(x) = x^2 + 3e^x - \frac{1}{10}x^4$ d) $F(x) = \frac{2}{x} - 5e^x + \frac{1}{7}x^3$

e) $F(x) = -\frac{1}{3}x^3 + \frac{1}{2}\ln(|x|) + 3e^x + \frac{2}{5x}$ f) $F(x) = -\frac{2}{3}x^4 + \frac{2}{3}\ln(|x|) + 8e^x + \frac{3}{8x^2}$

4. a) $F(x) = \frac{1}{8}(2x-3)^4$ b) $F(x) = -\frac{1}{25}(4-5x)^5$

c) $F(x) = -\frac{1}{36}(3-4x)^6$ d) $F(x) = -\frac{2}{3}\left(3-\frac{1}{2}x\right)^4 + \frac{1}{5}(1-x)^5$

e) $F(x) = \frac{-1}{(2x+3)^2}$ f) $F(x) = \frac{-1}{3(4-5x)^3}$

g) $F(x) = \frac{-6}{5}\ln(|4-5x|)$ h) $F(x) = \frac{-2}{3}\ln(|3x-2|)$

i) $F(x) = -2\ln(|3-x|) + \frac{5}{2x}$ k) $F(x) = -\frac{2}{5}\ln(|2-5x|) - \frac{1}{2(1-x)}$

l) $F(x) = \frac{3}{2}e^{\frac{2}{3}x+4}$ m) $F(x) = -\frac{15}{2}e^{3-\frac{4}{5}x}$

n) $F(x) = 3e^{2x} - \frac{1}{3}e^{3x}$ o) $F(x) = \frac{3}{2}e^{1+2x} - 50e^{0{,}02x-2}$

p) $F(x) = -0{,}8e^{-0{,}05x+0{,}3} + 2 \cdot \ln(|x|)$ q) $F(x) = -4e^{0{,}5-0{,}25x} - 2x^3 - 0{,}5x^2 + x$

5. a) $F(x) = -\frac{1}{12}(2-4x)^4 + \frac{4}{3}$ b) $F(x) = \frac{1}{25}(2x+4)^5 + 3$

c) $F(x) = \frac{4}{2-x} - 1$ d) $F(x) = \frac{4}{3}\ln(|3x+3|) - \frac{1}{3}\ln(|3|)$

e) $F(x) = \frac{3}{2}e^{2x} + x - 6$ f) $F(x) = \frac{4}{3}e^{3x} + e^{-2x} - \frac{1}{3}$

2.11 Wie bestimme ich einfache Flächeninhalte?

1. a) $A = 12$ b) $A = 45$ c) $A = \frac{29}{8} \approx 3{,}625$ d) $A = \frac{1}{2}(1 + e^2 - e^{-2e}) \approx 4{,}192$

e) $A = 21 - \frac{1}{e} \approx 20{,}632$ f) $A = 3 + \frac{7}{3}\ln(5) - 7\ln(2) \approx 1{,}903$

2. a) Es ist $f(4) = g(4) = 4$.
Die weiteren Schnittpunkte von K_f und K_g sind $T(-4\,|\,-36)$ und $U(6\,|\,1{,}5)$.

b) (i) $\int_2^6 f(x)\,dx = \frac{44}{3}$ (ii) $\int_0^1 (0 - g(x))\,dx = \frac{89}{24}$ (iii) $\int_1^3 (f(x) - g(x))\,dx = 6$

(iv) $\int_6^8 (f(x) - g(x))\,dx = \frac{19}{4}$ (v) $\int_4^6 (g(x) - f(x))\,dx = \frac{3}{4}$

(vi) $\int_{-4}^4 (f(x) - g(x))\,dx + \int_4^6 (g(x) - f(x))\,dx = \frac{131}{4}$

3. a) Es ist $f(4) = g(4) = h(4) = 0$.
K_f und K_g schneiden sich auch in $O(0\,|\,0)$ und $T(10\,|\,20)$,
K_f und K_h schneiden sich auch in $U\left(\frac{4}{5}\,\middle|\,\frac{384}{125}\right)$ und $V\left(9\,\middle|\,\frac{15}{2}\right)$,
K_g und K_h schneiden sich auch in $W(-36\,|\,480)$.

b) (i) $\int_0^4 f(x)\,dx = \frac{32}{3}$ (ii) $\int_0^4 (0 - g(x))\,dx = \frac{32}{9}$ (iii) $\int_0^4 h(x)\,dx = \frac{32}{5}$

(iv) $\int_4^8 (0 - f(x))\,dx = \frac{32}{3}$ (v) $\int_{-36}^4 (h(x) - g(x))\,dx = \frac{3200}{9}$

(vi) $\int_0^4 (f(x) - g(x))\,dx + \int_4^{10} (g(x) - f(x))\,dx = \frac{506}{9}$

(vii) $\int_{\frac{4}{5}}^4 (f(x) - h(x))\,dx + \int_4^9 (h(x) - f(x))\,dx = \frac{386\,987}{15\,000}$

(viii) $\int_0^{\frac{4}{5}} f(x)\,dx + \int_{\frac{4}{5}}^4 h(x)\,dx = \frac{2912}{625}$

(ix) $\int_4^8 h(x)\,dx + \int_8^9 (h(x) - f(x))\,dx = \frac{73}{8}$

(x) $\int_0^{\frac{4}{5}} (f(x) - g(x))\,dx + \int_{\frac{4}{5}}^4 (h(x) - g(x))\,dx = \frac{46\,208}{5625}$

(xi) $\int_4^9 (g(x) - h(x))\,dx + \int_9^{10} (g(x) - f(x))\,dx = \frac{533}{24}$

Standardtechniken aus dem Bereich Lineare Algebra/Geometrie

2.12 Wie rechne ich mit Vektoren?

1. a)

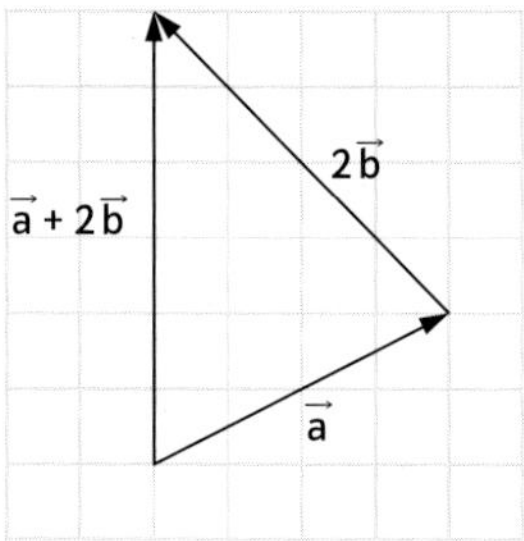

b)

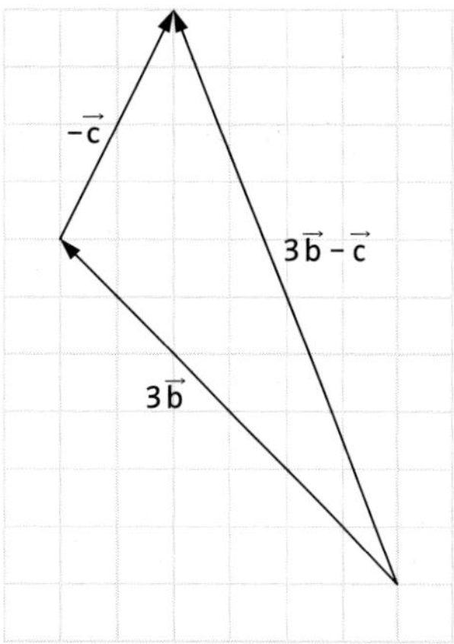

c)

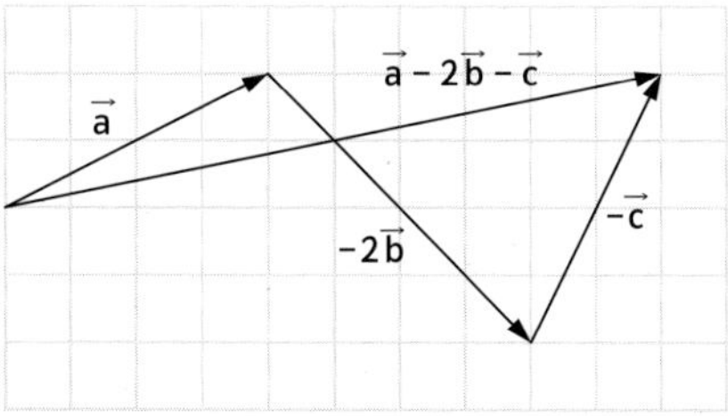

2. $\vec{x} = \vec{b} + \vec{c}$; $\vec{y} = -\vec{a} + \vec{b}$

3. $\overrightarrow{AC} = \vec{a} + \vec{b}$; $\overrightarrow{BS} = -\vec{a} + \vec{c}$; $\overrightarrow{CS} = -\vec{b} - \vec{a} + \vec{c}$
$\overrightarrow{DS} = -\vec{b} + \vec{c}$; $\overrightarrow{MS} = -\frac{1}{2}(\vec{a} + \vec{b}) + \vec{c} = -\frac{1}{2}\vec{a} - \frac{1}{2}\vec{b} + \vec{c}$

4. a) $\overrightarrow{AB} = \begin{pmatrix} -6 \\ 4 \\ 3 \end{pmatrix}$; $\overrightarrow{BC} = \begin{pmatrix} 3 \\ -2 \\ 3 \end{pmatrix}$; $2 \cdot \overrightarrow{AB} + 3 \cdot \overrightarrow{BC} = 2 \cdot \begin{pmatrix} -6 \\ 4 \\ 3 \end{pmatrix} + 3 \cdot \begin{pmatrix} 3 \\ -2 \\ 3 \end{pmatrix} = \begin{pmatrix} -3 \\ 2 \\ 15 \end{pmatrix}$

b) $\overrightarrow{AC} = \begin{pmatrix} -3 \\ 2 \\ 6 \end{pmatrix}$; $\overrightarrow{AB} = \begin{pmatrix} -6 \\ 4 \\ 3 \end{pmatrix}$; $4 \cdot \overrightarrow{AC} - 5 \cdot \overrightarrow{AB} = 4 \cdot \begin{pmatrix} -3 \\ 2 \\ 6 \end{pmatrix} - 5 \cdot \begin{pmatrix} -6 \\ 4 \\ 3 \end{pmatrix} = \begin{pmatrix} 18 \\ -12 \\ 9 \end{pmatrix}$

5. a) $\vec{a} = r \cdot \vec{b} + s \cdot \vec{c}$

Aus $\begin{cases} 1 = -2r + 4s \\ 2 = 5r - s \end{cases}$ folgt $r = \frac{1}{2}$; $s = \frac{1}{2}$; $\vec{a} = \frac{1}{2}\vec{b} + \frac{1}{2}\vec{c}$

b) Aus $\begin{cases} 33 = 3r - 9s \\ 11 = 7r + s \\ -25 = -2r + 7s \end{cases}$ folgt $r = 2$; $s = -3$; $\vec{a} = 2\vec{b} - 3\vec{c}$

6. a) $\left|\vec{a}\right| = \sqrt{1+4+4} = 3;\ \vec{a_0} = \frac{1}{3}\cdot\begin{pmatrix}1\\2\\2\end{pmatrix}$

b) $\left|\vec{a}\right| = \sqrt{9+144+16} = 13;\ \vec{a_0} = \frac{1}{13}\cdot\begin{pmatrix}3\\12\\4\end{pmatrix}$

7. a) $\overrightarrow{AB} = \begin{pmatrix}2\\-1\\4\end{pmatrix};\ \left|\overrightarrow{AB}\right| = \sqrt{21};\ \overrightarrow{BC} = \begin{pmatrix}0\\2\\-2\end{pmatrix};\ \left|\overrightarrow{BC}\right| = 2\sqrt{2};\ \overrightarrow{AC} = \begin{pmatrix}2\\1\\2\end{pmatrix};\ \left|\overrightarrow{AC}\right| = 3$

b) $\overrightarrow{AB} = \begin{pmatrix}-2\\-6\\-2\end{pmatrix};\ \left|\overrightarrow{AB}\right| = \sqrt{44};\ \overrightarrow{BC} = \begin{pmatrix}-1\\3\\8\end{pmatrix};\ \left|\overrightarrow{BC}\right| = \sqrt{74};\ \overrightarrow{AC} = \begin{pmatrix}-3\\-3\\6\end{pmatrix};\ \left|\overrightarrow{AC}\right| = \sqrt{54}$

2.13 Wie rechne ich mit dem Skalarprodukt zweier Vektoren?

1. a)

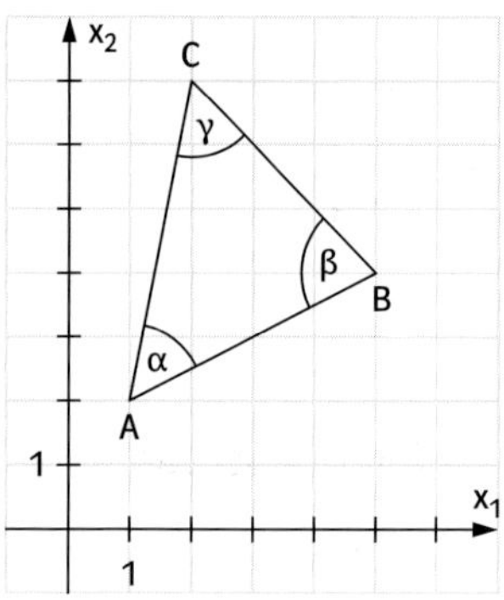

$\overrightarrow{AB} = \begin{pmatrix}4\\2\end{pmatrix};\ \left|\overrightarrow{AB}\right| =;\ \sqrt{20} \approx 4{,}47$

$\overrightarrow{BC} = \begin{pmatrix}-3\\3\end{pmatrix};\ \left|\overrightarrow{BC}\right| = \sqrt{18} \approx 4{,}24$

$\overrightarrow{AC} = \begin{pmatrix}1\\5\end{pmatrix};\ \left|\overrightarrow{AC}\right| = \sqrt{26} \approx 5{,}10$

$\cos(\alpha) = \frac{\begin{pmatrix}4\\2\end{pmatrix}\cdot\begin{pmatrix}1\\5\end{pmatrix}}{\sqrt{20}\cdot\sqrt{26}} = \frac{14}{\sqrt{20}\cdot\sqrt{26}};$

$\alpha \approx 52{,}13°;\ \beta \approx 71{,}57°;\ \gamma \approx 56{,}30°$

b)

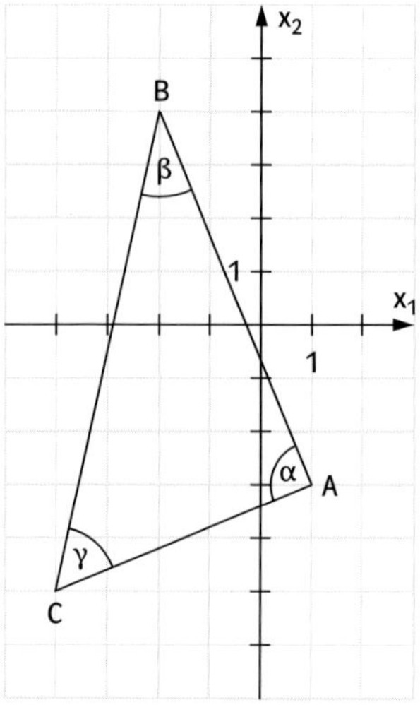

$\overrightarrow{AB} = \begin{pmatrix}-3\\7\end{pmatrix};\ \left|\overrightarrow{AB}\right| = \sqrt{9+49} = \sqrt{58}$

$\overrightarrow{BC} = \begin{pmatrix}-2\\-9\end{pmatrix};\ \left|\overrightarrow{BC}\right| = \sqrt{4+81} = \sqrt{85}$

$\overrightarrow{AC} = \begin{pmatrix}-5\\-2\end{pmatrix};\ \left|\overrightarrow{AC}\right| = \sqrt{25+4} = \sqrt{29}$

$\cos(\alpha) = \frac{\begin{pmatrix}-3\\7\end{pmatrix}\cdot\begin{pmatrix}-5\\-2\end{pmatrix}}{\sqrt{58}\cdot\sqrt{29}} = \frac{1}{\sqrt{58}\cdot\sqrt{29}}$

$\alpha \approx 88{,}60°;\ \beta \approx 35{,}73°;\ \gamma \approx 55{,}67°$

2. a) $\cos(\alpha) = \frac{\begin{pmatrix}1\\2\\4\end{pmatrix} \cdot \begin{pmatrix}-3\\-1\\2\end{pmatrix}}{\sqrt{21} \cdot \sqrt{14}} = \frac{3}{\sqrt{21} \cdot \sqrt{14}}$; $\alpha \approx 79{,}92°$ b) $\cos(\alpha) = \frac{\begin{pmatrix}1\\-4\\-1\end{pmatrix} \cdot \begin{pmatrix}-6\\-9\\-2\end{pmatrix}}{\sqrt{18} \cdot \sqrt{121}} = \frac{32}{3\sqrt{2} \cdot 11}$; $\alpha \approx 46{,}71°$

c) $\cos(\alpha) = \frac{\begin{pmatrix}-2\\-7\\1\end{pmatrix} \cdot \begin{pmatrix}2\\-5\\9\end{pmatrix}}{\sqrt{54} \cdot \sqrt{110}} = \frac{40}{\sqrt{54} \cdot \sqrt{110}}$; $\alpha \approx 58{,}73°$

3. a) $\vec{a} \cdot \vec{b} = \begin{pmatrix}2\\3\\5\end{pmatrix} \cdot \begin{pmatrix}-1\\-1\\1\end{pmatrix} = -2 - 3 + 5 = 0$; $\vec{a}$ und $\vec{b}$ sind orthogonal.

b) $\vec{a} \cdot \vec{b} = \begin{pmatrix}-1{,}5\\-2\\2\end{pmatrix} \cdot \begin{pmatrix}2\\-1\\2\end{pmatrix} = -3 + 2 + 4 = 3 \neq 0$; $\vec{a}$ und $\vec{b}$ sind nicht orthogonal.

c) $\vec{a} \cdot \vec{b} = \begin{pmatrix}5\\1\\6\end{pmatrix} \cdot \begin{pmatrix}-2\\-2\\2\end{pmatrix} = -10 - 2 + 12 = 0$; $\vec{a}$ und $\vec{b}$ sind orthogonal.

4. a) $\vec{n} = \begin{pmatrix}1\\-3\\1\end{pmatrix}$ b) $\vec{n} = \begin{pmatrix}-2\\1\\-1\end{pmatrix}$ c) $\vec{n} = \begin{pmatrix}11\\9\\-6\end{pmatrix}$

2.14 Wie ermittle ich eine Geradengleichung in Parameterform?

1. a)

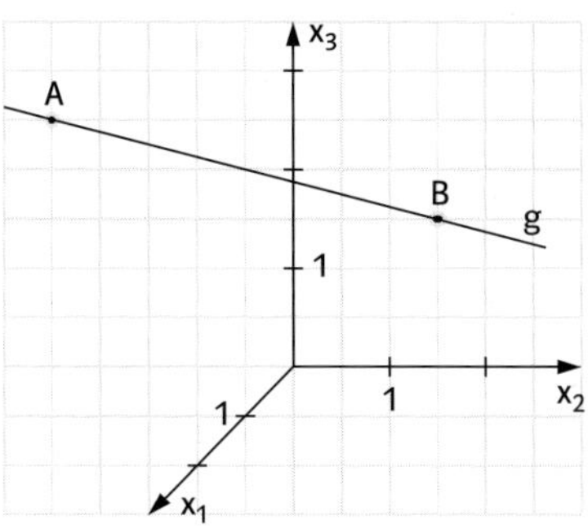

b) g: $\vec{x} = \begin{pmatrix}1\\-2\\3\end{pmatrix} + r \cdot \begin{pmatrix}4\\6\\1\end{pmatrix}$; $r \in \mathbb{R}$

c) C liegt nicht auf g.

2. $\vec{x} = \begin{pmatrix}1\\1\\0\end{pmatrix} + r \cdot \begin{pmatrix}0\\0\\1\end{pmatrix}$; $r \in \mathbb{R}$ oder auch $\vec{x} = \begin{pmatrix}1\\1\\0\end{pmatrix} + s \cdot \begin{pmatrix}1\\0\\1\end{pmatrix}$; $s \in \mathbb{R}$

3. a) Die Gerade g geht durch A(2|0|0) und ist parallel zur x_3-Achse.
b) Die Gerade h ist identisch mit der x_2-Achse.

4. g: $\vec{x} = \begin{pmatrix} 2 \\ 3 \\ 0 \end{pmatrix} + r \cdot \begin{pmatrix} -2 \\ -3 \\ 2 \end{pmatrix};\ r \in \mathbb{R}$ h: $\vec{x} = \begin{pmatrix} 1 \\ 0 \\ 0 \end{pmatrix} + s \cdot \begin{pmatrix} 0 \\ 3 \\ 1 \end{pmatrix};\ s \in \mathbb{R}$

5. a) $x_2 = -3x_1 - 1$

b) $\vec{x} = \begin{pmatrix} 0 \\ -3 \end{pmatrix} + t \cdot \begin{pmatrix} 1 \\ -2 \end{pmatrix};\ t \in \mathbb{R}$

2.15 Wie ermittle ich eine Ebenengleichung in Parameterform?

1. a) $\vec{x} = \begin{pmatrix} 0 \\ 1 \\ 3 \end{pmatrix} + r \cdot \begin{pmatrix} -1 \\ 4 \\ -2 \end{pmatrix} + s \cdot \begin{pmatrix} 1 \\ 3 \\ -2 \end{pmatrix};\ r, s \in \mathbb{R}$ b) Der Punkt D liegt in E.

2. $\vec{x} = \begin{pmatrix} 3 \\ 0 \\ 2 \end{pmatrix} + r \cdot \begin{pmatrix} -3 \\ 4 \\ 0 \end{pmatrix} + s \cdot \begin{pmatrix} 0 \\ 2 \\ -1 \end{pmatrix};\ r, s \in \mathbb{R}$

3. a) Siehe Fig.

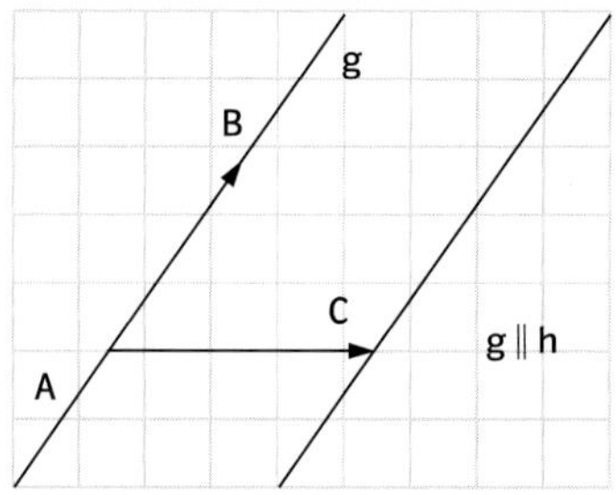

b) E: $\vec{x} = \begin{pmatrix} 1 \\ 2 \\ -1 \end{pmatrix} + r \cdot \begin{pmatrix} -3 \\ 1 \\ 5 \end{pmatrix} + s \cdot \begin{pmatrix} -2 \\ 1 \\ 0 \end{pmatrix};\ r, s \in \mathbb{R}$

2.16 Wie ermittle ich eine Ebenengleichung in Koordinatenform?

1. a) $\vec{x} = \begin{pmatrix} 1 \\ 2 \\ 7 \end{pmatrix} + r \cdot \begin{pmatrix} -4 \\ -4 \\ 6 \end{pmatrix} + s \cdot \begin{pmatrix} 6 \\ 5 \\ -8 \end{pmatrix};\ x_1 + 2x_2 + 2x_3 = 19$

b) $\vec{x} = \begin{pmatrix} 1 \\ 1 \\ 2 \end{pmatrix} + r \cdot \begin{pmatrix} -2 \\ 1 \\ 2 \end{pmatrix} + s \cdot \begin{pmatrix} 1 \\ 2 \\ 1 \end{pmatrix};\ 3x_1 - 4x_2 + 5x_3 = 9$

c) $\vec{x} = \begin{pmatrix} 1 \\ 1 \\ -1 \end{pmatrix} + r \cdot \begin{pmatrix} 1 \\ -6 \\ -7 \end{pmatrix} + s \cdot \begin{pmatrix} 4 \\ 2 \\ -2 \end{pmatrix};\ x_1 - x_2 + x_3 = -1$

2. $x_1 - 3x_2 + 3x_3 = -4$

3. a)

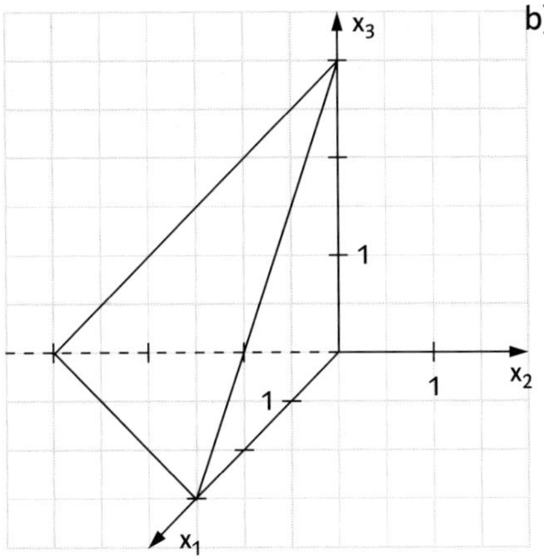

b)

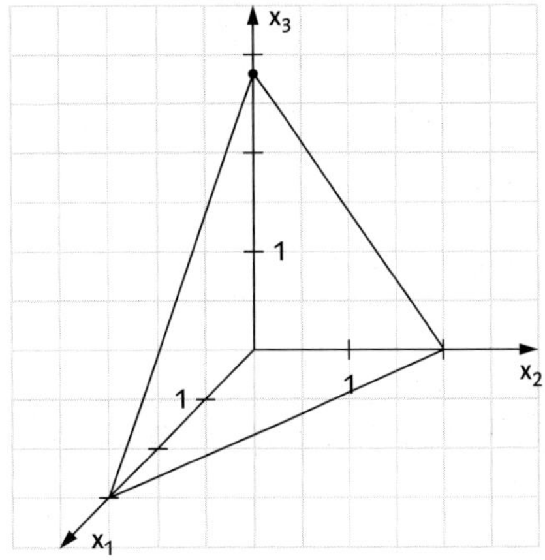

4. $2x_1 - 3x_2 + 2x_3 = 6$

2.17 Wie ermittle ich eine Ebenengleichung in Normalenform?

1. a) $\left[\vec{x} - \begin{pmatrix} 2 \\ 1 \\ 3 \end{pmatrix}\right] \cdot \begin{pmatrix} 2 \\ 3 \\ -12 \end{pmatrix} = 0$ b) $2x_1 + 3x_2 - 12x_3 + 29 = 0$ c) Q liegt nicht in E.

2. $x_1 - 2x_2 - x_3 - 5 = 0$

3. $\left[\vec{x} - \begin{pmatrix} 1 \\ 0 \\ 3 \end{pmatrix}\right] \cdot \begin{pmatrix} 1 \\ 1 \\ -1 \end{pmatrix} = 0$; $x_1 + x_2 - x_3 + 2 = 0$

2.18 Wie erkenne ich besondere Lagen von Geraden und Ebenen?

1. g: $\vec{x} = r\begin{pmatrix} 1 \\ 1 \end{pmatrix}$; $r \in \mathbb{R}$ h: $\vec{x} = s\begin{pmatrix} 1 \\ -1 \end{pmatrix}$; $s \in \mathbb{R}$

2. a) Eine der Winkelhalbierenden zwischen der x_1-Achse und der x_2-Achse.
b) Parallele zur x_3-Achse durch den Punkt $P(1|0|0)$.
c) Parallele zu einer der Winkelhalbierenden zwischen der x_1-Achse und der x_2-Achse durch den Punkt $Q(0|0|1)$.

3. a) Die Ebene ist parallel zur x_3-Achse.

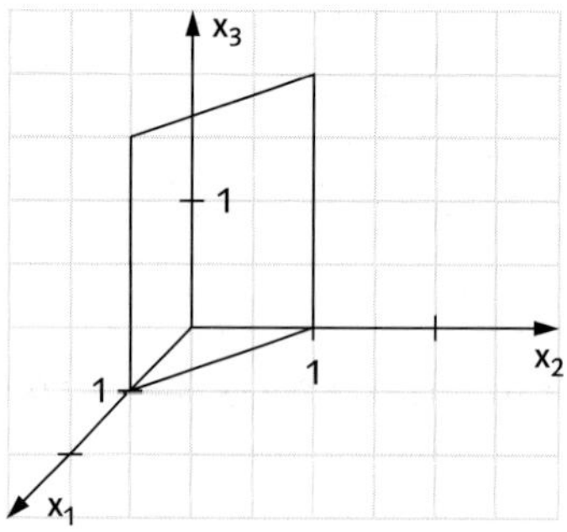

b) Die Ebene ist parallel zur x_1-Achse.

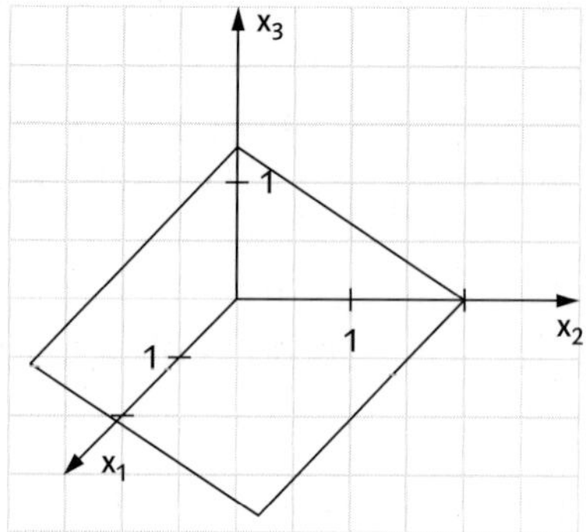

c) Die Ebene ist parallel zur x_1-Achse und zur x_3-Achse.

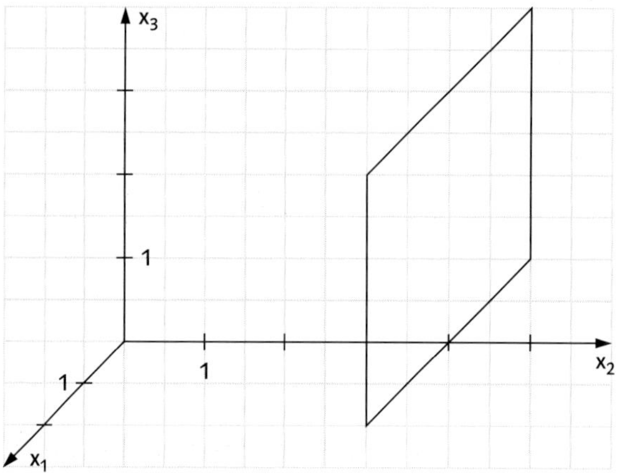

4. a) $\vec{x} = \begin{pmatrix} 3 \\ 0 \\ 0 \end{pmatrix} + r \cdot \begin{pmatrix} -3 \\ 2 \\ 0 \end{pmatrix} + s \cdot \begin{pmatrix} 0 \\ 0 \\ 1 \end{pmatrix}$

$2x_1 + 3x_2 = 6$

b) $\vec{x} = \begin{pmatrix} 0 \\ 0 \\ 2 \end{pmatrix} + r \cdot \begin{pmatrix} 1 \\ 0 \\ 0 \end{pmatrix} + s \cdot \begin{pmatrix} 0 \\ 3 \\ -2 \end{pmatrix}$

$2x_2 + 3x_3 = 6$

2.19 Wie untersuche ich die gegenseitige Lage von zwei Geraden?

1. g und h schneiden sich; $S(1|3|1)$

2. a) h: $\vec{x} = \begin{pmatrix} 1 \\ 1 \\ 1 \end{pmatrix} + s \cdot \begin{pmatrix} 1 \\ -2 \\ 1 \end{pmatrix}$; $s \in \mathbb{R}$

b) h: $\vec{x} = \begin{pmatrix} 1 \\ 0 \\ 1 \end{pmatrix} + t \cdot \begin{pmatrix} 2 \\ -2 \\ 1 \end{pmatrix}$; $t \in \mathbb{R}$

3. g: $\vec{x} = \begin{pmatrix} 0 \\ 0 \\ 1 \end{pmatrix} + r \cdot \begin{pmatrix} 1{,}5 \\ 2 \\ -1 \end{pmatrix}$; $r \in \mathbb{R}$; h: $\vec{x} = \begin{pmatrix} 1{,}5 \\ 0 \\ 0 \end{pmatrix} + s \cdot \begin{pmatrix} -1{,}5 \\ 2 \\ 1 \end{pmatrix}$; $s \in \mathbb{R}$

g und h schneiden sich; $S\left(\frac{3}{4}\middle|1\middle|\frac{1}{2}\right)$

4. g: $\vec{x} = \begin{pmatrix} 1 \\ 1 \\ 1 \end{pmatrix} + r \cdot \begin{pmatrix} 2 \\ 0 \\ 4 \end{pmatrix}$; $r \in \mathbb{R}$; h: $\vec{x} = \begin{pmatrix} 1 \\ 2 \\ 6 \end{pmatrix} + s \cdot \begin{pmatrix} -2 \\ 1 \\ 1 \end{pmatrix}$; $s \in \mathbb{R}$

$S(3|1|5)$; $\begin{pmatrix} 2 \\ 0 \\ 4 \end{pmatrix} \cdot \begin{pmatrix} -2 \\ 1 \\ 1 \end{pmatrix} = 0$; also sind g und h orthogonal.

2.20 Wie untersuche ich die gegenseitige Lage einer Geraden und einer Ebene?

1. a) g und E schneiden sich; $S(4|1|-2)$
b) g liegt in E.
c) g und E sind echt parallel.

2. a) g ist nicht orthogonal zu E.
b) g ist orthogonal zu E; $S(2{,}5|0|1{,}5)$.
c) g ist nicht orthogonal zu E.

3. a) g: $\vec{x} = \begin{pmatrix} 2 \\ -1 \\ 4 \end{pmatrix} + r \cdot \begin{pmatrix} 3 \\ 2 \\ -1 \end{pmatrix}$; $r \in \mathbb{R}$ b) g: $\vec{x} = \begin{pmatrix} 2 \\ -1 \\ 4 \end{pmatrix} + s \cdot \begin{pmatrix} 1 \\ 1 \\ -6 \end{pmatrix}$; $s \in \mathbb{R}$

c) g: $\vec{x} = \begin{pmatrix} 2 \\ -1 \\ 4 \end{pmatrix} + t \cdot \begin{pmatrix} 0 \\ 1 \\ -4 \end{pmatrix}$; $t \in \mathbb{R}$

4. Man notiert eine Gleichung für E in Parameterform. Der Stützvektor von E ist auch ein Stützvektor von g. Einen Richtungsvektor von g erhält man als Normalenvektor von E.

E: $\vec{x} = \begin{pmatrix} 1 \\ 0 \\ 0 \end{pmatrix} + r \cdot \begin{pmatrix} 1 \\ 2 \\ 1 \end{pmatrix} + s \cdot \begin{pmatrix} 1 \\ 0 \\ -1 \end{pmatrix}$; $r, s \in \mathbb{R}$; g: $\vec{x} = \begin{pmatrix} 1 \\ 0 \\ 0 \end{pmatrix} + t \cdot \begin{pmatrix} -1 \\ 1 \\ -1 \end{pmatrix}$; $t \in \mathbb{R}$

2.21 Wie untersuche ich die gegenseitige Lage von zwei Ebenen?

1. a) E_1 und E_2 sind identisch.
b) E_1 und E_2 sind echt parallel.
c) E_1 und E_2 schneiden sich; $\vec{x} = \begin{pmatrix} -1 \\ 0 \\ 4 \end{pmatrix} + t \cdot \begin{pmatrix} -1{,}5 \\ 1 \\ 0 \end{pmatrix}$; $t \in \mathbb{R}$
d) E_1 und E_2 schneiden sich in g: $\vec{x} = \begin{pmatrix} 1 \\ 2 \\ 5 \end{pmatrix} + t \cdot \begin{pmatrix} 2 \\ -2 \\ -1 \end{pmatrix}$; $t \in \mathbb{R}$

e) E_1 und E_2 schneiden sich in g: $\vec{x} = \begin{pmatrix} 4 \\ 5 \\ 2 \end{pmatrix} + t \cdot \begin{pmatrix} 3 \\ 4 \\ -5 \end{pmatrix}$; $t \in \mathbb{R}$

2. Wegen $\begin{pmatrix} 1 \\ 2 \\ -2 \end{pmatrix} \cdot \begin{pmatrix} 2 \\ 2 \\ 3 \end{pmatrix} = 0$ sind E_1 und E_2 orthogonal; $\vec{x} = \begin{pmatrix} -3 \\ 3{,}5 \\ 0 \end{pmatrix} + r \cdot \begin{pmatrix} -5 \\ 3{,}5 \\ 1 \end{pmatrix}$; $t \in \mathbb{R}$

3. a) $\vec{x} = \begin{pmatrix} 0 \\ 4 \\ 0 \end{pmatrix} + t \cdot \begin{pmatrix} 1 \\ 0 \\ 0 \end{pmatrix}$; $t \in \mathbb{R}$ b) $\vec{x} = \begin{pmatrix} 0 \\ 0 \\ 2 \end{pmatrix} + t \cdot \begin{pmatrix} 1 \\ 0 \\ 0 \end{pmatrix}$; $t \in \mathbb{R}$

c) $\vec{x} = \begin{pmatrix} 0 \\ 4 \\ 0 \end{pmatrix} + t \cdot \begin{pmatrix} 0 \\ -2 \\ 1 \end{pmatrix}$; $t \in \mathbb{R}$

4. E_1: $\vec{x} = \begin{pmatrix} 3 \\ 5 \\ -1 \end{pmatrix} + r \cdot \begin{pmatrix} -3 \\ -4 \\ 5 \end{pmatrix} + s \cdot \begin{pmatrix} 6 \\ 8 \\ 9 \end{pmatrix}$ E_2: $\vec{x} = \begin{pmatrix} 8 \\ 11 \\ 6 \end{pmatrix} + u \cdot \begin{pmatrix} 7 \\ 8 \\ 2 \end{pmatrix} + v \cdot \begin{pmatrix} 11 \\ 14 \\ 6 \end{pmatrix}$

$s = -\frac{7}{5}r + 1$; g: $\vec{x} = \begin{pmatrix} 9 \\ 13 \\ 8 \end{pmatrix} + t \cdot \begin{pmatrix} 57 \\ 76 \\ 38 \end{pmatrix}$

2.22 Wie berechne ich den Abstand eines Punktes von einer Ebene?

1. a) $d = 7$ b) $d = \frac{7}{\sqrt{6}}$ c) $d = 2 \cdot \sqrt{2}$ d) $d = \sqrt{2}$

2. a) g: $\vec{x} = \begin{pmatrix} 1 \\ 1 \\ 0 \end{pmatrix} + r \cdot \begin{pmatrix} 1 \\ 2 \\ -1 \end{pmatrix}$; $r \in \mathbb{R}$; $F(2|3|-1)$; $d = \sqrt{6}$

b) g: $\vec{x} = \begin{pmatrix} 2 \\ -1 \\ 3 \end{pmatrix} + r \cdot \begin{pmatrix} 3 \\ -4 \\ 5 \end{pmatrix}$; $r \in \mathbb{R}$; $F(3{,}5|-3|5{,}5)$; $d = \sqrt{12{,}5}$

3. $F(2|2|2)$; $d = \sqrt{3}$ **4.** $F(1|2|1)$; $d = 3$ **5.** $h = 3$

6. $L\left(\frac{25}{14}\middle|-\frac{15}{14}\middle|\frac{54}{14}\right)$; $\overrightarrow{LP} = \frac{1}{14}\begin{pmatrix} 3 \\ 1 \\ 2 \end{pmatrix}$; $|\overrightarrow{LP}| = \frac{1}{14} \cdot \sqrt{14}$

Hesse'sche Normalenform von E: $\frac{3x_1 + x_2 + 2x_3 - 12}{\sqrt{14}} = 0$

$d(P;\ E) = \frac{3 \cdot 2 - 1 + 8 - 12}{\sqrt{14}} = \frac{1}{\sqrt{14}} = 1 = \frac{1}{14} \cdot \sqrt{14}$

2.23 Wie berechne ich den Abstand eines Punktes von einer Geraden?

1. a) $F(1|1|0)$; $d(P;\ g) = |\overrightarrow{PF}| = \sqrt{14}$

b) $F\left(\frac{8}{3}\middle|\frac{10}{3}\middle|\frac{5}{3}\right)$; $d(P;\ g) = |\overrightarrow{PF}| = \frac{1}{3}\sqrt{237}$

c) $F\left(\frac{5}{2}\middle|\frac{1}{2}\middle|3\right)$; $d(P;\ g) = |\overrightarrow{PF}| = \frac{1}{2}\sqrt{34}$

d) $F(1|-2|-1)$; $d(P;\ g) = |\overrightarrow{PF}| = 3$

2. a)

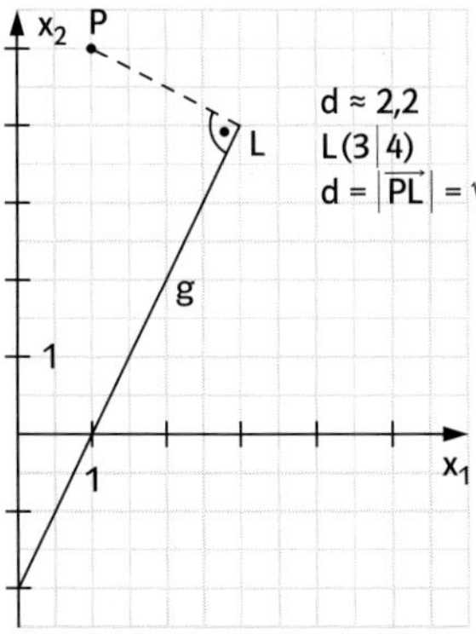

b)

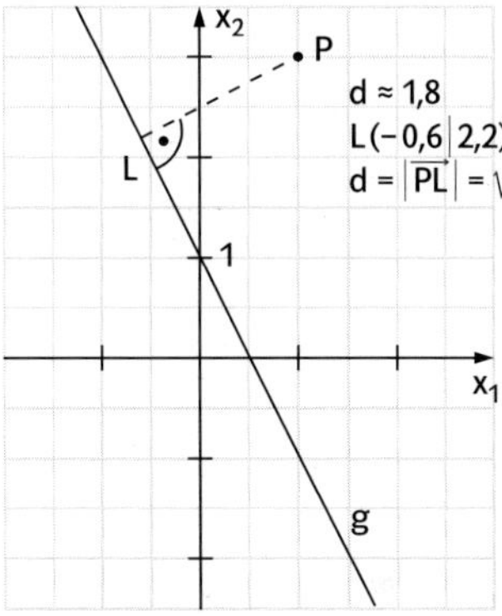

3. Aus
$$\begin{aligned} 4 &= 2 + t \\ 9 &= -1 + 5t \\ 11 &= 3 + 4t \end{aligned}$$
folgt $t = 2$; $\overrightarrow{AB} = \begin{pmatrix} 2 \\ 6 \\ -8 \end{pmatrix}$; $|\overrightarrow{AB}| = \sqrt{104}$.

Da $\overrightarrow{AB} \cdot \begin{pmatrix} 1 \\ 5 \\ 4 \end{pmatrix} = \begin{pmatrix} 2 \\ 6 \\ -8 \end{pmatrix} \cdot \begin{pmatrix} 1 \\ 5 \\ 4 \end{pmatrix} = 0$ ist, hat das Lot von A auf g den Punkt B als Lotfußpunkt.

Standardtechniken aus dem Bereich Stochastik

2.24 Welche Grundregeln für das Rechnen mit Wahrscheinlichkeiten muss ich kennen?

1.

Zustand	ohne Schäden	deutlich geschädigt	Warnstufe
rel. Häufigkeit	$\frac{68}{200} = 0{,}34$	$\frac{26}{200} = 0{,}13$	$\frac{106}{200} = 0{,}53$
Wahrscheinlichkeit	0,4	0,1	0,5

Hinweis: Rundet man, ist die Bedingung $P(e_1) + P(e_2) + P(e_3) = 1$ nicht erfüllt; man muss deshalb ausgleichen.

2.

Ergebnis	Niete	Trostpreis	Gewinn
rel. Häufigkeit	$\frac{350}{500}$	$\frac{120}{500}$	$\frac{30}{500}$
Wahrscheinlichkeit	0,70	0,24	0,06

3.

e_i	e_1	e_2	e_3	e_4	e_5	e_6
$P(e_i)$	$\frac{15}{300}$	$\frac{29}{300}$	$\frac{43}{300}$	$\frac{57}{300}$	$\frac{71}{300}$	$\frac{85}{300}$

$e_1 = 0{,}05$; $e_2 = 0{,}05 + a$; $e_3 = 0{,}05 + 2a$; $e_4 = 0{,}05 + 3a$; $e_5 = 0{,}05 + 4a$; $e_6 = 0{,}05 + 5a$
Aus $0{,}05 \cdot 6 + 15a = 1$ folgt $a = \frac{7}{150}$.

4. a)

Ergebnis	einwandfrei	kleine Fehler	unverkäuflich
rel. Häufigkeit	$\frac{15}{19}$	$\frac{3}{19}$	$\frac{1}{19}$
Wahrscheinlichkeit	0,79	0,16	0,05

b) rund 5 %

5. A: Augensumme höchstens 10; $\overline{A}$: Augensumme 11 oder 12
AS 11: 56; 65; AS 12: 66
$P(A) = 1 - P(\overline{A}) = 1 - \frac{3}{36} = \frac{33}{36} = \frac{11}{12}$

6. a) $P(A) = \frac{3}{11}$ b) $P(B) = \frac{4}{11}$ c) $P(C) = \frac{6}{11}$ d) $P(D) = \frac{7}{11}$

7. a)

Augenzahl	1	2	3	4
Wahrscheinlichkeit	$\frac{114}{400}$	$\frac{106}{400}$	$\frac{93}{400}$	$\frac{87}{400}$

b) $P(A) = 1 - P(\overline{A}) = 1 - \frac{87}{400} = \frac{313}{400} \approx 0{,}78$

2.25 Wie ermittle ich Wahrscheinlichkeiten mit der Pfadregel?

1. A: Beide Karten sind Asse.

$P(A) = \frac{4}{32} \cdot \frac{3}{31} = \frac{1}{8} \cdot \frac{3}{31} = \frac{3}{248}$

2. a)

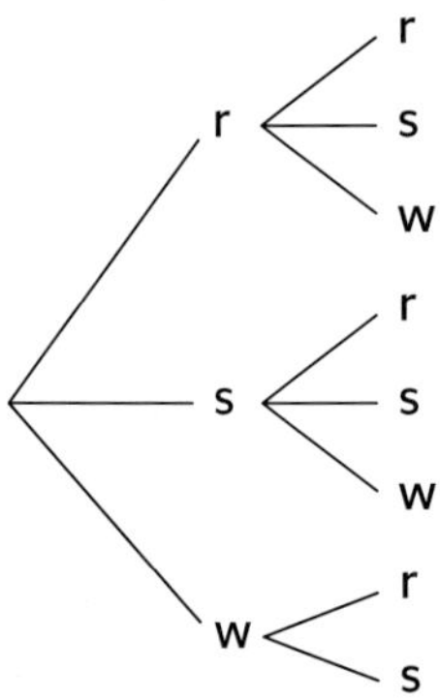

e_i	$P(e_i)$
r r	$\frac{6}{10} \cdot \frac{5}{9} = \frac{30}{90}$
r s	$\frac{6}{10} \cdot \frac{3}{9} = \frac{18}{90}$
r w	$\frac{6}{10} \cdot \frac{1}{9} = \frac{6}{90}$
s r	$\frac{3}{10} \cdot \frac{6}{9} = \frac{18}{90}$
s s	$\frac{3}{10} \cdot \frac{2}{9} = \frac{6}{90}$
s w	$\frac{3}{10} \cdot \frac{1}{9} = \frac{3}{90}$
w r	$\frac{1}{10} \cdot \frac{6}{9} = \frac{6}{90}$
w s	$\frac{1}{10} \cdot \frac{3}{9} = \frac{3}{90}$

b) A: Beide Kugeln haben dieselbe Farbe.

$P(A) = \frac{30}{90} + \frac{6}{90} = \frac{36}{90} = \frac{2}{5}$

3.

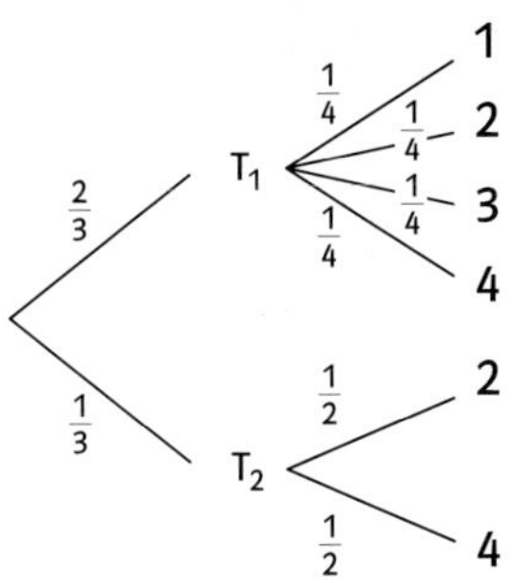

e_i	1	2	3	4
$P(e_i)$	$\frac{2}{3} \cdot \frac{1}{4}$	$\frac{2}{3} \cdot \frac{1}{4} + \frac{1}{3} \cdot \frac{1}{2}$	$\frac{2}{3} \cdot \frac{1}{4}$	$\frac{2}{3} \cdot \frac{1}{4} + \frac{1}{3} \cdot \frac{1}{2}$
	$= \frac{1}{6}$	$= \frac{2}{6}$	$= \frac{1}{6}$	$= \frac{2}{6}$

4. A: Topf ist erste Wahl. $P(A) = 0{,}95 \cdot 0{,}7 = 0{,}665$

5. a) $\frac{4}{5} \cdot \frac{5}{6} \cdot \frac{6}{7} + \frac{4}{5} \cdot \frac{1}{6} \cdot \frac{5}{7} + \frac{1}{5} \cdot \frac{4}{6} \cdot \frac{5}{7} + \frac{1}{5} \cdot \frac{2}{6} \cdot \frac{4}{7}$

$= \frac{120}{210} + \frac{20}{210} + \frac{20}{210} + \frac{8}{210} = \frac{168}{210} = 0{,}8$

b) $\frac{4}{5} \cdot \frac{5}{6} \cdot \frac{1}{7} + \frac{4}{5} \cdot \frac{1}{6} \cdot \frac{5}{7} + \frac{1}{5} \cdot \frac{4}{6} \cdot \frac{5}{7} = \frac{60}{210} = \frac{6}{21} \approx 0{,}286$

c) $\frac{4}{5} \cdot \frac{1}{6} \cdot \frac{2}{7} = \frac{8}{210} = \frac{4}{105} \approx 0{,}038$

6. $P(A) = \frac{1}{4} \cdot \frac{1}{4} \cdot \frac{1}{4} = \frac{1}{64}$; $P(B) = P(A)$

$P(C) = \frac{1}{4} \cdot \frac{1}{4} \cdot \frac{3}{4} + \frac{1}{4} \cdot \frac{3}{4} \cdot \frac{1}{4} + \frac{3}{4} \cdot \frac{1}{4} \cdot \frac{1}{4} = 3 \cdot \frac{3}{64} = \frac{9}{64}$

$P(D) = \frac{1}{4} \cdot \frac{1}{4} \cdot \frac{1}{4} + \frac{1}{4} \cdot \frac{1}{4} \cdot \frac{3}{4} + \frac{1}{4} \cdot \frac{3}{4} \cdot \frac{1}{4} + \frac{3}{4} \cdot \frac{1}{4} \cdot \frac{1}{4} = \frac{10}{64} = \frac{5}{32} = P(A) + P(C)$

7. a) $P(A) = \frac{1}{6} \cdot \frac{5}{6} \cdot \frac{5}{6} + \frac{5}{6} \cdot \frac{1}{6} \cdot \frac{5}{6} + \frac{5}{6} \cdot \frac{5}{6} \cdot \frac{1}{6} = 3 \cdot \frac{25}{216} = \frac{75}{216}$

b) $P(B) = \frac{1}{6} \cdot \frac{1}{6} \cdot \frac{5}{6} + \frac{5}{6} \cdot \frac{1}{6} \cdot \frac{1}{6} = \frac{10}{216}$

c) $P(C) = \frac{1}{6} \cdot \frac{1}{6} + \frac{5}{6} \cdot \frac{1}{6} = \frac{1}{6}$

d) $P(D) = \frac{5}{6} \cdot \frac{1}{6} \cdot \frac{5}{6} = \frac{25}{216}$

2.26 Welche Fragestellungen treten bei der Unabhängigkeit von Ereignissen auf?

1. $P(A) = \frac{5}{36}$; $P(B) = \frac{6}{36}$; $P(C) = \frac{6}{36}$; $P(D) = \frac{1}{2}$

$P(A \cap B) = \frac{1}{36}$; $P(B \cap C) = \frac{1}{36}$; $P(C \cap D) = \frac{6}{36}$

$P(A \cap B) = \frac{1}{36} \neq P(A) \cdot P(B) = \frac{5}{36} \cdot \frac{6}{36}$; A und B sind abhängig.

$P(B \cap C) = \frac{1}{36} = P(B) \cdot P(C) = \frac{6}{36} \cdot \frac{6}{36}$; B und C sind unabhängig.

$P(C \cap D) = \frac{6}{36} \neq P(C) \cdot P(D) = \frac{6}{36} \cdot \frac{1}{2}$; C und D sind abhängig.

2. $P(A) = \left(\frac{2}{5}\right)^3 + \left(\frac{3}{5}\right)^3$; $P(B) = \frac{2}{5}$; $A \cap B = \{r\ r\ r\}$

$P(A \cap B) = \left(\frac{2}{5}\right)^3$; $P(A \cap B) = \left(\frac{2}{5}\right)^3 \neq P(A) \cdot P(B) = \left[\left(\frac{2}{5}\right)^3 + \left(\frac{3}{5}\right)^3\right] \cdot \frac{2}{5}$

A und B sind abhängig

3. A: Gerät fällt aus; B_1: Erstes Bauteil fällt aus; B_2: Zweites Bauteil fällt aus.
$P(A) = 1 - P(\overline{A}) = 1 - P(\overline{B}_1) \cdot P(\overline{B}_2) = 1 - 0{,}99 \cdot 0{,}95 = 0{,}0595$

4. a) $P(A) = 0{,}2 \cdot 0{,}2 = 0{,}04$
b) $P(B) = 0{,}2^2 \cdot 0{,}8^2 = 0{,}0256$
c) $P(C) = 0{,}2 \cdot 0{,}8 = 0{,}16$
d) $P(D) = 0{,}2^4 + 0{,}8^4 = 0{,}4112$

5. a) $P(A) = 0{,}97^5 \approx 0{,}8587$ b) $P(B) = 0{,}97^3 \cdot 0{,}03^2 \approx 0{,}0008$

2.27 Wie ermittle ich die Wahrscheinlichkeitsverteilung einer Zufallsvariablen?

1. a)

x_i	2	3	4	5	6
$P(X = x_i)$	$\frac{1}{9}$	$\frac{1}{3}$	$\frac{13}{36}$	$\frac{1}{6}$	$\frac{1}{36}$

$E(X) = 2 \cdot \frac{1}{9} + 3 \cdot \frac{1}{3} + 4 \cdot \frac{13}{36} + 5 \cdot \frac{1}{6} + 6 \cdot \frac{1}{36} = \frac{11}{3} \approx 3{,}67$

$V(X) = \left(2 - \frac{11}{3}\right)^2 \cdot \frac{1}{9} + \left(3 - \frac{11}{3}\right)^2 \cdot \frac{1}{3} + \left(4 - \frac{11}{3}\right)^2 \cdot \frac{13}{36} + \left(5 - \frac{11}{3}\right)^2 \cdot \frac{1}{6} + \left(6 - \frac{11}{3}\right)^2 \cdot \frac{1}{36} = \frac{17}{18} \approx 0{,}94$

$\sigma = \sqrt{\frac{17}{18}} = \frac{1}{3}\sqrt{8{,}5} \approx 0{,}97$

b) Y: Gewinn für den Spieler; Einsatz: a

y_i	a	1	2
$P(Y = y_i)$	$\frac{25}{36}$	$\frac{10}{36}$	$\frac{1}{36}$

$E(Y) = a \cdot \frac{25}{36} + 1 \cdot \frac{10}{36} + 2 \cdot \frac{1}{36}$

Aus $a \cdot \frac{25}{36} + \frac{12}{36} = 0$ folgt $a = -\frac{12}{25} = -0{,}48$

Das Spiel ist fair bei einem Einsatz von 48 Cent.

2. a)

x_i	0	1	2	3
$P(X = x_i)$	$\frac{\binom{3}{0} \cdot \binom{7}{3}}{\binom{10}{3}} = \frac{35}{120}$	$\frac{\binom{3}{1} \cdot \binom{7}{2}}{\binom{10}{3}} = \frac{63}{120}$	$\frac{\binom{3}{2} \cdot \binom{7}{1}}{\binom{10}{3}} = \frac{21}{120}$	$\frac{\binom{3}{3} \cdot \binom{7}{0}}{\binom{10}{3}} = \frac{1}{120}$

b)

x_i	0	1	2	3
$P(X = x_i)$	$\frac{7}{10} \cdot \frac{6}{9} \cdot \frac{5}{8}$	$3 \cdot \frac{7}{10} \cdot \frac{3}{9} \cdot \frac{6}{8}$	$3 \cdot \frac{3}{10} \cdot \frac{2}{9} \cdot \frac{7}{8}$	$\frac{3}{10} \cdot \frac{2}{9} \cdot \frac{1}{8}$

c) $E(X) = 0 \cdot \frac{35}{120} + 1 \cdot \frac{63}{120} + 2 \cdot \frac{21}{120} + 3 \cdot \frac{1}{120} = \frac{1}{120}(63 + 42 + 3) = \frac{9}{10}$

$V(X) = \left(0 - \frac{9}{10}\right)^2 \cdot \frac{35}{120} + \left(1 - \frac{9}{10}\right)^2 \cdot \frac{63}{120} + \left(2 - \frac{9}{10}\right)^2 \cdot \frac{21}{120} + \left(3 - \frac{9}{10}\right)^2 \cdot \frac{1}{120}$

$= \frac{1}{120} \cdot \frac{1}{100} (35 \cdot 81 + 63 + 21 \cdot 121 + 441) = \frac{5880}{12\,000} = 0{,}49$

$\sigma = 0{,}7$

3. X: Gewinn des Spielers bei Strategie I

x_i	1050	690	330	−30
$P(X = x_i)$	$\left(\frac{1}{37}\right)^3$	$3 \cdot \frac{36}{37} \cdot \left(\frac{1}{37}\right)^2$	$3 \cdot \left(\frac{36}{37}\right)^2 \cdot \frac{1}{37}$	$\left(\frac{36}{37}\right)^3$

$E(X) \approx 0{,}81$ (Euro)

Y: Gewinn des Spielers bei Strategie II

y_i	350	690	1370	−70
$P(Y = y_i)$	$\frac{1}{37}$	$\frac{36}{37} \cdot \frac{1}{37}$	$\left(\frac{36}{37}\right)^2 \cdot \frac{1}{37}$	$\left(\frac{36}{37}\right)^3$

$E(Y) \approx -1{,}82$ (Euro)

Die Strategie I hat die größere Gewinnerwartung.

2.28 Wie berechne ich Wahrscheinlichkeiten mit der Formel von BERNOULLI?

1. a) 56 b) 120 c) 455 d) 43 758
e) 646 646 f) 155 117 520 g) 2 118 760 h) 75 287 520

2. $\binom{n}{k}$ gibt an, wie oft k Treffer bei n Durchführungen auftreten; p^k ist die Wahrscheinlichkeit für k Treffer; $(1-p)^{n-k}$ ist die Wahrscheinlichkeit für n − k Nieten.

3. $P(A) = \binom{8}{3} \cdot 0{,}1^3 \cdot 0{,}9^5 \approx 0{,}0331$

4. a) Es dürfen keine Ermüdungserscheinungen auftreten.
b) Mindestens einmal zu treffen, hat bei der hohen Trefferquote eine hohe Wahrscheinlichkeit.
X: Anzahl der Treffer bei 5 Schüssen; $n = 5$; $p = 0{,}8$
$P(X \geqq 1) = 1 - P(X = 0) = 1 - \binom{5}{0} \cdot 0{,}8^0 \cdot 0{,}2^5 \approx 0{,}9997$

5. a) X: Anzahl der weißen Kugeln bei 5 Ziehungen; $n = 5$; $p = 0{,}7$
$P(X = 5) = \binom{5}{5} \cdot \left(\frac{7}{10}\right)^5 \cdot \left(\frac{3}{10}\right)^0 = 0{,}7^5 \approx 0{,}1681$
b) $P(X \geqq 1) = 1 - P(X = 0) = 1 - \binom{5}{0} \cdot 0{,}7^0 \cdot 0{,}3^5 = 1 - 0{,}3^5 \approx 0{,}9976$
c) Y: Anzahl der roten Kugeln bei 5 Ziehungen; $n = 5$; $p = 0{,}3$

$$P(Y > 2) = 1 - [P(Y = 0) + P(Y = 1) + P(Y = 2)]$$
$$= 1 - \left[\binom{5}{0} \cdot \left(\frac{3}{10}\right)^0 \cdot \left(\frac{7}{10}\right)^5 + \binom{5}{1} \cdot \left(\frac{3}{10}\right)^1 \cdot \left(\frac{7}{10}\right)^4 + \binom{5}{2} \cdot \left(\frac{3}{10}\right)^2 \cdot \left(\frac{7}{10}\right)^3\right]$$
$$= 1 - \left[\left(\frac{7}{10}\right)^5 + 5 \cdot \frac{3}{10} \cdot \left(\frac{7}{10}\right)^4 + 10 \cdot \left(\frac{3}{10}\right)^2 \cdot \left(\frac{7}{10}\right)^3\right] \approx 0{,}1631$$

6. X: Anzahl der Linkshänder unter 30 Personen; $n = 30$; $p = 0{,}22$
a) $P(X = 6) = \binom{30}{6} \cdot 0{,}22^6 \cdot 0{,}78^{24} \approx 0{,}1732$
b) $P(X \leqq 4) = P(X = 0) + P(X = 1) + P(X = 2) + P(X = 3) + P(X = 4) \approx 0{,}1787$
c) $P(X \geqq 3) = 1 - P(X \leqq 2) \approx 0{,}9745$
d) $P(X = 4) + P(X = 5) + P(X = 6) + P(X = 7) + P(X = 8) \approx 0{,}7242$

7. a) X: Anzahl der Personen von 10 Personen, die ein Handy haben; $n = 10$; $p = 0{,}72$
$P(X \geqq 7) = P(X = 7) + P(X = 8) + P(X = 9) + P(X = 10) \approx 0{,}7021$
b) $P(X \leqq 3) = P(X = 0) + P(X = 1) + P(X = 2) + P(X = 3) \approx 0{,}0070$
c) $P(X = 10) \approx 0{,}0374$

8. X: Anzahl der Haushalte mit Internetzugang unter 20 Haushalten
Jahr 2000: $n = 20$; $p = 0{,}16$

$$P(X > 5) = 1 - [P(X = 0) + P(X = 1) + P(X = 2) + P(X = 3) + P(X = 4) + P(X = 5)] \approx 0{,}0870$$

Jahr 2002: $n = 20$; $p = 0{,}36$; $P(X > 5) \approx 0{,}7829$
Jahr 2004: $n = 20$; $p = 0{,}47$; $P(X > 5) \approx 0{,}9619$

9. a) X: Anzahl der defekten Schalter pro Kiste; $n = 15$; $p = \frac{1}{15}$
$P(X = 0) = \left(\frac{14}{15}\right)^{15} \approx 0{,}3553$

b) Y: Anzahl der Kisten unter 20 mit nur einwandfreien Schaltern;
$n = 20$; $p = \left(\frac{14}{15}\right)^{15}$
$P(Y > 2) = 1 - [P(Y = 0) + P(Y = 1) + P(Y = 2)] \approx 0{,}9893$

2.29 Wie arbeite ich bei Binomialverteilungen mit Tabellen?

1. a) 0,1937 b) 0,0053 c) 0,2023

2. a) 0,9692 b) 0,9885 c) 0,9847

3. a) 0,3497 b) 0,0062 c) 0,0307

4. a) 0,6370 b) 0,0010 c) 0,2552

5. a) 0,3044 b) 0,9996 c) 0,3028

6. X: Anzahl der Gewinne bei 10 Durchführungen; $n = 10$; $p = 0{,}8$
$P(X \leqq 4) \approx 0{,}0064$

7.

e_i	1	2	3	4
$P(e_i)$	0,2	0,2	0,3	0,3

; $n = 4$

a) $P(A) = P(X = 2) = \binom{4}{2} \cdot 0{,}6^2 \cdot 0{,}4^2 \approx 0{,}3456$
b) $P(B) = 4 \cdot 3 \cdot 2 \cdot 1 \cdot 0{,}2 \cdot 0{,}2 \cdot 0{,}3 \cdot 0{,}3 \approx 0{,}0864$
c) $P(C) = 0{,}2^4 + 0{,}2^4 + 0{,}3^4 + 0{,}3^4 \approx 0{,}0194$
d) $P(D) = \binom{4}{3} \cdot 0{,}6^3 \cdot 0{,}4^1 + \binom{4}{4} \cdot 0{,}6^4 \cdot 0{,}4^0 \approx 0{,}4752$
e) $n = 4$; $p = 0{,}5$; $P(E) = P(Y \leqq 2) \approx 0{,}6875$

8. X: Anzahl der Autofahrer unter 50 Fahrern, die den Gurt angelegt haben;
$n = 50$; $p = 0{,}9$
a) $P(X \leqq 40) \approx 0{,}0245$
b) $P(X > 35) = 1 - P(X \leqq 35) \approx 0{,}9999$
c) $P(X > 25) = 1 - P(X \leqq 25) \approx 1$

9. X: Anzahl der Fassungen unter 15 Fassungen, die der Norm entsprechen;
$n = 15$; $p = 0{,}95$
a) $P(X = 15) \approx 0{,}4633$
b) $P(X \geqq 12) = 1 - P(X \leqq 11) \approx 0{,}9945$
c) $P(X \geqq 14) = 1 - P(X \leqq 13) \approx 0{,}8290$

10. X: Anzahl der Chips unter 20 ausgewählten, die defekt sind; X ist im ungünstigsten Fall $B_{20;\,0,05}$-verteilt.
Gesucht ist k mit $P(X > k) \leqq 0{,}05$.
Der Tabelle entnimmt man $k = 3$.

2.30 Wie bestimme ich die Mindestlänge einer BERNOULLI-Kette?

1. $p = 0{,}1;\; c = 0{,}8;\; n \geqq \frac{\lg(1-0{,}8)}{\lg(1-0{,}1)} \approx 15{,}3$
Man muss das Glücksrad mindestens 16-mal drehen.

2. $p = 0{,}05$; Bedingung: $P(X \geqq 1) > 0{,}9$; hieraus folgt $n > 44{,}9$.
Man muss mindestens 45 Personen untersuchen.

3. $p = 0{,}15$; Bedingung: $P(X \geqq 1) > 0{,}95$; hieraus folgt $n > 18{,}4$.
Man muss mindestens 19 Personen befragen.

2.31 Wie berechne ich den Erwartungswert und die Standardabweichung bei einer Binomialverteilung?

1. $n = 10;\; p = 0{,}03;\; \mu = 10 \cdot 0{,}03 = 0{,}3$

2. X: Anzahl der Hauptgewinne unter 20 Losen;
$n = 20;\; p = \frac{4}{100};\; E(X) = 20 \cdot \frac{4}{100} = 0{,}8$
Werden bei vielen Lotterien dieser Art 20 Lose gekauft, weicht die mittlere Anzahl der Hauptgewinne nur wenig von 0,8 ab.

3. $n = 5 \cdot 2 \cdot 7 = 70;\; p = 0{,}4;\; \mu = 70 \cdot 0{,}4 = 28$
Die Ampeln müssen unabhängig voneinander geschaltet sein.

4. $n = 50;\; p = 0{,}3;\; \mu = 50 \cdot 0{,}3 = 15;\; \sigma = \sqrt{50 \cdot 0{,}3 \cdot 0{,}7} \approx 3{,}24$
a) $P(11{,}76 \leqq X \leqq 18{,}24) = P(12 \leqq X \leqq 18) = P(X \leqq 18) - P(X \leqq 11) \approx 0{,}7204$
b) $P(8{,}52 \leqq X \leqq 21{,}48) = P(9 \leqq X \leqq 21) = P(X \leqq 21) - P(X \leqq 8) \approx 0{,}9567$
c) $P(5{,}28 \leqq X \leqq 24{,}72) = P(6 \leqq X \leqq 24) \approx 0{,}9951$

5. $n = 30;\; p = 0{,}7;\; \mu = 30 \cdot 0{,}7 = 21$
$P(18 \leqq X \leqq 24) = P(X \leqq 24) - P(X \leqq 17) \approx 0{,}8389$
$P(17 \leqq X \leqq 25) = P(X \leqq 25) - P(X \leqq 16) \approx 0{,}9298$
$P(16 \leqq X \leqq 26) = P(X \leqq 26) - P(X \leqq 15) \approx 0{,}9737$
Das gesuchte Intervall ist $16 \leqq X \leqq 26$.

2.32 Wie berechne ich Wahrscheinlichkeiten mit der Näherungsformel von DE MOIVRE-LAPLACE?

1. $\mu = 24;\ \sigma^2 = 19{,}2 > 9$

a) $P(X < 22) = P(X \leqq 21) \approx \Phi\left(\frac{21-24}{\sqrt{19{,}2}}\right) \approx \Phi(-0{,}68) \approx 0{,}2483$

b) $P(X \geqq 25) = 1 - P(X \leqq 24) \approx 1 - \Phi\left(\frac{24-24}{\sqrt{19{,}2}}\right) = 1 - \Phi(0) = 0{,}5$

c) $P(23 \leqq X \leqq 26) \approx \Phi\left(\frac{26-24}{\sqrt{19{,}2}}\right) - \Phi\left(\frac{23-24}{\sqrt{19{,}2}}\right) \approx \Phi(0{,}46) - \Phi(-0{,}23) \approx 0{,}2682$

d) $P(24 < X \leqq 28) \approx P(25 \leqq X \leqq 28) \approx \Phi\left(\frac{28-24}{\sqrt{19{,}2}}\right) - \Phi\left(\frac{25-24}{\sqrt{19{,}2}}\right) \approx \Phi(0{,}91) - \Phi(0{,}23) \approx 0{,}2276$

e) $P(X \leqq 23) \approx 0{,}4562$

f) $P(19 \leqq X < 26) = P(19 \leqq X \leqq 25) \approx \Phi(0{,}23) - \Phi(-1{,}14) \approx 0{,}4639$

2. $\mu = 400 \cdot 0{,}4 = 160;\ \sigma^2 = 400 \cdot 0{,}4 \cdot 0{,}6 = 96;\ \sigma = \sqrt{96}$

a) $P(X < 150) = P(X \leqq 149) \approx \Phi(-1{,}12) \approx 0{,}1314$

$P(X \geqq 165) = 1 - P(X \leqq 164) \approx 1 - \Phi(0{,}41) \approx 0{,}3409$

$P(150 \leqq X \leqq 170) \approx \Phi(1{,}02) - \Phi(-1{,}02) \approx 0{,}6922$

b) $P(|X - 160| \leqq 3) = P(157 \leqq X \leqq 163) \approx \Phi(0{,}31) - \Phi(-0{,}31) \approx 0{,}2434$

$P(|X - 160| > 1{,}5) = 1 - P(158 \leqq X \leqq 162) \approx 1 - (\Phi(0{,}20) - \Phi(-0{,}20)) \approx 0{,}8414$

c) Wegen $P(|X - \mu| \leqq 17) \approx 0{,}9182$ und $P(|X - \mu| \leqq 18) \approx 0{,}9342$ ist $[142; 178]$ das gesuchte Intervall.

3. $n = 1000;\ p = 0{,}02;\ \mu = 20;\ \sigma^2 = 1000 \cdot 0{,}02 \cdot 0{,}98 = 19{,}6 > 9$

a) $P(X \geqq 26) = 1 - P(X \leqq 25) \approx 1 - \Phi(1{,}13) \approx 0{,}1292$

b) $P(X \leqq 18) \approx \Phi(-0{,}45) \approx 0{,}3264$

4. $n = 500;\ p = \frac{1}{37};\ \mu = \frac{500}{37};\ \sigma^2 = 500 \cdot \frac{1}{37} \cdot \frac{36}{37} \approx 13{,}1 > 9$

a) $P(X \geqq 15) = 1 - P(X \leqq 14) \approx 1 - \Phi(0{,}13) \approx 0{,}4483$

b) $P(X \leqq 12) \approx \Phi(-0{,}42) \approx 0{,}3372$

5. a) $n = 2000;\ p = 0{,}1;\ \mu = 200;\ \sigma^2 = 180;\ \sigma = \sqrt{180} \approx 13{,}4 > 9$

b) Wegen $P(|X - \mu| \leqq 22) \approx 0{,}8990$ und $P(|X - \mu| \leqq 23) \approx 0{,}9128$ ist $[177; 223]$ das gesuchte Intervall.

6. $\mu = n \cdot 0{,}8;\ \sigma^2 = n \cdot 0{,}8 \cdot 0{,}2$

Es ist $P(X \leqq 500) \approx \Phi\left(\frac{500 - n \cdot 0{,}8}{\sqrt{n \cdot 0{,}8 \cdot 0{,}2}}\right)$. Aus $\Phi\left(\frac{500 - n \cdot 0{,}8}{\sqrt{n} \cdot \sqrt{0{,}8 \cdot 0{,}2}}\right) \leqq 0{,}05$ folgt

$\frac{500 - n \cdot 0{,}8}{\sqrt{n} \cdot \sqrt{0{,}8 \cdot 0{,}2}} \leqq -1{,}6449$ und hieraus $0{,}8n - 1{,}6449 \cdot \sqrt{0{,}8 \cdot 0{,}2} \cdot \sqrt{n} - 500 \geqq 0$.

Diese Ungleichung ist erfüllt für $n \geqq 646$.

7. $n = 200;\ p = \frac{2}{3};\ \mu = \frac{400}{3};\ \sigma^2 = \frac{400}{9};\ \sigma = \frac{20}{3}$

Es ist $P(X \leqq g) \approx \Phi\left(\frac{g - \frac{400}{3}}{\frac{20}{3}}\right)$. Aus $\Phi\left(\frac{g - \frac{400}{3}}{\frac{20}{3}}\right) \geqq 0{,}9$ folgt $\frac{g - \frac{400}{3}}{\frac{20}{3}} \geqq 1{,}2816$

und damit $g \geqq 1{,}2816 \cdot \frac{20}{3} + \frac{400}{3} \approx 141{,}9$. Damit ist $g = 142$.

8. $n;\ p = 0{,}95;\ \mu = n \cdot 0{,}95;\ \sigma^2 = n \cdot 0{,}95 \cdot 0{,}05;\ \sigma = \sqrt{n \cdot 0{,}95 \cdot 0{,}05}$

Aus $P(X \geqq 600) \geqq 0{,}95$ folgt $P(X \leqq 599) \leqq 0{,}05$ und aus $\Phi\left(\frac{599 - n \cdot 0{,}95}{\sqrt{n} \cdot \sqrt{0{,}95 \cdot 0{,}05}}\right) \leqq 0{,}05$ dann $0{,}95n - 1{,}6449 \cdot \sqrt{0{,}95 \cdot 0{,}05} \cdot \sqrt{n} - 599 \geqq 0$.

Diese Ungleichung ist erfüllt für $n \geqq 641$.

2.33 Wie berechne ich Wahrscheinlichkeiten bei einer Normalverteilung?

1. a) 0,2347 b) 0,9032 c) 0,1151
d) 0,2119 e) 0,0994 f) 0,1192

2. a) $c \approx 0{,}84$ b) $c = 0$ c) $c \approx 0{,}39$

3. a) 0,5328 b) 0,7745 c) 0,0668
d) 0,3085 e) 0,5468 f) 0,2112

4. a) $P(|X - \mu| \leqq c) = \Phi\left(\frac{c}{\sigma}\right) - \Phi\left(-\frac{c}{\sigma}\right) = \Phi\left(\frac{c}{\sigma}\right) - \left(1 - \Phi\left(\frac{c}{\sigma}\right)\right) = 2 \cdot \Phi\left(\frac{c}{\sigma}\right) - 1$

b) $P(|X - \mu| > c) = 1 - P(|X - \mu| \leqq c) = 1 - \left[2 \cdot \Phi\left(\frac{c}{\sigma}\right) - 1\right] = 2 \cdot \left[1 - \Phi\left(\frac{c}{\sigma}\right)\right]$

5. a) 0,0993 b) 0,2148

6. a) 0,8413 b) $c = 0{,}7 - 1{,}75 \cdot 0{,}01 = 0{,}6825$

7. a) 0,8185 b) 0,0228 c) $c \approx 65 + 5 \cdot 1{,}2816 \approx 71{,}4$

8. a) 0,1151
b) $c = 1{,}96 \cdot 0{,}5 = 0{,}98$ Gesuchtes Intervall: $[5{,}9 - 0{,}98;\ 5{,}9 + 0{,}98] = [4{,}92;\ 6{,}88]$

Strategien aus dem Bereich Analysis

3.1 Was kann ich bei ganzrationalen Funktionen mit wenig Aufwand erkennen?

1. Es ist $f(x) = \frac{1}{3}x^3 + \frac{1}{2}x^2 - 2x - \frac{10}{3}$.

a) *Verhalten für $x \to \pm\infty$:* Ist $|x|$ sehr groß, so verläuft K ähnlich wie der Graph mit der Gleichung $y = \frac{1}{3}x^3$.
Verhalten in einer Umgebung von 0: Es ist $f(0) = -\frac{10}{3}$; K besitzt in $Y\left(0 \middle| -\frac{10}{3}\right)$ die Gerade mit der Gleichung $y = -2x - \frac{10}{3}$ als Tangente.
Gemeinsame Punkte von K und der x-Achse: $X_1(-2|0)$ und $X_2\left(\frac{5}{2} \middle| 0\right)$.

b) Hochpunkt: $H(-2|0)$; Tiefpunkt: $T(1|-4{,}5)$; Wendepunkt: $W(-0{,}5|-2{,}25)$

c) Siehe die nebenstehende Abbildung.

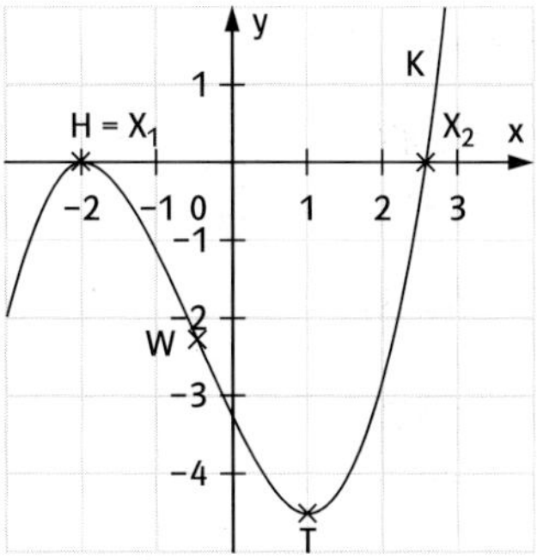

d) Das Dreieck OXY hat den Inhalt $\frac{25}{6}$.
Damit hat die beschriebene Fläche den Inhalt

$$A = \int_{-2}^{0} (0 - f(x))\,dx + \frac{25}{6} = \frac{8}{3} + \frac{25}{6} = \frac{41}{6}.$$

e) Für $P(x_P|f(x_P))$ gilt $f'\left(\frac{5}{2}\right) = f'(x_P)$.
Dies ergibt $\frac{27}{4} = x_P{}^2 + x_P - 2$ und dann $x_P = -3{,}5$. Also ist $P(-3{,}5|-4{,}5)$.

2. Es ist $f(x) = \frac{1}{6}x^3 - 2x^2 + 6x$.

a) *Verhalten für $x \to \pm\infty$:* Ist $|x|$ sehr groß, so verläuft K ähnlich wie der Graph mit der Gleichung $y = \frac{1}{6}x^3$.
Verhalten in einer Umgebung von 0: Es ist $f(0) = 0$; K besitzt in $O(0|0)$ die Gerade mit der Gleichung $y = 6x$ als Tangente.
Gemeinsame Punkte von K und der x-Achse: $O(0|0)$ und $X(6|0)$.

b) Hochpunkt: $H\left(2 \middle| \frac{16}{3}\right)$; Tiefpunkt: $T(6|0)$; Wendepunkt: $W\left(4 \middle| \frac{8}{3}\right)$;

c) Den Graphen K zeigt nebenstehende Abbildung.
Die Normale in W hat die Steigung $-\frac{1}{f'(4)} = \frac{1}{2}$ und damit die Gleichung $y = \frac{1}{2}x + \frac{2}{3}$.

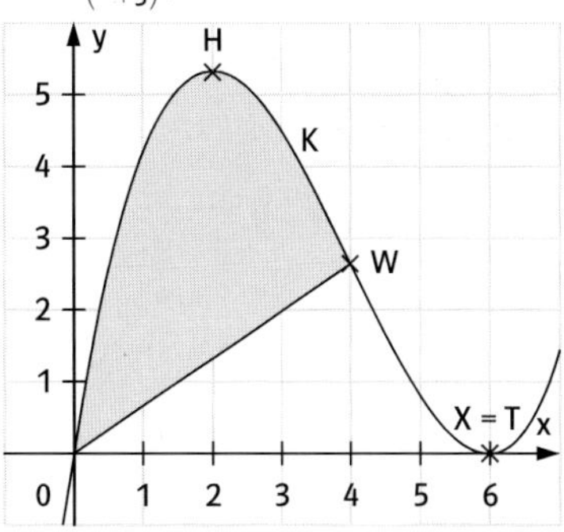

d) $A = \int_0^6 f(x))\,dx = \left[\frac{1}{24}x^4 - \frac{2}{3}x^3 + 3x^2\right]_0^6 = 18$

e) Für die obere Teilfläche gilt

$$A_O = \int_0^4 \left(f(x) - \frac{2}{3}x\right)dx = \frac{32}{3}.$$

Folglich hat die untere Teilfläche den Inhalt $A_U = A - A_O = \frac{22}{3}$, und es gilt $\frac{A_O}{A_U} = \frac{16}{11}$.

3. Die Eigenschaften der Graphen sind in einer Tabelle zusammengefasst.
Danach folgen die Graphen.

Aufgabe	Symmetrie	Näherungskurve für $x \longrightarrow \pm\infty$	$Y(0 \mid f(0))$	Tangente in $Y(0 \mid f_t(0))$
	gemeinsame(r) Punkt(e) mit der x-Achse	Hochpunkt(e)	Tiefpunkt(e) und Kurve C	Wendepunkt(e)
a)	Punktsymmetrie zu $O(0 \mid 0)$	$y = \frac{1}{2}x^3$	$Y_t(0 \mid 0) = O$	$y = -3t^2x$
	$O(0 \mid 0)$, $X_1\left(+\sqrt{6}\,t \mid 0\right)$ und $X_2\left(-\sqrt{6}\,t \mid 0\right)$	$H\left(-\sqrt{2}\,t \mid +2\sqrt{2}\,t^3\right)$	$T\left(+\sqrt{2}\,t \mid -2\sqrt{2}\,t^3\right)$ $y = -x^3$ für $x > 0$	$W(0 \mid 0)$
b)	Achsensymmetrie zur y-Achse	$y = \frac{1}{8}x^4$	$Y\left(0 \mid \frac{5}{2}t^2\right)$	$y = \frac{5}{2}t^2$
	$X_{1;2}\left(\pm\sqrt{2t} \mid 0\right)$ und $X_{3;4}\left(\pm\sqrt{10t} \mid 0\right)$	$H\left(0 \mid \frac{5}{2}t^2\right) = Y$	$T_{1;2}\left(\pm\sqrt{6t} \mid -2t^2\right)$ $y = -\frac{1}{18}x^4$ für $x \neq 0$	$W_{1;2}\left(\pm\sqrt{2t} \mid 0\right)$

a)

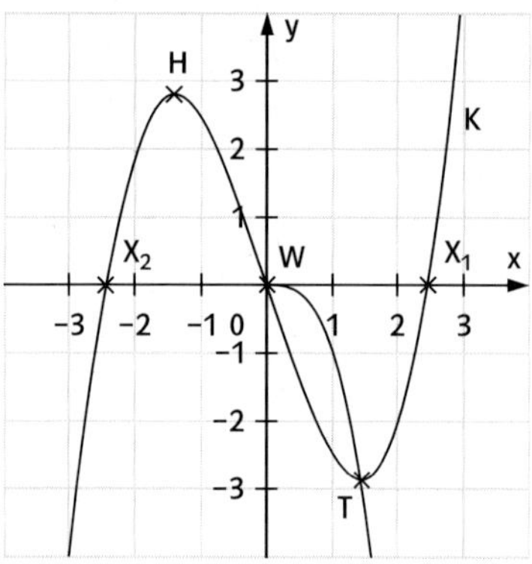

Für C gilt: $y = -x^3$; $x > 0$

b)

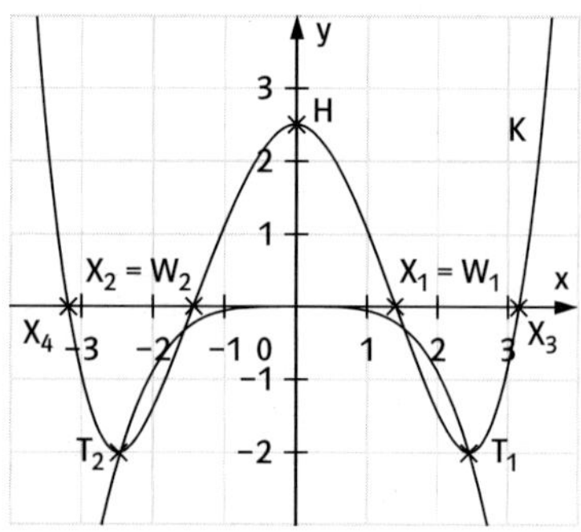

Kurve C: $y = -\frac{1}{18}x^4$

4. Es ist

$$f'(x) = 2(x-a)(x-b) + (x-a)^2 = (x-a)(3x - a - 2b).$$

Hieraus folgt wegen $a \neq b$

$$f'(a) = 0 \quad \text{und} \quad f'(b) = (b-a)^2 \neq 0.$$

3.2 Was kann ich bei gebrochenrationalen Funktionen mit wenig Aufwand erkennen?

1.

a) *Asymptoten:*
K hat keine senkrechten Asymptoten und die Gerade mit der Gleichung y = 4 als waagrechte Asymptote.

Gemeinsame Punkte von K und den Koordinatenachsen:
K hat mit den Achsen nur den Ursprung O(0|0) gemeinsam.

Hoch-, Tief- und Wendepunkte:
K hat keinen Hochpunkt, den Tiefpunkt T(0|0) = O und die Wendepunkte $W_{1;2}\left(\pm\sqrt{3}\,|\,1\right)$.

Graph:
Siehe Fig.

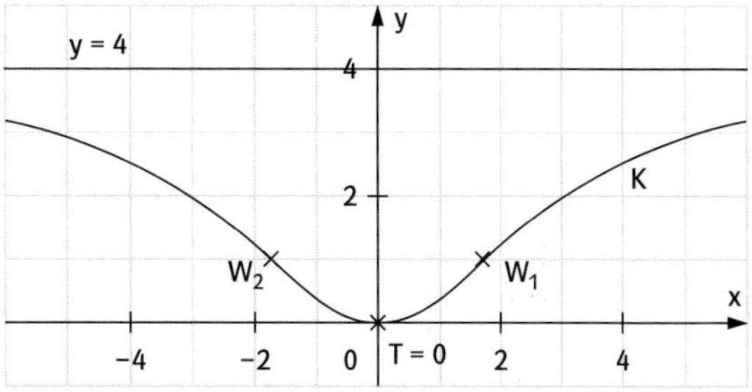

b) *Anzahl der gemeinsamen Punkte von K und P_t:*
Offensichtlich ist O(0|0) stets ein gemeinsamer Punkt von K und P_t. Wenn nun $S(x_S|y_S)$ mit $x_S \neq 0$ ein weiterer gemeinsamer Punkt von K und P_t ist, so gilt $f(x_S) = tx_S^2$ und damit $\frac{4x_S^2}{9 + x_S^2} = tx_S^2$. Wegen $x_S \neq 0$ ist dann $4 = t(9 + x_S^2)$ und damit $x_S^2 = \frac{4}{t} - 9$. Diese quadratische Gleichung hat wegen $\frac{4}{t} - 9 > 0$ von 0 nur verschiedene Lösungen.
Aus $\frac{4}{t} - 9 > 0$ folgt $t < \frac{4}{9}$. Damit haben K und P_t drei gemeinsame Punkte für $t < \frac{4}{9}$, während es für $t \geqq \frac{4}{9}$ nur einen gemeinsamen Punkt gibt, nämlich O(0|0).

c) *Flächeninhalt A(u) des Dreiecks PQR:*
Das Dreieck PQR hat die Verbindungsstrecke der Punkte P und Q als Grundseite der Länge 2u und dazu die Höhe 4 − f(u). Damit erhält man

$$A(u) = \frac{1}{2} \cdot 2u \cdot (4 - f(u)) = \frac{36u}{9 + u^2}.$$

Untersuchung von A(u) auf Extremwerte:
Mit der Quotientenregel erhält man

$$A'(u) = \frac{36(9 - u^2)}{(9 + u^2)^2}.$$

$A'(u) = 0$ liefert $36(9 - u^2) = 0$ und wegen $u > 0$ dann $u = 3$. Da $A'(u)$ bei $u = 3$ einen Vorzeichenwechsel von + nach − hat, ist $u = 3$ eine Maximumstelle. Für $u \to 0$ und für $u \to \infty$ strebt $A(u) \to 0$. Also hat A(u) bei 3 ein absolutes Maximum.

2.

a) *Asymptoten:*
K hat die y-Achse als senkrechte Asymptote und die x-Achse als waagrechte Asymptote.

Gemeinsame Punkte von K und der x-Achse:
K hat mit der x-Achse den Punkt $X\left(\frac{3}{2}\middle|0\right)$ gemeinsam.

Hoch-, Tief- und Wendepunkte:
K hat keinen Hochpunkt, den Tiefpunkt $T(3|-4)$ und den Wendepunkt $W\left(\frac{9}{2}\middle|-\frac{32}{9}\right)$.

Graph K:
Siehe Fig.

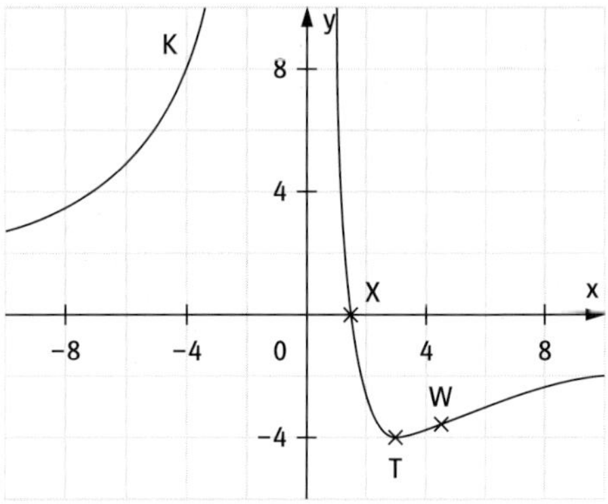

b) *Bestimmung einer Tangente an K:*
Es sei $y = mx$ die Gleichung einer Geraden, die K im Punkt $B(x_B|y_B)$ berührt. Dann gilt $f(x_B) = mx_B$ und $f'(x_B) = m$.
Mit $f'(x) = 24 \cdot \frac{x-3}{x^3}$ erhält man $12 \cdot \frac{3-2x_B}{x_B{}^2} = mx_B$ und $24 \cdot \frac{x_B - 3}{x_B{}^3} = m$.
Hieraus folgt $x_B = \frac{9}{4}$ und dann $m = -\frac{128}{81}$. Also berührt die Gerade mit der Gleichung $y = -\frac{128}{81}x$ K im 4. Feld.

c) *Bestimmung des Flächeninhaltes A(u):*
Für A(u) gilt mit $u > 1{,}5$

$$A(u) = \int_{1,5}^{u}(0 - f(x))\,dx = 12\int_{1,5}^{u}\left(\frac{2}{x} - \frac{3}{x^2}\right)dx = 12\left[2\ln(x) + \frac{3}{x}\right]_{1,5}^{u}$$

$$= 12\left[2\ln(u) + \frac{3}{u} - 2\ln\left(\frac{3}{2}\right) - 2\right] = 24\ln(u) + \frac{36}{u} - 24\ln\left(\frac{3}{2}\right) - 24.$$

Untersuchung von A(u) für $u \to \infty$:
Für $u \to \infty$ strebt $24 \cdot \ln(u) \to \infty$ und $\frac{36}{u} \to 0$ und folglich $A(u) \to \infty$, d.h. der Flächeninhalt A(u) wird beliebig groß, obwohl die x-Achse Asymptote von K ist für $x \to \infty$.

3.

a) *Maximale Definitionsmenge $\mathbb{D}$:*
Aus $x + 1 \neq 0$ erhält man $\mathbb{D} = \mathbb{R} \setminus \{-1\}$.

Asymptoten:
Mit Polynomdivision erhält man

$$f(x) = \frac{x^2 + x + 1}{x + 1} = x + \frac{1}{x + 1}$$

Also hat k die Gerade mit der Gleichung $x = -1$ als senkrechte Asymptote und die Gerade mit der Gleichung $y = x$ als schiefe Asymptote.

Gemeinsame Punkte von K und der x-Achse:
Da $x^2 + x + 1 = 0$ unlösbar ist, hat K keine gemeinsamen Punkte mit der x-Achse.

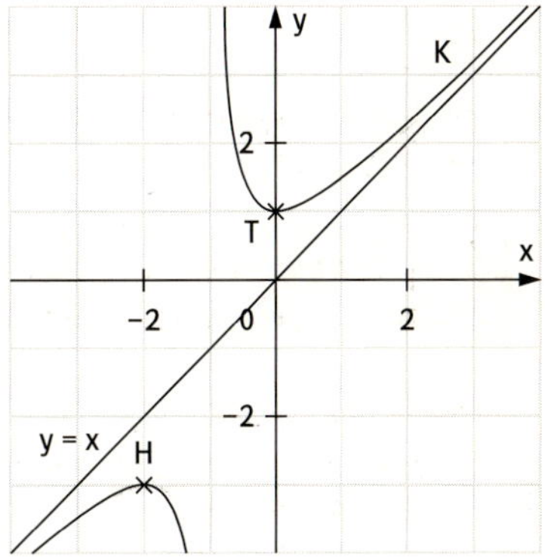

Hoch-, Tief- und Wendepunkte:
K hat den Hochpunkt $H(-2|-3)$ und den Tiefpunkt $T(0|1)$, aber keinen Wendepunkt.

Graph:
Siehe Fig.

b) *Symmetrie von K:*
Dem Graphen K entnimmt man, dass K wohl punktsymmetrisch zu $Z(-1|-1)$ ist. Dies lässt sich durch Rechnung so zeigen:
Es ist $f(-1+x) = \frac{(-1+x)^2+(-1+x)+1}{(-1+x)+1} = \frac{x^2-x+1}{x}$ und $f(-1-x) = \frac{(-1-x)^2+(-1-x)+1}{(-1-x)+1} = \frac{x^2+x+1}{x}$,

und hieraus erhält man sofort $\frac{1}{2}(f(-1+x) + f(-1-x)) = -1$. Damit ist K punktsymmetrisch zu $Z(-1|-1)$.

c) *Gemeinsame Punkte von K und der Geraden:*
Für gemeinsame Punkte $S(x_S|y_S)$ von K und der Geraden mit der Gleichung $y = \frac{1}{2}x + 1$ gilt $\frac{x_S^2+x_S+1}{x_S+1} = \frac{1}{2}x_S + 1$ und dann $x_S^2 + x_S + 1 = \frac{1}{2}x_S^2 + \frac{3}{2}x_S + 1$. Dies ergibt $\frac{1}{2}x_S(x_S - 1) = 0$ und somit haben die gesuchten Punkte die Abszissen 0 und 1.

Bestimmung von A:

$$A = \int_0^1 \left(\tfrac{1}{2}x + 1 - f(x)\right)dx = \int_0^1 \left(1 - \tfrac{1}{2}x - \tfrac{1}{x+1}\right)dx = \left[x - \tfrac{1}{4}x^2 - \ln(x+1)\right]_0^1$$
$$= \tfrac{3}{4} - \ln(2) \approx 0{,}0569$$

4.

a) *Bestimmung der Dicke der Dämmschicht:*
Da $h(0)$ die Heizkosten ohne Dämmschicht sind, lautet die Bedingung für die Dicke d der Dämmschicht: $h(d) = 0{,}6 \cdot h(0)$. Dies ergibt $\frac{9}{d+4} = 0{,}6 \cdot \frac{9}{4}$, und man erhält dann $d = \frac{8}{3}$. Damit reduziert eine Dämmschicht von etwa 2,7 cm die Heizkosten bereits um 40 %.

b) *Optimale Dicke der Dämmschicht:*
Die Gesamtkosten (in €) bei einer Dämmschicht der Dicke x (in cm) setzen sich aus den Heizkosten für 25 Jahre und den einmaligen Kosten für das Anbringen der Schicht zusammen:

$$G(x) = 25 \cdot \frac{9}{x+4} + 40 + 3x \quad \text{mit } x \geqq 0.$$

Damit erhält man

$$G'(x) = 3 \cdot \frac{x^2 + 8x - 59}{(x + 4)^2} \quad \text{und} \quad G''(x) = \frac{450}{(x + 4)^3}.$$

$G'(x) = 0$ liefert $x^2 + 8x - 59 = 0$ und dann $x = -4 \pm 5\sqrt{3}$. Wegen $x \geqq 0$ ist dann $x = -4 + 5\sqrt{3} \approx 4{,}66$. $G''(x)$ zeigt, dass man bei einer Dicke von etwa 4,66 cm ein relatives Maximum der Heizkosten erhält.

5.

a) Achsensymmetrie zur y-Achse, wegen $f(-x) = f(x)$;
keine senkrechte Asymptote wegen $x^2 + t > 0$;
waagrechte Asymptote mit der Gleichung $y = 1$
wegen $f(x) \rightarrow 1$ für $x \rightarrow \pm\infty$;
gemeinsame Punkte mit der x-Achse in $X_{1,2}\left(\pm\sqrt{t}\,\middle|\,0\right)$;
Schnittpunkt mit der y-Achse in $Y(0\,|\,-1)$.

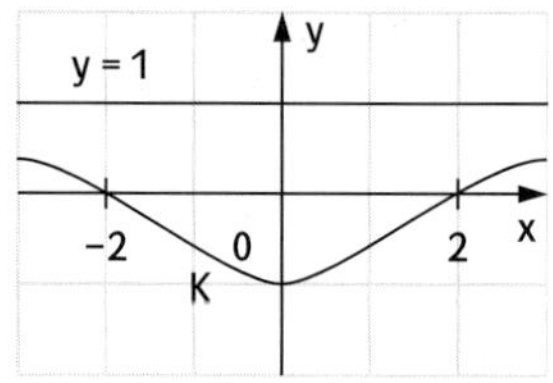

b) Punktsymmetrie zu $O(0\,|\,0)$, wegen $f(-x) = -f(x)$;
senkrechte Asymptote mit der Gleichung $x = 0$;
schiefe Asymptote mit der Gleichung $y = \frac{1}{t}x$
wegen $f(x) - \frac{1}{t}x \rightarrow 0$ für $x \rightarrow \pm\infty$;
keine gemeinsamen Punkte mit der x-Achse und der y-Achse.

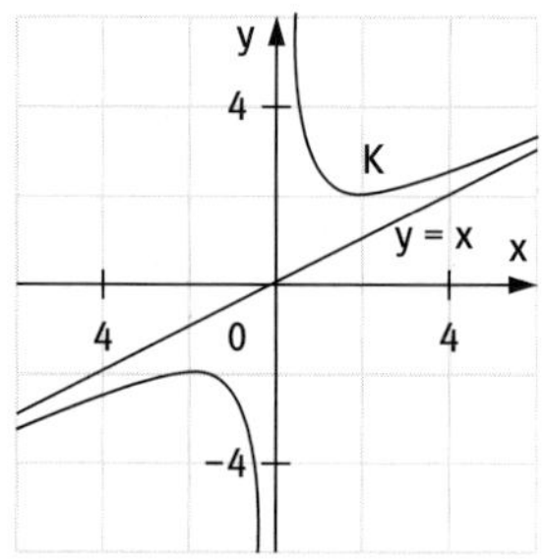

6. Mit dem Ansatz $f(x) = x + \frac{a}{x-2}$

bzw. $f(x) = x + \frac{b}{(x-2)^2}$

erhält man aus $f(4) = 5$ dann $a = 2$ und $b = 4$.

Also sind f mit $f(x) = x + \frac{2}{x-2}$

oder $f(x) = x + \frac{4}{(x-2)^2}$

zwei mögliche Funktionen mit den abgebildeten Graphen.

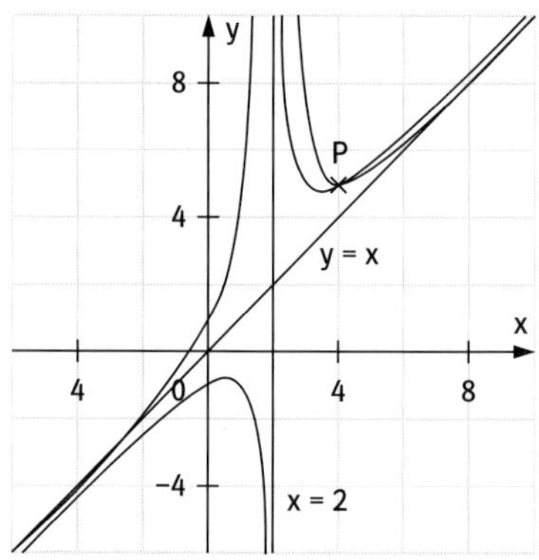

3.3 Was kann ich bei Exponentialfunktionen mit wenig Aufwand erkennen?

1. Die Eigenschaften der Graphen sind in einer Tabelle zusammengefasst. Danach folgen die Graphen.

Aufgabe	gemeinsame(r) Punkt(e) mit der x-Achse	Schnittpunkt mit der y-Achse	Verhalten für $x \to \pm\infty$ und zugehörige Asymptote oder Näherungskurve	
	Ableitungen	Hochpunkt(e)	Tiefpunkt(e)	Wendepunkt(e)
a)	$X(4 \mid 0)$	$Y(0 \mid -1)$	$f(x) \to 0$ für $x \to -\infty$; $f(x) \to +\infty$ für $x \to +\infty$; waagrechte Asymptote: $y = 0$	
	$f'(x) = \frac{1}{4}(x-3)e^x$ $f''(x) = \frac{1}{4}(x-2)e^x$	keiner	$T\left(3 \mid -\frac{1}{4}e^3\right)$	$W\left(2 \mid -\frac{1}{2}e^2\right)$
b)	$X_1(+1 \mid 0)$ und $X_2(-1 \mid 0)$	$Y(0 \mid 1-e)$	$f(x) \to +\infty$ für $x \to \pm\infty$	
	$f'(x) = 2xe^{(x^2)}$ $f''(x) = 2e^{(x^2)}(2x^2+1)$	keiner	$T(0 \mid 1-e) = Y$	keiner

a)

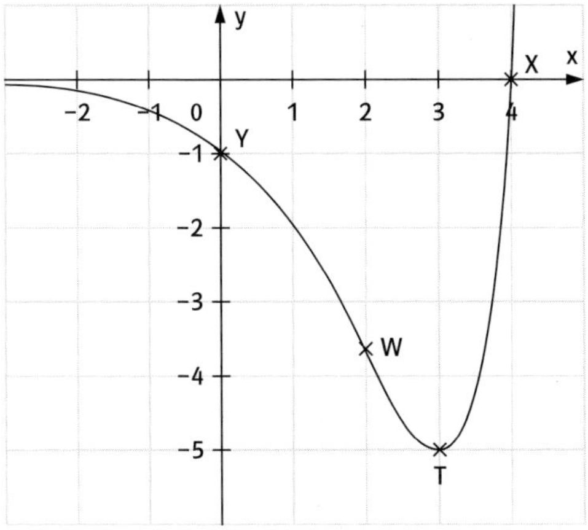

b)

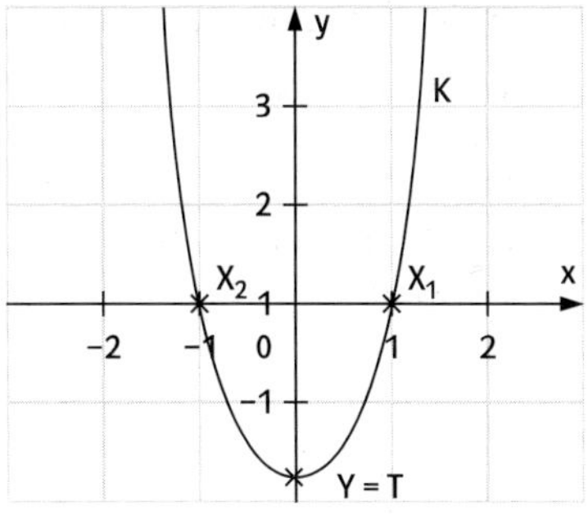

2.

a) Schnittpunkt mit der x-Achse: $X(3|0)$;
Schnittpunkt mit der y-Achse: $Y\left(0\left|\frac{3}{e}\right.\right)$;
waagrechte Asymptote: $y = 0$;
Hochpunkt: $H(2|e)$;
Wendepunkt: $W(1|2)$.

b) Graph K (siehe Fig.).

c) Aus $F'(x) = (c - 1 - x) \cdot e^{x-1}$ folgt $c = 4$.
Damit wird

$$A(z) = \int_z^3 f(x)\,dx = \left[(4 - x)e^{x-1}\right]_z^3 = e^2 - (4 - z)e^{z-1} \text{ und somit } \lim_{z \to -\infty} A(z) = e^2.$$

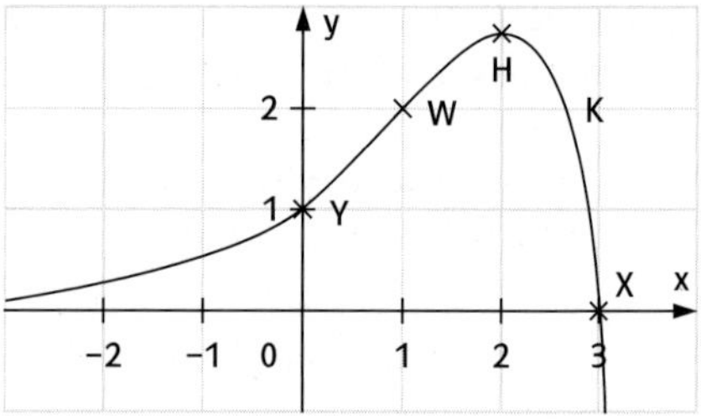

3.

a) K_1 berührt die x-Achse in $O(0|0)$;
K_2 schneidet die y-Achse in $Y(0|1)$;
K_1 und K_2 haben die x-Achse als waagrechte Asymptote.

b) Hochpunkt: $H\left(2\left|\frac{4}{e^2}\right.\right)$; Tiefpunkt: $T(0|0)$.

c) K_1 und K_2 (siehe Fig.).

d) Schnittpunkte: $S_1(+1|e^{-1})$ und $S_2(-1|e^{+1})$

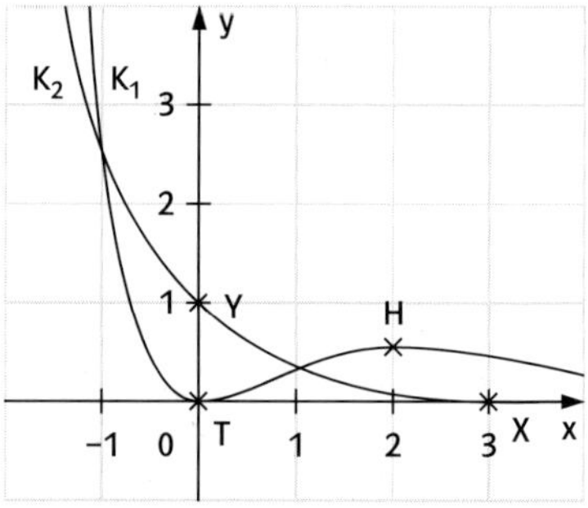

4.

a) K_1 aus K:
Verschiebung um 1 nach oben
K_2 aus K_1:
Verschiebung um 2 nach rechts;

b) K_1 aus K: Streckung um $\frac{1}{2}$ von der x-Achse aus parallel zur y-Achse;
K_2 aus K_1: Streckung um 3 von der y-Achse aus parallel zur x-Achse;

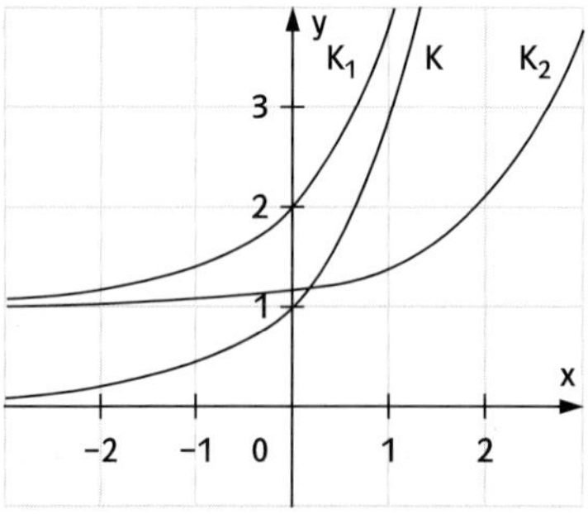

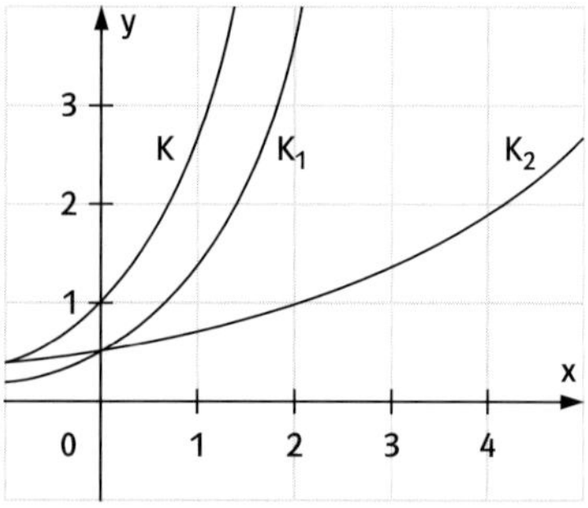

c) K_1 aus K:
Spiegelung an der y-Achse;
K_2 aus K_1:
Spiegelung an der x-Achse
und Streckung mit Faktor 2;

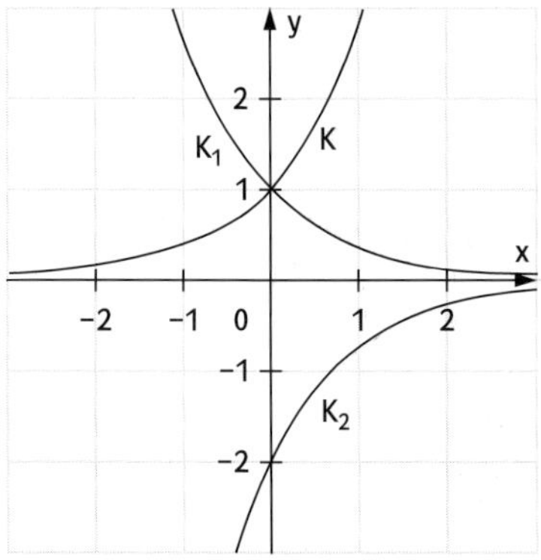

d) K_1 aus K: Streckung um $\frac{1}{2}$ von der y-Achse aus parallel zur x-Achse;
K_2 aus K_1:
Verschiebung um 1 nach rechts;

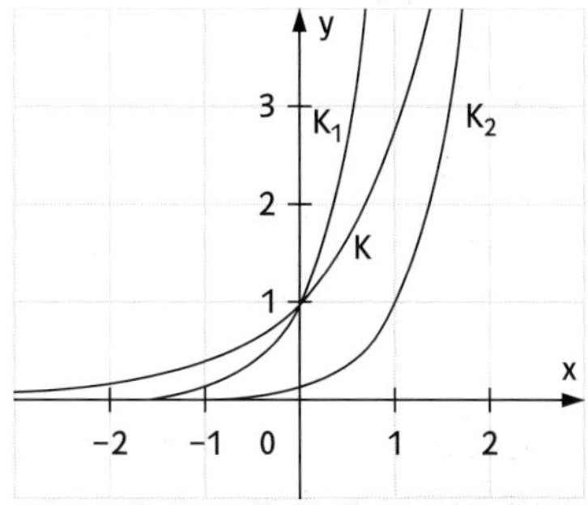

5.

a) *Symmetrie*: K ist achsensymmetrisch zur y-Achse.
Gemeinsame Punkte mit den Koordinatenachsen: $X_{1;2}(\pm 2 \mid 0)$ und $Y(0 \mid -2)$.
Asymptoten: Für $x \to \pm\infty$ strebt $f(x) \to 0$, d.h. die x-Achse ist waagerechte Asymptote von K für $x \to \pm\infty$.

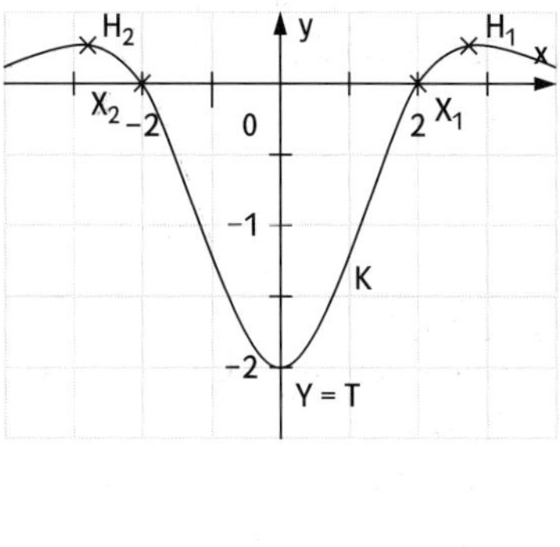

b) Siehe Fig.

c) Hochpunkte $H_{1;2}\left(\pm 2\sqrt{2} \,\middle|\, \frac{2}{e^2}\right)$; Tiefpunkt $T(0 \mid -2)$

d) Fülltiefe: $2 + f(1{,}25) \approx 1{,}175$

e) Mit dem GTR erhält man:
Fläche zwischen K und der x-Achse:

$$A_0 = 2\int_0^2 (0 - f(x))\,dx \approx 4{,}459$$

Fläche zwischen K und der Geraden mit der Gleichung $y = \frac{2}{e^2}$:

$$A_1 = 2\int_0^{2\sqrt{2}} \left(\frac{2}{e^2} - f(x)\right)dx \approx 5{,}680$$

Der Graben kann also noch $\left(\frac{A_1}{A_0} - 1\right) \cdot 100\,\% \approx 27{,}40\,\%$ der normalen Füllmenge aufnehmen.

3.4 Was kann ich bei Logarithmusfunktionen mit wenig Aufwand erkennen?

1.

a) $\mathbb{D} = \{x \mid -1 < x < 0 \text{ oder } x > 0\}$
Für $-1 < x < 0$ und $x \to -1$ strebt $f(x) \to -\infty$;
für $-1 < x < 0$ und $x \to 0$ strebt $f(x) \to +\infty$;
für $x > 0$ und $x \to 0$ strebt $f(x) \to +\infty$;
für $x \to +\infty$ strebt $f(x) \to 0$;

b) $\mathbb{D} = \{x \mid -3 < x < +3\}$
Für $-3 < x < 3$ und $x \to -3$ strebt $f(x) \to -\infty$;
für $-3 < x < 3$ und $x \to +3$ strebt $f(x) \to -\infty$.

c) $\mathbb{D} = \mathbb{R} \setminus \{-1\}$
Für $x < -1$ und $x \to -1$ strebt $f(x) \to -\infty$;
für $x > -1$ und $x \to -1$ strebt $f(x) \to -\infty$;
für $x \to -\infty$ strebt $f(x) \to +\infty$;
für $x \to +\infty$ strebt $f(x) \to +\infty$.

d) $\mathbb{D} = \{x \mid 0 \leqq x < 9\}$
$f(0) = \ln(3)$,
für $0 \leqq x < 9$ und $x \to 9$ strebt $f(x) \to -\infty$.

2.

a) $\mathbb{D} = \{x \mid x > 1\}$
$f(x) = -\ln(4(x-1))$
$= -\ln(4) - \ln(x-1)$
K_0: $y = \ln(x)$ verschoben um 1 nach rechts ergibt K_1: $y = \ln(x-1)$.
K_1: $y = \ln(x-1)$ gespiegelt an der x-Achse ergibt K_2: $y = -\ln(x-1)$.
K_2: $y = -\ln(x-1)$ verschoben um $\ln(4)$ nach unten ergibt K.

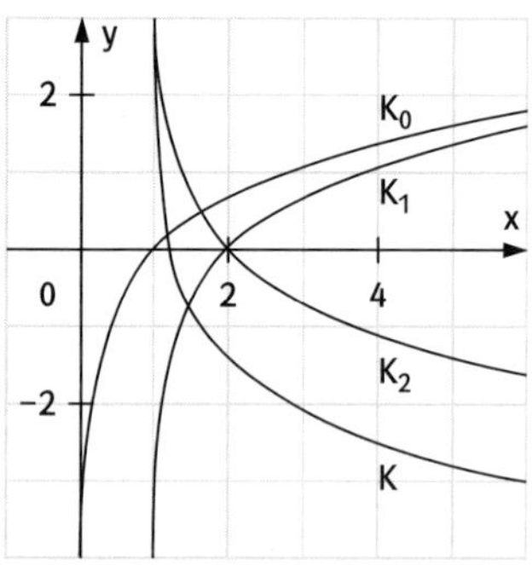

b) $\mathbb{D} = \{x \mid x > 0\}$
$f(x) = \ln\left(\sqrt{3x}\right) = \ln\left(\sqrt{3}\right) + \frac{1}{2}\ln(x)$
K_0: $y = \ln(x)$ gestreckt mit Faktor $\frac{1}{2}$ parallel zur x-Achse ergibt
K_1: $y = \frac{1}{2}\ln(x)$.
K_1: $y = \frac{1}{2}\ln(x)$ verschoben um $\ln\left(\sqrt{3}\right)$ nach oben ergibt K.

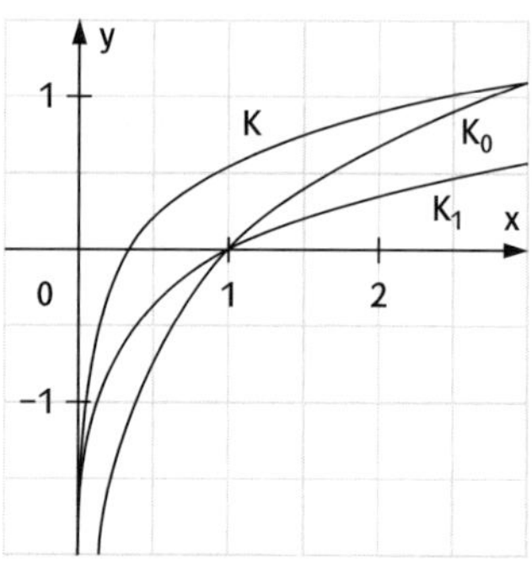

3. Die Eigenschaften der Graphen sind in einer Tabelle zusammengefasst. Danach folgen die Graphen.

Aufgabe	Ableitungen		Verhalten für $x \to 0$ und $x \to +\infty$	
	gemeinsame(r) Punkt(e) mit der x-Achse	Hochpunkt(e)	Tiefpunkt(e)	Wendepunkt(e)
a)	$f'(x) = \frac{1 - \ln(x)}{x^2}$ $\quad f''(x) = \frac{2\ln(x) - 3}{x^3}$		Für $x \to 0$ strebt $f(x) \to -\infty$; für $x \to +\infty$ strebt $f(x) \to 0$.	
	$X(1 \mid 0)$	$H\left(e \mid \frac{1}{e}\right)$	keiner	$W\left(e\sqrt{e} \mid \frac{3}{2e\sqrt{e}}\right)$
b)	$f'(x) = \ln(x) \cdot (\ln(x) + 2)$ $\quad f''(x) = \frac{2(\ln(x) + 1)}{x}$		Für $x \to 0$ strebt $f(x) \to 0$; für $x \to +\infty$ strebt $f(x) \to +\infty$.	
	$X(1 \mid 0)$	$H\left(\frac{1}{e^2} \mid \frac{4}{e^2}\right)$	$T(1 \mid 0) = X$	$W\left(\frac{1}{e} \mid \frac{1}{e}\right)$
c)	$f'(x) = x \cdot \left(2 \cdot \ln\left(\frac{x}{e}\right) + 1\right)$ $\quad f''(x) = 2 \cdot \ln\left(\frac{x}{e}\right) + 3$		Für $x \to 0$ strebt $f(x) \to 0$; für $x \to +\infty$ strebt $f(x) \to +\infty$.	
	$X(e \mid 0)$	keiner	$T\left(\sqrt{e} \mid -\frac{1}{2}e\right)$	$W\left(\frac{1}{\sqrt{e}} \mid -\frac{3}{2e}\right)$
d)	$f'(x) = \frac{3(1 - 2 \cdot \ln(2x))}{x^3}$ $\quad f''(x) = \frac{3(6 \cdot \ln(2x) - 5)}{x^4}$		Für $x \to 0$ strebt $f(x) \to 0$; für $x \to +\infty$ strebt $f(x) \to 0$.	
	$X\left(\frac{1}{2} \mid 0\right)$	$H\left(\frac{1}{2}\sqrt{e} \mid \frac{6}{e}\right)$	keiner	$W\left(\frac{1}{2}\sqrt[6]{e^5} \mid \frac{10}{\sqrt[3]{e^5}}\right)$

a)

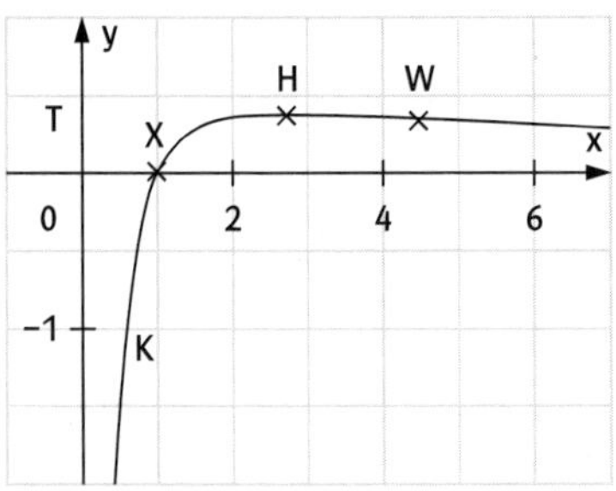

b)

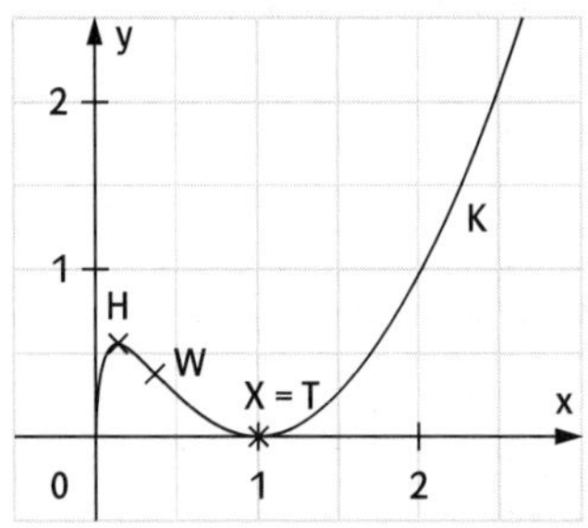

c)

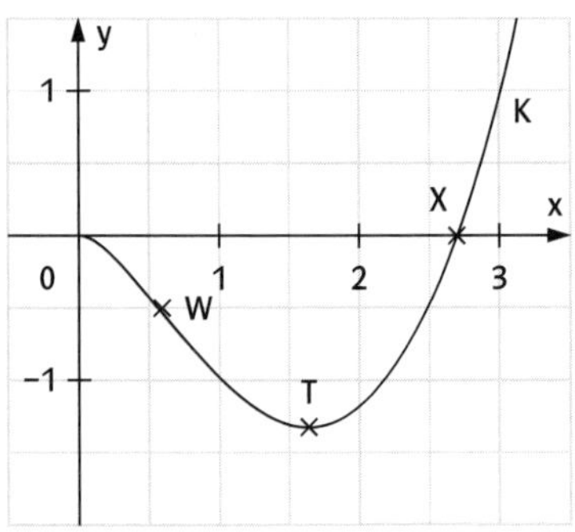

d)

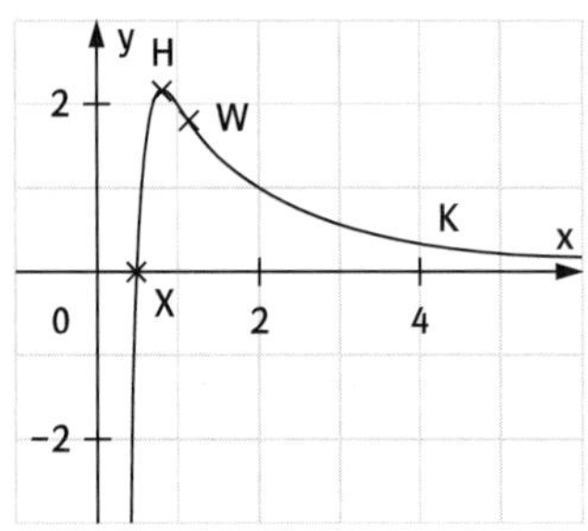

3.5 Wie bestimme ich Funktionsterme?

1. a) $f(x) = -\frac{9}{16}x^4 + \frac{9}{2}x^2$ b) $f(x) = -\frac{1}{6}x^3 + \frac{3}{2}x$ c) $f(x) = \frac{1}{6}x^3 - \frac{3}{2}x^2 + 3x$
d) $f(x) = \frac{1}{4}x^4 - x^3$ e) $f(x) = x^3 - x^2 - 5x - 3$ f) $f(x) = \frac{1}{5}x^4 - 2x^3 + 5x^2$

2. a) $f(x) = \frac{x^2 + x + 2}{x - 1}$ b) $f(x) = (x - 2)e^{x-1}$ c) $f(x) = 2 \cdot e^{-0,5x} - 2$
d) $f(x) = x \cdot \ln(x + 1)$

3.6 Wie löse ich eine Extremwertaufgabe?

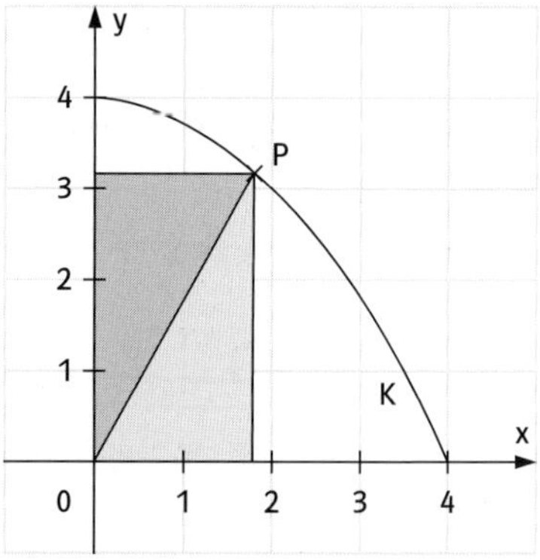

1. a) Zielfunktion z mit
$$z(u) = 2(u + f(u)) = -\frac{1}{2}u^2 + 2u + 8$$
ergibt $z'(u) = -u + 2$ und $z''(u) = -1$.
$z(u)$ hat damit ein relatives Maximum an der Stelle 2.
Weil die Funktion z nur eine Extremstelle besitzt, ist dieses relative Maximum sogar das absolute Maximum. Damit erhält man $P(2|3)$.

b) Zielfunktion A mit
$$A(u) = u \cdot f(u) = 4u - \frac{1}{4}u^3$$
ergibt $A'(u) = 4 - \frac{3}{4}u^2$ und $A''(u) = -\frac{3}{2}u$.
$A(u)$ hat damit wegen $0 < u < 4$ ein relatives Maximum an der Stelle $\frac{4}{3}\sqrt{3}$.
Da $A(u) \to 0$ für $u \to 0$ und $u \to 4$ gilt, ist dieses relative Maximum sogar das absolute Maximum. Dies ergibt $P\left(\frac{4}{3}\sqrt{3} \,\middle|\, \frac{8}{3}\right)$.

c) Es ist zweckmäßig statt der Funktion d mit $d(u) = \sqrt{u^2 + (f(u))^2}$ die Zielfunktion
$$d^2(u) = u^2 + (f(u))^2 = \frac{1}{16}u^4 - u^2 + 16$$
zu verwenden. Die Funktionen d und d^2 besitzen dieselben Extremstellen.
Man erhält dann $d^{2\prime}(u) = \frac{1}{4}u^3 - 2u$ und $d^{2\prime\prime}(u) = \frac{3}{4}u^2 - 2$.
$d^2(u)$ hat damit wegen $0 < u < 4$ ein relatives Minimum an der Stelle $2\sqrt{2}$.
Da $d^2(u) \to 16$ für $u \to 0$ und $u \to 4$ gilt, ist dieses relative Minimum sogar das absolute Minimum. Dies ergibt $P\left(2\sqrt{2} \,\middle|\, 2\right)$.

d) Zielfunktion V_x mit
$$V_x(u) = \pi u \cdot (f(u))^2 = \frac{1}{16}\pi u(16 - u^2)^2$$
ergibt $V_x'(u) = \frac{1}{16}\pi(16 - u^2)(16 - 5u^2)$ und $V_x''(u) = \frac{1}{4}\pi u(5u^2 - 48)$.
$V_x(u)$ hat damit wegen $0 < u < 4$ ein relatives Maximum an der Stelle $\frac{4}{5}\sqrt{5}$.
Da $V_x(u) \to 0$ für $u \to 0$ und $u \to 4$ gilt, ist dieses relative Maximum sogar das absolute Maximum. Dies ergibt $P\left(\frac{4}{5}\sqrt{5} \,\middle|\, \frac{16}{5}\right)$.

e) Zielfunktion V_y mit
$$V_y(u) = \pi u^2 \cdot f(u) = \pi(4u^2 - \frac{1}{4}u^4)$$
ergibt $V_y'(u) = \pi u(u^2 - 8)$ und $A''(u) = \pi(3u^2 - 8)$.
$V_y(u)$ hat damit wegen $0 < u < 4$ ein relatives Maximum an der Stelle $2\sqrt{2}$.
Da $V_y(u) \to 0$ für $u \to 0$ und $u \to 4$ gilt, ist dieses relative Maximum sogar das absolute Maximum. Dies ergibt $P\left(2\sqrt{2} \,\middle|\, 2\right)$.

2. a) Zielfunktion A mit

$A(u) = \frac{1}{2}(u+2)f(u) = \frac{1}{64}(u+2)^2(2u-7)^2$

ergibt

$A'(u) = \frac{1}{32}(u+2)(2u-7)(4x-3)$ und

$A''(u) = \frac{3}{4}u^2 - \frac{9}{8}u - \frac{47}{32} - 1.$

A(u) hat damit wegen $-2 < u \leqq \frac{7}{2}$ ein relatives Maximum an der Stelle $\frac{3}{4}$.

Da $A(u) \to 0$ für $u \to -2$ und $A\left(\frac{7}{2}\right) = 0$ gilt, ist dieses relative Maximum sogar das absolute Maximum. Dies ergibt $P\left(\frac{3}{4} \middle| \frac{1331}{512}\right)$.

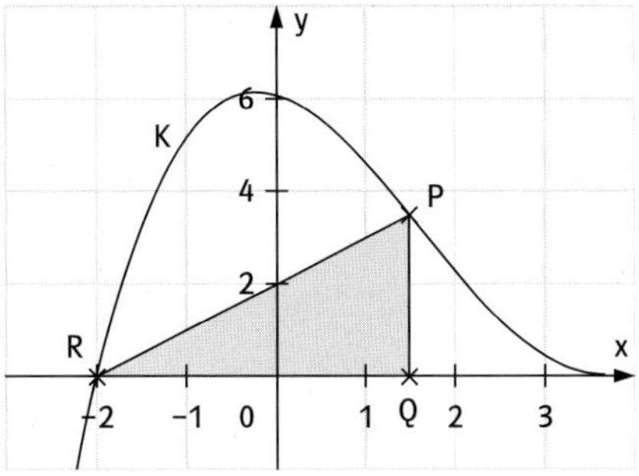

b) Zielfunktion z mit

$z(u) = (u+2) + f(u) = \frac{1}{32}(u+2)(4u^2 - 28u + 81)$

ergibt

$z'(u) = \frac{1}{32}(6u-5)(2u-5)$ und

$z''(u) = \frac{3}{4}u - \frac{5}{4}.$

Der Graph von z ist in der nebenstehenden Abbildung skizziert.

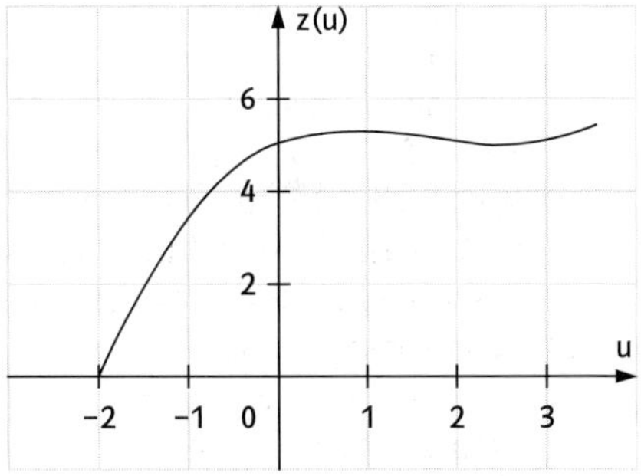

$z'(u) = 0$ hat die beiden Lösungen $\frac{5}{6}$ und $\frac{5}{2}$.

Nun ist $z''\left(\frac{5}{6}\right) = -\frac{5}{8} < 0$ und $z''\left(\frac{5}{2}\right) = \frac{5}{8} > 0$.

Also hat z(u) an der Stelle $\frac{5}{6}$ ein relatives Maximum für $-2 < u < \frac{7}{2}$, und dies ergibt den Punkt $P\left(\frac{5}{6} \middle| \frac{68}{27}\right)$. Es ist $z\left(\frac{5}{6}\right) = \frac{289}{54} < \frac{11}{2} = z\left(\frac{7}{2}\right)$, und damit hat z(u) an der Stelle $\frac{5}{6}$ kein absolutes Maximum für $-2 < u \leqq \frac{7}{2}$, denn dieses liegt an der Stelle $\frac{7}{2}$.

c) Nach b) hat z(u) an der Stelle $\frac{5}{2}$ ein relatives Minimum für $-2 < u < \frac{7}{2}$, und dies ergibt den Punkt $P\left(\frac{5}{2} \middle| \frac{9}{16}\right)$.

Es ist $z\left(\frac{5}{2}\right) = \frac{81}{16}$, aber an der Stelle $\frac{5}{2}$ liegt kein absolutes Minimum von z(u) für $-2 < u \leqq \frac{7}{2}$, denn für $u \to -2$ strebt $z(u) \to 0$. Also hat A(u) für $-2 < u \leqq \frac{7}{2}$ kein absolutes Minimum.

3. a) Siehe Fig.

b) Mit der Zielfunktion A mit

$A(u) = \frac{1}{2} \cdot 2u \cdot (3 - f(u)) = \frac{7u}{u^2+1}$ für $u > 0$

erhält man

$A'(u) = \frac{7(1-u^2)}{(u^2+1)^2}$ sowie

$A''(u) = \frac{14u(u^2-3)}{(u^2+1)^3}$,

und dies liefert ein relatives Maximum an der Stelle 1.

Für $u \to 0$ und für $u \to \infty$ strebt $A(u) \to 0$. Also hat A(u) an der Stelle 1 ein absolutes Maximum.

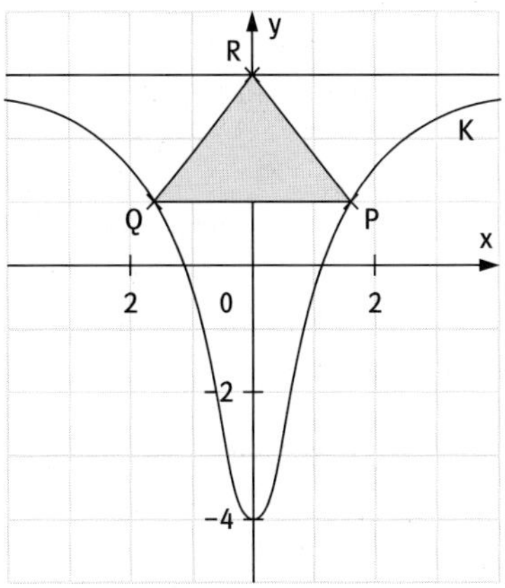

c) Mit der Zielfunktion V mit

$$V(u) = \frac{1}{3}\pi u^2 \cdot (3 - (f(u)) = \frac{7\pi u^2}{3(u^2+1)}$$

erhält man

$$V'(u) = \frac{14\pi u}{3(u^2+1)^2}.$$

Für u > 0 ist damit V'(u) > 0 und damit ist die Funktion V streng monoton zunehmend. Insbesondere besitzt V keine Extremwerte.

4. a) Man erhält die abgebildeten Graphen.

$$d(0) = f(0) - g(0) = 2 - \frac{2}{e} \approx 1{,}264$$

$$d(2) = f(2) - g(2) = 4 - \frac{4}{\sqrt{e}} \approx 1{,}574$$

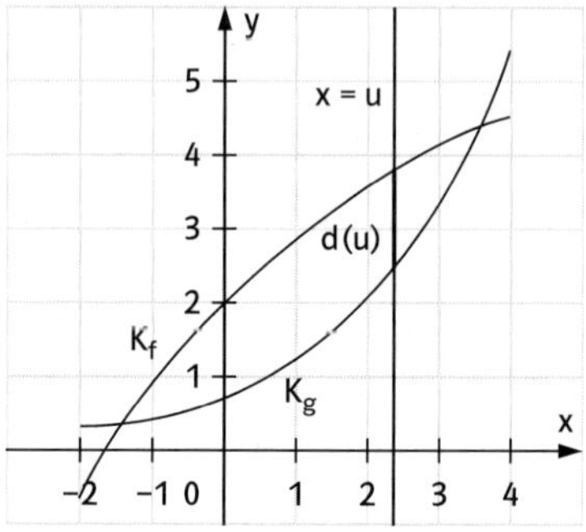

b) Mit der Zielfunktion d mit

$$d(u) = f(u) - g(u) = 6 - 4e^{-\frac{1}{4}u} - 2e^{\frac{1}{2}u-1}$$

erhält man

$$d'(u) = e^{-\frac{1}{4}u} - e^{\frac{1}{2}u-1} \text{ und}$$

$$d''(u) = -\frac{1}{4}e^{-\frac{1}{4}u} - \frac{1}{2}e^{\frac{1}{2}u-1},$$

und dies liefert ein relatives Maximum an der Stelle $\frac{4}{3}$. Da d(u) nur einen Extremwert für −2 < u < 4 besitzt, hat d(u) an der Stelle $\frac{4}{3}$ das absolute Maximum.

Die maximale Streckenlänge ist $d\left(\frac{4}{3}\right) = 6\left(1 - e^{-\frac{1}{3}}\right) \approx 1{,}701$.

3.7 Wie wende ich die Verfahren der partiellen Integration und der Integration durch Substitution an?

1.

	Stammfunktion F	Integral
a)	$F(x) = \frac{1}{4}e^{2x}(2x-1)$	$\frac{1}{4}(e^2+1) \approx 2{,}097$
b)	$F(x) = \frac{1}{21}(3x+2)(x-4)^6$	$-\frac{8192}{21} \approx -390{,}095$
c)	$F(x) = e^{x-2}(x-4)$	$\frac{4}{e^2} - e \approx -2{,}177$
d)	$F(x) = \frac{1}{6}e^{2x}(2x-1)$	$\frac{1}{6}(e^2+1) \approx 1{,}398$
e)	$F(x) = -\frac{1}{56}(14x+3)(3-2x)^6$	$-\frac{107\,424}{7} \approx -15\,346{,}286$
f)	$F(x) = 2x^2(2 \cdot \ln(x) - 1)$	$16 \cdot \ln(2) - 6 \approx 5{,}090$
g)	$F(x) = e^x(x^2 - 2x + 2)$	$2e^2 - 2 \approx 12{,}778$
h)	$F(x) = -\frac{1}{32}e^{5-4x}(8x^2 + 4x + 1)$	$\frac{1}{32}e(e^4 - 13) \approx 3{,}534$
i)	$F(x) = \frac{1}{16}x^4(4 \cdot \ln(x) - 1)$	$4 \cdot \ln(2) - \frac{15}{16} \approx 1{,}835$

2. Substitution | Stammfunktion F | Integral

	Substitution	Stammfunktion F	Integral
a)	$z = 4 + 3x^2$	$F(x) = -\frac{1}{4+3x^2}$	0
b)	$z = 4x^2$	$F(x) = e^{4x^2}$	$e^4 - 1 \approx 53{,}598$
c)	$z = x^4$	$F(x) = x^4(\ln(x^4) - 1)$	$3e^4 + 1 \approx 164{,}794$
d)	$z = 3x^2 - 4$	$F(x) = -\frac{1}{3}\ln(\lvert 3x^2 - 4\rvert)$	$-\frac{2}{3}\ln(2) \approx -0{,}462$
e)	$z = x^3 + 1$	$F(x) = e^{x^3+1}$	$e(e-1) \approx 4{,}671$
f)	$z = 4 - e^{2x}$	$F(x) = -\frac{1}{6}(4 - e^{2x})^3$	288
g)	$z = 3x^2 - 8x + 10$	$F(x) = -\frac{1}{2(3x^2 - 8x + 10)}$	$-\frac{1}{20} = -0{,}05$
h)	$z = 2 + \ln(\lvert x\rvert)$	$F(x) = 4(\ln(\lvert 2 + \ln(\lvert x\rvert)\rvert)$	$4(\ln(3 + \ln(2)) - (\ln(2)) \approx 2{,}453$
i)	$z = 1 + \ln(\lvert x\rvert)$	$F(x) = \frac{1}{9}(1 + \ln(\lvert x\rvert))^3$	$\frac{1}{9}\ln(2)((\ln(2))^2 + 6\ln(2) + 12) \approx 1{,}282$

3.

	Stammfunktion F	Integral
a)	$F(x) = \ln(1 + x^2)$	$\ln(10) \approx 2{,}303$
b)	$F(x) = -\frac{1}{6}\ln(\lvert 1 - 4x^3\rvert)$	$\frac{1}{6}\ln(5) \approx 0{,}268$
c)	$F(x) = -\frac{1}{3}\ln(2 + 3e^{-x})$	$\frac{1}{3}\ln\left(\frac{2+3e}{2+3e^{-2}}\right) \approx 0{,}480$
d)	$F(x) = 4 \cdot \ln(\lvert \ln(\lvert x\rvert)\rvert)$	$4 \cdot \ln(2) \approx 2{,}773$

3.8 Wie ermittle ich einen Bestand aus einer Änderungsrate?

1. a) $f(x) = 2x - \frac{1}{6}x^3 - \frac{11}{6}$

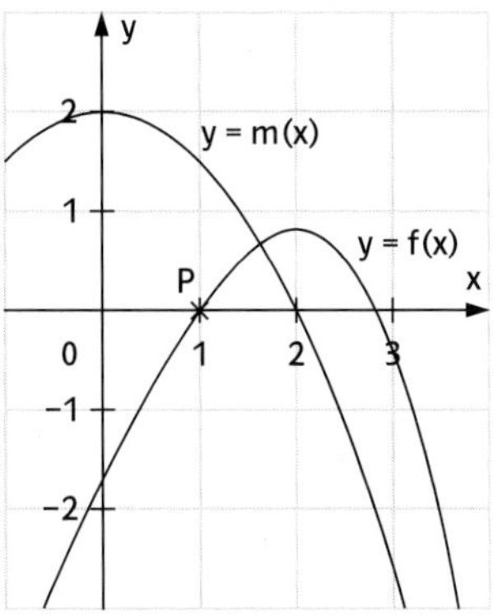

b) $f(x) = e^{x+1} - e^2 - 1$

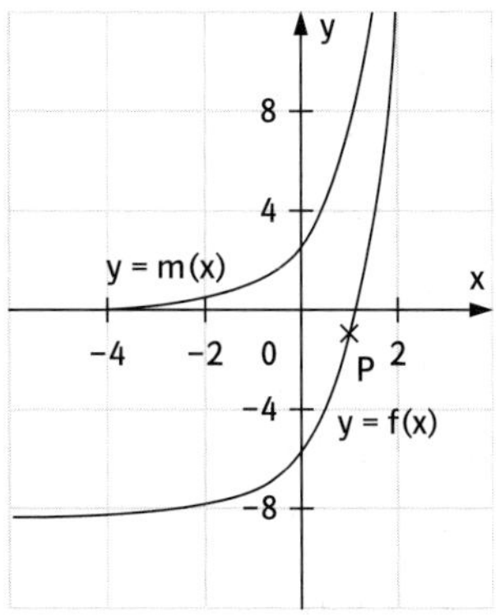

2. a) Ansatz $v(t) = bt^3 + ct^2 + dt + e$ ergibt mit
$v(0) = 0$; $v'(0) = 0$; $v(8) = 64$; $v'(8) = 0$:
$v(t) = -\frac{1}{4}t^3 + 3t^2$.
Dabei wird t in s und v(t) in $\frac{m}{s}$ gemessen.

b) $s(t) = -\frac{1}{16}t^4 + t^3$; $s(t)$ in m $\qquad$ $a(t) = -\frac{3}{4}t^2 + 6t$; $a(t)$ in $\frac{m}{s}$

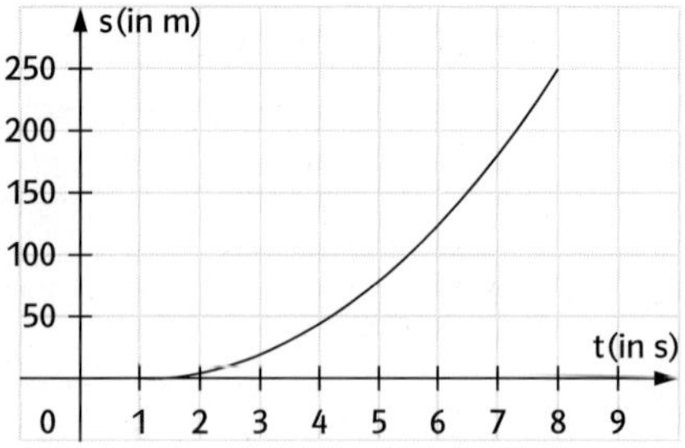

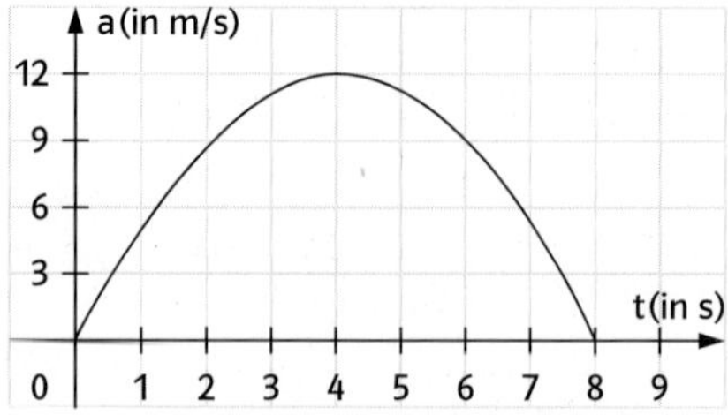

c) Nach 4 s ist die Beschleunigung mit $12\,\frac{m}{s^2}$ am größten. Die Geschwindigkeit ist dann $32\,\frac{m}{s}$ und der zurückgelegte Weg 48 m.

d) Nach 8 s ist der zurückgelegte Weg 256 m und somit die mittlere Geschwindigkeit $32\,\frac{m}{s}$.

3. a) Ansatz $d(t) = at^2 + bt + c$ ergibt mit $d(2) = 10$; $d(4) = 15$; $d'(4) = 0$: $d(t) = -\frac{5}{4}t^2 + 10t - 5$.
Dabei wird t in min und d(t) in $\frac{m^3}{s}$ gemessen.
Insgesamt erhält man

$$d(t) = \begin{cases} 5t & \text{für } 0 \leqq t \leqq 2 \\ -\frac{5}{4}t^2 + 10t - 5 & \text{für } 2 < t \leqq 4 \end{cases}$$

mit dem nebenstehenden Graphen.

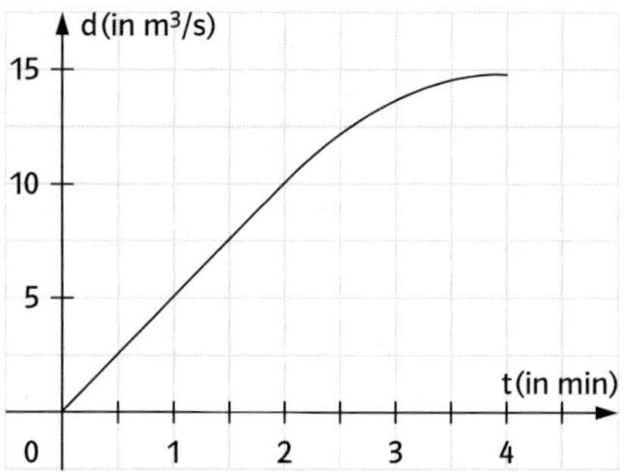

b) Gibt t^* die Zeit in s statt in min an, so gilt

$$d(t^*) = \begin{cases} \frac{1}{12}t^* & \text{für } \quad 0 \leqq t^* \leqq 120 \\ -\frac{1}{2880}t^{*2} + \frac{1}{6}t^* - 5 & \text{für } 120 < t^* \leqq 240 \end{cases}.$$

Für die durchgeflossene Flüssigkeit gilt dann (in m³)

$$V = \int_0^{120} \frac{1}{12}t^* dt^* + \int_{120}^{240} \left(-\frac{1}{2880}t^{*2} + \frac{1}{6}t^* - 5\right) dt^* = 600 + 1600 = 2200.$$

4. Die Population nimmt um etwa $2{,}85 \cdot 10^5$ Individuen ab.

3.9 Welche Fragestellungen sind bei Wachstumsvorgängen häufig?

1. Es sei f(x) die Anzahl der Fische im Teich nach x Jahren.

a) Aus $500 = 200 \cdot e^{4k}$ folgt

$$k = \frac{1}{4} \cdot \ln\left(\frac{5}{2}\right) \approx 0{,}2291.$$

b) Für die Anzahl der Fische nach 3 Jahren gilt

$$f(3) = 200 \cdot e^{0{,}2291 \cdot 3} \approx 398,$$

d.h. nach 3 Jahren sind etwa 400 Fische im Teich.

c) Man erhält

$$f(x) = \begin{cases} 200 \cdot e^{0{,}2291x} & \text{für } x \leqq 4 \\ 500 \cdot e^{-0{,}15(x-4)} & \text{für } x > 4 \end{cases}$$

und den nebenstehenden Graphen.

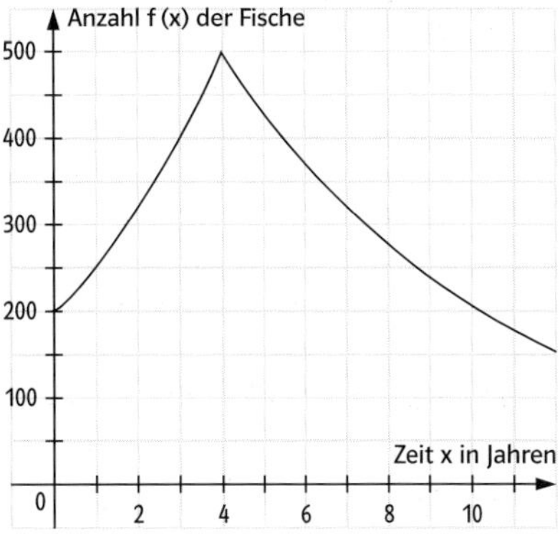

d) $f(x) = 200$ und $x > 4$ ergibt

$$200 = 500 \cdot e^{-0{,}15(x-4)}$$

und damit $x = 4 + \frac{-1}{0{,}15} \cdot \ln\left(\frac{2}{5}\right) \approx 10{,}1$;

d.h. nach etwa 10 Jahren ist der Fischbestand wieder auf den Anfangswert von 200 Fischen abgesunken.

2. a) Für $h(t) = a - b \cdot e^{kt}$ gilt

$$h(0) = 120; \quad h(1) = 138; \quad h(2) = 153; \quad h(3) = 165.$$

Um die drei Variablen a, b und k zu bestimmen, genügen drei der vier obigen Gleichungen. Wir arbeiten hier mit den ersten drei Gleichungen.

$$120 = a - b \quad [1]$$
$$138 = a - b \cdot e^{k} \quad [2]$$
$$153 = a - b \cdot e^{2k} \quad [3]$$

Aus [1] folgt $a = b + 120$, und damit ergibt sich aus [2] und [3]

$$b(1 - e^{k}) = 18 \quad \text{und} \quad b(1 - e^{2k}) = 33.$$

Dann ist $\frac{1 - e^{k}}{1 - e^{2k}} = \frac{6}{11}$ und somit $\frac{6}{11}e^{2k} - e^{k} + \frac{5}{11} = 0$.

Nun erhält man entweder mit dem GTR unmittelbar $k \approx -0{,}1823$ oder durch die Substitution $e^{k} = u$ die Gleichung $6u^2 - 11u + 5 = 0$ mit den Lösungen 1 und $\frac{5}{6}$.
Da $u = e^{k} = 1$ offensichtlich unmöglich ist, gilt $u = e^{k} = \frac{5}{6}$ und dann $k = \ln\left(\frac{5}{6}\right) \approx -0{,}1823$.

Dann ist $b = \frac{18}{1 - \frac{5}{6}} = 108$ und $a = b + 120 = 228$.

Dies ergibt schließlich für h(t) (in cm) und t (in Monaten):

$$h(t) = 228 - 108 \cdot e^{-0{,}1823t}.$$

b) Aus $h(t) = 228 - 108 \cdot e^{-0{,}1823t}$ folgt wegen $108 \cdot e^{-0{,}1823t} \to 0$ für $t \to \infty$, dass die Pflanze eine Höhe von etwa 230 cm (genauer 228 cm) erreichen wird.

c) 90 % von 228 cm sind 205,2 cm. $h(t_0) = 205{,}2$ ergibt

$$205{,}2 = 228 - 108 \cdot e^{-0{,}1823t_0}$$
$$e^{-0{,}1823t_0} = \frac{19}{90}$$
$$t_0 = \frac{-1}{0{,}1823} \cdot \ln\left(\frac{19}{90}\right) \approx 8{,}53.$$

Nach etwa 8,5 Monaten hat die Pflanze 90 % ihrer endgültigen Größe erreicht.

3. a) Es ist $\frac{1160}{720} \approx 1{,}611$; $\frac{1980}{1160} \approx 1{,}707$; $\frac{3040}{1980} \approx 1{,}535$ und $\frac{4910}{3040} \approx 1{,}615$. Damit gehört zu jedem Zeitschritt von 2 h ein Wachstumsfaktor von etwa 1,6. Dies wird noch verbessert, wenn man annimmt, dass der Wert 1980 um 14.00 Uhr zu groß ist. Ersetzt man den wohl fehlerhaften Wert von 1980 durch 1880, so ergibt sich $\frac{1880}{1160} \approx 1{,}621$ und $\frac{3040}{1880} \approx 1{,}617$.

Der konstante Wachstumsfaktor zeigt, dass man die Bakterienanzahl gut durch exponentielles Wachstum modellieren kann.

Aus den Anzahlen um 10.00 Uhr und 18.00 Uhr ergibt sich unmittelbar, dass

$$f(t) = 720 \cdot e^{kt} \text{ mit } k = \frac{1}{8} \cdot \ln\left(\frac{491}{72}\right) \approx 0{,}2400$$

die Anzahl der Bakterien angibt zur Zeit t, die in Stunden nach 8.00 Uhr gemessen wird.

b) Für $t = -2$ erhält man die Anzahl um 8.00 Uhr zu

$$f(-2) \approx 720 \cdot e^{0{,}24 \cdot (-2)} \approx 446.$$

Es waren also um 8.00 Uhr etwa 450 Bakterien.

Ist t_{10} die Zeitspanne, in der sich die Bakterienanzahl verzehnfacht, so gilt

$$f(t + t_{10}) = 10 \cdot f(t).$$

Dies besagt $720 \cdot e^{k(t + t_{10})} = 10 \cdot 720 \cdot e^{kt}$. Hieraus erhält man $e^{kt_{10}} = 10$ und dann $t_{10} = \frac{10}{k} \approx 9{,}6$. Also hat sich nach jeweils etwa 9,6 Stunden die Anzahl der Bakterien verzehnfacht.

c) Mittlere Änderungsrate der Bakterienanzahl zwischen 8.00 Uhr und 10.00 Uhr:

$$\frac{720 - 446}{2} \cdot \frac{1}{h} = 137\frac{1}{h}.$$

Momentane Änderungsrate $\left(\text{in } \frac{1}{h}\right)$ der Bakterienanzahl um 9.00 Uhr:

$$f'(-1) = 720 \cdot e^{k(-1)} \approx 136.$$

Zeichnet man den Graphen, der die Bakterienanzahl zur Zeit t anzeigt, so gibt die mittlere Änderungsrate die Steigung der Verbindungsstrecke der zu 8.00 Uhr und 10.00 Uhr gehörenden Punkte an, während die momentane Änderungsrate die Steigung der Tangente in der Mitte der Zeitspanne ist. Da die Steigung von exponentiellen Wachstumsfunktionen zunimmt, ist die momentane Änderungsrate geringfügig größer als die mittlere Änderungsrate.

d) Die Bedingung $f'(t) \geqq 1000$ ergibt etwa $t \geqq 7{,}3$. Damit ist nach etwa 7,3 h die momentane Änderungsrate mindestens $1000\frac{1}{h}$.

4. a) Man erhält bei

(i) $p \approx 38{,}766$	$q \approx -0{,}218$	$r \approx 6{,}234$	$a(3) \approx 26{,}4$
(ii) $p \approx 0{,}720$	$q \approx -8{,}320$	$r \approx 45{,}00$	$a(3) \approx 26{,}5$
(iii) $p \approx 544{,}401$	$q \approx -8{,}055$	$r \approx -23{,}822$	$a(3) \approx 26{,}5$

b) (i) 6,8 Stunden (ii) unmöglich (iii) 6,2 Stunden

c) (i) 104 Liter (ii) 104 Liter (iii) 104 Liter

d) (i) 2,85 Stunden (ii) 2,85 Stunden (iii) 2,85 Stunden

5.

a) Da $h(t) < 0$ für alle $t \in \mathbb{R}$ gilt, sinkt der Wasserspiegel.
Für den Pegelstand $p(t)$ in Metern gilt

$$p(t) = \int_0^t h(\tau)\,d\tau + 2{,}54 = 1{,}30 \cdot e^{-0{,}020t} + 1{,}24.$$

Damit ist am Ende des Sommers mit einem Pegelstand von 1,24 m zu rechnen.

b) Es ist $-0{,}02 \cdot [p(t) - 1{,}24] = -0{,}02 \cdot 1{,}30 \cdot e^{-0{,}020t} = -0{,}026 \cdot e^{-0{,}020t} = h(t) = p'(t)$, womit gezeigt ist, dass die angegebene Differenzialgleichung erfüllt ist.

c) Nach b) ist $p'(t) = -0{,}02 \cdot [p(t) - 1{,}24] = -0{,}02 \cdot p(t) + 0{,}0248$.
Bei unterbrochener Zufuhr wäre dann $p'(t) = -0{,}02 \cdot p(t)$, denn 0,0248 gibt den Beitrag des konstanten Zuflusses zur Änderungsrate an. Daraus erhält man den Pegelstand ohne Zufluss zu

$$p_0(t) = 2{,}54 \cdot e^{-0{,}020t}.$$

Strategien aus dem Bereich Lineare Algebra/Geometrie

3.10 Wie untersuche ich Vektoren auf lineare Abhängigkeit bzw. lineare Unabhängigkeit?

1. a) linear unabhängig b) linear abhängig c) linear unabhängig
d) linear unabhängig e) linear unabhängig f) linear abhängig

2. $a = -2$ oder $a = 3$

3. Man prüft z. B., ob die drei Vektoren $\overrightarrow{AB}, \overrightarrow{AC}, \overrightarrow{AD}$ linear abhängig sind oder nicht.
a) Die Vektoren sind linear unabhängig; also liegen die vier Punkte nicht in einer Ebene.
b) Die vier Punkte liegen nicht in einer Ebene.

4.
a) Aus $\begin{aligned} -r - s + 5t &= 0 \\ r + 2s + (3a+1)t &= 0 \\ -r + (2a+1)s - t &= 0 \end{aligned}$ folgt $\begin{aligned} -r - s + 5t &= 0 \\ s + (3a+6)t &= 0\,. \\ (a^2 + 3a + 3)t &= 0 \end{aligned}$

Da $a^2 + 3a + 3 \neq 0$ ist für alle $a \in \mathbb{R}$, folgt $t = 0$ und dann $s = 0$; $r = 0$.

b) Aus $\begin{pmatrix} 1 \\ a+1 \\ 2 \end{pmatrix} \cdot \begin{pmatrix} -2 \\ 3 \\ 1 \end{pmatrix} = 0$, $\begin{pmatrix} 1 \\ a+1 \\ 2 \end{pmatrix} \cdot \begin{pmatrix} 2a+1 \\ 1 \\ -3 \end{pmatrix} = 0$ und $\begin{pmatrix} -2 \\ 3 \\ 1 \end{pmatrix} \cdot \begin{pmatrix} 2a+1 \\ 1 \\ -3 \end{pmatrix} = 0$

folgt $3a + 3 = 0$, $3a - 4 = 0$ und $4a + 2 = 0$.
Da diese Gleichungen nicht gleichzeitig erfüllbar sind, gibt es kein $a \in \mathbb{R}$, für das die Vektoren paarweise orthogonal sind.

3.11 Welche Form für eine Gleichung einer Ebene wähle ich?

1. $M(3|1|8)$; der Vektor $\overrightarrow{AB} = \begin{pmatrix} -4 \\ 8 \\ 2 \end{pmatrix}$ ist ein Normalenvektor von E:

E: $\left[\vec{x} - \begin{pmatrix} 3 \\ 1 \\ 8 \end{pmatrix}\right] \cdot \begin{pmatrix} -4 \\ 8 \\ 2 \end{pmatrix} = 0$ bzw. E: $2x_1 - 4x_2 - x_3 + 6 = 0$.

2. a) Hilfsebene H durch $A(1|2|1)$ senkrecht zu g:
H: $2x_1 - 5x_2 + 3x_3 + 5 = 0$;
$h \cap H = \{B\}$: $B\left(4\left|\frac{1}{2}\right|-\frac{7}{2}\right)$; $d(g;\ h) = \left|\overrightarrow{AB}\right| = \frac{3}{2}\sqrt{14} \approx 5{,}61$
b) B auf h: $B(3 + 2s|3 - 5s|-5 + 3s)$; $A(1|2|1)$ auf g;
$\overrightarrow{AB} \cdot \begin{pmatrix} 2 \\ -5 \\ 3 \end{pmatrix} = 0$ liefert $s = \frac{1}{2}$; $B\left(4\left|\frac{1}{2}\right|-\frac{7}{2}\right)$; $d(g;\ h) = \left|\overrightarrow{AB}\right| = \frac{3}{2}\sqrt{14}$

3. a) $x_1 - x_2 + x_3 - 7 = 0$ b) $M(8|6|5)$; $r = \sqrt{74}$

4. F: $\vec{x} = \begin{pmatrix} 1 \\ 2 \\ -1 \end{pmatrix} + s \cdot \begin{pmatrix} -1 \\ 3 \\ 4 \end{pmatrix} + t \cdot \begin{pmatrix} 3 \\ 1 \\ 1 \end{pmatrix}$; $s, t \in \mathbb{R}$ F: $x_1 - 13x_2 + 10x_3 + 35 = 0$

3.12 Wie berechne ich Winkel? Sind Besonderheiten zu beachten?

1. $\alpha \approx 139{,}6°$; $\beta \approx 10{,}2°$; $\gamma \approx 30{,}2°$

2. g: $\vec{x} = \begin{pmatrix} 2 \\ 1 \\ 3 \end{pmatrix} + r \cdot \begin{pmatrix} -1 \\ 2 \\ 2 \end{pmatrix}$; $\vec{n} = \begin{pmatrix} 0 \\ 0 \\ 1 \end{pmatrix}$; $\sin(\alpha) \approx \frac{2}{3}$; $\alpha \approx 41{,}8°$

3. $\alpha \approx 133{,}8°$; Schnittwinkel $\alpha' \approx 46{,}2°$.

4. a) $\alpha \approx 37{,}1°$ b) $\tan\beta \approx \frac{4}{2{,}5}$; $\beta \approx 58{,}0°$
c) $\tan\gamma \approx \frac{4}{1{,}5}$; $\gamma \approx 69{,}4°$ d) $\delta \approx 81{,}0°$; Schnittwinkel $\delta' \approx 99{,}0°$

3.13 Wie löse ich eine „umgekehrte" Abstandsaufgabe?

1. a) $t_1 = \frac{5}{7}$; $t_2 = -\frac{5}{7}$ b) $t_1 = \frac{13}{4}$; $t_2 = \frac{11}{4}$
c) $a_1 = -54$; $a_2 = 42$ d) $a = \frac{1}{2}$

2. $Q(2 + 6r|3 + 2r|-1 + 3r)$;
$|\overrightarrow{PQ}| = 7|r - 2|$; aus $7|r - 2| = 14$ folgt $r_1 = 4$; $r_2 = 0$;
$Q_1(26|11|11)$; $Q_2(2|3|-1)$

3. $Q_1(9|4|5)$; $Q_2(5|8|5)$

4. g: $\vec{x} = \begin{pmatrix} 2 \\ 3 \\ 2 \end{pmatrix} + r \cdot \begin{pmatrix} 2 \\ -1 \\ 3 \end{pmatrix}$; $r \in \mathbb{R}$; $Q(2 + 2r|3 - r|2 + 3r)$

$|\overrightarrow{FQ}| = \sqrt{14} \cdot |r|$; $\sqrt{14} \cdot |r| = 7$; $r_1 = \frac{1}{2}\sqrt{14}$; $r_1 = -\frac{1}{2}\sqrt{14}$;

$Q_1\left(2 + \sqrt{14}\,\middle|\,3 - \frac{1}{2}\sqrt{14}\,\middle|\,2 + \frac{3}{2}\sqrt{14}\right)$; $Q_2\left(2 - \sqrt{14}\,\middle|\,3 + \frac{1}{2}\sqrt{14}\,\middle|\,2 - \frac{3}{2}\sqrt{14}\right)$

5. $Q(3 + 2r|1 + r|-4 + r)$; HNF von E: $\frac{2x_1 + x_2 + 2x_3 - 4}{3} = 0$

$r_1 = \frac{17}{7}$; $r_2 = -1$; $Q_1\left(\frac{55}{7}\,\middle|\,\frac{24}{7}\,\middle|\,-\frac{11}{7}\right)$; $Q_2(1|0|-5)$;

6. HNF von E: $\frac{6x_1 + 2x_2 + 3x_3 - 5}{7} = 0;$

Ebene F: $6x_1 + 2x_2 + 3x_3 + a = 0$; $P\left(0 \middle| 0 \middle| -\frac{a}{3}\right)$ liegt auf F;

aus $\left|\frac{3 \cdot \left(-\frac{a}{3}\right) - 5}{7}\right| = 7$ folgt $a_1 = 44$; $a_2 = -54$;

F_1: $6x_1 + 2x_2 + 3x_3 + 44 = 0$; F_2: $6x_1 + 2x_2 + 3x_3 - 54 = 0$

3.14 Welche Aufgabentypen bei Geraden- und Ebenenscharen sind wichtig und wie löse ich diese?

1. Aus $\vec{x} = \begin{pmatrix} 5 \\ 3 \\ -1 \end{pmatrix} + t \cdot \begin{pmatrix} 2a - 5 \\ -a - 2 \\ 4 \end{pmatrix}$; $t \in \mathbb{R}$ folgt $4x_1 + 8x_2 + 9x_3 = 35$.

2. a) $P(0|0|0)$; $Q(0|1|2)$; g: $\vec{x} = t \cdot \begin{pmatrix} 0 \\ 1 \\ 2 \end{pmatrix}$

b) E_0: $-2x_2 + x_3 = 0$
E_1: $x_1 - 2x_2 + x_3 = 0$; g: $\vec{x} = t \cdot \begin{pmatrix} 0 \\ 1 \\ 2 \end{pmatrix}$;
$x_1 = 0$, $x_2 = t$, $x_3 = 2t$ in E_a eingesetzt, ergibt: $a \cdot 0 - 2t + 2t = 0$.

c) Alle Ebenen E_a gehen durch den Ursprung; $\vec{u}$ sei Richtungsvektor von g.
Aus $\begin{pmatrix} u_1 \\ u_2 \\ u_3 \end{pmatrix} \cdot \begin{pmatrix} a \\ -2 \\ 1 \end{pmatrix} = 0$ folgt $au_1 - 2u_2 + u_3 = 0$; g: $\vec{x} = t \cdot \begin{pmatrix} 0 \\ 1 \\ 2 \end{pmatrix}$.

d) E_{a_1}: $a_1x_1 - 2x_2 + x_3 = 0$
E_{a_2}: $a_2x_1 - 2x_2 + x_3 = 0$; $a_1 \neq a_2$
Subtraktion ergibt $x_1(a_1 - a_2) = 0$.
Wegen $a_1 \neq a_2$ ist $x_1 = 0$; mit $x_2 = t$ folgt $x_3 = 2t$; g: $\vec{x} = t \cdot \begin{pmatrix} 0 \\ 1 \\ 2 \end{pmatrix}$.

3. a) $S\left(\frac{3}{8-a} \middle| 1 + \frac{3a}{8-a} \middle| 1 + \frac{6}{8-a}\right)$ Für $a = 8$ gibt es keine Lösung; g_8 und E sind parallel.

b) Aus $1 + \frac{6}{8-a} = 0$ folgt $a = 14$.

4. HNF von E_a: $\frac{ax_1 - x_2 + 4ax_3 - 8}{\sqrt{a^2 + 1 + 16a^2}} = 0$; $d(0;\ E_a) = \left|\frac{-8}{\sqrt{17a^2 + 1}}\right|$;

aus $\frac{8}{\sqrt{17a^2 + 1}} = 2$ folgt $a_1 = +\sqrt{\frac{15}{17}}$; $a_2 = -\sqrt{\frac{15}{17}}$.

3.15 Wie rechne ich mit Matrizen?

1. a) $\begin{pmatrix} 5 & 5 & -11 \\ -1 & 5 & 5 \\ -2 & 6 & 12 \end{pmatrix}$ b) $\begin{pmatrix} -3 & 5 & 7 \\ 1 & -1 & -3 \\ -4 & 2 & -2 \end{pmatrix}$ c) $\begin{pmatrix} 4 & 20 & -8 \\ 0 & 8 & 4 \\ -12 & 16 & 20 \end{pmatrix}$

d) $\begin{pmatrix} -5 & 15 & 12 \\ 2 & 0 & -5 \\ -11 & 8 & 1 \end{pmatrix}$ e) $\begin{pmatrix} -3 & 11 & -3 \\ -1 & 8 & 15 \\ -11 & 22 & 78 \end{pmatrix}$ f) $\begin{pmatrix} 31 & -16 & -53 \\ -13 & 17 & 25 \\ -20 & 37 & 35 \end{pmatrix}$

2. a) $\begin{pmatrix} 7 \\ 5 \\ 10 \end{pmatrix}$ b) $\begin{pmatrix} -5 \\ 29 \end{pmatrix}$ c) $\begin{pmatrix} 15 & 8 & -12 \\ -41 & -36 & 54 \\ 56 & 58 & -65 \end{pmatrix}$

3. a) Aus $\left(\begin{array}{ccc|c} 3 & -1 & -6 & 3 \\ 0 & 1 & 3 & 0 \\ -6 & 2 & 12 & -6 \end{array}\right)$ folgt $\left(\begin{array}{ccc|c} 3 & -1 & -6 & 3 \\ 0 & 1 & 3 & 0 \\ 0 & 0 & 0 & 0 \end{array}\right)$;

mit $x_3 = t$ folgt $x_2 = -3t$; $x_1 = 1 + t$; also $L = \{(1 + t; -3t; t) \mid t \in \mathbb{R}\}$.

b) Aus $\left(\begin{array}{ccc|c} 2 & -1 & -2 & -1 \\ 0 & 2 & 3 & 4 \\ -2 & 1 & 2 & -1 \end{array}\right)$ folgt $\left(\begin{array}{ccc|c} 2 & -1 & -2 & -1 \\ 0 & 2 & 3 & 4 \\ 0 & 0 & 0 & -2 \end{array}\right)$; also ist $L = \{\,\}$.

4. a) $A^{-1} = \frac{1}{3}\begin{pmatrix} -5 & 2 \\ 4 & -1 \end{pmatrix}$ b) Die inverse Matrix existiert nicht.

c) $A^{-1} = \begin{pmatrix} -\frac{1}{6} & \frac{1}{24} & \frac{1}{6} \\ -\frac{1}{3} & -\frac{1}{6} & -\frac{1}{6} \\ \frac{1}{3} & \frac{1}{6} & -\frac{1}{3} \end{pmatrix}$ d) Die inverse Matrix existiert nicht.

5. a) $A = \begin{pmatrix} -2 & 4 & 3 \\ -3 & 6 & 2 \\ 1 & 0 & 2 \end{pmatrix}$; $A^{-1} = \begin{pmatrix} -\frac{6}{5} & \frac{4}{5} & 1 \\ -\frac{4}{5} & \frac{7}{10} & \frac{1}{2} \\ \frac{3}{5} & -\frac{2}{5} & 0 \end{pmatrix}$; $\vec{b} = \begin{pmatrix} 5 \\ 10 \\ 20 \end{pmatrix}$; $\vec{x} = \begin{pmatrix} 22 \\ 13 \\ -1 \end{pmatrix}$

b) $A = \begin{pmatrix} 1 & 1 & 2 \\ -1 & 2 & 4 \\ 1 & 4 & 1 \end{pmatrix}$; $A^{-1} = \begin{pmatrix} \frac{2}{3} & -\frac{1}{3} & 0 \\ -\frac{5}{21} & \frac{1}{21} & \frac{2}{7} \\ \frac{2}{7} & \frac{1}{7} & -\frac{1}{7} \end{pmatrix}$; $\vec{b} = \begin{pmatrix} 3 \\ 21 \\ 7 \end{pmatrix}$; $\vec{x} = \begin{pmatrix} -5 \\ \frac{16}{7} \\ \frac{20}{7} \end{pmatrix}$

c) $A = \begin{pmatrix} 2 & -1 & 4 \\ -1 & 0 & 1 \\ 2 & -4 & 0 \end{pmatrix}$; $A^{-1} = \begin{pmatrix} \frac{2}{11} & -\frac{8}{11} & -\frac{1}{22} \\ \frac{1}{11} & -\frac{4}{11} & -\frac{3}{11} \\ \frac{2}{11} & \frac{3}{11} & -\frac{1}{22} \end{pmatrix}$; $\vec{b} = \begin{pmatrix} 22 \\ 11 \\ 44 \end{pmatrix}$; $\vec{x} = \begin{pmatrix} -6 \\ -14 \\ 5 \end{pmatrix}$

3.16 Wie berechne ich Eigenwerte und Eigenvektoren einer Matrix?

1. a) $(1-\lambda)\cdot(2-\lambda)-6=0$; zwei Eigenwerte;

$\lambda_1=-1$: $\vec{u}=r\begin{pmatrix}-1\\1\end{pmatrix}$ $\qquad$ $\lambda_2=4$: $\vec{v}=s\begin{pmatrix}1\\1{,}5\end{pmatrix}$

b) Die charakteristische Gleichung $(2{,}5-\lambda)\cdot(2{,}5-\lambda)+\frac{1}{4}=0$ hat keine Lösungen.

c) $(3-\lambda)\cdot(-1-\lambda)+4=0$; ein Eigenwert; $\lambda_1=1$: $\vec{u}=r\begin{pmatrix}1\\-2\end{pmatrix}$

d) Die charakteristische Gleichung $(2-\lambda)\cdot(2-\lambda)+1=0$ hat keine Lösung.

2. Aus der charakteristischen Gleichung $(1-\lambda)\cdot(t-\lambda)+\frac{4}{3}=0$ bzw.

$\lambda^2-(1+t)\cdot\lambda+t+\frac{4}{3}=0$ folgt $\lambda_{1/2}=\dfrac{1+t\pm\sqrt{t^2-2t-\frac{13}{3}}}{2}$.

Es ist $t^2-2t-\frac{13}{3}=0$ für $t_{1/2}=1\pm\frac{4}{3}\sqrt{3}$.

a) keinen Eigenwert für $1-\frac{4}{3}\sqrt{3}<t<1+\frac{4}{3}\sqrt{3}$;

genau einen Eigenwert für $t_1=1-\frac{4}{3}\sqrt{3}$: $\lambda_1=1-\frac{2}{3}\sqrt{3}$;

für $t_2=1+\frac{4}{3}\sqrt{3}$: $\lambda_2=1+\frac{2}{3}\sqrt{3}$;

zwei verschiedene Eigenwerte für $t<1-\frac{4}{3}\sqrt{3}$ und für $t>1+\frac{4}{3}\sqrt{3}$;

diese sind $\lambda_1=\frac{1}{2}\left(1+t+\sqrt{t^2-2t-\frac{13}{3}}\right)$, $\lambda_2=\frac{1}{2}\left(1+t-\sqrt{t^2-2t-\frac{13}{3}}\right)$.

b) Für $t=-\frac{5}{3}$ hat A_t die Eigenwerte -1 und $\frac{1}{3}$.

c) Für $t=-\frac{4}{3}$ hat A_t die Eigenwerte 0 und $-\frac{1}{3}$.

3. Aus $\begin{cases}(a_1-2)\cdot 2+b_1\cdot 1=0\\ a_2\cdot 2+(b_2-2)\cdot 1=0\\ (a_1-3)\cdot 1+b_1\cdot 1=0\\ a_2\cdot 1+(b_2-3)\cdot 1=0\end{cases}$ folgt $a_1=1$; $a_2=-1$; $b_1=2$; $b_2=4$

und damit $A=\begin{pmatrix}1&2\\-1&4\end{pmatrix}$.

3.17 Wie bestimme ich eine Darstellung einer affinen Abbildung?

1. a) $\overrightarrow{OO'} = \begin{pmatrix} 2 \\ -1 \end{pmatrix}$; $\overrightarrow{O'E_1'} = \begin{pmatrix} 2 \\ 3 \end{pmatrix}$; $\overrightarrow{O'E_2'} = \begin{pmatrix} 1 \\ 5 \end{pmatrix}$

α: $\vec{x}' = \begin{pmatrix} 2 & 1 \\ 3 & 5 \end{pmatrix} \cdot \vec{x} + \begin{pmatrix} 2 \\ -1 \end{pmatrix}$

b) $\overrightarrow{OO'} = \begin{pmatrix} -3 \\ 5 \end{pmatrix}$; $\overrightarrow{O'E_1'} = \begin{pmatrix} 4 \\ 2 \end{pmatrix}$; $\overrightarrow{O'E_2'} = \begin{pmatrix} -2 \\ 4 \end{pmatrix}$

α: $\vec{x}' = \begin{pmatrix} 4 & -2 \\ 2 & 4 \end{pmatrix} \cdot \vec{x} + \begin{pmatrix} -3 \\ 5 \end{pmatrix}$

2. a) $x_1' = -x_1 + 4x_2 - 8$
$x_2' = x_1 - x_2 + 4$

$\begin{pmatrix} x_1' \\ x_2' \end{pmatrix} = x_1 \cdot \begin{pmatrix} -1 \\ 1 \end{pmatrix} + x_2 \cdot \begin{pmatrix} 4 \\ -1 \end{pmatrix} + \begin{pmatrix} -8 \\ 4 \end{pmatrix}$

$\vec{x}' = \begin{pmatrix} -1 & 4 \\ 1 & -1 \end{pmatrix} \cdot \vec{x} + \begin{pmatrix} -8 \\ 4 \end{pmatrix}$

b) $x_1' = 5x_1 + 2x_2$
$x_2' = -6x_1 - 2x_2$

$\begin{pmatrix} x_1' \\ x_2' \end{pmatrix} = x_1 \cdot \begin{pmatrix} 5 \\ -6 \end{pmatrix} + x_2 \cdot \begin{pmatrix} 2 \\ -2 \end{pmatrix}$

$\vec{x}' = \begin{pmatrix} 5 & 2 \\ -6 & -2 \end{pmatrix} \cdot \vec{x}$

3. a) $\vec{x}' = \begin{pmatrix} \frac{5}{2} & -\frac{3}{2} \\ -2 & 3 \end{pmatrix} \cdot \vec{x}$ b) $\vec{x}' = \begin{pmatrix} 5 & -2 \\ -2 & 2 \end{pmatrix} \cdot \vec{x} + \begin{pmatrix} 2 \\ -1 \end{pmatrix}$

4. a) α^{-1}: $\vec{x}' = \begin{pmatrix} -\frac{3}{14} & \frac{1}{14} \\ -\frac{1}{14} & \frac{5}{14} \end{pmatrix} \cdot \vec{x}$ b) α^{-1}: $\vec{x}' = \begin{pmatrix} \frac{2}{5} & -\frac{3}{5} \\ \frac{1}{5} & \frac{1}{5} \end{pmatrix} \cdot \vec{x} + \begin{pmatrix} -\frac{7}{5} \\ -\frac{1}{5} \end{pmatrix}$

c) Da $D = 0$ ist, existiert α^{-1} nicht.

3.18 Wie ermittle ich das Bild von Punkten und Geraden?

1. a) $P'(-8|21)$ b) $P'(-16|15)$

2. a) g': $\vec{x}' = t \begin{pmatrix} 8 \\ 18 \end{pmatrix}$ b) g': $\vec{x}' = \begin{pmatrix} 45 \\ -15 \end{pmatrix} + t \cdot \begin{pmatrix} -89 \\ 3 \end{pmatrix}$

c) g': $\vec{x}' = \begin{pmatrix} 32 \\ -37 \end{pmatrix} + t \cdot \begin{pmatrix} -5 \\ 13 \end{pmatrix}$

3. $P'(52|106)$; $Q'(48|35)$

g': $\vec{x}' = \begin{pmatrix} 39{,}5 \\ -174 \end{pmatrix} + t \cdot \begin{pmatrix} -1{,}5 \\ 78 \end{pmatrix}$; h': $\vec{x}' = \begin{pmatrix} -70 \\ 33 \end{pmatrix} + t \cdot \begin{pmatrix} 65 \\ 154 \end{pmatrix}$

3.19 Welche Abbildungsmatrizen muss ich kennen?

1. a) $\vec{x}' = \begin{pmatrix} 1 & 0 \\ 0 & 1 \end{pmatrix} \cdot \vec{x} + \begin{pmatrix} 3 \\ -1 \end{pmatrix}$
b) $\vec{x}' = \begin{pmatrix} 1 & 0 \\ 0 & 1 \end{pmatrix} \cdot \vec{x} + \begin{pmatrix} -0{,}5 \\ 1{,}25 \end{pmatrix}$

c) $\vec{x}' = \begin{pmatrix} 1 & 0 \\ 0 & 1 \end{pmatrix} \cdot \vec{x} + \begin{pmatrix} 0{,}75 \\ 2{,}2 \end{pmatrix}$
d) $\vec{x}' = \begin{pmatrix} 1 & 0 \\ 0 & 1 \end{pmatrix} \cdot \vec{x} + \begin{pmatrix} -3 \\ -5{,}5 \end{pmatrix}$

2. a) $\vec{x}' = \begin{pmatrix} 3 & 0 \\ 0 & 3 \end{pmatrix} \cdot \vec{x}$
b) $\vec{x}' = \begin{pmatrix} -4 & 0 \\ 0 & -4 \end{pmatrix} \cdot \vec{x}$

c) $\vec{x}' = \begin{pmatrix} 0{,}5 & 0 \\ 0 & 0{,}5 \end{pmatrix} \cdot \vec{x}$
d) $\vec{x}' = \begin{pmatrix} -2{,}5 & 0 \\ 0 & -2{,}5 \end{pmatrix} \cdot \vec{x}$

3. a) $\vec{x}' = \begin{pmatrix} \frac{1}{2}\sqrt{3} & -\frac{1}{2} \\ \frac{1}{2} & \frac{1}{2}\sqrt{3} \end{pmatrix} \cdot \vec{x}$
b) $\vec{x}' = \begin{pmatrix} \frac{1}{2}\sqrt{2} & -\frac{1}{2}\sqrt{2} \\ \frac{1}{2}\sqrt{2} & \frac{1}{2}\sqrt{2} \end{pmatrix} \cdot \vec{x}$

c) $\vec{x}' = \begin{pmatrix} \frac{1}{2} & -\frac{1}{2}\sqrt{3} \\ \frac{1}{2}\sqrt{3} & \frac{1}{2} \end{pmatrix} \cdot \vec{x}$
d) $\vec{x}' = \begin{pmatrix} 0 & -1 \\ 1 & 0 \end{pmatrix} \cdot \vec{x}$

4. a) $\vec{x}' = \begin{pmatrix} 1 & 0 \\ 0 & -1 \end{pmatrix} \cdot \vec{x}$
b) $\vec{x}' = \begin{pmatrix} -1 & 0 \\ 0 & 1 \end{pmatrix} \cdot \vec{x}$

c) $\vec{x}' = \begin{pmatrix} \frac{1}{2} & \frac{1}{2}\sqrt{3} \\ \frac{1}{2}\sqrt{3} & -\frac{1}{2} \end{pmatrix} \cdot \vec{x}$
d) $\vec{x}' = \begin{pmatrix} 0 & 1 \\ 1 & 0 \end{pmatrix} \cdot \vec{x}$

e) $\vec{x}' = \begin{pmatrix} -\frac{1}{2} & \frac{1}{2}\sqrt{3} \\ \frac{1}{2}\sqrt{3} & \frac{1}{2} \end{pmatrix} \cdot \vec{x}$
f) $\vec{x}' = \begin{pmatrix} -0{,}6 & 0{,}8 \\ 0{,}8 & 0{,}6 \end{pmatrix} \cdot \vec{x}$

g) $\vec{x}' = \begin{pmatrix} 0{,}6 & 0{,}8 \\ 0{,}8 & -0{,}6 \end{pmatrix} \cdot \vec{x}$

5. Es handelt sich um eine Drehung, wenn sich ein Winkel φ bestimmen lässt, für den gilt: $\cos(\varphi) = \frac{2}{3}\sqrt{2}$ und $\sin(\varphi) = \frac{1}{3}$. Dies ist wegen $\cos^2(\varphi) + \sin^2(\varphi) = \frac{8}{9} + \frac{1}{9} = 1$ möglich. Es ist $\varphi \approx 19{,}47°$.

6. Es handelt sich um eine Spiegelung an einer Ursprungsgeraden, wenn es einen Winkel α gibt mit $\cos(\alpha) = -0{,}6$ und $\sin(\alpha) = 0{,}8$.
Dies ist wegen $\cos^2(\alpha) + \sin^2(\alpha) = 0{,}36 + 0{,}64 = 1$ möglich. Es ist $\alpha \approx 126{,}87°$.
Für den Winkel φ gilt: $\varphi = \frac{\alpha}{2} \approx 63{,}43°$;
$\tan(\varphi) = 2$. Die Spiegelachse ist daher die Gerade g: $x_2 = 2x_1$ bzw. $\vec{x} = t \cdot \begin{pmatrix} 1 \\ 2 \end{pmatrix}$.

7. a) $\alpha\colon \vec{x}' = \begin{pmatrix} 2{,}5 & 0 \\ 0 & 2{,}5 \end{pmatrix} \cdot \vec{x}$; $P'(12{,}5 \mid 2{,}5)$

b) $\alpha\colon \vec{x}' = \begin{pmatrix} 0{,}6428 & -0{,}7660 \\ 0{,}7660 & 0{,}6428 \end{pmatrix} \cdot \vec{x}$; $P'(2{,}4480 \mid 4{,}4728)$

c) $\alpha\colon \vec{x}' = \begin{pmatrix} 0{,}8 & 0{,}6 \\ 0{,}6 & -0{,}8 \end{pmatrix} \cdot \vec{x}$; $P'(4{,}6 \mid 2{,}2)$

8. a) $\alpha\colon \vec{x}' = \begin{pmatrix} \frac{1}{2} & -\frac{1}{2}\sqrt{3} \\ \frac{1}{2}\sqrt{3} & \frac{1}{2} \end{pmatrix} \cdot \vec{x}$; $g'\colon \vec{x}' = \begin{pmatrix} 1 - \frac{1}{2}\sqrt{3} \\ \frac{1}{2} + \sqrt{3} \end{pmatrix} + t \cdot \begin{pmatrix} \frac{3}{2} - \sqrt{3} \\ \frac{3}{2}\sqrt{3} + 1 \end{pmatrix}$

b) $\alpha\colon \vec{x}' = \begin{pmatrix} 0{,}7241 & 0{,}6897 \\ 0{,}6897 & -0{,}7241 \end{pmatrix} \cdot \vec{x}$; $g'\colon \vec{x}' = \begin{pmatrix} 2{,}1379 \\ 0{,}6553 \end{pmatrix} + t \cdot \begin{pmatrix} 3{,}5517 \\ 0{,}6209 \end{pmatrix}$

3.20 Wie ermittle ich Fixelemente einer Abbildung?

1. a) $F(-2 \mid 3)$ b) keine Fixpunkte c) Fixpunktgerade: $2x_1 - x_2 = -1$

2. a) $F(-2 \mid 1)$; $\lambda^2 - \lambda - 2 = 0$; $\lambda_1 = -1$; $\lambda_2 = 2$

$\lambda_1 = -1\colon \vec{u} = r \cdot \begin{pmatrix} 1 \\ -1 \end{pmatrix}$; $\lambda_2 = 2\colon \vec{u} = s \cdot \begin{pmatrix} 5 \\ -2 \end{pmatrix}$;

$f_1\colon \vec{x} = \begin{pmatrix} -2 \\ 1 \end{pmatrix} + r \cdot \begin{pmatrix} 1 \\ -1 \end{pmatrix}$; $r \in \mathbb{R}$ $f_2\colon \vec{x} = \begin{pmatrix} -2 \\ 1 \end{pmatrix} + s \cdot \begin{pmatrix} 5 \\ -2 \end{pmatrix}$; $s \in \mathbb{R}$

b) Fixpunktgerade: $2x_1 - 2x_2 = 1$; $(-3 - \lambda)^2 - 16 = 0$; $\lambda_1 = -7$; $\lambda_2 = 1$

$\lambda_1 = -7\colon \vec{u} = r \cdot \begin{pmatrix} 1 \\ -1 \end{pmatrix}$; $\lambda_2 = 1$; $\vec{u} = s \cdot \begin{pmatrix} 1 \\ 1 \end{pmatrix}$

Alle Geraden mit dem Richtungsvektor $\begin{pmatrix} 1 \\ -1 \end{pmatrix}$ sind Fixgeraden.

c) Fixpunktgerade: $x_1 + x_2 = 0$; $\lambda^2 - 2\lambda + 1 = 0$; $\lambda_1 = 1$

$\lambda_1 = 1\colon \vec{u} = r \cdot \begin{pmatrix} 1 \\ -1 \end{pmatrix}$;

Alle Geraden mit dem Richtungsvektor $\begin{pmatrix} 1 \\ -1 \end{pmatrix}$ sind Fixgeraden.

d) keine Fixpunkte; $\lambda^2 - 5\lambda + 4 = 0$; $\lambda_1 = 1$; $\lambda_2 = 4$

$\lambda_1 = 1\colon \vec{u} = r \cdot \begin{pmatrix} 1 \\ 1 \end{pmatrix}$; $\lambda_2 = 4$; $\vec{u} = s \cdot \begin{pmatrix} 2 \\ 1 \end{pmatrix}$

$A \cdot \vec{p} + \vec{c} - \vec{p} = \begin{pmatrix} 7 & -6 \\ 3 & -2 \end{pmatrix} \cdot \begin{pmatrix} p_1 \\ p_2 \end{pmatrix} + \begin{pmatrix} 4 \\ 5 \end{pmatrix} - \begin{pmatrix} p_1 \\ p_2 \end{pmatrix} = \begin{pmatrix} 6p_1 - 6p_2 + 4 \\ 3p_1 - 3p_2 + 5 \end{pmatrix}$

Aus $\begin{pmatrix} 6p_1 - 6p_2 + 4 \\ 3p_1 - 3p_2 + 5 \end{pmatrix} = r \cdot \begin{pmatrix} 1 \\ 1 \end{pmatrix}$ folgt $r = 6$; $p_2 = p_1 - \frac{1}{3}$;

Fixgerade:

$$\vec{x} = \begin{pmatrix} p_1 \\ p_1 - \frac{1}{3} \end{pmatrix} + t \cdot \begin{pmatrix} 1 \\ 1 \end{pmatrix} = \begin{pmatrix} p_1 \\ p_1 \end{pmatrix} + \begin{pmatrix} 0 \\ -\frac{1}{3} \end{pmatrix} + t \cdot \begin{pmatrix} 1 \\ 1 \end{pmatrix} = \begin{pmatrix} 0 \\ -\frac{1}{3} \end{pmatrix} + t^* \cdot \begin{pmatrix} 1 \\ 1 \end{pmatrix};\ t^* \in \mathbb{R}$$

Die Bedingung $\begin{pmatrix} 6p_1 - 6p_2 + 4 \\ 3p_1 - 3p_2 + 5 \end{pmatrix} = s \cdot \begin{pmatrix} 2 \\ 1 \end{pmatrix}$ ist nicht erfüllbar;

es gibt keine weiteren Fixgeraden.

e) Fixpunkt $O(0|0)$; $\lambda^2 - 3\lambda + 6 = 0$ hat keine Lösungen; keine Fixgeraden

f) Fixpunktgerade: $x_1 - x_2 = -3$; $2\lambda^2 - \lambda - 1 = 0$; $\lambda_1 = -\frac{1}{2}$; $\lambda_2 = 1$

$\lambda_1 = -\frac{1}{2}$: $\vec{u} = r \cdot \begin{pmatrix} -1 \\ 2 \end{pmatrix}$; $\lambda_2 = 1$: $\vec{u} = s \cdot \begin{pmatrix} 1 \\ 1 \end{pmatrix}$

Alle Geraden mit dem Richtungsvektor $\begin{pmatrix} 1 \\ 1 \end{pmatrix}$ sind Fixgeraden.

3. a) Fixpunktgerade: $x_2 = x_1$; Fixgerade: $x_1 = 0$

b) Fixpunktgerade: $x_1 + x_2 = 0$; Fixgeraden: $x_1 + x_2 + t = 0$

4. a) α_t: $\vec{x}' = \begin{pmatrix} 2-2t & -3+6t \\ 1-t & -2+3t \end{pmatrix} \cdot \vec{x}$; $t \neq 1$

b) $\lambda^2 - t\lambda + t - 1 = 0$; $\lambda_1 = 1$; $\lambda_2 = t - 1$

$\lambda_1 = 1$: $\vec{u} = r \cdot \begin{pmatrix} 3 \\ 1 \end{pmatrix}$; $\lambda_2 = t - 1$: $\vec{u} = s \cdot \begin{pmatrix} 1-2t \\ 1-t \end{pmatrix}$

Für $t = 2$ sind die Fixgeraden parallel.

3.21 Wie verkettet man Abbildungen?

1. $A \cdot B = \begin{pmatrix} 1 + 5\sqrt{3} & 2{,}5 \\ 5 + 2\sqrt{2} & \sqrt{3} - \sqrt{2} \end{pmatrix}$; $B \cdot A = \begin{pmatrix} 1 - \sqrt{2} & 2\sqrt{3} - 1 \\ 2{,}5 + \sqrt{6} & 6\sqrt{3} \end{pmatrix}$

$A \cdot A = \begin{pmatrix} \frac{1}{4} + \sqrt{6} & \frac{3}{2}\sqrt{3} \\ \frac{3}{2}\sqrt{2} & 1 + \sqrt{6} \end{pmatrix}$; $B \cdot B = \begin{pmatrix} -1 & -2 - \sqrt{3} \\ 10 + 5\sqrt{3} & -2 \end{pmatrix}$

2. $\alpha \circ \beta$: $\vec{x}' = \begin{pmatrix} 1 & 2 \\ -2 & -3 \end{pmatrix} \cdot \begin{pmatrix} 3 & 5 \\ 1 & 4 \end{pmatrix} \cdot \vec{x} = \begin{pmatrix} 5 & 13 \\ -9 & -22 \end{pmatrix} \cdot \vec{x}$

$\beta \circ \alpha$: $\vec{x}' = \begin{pmatrix} 3 & 5 \\ 1 & 4 \end{pmatrix} \cdot \begin{pmatrix} 1 & 2 \\ -2 & -3 \end{pmatrix} \cdot \vec{x} = \begin{pmatrix} -7 & -9 \\ -7 & -10 \end{pmatrix} \cdot \vec{x}$

$\alpha \circ \alpha$: $\vec{x}' = \begin{pmatrix} 1 & 2 \\ -2 & -3 \end{pmatrix} \cdot \begin{pmatrix} 1 & 2 \\ -2 & -3 \end{pmatrix} \cdot \vec{x} = \begin{pmatrix} -3 & -4 \\ 4 & 5 \end{pmatrix} \cdot \vec{x}$

$\beta \circ \beta$: $\vec{x}' = \begin{pmatrix} 3 & 5 \\ 1 & 4 \end{pmatrix} \cdot \begin{pmatrix} 3 & 5 \\ 1 & 4 \end{pmatrix} \cdot \vec{x} = \begin{pmatrix} 14 & 35 \\ 7 & 21 \end{pmatrix} \cdot \vec{x}$

3. $\alpha \circ \beta$: $\vec{x}' = \begin{pmatrix} 0 & 1 \\ 2 & -5 \end{pmatrix} \left[\begin{pmatrix} 3 & 8 \\ 5 & -1 \end{pmatrix} \cdot \vec{x} + \begin{pmatrix} 1 \\ -9 \end{pmatrix} \right] + \begin{pmatrix} -6 \\ 1 \end{pmatrix}$

$$= \begin{pmatrix} 5 & -1 \\ -19 & 21 \end{pmatrix} \cdot \vec{x} + \begin{pmatrix} -9 \\ 47 \end{pmatrix} + \begin{pmatrix} -6 \\ 1 \end{pmatrix} = \begin{pmatrix} 5 & -1 \\ -19 & 21 \end{pmatrix} \cdot \vec{x} + \begin{pmatrix} -15 \\ 48 \end{pmatrix}$$

$\beta \circ \alpha$: $\vec{x}' = \begin{pmatrix} 3 & 8 \\ 5 & -1 \end{pmatrix} \left[\begin{pmatrix} 0 & 1 \\ 2 & -5 \end{pmatrix} \cdot \vec{x} + \begin{pmatrix} -6 \\ 1 \end{pmatrix} \right] + \begin{pmatrix} 1 \\ -9 \end{pmatrix}$

$$= \begin{pmatrix} 16 & -37 \\ -2 & 10 \end{pmatrix} \cdot \vec{x} + \begin{pmatrix} -10 \\ -31 \end{pmatrix} + \begin{pmatrix} 1 \\ -9 \end{pmatrix} = \begin{pmatrix} 16 & -37 \\ -2 & 10 \end{pmatrix} \cdot \vec{x} + \begin{pmatrix} -9 \\ -40 \end{pmatrix}$$

4. a) β: $\vec{x}' = \begin{pmatrix} 2 & 0 \\ 0 & 2 \end{pmatrix} \cdot \vec{x}$; α: $\vec{x}' = \begin{pmatrix} -\frac{1}{2} & \frac{1}{2}\sqrt{3} \\ \frac{1}{2}\sqrt{3} & \frac{1}{2} \end{pmatrix} \cdot \vec{x}$

$\alpha \circ \beta$: $\vec{x}' = \begin{pmatrix} -\frac{1}{2} & \frac{1}{2}\sqrt{3} \\ \frac{1}{2}\sqrt{3} & \frac{1}{2} \end{pmatrix} \cdot \begin{pmatrix} 2 & 0 \\ 0 & 2 \end{pmatrix} \cdot \vec{x} = \begin{pmatrix} -1 & \sqrt{3} \\ \sqrt{3} & 1 \end{pmatrix} \cdot \vec{x}$

b) $\begin{pmatrix} -1 & \sqrt{3} \\ \sqrt{3} & 1 \end{pmatrix} \cdot \begin{pmatrix} 2{,}5 \\ 1 \end{pmatrix} = \begin{pmatrix} -2{,}5 + \sqrt{3} \\ 2{,}5 \cdot \sqrt{3} + 1 \end{pmatrix}$; $P''(-0{,}77 \mid 5{,}33)$

c)

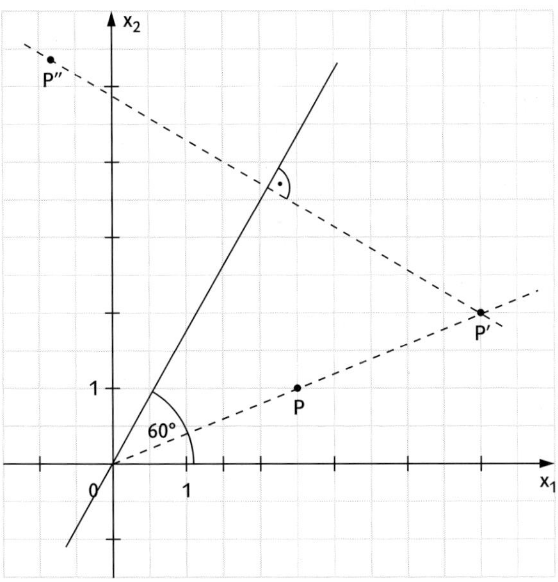

5. a) $\tan(\varphi) = \frac{2}{3};\ \varphi \approx 33{,}7°$

$$\beta\colon \vec{x}' = \begin{pmatrix} 0{,}385 & 0{,}923 \\ 0{,}923 & -0{,}385 \end{pmatrix} \cdot \vec{x};\quad \alpha\colon \vec{x}' = \begin{pmatrix} -0{,}174 & -0{,}985 \\ 0{,}985 & -0{,}174 \end{pmatrix} \cdot \vec{x}$$

$$\begin{pmatrix} 0{,}385 & 0{,}923 \\ 0{,}923 & -0{,}385 \end{pmatrix} \cdot \begin{pmatrix} 3 \\ 1 \end{pmatrix} = \begin{pmatrix} 2{,}078 \\ 2{,}384 \end{pmatrix};\ \begin{pmatrix} -0{,}174 & -0{,}985 \\ 0{,}985 & -0{,}174 \end{pmatrix} \cdot \begin{pmatrix} 2{,}078 \\ 2{,}384 \end{pmatrix}$$

$$= \begin{pmatrix} -2{,}71 \\ 1{,}63 \end{pmatrix};\ P''(-2{,}71 \mid 1{,}63)$$

b) $$\alpha \circ \beta\colon \vec{x}' = \begin{pmatrix} -0{,}174 & -0{,}985 \\ 0{,}985 & -0{,}174 \end{pmatrix} \cdot \begin{pmatrix} 0{,}385 & 0{,}923 \\ 0{,}923 & -0{,}385 \end{pmatrix} \cdot \vec{x}$$

$$= \begin{pmatrix} -0{,}976 & 0{,}219 \\ 0{,}219 & 0{,}976 \end{pmatrix} \cdot \vec{x}$$

$$\begin{pmatrix} -0{,}976 & 0{,}219 \\ 0{,}219 & 0{,}976 \end{pmatrix} \cdot \begin{pmatrix} 3 \\ 1 \end{pmatrix} = \begin{pmatrix} -2{,}71 \\ 1{,}63 \end{pmatrix};\ P''(-2{,}71 \mid 1{,}63)$$

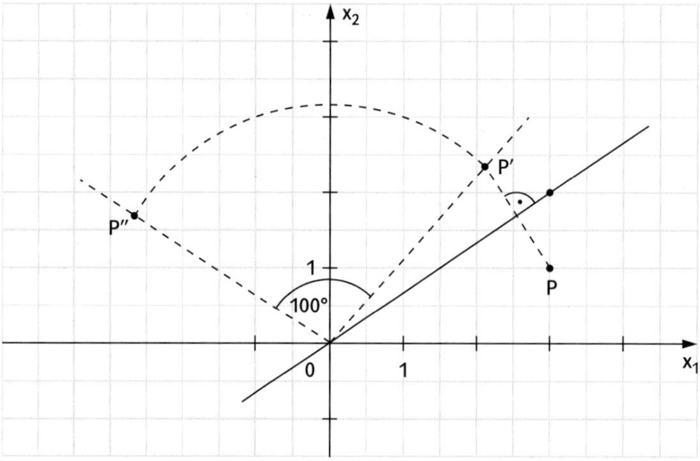

6. $$\beta\colon \vec{x}' = \begin{pmatrix} -\frac{1}{2} & \frac{1}{2}\sqrt{3} \\ \frac{1}{2}\sqrt{3} & \frac{1}{2} \end{pmatrix} \cdot \vec{x};\quad \alpha\colon \vec{x}' = \begin{pmatrix} \frac{1}{2}\sqrt{3} & -\frac{1}{2} \\ \frac{1}{2} & \frac{1}{2}\sqrt{3} \end{pmatrix} \cdot \vec{x}$$

$$\alpha \circ \beta\colon \vec{x}' = \begin{pmatrix} \frac{1}{2}\sqrt{3} & -\frac{1}{2} \\ \frac{1}{2} & \frac{1}{2}\sqrt{3} \end{pmatrix} \cdot \begin{pmatrix} -\frac{1}{2} & \frac{1}{2}\sqrt{3} \\ \frac{1}{2}\sqrt{3} & \frac{1}{2} \end{pmatrix} \cdot \vec{x} = \begin{pmatrix} -\frac{1}{2}\sqrt{3} & \frac{1}{2} \\ \frac{1}{2} & \frac{1}{2}\sqrt{3} \end{pmatrix} \cdot \vec{x}$$

$$g''\colon \vec{x}' = \begin{pmatrix} -\frac{1}{2}\sqrt{3} & \frac{1}{2} \\ \frac{1}{2} & \frac{1}{2}\sqrt{3} \end{pmatrix} \cdot t\begin{pmatrix} 2 \\ \frac{1}{2} \end{pmatrix} = t\begin{pmatrix} \frac{1}{4} - \sqrt{3} \\ 1 + \frac{1}{4}\sqrt{3} \end{pmatrix} \approx t\begin{pmatrix} -1{,}48 \\ 1{,}43 \end{pmatrix}$$

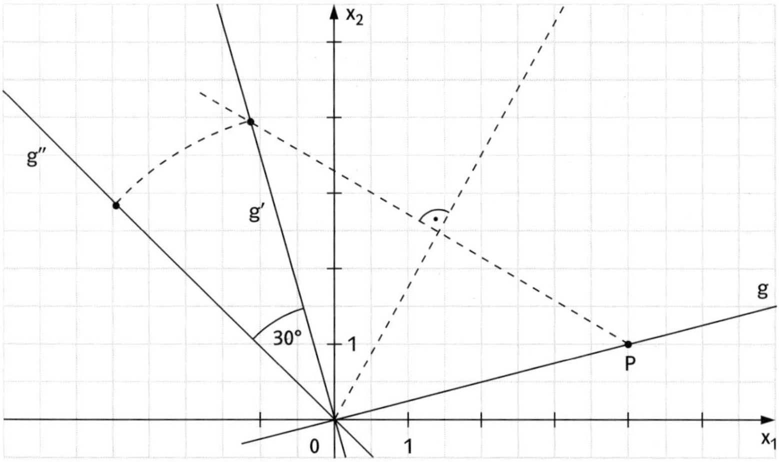

3.22 Wie ermittle ich Bilder bei einer Parallelprojektion?

1. a) $E_2(0|1|0) = E_2'$; $E_3(0|0|1) = E_3'$; aus $\begin{pmatrix} 1 \\ 0 \\ 0 \end{pmatrix} + t \cdot \begin{pmatrix} -1 \\ -1 \\ -2 \end{pmatrix} = \begin{pmatrix} 0 \\ x_2 \\ x_3 \end{pmatrix}$

folgt $t = 1$; $x_2 = -1$; $x_3 = -2$ und damit: $E_1'(0|-1|-2)$.

$P = \begin{pmatrix} 0 & 0 & 0 \\ -1 & 1 & 0 \\ -2 & 0 & 1 \end{pmatrix}$; $\vec{x}' = P \cdot \vec{x}$

b) $O = O'$; $C = C'$; $D = D'$; $G = G'$; $A'(0|-2|-4)$; $B'(0|2|-4)$; $E'(0|-2|-1)$; $F'(0|2|-1)$

c)

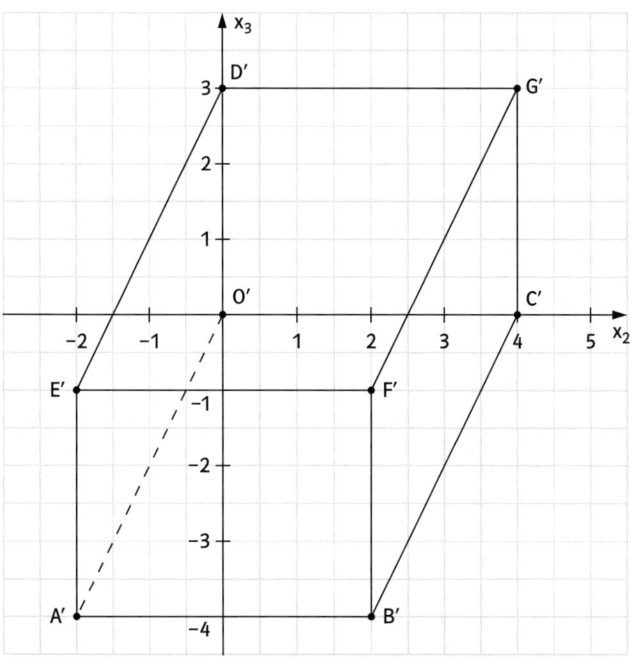

2. a) $\vec{x}' = \begin{pmatrix} 0 & 0 & 0 \\ -0{,}5 & 1 & 0 \\ -0{,}4 & 0 & 1 \end{pmatrix} \cdot \vec{x}$

A′(0|−3|−2,4); B′(0|0|−3,2); C′(0|4|−1,6); D′(0|1|−0,8); S′(0|0,5|3)

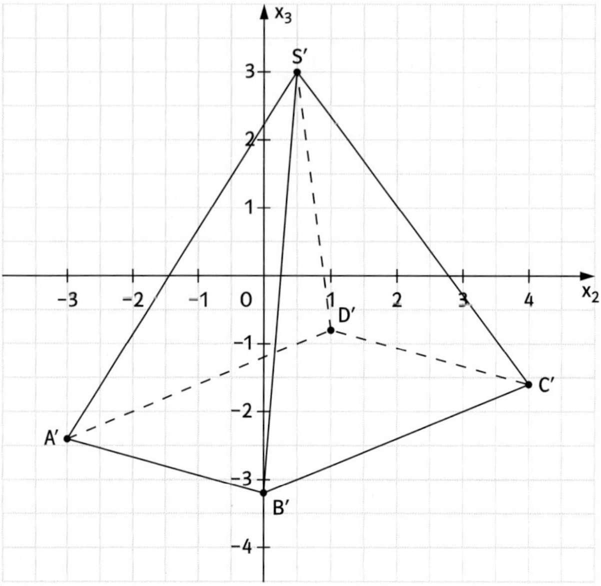

b) $\vec{x}' = \begin{pmatrix} 1 & -2 & 0 \\ 0 & 0 & 0 \\ 0 & -0{,}8 & 1 \end{pmatrix} \cdot \vec{x}$

A′(6|0|0); B′(0|0|−3,2); C′(−8|0|−4,8); D′(−2|0|−1,6); S′(−1|0|2,6)

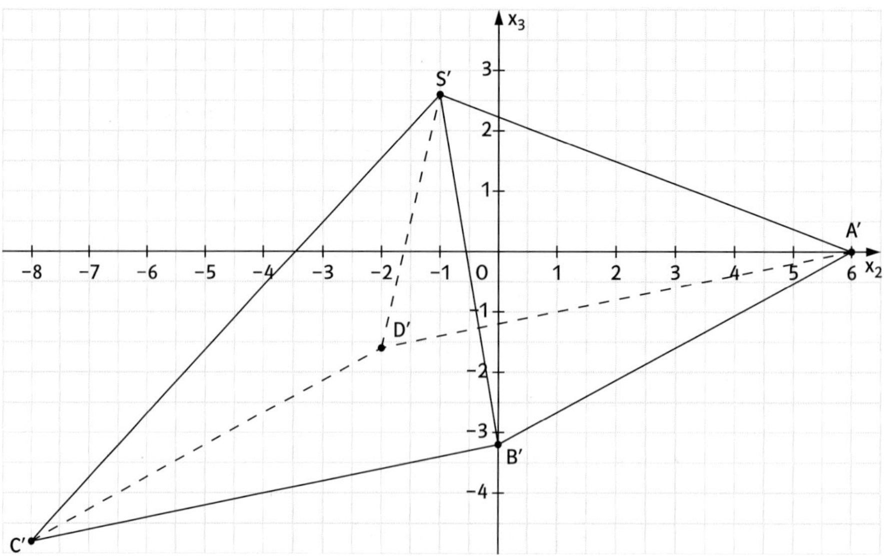

3. $\vec{x}' = \begin{pmatrix} 0 & 0 & 0 \\ -1 & 1 & 0 \\ -1 & 0 & 1 \end{pmatrix} \cdot \vec{x}$

$O'(0|0|0)$; $A'(0|0|2)$; $B'(0|1-\sqrt{3}|-\sqrt{3})$; $C'(0|-1-\sqrt{3}|-\sqrt{3})$

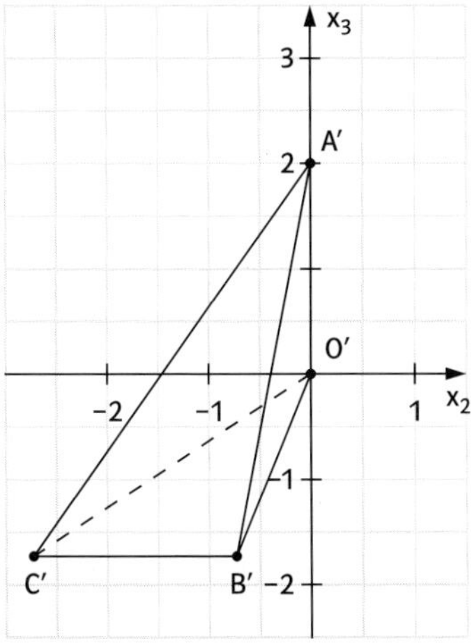

3.23 Wie ermittelt man eine Übergangsmatrix?

1. a) $\begin{pmatrix} 6{,}35 \\ 1{,}27 \end{pmatrix}$ b) $\begin{pmatrix} 6{,}25 \\ 38{,}05 \\ 24 \end{pmatrix}$ c) $\begin{pmatrix} 2{,}01 \\ 0{,}95 \\ 1{,}15 \end{pmatrix}$ d) $\begin{pmatrix} 3{,}7 \\ 1{,}4 \\ 0{,}28 \\ 9 \end{pmatrix}$

2. a) Ist y_1, y_2, y_3 der Grundstoffbedarf in kg für x_1 kg P_1 und x_2 kg P_2, so gilt:

$y_1 = 0{,}3x_1 + 0{,}1x_2$
$y_2 = 0{,}4x_1 + 0{,}6x_2$
$y_3 = 0{,}3x_1 + 0{,}3x_2$

$\begin{pmatrix} y_1 \\ y_2 \\ y_3 \end{pmatrix} = \begin{pmatrix} 0{,}3 & 0{,}1 \\ 0{,}4 & 0{,}6 \\ 0{,}3 & 0{,}3 \end{pmatrix} \cdot \begin{pmatrix} x_1 \\ x_2 \end{pmatrix}$

b) $\begin{pmatrix} 0{,}3 & 0{,}1 \\ 0{,}4 & 0{,}6 \\ 0{,}3 & 0{,}3 \end{pmatrix} \cdot \begin{pmatrix} 20 \\ 25 \end{pmatrix} = \begin{pmatrix} 8{,}5 \\ 23 \\ 13{,}5 \end{pmatrix}$ Es werden 8,5 kg G_1, 23 kg G_2 und 13,5 kg G_3 benötigt.

3. a)

nach \ von	E	L_1	L_2	K
E	0	0	0	200
L_1	$\frac{1}{2}$	0	0	0
L_2	0	$\frac{1}{3}$	0	0
K	0	0	$\frac{1}{4}$	0

$U = \begin{pmatrix} 0 & 0 & 0 & 200 \\ \frac{1}{2} & 0 & 0 & 0 \\ 0 & \frac{1}{3} & 0 & 0 \\ 0 & 0 & \frac{1}{4} & 0 \end{pmatrix}$

b) $\begin{pmatrix} 0 & 0 & 0 & 200 \\ \frac{1}{2} & 0 & 0 & 0 \\ 0 & \frac{1}{3} & 0 & 0 \\ 0 & 0 & \frac{1}{4} & 0 \end{pmatrix} \cdot \begin{pmatrix} 10\,000 \\ 6000 \\ 3000 \\ 2000 \end{pmatrix} = \begin{pmatrix} 400\,000 \\ 5000 \\ 2000 \\ 750 \end{pmatrix}$

4. a)

nach \ von	F	V
F	0,8	0,1
V	0,2	0,9

$U = \begin{pmatrix} 0{,}8 & 0{,}1 \\ 0{,}2 & 0{,}9 \end{pmatrix}$

b) $\begin{pmatrix} 0{,}8 & 0{,}1 \\ 0{,}2 & 0{,}9 \end{pmatrix} \cdot \begin{pmatrix} 600 \\ 50 \end{pmatrix} = \begin{pmatrix} 485 \\ 165 \end{pmatrix}$

485 Personen wählen F, 165 Personen wählen V.

5. a)

nach \ von	A	B	C
A	0,6	0,1	0,15
B	0,2	0,7	0,05
C	0,2	0,2	0,8

$U = \begin{pmatrix} 0{,}6 & 0{,}1 & 0{,}15 \\ 0{,}2 & 0{,}7 & 0{,}05 \\ 0{,}2 & 0{,}2 & 0{,}8 \end{pmatrix}$

b) $\begin{pmatrix} 0{,}6 & 0{,}1 & 0{,}15 \\ 0{,}2 & 0{,}7 & 0{,}05 \\ 0{,}2 & 0{,}2 & 0{,}8 \end{pmatrix} \cdot \begin{pmatrix} 3 \\ 4{,}5 \\ 2 \end{pmatrix} = \begin{pmatrix} 2{,}55 \\ 3{,}85 \\ 3{,}1 \end{pmatrix}$

2,55 Mio. für A; 3,85 Mio. für B; 3,1 Mio. für C

3.24 Wie verkettet man Übergänge?

1. a) $A \cdot B = \begin{pmatrix} 4{,}5 & 5 & 1{,}75 \\ 26{,}5 & 17 & 20{,}75 \end{pmatrix}$ b) $A \cdot C = \begin{pmatrix} 7 \\ 28 \end{pmatrix}$

c) $B \cdot C = \begin{pmatrix} 14 \\ 23 \\ 2{,}75 \end{pmatrix}$ d) $B^2 = \begin{pmatrix} 17{,}5 & 7 & 17{,}25 \\ 15{,}5 & 15 & 5{,}75 \\ 5{,}625 & 1{,}25 & 7{,}5625 \end{pmatrix}$

e) $B^3 = \begin{pmatrix} 89{,}125 & 52{,}25 & 70{,}8125 \\ 109{,}375 & 36{,}75 & 121{,}9375 \\ 25{,}65625 & 18{,}8125 & 16{,}265625 \end{pmatrix}$ f) $B^3 \cdot C = \begin{pmatrix} 453{,}4375 \\ 577{,}8125 \\ 128{,}296875 \end{pmatrix}$

2. a) $y_1 = 4x_1 + 2x_2$
$y_2 = 5x_1 + 3x_2$;
$y_3 = x_1 + 7x_2$

$\begin{pmatrix} y_1 \\ y_2 \\ y_3 \end{pmatrix} = \begin{pmatrix} 4 & 2 \\ 5 & 3 \\ 1 & 7 \end{pmatrix} \cdot \begin{pmatrix} x_1 \\ x_2 \end{pmatrix}$; $A = \begin{pmatrix} 4 & 2 \\ 5 & 3 \\ 1 & 7 \end{pmatrix}$

$z_1 = 2y_1 + 4y_2 + 6y_3$
$z_2 = 2y_1 + 5y_2 + 3y_3$;

$\begin{pmatrix} z_1 \\ z_2 \end{pmatrix} = \begin{pmatrix} 2 & 4 & 6 \\ 2 & 5 & 3 \end{pmatrix} \cdot \begin{pmatrix} y_1 \\ y_2 \\ y_3 \end{pmatrix}$; $B = \begin{pmatrix} 2 & 4 & 6 \\ 2 & 5 & 3 \end{pmatrix}$

$C = A \cdot B = \begin{pmatrix} 4 & 2 \\ 5 & 3 \\ 1 & 7 \end{pmatrix} \cdot \begin{pmatrix} 2 & 4 & 6 \\ 2 & 5 & 3 \end{pmatrix} = \begin{pmatrix} 12 & 26 & 30 \\ 16 & 35 & 39 \\ 16 & 39 & 27 \end{pmatrix}$

b) $\begin{pmatrix} 12 & 26 & 30 \\ 16 & 35 & 39 \\ 16 & 39 & 27 \end{pmatrix} \cdot \begin{pmatrix} 10 \\ 15 \\ 30 \end{pmatrix} = \begin{pmatrix} 1410 \\ 1855 \\ 1555 \end{pmatrix}$

Benötigt werden 1410 Einheiten von R_1, 1855 Einheiten von R_2 und 1555 Einheiten von R_3.

3. a)

nach \ von	M_1	M_2
M_1	0,8	0,3
M_2	0,2	0,7

$A = \begin{pmatrix} 0{,}8 & 0{,}3 \\ 0{,}2 & 0{,}7 \end{pmatrix}$; $A^2 = \begin{pmatrix} 0{,}7 & 0{,}45 \\ 0{,}3 & 0{,}55 \end{pmatrix}$; $A^3 = A^2 \cdot A = \begin{pmatrix} 0{,}65 & 0{,}525 \\ 0{,}35 & 0{,}475 \end{pmatrix}$

b) $\begin{pmatrix} 0{,}65 & 0{,}525 \\ 0{,}35 & 0{,}475 \end{pmatrix} \cdot \begin{pmatrix} 0{,}7 \\ 0{,}3 \end{pmatrix} = \begin{pmatrix} 0{,}6125 \\ 0{,}3875 \end{pmatrix}$

c) $0{,}8\,x_1 + 0{,}3\,x_2 = x_1$; $\quad -0{,}2\,x_1 + 0{,}3\,x_2 = 0$
$0{,}2\,x_1 + 0{,}7\,x_2 = x_2$; $\quad 0{,}2\,x_1 - 0{,}3\,x_2 = 0$

Mit $x_1 = t$ folgt $x_2 = \frac{2}{3}t$.

Gleichgewichtsverteilung: $x_1 = \frac{3}{5} = 0{,}6$; $x_2 = \frac{2}{3} \cdot \frac{3}{5} = \frac{2}{5} = 0{,}4$.

Auf lange Sicht ist die Verteilung von M_1 und M_2 0,6 bzw. 0,4.

4. a)

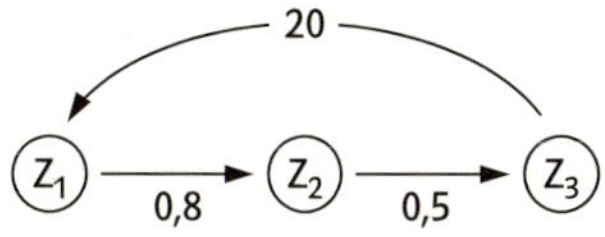

b) $A^2 = \begin{pmatrix} 0 & 10 & 0 \\ 0 & 0 & 16 \\ 0{,}4 & 0 & 0 \end{pmatrix}$; $A^4 = \begin{pmatrix} 0 & 0 & 160 \\ 6{,}4 & 0 & 0 \\ 0 & 4 & 0 \end{pmatrix}$

$\begin{pmatrix} 0 & 0 & 160 \\ 6{,}4 & 0 & 0 \\ 0 & 4 & 0 \end{pmatrix} \cdot \begin{pmatrix} 40 \\ 20 \\ 10 \end{pmatrix} = \begin{pmatrix} 1600 \\ 256 \\ 80 \end{pmatrix}$

c) $20\,x_3 = x_1$
$0{,}8\,x_1 = x_2$; aus $0{,}5 \cdot 0{,}8 \cdot 20\,x_3 = x_3$ folgt,
$0{,}5\,x_2 = x_3$ dass es keine stabile Verteilung gibt.

5. a) $A = \begin{pmatrix} 0{,}5 & 0{,}4 & 0{,}2 \\ 0{,}4 & 0{,}4 & 0{,}4 \\ 0{,}1 & 0{,}2 & 0{,}4 \end{pmatrix}$

b) $A^2 = \begin{pmatrix} 0{,}43 & 0{,}40 & 0{,}34 \\ 0{,}40 & 0{,}40 & 0{,}40 \\ 0{,}17 & 0{,}20 & 0{,}26 \end{pmatrix}$; $A^3 = A^2 \cdot A = \begin{pmatrix} 0{,}409 & 0{,}4 & 0{,}382 \\ 0{,}4 & 0{,}4 & 0{,}4 \\ 0{,}191 & 0{,}2 & 0{,}218 \end{pmatrix}$

$$A \cdot \begin{pmatrix} 0,3 \\ 0,3 \\ 0,4 \end{pmatrix} = \begin{pmatrix} 0,35 \\ 0,40 \\ 0,25 \end{pmatrix}; \quad A^2 \cdot \begin{pmatrix} 0,3 \\ 0,3 \\ 0,4 \end{pmatrix} = \begin{pmatrix} 0,385 \\ 0,4 \\ 0,215 \end{pmatrix}; \quad A^3 \cdot \begin{pmatrix} 0,3 \\ 0,3 \\ 0,4 \end{pmatrix} = \begin{pmatrix} 0,3955 \\ 0,4 \\ 0,2045 \end{pmatrix}$$

c) Aus

$$\begin{aligned} 0,5x_1 + 0,4x_2 + 0,2x_3 &= x_1 \\ 0,4x_1 + 0,4x_2 + 0,4x_3 &= x_2 \\ 0,1x_1 + 0,2x_2 + 0,4x_3 &= x_3 \end{aligned} \quad \text{folgt} \quad \begin{aligned} -0,5x_1 + 0,4x_2 + 0,2x_3 &= 0 \\ 0,4x_1 - 0,6x_2 + 0,4x_3 &= 0 \\ 0,1x_1 + 0,2x_2 - 0,6x_3 &= 0 \end{aligned}$$

und hieraus

$$\begin{aligned} -0,5x_1 + 0,4x_2 + 0,2x_3 &= 0 \\ x_2 - 2x_3 &= 0; \\ 0 &= 0 \end{aligned}$$

mit $x_3 = t$ folgt $x_2 = 2t$; $x_1 = 2t$;
$x_1 + x_2 + x_3 = 1$; $2t + 2t + t = 1$, also $t = \frac{1}{5}$.
Gleichverteilung: 0,4; 0,4; 0,2.
Langfristig wird sich diese Verteilung auf die Energiezustände einstellen.

Strategien aus dem Bereich Stochastik

3.25 Wie wende ich wichtige Formeln aus der Kombinatorik an?

1. a)

	1 R.	2 R.	3 R.
1 2 3		X	
1 2 4		X	
1 2 5	X		
1 3 4			X
1 3 5		X	
1 4 5		X	
2 3 4		X	
2 3 5	X		
2 4 5	X		
3 4 5		X	

X: Anzahl der Richtigen

x_i	1	2	3
$P(X = x_i)$	$\frac{3}{10}$	$\frac{6}{10}$	$\frac{1}{10}$

b)

x_i	1	2	3
$P(X = x_i)$	$\frac{\binom{3}{1}\cdot\binom{2}{2}}{\binom{5}{3}} = \frac{3}{10}$	$\frac{\binom{2}{1}\cdot\binom{3}{2}}{\binom{5}{3}} = \frac{6}{10}$	$\frac{\binom{3}{3}}{\binom{5}{3}} = \frac{1}{10}$

c) $P(X = 4) = \frac{\binom{6}{4}\cdot\binom{43}{2}}{\binom{49}{6}} = \frac{15\cdot 903}{13983816} \approx 9{,}7\cdot 10^{-4}$

2. $P(A) = 6\cdot\left(\frac{1}{6}\right)^4 = \left(\frac{1}{6}\right)^3 = \frac{1}{216} \approx 0{,}0046$

$P(B) = 6\cdot 5\cdot 4\cdot 3\cdot\left(\frac{1}{6}\right)^4 = 60\cdot\left(\frac{1}{6}\right)^3 = \frac{60}{216} = \frac{5}{18} \approx 0{,}2778$

$P(C) = \binom{4}{2}\cdot\left(\frac{1}{6}\right)^4 = \left(\frac{1}{6}\right)^3 = \frac{1}{216} \approx 0{,}0046$

$P(D) = \binom{4}{3}\cdot\left(\frac{1}{6}\right)^4 = 4\cdot\left(\frac{1}{6}\right)^4 = \frac{4}{1296} = \frac{1}{324} \approx 0{,}0031$

3. $P(A) = \frac{\binom{6}{3}}{\binom{10}{3}} = \frac{1}{6}$; $P(B) = \frac{\binom{4}{2}\cdot\binom{6}{1}}{\binom{10}{3}} = \frac{3}{10}$; $P(C) = \frac{\binom{6}{2}\cdot\binom{4}{1}}{\binom{10}{3}} + \frac{\binom{6}{3}}{\binom{10}{3}} = \frac{2}{3}$

4. A: Genau 3 Frauen gewinnen eine Reise;

$P(A) = \frac{\binom{20}{3}\cdot\binom{30}{2}}{\binom{50}{5}} = \frac{495900}{2118760} \approx 0{,}2341$

5. a) $\frac{1}{3^{13}} \approx 6{,}27 \cdot 10^{-7}$ b) $\frac{\binom{13}{12} \cdot 2}{3^{13}} \approx 1{,}63 \cdot 10^{-5}$ c) $\frac{\binom{13}{11} \cdot 2^2}{3^{13}} \approx 1{,}96 \cdot 10^{-4}$

3.26 Wie berechne ich die Wahrscheinlichkeit für ein Oder-Ereignis?

1. a) A: 6 im 1. Wurf; B: 6 im 2. Wurf

$$P(A \cup B) = P(A) + P(B) - P(A \cap B) = \frac{6}{36} + \frac{6}{36} - \frac{1}{36} = \frac{11}{36}$$

b) X: Anzahl der Sechsen bei zwei Würfen

$n = 2;\ p = \frac{1}{6}$

$$P(X \geqq 1) = 1 - P(X = 0) = 1 - \left(\frac{5}{6}\right)^2 = 1 - \frac{25}{36} = \frac{11}{36}$$

2. a) A: Im 1. Spiel eine Zahl kleiner als 10; B: Im 2. Spiel eine Zahl kleiner als 10

$$P(A \cup B) = P(A) + P(B) - P(A \cap B) = \frac{10}{37} + \frac{10}{37} - \frac{10}{37} \cdot \frac{10}{37} \approx 0{,}4675$$

b) X: Anzahl der Felder mit einer Zahl kleiner als 10 bei 2 Spielen

$n = 2;\ p = \frac{10}{37}$

$$P(X \geqq 1) = 1 - P(X = 0) = 1 - \left(\frac{27}{37}\right)^2 \approx 0{,}4675$$

3. A: Schwarz bei der 1. Drehung; B: Schwarz bei der 2. Drehung

$$P(A \cup B) = P(A) + P(B) - P(A \cap B) = 0{,}8 + 0{,}8 - 0{,}8 \cdot 0{,}8 = 0{,}96$$

4. a) Reihenschaltung: $P(B_1 \cap B_2) = 0{,}95 \cdot 0{,}95 = 0{,}9025$

Parallelschaltung: $P(B_1 \cup B_2) = 0{,}95 + 0{,}95 - 0{,}95 \cdot 0{,}95 = 0{,}9975$

b) $\frac{0{,}9975 - 0{,}9025}{0{,}9025} \approx 0{,}105 = 10{,}5\,\%$

5. a) A: Falsche Länge; B: Falsche Dicke

$P(A \cup B) = 0{,}07;\ P(A) = 0{,}04$

$$P(A \cup B) = P(A) + P(B) - P(A \cap B) = P(A) + P(B) - P(A) \cdot P(B) = P(A) + P(B)(1 - P(A))$$

$$P(B) = \frac{P(A \cup B) - P(A)}{1 - P(A)} = \frac{0{,}07 - 0{,}04}{1 - 0{,}04} = \frac{0{,}03}{0{,}96} = \frac{1}{32} \approx 0{,}0313$$

b) $P(A \cap B) \approx 0{,}04 \cdot 0{,}0313 \approx 0{,}0013$

6. A: Keine schwarze Kugel; B: Genau drei rote Kugeln

$$P(A \cup B) = P(A) + P(B) - P(A \cap B) = \left(\frac{40}{50}\right)^6 + \binom{6}{3} \cdot \left(\frac{25}{50}\right)^3 \cdot \left(\frac{25}{50}\right)^3 - \binom{6}{3} \cdot \left(\frac{25}{50}\right)^3 \cdot \left(\frac{15}{50}\right)^3 \approx 0{,}5071$$

7. A: Zwei Kugeln mit derselben Zahl; B: Summe der Zahlen ist größer als 4
$P(A \cup B) = P(A) + P(B) - P(A \cap B)$

$P(A) = \frac{4}{20} \cdot \frac{3}{19} + \frac{4}{20} \cdot \frac{3}{19} + \frac{5}{20} \cdot \frac{4}{19} = \frac{44}{380}$

$P(B) = \frac{4}{20} \cdot \frac{5}{19} + \frac{5}{20} \cdot \frac{4}{19} + \frac{5}{20} \cdot \frac{4}{19} = \frac{60}{380}$

$A \cap B = \{3; 3\}$; $P(A \cap B) = \frac{5}{20} \cdot \frac{4}{19} = \frac{20}{380}$

$P(A \cup B) = \frac{44}{380} + \frac{60}{380} - \frac{20}{380} = \frac{84}{380} \approx 0{,}2211$

3.27 Wie führe ich einen zweiseitigen Hypothesentest durch?

1. $\overline{A} = \{0; 1; \ldots; 81\} \cup \{98; 99; 100\}$

2. $\overline{A} = \{0; 1; \ldots; 8\} \cup \{23; 24; \ldots; 50\}$
Da $8 \in \overline{A}$ ist, spricht dies gegen die Behauptung.

3. $\overline{A} = \{0; 1; \ldots; 62\} \cup \{98; 99; \ldots; 200\}$

4. H_0: $p = 0{,}44$; H_1: $p \neq 0{,}44$; $\alpha = 5\,\%$;
$\overline{A} = \{0; 1; \ldots; 324\} \cup \{380; 381; \ldots; 800\}$
Da $330 \notin \overline{A}$ ist, kann man hieraus schließen, dass die Behauptung zutrifft.

3.28 Wie führe ich einen einseitigen Hypothesentest durch?

1. a) H_0: $p \leqq 0{,}4$; H_1: $p > 0{,}4$; $n = 50$; $\alpha = 0{,}1$;
rechtsseitiger Test; $P(X \geqq g) \leqq 0{,}1$; $\overline{A} = \{25; \ldots; 50\}$
b) H_0: $p \geqq 0{,}7$; H_1: $p < 0{,}7$; $n = 20$; $\alpha = 0{,}05$;
linksseitiger Test; $P(X \leqq g) \leqq 0{,}05$; $\overline{A} = \{0; \ldots; 10\}$

2. H_0: $p \leqq 0{,}03$; H_1: $p > 0{,}03$; $n = 50$; $\alpha = 0{,}05$;
rechtsseitiger Test; $P(X \geqq g) \leqq 0{,}05$; $\overline{A} = \{5; \ldots; 50\}$
Da $5 \in \overline{A}$, wird die Nullhypothese abgelehnt.
Die Angabe der Firma ist nicht glaubhaft.

3. H_0: $p \geqq 0{,}8$; H_1: $p < 0{,}8$; $n = 20$; $\alpha = 0{,}05$;
linksseitiger Test; $P(X \leqq g) \leqq 0{,}05$; $\overline{A} = \{0; \ldots; 12\}$
Da $14 \notin \overline{A}$, kann die Nullhypothese nicht abgelehnt werden.
Man kann nicht schließen, dass die Behauptung unzutreffend ist.

4. H_0: $p = 0{,}3$; H_1: $p < 0{,}3$; $n = 100$; $\alpha = 0{,}05$;
linksseitiger Test; $P(X \leqq g) \leqq 0{,}05$; $\overline{A} = \{0; \ldots; 22\}$
Da $25 \notin \overline{A}$, kann die Nullhypothese nicht abgelehnt werden.
Man kann nicht schließen, dass der Stimmenanteil der Partei gesunken ist.

5. H_0: $p \leqq 0{,}7$; H_1: $p > 0{,}7$; rechtsseitiger Test

a) $n = 150$; $\alpha = 0{,}01$; $\mu_0 = 150 \cdot 0{,}7 = 105$; $\sigma_0 = \sqrt{150 \cdot 0{,}7 \cdot 0{,}3} \approx 5{,}61 > 3$; $c = 2{,}33$
$\underline{g} = 105 + 2{,}33 \cdot 5{,}61 \approx 118{,}07$
$\overline{A} = \{119; \ldots; 150\}$

b) $n = 200$; $\alpha = 0{,}05$; $\mu_0 = 200 \cdot 0{,}7 = 140$; $\sigma_0 = \sqrt{200 \cdot 0{,}7 \cdot 0{,}3} \approx 6{,}48 > 3$; $c = 1{,}64$
$\underline{g} = 140 + 1{,}64 \cdot 6{,}48 \approx 150{,}63$
$\overline{A} = \{151; \ldots; 200\}$

c) $n = 200$; $\alpha = 0{,}1$; $\mu_0 = 200 \cdot 0{,}7 = 140$; $\sigma_0 = \sqrt{200 \cdot 0{,}7 \cdot 0{,}3} \approx 6{,}48 > 3$; $c = 1{,}28$
$\underline{g} = 140 + 1{,}28 \cdot 6{,}48 \approx 148{,}29$
$\overline{A} = \{149; \ldots; 200\}$

6. H_0: $p \geqq 0{,}45$; H_1: $p < 0{,}45$; linksseitiger Test

a) $n = 80$; $\alpha = 0{,}01$; $\mu_0 = 80 \cdot 0{,}45 = 36$; $\sigma_0 = \sqrt{80 \cdot 0{,}45 \cdot 0{,}55} \approx 4{,}45 > 3$; $c = 2{,}33$
$\underline{g} = 36 - 2{,}33 \cdot 4{,}45 \approx 25{,}63$
$\overline{A} = \{0; \ldots; 25\}$

b) $n = 120$; $\alpha = 0{,}05$; $\mu_0 = 120 \cdot 0{,}45 = 54$; $\sigma_0 = \sqrt{120 \cdot 0{,}45 \cdot 0{,}55} \approx 5{,}45 > 3$; $c = 1{,}64$
$\underline{g} = 54 - 1{,}64 \cdot 5{,}45 \approx 45{,}06$
$\overline{A} = \{0; \ldots; 45\}$

c) $n = 150$; $\alpha = 0{,}1$; $\mu_0 = 150 \cdot 0{,}45 = 67{,}5$; $\sigma_0 = \sqrt{150 \cdot 0{,}45 \cdot 0{,}55} \approx 6{,}09 > 3$; $c = 1{,}28$
$\underline{g} = 67{,}5 - 1{,}28 \cdot 6{,}09 \approx 59{,}70$
$\overline{A} = \{0; \ldots; 59\}$

7. H_0: $p \geqq 0{,}5$; H_1: $p < 0{,}5$; linksseitiger Test
$n = 70$; $\alpha = 0{,}1$; $\mu_0 = 70 \cdot 0{,}5 = 35$; $\sigma_0 = \sqrt{70 \cdot 0{,}5 \cdot 0{,}5} \approx 4{,}18 > 3$; $c = 1{,}28$
$\underline{g} = 35 - 1{,}28 \cdot 4{,}18 \approx 29{,}65$
$\overline{A} = \{0; \ldots; 29\}$
Da $27 \in \overline{A}$, wird H_0 abgelehnt.
Man kann also schließen, dass bei dieser Münze Wappen mit einer Wahrscheinlichkeit kleiner als 0,5 fällt.

8. H_0: $p \leqq 0{,}1$; H_1: $p > 0{,}1$; rechtsseitiger Test
$n = 200$; $\alpha = 0{,}05$; $\mu_0 = 200 \cdot 0{,}1 = 20$; $\sigma_0 = \sqrt{200 \cdot 0{,}1 \cdot 0{,}9} \approx 4{,}24 > 3$; $c = 1{,}64$
$\underline{g} = 20 + 1{,}64 \cdot 4{,}24 \approx 26{,}95$
$\overline{A} = \{27; \ldots; 200\}$
Da $25 \notin \overline{A}$, kann H_0 nicht abgelehnt werden.
Man kann also nicht schließen, dass die Wahrscheinlichkeit für eine Eins größer als 0,1 ist.

9. H_0: $p \leqq 0{,}63$; H_1: $p > 0{,}63$; rechtsseitiger Test
$n = 300$; $\alpha = 0{,}05$; $\mu_0 = 300 \cdot 0{,}63 = 189$; $\sigma_0 = \sqrt{300 \cdot 0{,}63 \cdot 0{,}37}$; $c = 1{,}64$
$g = 300 \cdot 0{,}63 + 1{,}64 \cdot \sqrt{300 \cdot 0{,}63 \cdot 0{,}37} \approx 202{,}7$
Die beobachtete Anzahl der Brillenträger muss mindestens 203 sein.

10. H_0: $p \leqq 0{,}35$; H_1: $p > 0{,}35$; rechtsseitiger Test
Man setzt fest, wie oft man eine Kugel mit Zurücklegen zieht; außerdem das Signifikanzniveau α. Nach Ermittlung des Ablehnungsbereiches $\overline{A}$ führt man die Ziehungen durch und zählt die Anzahl der schwarzen Kugeln. Liegt diese Anzahl in $\overline{A}$, kann H_0 abgelehnt werden.

11. a) Wahrscheinlichkeit für einen Gewinn: $p = 5 \cdot \frac{1}{5} \cdot \frac{1}{5} = \frac{1}{5}$
b) H_0: $p \geqq \frac{1}{5}$; H_1: $p < \frac{1}{5}$; linksseitiger Test
$n = 60$; $\alpha = 0{,}05$; $\mu_0 = 60 \cdot \frac{1}{5} = 12$; $\sigma_0 = \sqrt{60 \cdot \frac{1}{5} \cdot \frac{4}{5}} \approx 3{,}1 > 3$; $c = 1{,}64$
$g = 12 - 1{,}64 \cdot 3{,}1 \approx 6{,}92$
$\overline{A} = \{0; \ldots; 6\}$
Da $8 \notin \overline{A}$, kann H_0 nicht abgelehnt werden. Das Ergebnis bestätigt nicht den Verdacht.

3.29 Welche Fehler können bei einem Hypothesentest auftreten und wie berechne ich die zugehörigen Wahrscheinlichkeiten?

1. $\overline{A} = \{0; \ldots; 12\} \cup \{28; \ldots; 50\}$
$\beta = B_{50;\,0,5}(13) + \ldots + B_{50;\,0,5}(27) = 0{,}7599$

2. $\overline{A} = \{0; \ldots; 7\} \cup \{17; \ldots; 20\}$
$\beta = B_{20;\,0,4}(8) + \ldots + B_{20;\,0,4}(16) = 0{,}5841$

3. $\overline{A} = \{0; \ldots; 5\}$
$\beta = B_{50;\,0,1}(6) + \ldots + B_{50;\,0,1}(50) = 1 - 0{,}6161 = 0{,}3839$

4. a) H_0: $p = 0{,}22$; H_1: $p \neq 0{,}22$
$g_l = 500 \cdot 0{,}22 - 1{,}96 \cdot \sqrt{500 \cdot 0{,}22 \cdot 0{,}78} \approx 91{,}8$
$g_r = 500 \cdot 0{,}22 + 1{,}96 \cdot \sqrt{500 \cdot 0{,}22 \cdot 0{,}78} \approx 128{,}1$
$\overline{A} = \{0; \ldots; 91\} \cup \{129; \ldots; 500\}$
Da $125 \notin \overline{A}$ ist, kann H_0 nicht abgelehnt werden; man kann also schließen, dass die Behauptung zutrifft.
b) $\beta = B_{500;\,0,3}(92) + \ldots + B_{500;\,0,3}(128)$
$\approx \Phi\left(\frac{128 - 150}{\sqrt{500 \cdot 0{,}3 \cdot 0{,}7}}\right) - \Phi\left(\frac{92 - 150}{\sqrt{500 \cdot 0{,}3 \cdot 0{,}7}}\right) \approx \Phi(-2{,}15) - \Phi(-5{,}66)$
$\approx 1 - \Phi(2{,}15) \approx 1 - 0{,}9842 \approx 0{,}0158$

5. a) H_0: $p \geqq 0{,}8$; H_1: $p < 0{,}8$
$g = 200 \cdot 0{,}8 - 1{,}64 \cdot \sqrt{200 \cdot 0{,}8 \cdot 0{,}2} \approx 150{,}7$
$\overline{A} = \{0; \ldots; 150\}$
b) Da $155 \notin \overline{A}$ ist, gibt es keine Einwände gegen die Behauptung des Herstellers.
c) $\beta = B_{200;\,0,7}(151) + \ldots + B_{200;\,0,7}(200)$
$\approx 1 - \Phi\left(\frac{151 - 140}{\sqrt{200 \cdot 0{,}7 \cdot 0{,}3}}\right) \approx 1 - \Phi(1{,}70) \approx 0{,}0446$

5. Teil

Aufgaben und Lösungen der schriftlichen Abiturprüfung 2007

Die Lösungen sind keine offiziellen Lösungen des Ministeriums für Schule und Weiterbildung des Landes Nordrhein-Westfalen.

Aufgabenstellung:

Gegeben ist die Funktion f mit

$$f(t) = 2t \cdot e^{-0{,}02 \cdot t^2}, \quad t \in \mathbb{R}.$$

Ein Teil des Graphen von f ist für $0 \leqq t \leqq 15$ am Ende der Aufgabe auf der folgenden Seite abgebildet.

a) *Zeigen Sie, dass der Graph von f punktsymmetrisch zum Ursprung ist.*
Bestimmen Sie rechnerisch die lokalen Extremstellen und Wendestellen von f.
Geben Sie zudem die Koordinaten der Extrempunkte an.

(20 Punkte)

b) *Bestimmen Sie mit Hilfe eines geeigneten Integrationsverfahrens eine Stammfunktion von f.*

[Zur Kontrolle und weiteren Verwendung: $F(t) = -50 \cdot e^{-0{,}02 \cdot t^2}$]

Berechnen Sie den Inhalt der Fläche, die von der t-Achse, dem Graphen von f und der Geraden mit $t = 10$ eingeschlossen wird.

(10 Punkte)

c) Für $0 \leqq t \leqq 15$ beschreibt $f(t)$ modellhaft die momentane Sauerstoffproduktion einer Buche an einem Sommertag mit 15 Stunden Sonnenscheindauer ab dem Sonnenaufgang ($t = 0$), wobei man t in Stunden und $f(t)$ in m^3 pro Stunde angibt.

Beschreiben Sie den Verlauf des Graphen von f (siehe folgende Seite) in diesem Sachzusammenhang unter Verwendung der Ergebnisse von a).

(4 Punkte)

d) *Interpretieren Sie den bei b) berechneten Flächeninhalt in diesem Sachzusammenhang.*
Bestimmen Sie, wie viele Sonnenstunden vergangen sind, bis die Buche insgesamt $20\,m^3$ Sauerstoff produziert hat.

(8 Punkte)

e) Eine Funktion *g* soll nun die momentane Sauerstoffproduktion in m^3 pro Stunde an einem sonnigen Herbsttag beschreiben.
Die Sonnenscheindauer beträgt 12 Stunden und die Intensität der auf die Blätter treffenden Strahlung ist geringer als an einem Sommertag. Damit verbunden ist eine geringere Sauerstoffproduktion. Das Maximum wird nach 4 Stunden ($t = 4$) erreicht, also 4 Stunden nach Sonnenaufgang ($t = 0$).

Skizzieren Sie den Graphen einer möglichen Funktion g in die unten abgebildete Zeichnung.
Begründen Sie, wie man den Funktionsterm von f verändern kann, damit man den Term einer möglichen Funktion g erhält.

(8 Punkte)

Sauerstoffproduktion

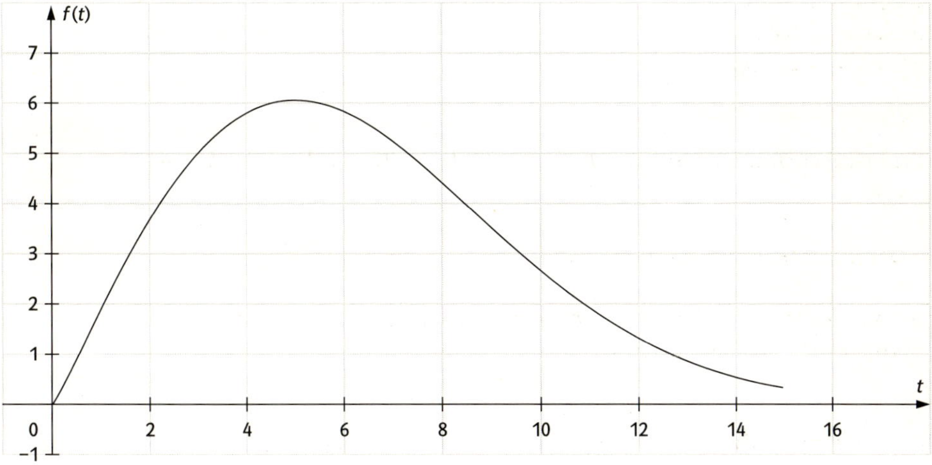

Zugelassene Hilfsmittel:

- Wissenschaftlicher Taschenrechner (ohne oder mit Grafikfähigkeit)
- Mathematische Formelsammlung
- Wörterbuch zur deutschen Rechtschreibung

Lösung zu Aufgabe HT 1:

a) *Nachweis der Punktsymmetrie:*

Aus $f(t) = 2t \cdot e^{-0{,}02 \cdot t^2}$ folgt $f(-t) = 2(-t) \cdot e^{-0{,}02 \cdot (-t)^2} = -2t \cdot e^{-0{,}02 \cdot t^2} = -f(t)$.

Der Graph von f ist also punktsymmetrisch zum Ursprung.

Extremstellen:

Mit der Produkt- und der Kettenregel folgt aus $f(t) = 2t \cdot e^{-0{,}02 \cdot t^2}$:

$f'(t) = 2 \cdot (1 \cdot e^{-0{,}02 \cdot t^2} + t \cdot e^{-0{,}02 \cdot t^2} \cdot (-0{,}04 \cdot t)) = 2e^{-0{,}02 \cdot t^2}(1 - 0{,}04t^2)$,

$f''(t) = 2 \cdot (-0{,}08t \cdot e^{-0{,}02 \cdot t^2} + (1 - 0{,}04t^2) \cdot e^{-0{,}02 \cdot t^2} \cdot (-0{,}04t))$

$= 2t \cdot e^{-0{,}02 \cdot t^2}(-0{,}12 + 0{,}0016t^2)$.

$f'(t) = 0$ ergibt $2e^{-0{,}02 \cdot t^2}(1 - 0{,}04t^2) = 0$ und damit $1 - 0{,}04t^2 = 0$. Damit ist $t^2 = 25$ und folglich $t = +5$ oder $t = -5$. Lokale Extremstellen sind somit $t = +5$; $t = -5$.

Einsetzen in die zweite Ableitung ergibt:

$f''(+5) = 2 \cdot 5 \cdot e^{-0{,}02 \cdot 25}(-0{,}12 + 0{,}0016 \cdot 5^2) < 0$.

Damit ist **+5 eine relative Maximumstelle** und wegen der Punktsymmetrie **−5 eine relative Minimumstelle.**

Wegen $f(+5) = 2 \cdot 5 \cdot e^{-0{,}02 \cdot 5^2} = \frac{10}{\sqrt{e}}$ ergeben sich der Hochpunkt $\mathbf{H\left(5 \,\middle|\, \frac{10}{\sqrt{e}}\right)}$ und aufgrund der Symmetrie der Tiefpunkt $\mathbf{T\left(-5 \,\middle|\, -\frac{10}{\sqrt{e}}\right)}$.

Wendestellen:

Es ist $f''(t) = 2t \cdot e^{-0{,}02 \cdot t^2}(-0{,}12 + 0{,}0016t^2)$.

$f''(t) = 0 \quad \Leftrightarrow \quad 2t \cdot e^{-0{,}02 \cdot t^2}(-0{,}12 + 0{,}0016t^2) = 0$

$\Leftrightarrow \quad t(t - 5 \cdot \sqrt{3})(t + 5 \cdot \sqrt{3}) \quad \Leftrightarrow \quad t = 0$ oder $t = +5 \cdot \sqrt{3}$ oder $t = -5 \cdot \sqrt{3}$

An $f''(t) = 2t \cdot e^{-0{,}02 \cdot t^2}(-0{,}12 + 0{,}0016t^2)$ erkennt man bei 0 einen Vorzeichenwechsel von + nach −, bei $+5 \cdot \sqrt{3}$ einen Vorzeichenwechsel von + nach − und bei $-5 \cdot \sqrt{3}$ einen Vorzeichenwechsel von − nach +.

Also hat f die Wendestellen 0, $+5 \cdot \sqrt{3}$ und $-5 \cdot \sqrt{3}$.

b) *Ermittlung einer Stammfunktion:*

Mit der Substitution $z = -0{,}02 \cdot t^2$ und $z' = \frac{dz}{dt} = -0{,}04t$ ergibt sich:

$\int f(t)\,dt = \int 2t \cdot e^{-0{,}02 \cdot t^2}\,dt = -\frac{1}{0{,}02}\int e^z dz = -50 \cdot e^z + c = -50 \cdot e^{-0{,}02 \cdot t^2} + c$ mit $c \in \mathbb{R}$.

Damit ist z. B. die Funktion **F mit $\mathbf{F(t) = -50 \cdot e^{-0{,}02 \cdot t^2}}$ eine Stammfunktion von f.**

Flächenberechnung:

$$A = \int_0^{10} f(t)\,dt = \int_0^{10} 2t \cdot e^{-0{,}02 \cdot t^2}\,dt = \left[-50 \cdot e^{-0{,}02 \cdot t^2}\right]_0^{10} = -50 \cdot e^{-0{,}02 \cdot 100} + 50 \cdot e^0$$

$$= -50 \cdot e^{-2} + 50 = 50\left(1 - \frac{1}{e^2}\right) \approx \mathbf{43{,}23}$$

c) *Beschreibung:*
Bei Sonnenaufgang beginnt die Sauerstoffproduktion, steigt sofort stark an und erreicht 5 Stunden nach Sonnenaufgang ihr Maximum mit etwa $6{,}1\,m^3$ pro Stunde. Danach verringert sich die Produktion wieder, wobei nach etwa 8 Stunden und 40 Minuten (gemessen ab Sonnenaufgang) der Rückgang besonders stark ist. Gegen Abend geht die Sauerstoffproduktion gegen null.

d) *Interpretation des Flächeninhaltes:*
Da f die momentane Sauerstoffproduktion beschreibt, gibt das Integral von 0 bis 10, also der Flächeninhalt, die gesamte Produktion von Sauerstoff in den ersten 10 Stunden nach Sonnenaufgang an. Diese beträgt etwas mehr als $43\,m^3$.

Berechnung der Anzahl von Stunden, bis insgesamt $20\,m^3$ Sauerstoff produziert wurden:
Die gesuchte Anzahl u von Stunden ergibt sich aus der Gleichung $\int_0^u f(t)\,dt = 20$.

$$\int_0^u 2t \cdot e^{-0{,}02 \cdot t^2} dt = 20 \iff \left[-50 \cdot e^{-0{,}02 \cdot t^2}\right]_0^u = 20 \iff -50 \cdot e^{-0{,}02 \cdot u^2} + 50 = 20$$

$$\iff e^{-0{,}02 \cdot u^2} = \frac{3}{5} \iff u^2 = -50 \cdot \ln(0{,}6)$$

$$\iff u \approx +\sqrt{-50 \cdot \ln(0{,}6)} \approx 5{,}05 \text{ oder } u \approx -\sqrt{-50 \cdot \ln(0{,}6)} \approx -5{,}05$$

Wegen $u > 0$ ergibt sich:
Nach etwas mehr als 5 Stunden hat die Buche insgesamt $20\,m^3$ Sauerstoff produziert.

e) *Skizze des Graphen einer Funktion g:*
Siehe Fig.

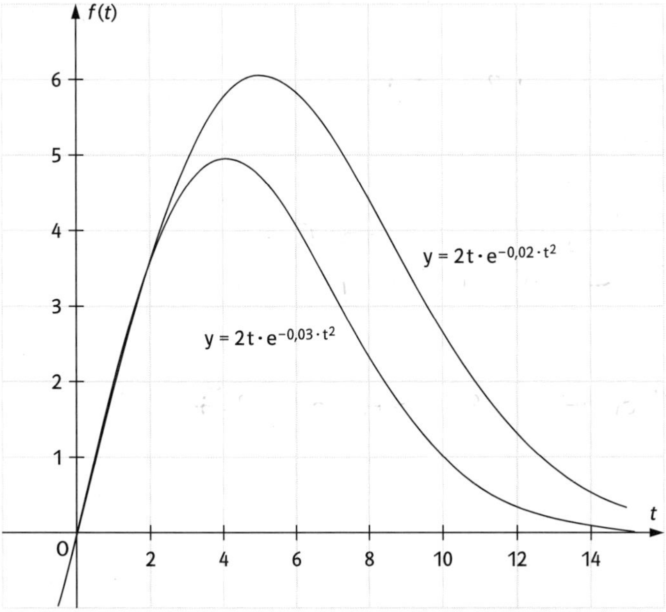

WTR

Begründung für Veränderungen am Funktionsterm:
Wird der Graph einer Funktion f in y-Richtung gestreckt, lautet die zugehörige Funktion:
g mit $g(x) = a \cdot f(x)$; wird der Graph in x-Richtung gestreckt:
$g(x) = f(b \cdot x)$.
Im vorliegenden Fall beträgt die Sonnenscheindauer nur noch 12 statt 15 Stunden und die Maximumstelle ist von 5 nach 4 verschoben. Also ist $b = \frac{15}{12} = \frac{5}{4} = 1{,}25$ sinnvoll.
Eine geringere Sauerstoffproduktion ergibt sich z. B. mit a = 0,8. Insgesamt ergibt sich:

$$\mathbf{g(t)} = 0{,}8 \cdot 2 \cdot (1{,}25\,t) \cdot e^{-0{,}02 \cdot (1{,}25 \cdot t)^2}$$
$$\approx \mathbf{2t \cdot e^{-0{,}03 \cdot t^2}}.$$

$$\frac{1}{4} t \left(t^2 - 4at + 4a^2\right)$$

$$\frac{1}{4} t (t-2a)^2$$

$$\int_0^6 \left(\frac{1}{4} t^3 - 3t^2 + 9t\right) dt$$

$$= \left[\frac{1}{16} t^4 - t^3 + 4{,}5 t^2\right]_0^6$$

$$= 81 - 216 + 4{,}5 \cdot 36 = 27\,m^3$$

Aufgabenstellung:

Um die Wasserstände eines Flusses vorherzusagen, kann man versuchen, die Durchflussgeschwindigkeit des Wassers an einer bestimmten Stelle des Flusses mit Hilfe geeigneter Funktionen zu beschreiben. Solche näherungsweise Beschreibungen der Durchflussgeschwindigkeiten seien z. B. gegeben durch die Funktionenschar f_a mit

$f_a(t) = \frac{1}{4}t^3 - at^2 + a^2t,\ \ a > 0.$

Dabei gibt $f_a(t)$ die Durchflussgeschwindigkeit in $10^6\,m^3$/Monat (Millionen Kubikmeter pro Monat) und t die verstrichene Zeit in Monaten seit Beginn der Vorhersage ($t = 0$) an. Die Funktionen f_a berücksichtigen, dass es sich um einen Fluss handelt, der zeitweise austrocknet.

a) *Berechnen Sie abhängig vom Parameter a, zu welchen Zeitpunkten gerade kein Wasser durch den Fluss fließt.*

(4 Punkte)

b) *Ermitteln Sie in Abhängigkeit von a, zu welchen Zeitpunkten die Durchflussgeschwindigkeit ein relatives Maximum bzw. Minimum annimmt, und berechnen Sie diese Funktionswerte.*

(13 Punkte)

c) *Ermitteln Sie in Abhängigkeit von a, wann die Durchflussgeschwindigkeit besonders stark absinkt, und berechnen Sie ihren Wert zu diesem Zeitpunkt.*

(8 Punkte)

In der nebenstehenden Abbildung sind die Graphen der Funktionen f_2 und f_3 dargestellt.

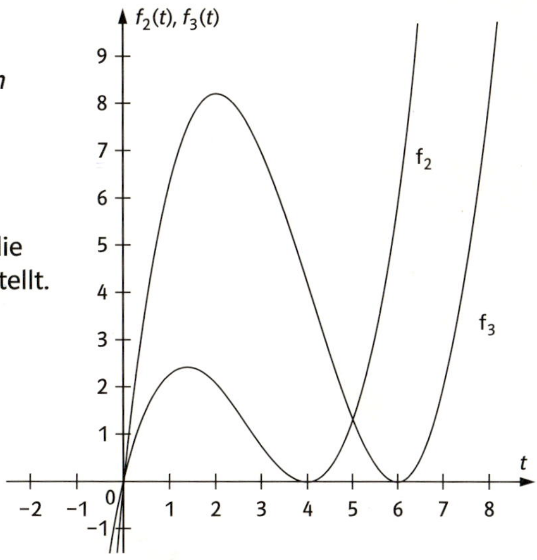

d) *Begründen Sie, warum kein Punkt der Funktionsgraphen von f_a im Bereich $t \geqq 0$ unterhalb der t-Achse liegt und inwiefern dies mit dem zugrunde liegenden Sachverhalt vereinbar ist.*
Geben Sie das Verhalten von f_a für $t \to \infty$ an und begründen Sie, ob die Funktionen auch nach den ersten 8 Monaten noch eine sinnvolle Beschreibung der Durchflussgeschwindigkeit liefern.

(11 Punkte)

e) *Ermitteln Sie für $a = 3$, wie viel Liter Wasser in den ersten sechs Monaten durch den Fluss fließen.*

(7 Punkte)

f) *Betrachten Sie nun zwei verschiedene Funktionen f_{a_1} und f_{a_2}. Bestimmen Sie den Zeitpunkt t_0, zu dem für beide Funktionsannahmen (seit $t = 0$) genau gleich viel Wasser durch den Fluss geflossen wäre.*

(7 Punkte)

Zugelassene Hilfsmittel:

- Wissenschaftlicher Taschenrechner (ohne oder mit Grafikfähigkeit)
- Mathematische Formelsammlung
- Wörterbuch zur deutschen Rechtschreibung

Lösung zu Aufgabe HT 2:

a) *Berechnung der Zeitpunkte, an denen kein Wasser fließt:*
Gesucht sind die Nullstellen der Funktionenschar f_a mit
$f_a(t) = \frac{1}{4}t^3 - at^2 + a^2t,\ a > 0.$
$f_a(t) = 0 \quad \Leftrightarrow \quad \frac{1}{4}t(t^2 - 4at + 4a^2) = 0 \quad \Leftrightarrow \quad t = 0 \text{ oder } t = \frac{4a \pm \sqrt{16a^2 - 4 \cdot 4a^2}}{2} = 2a$

Zu Beginn der Vorhersage und 2a Monate danach fließt kein Wasser durch den Fluß.

b) *Extremstellen und Extremwerte:*
Aus $f_a(t) = \frac{1}{4}t^3 - at^2 + a^2t$ folgt:
$f_a'(t) = \frac{3}{4}t^2 - 2at + a^2;\ f_a''(t) = \frac{3}{2}t^2 - 2a.$
$f_a'(t) = 0 \quad \Leftrightarrow \quad \frac{3}{4}t^2 - 2at + a^2 = 0 \quad \Leftrightarrow \quad t^2 - \frac{8}{3}at + \frac{4}{3}a^2 = 0$
$\Leftrightarrow \quad t = \frac{\frac{8}{3}a \pm \sqrt{\frac{64}{9}a^2 - 4 \cdot \frac{4}{3}a^2}}{2} = \frac{4}{3}a \pm \sqrt{\frac{16}{9}a^2 - \frac{4}{3}a^2} \quad \Leftrightarrow \quad t = 2a \text{ oder } t = \frac{2}{3}a$

Einsetzen in die zweite Ableitung ergibt:
$f_a''(2a) = \frac{3}{2} \cdot 2a - 2a = a > 0;\quad f_a''\left(\frac{2}{3}a\right) = \frac{3}{2} \cdot \frac{2}{3}a - 2a = -a < 0.$

Damit ist **2a eine relative Minimumstelle** und **$\frac{2}{3}$a eine relative Maximumstelle.**

Die zugehörigen Funktionswerte sind **$f_a(2a) = 0$** und **$f_a\left(\frac{2}{3}a\right) = \frac{8}{27}a^3$**.

c) *Berechnung des Zeitpunktes, zu dem die Durchflussgeschwindigkeit besonders stark absinkt und Berechnung des Wertes zu diesem Zeitpunkt:*
Gesucht ist der Wendepunkt der Graphen der Funktionenschar.
Es ist $f_a''(t) = \frac{3}{2}t - 2a;\ f_a'''(t) = \frac{3}{2}.$
$f_a''(t) = 0 \quad \Leftrightarrow \quad \frac{3}{2}t - 2a = 0 \quad \Leftrightarrow \quad t = \frac{4}{3}a$
Wegen $f_a'''\left(\frac{4}{3}a\right) = \frac{3}{2}$ und $f_a\left(\frac{4}{3}a\right) = \frac{4}{27}a^3$ hat f_a den Wendepunkt $W_a\left(\frac{4}{3}a \,\middle|\, \frac{4}{27}a^3\right)$.

Die Durchflussgeschwindigkeit sinkt besonders stark ab zum **Zeitpunkt $\frac{4}{3}$a**;
sie beträgt dann **$\frac{4}{27}a^3$ Millionen Kubikmeter pro Monat**.

d) *Begründung, dass keine Punkte für $t \geqq 0$ unterhalb der t-Achse liegen:*
Es ist $f_a(t) = \frac{1}{4}t^3 - at^2 + a^2t = \frac{1}{4}t(t^2 - 4at + 4a^2) = \frac{1}{4}t(t - 2a)^2 \geqq 0$ für $t \geqq 0$.
Damit liegen für $t \geqq 0$ keine Punkte der Funktionsgraphen unterhalb der t-Achse.

Dies ist eine sinnvolle Beschreibung des Sachverhaltes, da es sich um die Durchflussgeschwindigkeit von Wasser in einem Fluss handelt.

Verhalten von f_a für $t \longrightarrow \infty$ und Interpretation:
f_a ist eine ganzrationale Funktionenschar. Der Grad ist 3 und der Koeffizient von t^3 ist positiv. Daher strebt $f_a(t) \longrightarrow \infty$ für $t \longrightarrow \infty$. Aufgrund dieses Sachverhaltes stellen die Funktionen **für größere Werte von t keine sinnvolle Beschreibung der Durchflussgeschwindigkeit dar**.

e) *Berechnung der Wassermenge in den ersten sechs Monaten:*

Da f_a die Durchflussgeschwindigkeit beschreibt, ist $\int_0^6 f_a(t)\,dt$ für a = 3 gesucht.

$$\int_0^6 f_3(t)\,dt = \int_0^6 \left(\frac{1}{4}t^3 - 3t^2 + 9t\right)dt = \left[\frac{1}{16}t^4 - t^3 + \frac{9}{2}t^2\right]_0^6 = \frac{1}{16}\cdot 6^4 - 6^3 + \frac{9}{2}\cdot 6^2 = 27$$

Für a = 3 fließen **in den ersten sechs Monaten 27 Mio. Liter Wasser** durch den Fluss.

f) *Bestimmung des Zeitpunktes t_0:*
Die gesuchte obere Integrationsgrenze t_0 ergibt sich aus der Gleichung
$\int_0^{t_0} f_{a_1}(t)\,dt = \int_0^{t_0} f_{a_2}(t)\,dt$ für $a_1 \neq a_2$. Diese Gleichung ist äquivalent zu:

$$\left[\frac{1}{16}t^4 - \frac{a_1}{3}t^3 + \frac{a_1^2}{2}t^2\right]_0^{t_0} = \left[\frac{1}{16}t^4 - \frac{a_2}{3}t^3 + \frac{a_2^2}{2}t^2\right]_0^{t_0}$$

$$\Leftrightarrow \quad \frac{1}{16}t_0^4 - \frac{a_1}{3}t_0^3 + \frac{a_1^2}{2}t_0^2 = \frac{1}{16}t_0^4 - \frac{a_2}{3}t_0^3 + \frac{a_2^2}{2}t_0^2$$

$$\Leftrightarrow \quad \frac{1}{3}t_0^3(a_2 - a_1) + \frac{1}{2}t_0^2\left(a_1^2 - a_1^2\right) = 0$$

$$\Leftrightarrow \quad t_0 = 0 \;\text{ oder }\; t_0 = \frac{-3\left(a_1^2 - a_2^2\right)}{2(a_2 - a_1)} = \frac{3(a_1 + a_2)\cdot(a_1 - a_2)}{2(a_1 - a_2)} = \frac{3}{2}\left(a_1 + a_2\right);\; t_0 \neq 0 \;\text{ und }\; a_1 \neq a_2.$$

Für verschiedene Parameter a_1 und a_2 ist **nach $\frac{3}{2}(a_1 + a_2)$ Monaten gleich viel Wasser** durch den Fluss geflossen.

Aufgabenstellung:

Gegeben ist die Funktionenschar f_a mit

$$f_a(x) = \frac{4x}{x^2 + a}, \quad a > 0.$$

Auf der folgenden Seite ist der Graph von f_1 ($a = 1$) abgebildet. Für die zweite Ableitung gilt:

$$f_a''(x) = \frac{8x^3 - 24ax}{(x^2 + a)^3} \quad \text{(kein Nachweis erforderlich).}$$

a) *Bestimmen Sie in Abhängigkeit von a den maximalen Definitionsbereich, die Null- und Extremstellen und begründen Sie, wie der Graph für $x \to \pm\infty$ verläuft.*

(14 Punkte)

b) *Bestimmen Sie die Wendestellen von f_2 ($a = 2$).*

(7 Punkte)

c) $T_a\left(-\sqrt{a} \,\middle|\, -\frac{2}{\sqrt{a}}\right)$ und $H_a\left(\sqrt{a} \,\middle|\, \frac{2}{\sqrt{a}}\right)$ sind die Extrempunkte des Graphen von f_a.

Geben Sie die Gleichung der Funktion g an, auf deren Graph alle Extrempunkte der Schar liegen.
Untersuchen Sie, ob jeder Punkt des Graphen von g auch ein Extrempunkt einer der Scharkurven ist. (Dabei wird für g der maximale Definitionsbereich zugrunde gelegt.)

(6 Punkte)

d) *Der Graph von f_1 schließt mit der Geraden $y = x$ eine im ersten Quadranten gelegene Fläche ein. Bestimmen Sie den Inhalt dieser Fläche.*

(12 Punkte)

e) Die Strecke von T_a nach H_a soll die Seite eines Quadrats bilden.
Ermitteln Sie den Wert von a, für den der Flächeninhalt dieses Quadrats minimal wird.

(11 Punkte)

WTR

Graph von f_1

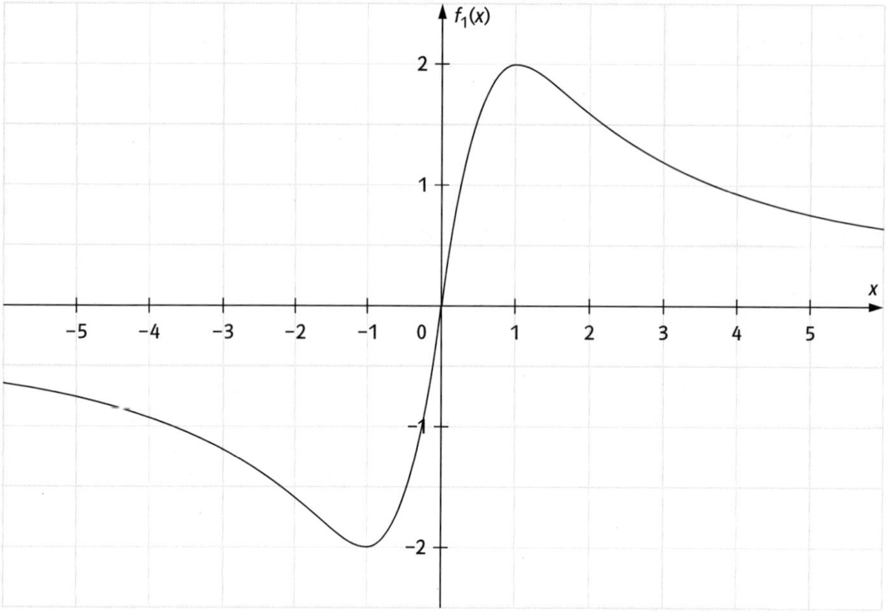

Zugelassene Hilfsmittel:

- Wissenschaftlicher Taschenrechner (ohne oder mit Grafikfähigkeit)
- Mathematische Formelsammlung
- Wörterbuch zur deutschen Rechtschreibung

Lösung zu Aufgabe HT 3:

a) Definitionsbereich:

$f_a(x) = \frac{4x}{x^2 + a}$

Es ist a > 0; also ist $x^2 + a > 0$ für $x \in \mathbb{R}$. Damit gilt: $\mathbb{D} \in \mathbb{R}$.

Nullstellen:

$f_a(x) = 0 \quad \Leftrightarrow \quad \frac{4x}{x^2 + a} = 0 \quad \Leftrightarrow \quad$ **x = 0** für a > 0.

Extremstellen:

$f_a'(x) = \frac{4(x^2 + a) - 4x \cdot 2x}{(x^2 + a)^2} = \frac{-4(x^2 - a)}{(x^2 + a)^2}$

$f_a'(x) = 0$ führt auf $-4(x^2 - a) = 0$. Daraus folgt $x_1 = +\sqrt{a}$; $x_2 = -\sqrt{a}$.
Einsetzen in die vorgegebene 2. Ableitung ergibt:

$f_a''(+\sqrt{a}) = \frac{8a\sqrt{a} - 24a\sqrt{a}}{(a + a)^3} = \frac{-16a\sqrt{a}}{8a^3} < 0;\ f_a''(-\sqrt{a}) = \frac{-8a\sqrt{a} + 24a\sqrt{a}}{(a + a)^3} = \frac{16a\sqrt{a}}{8a^3} > 0$

Damit ist $\mathbf{x_1 = +\sqrt{a}}$ **eine relative Maximumstelle und** $\mathbf{x_1 = -\sqrt{a}}$ **eine relative Minimumstelle.**

Verhalten von $f_a(x)$ für $x \to \pm\infty$:

f_a ist eine gebrochenrationale Funktionenschar. Da der Zählerterm einen niedrigeren Grad hat als der Nennerterm, ist die **x-Achse waagrechte Asymptote** für $x \to \pm\infty$.

b) Wendestellen von f_2:

Es ist $f_2''(x) = \frac{8x^3 - 48x}{(x^2 + 2)^3} = \frac{8x(x^2 - 6)}{(x^2 + 2)^3}$.

$f_2''(x) = 0 \quad \Leftrightarrow \quad \frac{8x(x^2 - 6)}{(x^2 + 2)^3} = 0 \quad \Leftrightarrow \quad 8x(x^2 - 6) = 0 \quad \Leftrightarrow \quad x = 0$ oder $x = +\sqrt{6}$ oder $x = -\sqrt{6}$

Aus $f_2''(x) = \frac{8x(x^2 - 6)}{(x^2 + 2)^3}$ erkennt man bei 0, $+\sqrt{6}$ und $-\sqrt{6}$ jeweils einen Vorzeichenwechsel. Damit sind **0, $+\sqrt{6}$ und $-\sqrt{6}$ Wendestellen für f_2.**

c) Ortskurve der Extrempunkte:

Aus $x = -\sqrt{a}$ und $y = -\frac{2}{\sqrt{a}}$ folgt $y = \frac{2}{x}$. Der Graph ist eine Hyperbel.

Da sowohl die x- als auch die y-Werte negativ sind, liegen die Tiefpunkte der Schar auf dem Ast der Hyperbel, der im dritten Quadranten liegt.

Aus $x = \sqrt{a}$ und $y = \frac{2}{\sqrt{a}}$ folgt ebenso $y = \frac{2}{x}$.

Die Hochpunkte der Schar liegen auf dem Ast der Hyperbel, der im ersten Quadranten liegt.
Alle Extrempunkte liegen also auf dem Graphen der Funktion g mit $\mathbf{g(x) = \frac{2}{x}}$.

Untersuchung, ob jeder Punkt der Ortskurve auch ein Extrempunkt ist:

Für die Hochpunkte gilt $x = \sqrt{a}$, also gibt es zu jedem Punkt $P\left(x \middle| \frac{2}{x}\right)$ mit $x > 0$ ein $a > 0$.
Für die Tiefpunkte gilt $x = -\sqrt{a}$, also gibt es auch zu jedem $x < 0$ ein $a > 0$.
Damit ist **jeder Punkt des Graphen von g auch ein Extrempunkt einer Scharkurve.**

d) *Flächenberechnung:*

Schnittstellen:

$$\frac{4x}{x^2+1} = x \quad \Leftrightarrow \quad x(x^2-3) = 0$$
$$\Leftrightarrow \quad x = 0 \text{ oder } x = +\sqrt{3} \text{ oder } x = -\sqrt{3}$$

Da die Fläche im ersten Quadranten liegt, wird nur die Schnittstelle $+\sqrt{3}$ benötigt.

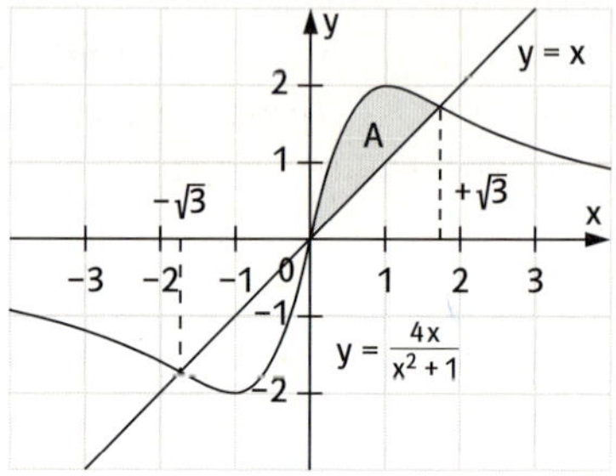

Flächenberechnung (vgl. Fig.):

Gesucht ist $A = \int_0^{\sqrt{3}} (f_1(x) - x)\,dx$.

Mit der Substitution $z = x^2 + 1$ ergibt sich:

$$A = \int_0^{\sqrt{3}} (f_1(x) - x)\,dx = \int_0^{\sqrt{3}} \frac{4x}{x^2+1}\,dx - \int_0^{\sqrt{3}} x\,dx = 2\int_0^{\sqrt{3}} \frac{2x}{x^2+1}\,dx - \left[\tfrac{1}{2}x^2\right]_0^{\sqrt{3}}$$
$$= 2\int_{x=0}^{x=\sqrt{3}} \frac{dz}{z} - \left[\tfrac{1}{2}x^2\right]_0^{\sqrt{3}} = 2 \cdot \left[\ln|z|\right]_{x=0}^{x=\sqrt{3}} - \left[\tfrac{1}{2}x^2\right]_0^{\sqrt{3}}$$
$$= 2 \cdot \left[\ln(x^2+1)\right]_{x=0}^{x=\sqrt{3}} - \left[\tfrac{1}{2}x^2\right]_0^{\sqrt{3}}$$
$$= 2 \cdot (\ln(3+1) - \ln(1)) - \left(\tfrac{1}{2} \cdot 3 - 0\right) = 2 \cdot \ln(4) - \tfrac{3}{2}$$
$$= \mathbf{4 \cdot \ln(2) - \tfrac{3}{2} \approx 1{,}27}$$

e) *Extremwertaufgabe:*

Für die Seitenlänge d des Quadrates gilt nach dem Satz des PYTHAGORAS (vgl. Fig.):

$$d = \sqrt{(2\sqrt{a})^2 + \left(\tfrac{4}{\sqrt{a}}\right)^2} = \sqrt{4a + \tfrac{16}{a}}\,;\ a > 0.$$

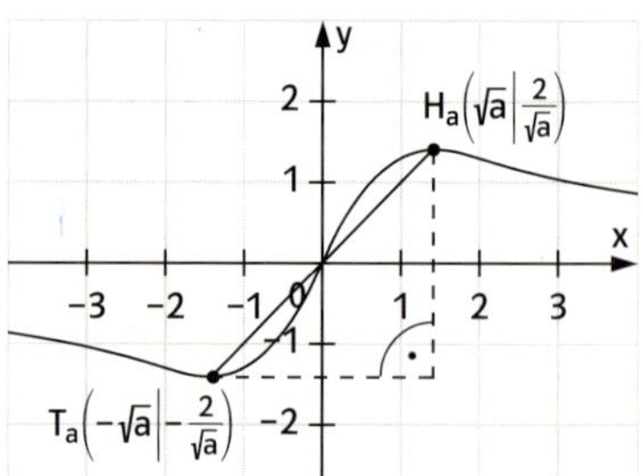

Damit ergibt sich für den Flächeninhalt A(a) des Quadrates:
$A(a) = 4a + \frac{16}{a}$ mit $a > 0$.
Ableitungen:
$A'(a) = 4 - \frac{16}{a^2}$; $A''(a) = \frac{32}{a^3}$

Aus $A'(a) = 0$ ergibt sich $4 - \frac{16}{a^2} = 0$ und damit $a = 2$.
Da $A''(2) = 4 > 0$ ist, hat A(a) an der Stelle 2 ein relatives Minimum.
Für $a \to 0$ und für $a \to +\infty$ geht $A(a) \to +\infty$.
Damit hat **A(a) an der Stelle 2 ein absolutes Minimum** mit $A(2) = 16$.

Aufgabenstellung:

Ein Turm besteht aus einem quaderförmigen Grundbau mit einem Spitzdach in Form einer geraden, quadratischen Pyramide (siehe rechts). Auf der folgenden Seite finden Sie ein Schrägbild des Turmes. Der Turm erzeugt auf dem (horizontalen) Boden einen Schatten.

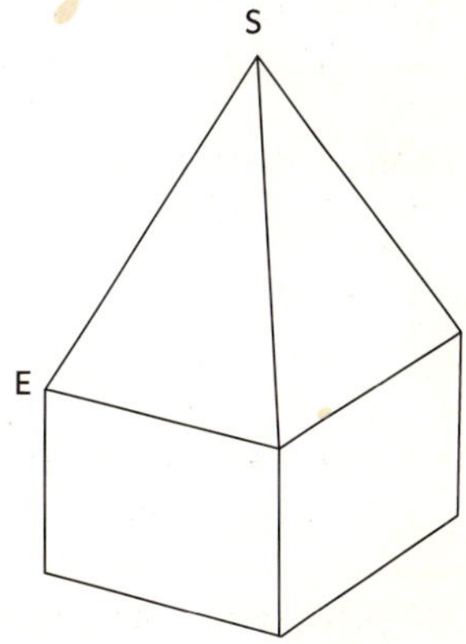

a) Zu einem bestimmten Zeitpunkt fallen die Sonnenstrahlen parallel zum Vektor $\vec{v} = \begin{pmatrix} 2 \\ 1 \\ -1 \end{pmatrix}$ ein.

Berechnen Sie die Endpunkte und die Länge des Schattens, den die Dachkante $\overline{SE}$ mit $S(3|3|12)$ und $E(6|0|4)$ in der x_1-x_2-Ebene erzeugt.

(9 Punkte)

b) Durch $\begin{pmatrix} x_1' \\ x_2' \\ x_3' \end{pmatrix} = \alpha\left(\begin{pmatrix} x_1 \\ x_2 \\ x_3 \end{pmatrix}\right) = \begin{pmatrix} 1 & 0 & \frac{1}{2} \\ 0 & 1 & 1 \\ 0 & 0 & 0 \end{pmatrix} \cdot \begin{pmatrix} x_1 \\ x_2 \\ x_3 \end{pmatrix}$ wird eine Abbildung α des Raumes festgelegt.

Untersuchen Sie, welche Vektoren bei der Abbildung α fest bleiben und welche Geraden nicht wieder auf Geraden abgebildet werden.
Interpretieren Sie das Ergebnis im Sachzusammenhang. Beschreiben Sie insbesondere die Richtung der Sonnenstrahlen.

(20 Punkte)

c) Der Sonnenstand wird wie in Teilaufgabe b) vorausgesetzt. Im Punkt $T(4|10|2{,}6)$ ist ein Temperaturfühler angebracht.

Untersuchen Sie, ob der Temperaturfühler noch im Schatten des Turmes liegt.

(11 Punkte)

d) *Beschreiben Sie die Form des Turmschattens, wenn die Sonnenstrahlen parallel zum Vektor* $\begin{pmatrix} 2 \\ 2 \\ a \end{pmatrix}$, $a > 0$, *einfallen.*

Ermitteln Sie für den Fall $a = -2$ *eine Abbildungsgleichung.*

(10 Punkte)

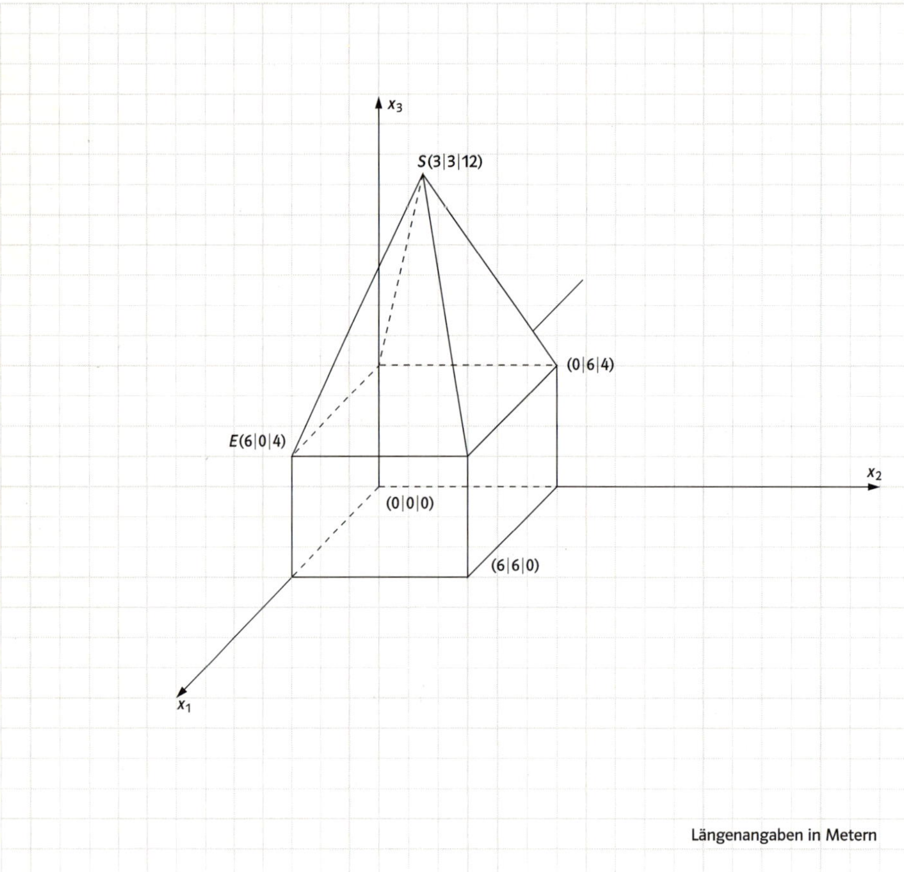

Zugelassene Hilfsmittel:

- Wissenschaftlicher Taschenrechner (ohne oder mit Grafikfähigkeit)
- Mathematische Formelsammlung
- Wörterbuch zur deutschen Rechtschreibung

Lösung zu Aufgabe HT 4:

a) *Endpunkte und Länge des Schattens der Dachkante $\overline{SE}$:*
Es seien h und k die Geraden durch E bzw. S mit dem Richtungsvektor $\vec{v}$ (vgl. Figur).
Die Endpunkte E′ und S′ des Schattens der Dachkante $\overline{SE}$ erhält man als Schnittpunkte von h bzw. k mit der x_1-x_2-Ebene.

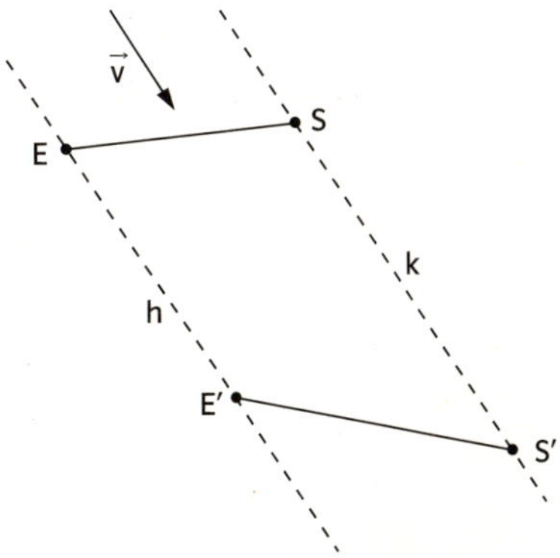

$$h: \vec{x} = \begin{pmatrix} 6 \\ 0 \\ 4 \end{pmatrix} + r \cdot \begin{pmatrix} 2 \\ 1 \\ -1 \end{pmatrix};\ r \in \mathbb{R}$$

$$k: \vec{x} = \begin{pmatrix} 3 \\ 3 \\ 12 \end{pmatrix} + s \cdot \begin{pmatrix} 2 \\ 1 \\ -1 \end{pmatrix};\ s \in \mathbb{R}$$

Die x_1-x_2-Ebene hat die Koordinatengleichung $x_3 = 0$.
Aus $0 = 4 - r$ folgt $r = 4$, aus $0 = 12 - s$ folgt $s = 12$.
Also gilt: **E′(14|4|0); S′(27|15|0).**
Die Länge des Schattens ist gleich dem Betrag des Vektors $\overrightarrow{S'E'}$.

Mit $\overrightarrow{S'E'} = \begin{pmatrix} -13 \\ -11 \\ 0 \end{pmatrix}$ ergibt sich $|\overrightarrow{S'E'}| = \sqrt{169 + 121} = \sqrt{290} \approx 17{,}03$.

Der Schatten ist **ungefähr 17 m lang**.

b) *Untersuchung der Abbildung α auf Fixvektoren:*
Gesucht sind Vektoren $\vec{x}$ mit $\alpha(\vec{x}) = \vec{x}$.

$$\begin{pmatrix} 1 & 0 & 0{,}5 \\ 0 & 1 & 1 \\ 0 & 0 & 0 \end{pmatrix} \cdot \begin{pmatrix} x_1 \\ x_2 \\ x_3 \end{pmatrix} = \begin{pmatrix} x_1 \\ x_2 \\ x_3 \end{pmatrix} \iff \begin{aligned} x_1 + 0{,}5x_3 &= x_1 \\ x_2 + x_3 &= x_2 \\ 0 &= x_3 \end{aligned} \iff x_3 = 0$$

Alle Vektoren $\begin{pmatrix} x_1 \\ x_2 \\ 0 \end{pmatrix}$ **sind Fixvektoren**; die x_1-x_2-Ebene ist Fixpunktebene.

Untersuchung, welche Geraden bei der Abbildung nicht wieder auf Geraden abgebildet werden:
Eine Gerade wird genau dann nicht auf eine Gerade abgebildet, wenn der Richtungsvektor auf den Nullvektor abgebildet wird.

$$\begin{pmatrix} 1 & 0 & 0{,}5 \\ 0 & 1 & 1 \\ 0 & 0 & 0 \end{pmatrix} \cdot \begin{pmatrix} x_1 \\ x_2 \\ x_3 \end{pmatrix} = \begin{pmatrix} 0 \\ 0 \\ 0 \end{pmatrix} \iff \begin{aligned} x_1 + 0{,}5x_3 &= 0 \\ x_2 + x_3 &= 0 \end{aligned} \iff \begin{pmatrix} x_1 \\ x_2 \\ x_3 \end{pmatrix} = x_3 \cdot \begin{pmatrix} -0{,}5 \\ -1 \\ 1 \end{pmatrix} = \mathbf{x_3^*} \cdot \begin{pmatrix} \mathbf{1} \\ \mathbf{2} \\ \mathbf{-2} \end{pmatrix}$$

Interpretation und Richtung der Sonnenstrahlen:

Es sei $\vec{x} = \begin{pmatrix} a \\ b \\ 0 \end{pmatrix} + r \cdot \begin{pmatrix} 1 \\ 2 \\ -2 \end{pmatrix}$. Dann gilt: $\alpha(\vec{x}) = \begin{pmatrix} a \\ b \\ 0 \end{pmatrix}$.

WTR

Alle Punkte einer Geraden mit dem Richtungsvektor $\vec{u} = \begin{pmatrix} 1 \\ 2 \\ -2 \end{pmatrix}$ werden durch α auf den Schnittpunkt der Geraden mit der x_1-x_2-Ebene abgebildet.
Sind die **Sonnenstrahlen parallel zum Vektor $\vec{u}$**, kann der Schatten des Turmes mithilfe der Abbildung α berechnet werden.

c) *Untersuchung, ob der Temperaturfühler im Schatten des Turmes liegt:*
Es sei T′ der Schattenpunkt von T in der x_1-x_2-Ebene.

Mit $\overrightarrow{x_T} = \begin{pmatrix} 4 \\ 10 \\ 2{,}6 \end{pmatrix}$ ergibt sich $\alpha(\overrightarrow{x_T}) = \begin{pmatrix} 1 & 0 & 0{,}5 \\ 0 & 1 & 1 \\ 0 & 0 & 0 \end{pmatrix} \cdot \begin{pmatrix} 4 \\ 10 \\ 2{,}6 \end{pmatrix} = \begin{pmatrix} 5{,}3 \\ 12{,}6 \\ 0 \end{pmatrix}$; also $T'(5{,}3 | 12{,}6 | 0)$.

Entsprechend erhält man für die Ecke $A(0|6|4)$ und die Spitze $S(3|3|12)$ als Schattenpunkte in der x_1-x_2-Ebene:

$$\alpha(\overrightarrow{x_A}) = \begin{pmatrix} 1 & 0 & 0{,}5 \\ 0 & 1 & 1 \\ 0 & 0 & 0 \end{pmatrix} \cdot \begin{pmatrix} 0 \\ 6 \\ 4 \end{pmatrix} = \begin{pmatrix} 2 \\ 10 \\ 0 \end{pmatrix};\quad A'(2|10|0);$$

$$\alpha(\overrightarrow{x_S}) = \begin{pmatrix} 1 & 0 & 0{,}5 \\ 0 & 1 & 1 \\ 0 & 0 & 0 \end{pmatrix} \cdot \begin{pmatrix} 3 \\ 3 \\ 12 \end{pmatrix} = \begin{pmatrix} 9 \\ 15 \\ 0 \end{pmatrix};\quad S'(9|15|0).$$

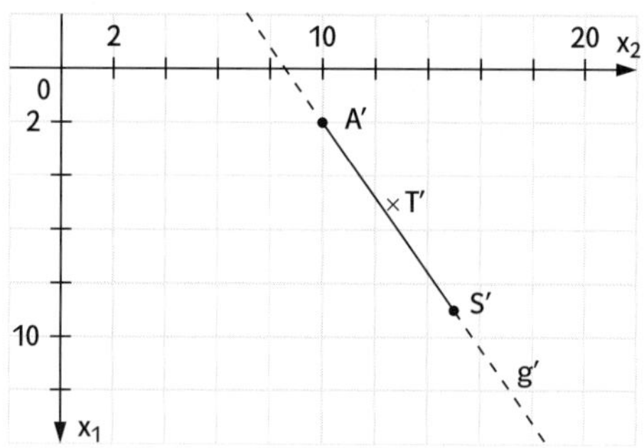

Die Punkte A′ und S′ legen eine Gerade g′ fest (vgl. Fig.) mit der Gleichung

$\frac{x_2 - 10}{x_1 - 2} = \frac{15 - 10}{9 - 2} = \frac{5}{7}$ bzw.

$x_2 = \frac{5}{7}x_1 + \frac{60}{7}$.

Für $x_1 = 5{,}3$ ergibt sich

$x_2 = \frac{5}{7} \cdot 5{,}3 + \frac{60}{7} \approx 12{,}4$.

Da $12{,}4 < 12{,}6$ ist, liegt T′ „oberhalb“ des Schattens der Dachkante und damit **außerhalb des Turmschattens**.

d) *Beschreibung der Form des Turmschattens:*
Der Turm hat die Ebene H mit der Gleichung $x_1 = x_2$ bzw. $x_1 - x_2 = 0$ als Symmetrieebene.

Die Koordinaten des Vektors $\vec{v} = \begin{pmatrix} 2 \\ 2 \\ a \end{pmatrix}$ mit $a < 0$ erfüllen für jeden Wert von a die Gleichung von H. Fallen also die Sonnenstrahlen parallel zum Vektor $\vec{v}$ ein, erzeugen sie einen **symmetrischen Schatten**.

Abbildungsgleichung für a = −2:
Eine Bewegung längs eines Sonnenstrahles kann durch Bewegungen längs der drei Achsen ersetzt werden (vgl. Fig.):
Wenn man sich längs der x_3-Achse um 2 Einheiten nach unten bewegt, bewegt man sich längs der x_1- bzw. der x_2-Achse ebenfalls um 2 Einheiten:
$x_1' = x_1 + x_3;\ x_2' = x_2 + x_3.$
Damit erhält man eine Abbildung β mit der Abbildungsgleichung:

$$\beta = \begin{pmatrix} x_1 \\ x_2 \\ x_3 \end{pmatrix}' = \begin{pmatrix} 1 & 0 & 1 \\ 0 & 1 & 1 \\ 0 & 0 & 0 \end{pmatrix} \cdot \begin{pmatrix} x_1 \\ x_2 \\ x_3 \end{pmatrix}.$$

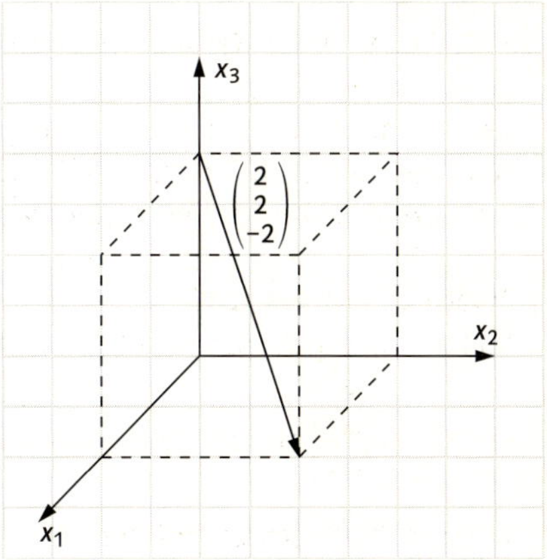

WTR

Aufgabe HT 5 Abiturprüfung 2007 Mathematik, Leistungskurs

Aufgabenstellung:

Die jährliche Entwicklung einer bestimmten Maikäferpopulation mit einem Vier-Jahres-Zyklus wird durch die nebenstehende Matrix beschrieben.

$$A = \begin{pmatrix} 0 & 0 & 0 & 60 \\ \frac{1}{3} & 0 & 0 & 0 \\ 0 & \frac{1}{5} & 0 & 0 \\ 0 & 0 & \frac{1}{4} & 0 \end{pmatrix}$$

Im Juni des 1. Jahres legt das Weibchen Eier und stirbt bald darauf. Aus etwa 60 Eiern schlüpfen wenig später die Engerlinge.
Der Engerlingbestand wird von Jahr zu Jahr durch Krankheiten und natürliche Feinde dezimiert.
Im Herbst des 4. Jahres verpuppen sich die Engerlinge. Ein Teil entwickelt sich zu weiblichen Käfern, die dann in der Erde überwintern und im Mai/Juni des nächsten Jahres ins Freie kommen. In diesem Modell überlebt ein Viertel der zweijährigen Engerlinge als weiblicher Käfer.
Bei besonderen klimatischen Bedingungen durchlebt ein Teil der Maikäfer 3-jährige bzw. 5-jährige Zyklen. Diese Möglichkeit wird zunächst nicht berücksichtigt.

a) *Stellen Sie die Entwicklung der Maikäferpopulation durch einen Übergangsgraphen dar.*
Beschreiben Sie die biologische Bedeutung der Koeffizienten der Matrix A und des Matrizenproduktes $A \cdot \vec{x}$, wenn $\vec{x}$ die Anfangsverteilung der Engerlinge verschiedenen Alters ist.

(10 Punkte)

b) *Berechnen Sie die Matrix A^2 und beschreiben Sie, wie das Element in der 3. Zeile und der 1. Spalte der Matrix A^2 rechnerisch entsteht.*

Besonders einfach ist die 4. Potenz: $A^4 = \begin{pmatrix} 1 & 0 & 0 & 0 \\ 0 & 1 & 0 & 0 \\ 0 & 0 & 1 & 0 \\ 0 & 0 & 0 & 1 \end{pmatrix}$.

Interpretieren Sie, was dieses Ergebnis für die Entwicklung der Population bedeutet.

Zeigen Sie, dass $A^{14} = (A^4)^3 \cdot A^2$ gilt, und berechnen Sie, welche Verteilung sich nach 14 Jahren aus der nebenstehenden Anfangsverteilung ergibt.

Untersuchen Sie, wie sich Veränderungen der Rate von Engerlingen am Ende des 1. Jahres langfristig auswirken.

Zahl der Engerlinge am Ende des	1. Jahres	30.000
	2. Jahres	20.000
	3. Jahres	1.600
Zahl der weiblichen Käfer am Ende des 4. Jahres		8.000

(18 Punkte)

c) *Untersuchen Sie, ob es eine Verteilung gibt, die im nachfolgenden Jahr wieder zu derselben Verteilung führt.*

(6 Punkte)

d) Durch Klimaveränderungen beeinflusst verpuppen sich $\frac{1}{3}$ der überlebenden einjährigen Engerlinge bereits am Ende des 2. Jahres. Auch von diesen Engerlingen wird ein Viertel im darauf folgenden Jahr zu weiblichen Maikäfern. Der Rest der einjährigen Engerlinge entwickelt sich „normal".

Bestimmen Sie die neue Übergangsmatrix B.

(10 Punkte)

e) Während bei der ursprünglichen Modellierung durch die Matrix A jede Verteilung der Population aus einer vorjährigen Verteilung hergeleitet werden kann, ist das in der neuen Modellbildung in der Teilaufgabe d) nicht möglich.

Geben Sie eine Verteilung an, die nicht aus einer vorjährigen Verteilung hergeleitet werden kann.

(6 Punkte)

Zugelassene Hilfsmittel:

- Wissenschaftlicher Taschenrechner (ohne oder mit Grafikfähigkeit)
- Mathematische Formelsammlung
- Wörterbuch zur deutschen Rechtschreibung

Lösung zu Aufgabe HT 5:

a) Übergangsgraph:

E_0: neu geschlüpfte Engerlinge
E_1: einjährige Engerlinge
E_2: zweijährige Engerlinge
E_3: dreijährige Engerlinge

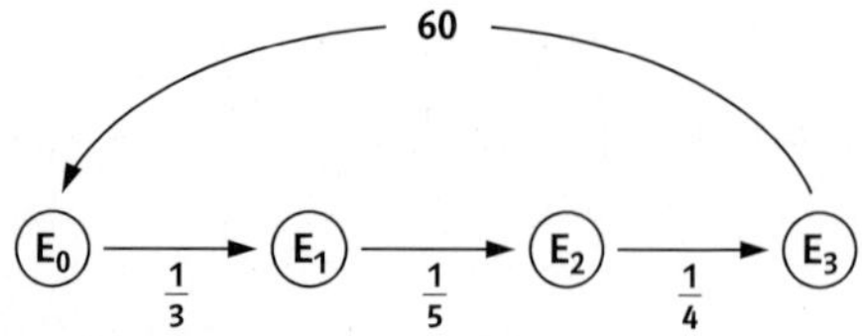

Biologische Bedeutung der Koeffizienten der Matrix A:
Ein Viertel der zweijährigen Engerlinge wird zu weiblichen Käfern. Diese legen im folgenden Jahr durchschnittlich 60 Eier, aus denen Engerlinge schlüpfen. Nur $\frac{1}{3}$ der neu geschlüpften und $\frac{1}{5}$ der einjährigen Engerlinge überlebt.

Biologische Bedeutung des Matrizenproduktes $A \cdot \vec{x}$:
Ist $\vec{x}$ die Anfangsverteilung der Engerlinge verschiedenen Alters, so liefert das Matrizenprodukt $A \cdot \vec{x}$ die Verteilung der Engerlinge am Ende des folgenden Jahres.

b) Berechnung von A^2 und Beschreibung:

Mit dem GTR erhält man: $A^2 = \begin{pmatrix} 0 & 0 & 15 & 0 \\ 0 & 0 & 0 & 20 \\ \frac{1}{15} & 0 & 0 & 0 \\ 0 & \frac{1}{20} & 0 & 0 \end{pmatrix}$.

Das Element $\frac{1}{15}$ ist die **Summe der Produkte der 3. Zeile und der 1. Spalte**.

Interpretation:
Aufgrund des angegebenen Modells verändert sich die Maikäferpopulation in einem vierjährigen Zyklus. **Nach jeweils vier Jahren stellt sich dieselbe Verteilung ein.**

Nachweis:
Aufgrund der Rechenregeln für Matrizen gilt:
$(A^4)^3 = A^{4 \cdot 3} = A^{12}$; weiterhin ist $A^{12} \cdot A^2 = A^{12+2} = A^{14}$.

Verteilung nach 14 Jahren:
Es ist $A^{14} = A^2$. Damit gilt:

$$\overrightarrow{x_{14}} = A^2 \cdot \overrightarrow{x_0} = \begin{pmatrix} 0 & 0 & 15 & 0 \\ 0 & 0 & 0 & 20 \\ \frac{1}{15} & 0 & 0 & 0 \\ 0 & \frac{1}{20} & 0 & 0 \end{pmatrix} \cdot \begin{pmatrix} 30\,000 \\ 20\,000 \\ 1600 \\ 8000 \end{pmatrix} = \begin{pmatrix} \mathbf{24\,000} \\ \mathbf{160\,000} \\ \mathbf{2000} \\ \mathbf{1000} \end{pmatrix}.$$

Untersuchung von Veränderungen der Rate von Engerlingen:
Es sei a die Anzahl der überlebenden, neu geschlüpften Engerlinge.

Mit $A^* = \begin{pmatrix} 0 & 0 & 0 & a \\ \frac{1}{3} & 0 & 0 & 0 \\ 0 & \frac{1}{5} & 0 & 0 \\ 0 & 0 & \frac{1}{4} & 0 \end{pmatrix}$ erhält man

$$(A^*)^2 = \begin{pmatrix} 0 & 0 & \frac{1}{4}a & 0 \\ 0 & 0 & 0 & \frac{1}{3}a \\ \frac{1}{15} & 0 & 0 & 0 \\ 0 & \frac{1}{20} & 0 & 0 \end{pmatrix} \text{ und } (A^*)^4 = \begin{pmatrix} \frac{1}{60}a & 0 & 0 & 0 \\ 0 & \frac{1}{60}a & 0 & 0 \\ 0 & 0 & \frac{1}{60}a & 0 \\ 0 & 0 & 0 & \frac{1}{60}a \end{pmatrix}.$$

Für **a < 60** ergibt sich also eine **exponentielle Abnahme**, für **a > 60** eine **exponentielle Zunahme** der Maikäferpopulation.

c) *Untersuchung, ob es stabile Verteilungen gibt:*
Zu untersuchen ist die Matrizengleichung $A \cdot \vec{x} = \vec{x}$.

$$\begin{pmatrix} 0 & 0 & 0 & 60 \\ \frac{1}{3} & 0 & 0 & 0 \\ 0 & \frac{1}{5} & 0 & 0 \\ 0 & 0 & \frac{1}{4} & 0 \end{pmatrix} \cdot \begin{pmatrix} x_1 \\ x_2 \\ x_3 \\ x_4 \end{pmatrix} = \begin{pmatrix} x_1 \\ x_2 \\ x_3 \\ x_4 \end{pmatrix} \Leftrightarrow \begin{pmatrix} 60x_4 \\ \frac{1}{3}x_1 \\ \frac{1}{5}x_2 \\ \frac{1}{4}x_3 \end{pmatrix} = \begin{pmatrix} x_1 \\ x_2 \\ x_3 \\ x_4 \end{pmatrix}$$

Das LGS $\begin{aligned} 60x_4 &= x_1 \\ \tfrac{1}{3}x_1 &= x_2 \\ \tfrac{1}{5}x_2 &= x_3 \\ \tfrac{1}{4}x_3 &= x_4 \end{aligned}$ ist äquivalent zu $\begin{aligned} 60x_4 &= x_1 \\ 20x_4 &= x_2 \\ 4x_4 &= x_3 \\ x_4 &= x_4 \end{aligned}$.

Es gibt also **unendlich viele stabile Verteilungen**. Diese haben alle die Form

$\vec{x} = x_4 \cdot \begin{pmatrix} 60 \\ 20 \\ 4 \\ 1 \end{pmatrix}$ mit $x_4 \in \mathbb{R}$.

d) *Bestimmung der neuen Übergangsmatrix B:*

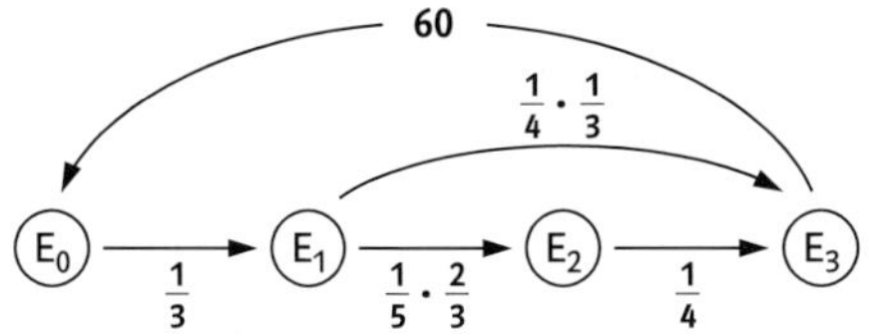

nach \ von	E_0	E_1	E_2	E_3
E_0	0	0	0	60
E_1	$\frac{1}{3}$	0	0	0
E_2	0	$\frac{1}{5} \cdot \frac{2}{3}$	0	0
E_3	0	$\frac{1}{4} \cdot \frac{1}{3}$	$\frac{1}{4}$	0

$$\mathbf{B} = \begin{pmatrix} \mathbf{0} & \mathbf{0} & \mathbf{0} & \mathbf{60} \\ \mathbf{\frac{1}{3}} & \mathbf{0} & \mathbf{0} & \mathbf{0} \\ \mathbf{0} & \mathbf{\frac{2}{15}} & \mathbf{0} & \mathbf{0} \\ \mathbf{0} & \mathbf{\frac{1}{12}} & \mathbf{\frac{1}{4}} & \mathbf{0} \end{pmatrix}.$$

e) Angabe einer Verteilung, die bei der Modellierung mit der Matrix B nicht aus einer vorjährigen Verteilung hergeleitet werden kann:

Bei der Modellierung mit der Matrix A ergibt sich:

$$\overrightarrow{x'} = A \cdot \vec{x} \quad \Leftrightarrow \quad \begin{pmatrix} 0 & 0 & 0 & 60 \\ \frac{1}{3} & 0 & 0 & 0 \\ 0 & \frac{1}{5} & 0 & 0 \\ 0 & 0 & \frac{1}{4} & 0 \end{pmatrix} \cdot \begin{pmatrix} x_1 \\ x_2 \\ x_3 \\ x_4 \end{pmatrix} = \begin{pmatrix} x_1' \\ x_2' \\ x_3' \\ x_4' \end{pmatrix} \quad \Leftrightarrow \quad \begin{pmatrix} 60\,x_4 \\ \frac{1}{3}x_1 \\ \frac{1}{5}x_2 \\ \frac{1}{4}x_3 \end{pmatrix} = \begin{pmatrix} x_1' \\ x_2' \\ x_3' \\ x_4' \end{pmatrix}.$$

Einer beliebigen Verteilung $\overrightarrow{x'}$ mit $x_i' \geqq 0$ für $1 \leqq i \leqq 4$ wird also durch A eine eindeutig bestimmte Verteilung $\vec{x}$ mit $x_i \geqq 0$ für $1 \leqq i \leqq 4$ zugeordnet.

Bei der Modellierung mit der Matrix B ergibt sich:

$$\overrightarrow{x'} = B \cdot \vec{x} \quad \Leftrightarrow \quad \begin{pmatrix} 0 & 0 & 0 & 60 \\ \frac{1}{3} & 0 & 0 & 0 \\ 0 & \frac{2}{15} & 0 & 0 \\ 0 & \frac{1}{12} & \frac{1}{4} & 0 \end{pmatrix} \cdot \begin{pmatrix} x_1 \\ x_2 \\ x_3 \\ x_4 \end{pmatrix} = \begin{pmatrix} x_1' \\ x_2' \\ x_3' \\ x_4' \end{pmatrix} \quad \Leftrightarrow \quad \begin{pmatrix} 60\,x_4 \\ \frac{1}{3}x_1 \\ \frac{2}{15}x_2 \\ \frac{1}{12}x_2 + \frac{1}{4}x_3 \end{pmatrix} = \begin{pmatrix} x_1' \\ x_2' \\ x_3' \\ x_4' \end{pmatrix}.$$

Eine gesuchte Verteilung $\overrightarrow{x'}$ erhält man nun dadurch, dass man x_3' und x_4' geschickt wählt. „Geschickt" heißt in diesem Zusammenhang, dass man so wählt, dass sich mindestens ein negativer x_i-Wert ergibt.

Mit der Wahl $x_3' = \frac{48}{15}$ und $x_4' = 1$ ergibt sich $x_2 = 24$ und $x_3 = -4$.

Damit kann z. B. die Verteilung $\overrightarrow{x'} = \begin{pmatrix} 60 \\ \frac{1}{3} \\ \frac{48}{15} \\ 1 \end{pmatrix}$ nicht aus einer vorjährigen Verteilung hergeleitet werden.

Aufgabenstellung:

Durch $O(0|0|0)$ und $G(4|4|4)$ ist der abgebildete Würfel mit der Kantenlänge 4 festgelegt *(Bild 1)*. Eingezeichnet sind die Mittelpunkte $P(4|0|2)$, $Q(2|0|4)$, $R(0|2|4)$ und $S(4|2|0)$ von vier Würfelkanten. Alle Ecken der Figuren in *Bild 1* und *Bild 2* haben ausschließlich die Koordinaten 0, 2 oder 4.

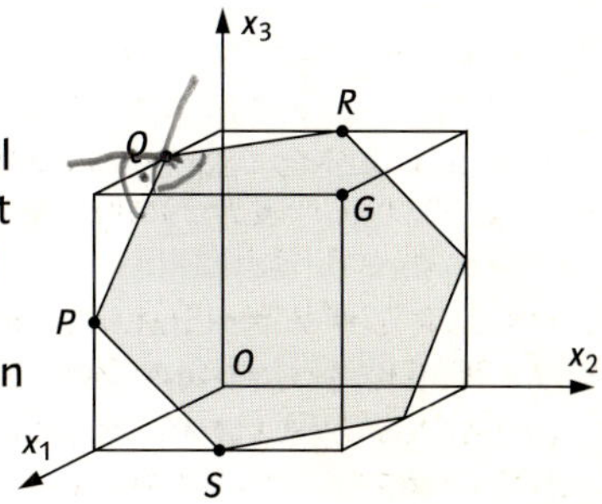

Bild 1

a) *Berechnen Sie die Länge der Strecke $\overline{PQ}$, den von den Seiten $\overline{PQ}$ und $\overline{QR}$ eingeschlossenen Innenwinkel des Sechsecks und ermitteln Sie den Abstand der Geraden PQ vom Ursprung.*

(10 Punkte)

b) Das grau gefärbte Sechseck in *Bild 1* ist die Schnittfigur des Würfels mit einer Ebene E.

Bestimmen Sie eine Gleichung der Ebene E in Normalenform und berechnen Sie ihren Abstand vom Ursprung. Begründen Sie, dass dieses Sechseck regelmäßig ist.

(12 Punkte)

c) *Ermitteln Sie das Volumen der Pyramide, die das Sechseck als Grundfläche und den Punkt G als Spitze hat.*

(10 Punkte)

In *Bild 2* ist ein zweites, zum ersten kongruentes Sechseck dargestellt, das Schnittfigur des Würfels mit einer anderen Ebene E' ist.

d) *Zeigen Sie, dass jede Ebene der Schar*

$$E_r: \begin{pmatrix} 1 \\ r \\ 1 \end{pmatrix} \cdot \vec{x} = 2r + 4, \quad r \in \mathbb{R}, \text{ die Gerade RS enthält.}$$

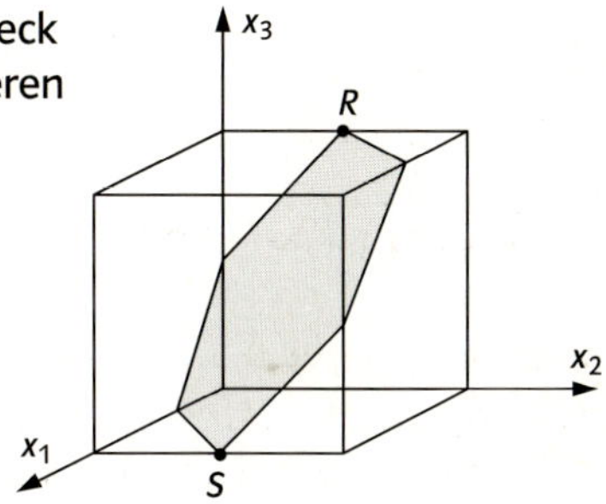

Bild 2

Begründen Sie, dass die Sechsecke in Bild 1 und Bild 2 in je einer Ebene der Schar liegen, und bestimmen Sie die zugehörigen Werte von r.

(12 Punkte)

WTR

e) Es gibt eine Ebene *F*, die auch die Gerade *RS* enthält, aber nicht zur Schar E_r gehört.

Begründen Sie diesen Sachverhalt und bestimmen Sie eine Gleichung dieser Ebene F.

(6 Punkte)

Zugelassene Hilfsmittel:

- Wissenschaftlicher Taschenrechner (ohne oder mit Grafikfähigkeit)
- Mathematische Formelsammlung
- Wörterbuch zur deutschen Rechtschreibung

Lösung zu Aufgabe HT 6:

a) *Länge der Strecke $\overline{PQ}$:*

Mit P(4|0|2) und Q(2|0|4) ergibt sich $\overrightarrow{PQ} = \begin{pmatrix} -2 \\ 0 \\ 2 \end{pmatrix}$ und damit $|\overrightarrow{PQ}| = \sqrt{4+4} = \mathbf{2\sqrt{2}}$.

Innenwinkel des Sechsecks:

Ist α der Winkel zwischen den Vektoren $\overrightarrow{OP}$ und $\overrightarrow{QR}$, so folgt mit $\overrightarrow{OP} = \begin{pmatrix} 2 \\ 0 \\ -2 \end{pmatrix}$ und

$\overrightarrow{QR} = \begin{pmatrix} -2 \\ 2 \\ 0 \end{pmatrix}$ aus $\cos\alpha = \dfrac{\begin{pmatrix} 2 \\ 0 \\ -2 \end{pmatrix} \cdot \begin{pmatrix} -2 \\ 2 \\ 0 \end{pmatrix}}{2\sqrt{2} \cdot 2\sqrt{2}} = \dfrac{-4}{8} = -\dfrac{1}{2}$ der Winkel $\boldsymbol{\alpha = 120°}$.

Abstand der Geraden PQ vom Ursprung:
Mit P(4|0|2) und Q(2|0|4) ist

$\overrightarrow{OP} = \begin{pmatrix} 4 \\ 0 \\ 2 \end{pmatrix}$ und $\overrightarrow{OQ} = \begin{pmatrix} 2 \\ 0 \\ 4 \end{pmatrix}$. Damit ist

$|\overrightarrow{OP}| = |\overrightarrow{OQ}|$, das Dreieck POQ ist also gleichschenklig. Die Mitte M_1 (vgl. Fig.) von P und Q hat von allen Punkten der Geraden PQ den kleinsten Abstand vom Ursprung. Mit $M_1(3|0|3)$ ergibt sich:

$\overrightarrow{OM_1} = \begin{pmatrix} 3 \\ 0 \\ 3 \end{pmatrix}$; $|\overrightarrow{OM_1}| = \sqrt{9+9} = \mathbf{3\sqrt{2}}$.

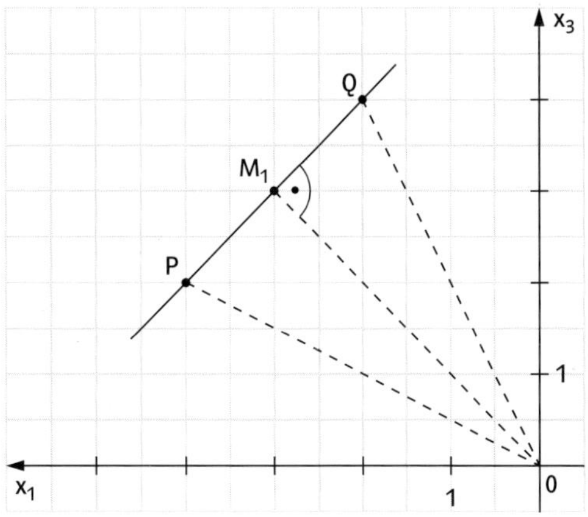

b) *Gleichung der Ebene E in Normalenform:*

Die Vektoren $\vec{u} = \overrightarrow{OP} = \begin{pmatrix} 2 \\ 0 \\ -2 \end{pmatrix}$ und $\vec{v} = \overrightarrow{QR} = \begin{pmatrix} -2 \\ 2 \\ 0 \end{pmatrix}$ sind Spannvektoren von E; $\vec{n}$ sei

ein Normalenvektor von E. Ein Normalenvektor $\vec{n}$ muss zu jedem Spannvektor orthogonal sein:

$\begin{pmatrix} 2 \\ 0 \\ -2 \end{pmatrix} \cdot \begin{pmatrix} n_1 \\ n_2 \\ n_3 \end{pmatrix} = 0$ und $\begin{pmatrix} -2 \\ 2 \\ 0 \end{pmatrix} \cdot \begin{pmatrix} n_1 \\ n_2 \\ n_3 \end{pmatrix} = 0$.

Diese Skalarprodukte ergeben das LGS $\begin{array}{l} 2n_1 - 2n_3 = 0 \text{ bzw. } n_3 = n_1 \\ -2n_1 + 2n_2 = 0 \text{ bzw. } n_2 = n_1 \end{array}$.

Setzt man $n_1 = 1$, ergibt sich $n_2 = 1$; $n_3 = 1$.

Mit dem Vektor $\overrightarrow{OP} = \begin{pmatrix} 4 \\ 0 \\ 2 \end{pmatrix}$ als Stützvektor erhält man:

E: $\left[\vec{x} - \begin{pmatrix} 4 \\ 0 \\ 2 \end{pmatrix}\right] \cdot \begin{pmatrix} 1 \\ 1 \\ 1 \end{pmatrix} = 0$ bzw. $\begin{pmatrix} 1 \\ 1 \\ 1 \end{pmatrix} \cdot \vec{x} - 6 = 0.$

Abstand des Ursprungs von der Ebene E:

HNF von E: $\frac{1}{\sqrt{3}}(x_1 + x_2 + x_3 - 6) = 0$

Abstand d des Ursprungs O von E:

$d = \left|\frac{1}{\sqrt{3}}(0 + 0 + 0 - 6)\right| = \frac{6}{\sqrt{3}} = \mathbf{2\sqrt{3}}$

Begründung, dass das Sechseck regelmäßig ist:
Alle Ecken des Sechsecks liegen **in der Ebene E**.
Nach dem Satz des Pythagoras haben **alle Seiten die Länge $2\sqrt{2}$ und alle drei Diagonalen $4\sqrt{2}$ die Länge**.

c) *Volumen der Pyramide:*
Die Pyramide hat das Sechseck als Grundfläche.
Es sei M_2 der Mittelpunkt des Sechsecks.
Das gleichseitige Dreieck PQM_2 (vgl. Fig.)
hat die Höhe $h = \frac{1}{2}\sqrt{3} \cdot |\overrightarrow{PQ}|$.
Damit hat das Sechseck den Flächeninhalt

$$A_{Sechseck} = 6 \cdot A_{Dreieck} = 6 \cdot \frac{1}{2} \cdot |\overrightarrow{PQ}| \cdot h$$
$$= 6 \cdot \frac{1}{2} \cdot 2\sqrt{2} \cdot \frac{1}{2} \cdot 3 \cdot 2\sqrt{2}$$
$$= 12\sqrt{3}.$$

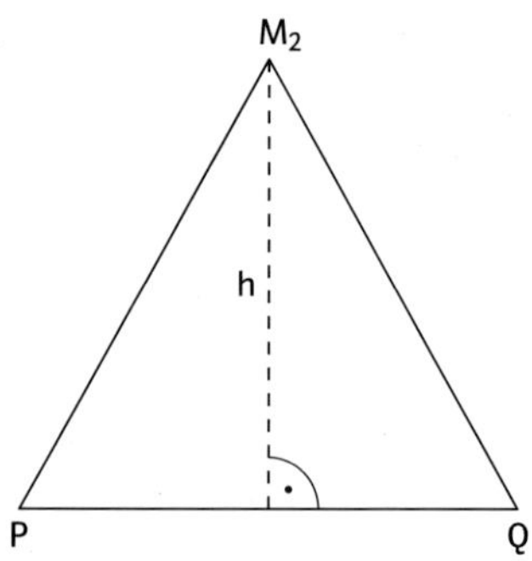

Die Höhe der Pyramide mit G als Spitze ist gleich dem Abstand des Punktes G von E. Aufgrund der Symmetrie ist dieser Abstand gleich dem Abstand d des Ursprungs von E (vgl. Teilaufgabe b)). Damit ergibt sich für das Volumen der Pyramide:

$V_{Pyramide} = \frac{1}{3} \cdot A_{Sechseck} \cdot d = \frac{1}{3} \cdot 12\sqrt{3} \cdot 2\sqrt{3} = \mathbf{24}.$

d) *Nachweis, dass jede Ebene der Schar E_r die Gerade RS enthält:*
Mit $R(0|2|4)$ und $S(4|2|0)$ ergibt sich als Gleichung der Geraden g durch R und S:

$$g: \vec{x} = \begin{pmatrix} 4 \\ 2 \\ 0 \end{pmatrix} + t^* \cdot \begin{pmatrix} -4 \\ 0 \\ 4 \end{pmatrix} = \begin{pmatrix} 4 \\ 2 \\ 0 \end{pmatrix} + t \cdot \begin{pmatrix} -1 \\ 0 \\ 1 \end{pmatrix};\ t^*, t \in \mathbb{R}.$$

$g \cap E_t$: Aus $\begin{pmatrix} 1 \\ r \\ 1 \end{pmatrix} \cdot \left[\begin{pmatrix} 4 \\ 2 \\ 0 \end{pmatrix} + t \cdot \begin{pmatrix} -1 \\ 0 \\ 1 \end{pmatrix}\right] = 2r + 4$ folgt $\begin{pmatrix} 1 \\ r \\ 1 \end{pmatrix} \cdot \begin{pmatrix} 4 - t \\ 2 \\ t \end{pmatrix} = 2r + 4$ bzw.

$4 - t + 2r + t = 2r + 4.$

Der Term der Geraden g erfüllt die Ebenengleichung von E_r unabhängig vom Parameter t.

Also liegt g in jeder Ebene der Schar.

Begründung, dass die Sechsecke in Bild 1 und Bild 2 in je einer der Ebenen E_r liegen und Berechnung der zugehörigen Werte von r:
Das Sechseck in Bild 1 liegt in der Ebene E mit der Gleichung

$$E: \begin{pmatrix} 1 \\ 1 \\ 1 \end{pmatrix} \cdot \vec{x} = 6 \qquad \text{(vgl. Teilaufgabe b).}$$

Vergleich mit der Gleichung für E_r ergibt $\mathbf{r = 1}$.

Das Sechseck in Bild 2 enthält die Strecke $\overline{RS}$. Ein weiterer Punkt, der nicht auf $\overline{RS}$ liegt, legt die Ebene fest, in der das Sechseck in Bild 2 liegt. Der Punkt $T(2|0|0)$ ist ein Punkt dieses Sechsecks.

$$\text{Es ist } \begin{pmatrix} 1 \\ r \\ 1 \end{pmatrix} \cdot \begin{pmatrix} 2 \\ 0 \\ 0 \end{pmatrix} = 2r + 4 \qquad \text{bzw.} \qquad 2 = 2r + 4.$$

Für $\mathbf{r = -1}$ ergibt sich die Ebene der Schar, in der das Sechseck in Bild 2 liegt.

e) *Begründung, dass es eine Ebene F gibt, die auch die Gerade RS enthält, aber nicht zur Schar E_r gehört und Angabe einer Gleichung für F:*

$$\text{Es ist } E_r\text{: } \begin{pmatrix} 1 \\ r \\ 1 \end{pmatrix} \cdot \vec{x} = 2r + 4 \qquad \text{bzw.} \qquad x_1 + rx_2 + x_3 = 2r + 4.$$

Die Koordinaten des Punktes **W(0|2|0) z. B. erfüllen diese Gleichung nicht**.
Die durch die Gerade RS und W festgelegte Ebene F ist eine zur x_1-x_3-Koordinatenebene parallele Ebene mit der Gleichung $\mathbf{x_2 = 2}$.

Aufgabe HT 7 Abiturprüfung 2007 Mathematik, Leistungskurs

Aufgabenstellung:

Die Firma Reinlich & Sohn möchte den Bekanntheitsgrad p ihres Waschmittels Reinil ermitteln. Eine erste Befragung von 50 Personen deutet auf einen Bekanntheitsgrad von $p = 0{,}4$ hin. Die Firma erwägt, für ihr Produkt im Fernsehen zu werben. Wegen der hohen Kosten soll mittels einer Befragung von 800 Personen die Notwendigkeit der Werbemaßnahme überprüft werden. Herr Reinlich Senior und Herr Reinlich Junior sind sich einig, dass die Werbemaßnahme nur dann durchgeführt werden soll, wenn der Bekanntheitsgrad des Waschmittels unter 40 % liegt. Keine Einigkeit erreichen die beiden bei der Wahl der Nullhypothese.

a) Herr Reinlich Junior möchte die Hypothese H_0: $p < 0{,}4$ überprüfen.

Beschreiben Sie, welche Fehlentscheidung er damit möglichst vermeiden möchte. Ermitteln Sie eine Entscheidungsregel für den Fall, dass die Wahrscheinlichkeit für eine Fehlentscheidung höchstens 5 % betragen soll.

(10 Punkte)

b) Herr Reinlich Senior möchte lieber die Hypothese H_0: $p \geqq 0{,}4$ überprüfen. Er will die Hypothese H_0 verwerfen, falls höchstens 290 befragten Personen das Produkt bekannt ist.

Beschreiben Sie, welche Fehlentscheidung der Senior-Chef nach Möglichkeit vermeiden möchte, und berechnen Sie die zugehörige Irrtumswahrscheinlichkeit. Bestimmen Sie ferner die Wahrscheinlichkeit, mit der die Entscheidungsregel zu einem Fehler führt, wenn der Bekanntheitsgrad von Reinil tatsächlich nur 35 % beträgt.

(12 Punkte)

Für die **folgenden** Teilaufgaben soll $\boldsymbol{p = 0,4}$ gelten.

c) Die Befragung (s. o.) wird von einem Mitarbeiter der Firma Reinlich & Sohn durchgeführt. Er bekommt von der Firmenleitung einen Bogen mit 800 Kästchen ausgehändigt, die in 100 Zeilen und 8 Spalten angeordnet sind. Ist der befragten Person das Waschmittel bekannt, dann soll der Mitarbeiter ein „x" notieren, andernfalls bleibt das Kästchen leer. Beispielzeile:

x		x	x		x		

Berechnen Sie die Wahrscheinlichkeit dafür, dass in einer bestimmten Zeile
(1) *kein Kästchen angekreuzt ist,*
(2) *genau 4 Kästchen angekreuzt sind,*
(3) *mindestens 4 Kästchen angekreuzt sind.*

(10 Punkte)

d) Reinlich Senior meint: „Sollte auf dem Bogen eine Zeile ohne Kreuze vorkommen, dann hat sich unser Mitarbeiter wahrscheinlich beim Ausfüllen vertan." Reinlich Junior erwidert: „Ich glaube eher, dass er sich vertan hat, wenn in jeder Zeile mindestens ein Kreuz auftaucht."

Entscheiden Sie, welche Vermutung mit höherer Wahrscheinlichkeit zutrifft.

(10 Punkte)

e) Erfahrungsgemäß erwirbt ein Käufer, dem das Waschmittel bekannt ist, dieses mit einer Wahrscheinlichkeit von 10 %. Ein Kunde, dem das Waschmittel unbekannt ist, kauft es nur mit einer Wahrscheinlichkeit von 1 %. Ein Mitarbeiter sieht eine Person mit einer Reinilpackung unter dem Arm.

Ermitteln Sie die Wahrscheinlichkeit, dass der Person das Waschmittel vor dem Kauf bekannt war.

(8 Punkte)

Zugelassene Hilfsmittel:

- Wissenschaftlicher Taschenrechner (ohne oder mit Grafikfähigkeit)
- Mathematische Formelsammlung
- Wörterbuch zur deutschen Rechtschreibung

Material:
Tabelle 1: Kumulierte Binomialverteilung für $n = 100$ → siehe Anhang Seite 292
Tabelle 2: Kumulierte Binomialverteilung für $n = 50$ → siehe Anhang Seite 293
Tabelle 3: Normalverteilung → siehe Anhang Seite 294

Lösung zu Aufgabe HT 7:

a) *Beschreibung, welche Fehlentscheidung bei der Überprüfung von $p < 0{,}4$ vermieden werden soll:*
Die Nullhypothese H_0: $p < 0{,}4$ irrtümlich zu verwerfen bedeutet, dass die Werbemaßnahme aufgrund des Umfrageergebnisses unterlassen wird, obwohl der Bekanntheitsgrad in der Bevölkerung unterhalb von 40 % liegt. Für Reinlich Junior ist also die **irrtümliche Unterlassung der Werbemaßnahme der schlimmere Fehler**.

Bestimmung einer Entscheidungsregel:
Zur Überprüfung der Nullhypothese H_0: $p < 0{,}4$ ist ein rechtsseitiger Hypothesentest angebracht. Beschreibt die Zufallsgröße X die Anzahl der Personen von 800, die das Waschmittel kennen, so ist X im Extremfall binomialverteilt mit $n = 800$ und $p = 0{,}4$.
Es ist $n \cdot p = 800 \cdot 0{,}4 = 320$ und $\sigma = \sqrt{n \cdot p \cdot (1 - p)} = \sqrt{800 \cdot 0{,}4 \cdot 0{,}6} = \sqrt{192} \approx 13{,}9 > 3$.
Die Faustformel ist also erfüllt und eine Näherungsrechnung ist möglich.
Der Irrtumswahrscheinlichkeit $\alpha = 5\,\%$ entspricht $c = 1{,}64$.
Damit ergibt sich: $g = \mu + c \cdot \sigma = 320 + 1{,}64 \cdot \sqrt{192} \approx 342{,}8$.
Entscheidungsregel: H_0 wird verworfen, wenn das Stichprobenergebnis im Ablehnungsbereich $\overline{A} = \{343; \ldots ; 800\}$ liegt.

b) *Beschreibung, welche Fehlentscheidung bei der Überprüfung von p0,4 vermieden werden soll:*
Die Nullhypothese H_0: $p \geqq 0{,}4$ irrtümlich zu verwerfen bedeutet, dass die Werbemaßnahme aufgrund des Umfrageergebnisses durchgeführt wird, obwohl der Bekanntheitsgrad in der Bevölkerung mindestens 40 % beträgt. Für Reinlich Senior ist also die **unnötige Geldausgabe für eine Werbemaßnahme der schlimmere Fehler**.

Berechnung der Irrtumswahrscheinlichkeit:
Der Ablehnungbereich der Nullhypothese H_0: $p \geqq 0{,}4$ ist $\overline{A} = \{0; \ldots ; 290\}$.
Für die Irrtumswahrscheinlichkeit ergibt sich:

$$\alpha = P(X \leqq 290) \approx \Phi\left(\frac{290 - \mu + 0{,}5}{\sigma}\right) = \Phi\left(\frac{290 - 320 + 0{,}5}{\sqrt{192}}\right)$$

$$\approx \Phi(-2{,}13) = 1 - \Phi(2{,}13) \approx 1 - 0{,}9834 = 0{,}0166.$$

Die Irrtumswahrscheinlichkeit beträgt fast 1,7 %.

Wahrscheinlichkeit für einen Fehler 2. Art:
Gesucht ist $\beta = P(X \geqq 291)$ für $p = 0{,}35$.
Mit $\sigma = \sqrt{800 \cdot 0{,}35 \cdot 0{,}65} = \sqrt{182} \approx 13{,}49 > 3$ ist die Faustformel ebenfalls erfüllt und eine Näherungsrechnung ist möglich.

$$\beta = P(X \geqq 291) = 1 - P(X \leqq 290) \approx 1 - \Phi\left(\frac{290 - 800 \cdot 0{,}35 + 0{,}5}{\sqrt{800 \cdot 0{,}35 \cdot 0{,}65}}\right) \approx 1 - \Phi(0{,}78) \approx 1 - 0{,}7823 = 0{,}2177$$

Die Wahrscheinlichkeit für einen Fehler 2. Art ist ungefähr 21,8 %.

c) Berechnung von Wahrscheinlichkeiten:

Beschreibt die Zufallsgröße X die Anzahl der gekennzeichneten unter 8 Kästchen, so ist X binomialverteilt mit n = 8 und p = 0,4. Mit der Formel von BERNOULLI erhält man:

(1) $P(X = 0) = \binom{8}{0} \cdot 0{,}4^0 \cdot 0{,}6^8 \approx \mathbf{0{,}0168}$

(2) $P(X = 4) = \binom{8}{4} \cdot 0{,}4^4 \cdot 0{,}6^4 = 70 \cdot 0{,}4^4 \cdot 0{,}6^4 \approx \mathbf{0{,}2322}$

(3) $P(X \geqq 4) = 1 - P(X \leqq 3) = 1 - [P(X = 0) + P(X = 1) + P(X = 2) + P(X = 3)] \approx \mathbf{0{,}4059}$.

d) Entscheidung zwischen zwei Vermutungen:

Eine Zeile ohne Kreuze (sogenannte Leerzeile) tritt ein mit der Wahrscheinlichkeit $0{,}6^8$.
Beschreibt Y die Anzahl der Leerzeilen unter 100 Zeilen, so ist Y binomialverteilt mit $n = 100$ und $p = 0{,}6^8$.
Keine Leerzeile tritt ein mit der Wahrscheinlichkeit

$P(Y = 0) = \binom{100}{0} \cdot (0{,}6^8)^0 \cdot (1 - 0{,}6^8)^{100} = (1 - 0{,}6^8)^{100} \approx 0{,}18.$

Mindestens eine Leerzeile tritt ein mit der Wahrscheinlichkeit von rund 82 %.
Die Vermutung von Reinlich Junior trifft also mit höherer Wahrscheinlichkeit zu.

e) Wahrscheinlichkeit dafür, dass der Person das Waschmittel vor dem Kauf bekannt war:

A: Person kennt das Waschmittel
B: Person kauft das Waschmittel
Gesucht ist die bedingte Wahrscheinlichkeit $P_B(A)$.

$$\text{Es ist } P_B(A) = \frac{P(B \cap A)}{P(B)} = \frac{P(A \cap B)}{P(B)} = \frac{0{,}4 \cdot 0{,}1}{0{,}4 \cdot 0{,}1 + 0{,}6 \cdot 0{,}01} \approx 0{,}87.$$

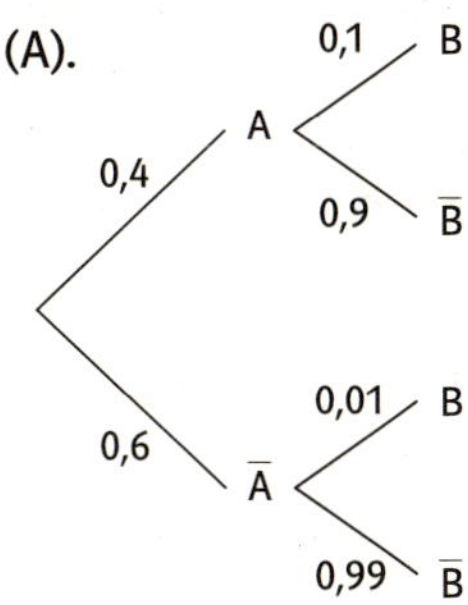

Der Kunde kannte mit einer Wahrscheinlichkeit von rund 87 % das Waschmittel vor dem Kauf.

Aufgabenstellung:

Wird einem Erwachsenen eine Koffeintablette verabreicht, so wird die Änderungsrate $k'(t)$ der Koffeinkonzentration $k(t)$ in seinem Blut durch die folgende Funktionsgleichung beschrieben:

$$k'(t) = -0{,}2755 \cdot e^{-0{,}19 \cdot t} + 4{,}8575 \cdot e^{-3{,}35 \cdot t}$$

Die Zeit t wird in Stunden gemessen, die Änderungsrate k' in mg/l pro Stunde.
In der Abbildung sehen Sie den Graphen der Funktion k'.

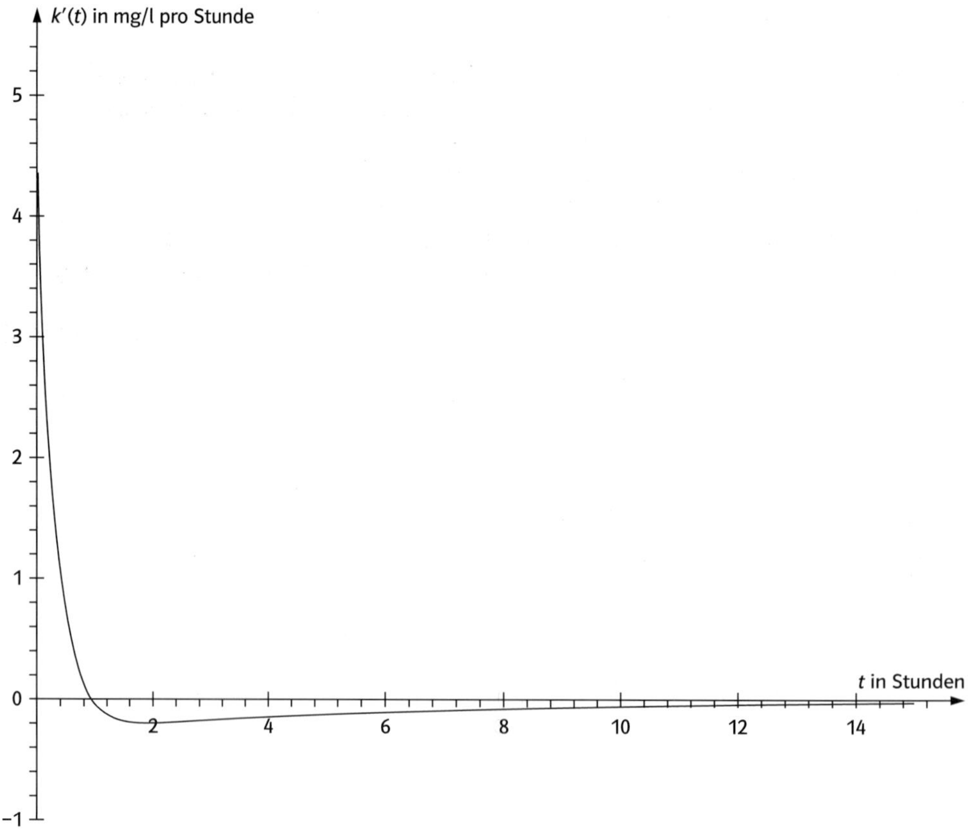

a) Berechnen Sie die Nullstelle und den Tiefpunkt des Graphen der Funktion k'. Interpretieren Sie die berechneten Werte im Sachzusammenhang.

(14 Punkte)

b) *Bestimmen Sie durch Integration ohne CAS eine Gleichung der Funktion k, die den zeitlichen Verlauf der Koffeinkonzentration beschreibt. Gehen Sie dabei davon aus, dass vor der Einnahme der Koffeintablette kein Koffein im Blut ist.*

[Zur Kontrolle: $k(t) = 1{,}45 \cdot (e^{-0{,}19 \cdot t} - e^{-3{,}35 \cdot t})$]

Die Tablette wirkt, wenn die Koffeinkonzentration mindestens 0,25 mg/l beträgt.

Ermitteln Sie rechnerisch den Wirkzeitraum nach Einnahme einer Tablette.

(12 Punkte)

Funktionen des Typs $f(t) = a \cdot (e^{-b \cdot t} - e^{-c \cdot t})$ mit $a, b, c > 0$ und $b < c$ bezeichnet man als Bateman-Funktionen. Die Funktion k ist ein Beispiel für eine solche Funktion. Durch diesen Funktionstyp kann häufig der Aufbau des Wirkstoffs von in Tablettenform eingenommenen Medikamenten im Blut in Verbindung mit dem Abbau durch Leber und Nieren beschrieben werden.

c) *Untersuchen und beschreiben Sie nacheinander anhand von Graphen, wie sich Veränderungen der Parameter b bzw. c auf die Graphen auswirken, indem Sie*
– b bei festem $c = 3{,}35$ und $a = 1{,}45$ variieren,
– c bei festem $b = 0{,}19$ und $a = 1{,}45$ variieren.
Skizzieren Sie je drei Funktionsgraphen zur Dokumentation.
Interpretieren Sie die Bedeutung der Parameter im Sachzusammenhang.
Begründen Sie, warum die Einschränkung $b < c$ im Sachzusammenhang notwendig ist.

(24 Punkte)

Zugelassene Hilfsmittel:

- CAS (Computer-Algebra-System)
- Mathematische Formelsammlung
- Wörterbuch zur deutschen Rechtschreibung

Lösung zu Aufgabe HT 1:

a) Nullstelle der Funktion k':

Für die Funktion k' mit $k'(t) = -0{,}2755 \cdot e^{-0{,}19 \cdot t} + 4{,}8575 \cdot e^{-3{,}35 \cdot t}$ ergibt sich aus $k'(t) = 0$ mit dem CAS-Rechner $t \approx 0{,}90813$, d.h. k' hat näherungsweise die **Nullstelle 0,908**.

```
■ -.2755·e^(-.19·t) + 4.8575·e^(-3.35·t) → k1(t)      Done
■ solve(k1(t) = 0, t)                            t = .90813
■ d/dt(k1(t)) → k2(t)                                  Done
■ solve(k2(t) = 0, t)                           t = 1.81626
```

Tiefpunkt des Graphen von k':

Für die Gleichung $k''(t) = 0$ erhält man mit dem CAS-Rechner näherungsweise die Lösung 1,81626. Da $k'''(1{,}81626) \approx 0{,}117137 > 0$ und $k'(1{,}81626) \approx -0{,}184032$ gilt, hat der Graph von k' näherungsweise den Tiefpunkt **T(1,816 | −0,184)**.

Interpretation der Werte:

An der Nullstelle 0,908 (d.h. nach etwa 54,5 min) wechselt die Änderungsrate k'(t) der Koffeinkonzentration k(t) das Vorzeichen von „+“ nach „−“. Dies besagt, dass die Konzentration, die vorher zugenommen hat, dann wieder abnimmt. Die Konzentration erreicht also **nach etwa 54,5 min ihren höchsten Wert**.

An der Minimalstelle 1,816 (d.h. nach etwa 109 min) erreicht die Änderungsrate k'(t) der Koffeinkonzentration k(t) ihren kleinsten Wert. **Nach 109 min ändert sich** also die **Koffeinkonzentration k(t) am schnellsten**, und zwar nimmt sie wegen des negativen Vorzeichens von k'(1,816) am schnellsten ab, nämlich um etwa 0,184 mg/l.

b) Term der Funktion k:

Da k'(t) die Änderungsrate, d.h. die Ableitung der Funktion k ist, ist k eine Stammfunktion von k'. Mit linearer Substitution erhält man aus

$k'(t) = -0{,}2755 \cdot e^{-0{,}19 \cdot t} + 4{,}8575 \cdot e^{-3{,}35 \cdot t}$ dann

$$k'(t) = \frac{-0{,}2755}{-0{,}19} \cdot e^{-0{,}19 \cdot t} + \frac{4{,}8575}{-3{,}35} \cdot e^{-3{,}35 \cdot t} = 1{,}45 \cdot e^{-0{,}19 \cdot t} - 1{,}45 \cdot e^{-3{,}35 \cdot t}$$
$$= 1{,}45 \cdot (e^{-0{,}19 \cdot t} - e^{-3{,}35 \cdot t}).$$

Nun ist für jedes $c \in \mathbb{R}$ auch k mit $k(t) = 1{,}45 \cdot (e^{-0{,}19 \cdot t} - e^{-3{,}35 \cdot t}) + c$ eine Stammfunktion von k'. Die Zahl c wird aus der Bedingung $k(0) = 0$ hergeleitet, die besagt, dass die Koffeinkonzentration 0 war vor Verabreichung der Tablette. Es ist

$k(0) = 1{,}45 \cdot (e^{-0{,}19 \cdot 0} - e^{-3{,}35 \cdot 0}) + c = 1{,}45 \cdot (1 - 1) + c = 0$. Also gilt

$k(t) = \mathbf{1{,}45 \cdot (e^{-0{,}19 \cdot t} - e^{-3{,}35 \cdot t})}$.

Wirkzeitraum der Tablette:

Die Tablette wirkt, wenn $k(t) \geqq 0{,}25$ ist. Die Gleichung $k(t) = 0{,}25$ wird mit dem CAS-Rechner gelöst, und man erhält die Lösungen 0,060652 und 9,25188. Da die Konzentration zunächst ansteigt und dann wieder abfällt, ergibt sich als Wirkzeitraum etwa das Zeitintervall [0,061; 9,252]. Damit beginnt die Tablette nach etwa **3,6 min** zu wirken, und die Wirkung endet nach **9 h 15,1 min**.

```
■ 1.45·(e^(-.19·t) - e^(-3.35·t)) → k(t)               Done
■ solve(k(t) = .25, t)
                              t = .060652 or t = 9.25188
```

c) *Untersuchung des Graphen von f bei variablem b und a = 1,45 und c = 3,35:*

Es ist zweckmäßig, den Parameter b kleiner und größer als den in Teilaufgabe b) verwendeten Wert b = 0,19 zu wählen. An den Graphen von f erkennt man, dass bei zunehmendem b das Maximum von f(t) leicht nach links wandert, d.h. schneller erreicht wird. Allerdings wird dann das Maximum auch geringer. Darüber hinaus zeigt sich zu Beginn praktisch kein Unterschied im Verlauf, während bei großem b die Abnahme viel schneller erfolgt als bei kleinem b. Durch **Variation von b** können also insbesondere die **Größe des Maximums und der Verlauf des Abnahmevorgangs gesteuert** werden.

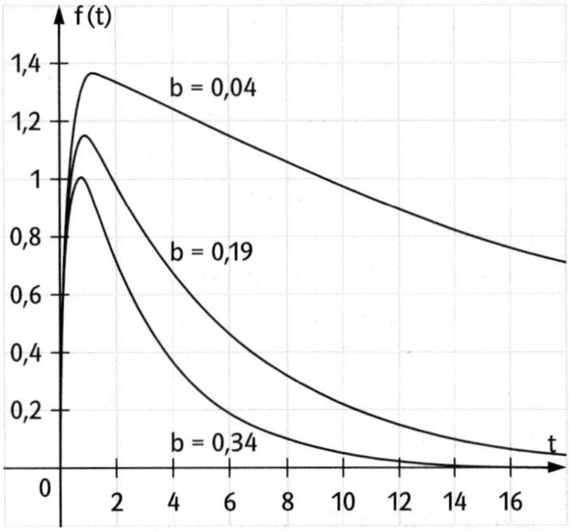

Untersuchung des Graphen von f bei variablem c und a = 1,45 und b = 0,19:

Es ist zweckmäßig, auch den Parameter c kleiner und größer als den in b) verwendeten Wert c = 3,35 zu wählen.
An den Graphen von f erkennt man, dass bei zunehmendem c das Maximum von f(t) ebenfalls leicht nach links wandert, d.h. schneller erreicht wird. Allerdings wird nun das Maximum auch größer. Darüber hinaus zeigt sich mit zunehmender Zeit t praktisch kein Unterschied im Verlauf, jedoch erfolgt bei großem c die Zunahme schneller als bei kleinem c. Durch **Variation von c** können also insbesondere die **Größe des Maximums und der Verlauf des Zunahmevorgangs gesteuert** werden.

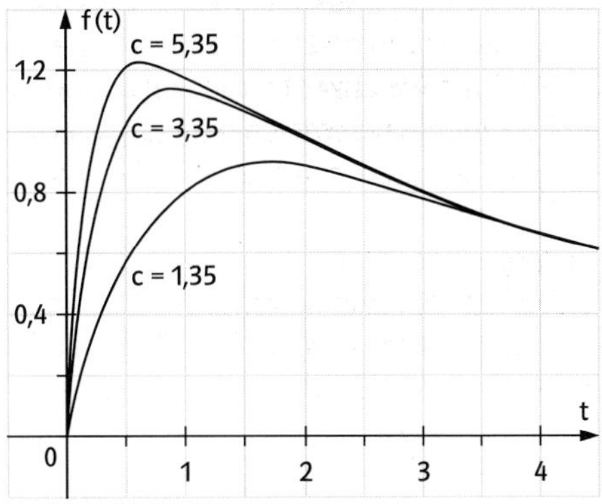

Notwendigkeit der Einschränkung b < c:

Ist b > c, so gilt für jedes t > 0 stets $e^{bt} > e^{ct}$ und folglich
$e^{-bt} = \frac{1}{e^{bt}} < \frac{1}{e^{ct}} = e^{-ct}$. Damit gilt dann $f(t) = a \cdot (e^{-bt} - e^{-ct}) < 0$, da a > 0 ist. Also nimmt für b > c **die Funktion f für t > 0 nur negative Werte** an und kann unmöglich die Konzentration eines Stoffes im Blut beschreiben. Die Abbildung zeigt exemplarisch einen Graphen von f für a > 0 und 0 < c < b.

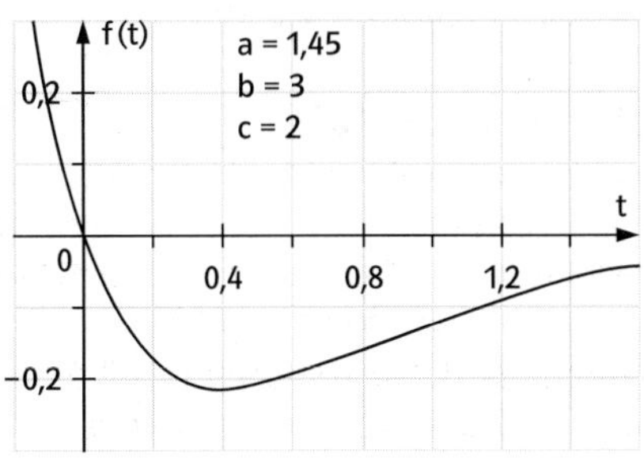

CAS

Aufgabe HT 2 Abiturprüfung 2007 Mathematik, Leistungskurs

Aufgabenstellung:

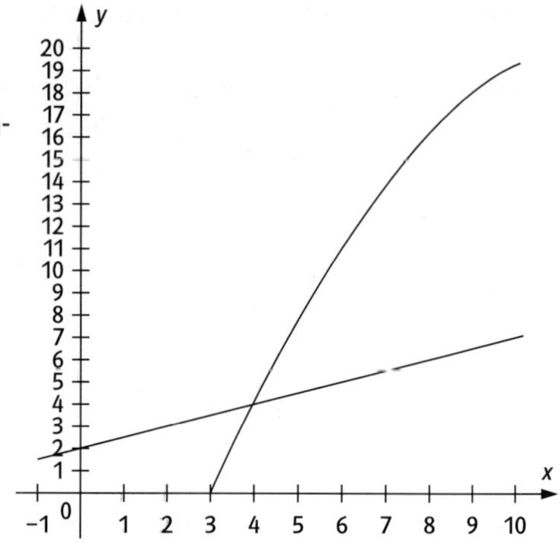

Zwei sich kreuzende Gleise einer Werkseisenbahn lassen sich in einem Koordinatensystem über dem Intervall [−1; 10] näherungsweise beschreiben durch die Graphen zweier Funktionen g und h mit

$$g(x) = 0{,}5x + 2,$$
$$h(x) = -0{,}25x^2 + 6x - 16\,.$$

Die Einheiten sind 100 m.

Die beiden Schienenstränge sollen durch einen Bogen mit Weichen an den Stellen $x_A = 2$ und $x_B = 6$ direkt miteinander verbunden werden. Diesen Bogen bildet der Graph einer Funktion f. Die Übergänge zwischen den bestehenden Gleisen und dem Bogen sollen „knickfrei" sein, d. h., dort sollen die Steigungen der jeweiligen Graphen übereinstimmen.

a) *Zeigen Sie rechnerisch, dass die Funktion f mit* $f(x) = \frac{665x^2 - 1913{,}5x + 5405}{x^3 + 1405}$ *und* $D_f = [2; 6]$ *einen Graphen besitzt, der die genannten Bedingungen für den Bogen annähernd erfüllt.*

(8 Punkte)

b) *Prüfen Sie rechnerisch, ob der Graph von f im fraglichen Intervall Wendestellen oder Definitionslücken besitzt.*

(7 Punkte)

c) *Zeigen Sie: Bei einer beliebigen Funktion k mit* $k''(x) = \frac{z(x)}{n(x)}$ *kann die hinreichende Bedingung für Wendestellen* $k''(x_0) = 0$ *und* $k'''(x_0) \neq 0$ *vereinfacht werden zu:* $k''(x_0) = 0$ *und* $z'(x_0) \neq 0$.

(6 Punkte)

d) Innerhalb der zwischen den Graphen von *f*, *g* und *h* eingeschlossenen Fläche soll ein möglichst großes rechteckiges Grundstück für ein Gerätelager genutzt werden. Die Seiten des Rechtecks sollen parallel zu den Koordinatenachsen verlaufen. Einer der Eckpunkte soll der Kreuzungspunkt der beiden bisherigen Strecken g und h sein, ein weiterer Punkt soll auf dem neuen Bogen liegen.

Weisen Sie nach, dass ein Grundstück mit der Ecke $(x|4)$ den Flächeninhalt

$A(x) = \frac{4x^4 - 681x^3 + 4573{,}5x^2 - 7439x - 860}{x^3 + 1405}$ besitzt.

Berechnen Sie den maximalen Flächeninhalt und die Koordinaten der Eckpunkte des größtmöglichen Grundstücks. Ermitteln Sie, für welche Werte von x sich überhaupt ein sinnvoller Eckpunkt ergibt.

(18 Punkte)

e) Vor dem Bau des Gerätelagers soll die gesamte Fläche zwischen den Graphen von *f*, *g* und *h* asphaltiert werden, wobei das Asphaltieren 55 € pro m^2 kostet.

Ermitteln Sie näherungsweise den Inhalt der zu asphaltierenden Fläche und die durch das Asphaltieren entstehenden Kosten.

(11 Punkte)

Zugelassene Hilfsmittel:

- CAS (Computer-Algebra-System)
- Mathematische Formelsammlung
- Wörterbuch zur deutschen Rechtschreibung

Lösung zu Aufgabe HT 2:

a) Bedingungen für die Funktion f:

Wegen $g(2) = 3$ und $h(6) = 11$ verläuft der Graph von g durch $A(2|3)$ und der Graph von h durch $B(6|11)$. Damit der Graph von f auch durch A und B geht, muss $f(2) = 3$ und $f(6) = 11$ gelten.

Damit der Übergang vom Graphen von f zum Graphen von g in A und vom Graphen f zum Graphen von h in B knickfrei erfolgt, muss $f'(2) = g'(2)$ sowie $f'(6) = g'(6)$ gelten. Mit $g'(x) = 0{,}5$ und $h'(x) = -0{,}5x + 6$ und somit $h'(6) = 3$ besagt dies $f'(2) = 0{,}5$ und $f'(6) = 3$. Damit lauten die Bedingungen, die annähernd erfüllt sein sollen:

$f(2) \approx 3$, $f'(2) \approx 0{,}5$, $f(6) \approx 11$

und $f'(6) \approx 3$.

Mit dem CAS-Rechner erhält man $f(2) \approx 2{,}99929$, $f'(2) \approx 0{,}502837$, $f(6) \approx 11{,}0204$ und $f'(6) \approx 3{,}00821$.

Also sind **die Bedingungen** für einen knickfreien Bogen **annähernd erfüllt**.

■ $\frac{665 \cdot x^2 - 1913.5 \cdot x + 5405}{x^3 + 1405} \to f(x)$	Done
■ $\frac{d}{dx}(f(x)) \to f1(x)$	Done
■ f(2)	2.99929
■ f1(2)	.502837
■ f(6)	11.0204

b) Wendestellen der Funktion f:

■ solve(f2(x) = 0, x)	x = 6.64608 or x = 22.9666
■ solve(x^3 + 1405 = 0, x)	x = -11.2002

Als Wendestellen von f kommen nur Lösungen von $f''(x) = 0$ infrage. Mit dem CAS-Rechner ergeben sich als Lösungen von $f''(x) = 0$ näherungsweise die beiden Zahlen 6,64608 und 22,9666, die nicht im Intervall [2; 6] liegen. Folglich hat f in [2 ; 6] **keine Wendestellen**.

Definitionslücken der Funktion f:

Die Funktion f mit $f(x) = \frac{665x^2 - 1913{,}5x + 5405}{x^3 + 1405}$ ist an der Nullstelle der Nennerfunktion n mit $n(x) = x^3 + 1405$ nicht definiert. Die Gleichung $x^3 + 1405 = 0$ hat die Lösung $-\sqrt[3]{1405} \approx -11{,}2002$, die nicht in dem Intervall [2; 6] liegt. Damit hat f **keine Definitionslücken**.

c) Hinreichende Bedingung für Wendestellen:

Für die Funktion mit k'' mit $k''(x) = \frac{z(x)}{n(x)}$ ist $k''(x_0) = 0$ äquivalent zu $z(x_0) = 0$.

Ferner erhält man mit dem CAS-Rechner $k'''(x) = \frac{n(x) \cdot z'(x) - n'(x) \cdot z(x)}{(n(x))^2}$ und damit für x_0 mit $k''(x_0) = z(x_0) = 0$ dann

$k'''(x_0) = \frac{n(x_0) \cdot z'(x_0)}{(n(x_0))^2} = \frac{z'(x_0)}{n(x_0)}$.

Hieran erkennt man, dass

$k'''(x_0) \neq 0$ äquivalent zu $z'(x_0) \neq 0$ ist.

■ $\frac{z(x)}{n(x)} \to k2(x)$	Done
■ comDenom$\left(\frac{d}{dx}(k2(x))\right)$	
	$\frac{n(x) \cdot \frac{d}{dx}(z(x)) - \frac{d}{dx}(n(x)) \cdot z(x)}{(n(x))^2}$

Also sind **$k''(x_0) = 0$ und $k'''(x_0) \neq 0$ äquivalent zu $k''(x_0) = 0$ und $z'(x_0) \neq 0$.**

d) Flächeninhalt des Grundstückes:

Die Graphen von g und h schneiden sich offensichtlich in Q(4|4). Der Punkt P(x|4) mit x < 4 sei der linke untere Eckpunkt des Rechtecks. Dann hat die Seite $\overline{PQ}$ die Länge 4 − x. Der Punkt S liegt auf dem Graphen von f, d.h., es ist S(x|f(x)).

Schließlich ist R(4|f(x)). Damit hat die Seite $\overline{PS}$ die Länge f(x) − 4. Folglich gilt für den Flächeninhalt A(x) des Rechtecks PQRS dann mit dem CAS-Rechner

$$A(x) = (4 - x)(f(x) - 4) = \frac{\mathbf{4x^4 - 681x^3 + 4373{,}5x^2 - 7439x - 860}}{\mathbf{x^3 + 1405}},$$

was zu zeigen war.

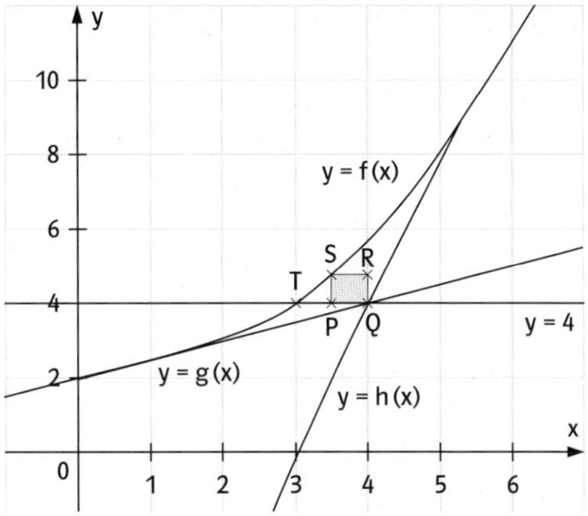


```
■ comDenom((4 − x)·(f(x) − 4)) → a(x)                 Done
■ a(x)
     4·x^4 − 681·x^3 + 4573.5·x^2 − 7439.·x − 860
     ----------------------------------------------
                      x^3 + 1405
```

Maximaler Flächeninhalt:

Mit dem CAS-Rechner bestimmt man A′(x) und dann näherungsweise die Lösungen von A′(x) = 0. Dabei ergeben sich die Lösungen −42,4684 und 1,06185 und 3,54743 und 36,819. Von diesen Lösungen liegt nur 3,54743 im Intervall [2; 6].

```
■ d/dx(a(x)) → a1(x)                                   Done
■ solve(a1(x) = 0, x)
  ◂ x = 1.06185 or x = 3.54743 or x = 36.819
■ d/dx(a1(x)) → a2(x)                                  Done
■ a2(3.54743)                                       -3.2778
■ a(3.54743)                                        .370562
```

Da A″(3,54743) ≈ −3,2778 < 0 und A(3,54743) ≈ 0,370562 gilt, hat die Funktion A etwa bei 3,54743 eine Extremstelle. Weil die Längeneinheit 100 m beträgt, ist die maximale Fläche etwa **3705,6 m²**.

Koordinaten der Eckpunkte:

Mit x_0 = 3,54743 und f(x_0) ≈ 4,81879 ergeben sich die Koordinaten der Eckpunkte P(x_0|4), Q(4|4), R(4|f(x_0)) und S(x_0|f(x_0)) auf drei Dezimalen gerundet zu

```
■ f(3.54743)                                        4.81879
■ solve(f(x) = 4, x)
  x = -.108282 or x = 3.03938 or x = 163.3:▸
```

P(3,547|4), Q(4|4) R(4|4,819) und **S(3,547|4,819)**.

x-Werte, die einen sinnvollen Eckpunkt ergeben:

Ein sinnvoller Eckpunkt P(x|4) ergibt sich nur, wenn x < 4 ist, und der Graph von f die Seite $\overline{PQ}$ nicht schneidet. Dazu muss der Punkt P, der auf der Geraden mit der Gleichung y = 4 liegt, rechts vom Schnittpunkt T dieser Geraden mit dem Graphen von f liegen. Für den x-Wert x_T dieses Schnittpunktes T erhält man mit dem CAS-Rechner näherungsweise x_T ≈ − 0,108282 oder x_T ≈ 3,03938 oder x_T ≈ 163,319, wovon hier nur x_T ≈ 3,03938 in Betracht kommt. Auf drei Dezimalen gerundet muss also x ∈ [3,039; 4] gelten.

CAS

e) Größe der zu asphaltierenden Fläche:

Die Graphen von g und h schneiden sich in Q(4|4). Damit ist der Inhalt A der Fläche zwischen den Graphen von f, g und h:

$$A = \int_2^4 (f(x) - g(x))\,dx + \int_4^6 (f(x) - h(x))\,dx$$

$$\approx 1{,}16486 + 1{,}10519 = 2{,}27005.$$

Bei einer Längeneinheit von 100 m sind damit **etwa 22701 m²** zu bearbeiten.

▪ $.5 \cdot x + 2 \rightarrow g(x)$	Done
▪ $-.25 \cdot x^2 + 6 \cdot x - 16 \rightarrow h(x)$	Done
▪ $\text{approx}\left(\int_2^4 (f(x) - g(x))dx\right) \rightarrow i1$	1.16486
▪ $\text{approx}\left(\int_4^6 (f(x) - h(x))dx\right) \rightarrow i2$	1.10519
▪ $i1 + i2$	2.27005

Kosten der Asphaltierung:

Da die Kosten 55 € je m² betragen, ergeben sich die Gesamtkosten etwa zu 22701 · 55 € ≈ **1248 500 €**.

Aufgabe HT 3 Abiturprüfung 2007 Mathematik, Leistungskurs

Aufgabenstellung:

Durch $O(0|0|0)$ und $G(4|4|4)$ ist der abgebildete Würfel mit der Kantenlänge 4 festgelegt (*Bild 1*). Eingezeichnet sind die Mittelpunkte $P(4|0|2)$, $Q(2|0|4)$ und $R(0|2|4)$ von drei Würfelkanten. Alle Ecken der Figuren in *Bild 1* und *Bild 2* haben ausschließlich die Koordinaten 0, 2 oder 4.

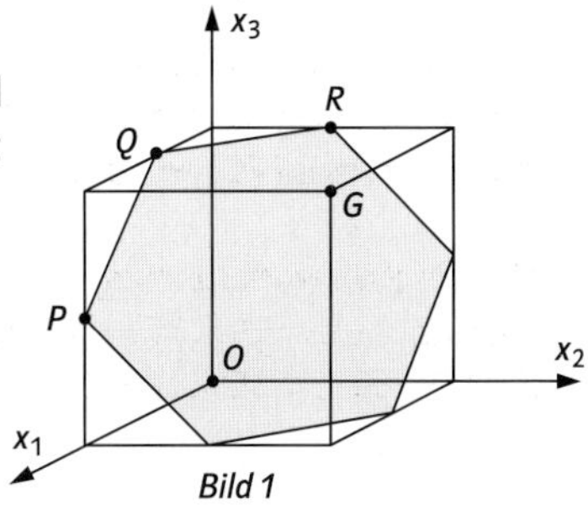

Bild 1

a) *Berechnen Sie die Länge der Strecke $\overline{PQ}$, den von den Seiten $\overline{PQ}$ und $\overline{QR}$ eingeschlossenen Innenwinkel des Sechsecks und ermitteln Sie den Abstand der Geraden PQ vom Ursprung.*

(10 Punkte)

b) Das grau gefärbte Sechseck in *Bild 1* ist die Schnittfigur des Würfels mit einer Ebene E.

Bestimmen Sie eine Gleichung der Ebene E in Normalenform und berechnen Sie ihren Abstand vom Ursprung. Begründen Sie, dass dieses Sechseck regelmäßig ist.

(12 Punkte)

c) *Ermitteln Sie das Volumen der Pyramide, die das Sechseck als Grundfläche und den Punkt G als Spitze hat.*

(10 Punkte)

In *Bild 2* ist ein zweites, zum ersten kongruentes Sechseck mit $P'(0|0|2)$, $Q'(0|2|4)$, $R'(2|4|4)$ dargestellt. Es entsteht aus dem ersten Sechseck durch die Abbildung α

mit $\vec{v}' = \alpha(\vec{v}) = \begin{pmatrix} 0 & 1 & 0 \\ -1 & 0 & 0 \\ 0 & 0 & 1 \end{pmatrix} \cdot \vec{v} + \begin{pmatrix} 0 \\ 4 \\ 0 \end{pmatrix}$.

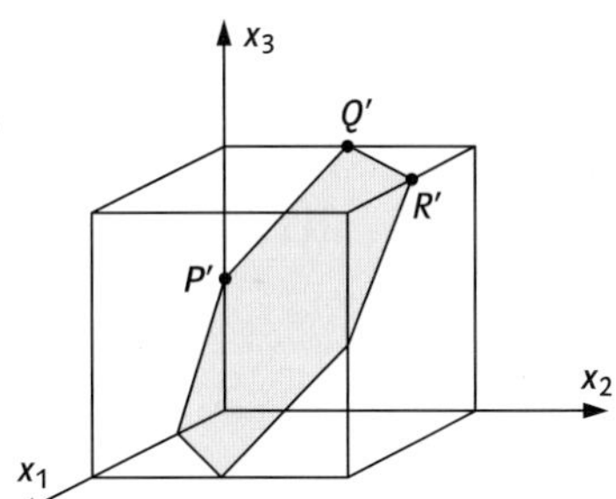

Bild 2

d) *Zeigen Sie, dass unter der Abbildung α jeder Punkt der Geraden*

$$g\colon \vec{x} = \begin{pmatrix} 2 \\ 2 \\ 2 \end{pmatrix} + r \cdot \begin{pmatrix} 0 \\ 0 \\ 1 \end{pmatrix},\ r \in \mathbb{R},$$ *auf sich selbst abgebildet wird.*

(8 Punkte)

e) *Ermitteln Sie eine Gleichung der Umkehrabbildung α^{-1} von α, unter der das Sechseck in Bild 2 wieder auf das Sechseck in Bild 1 abgebildet wird.*

(10 Punkte)

Zugelassene Hilfsmittel:

- CAS (Computer-Algebra-System)
- Mathematische Formelsammlung
- Wörterbuch zur deutschen Rechtschreibung

Lösung zu Aufgabe HT 3:

a) Länge der Strecke $\overline{PQ}$:
Die Strecke $\overline{PQ}$ hat den Betrag des Vektors $\overrightarrow{PQ} = \begin{pmatrix} 2 \\ 0 \\ 4 \end{pmatrix} - \begin{pmatrix} 4 \\ 0 \\ 2 \end{pmatrix} = \begin{pmatrix} -2 \\ 0 \\ 2 \end{pmatrix}$ als Länge,
für die damit gilt: $d(P;Q) = \mathbf{2\sqrt{2} \approx 2{,}8283}$.

Innenwinkel des Sechsecks beim Punkt Q:

Man erhält $\overrightarrow{QP} = -\overrightarrow{PQ} = \begin{pmatrix} 2 \\ 0 \\ -2 \end{pmatrix}$ und

$\overrightarrow{QR} = \begin{pmatrix} 0 \\ 2 \\ 4 \end{pmatrix} - \begin{pmatrix} 2 \\ 0 \\ 4 \end{pmatrix} = \begin{pmatrix} -2 \\ 2 \\ 0 \end{pmatrix}$. Damit gilt für

```
■ [0 2 4] → r                                  [0 2 4]
■ norm(q − p)                                  2·√2
■ dotP(p − q, r − q)
  ───────────────────────── → phi              −1/2
  norm(p − q)·norm(r − q)
■ cos⁻¹(phi)                                   120
```

den Winkel φ zwischen den Vektoren $\overrightarrow{QP}$ und $\overrightarrow{QR}$: $\cos(\varphi) = \dfrac{\begin{pmatrix} 2 \\ 0 \\ -2 \end{pmatrix} \cdot \begin{pmatrix} -2 \\ 2 \\ 0 \end{pmatrix}}{\left|\begin{pmatrix} 2 \\ 0 \\ -2 \end{pmatrix}\right| \cdot \left|\begin{pmatrix} -2 \\ 2 \\ 0 \end{pmatrix}\right|} = -\dfrac{1}{2}$.

Dies liefert $\varphi = \mathbf{120°}$.

Abstand der Geraden PQ von O(0|0|0):
Da aus Symmetriegründen die Punkte P(4|0|2) und Q(2|0|4) von O(0|0|0) gleichweit entfernt sind, ist das Dreieck OPQ gleichschenklig, d.h. der Mittelpunkt $M_{PQ}(3|0|3)$ der Strecke $\overline{PQ}$ auf der Geraden PQ hat die kleinste Entfernung von O. Dies ergibt den Abstand von PQ und O zu $d(O;PQ) = d(O;M_{PQ}) = \mathbf{3\sqrt{2} \approx 4{,}2426}$.

b) Gleichung von E in Normalenform:

Ein Normalenvektor $\vec{n} = \begin{pmatrix} n_1 \\ n_2 \\ n_3 \end{pmatrix}$ von E ist orthogonal zu $\overrightarrow{QP} = \begin{pmatrix} 2 \\ 0 \\ -2 \end{pmatrix}$ und orthogonal

zu $\overrightarrow{QR} = \begin{pmatrix} -2 \\ 2 \\ 0 \end{pmatrix}$. Daraus folgt $\vec{n} \cdot \overrightarrow{QP} = \begin{pmatrix} n_1 \\ n_2 \\ n_3 \end{pmatrix} \cdot \begin{pmatrix} 2 \\ 0 \\ -2 \end{pmatrix} = 2n_1 - 2n_3 = 0$ und

$\vec{n} \cdot \overrightarrow{QR} = \begin{pmatrix} n_1 \\ n_2 \\ n_3 \end{pmatrix} \cdot \begin{pmatrix} -2 \\ 2 \\ 0 \end{pmatrix} = -2n_1 + 2n_2 = 0$. Man erhält also $n_1 = n_3$ und $n_1 = n_2$ und

schließlich $n_1 = n_2 = n_3$. Wählt man $n_1 = 1$, ergibt sich der Normalenvektor $\vec{n} = \begin{pmatrix} 1 \\ 1 \\ 1 \end{pmatrix}$.

Da auch der Punkt P(4|0|2) in E liegt, gilt für E: $\left[\vec{x} - \begin{pmatrix} 4 \\ 0 \\ 2 \end{pmatrix}\right] \cdot \begin{pmatrix} 1 \\ 1 \\ 1 \end{pmatrix} = 0$.

Wegen $\begin{pmatrix}4\\0\\2\end{pmatrix} \cdot \begin{pmatrix}1\\1\\1\end{pmatrix} = 6$ erhält man in Normalenform E: $\begin{pmatrix}\mathbf{1}\\\mathbf{1}\\\mathbf{1}\end{pmatrix} \cdot \vec{\mathbf{x}} = \mathbf{6}$**.**

<u>Hinweis:</u> Ein Normalenvektor von E kann auch unmittelbar über das Vektorprodukt $\overrightarrow{QP} \times \overrightarrow{QR} = \begin{pmatrix}4\\4\\4\end{pmatrix}$ der Vektoren $\overrightarrow{QP}$ und $\overrightarrow{QR}$ gewonnen werden.

```
■ crossP(p - q, r - q)          [4]
                                [4]
                                [4]
```

Abstand der Ebene E von O(0|0|0):

Wegen $\left|\begin{pmatrix}1\\1\\1\end{pmatrix}\right| = \sqrt{3}$ lautet E in HESSE-Form $\frac{1}{\sqrt{3}}\left[\begin{pmatrix}1\\1\\1\end{pmatrix} \cdot \vec{x} - 6\right] = 0,$

woraus man sofort den Abstand d(O; E) des Ursprungs von E erhält:

$$d(O;E) = \frac{1}{\sqrt{3}}\left|\begin{pmatrix}1\\1\\1\end{pmatrix} \cdot \begin{pmatrix}0\\0\\0\end{pmatrix} - 6\right| = \frac{6}{\sqrt{3}} = \mathbf{2\sqrt{3} \approx 3{,}4641.}$$

Regelmäßigkeit des Sechsecks:

Nach dem Satz des PYTHAGORAS haben alle Seiten des Sechsecks dieselbe Länge $\sqrt{\mathbf{2^2 + 2^2}} = \mathbf{2\sqrt{2}}$. Außerdem haben alle Diagonalen, die gegenüberliegende Ecken verbinden, dieselbe Länge $\sqrt{\mathbf{4^2 + 4^2}} = \mathbf{4\sqrt{2}}$, nämlich die Länge der Diagonalen der Seitenflächen des Würfels. Damit ist das **Sechseck regelmäßig**.

c) *Inhalt G der Grundfläche der Pyramide:*

Die Grundfläche der Pyramide besteht aus 6 gleichseitigen Dreiecken der Seitenlänge $a = 2\sqrt{2}$ und dem Flächeninhalt $\frac{1}{4}a^2\sqrt{3} = 2\sqrt{3}$. Folglich hat die Pyramidengrundfläche den Inhalt $G = 6 \cdot 2\sqrt{3} = 12\sqrt{3}$.

Höhe h der Pyramide:

Die Höhe h der Pyramide ist der Abstand d(G; E) des Punktes G(4|4|4) von der Ebene E. Analog zu Teilaufgabe b) erhält man

$$h = d(G;E) = \frac{1}{\sqrt{3}}\left|\begin{pmatrix}1\\1\\1\end{pmatrix} \cdot \begin{pmatrix}4\\4\\4\end{pmatrix} - 6\right| = \frac{6}{\sqrt{3}} = 2\sqrt{3}.$$

Volumen V der Pyramide:

Für V ergibt sich nun $V = \frac{1}{3}G \cdot h = \frac{1}{3} \cdot 12\sqrt{3} \cdot 2\sqrt{3} = 24$. Die Pyramide hat also das **Volumen 24**.

d) Bild der Geraden g:

Für das Bild $\overrightarrow{x'}$ des Vektors

$$\vec{x} = \begin{pmatrix} 2 \\ 2 \\ 2 \end{pmatrix} + r \cdot \begin{pmatrix} 0 \\ 0 \\ 1 \end{pmatrix} \text{ mit } r \in \mathbb{R} \text{ bei } \alpha$$

$$\blacksquare \begin{bmatrix} 0 & 1 & 0 \\ -1 & 0 & 0 \\ 0 & 0 & 1 \end{bmatrix} \to m \qquad \begin{bmatrix} 0 & 1 & 0 \\ -1 & 0 & 0 \\ 0 & 0 & 1 \end{bmatrix}$$

$$\blacksquare \begin{bmatrix} 0 \\ 4 \\ 0 \end{bmatrix} \to t \qquad \begin{bmatrix} 0 \\ 4 \\ 0 \end{bmatrix}$$

erhält man mit dem CAS-Rechner

$$\overrightarrow{x'} = \alpha(\vec{x}) = \begin{pmatrix} 0 & 1 & 0 \\ -1 & 0 & 0 \\ 0 & 0 & 1 \end{pmatrix} \cdot \left[\begin{pmatrix} 2 \\ 2 \\ 2 \end{pmatrix} + r \cdot \begin{pmatrix} 0 \\ 0 \\ 1 \end{pmatrix} \right] + \begin{pmatrix} 0 \\ 4 \\ 0 \end{pmatrix} = \begin{pmatrix} 2 \\ 2 \\ r+2 \end{pmatrix} = \begin{pmatrix} 2 \\ 2 \\ 2 \end{pmatrix} + r \cdot \begin{pmatrix} 0 \\ 0 \\ 1 \end{pmatrix}.$$

Dies besagt, dass der Ortsvektor $\vec{x}$ jedes Punktes X auf g bei α unverändert bleibt. Damit wird **jeder Punkt X auf g bei α auf sich abgebildet**.

$$\blacksquare \begin{bmatrix} 2 \\ 2 \\ 2 \end{bmatrix} + r \cdot \begin{bmatrix} 0 \\ 0 \\ 1 \end{bmatrix} \to g \qquad \begin{bmatrix} 2 \\ 2 \\ r+2 \end{bmatrix}$$

$$\blacksquare\ m \cdot g + t \qquad \begin{bmatrix} 2 \\ 2 \\ r+2 \end{bmatrix}$$

e) *Gleichung der Umkehrabbildung α^{-1} von α:*

Aus $\overrightarrow{v'} = M \cdot \overrightarrow{v'} + \vec{t}$ mit $M = \begin{pmatrix} 0 & 1 & 0 \\ -1 & 0 & 0 \\ 0 & 0 & 1 \end{pmatrix}$ und $\vec{t} = \begin{pmatrix} 0 \\ 4 \\ 0 \end{pmatrix}$ folgt $\overrightarrow{v'} - \vec{t} = M \cdot \vec{v}$ und dann

$\vec{v} = M^{-1}(\overrightarrow{v'} - \vec{t})$. Damit gilt
α^{-1}: $\overrightarrow{v'} = M^{-1} \cdot \vec{v} - M^{-1} \cdot \vec{t}$.
Mit dem CAS-Rechner ergibt sich

$$\mathbf{\overrightarrow{v'}} = \begin{pmatrix} \mathbf{0} & \mathbf{-1} & \mathbf{0} \\ \mathbf{1} & \mathbf{0} & \mathbf{0} \\ \mathbf{0} & \mathbf{0} & \mathbf{1} \end{pmatrix} \cdot \mathbf{\vec{v}} + \begin{pmatrix} \mathbf{4} \\ \mathbf{0} \\ \mathbf{0} \end{pmatrix}.$$

$$\blacksquare\ m^{-1} \qquad \begin{bmatrix} 0 & -1 & 0 \\ 1 & 0 & 0 \\ 0 & 0 & 1 \end{bmatrix}$$

$$\blacksquare\ m^{-1} \cdot t \qquad \begin{bmatrix} -4 \\ 0 \\ 0 \end{bmatrix}$$

Aufgabe HT 4 Abiturprüfung 2007 Mathematik, Leistungskurs

Aufgabenstellung:

LEONARDO DA PISA, genannt FIBONACCI, hat in seinem im Jahr 1202 erschienenen Buch „Liber Abaci" eine Aufgabe über die Vermehrung von Kaninchen gestellt, die auf die nach ihm benannte Zahlenfolge 1, 1, 2, 3, 5, 8, 13, ... führt. Dabei ist die nächste Zahl immer die Summe ihrer beiden Vorgänger (z. B. 5 + 8 = 13).

Folgende zwei Modellannahmen legt Fibonacci der Entwicklung seiner Kaninchenpopulation, die mit einem neugeborenen Kaninchenpaar beginnt, zugrunde:

(1) Ein neugeborenes Kaninchenpaar ist nach einem Monat erwachsen und setzt vom zweiten Monat an jeden Monat ein neues Kaninchenpaar, immer ein weibliches und ein männliches Tier, in die Welt.

(2) Die hier betrachteten Modell-Kaninchen werden beliebig alt.

a) *Berechnen Sie die Potenzen F^2 bis F^7 der Matrix $F = \begin{bmatrix} 0 & 1 \\ 1 & 1 \end{bmatrix}$ und beschreiben Sie den Zusammenhang Ihrer Ergebnisse mit der Entwicklung der Kaninchenpopulation und der FIBONACCI-Folge.*

(10 Punkte)

b) Mit x_1 werde die aktuelle Anzahl der Jungtierpaare, mit x_2 die der erwachsenen Tierpaare bezeichnet, mit x_1' bzw. x_2' die entsprechenden Anzahlen im Folgemonat.

Zeichnen Sie einen Übergangsgraphen des Vermehrungsprozesses und begründen Sie, dass die durch $\begin{pmatrix} x_1' \\ x_2' \end{pmatrix} = F \cdot \begin{pmatrix} x_1 \\ x_2 \end{pmatrix}$ berechnete Verteilung des Folgemonats mit den modellhaft vorgegebenen Vermehrungsregeln im Einklang ist.

(6 Punkte)

c) Die Anzahl der Kaninchenpaare im Monat t kann für große Werte von t (ab $t = 11$) näherungsweise durch eine Exponentialfunktion f mit $f(t) = a \cdot b^t$ berechnet werden.

Bestimmen Sie a und b auf drei Dezimalen genau. Erklären Sie die Bedeutung von b im Sachzusammenhang.

(12 Punkte)

In den folgenden beiden Teilaufgaben d) und e) ist jeweils einer der beiden Punkte in Fibonaccis Modellannahmen über die Kaninchenvermehrung geändert.

Mit x_1, x_2 bzw. x_3 werden dabei die Anzahlen der Jungtierpaare, der ein bzw. mindestens zwei Monate alten Kaninchenpaare bezeichnet.

d) (1*) Jedes Kaninchenpaar ist erst nach 2 Monaten erwachsen und setzt vom 3. Monat an jeden Monat ein neues Kaninchenpaar in die Welt.

Zeichnen Sie einen Übergangsgraphen und leiten Sie die Übergangsmatrix her.

(9 Punkte)

e) (2*) Jedes Kaninchen(paar) wird nach Vollendung seines 3. Lebensmonats aus dem Bestand entfernt.

Der neue Bestand wird hier durch $\begin{pmatrix} x_1' \\ x_2' \\ x_3' \end{pmatrix} = M \cdot \begin{pmatrix} x_1 \\ x_2 \\ x_3 \end{pmatrix}$ mit $M = \begin{pmatrix} 0 & 1 & 1 \\ 1 & 0 & 0 \\ 0 & 1 & 0 \end{pmatrix}$ berechnet.

In einem bestimmten Monat zählt man $x_1 = 19$, $x_2 = 14$ und x_3 Kaninchenpaare in ihrem 1., 2. bzw. 3. Lebensmonat.

Berechnen Sie die Zusammensetzung der Kaninchenpopulation des vorigen und des vorvorigen Monats, wenn $x_3 = 6$ ist.

Untersuchen und begründen Sie, seit wie vielen Monaten sich diese Kaninchenpopulation bei unbekanntem x_3 entwickelt haben kann, und bestimmen Sie die Zusammensetzung der kleinsten möglichen Anfangspopulation.

(13 Punkte)

Zugelassene Hilfsmittel:

- CAS (Computer-Algebra-System)
- Mathematische Formelsammlung
- Wörterbuch zur deutschen Rechtschreibung

Lösung zu Aufgabe HT 4:

a) Potenzen F^2, F^3, F^4, F^5, F^6 und F^7 der Matrix $F = \begin{pmatrix} 0 & 1 \\ 1 & 1 \end{pmatrix}$*:*

Mit dem CAS-Rechner erhält man $\mathbf{F^2} = \begin{pmatrix} \mathbf{1} & \mathbf{1} \\ \mathbf{1} & \mathbf{2} \end{pmatrix}$, $\mathbf{F^3} = \begin{pmatrix} \mathbf{1} & \mathbf{2} \\ \mathbf{2} & \mathbf{3} \end{pmatrix}$, $\mathbf{F^4} = \begin{pmatrix} \mathbf{2} & \mathbf{3} \\ \mathbf{3} & \mathbf{5} \end{pmatrix}$,

$\mathbf{F^5} = \begin{pmatrix} \mathbf{3} & \mathbf{5} \\ \mathbf{5} & \mathbf{8} \end{pmatrix}$, $\mathbf{F^6} = \begin{pmatrix} \mathbf{5} & \mathbf{8} \\ \mathbf{8} & \mathbf{13} \end{pmatrix}$ und

$\mathbf{F^7} = \begin{pmatrix} \mathbf{8} & \mathbf{13} \\ \mathbf{13} & \mathbf{21} \end{pmatrix}$.

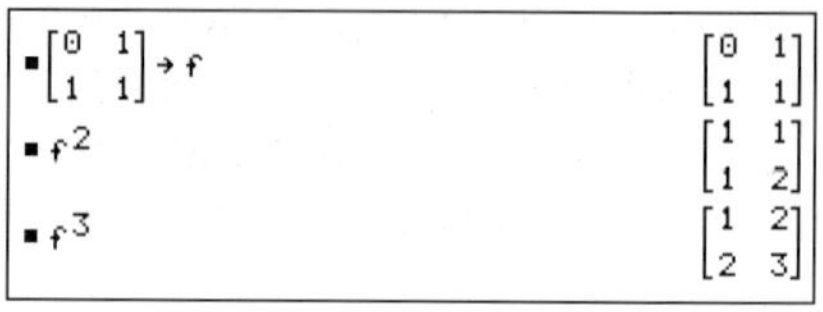

Zusammenhang der Ergebnisse mit der Kaninchenpopulation und der FIBONACCI-Folge:

Die ersten Folgenglieder der FIBONACCI-Folge (f_n) sind $f_1 = 1$, $f_2 = 1$, $f_3 = 2$, $f_4 = 3$, $f_5 = 5$, $f_6 = 8$, $f_7 = 13$, $f_8 = 21$, $f_9 = 34$, usw. Die Entwicklung der Kaninchenpopulation kann in einer Tabelle angegeben werden, wenn man von einem erwachsenen Kaninchenpaar im ersten Monat ausgeht und die Vermehrungsregeln (1) und (2) der Aufgabe beachtet. Man kann an der Tabelle ablesen, dass beispielsweise die Matrix

$F^5 = \begin{pmatrix} 3 & 5 \\ 5 & 8 \end{pmatrix}$ in der ersten Zeile die Anzahl

der neugeborenen und erwachsenen Kaninchenpaare im 5. Monat und in der zweiten Zeile die Anzahl der neugeborenen und erwachsenen Kaninchenpaare im 6. Monat angibt. Allgemeiner ausgedrückt gibt **F^n in der ersten Zeile die Anzahl der neugeborenen und erwachsenen Kaninchenpaare im n-ten Monat und in der zweiten Zeile die Anzahl der neugeborenen und erwachsenen Kaninchenpaare im (n + 1)-ten Monat an.**

Monat	Anzahl der Kaninchenpaare	
	neugeboren	erwachsen
1	0	1
2	1	1
3	1	2
4	2	3
5	3	5
6	5	8
7	8	13
8	13	21
9	21	34
10	34	55
11	55	89

Darüber hinaus liefert die zweite Spalte der Matrizen F^n fortlaufend die Folge (f_n) der FIBONACCI-Zahlen. Ebenso erhält man diese Folge fortlaufend ab dem zweiten Monat durch die erste Spalte der Matrizen F^n.

b) Zeichnung des Übergangsgraphen:

Aus den Vermehrungsregeln (1) und (2) erhält man unmittelbar den nebenstehenden **Übergangsgraphen.**

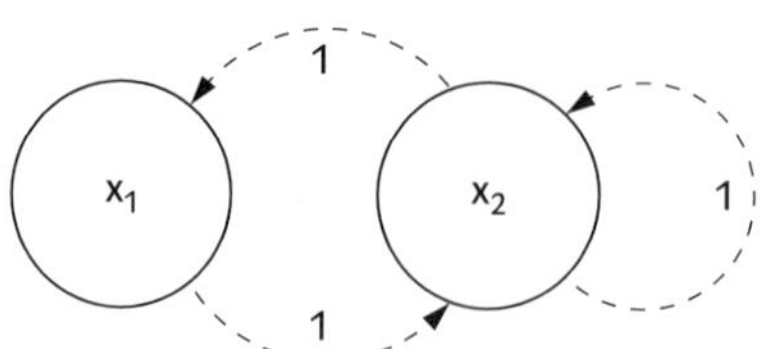

Untersuchung der Verteilung des Folgemonats mit $\begin{pmatrix} x_1' \\ x_2' \end{pmatrix} = F \cdot \begin{pmatrix} x_1 \\ x_2 \end{pmatrix}$*:*

Es ist $\begin{pmatrix} x_1' \\ x_2' \end{pmatrix} = \begin{pmatrix} 0 & 1 \\ 1 & 1 \end{pmatrix} \cdot \begin{pmatrix} x_1 \\ x_2 \end{pmatrix} = \begin{pmatrix} x_2 \\ x_1 + x_2 \end{pmatrix}$ und somit $x_1' = x_2$ sowie $x_2' = x_1 + x_2$.

Also entspricht die Zahl x_1' der neugeborenen Kaninchenpaare im Folgemonat der Zahl x_2 der erwachsenen Kaninchenpaare im Vormonat, da jedes erwachsene Paar ein Paar als Nachwuchs hat. Die Zahl x_2' der erwachsenen Kaninchenpaare im Folgemonat ist die Summe aus der Zahl x_1 der neugeborenen Kaninchenpaare und der Zahl x_2 der bereits vorhandenen Paare, da die Kaninchen nach einem Monat erwachsen und beliebig alt werden.

c) *Bestimmung von a und b:*

Für f mit $f(t) = a \cdot b^t$ entnimmt man aus der Tabelle $f(11) = 89$ und $f(10) = 55$.

```
▪ a·b^t → f(t)                                Done
▪ solve({f(11) = 89   f(10) = 55}, {a   b})
                     a = .446776 and b = 1.61818
```

Der CAS-Rechner liefert dann $a \approx 0{,}446776$ und $b \approx 1{,}61818$. Das Runden auf drei Dezimalen ergibt dann **$a \approx 0{,}447$ und $b \approx 1{,}618$**.

Bedeutung von b:

Es ist $b = \frac{a \cdot b^{t+1}}{a \cdot b^t} = \frac{f(t+1)}{f(t)}$, und folglich gilt für große b näherungsweise $f(t+1) = b \cdot f(t)$.

Für große t erhält man also näherungsweise die **Anzahl $f(t+1)$** der Kaninchenpaare im Folgemonat durch **Multiplikation der Anzahl $f(t)$** im Vormonat mit etwa **$b \approx 1{,}618$**.

d) *Zeichnung des Übergangsgraphen:*

Der Übergangsgraph aus Teilaufgabe b) muss um einen dritten Zustand (junge Kaninchenpaare) erweitert werden, da die neugeborenen Kaninchenpaare nun erst nach zwei Monaten erwachsen werden. Dies liefert unmittelbar den nebenstehenden **Übergangsgraphen**.

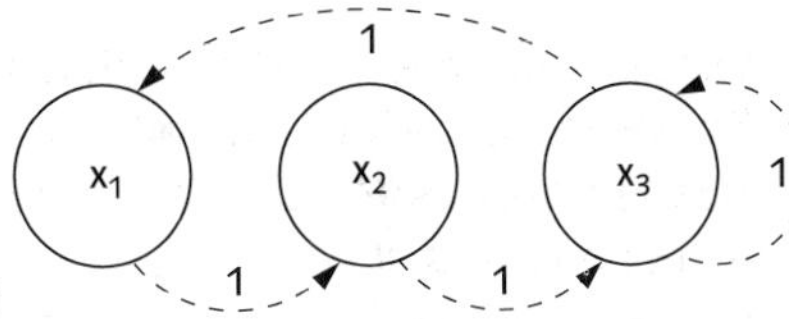

Herleitung der Übergangsmatrix:

Aus $\begin{pmatrix} x_1' \\ x_2' \\ x_3' \end{pmatrix} = \begin{pmatrix} a & b & c \\ d & e & f \\ g & h & i \end{pmatrix} \cdot \begin{pmatrix} x_1 \\ x_2 \\ x_3 \end{pmatrix} = \begin{pmatrix} x_3 \\ x_1 \\ x_2 + x_3 \end{pmatrix}$ folgt unmittelbar $c = 1$, $d = 1$, $h = 1$ und $i = 1$, während die anderen Koeffizienten von M sämtlich null sind. Damit gilt für die Übergangsmatrix $M = \begin{pmatrix} \mathbf{0} & \mathbf{0} & \mathbf{1} \\ \mathbf{1} & \mathbf{0} & \mathbf{0} \\ \mathbf{0} & \mathbf{1} & \mathbf{1} \end{pmatrix}$.

CAS

e) Zusammensetzung der Population des Vormonats und des Vorvormonats:

Aus $\begin{pmatrix}19\\14\\6\end{pmatrix} = M \cdot \begin{pmatrix}x_1\\x_2\\x_3\end{pmatrix}$ folgt $\begin{pmatrix}x_1\\x_2\\x_3\end{pmatrix} = M^{-1} \cdot \begin{pmatrix}19\\14\\6\end{pmatrix}$. Der CAS-Rechner liefert

$M^{-1} = \begin{pmatrix}0 & 1 & 0\\0 & 0 & 1\\1 & 0 & -1\end{pmatrix}$. Dann erhält man

$M^{-1} \cdot \begin{pmatrix}19\\14\\6\end{pmatrix} = \begin{pmatrix}14\\6\\13\end{pmatrix}$ und

$M^{-1} \cdot \begin{pmatrix}14\\6\\13\end{pmatrix} = \begin{pmatrix}6\\13\\1\end{pmatrix}$.

```
■ [0 1 1]              [0 1 1]
  [1 0 0] → m          [1 0 0]
  [0 1 0]              [0 1 0]
■ m^-1 → n             [0 1  0]
                       [0 0  1]
                       [1 0 -1]
```

```
■ n·a_0 → a_1          [14]
                       [6 ]
                       [13]
■ n·a_1 → a_2          [6 ]
                       [13]
                       [1 ]
```

Das bedeutet, im Vormonat bestand die Population aus **14 neugeborenen, 6 „jungen" und 13 erwachsenen Kaninchenpaaren**. Im Vorvormonat waren es **6 neugeborene und 13 junge Paare sowie 1 erwachsenes Kaninchenpaar**.

Kleinste Anfangspopulation bei 19 neugeborenen,14 jungen und x_3 erwachsenen Kaninchenpaaren:

Bei der Anfangspopulation $\begin{pmatrix}19\\14\\x_3\end{pmatrix}$ mit

```
■ [19 ]                [19 ]
  [14 ] → a_0          [14 ]
  [x_3]                [x_3]
■ n·a_0 → a_1          [14     ]
                       [x_3    ]
                       [19 - x_3]
```

mit $x_3 \geqq 0$ gilt:

1 Monat zuvor: $M^{-1} \cdot \begin{pmatrix}19\\14\\x_3\end{pmatrix} = \begin{pmatrix}14\\x_3\\19 - x_3\end{pmatrix}$, 33 Paare mit $0 \leqq x_3 \leqq 19$,

2 Monate zuvor: $M^{-1} \cdot \begin{pmatrix}14\\x_3\\19 - x_3\end{pmatrix} = \begin{pmatrix}x_3\\19 - x_3\\x_3 - 5\end{pmatrix}$, $14 + x_3$ Paare mit $5 \leqq x_3 \leqq 19$,

3 Monate zuvor: $M^{-1} \cdot \begin{pmatrix}x_3\\19 - x_3\\x_3 - 5\end{pmatrix} = \begin{pmatrix}19 - x_3\\x_3 - 5\\5\end{pmatrix}$, 19 Paare mit $5 \leqq x_3 \leqq 19$,

4 Monate zuvor: $M^{-1} \cdot \begin{pmatrix}19 - x_3\\x_3 - 5\\5\end{pmatrix} = \begin{pmatrix}x_3 - 5\\5\\14 - x_3\end{pmatrix}$, 14 Paare mit $5 \leqq x_3 \leqq 14$,

5 Monate zuvor: $M^{-1} \cdot \begin{pmatrix}x_3 - 5\\5\\14 - x_3\end{pmatrix} = \begin{pmatrix}5\\14 - x_3\\2x_3 - 19\end{pmatrix}$, x_3 Paare mit $10 \leqq x_3 \leqq 14$,

6 Monate zuvor: $M^{-1} \cdot \begin{pmatrix}5\\14 - x_3\\2x_3 - 19\end{pmatrix} = \begin{pmatrix}14 - x_3\\2x_3 - 19\\24 - 2x_3\end{pmatrix}$, 19 Paare mit $10 \leqq x_3 \leqq 12$,

7 Monate zuvor: $M^{-1} \cdot \begin{pmatrix} 14 - x_3 \\ 2x_3 - 19 \\ 24 - 2x_3 \end{pmatrix} = \begin{pmatrix} 2x_3 - 19 \\ 24 - 2x_3 \\ x_3 - 10 \end{pmatrix}$, $x_3 - 5$ Paare mit $10 \leqq x_3 \leqq 12$,

8 Monate zuvor: $M^{-1} \cdot \begin{pmatrix} 2x_3 - 19 \\ 24 - 2x_3 \\ x_3 - 10 \end{pmatrix} = \begin{pmatrix} 24 - 2x_3 \\ x_3 - 10 \\ x_3 - 9 \end{pmatrix}$, 5 Paare mit $10 \leqq x_3 \leqq 12$,

9 Monate zuvor: $M^{-1} \cdot \begin{pmatrix} 24 - x_3 \\ x_3 - 10 \\ x_3 - 9 \end{pmatrix} = \begin{pmatrix} x_3 - 10 \\ x_3 - 9 \\ 33 - 3x_3 \end{pmatrix}$, $14 - x_3$ Paare mit $10 \leqq x_3 \leqq 11$,

10 Monate zuvor: $M^{-1} \cdot \begin{pmatrix} x_3 - 10 \\ x_3 - 9 \\ 33 - 3x_3 \end{pmatrix} = \begin{pmatrix} x_3 - 9 \\ 33 - 3x_3 \\ 4x_3 - 43 \end{pmatrix}$, $2x_3 - 19$ Paare mit $11 \leqq x_3 \leqq 11$.

Damit ist $x_3 = 11$, und die Rechnung wird einfacher:

11 Monate zuvor: $M^{-1} \cdot \begin{pmatrix} 2 \\ 0 \\ 1 \end{pmatrix} = \begin{pmatrix} 0 \\ 1 \\ 1 \end{pmatrix}$, 2 Paare,

12 Monate zuvor: $M^{-1} \cdot \begin{pmatrix} 0 \\ 1 \\ 1 \end{pmatrix} = \begin{pmatrix} 1 \\ 1 \\ -1 \end{pmatrix}$.

Dies ist natürlich unmöglich, d. h. die kleinste Anfangspopulation kann vor **11 Monaten** nur aus **einem jungen und einem erwachsenen Paar** bestanden haben.

Aufgabe HT 5 Abiturprüfung 2007 Mathematik, Leistungskurs

Aufgabenstellung:

Bei der Massenproduktion von Gläsern mit breitem, massivem Fuß beträgt der durch Einschluss von Luftblasen im Fuß bedingte Ausschussanteil 7%.

a) Zur Qualitätskontrolle wird eine Stichprobe vom Umfang n aus der laufenden Produktion entnommen.

Beschreiben Sie dies durch eine Zufallsgröße.
Bestimmen Sie die minimale Anzahl n, so dass mit mehr als 98% Wahrscheinlichkeit mindestens ein fehlerhaftes Glas in der Stichprobe auftaucht.

(9 Punkte)

b) An einem Tag werden 8000 Gläser produziert.

Ermitteln Sie das zum Erwartungswert symmetrische Intervall, in dem die Anzahl der fehlerhaften Gläser mit möglichst genau 90% Wahrscheinlichkeit liegt.
Geben Sie zur Kontrolle die Wahrscheinlichkeit des ermittelten Intervalls auf 2 Nachkommastellen genau an.

(10 Punkte)

c) Bei einer automatischen Fertigungsendkontrolle werden fehlerhafte Gläser mit einer Wahrscheinlichkeit von $x = 0{,}96$ aussortiert, während 5% der einwandfreien Gläser fälschlich als Ausschuss deklariert werden. Wie oben angegeben sind genau 7% aller produzierten Gläser tatsächlich fehlerhaft.

(1) *Berechnen Sie die Wahrscheinlichkeiten der folgenden Ereignisse.*
E_1: *Ein Glas wird bei der Endkontrolle aussortiert.*
E_2: *Ein bei der Endkontrolle aussortiertes Glas ist wirklich fehlerhaft.*

(2) *Beurteilen Sie mit geeigneten Hilfsmitteln der Analysis, wie sich eine Änderung von x auf die Wahrscheinlichkeit $P(E_2)$ auswirkt, und berechnen Sie den kleinst- bzw. größtmöglichen Wert für $P(E_2)$.*

(15 Punkte)

d) Durch eine Fertigungsumstellung soll der Anteil p fehlerhafter Gläser gesenkt werden. Um festzustellen, ob die Umstellung eine Verbesserung gebracht hat, werden über einen Zeitraum von zwei Wochen 500 Gläser von Mitarbeitern genau kontrolliert.

Beschreiben Sie die Situation durch einen vollständigen Hypothesentest (Hypothesen, Zufallsgröße, Fehler 1. und 2. Art, Entscheidungsregel). Der Fehler 1. Art (α-Fehler) soll auf maximal 5 % begrenzt sein.
Begründen Sie Ihre Entscheidung für die Wahl der Hypothesen, indem Sie die praktischen Auswirkungen der Fehler 1. und 2. Art angeben.

(16 Punkte)

Zugelassene Hilfsmittel:

- CAS (Computer-Algebra-System)
- Mathematische Formelsammlung
- Wörterbuch zur deutschen Rechtschreibung

Material:
Tabelle 1: Normalverteilung → siehe Anhang Seite 294

Lösung zu Aufgabe HT 5:

a) *Beschreibung durch eine Zufallsgröße:*

Es sei **X die Anzahl der fehlerhaften Gläser in einer Stichprobe vom Umfang n**. Dann ist X näherungsweise binomialverteilt mit den Parametern n und $p = 0{,}07$.

Minimale Anzahl n der zu entnehmenden Gläser:

Es ist das kleinstmögliche n zu bestimmen, für das $P(X \geqq 1) > 0{,}98$ ist. Nun gilt $P(X \geqq 1) = 1 - P(X < 1) = 1 - P(X = 0) = 1 - (1 - 0{,}07)^n = 1 - 0{,}93^n$. Aus $P(X \geqq 1) > 0{,}98$ ergibt sich dann $0{,}02 > 0{,}93^n$. Für diese Ungleichung liefert der CAS-Rechner näherungsweise $n > 53{,}91$. Man benötigt also **mindestens 54 Gläser**.

```
▪ solve(.02 >(.93)^n, n)                n > 53.9064
```

b) *Beschreibung durch eine Zufallsgröße:*

Es sei X die Anzahl der fehlerhaften Gläser in einer Stichprobe vom Umfang $n = 8000$. Dann ist X zunächst binomialverteilt mit dem Erwartungswert $\mu = n \cdot p = 8000 \cdot 0{,}07 = 560$ und der Standardabweichung $\sigma = \sqrt{np(1-p)} = \sqrt{520{,}8} \approx 22{,}82 > 3$.

Damit kann X durch eine Normalverteilung approximiert werden mit $\mu = 560$ und $\sigma \approx 22{,}82$.

Symmetrisches Intervall um den Erwartungswert mit 90 % Wahrscheinlichkeit:

Das 95 %-Quantil der standardisierten Normalverteilung liegt (laut Tabelle) bei 1,64. Dies besagt, dass in dem Intervall $[\mu - 1{,}64 \cdot \sigma; \mu + 1{,}64 \cdot \sigma]$ der Wert der Zufallsvariablen mit einer Wahrscheinlichkeit von etwa 90 % liegt. Mit $\mu = 560$ und $\sigma \approx 22{,}82$ erhält man $\mu - 1{,}64\sigma \approx 522{,}6$ und $\mu + 1{,}64\sigma \approx 597{,}4$.

Damit gilt $\mathbf{P(522 \leqq X \leqq 597) \approx 0{,}90}$.

Kontrolle mit der Binomialveteilung:

Ist X binomialverteilt, erhält man mit dem CAS-Rechner zum Vergleich:

```
▪ binomcdf(8000, .07, 597) - binomcdf(8000 ▸
                                       .904107
```

$P(522 \leqq X \leqq 597) = P(X \leqq 597) - P(X \leqq 521) \approx \mathbf{0{,}904}$.

c) *Warscheinlichkeiten der Ereignisse E_1 und E_2:*

Es ist zweckmäßig folgende Ereignisse einzuführen:

F: Ein produziertes Glas ist fehlerhaft.

$\overline{F}$: Ein produziertes Glas ist einwandfrei.

A: Ein produziertes Glas wird aussortiert.

$\overline{A}$: Ein produziertes Glas wird nicht aussortiert.

Dann gilt $P(F) = 0{,}07$, $P(\overline{F}) = 0{,}93$, $P_F(A) = 0{,}96 = x$ und $P_{\overline{F}}(A) = 0{,}05$.

Hieraus erhält man mit dem Satz von der totalen Wahrscheinlichkeit

$P(E_1) = P(A) = P(F) \cdot P_F(A) + P(\overline{F}) \cdot P_{\overline{F}}(A) = 0{,}07 \cdot 0{,}96 + 0{,}93 \cdot 0{,}05 = 0{,}1137$.

Folglich werden **etwa 11,4 %** der Gläser aussortiert.

Für E_2 gilt:

$$P(E_2) = P_A(F) = \frac{P(A \cap F)}{P(A)} = \frac{P(F) \cdot P_F(A)}{P(A)} = \frac{0{,}07 \cdot 0{,}96}{0{,}1137} = 0{,}5910.$$

Ein aussortiertes Glas ist mit einer Wahrscheinlichkeit von **etwa 59,1 %** fehlerhaft.

Einfluss der Wahrscheinlichkeit $x = P_F(A)$ auf die Wahrscheinlichkeit $P(E_2)$:

Es war $P(E_2) = \frac{P(F) \cdot P_F(A)}{P(A)} = \frac{P(F) \cdot P_F(A)}{P(F) \cdot P_F(A) + P(\overline{F}) \cdot P_{\overline{F}}(A)} = \frac{0{,}07 \cdot x}{0{,}07 \cdot x + 0{,}93 \cdot 0{,}05} = \frac{0{,}07 \cdot x}{0{,}07 \cdot x + 0{,}0465} = f(x)$.

```
▪ .07·x / (.07·x + .0465) → f(x)            Done
▪ d/dx(f(x))              .664286 / (x + .664286)^2
▪ f(1)                                    .600858
```

Mit dem CAS-Rechner erhält man $f'(x) = \frac{0{,}664286}{(x + 0{,}664286)^2}$ und folglich ist insbesondere $f'(x) > 0$ für alle $x \in [\,0\,;1\,]$. Damit ist die Funktion f streng monoton zunehmend; sie nimmt also ihre Extremwerte am Rand des Intervalls [0; 1] an. Für $x = 0$ ist $f(0) = 0$ und für $x = 1$ ist $f(1) \approx 0{,}6009$. Eine Zunahme von x bewirkt also, dass ein aussortiertes Glas mit größerer Wahrscheinlichkeit fehlerhaft ist.

d) *Beschreibung des Tests:*

Die **Zufallsvariable Y gebe die Anzahl der fehlerhaften Exemplare unter 500 hergestellten Gläsern** an. Dann ist Y binomialverteilt mit n = 500 und variablem p. Da der Hersteller davon ausgeht, dass die Fertigungsumstellung erfolgreich war und sich gegen eine eigene Fehleinschätzung (präziser: einen Fehler 1. Art) absichern möchte, wählt er die Hypothesen:

Nullhypothese H_0: $p \geqq 0{,}07$ **Gegenhypothese H_1: $p < 0{,}07$**
mit der **Irrtumswahrscheinlichkeit $\alpha = 0{,}05$.**

Diese Wahl der Hypothesen geht davon aus, dass es für den Hersteller günstig ist, wenn nach der Fertigungsumstellung der Anteil der fehlerhaften Gläser nicht gestiegen ist. Dabei können folgende Fehler auftreten:

Fehler 1. Art: Durch die Stichprobe kommt man zu der Überzeugung, dass die Umstellung erfolgreich war, obwohl weiterhin 7 % oder sogar mehr der Gläser fehlerhaft sind.
Fehler 2. Art: Durch die Stichprobe kommt man zu der Überzeugung, dass die Umstellung erfolglos war, obwohl jetzt weniger als 7% der Gläser fehlerhaft sind.

Entscheidungsregel:

Der Hersteller ermittelt nun den **Ablehnungsbereich $\overline{A}$** bei einem einseitigen Signifikanztest. Für $\overline{A} = \{0; 1; 2; \ldots; g\}$ gilt $P(Y \leqq g) \leqq 0{,}05$, wobei im ungünstigsten Fall von $p = 0{,}07$ auszugehen ist. Weil für den Erwartungswert $\sigma = n \cdot p = 500 \cdot 0{,}07 = 35$ und für die Standardabweichung $\sigma = \sqrt{np(1-p)} = \sqrt{32{,}55} \approx 5{,}71 > 3$ gilt, kann die Normalverteilung zur Approximation der Binomialverteilung eingesetzt werden.
In Teilaufgabe b) wurde für die standardisierte Normalverteilung N der Wert $P(N \leqq 1{,}64) = \Phi(1{,}64) = 0{,}95$ und damit $P(N \leqq -1{,}64) = 1 - \Phi(1{,}64) = 0{,}05$ verwendet. Damit ergibt sich die obere Grenze des Ablehnungsbereichs $\overline{A}$ zu $g = \mu - 1{,}64 \cdot \sigma = 35 - 1{,}64 \cdot 5{,}71 \approx 25{,}64$. Dies liefert den Ablehnungsbereich $\overline{A}$ zu $\overline{A} = \{0; 1; 2; \ldots; 24; 25\}$. Die Hypothese H_0 wird also nur dann verworfen, wenn **höchstens 25 fehlerhafte Gläser** in der Stichprobe enthalten sind.

Hinweis:

Wenn man die Hypothesen H_0: $p < 0{,}07$ und H_1: $p \geqq 0{,}07$ wählt, so liefert $\mu + 1{,}64 \cdot \sigma = 35 + 1{,}64 \cdot 5{,}71 \approx 44{,}36$ den Ablehnungsbereich $\overline{A} = \{45; 46; \ldots; 500\}$.
Ein Grund für diese Wahl der Hypothesen könnte sein, dass die Firma die Zweckmäßigkeit der Produktionsumstellung anzweifelt und sich überlegt, ob die Umstellung wegen der damit verbundenen Produktionsunterbrechung überhaupt wirtschaftlich sinnvoll ist.

Anhang

Tabelle 1: Kumulierte Binomialverteilung für $n = 100$

$$F(n;p;k) = B(n;p;0) + \ldots + B(n;p;k) = \binom{n}{0} p^0 (1-p)^{n-0} + \ldots + \binom{n}{k} p^k (1-p)^{n-k}$$

K	P						
	0,02	0,05	0,1	0,2	0,25	0,5	
0	0,1326	0,0059	0,0000	0,0000	0,0000	0,0000	99
1	0,4033	0,0371	0,0003	0,0000	0,0000	0,0000	98
2	0,6767	0,1183	0,0019	0,0000	0,0000	0,0000	97
3	0,8590	0,2578	0,0078	0,0000	0,0000	0,0000	96
4	0,9492	0,4360	0,0237	0,0000	0,0000	0,0000	95
5	0,9845	0,6160	0,0576	0,0000	0,0000	0,0000	94
6	0,9959	0,7660	0,1172	0,0001	0,0000	0,0000	93
7	0,9991	0,8720	0,2061	0,0003	0,0000	0,0000	92
8	0,9998	0,9369	0,3209	0,0009	0,0000	0,0000	91
9		0,9718	0,4513	0,0023	0,0000	0,0000	90
10		0,9885	0,5832	0,0057	0,0001	0,0000	89
11		0,9957	0,7030	0,0126	0,0004	0,0000	88
12		0,9985	0,8018	0,0253	0,0010	0,0000	87
13		0,9995	0,8761	0,0469	0,0025	0,0000	86
14		0,9999	0,9274	0,0804	0,0054	0,0000	85
15			0,9601	0,1285	0,0111	0,0000	84
16			0,9794	0,1923	0,0211	0,0000	83
17			0,9900	0,2712	0,0376	0,0000	82
18			0,9954	0,3621	0,0630	0,0000	81
19			0,9980	0,4602	0,0995	0,0000	80
20			0,9992	0,5595	0,1488	0,0000	79
21			0,9997	0,6540	0,2114	0,0000	78
22			0,9999	0,7389	0,2864	0,0000	77
23				0,8109	0,3711	0,0000	76
24				0,8686	0,4617	0,0000	75
25				0,9125	0,5535	0,0000	74
26				0,9442	0,6417	0,0000	73
27				0,9658	0,7224	0,0000	72
28				0,9800	0,7925	0,0000	71
29				0,9888	0,8505	0,0000	70
30				0,9939	0,8962	0,0000	69
31				0,9969	0,9307	0,0001	68
32				0,9984	0,9554	0,0002	67
33				0,9993	0,9724	0,0004	66
34				0,9997	0,9836	0,0009	65
35				0,9999	0,9906	0,0018	64
36					0,9948	0,0033	63
37					0,9973	0,0060	62
38					0,9986	0,0105	61
39					0,9993	0,0176	60
40					0,9997	0,0284	59
41					0,9999	0,0443	58
42						0,0666	57
43						0,0967	56
44						0,1356	55
45						0,1841	54
46						0,2421	53
47						0,3086	52
48						0,3822	51
49						0,4602	50
50						0,5398	49
51						0,6178	48
52						0,6914	47
53						0,7579	46
54						0,8159	45
55						0,8644	44
56						0,9033	43
57						0,9334	42
58						0,9557	41
59						0,9716	40
60						0,9824	39
61						0,9895	38
62						0,9940	37
63						0,9967	36
64						0,9982	35
65						0,9991	34
66						0,9996	33
67						0,9998	32
	0,98	0,95	0,9	0,8	0,75	0,5	K
	P						

Nicht aufgeführte Werte sind (auf 4 Dez.) 1,0000

Bei grau unterlegtem Eingang, d.h. $p \geqq 0{,}5$ gilt: $F(n;p;k) = 1 -$ abgelesener Wert

Tabelle 2: Kumulierte Binomialverteilung für $n = 50$

$$F(n; p; k) = B(n; p; 0) + \ldots + B(n; p; k) = \binom{n}{0} p^0 (1-p)^{n-0} + \ldots + \binom{n}{k} p^k (1-p)^{n-k}$$

K	P = 0,02	0,05	0,1	0,2	0,25	0,5	
0	0,3642	0,0769	0,0052	0,0000	0,0000	0,0000	49
1	0,7358	0,2794	0,0338	0,0002	0,0000	0,0000	48
2	0,9216	0,5405	0,1117	0,0013	0,0001	0,0000	47
3	0,9822	0,7604	0,2503	0,0057	0,0005	0,0000	46
4	0,9968	0,8964	0,4312	0,0185	0,0021	0,0000	45
5	0,9995	0,9622	0,6161	0,0480	0,0070	0,0000	44
6		0,9882	0,7702	0,1034	0,0194	0,0000	43
7		0,9968	0,8779	0,1904	0,0453	0,0000	42
8		0,9992	0,9421	0,3073	0,0916	0,0000	41
9		0,9998	0,9755	0,4437	0,1637	0,0000	40
10			0,9906	0,5836	0,2622	0,0000	39
11			0,9968	0,7107	0,3816	0,0000	38
12			0,9990	0,8139	0,5110	0,0002	37
13			0,9997	0,8894	0,6370	0,0005	36
14				0,9393	0,7481	0,0013	35
15				0,9692	0,8369	0,0033	34
16				0,9856	0,9017	0,0077	33
17				0,9937	0,9449	0,0164	32
18				0,9975	0,9713	0,0325	31
19				0,9991	0,9861	0,0595	30
20				0,9997	0,9937	0,1013	29
21				0,9999	0,9974	0,1611	28
22					0,9990	0,2399	27
23					0,9996	0,3359	26
24					0,9999	0,4439	25
25						0,5561	24
26						0,6641	23
27						0,7601	22
28						0,8389	21
29						0,8987	20
30						0,9405	19
31						0,9675	18
32						0,9836	17
33						0,9923	16
34						0,9967	15
35						0,9987	14
36						0,9995	13
37						0,9998	12
	P = 0,98	0,95	0,9	0,8	0,75	0,5	K

Nicht aufgeführte Werte sind (auf 4 Dez.) 1,0000

Bei grau unterlegtem Eingang, d.h. $p \geqq 0,5$ gilt: $F(n; p; k) = 1 -$ abgelesener Wert

Tabelle 3: Normalverteilung

$\Phi(z) = 0, \ldots$

$\Phi(-z) = 1 - \Phi(z)$

z	0	1	2	3	4	5	6	7	8	9
0,0	5000	5040	5080	5120	5160	5199	5239	5279	5319	5359
0,1	5398	5438	5478	5517	5557	5596	5636	5675	5714	5753
0,2	5793	5832	5871	5910	5948	5987	6026	6064	6103	6141
0,3	6179	6217	6255	6293	6331	6368	6406	6443	6480	6517
0,4	6554	6591	6628	6664	6700	6736	6772	6808	6844	6879
0,5	6915	6950	6985	7019	7054	7088	7123	7157	7190	7224
0,6	7257	7291	7324	7357	7389	7422	7454	7486	7517	7549
0,7	7580	7611	7642	7673	7704	7734	7764	7794	7823	7852
0,8	7881	7910	7939	7967	7995	8023	8051	8078	8106	8133
0,9	8159	8186	8212	8238	8264	8289	8315	8340	8365	8389
1,0	8413	8438	8461	8485	8508	8531	8554	8577	8599	8621
1,1	8643	8665	8686	8708	8729	8749	8770	8790	8810	8830
1,2	8849	8869	8888	8907	8925	8944	8962	8980	8997	9015
1,3	9032	9049	9066	9082	9099	9115	9131	9147	9162	9177
1,4	9192	9207	9222	9236	9251	9265	9279	9292	9306	9319
1,5	9332	9345	9357	9370	9382	9394	9406	9418	9429	9441
1,6	9452	9463	9474	9484	9495	9505	9515	9525	9535	9545
1,7	9554	9564	9573	9582	9591	9599	9608	9616	9625	9633
1,8	9641	9649	9656	9664	9671	9678	9686	9693	9699	9706
1,9	9713	9719	9726	9732	9738	9744	9750	9756	9761	9767
2,0	9772	9778	9783	9788	9793	9798	9803	9808	9812	9817
2,1	9821	9826	9830	9834	9838	9842	9846	9850	9854	9857
2,2	9861	9864	9868	9871	9875	9878	9881	9884	9887	9890
2,3	9893	9896	9898	9901	9904	9906	9909	9911	9913	9916
2,4	9918	9920	9922	9925	9927	9929	9931	9932	9934	9936
2,5	9938	9940	9941	9943	9945	9946	9948	9949	9951	9952
2,6	9953	9955	9956	9957	9959	9960	9961	9962	9963	9964
2,7	9965	9966	9967	9968	9969	9970	9971	9972	9973	9974
2,8	9974	9975	9976	9977	9977	9978	9979	9979	9980	9981
2,9	9981	9982	9982	9983	9984	9984	9985	9985	9986	9986
3,0	9987	9987	9987	9988	9988	9989	9989	9989	9990	9990
3,1	9990	9991	9991	9991	9992	9992	9992	9992	9993	9993
3,2	9993	9993	9994	9994	9994	9994	9994	9995	9995	9995
3,3	9995	9995	9995	9996	9996	9996	9996	9996	9996	9997
3,4	9997	9997	9997	9997	9997	9997	9997	9997	9997	9998
3,5	9998	9998	9998	9998	9998	9998	9998	9998	9998	9998
3,6	9998	9998	9999	9999	9999	9999	9999	9999	9999	9999
3,7	9999	9999	9999	9999	9999	9999	9999	9999	9999	9999
3,8	9999	9999	9999	9999	9999	9999	9999	9999	9999	9999

Bespiele für den Gebrauch:

$\Phi(2{,}32) = 0{,}9898$ $\qquad$ $\Phi(z) = 0{,}994 \Rightarrow z = 2{,}51$

$\Phi(-0{,}9) = 1 - \Phi(-0{,}9) = 0{,}1841$